INVENTAIRE SOMMAIRE

DES

ARCHIVES DÉPARTEMENTALES

ANTÉRIEURES A 1790

MORBIHAN

INDEX ALPHABETIQUE GENERAL
Du Tome V

Série E Supplément

DEUXIÈME PARTIE (Nos 808 A 1595)

VANNES

IMPRIMERIE ET LIBRAIRIE GALLES

1945

IMP. RENNES. 58.01.989

INDEX ALPHABÉTIQUE GÉNÉRAL

Du Tome V

DE

L'INVENTAIRE SOMMAIRE

DES

ARCHIVES DÉPARTEMENTALES DU MORBIHAN

IMPᵣ. RENNES 58.01999

INVENTAIRES ET RÉPERTOIRES
DES ARCHIVES DÉPARTEMENTALES DU MORBIHAN

Inventaires sommaires.

SÉRIE B. — Présidia de Vannes, sénéchaussées d'Auray, Belle-Ile-en-Mer, Gourin, Hennebont.
— Index alphabétique de ce volume.
SÉRIE E. supplément (1er volume). — Archives communales des anciens arrondissements de Lorient et Ploërmel.
— Index alphabétique de ce volume.
— (2e volume). — Archives communales des anciens arrondissements de Pontivy et Vannes.
— Index alphabétique de ce volume.
SÉRIE G. — (1er volume). — Fonds de l'Evêché.
— (2e volume). — Fonds du Chapitre.

Répertoires numériques.

SÉRIE B. — Juridictions d'attribution (8-14 B) : Amirautés, Consulats, Eaux-et-Forêts, Traites.
— C. — Domaine et Droits joints (17 C).
— G. — Clergé séculier antérieur à 1790.
— K. — Lois, Ordonnances et Arrêtés.
— T. — Instruction publique.

INVENTAIRE SOMMAIRE

DES

ARCHIVES DEPARTEMENTALES

ANTÉRIEURES A 1790

MORBIHAN

INDEX ALPHABETIQUE GENERAL
Du Tome V

Série E Supplément

DEUXIÈME PARTIE (Nᵒˢ 808 A 1595)

VANNES

IMPRIMERIE ET LIBRAIRIE GALLES

1945

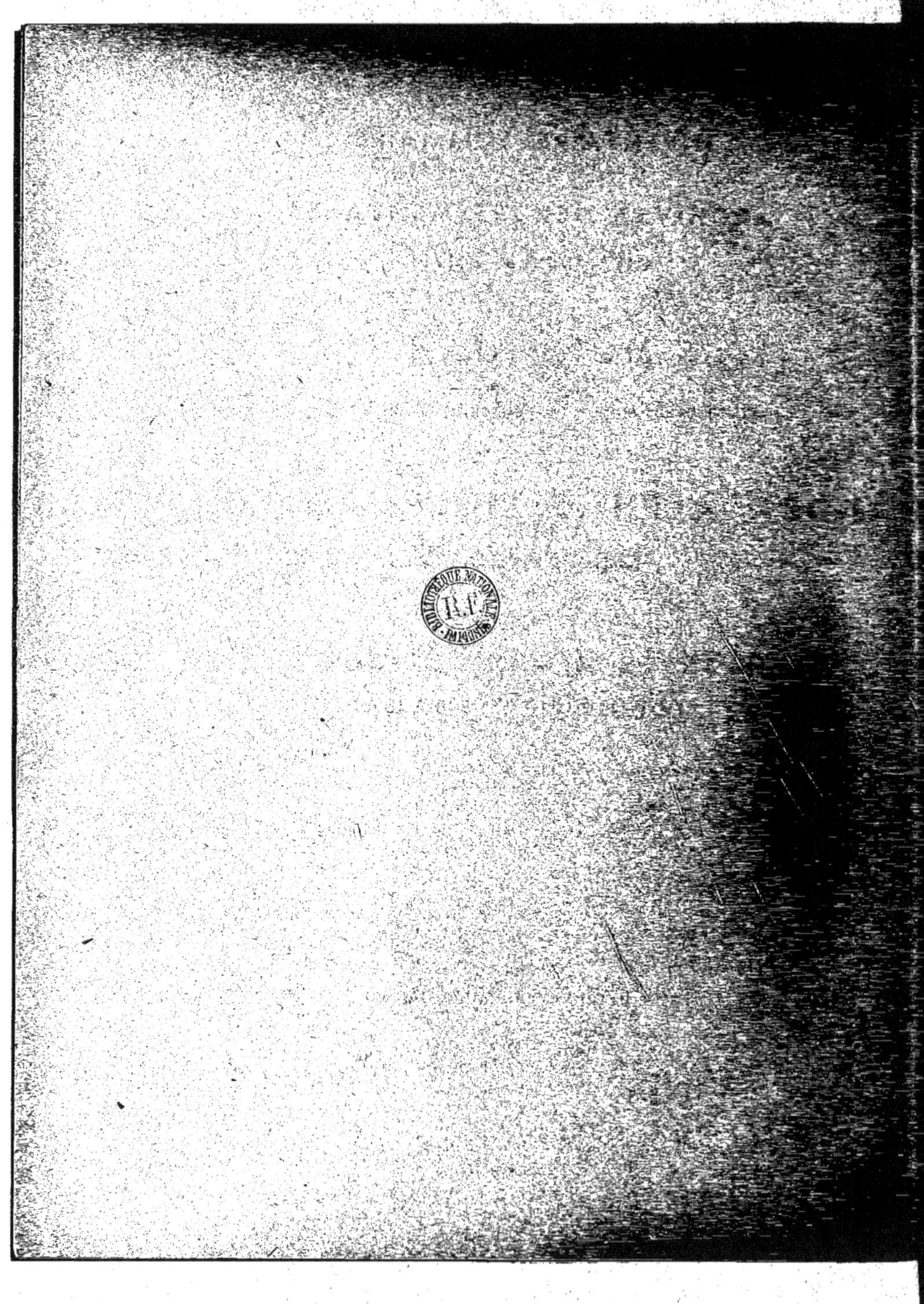

INVENTAIRE SOMMAIRE

DES

ARCHIVES DÉPARTEMENTALES ANTÉRIEURES A 1790

INDEX ALPHABÉTIQUE GÉNÉRAL

De l'Inventaire de la Série E Supplément, 2e Partie (Nos 808 à 1595)

(ARCHIVES COMMUNALES)

Nota. — Cette table contient l'ensemble des noms de personnes, de lieux et de matières. On a adopté pour les distinguer, trois types différents de caractères : les noms de lieux sont en égyptienne, les noms de personnes en romain et les noms de matières en italique. Les chiffres se réfèrent aux pages de l'inventaire : sans astérisques, ils désignent la colonne de gauche ; avec astérisque, la colonne de droite.

A

Abbaye (sieur et dame de l'), 128*, 254*, 579.
Abbaye Bourdin (l') en Bohal, 194*, 195, 195*, 196, 272, 296.
Abbayes (sieur et dame des), 165*.
Abéguilé (Jeanne), 590*.
Abeille (Blaise), receveur général des impôts et billets de l'Evêché de Vannes, 450.
— (Olivier), 450.
Abel (Marie-Rose), 565*.
— (Pierre), 541.
Abevin (Françoise), 39, 519*, 530, 532, 533, 533*, 534, 534*.
— (Marie), 526*.
— (Yves), 527, 537*.
Abhamon (François), recteur de Rieux, 122, 123, 123*.
Abillan (Françoise), 97, 204*.
— Gillette), 79*, 84*, 102*.
— (Gratien), 341, 431*, 432, 577*.
— (Jean), 428, 430, 576*.
— (Jeanne), 427, 429*, 430, 430*, 575*, 576*.

Abillan (Mathurin), 166.
— (Mathurin-Pierre), 32, 206*.
— (Vincent), 431*.
Abjurations, 3*, 4, 4*, 10*, 27, 35*, 36, 36*, 53*, 54, 99*, 100, 112, 114*, 121*, 210*, 228*, 308*, 325*, 330*, 331, 338*, 370*, 371, 396*, 405, 410, 461*, 469*, 473, 473*, 474, 474*, 479*, 480*, 532*, 535, 535*, 541*, 543*, 546.
Ablet (Marie), 501*.
— (Pierre), 501*.
Aboville (Julien d'), 141, 575.
Abram (Pierre-Rémy), 629*.
Accidents, blessures, noyades, naufrages, 119*, 135, 142*, 145*, 156*, 219*, 224*, 226*, 261, 265*, 266, 267*, 282*, 283*, 286, 288, 291*, 297, 300*, 305, 312, 312*, 364, 388, 483*, 514*, 523, 529*, 541*, 572*, 619.
Acigné (dame d'), 184.
Acigné (Marie d'), 236*.

Acquary (Jean-Pierre), 72*.
— (N.), 569.
— Pierre-Joseph), 38*.
Adam (Claude), 594.
— (Jacques), 177.
— (Jean), 185.
— (Jeanne), 185.
Advisse (Agnès-Josèphe), 495*.
— (Angélique), 488, 528.
— (Félicité-Olive-Jeanne), 554.
— (François), 485*, 528, 536*.
— (Gilles), 476*, 483, 485*, 486*, 488, 488*.
— (Ignace), 493, 510*, 511*, 513 514*, 515*, 517, 518, 519*,, 520*, 521*, 523, 525, 526, 528, 530, 531*, 539*, 544*, 545*, 546*, 547, 548, 551, 554.
— (Jean-François), 485.
— (Jean-Joseph), 545*.
— (Jean-Marie), 519*.
— (Jean-Mathieu), 521*.
— (Jeanne), 530.
— (Jeanne-Michelle), 518.
— (Jeanne-Pélagie), 547.

Advisse (Jeanne-Perrine), 512, 513, 545*.
— (Louis), 450*, 465, 476*, 480*, 484, 492*, 494*, 496.
— (Louis-Guillaume), 526.
— (Marguerite), 527*.
— (Marguerite-Renée), 515*.
— (Marie), 450*.
— (Marie-Françoise), 548.
— (Marie-Marguerite), 551.
— (Mathieu), 484, 485, 486*, 488*, 490, 493, 495*, 496, 503*, 509*, 510.
— (Mathieu), officier de la Cie des Indes, 547.
— (Mathurin), 514*.
— (Paul-Félix), 551.
— (Perrine), 488, 501.
— (Perrine-Augustine), 546*.
— (Perrine-Augustine-Guillemette), 531*, 549.
— (Sébastien-Guillaume), 483, 531*.
— (Thérèse), 509*, 525.
— (Thérèse-Angélique), 490.
— Thérèse-Françoise), 517.
— (Thérèse-Pascale), 525.
— (Vincent), 520*.
Afféagements, 270, 270*.
Agénois (sieur d'), 176.
Agents de communautés de villes, 225*.
Agoult (dame d'), 547.
Agoult (Joseph-Gabriel-Gaspard-Anne d'), 308, 308*.
Aguénéac (sieur et dame d'), 133*, 134*, 136*, 137, 138*, 145, 298, 333*, 335*, 336, 336*, 338, 349*, 357, 359*, 362*, 378*, 425, 427, 428*, 627.
Aguihac (sieur d'), 234, 236, 236*.
Aillo (Guillaume), 497.
— (Jean-Marie), 560*.
— (Jeanne-Marie), 546, 549*, 551.
— (Louis), 466*.
Alaneau (Catherine), 468*.
— (Jacques), greffier de la prévôté d'Angers, 468*.
Alba (Jean), 390.
— (Jeanne-Françoise), 56, 406*.
— (Jeanne-Olive), 405*, 407*, 411.
— (Pierre-Jean), secrétaire du roi, de sa maison, couronne de France et de ses finances, 56, 101.

Albert (Catherine), 545*.
— (François), 523.
— (Jean), 489, 520.
— (Jeanne-Thérèse), 520.
Albis (Louis d'), lieutenant-colonel du régiment de Kergroadès, 383.
Albouy (dame d'), 632.
Aleno (Aimé-Marie-Louis), 67, 67*.
— (Aline-Marie-Sylvie), 67*.
— (Anne), 92.
— (Armel), prêtre, 91.
— (Charles-Bon), 25, 67.
— (Charles-François), 66*.
— (Charlotte-Michelle), 67.
— (Claudine-Françoise), 67.
— (François), 92.
— (Françoise-Marie), 30*.
— (Hyacinthe-Marie-Marcellin) 67*.
— (Jacques), 8.
— (Louis), 92.
— (Magdeleine-Thérèse-Florentine), 67.
— (Marie-Renée-Sophie), 67*.
— (Maurice-Julien), 35*.
— (Pierre), 25*.
— (Pierre-Jean), 67.
— (René), 66*, 67*.
— (Sophie-Alexandrine-Marie-Josèphe), 67*.
— (Sylvie-Perrine), 67, 67*.
Alès (sieur d'), 416.
Algot (Marie-Rose), 554*.
Aligre (Flore-Ursule d'), abbesse de Saint-Georges, 261*.
Alisse (Perrine), 616.
Allain (Anne), 429.
— (Bonaventure), prêtre, 564*.
— (Catherine), 453*, 477, 477*.
— (François), 429, 430*.
— (François), procureur en la Cour, 469*.
— (Françoise), 79.
— (Gilles), 430*.
— (Guillaume), 380*.
— (Guillemette), 422*.
— (Jeanne), 442, 442*, 444*, 549*.
— (Jeanne-Marie), 469*.
— (Jérôme), 78.
— (Julien), 436*.
— (Julienne), 455, 463*, 468*, 477.
— (Louise), 31.
— (Marie), 18*, 251.

Allain (Marie-Claude), 603*.
— (Michelle), 597, 601*.
— (Pétronille), 18*.
— (Philippe), fondeur de cloches, 335.
— (Pierre), 436*.
— (Roland), 459.
Allaire (paroisse), 107-110*.
Allaire (Claude), recteur de Glénac, 158*.
— (Guillaume), 226.
— (Martin), 527.
— (René), receveur des ports et hâvres et syndic de la marine, 264*.
Allan (Marie), 333.
Allanic (Anne), 539*.
— (Bertranne-Charlotte), 527*.
— (Elisabeth-Louise-Marie), 332*.
— (François), receveur des fouages de l'évêché de Nantes, 529*.
— (François-Louis), procureur fiscal de Pontivy, 55.
— (François-Marie), 554.
— (Françoise), 16.
— (Françoise-Ursule), 101.
— (Gabriel), 100.
— (Gabriel), conseiller garde-scel du présidial de Vannes, 463*.
— (Gabriel-François), procureur fiscal et maire de Pontivy, 96, 97.
— (Gabriel-Hippolyte), sénéchal de Loudéac, conseiller au conseil suprême de l'Ile de France, 96*, 332*.
— (Jean-Baptiste), 435.
— (Jean-Julien), 420*.
— (Jeanne), 95*, 99.
— (Jeanne-Gabrielle), 494*, 594*.
— (Jeanne-Yvonne), 96*.
— (Louis-François), 5.
— (Louis-Marie), recteur de St-Molf et de Noyal-Pontivy, 94, 95, 95*, 96, 96*.
— (Louise), 434, 436*.
— (Marguerite), 622, 626.
— (Marguerite-Louise), 55.
— (Marie), 99*.
— (Marie-Sainte), 551*, 554, 557*, 560*, 566, 567.
— (Nicole), 633, 633*, 634, 634*.

Allanic (Raoul), 5.
Allano (Alain), notaire royal et greffier du Chapitre de Vannes, 589*.
— (André), 617, 622*, 623*, 625, 625*.
— (Anne), 623*.
— (Anne-Jeanne-Ursule-Raymonde), 155*, 397, 397*, 529, 532, 532*, 534, 535, 537*, 541, 543, 545.
— (Augustin), officier au régiment de St-Simon, 532*, 535.
— (Augustine), 172.
— (François), 625*.
— (Hélène), 25*.
— (Madeleine), 609.
— (Marguerite), 617.
— (Marie-Louise), 522*.
— (Marie-Vincente), 622*.
— (Mathurin-René), receveur des décimes du diocèse de Vannes, 508*, 510*, 511*, 529, 602.
— (Michel), 517.
— (Pierre-Alexis), 623*.
— (Pierre-Marie), 625.
— (René), 462.
— (Vincente), 523*.
Allard (Olivier), commis au Bois de Poulhériguen, 39.
Allays (Antoinette), 533*, 610*, 616.
— (Antonine), 601*.
— (Marie-Anne), 601*, 602*.
— (Martin), 610*, 612*.
Alleaume (Michel), 280*.
— (Michelle), 389.
Allérac (sieur d'), 292.
Allérac (Perrine d'), 426.
Alligo (Philippine), 468.
Alliot (Anne), 218*.
— (Françoise), 211, 218*, 466, 481.
— (Jean-Urbain), 218*.
— (Jeanne), 218*.
— (Jeanne-Rosalie), 37*.
— (Marc), lieutenant et syndic de Redon, sénéchal de Marzan et Kerjan, 218*, 219, 280.
— (Marie-Françoise-Pétronille), 37*.
— (Renée), 461, 461*.

Allioux (Jean), recteur de St-Avé, 294*, 467*.
— (Olive), 304*.
Allix (Mathurine), 195*, 196.
Allouette (Michel), 599*.
Alquier (Claudine-Jeanne-Jacquette), 389*.
— (Jean), miseur de Vannes, 319*, 389*, 397*.
— (Jean-Pierre), 390.
— (Rose-Pauline), 395.
Amboise (sieur et dame d'), 250*, 352, 443*, 478.
Ambon (paroisse), 176-181.
Ameline (Nicolas-Pierre-François), 562*.
— (René-Pierre-Anne-Marie), 562*.
Amelot (Jeanne), 224.
— (Marie-Jeanne), 560.
Amezeul (sieur d'), 222, 222*.
Amice (Yves), chanoine de Guémené, 53.
Amil (Angélique), 492.
Amirauté, 325*, voir : consulats.
Ampron (Agathe), 71*.
— (Anne-Julienne), 414.
— (Mathieu), 71*.
Ancelin (Pierre-Gabriel), 497.
Andigné (François-Marie-René, d'), maître de camp de cavalerie, premier enseigne de la compagnie des Chevaux-Légers de la garde ordinaire du roi, 416.
— (Jean), 204.
— (Jeanne-Marie-Renée), 142*.
— (Marguerite), 216.
— (Marguerite-Pauline), 142*, 305, 392*, 393*, 396, 401*, 414*, 535.
— (N.), 385*.
— (Renée), 204, 217*.
Andouillé (seigneur d'), 147*.
André (Denise), 483*.
— (Françoise), 211*, 234*, 307.
— (Gilles), 211*, 234*.
— (Hervé), 307, 578.
— (Jeanne), 90*.
— (Julien), notaire et procureur de Quistinic, greffier de Péaule, 201.
— (Julienne-Rose), 201.
— (Louis-Etienne), 41*.
— (Marie), 9*.

André (Marie-Josèphe), 549*.
— (T.), vicaire de la Roche-Bernard, 232.
Andreff (Guillaume), 25*.
— (Yvon), 25*.
Angecour (sieur d'), 55.
Angeneau (Jacques), recteur de Plumelin, 71*, 83, 83*.
— (Marie), 83.
— (Thomase), 83*.
Anger (Claude), 338*.
— (Françoise-Marie-Rose), 418* 420.
— (Jean-François), 571*.
Angevinaye (sieur et dame de l'), 154, 159.
Anglaye, (dame d') 584.
Anglade (François d'), 40.
— (René-Gilles d'), 40.
— Voir Danglade.
Angle (dame de l'), 350*.
Aniou (Guillemette), 140*.
Anno (Bertranne), 449*.
— (Jeanne), 578.
— (Julien), 431.
— (Mayme), notaire au présidial de Vannes, 434*.
— (Perrine), 577, 577*.
— (Yves), notaire au présidial de Vannes, 431, 577, 577*.
Annos (Jean), dit « Sans-Regret » 497.
Ansquer (Julien-Félix), 562*, 569*.
— (Marguerite), 27.
Antaigne (sieur d'), 476*.
Anthron (Catherine), 92*.
— (François), notaire de Rohan, procureur fiscal de Coëtuhan, sénéchal du Gué-de-l'Isle-Naizin, et greffier des eaux-et-Forêts, 93*.
— (Françoise), 100.
— Voir Autron.
Antoine (le Père), capucin, 213.
Antoine-Gédéon (le Frère), des Ecoles Chrétiennes, 629*.
Apigné (sieur d'), 105, 105*.
Ardois (Jeanne), 455.
Ardureau (maison d'), paroisse de Donges, Loire-Inférieure, 235*.
Argenson (sieur d'), 198.
Argouges (François d'), évêque de Vannes, 49*, 132, 256,

329, 375, 376, 378, 380*, 382, 385*, 387*, 603.
Argy (Jean-Christophe d'), 524*.
— (Marie-Anne-Hyacinthe d'), 415.
Arhantel (dame d'), 602*.
Armaillé (dame d'), 85*.
Armes et munitions (artillerie, canons, munitions, poudres salpêtres, etc.), 317*, 319, 322, 325.
Armez (Jean), 536*.
Armur (Perronnelle d'), 494*.
Arnaud (Pierre), dit « de Cardenas », peintre, 486.
Arnaud (Pierre d') 63.
Arpentages, 264.
Arradon (paroisse, chateau), 306*-308*.
Arradon (seigneur et dame d'), 2, 105, 273, 273*, 306*, 333*, 335, 363, 441*.
Arradon (Charles d'), 422.
— (Christophe d'), 333*.
— (Claude d'), 80.
— (Gabriel d'), 273*.
— (Jean d'), 422.
— (Jérôme d'), chevalier de l'ordre du roi, capitaine de 50 hommes d'armes, colonel de la cavalerie de Bretagne, gouverneur d'Hennebont, Blavet et Quimperlé, 1, 333.
— (René d'), chevalier de l'ordre du roi, capitaine de 50 hommes d'armes, gouverneur de Vannes, Auray, Quiberon, capitaine du ban et arrière-ban de l'évêché de Vannes, 2, 273, 273*, 306*, 333, 335, 335*, 337, 340*.
— (Renée d'), 2, 306*, 307, 333, 335*, 339*, 340, 362.
Arrentière (seigneur d'), 551*.
Ars (Mathurin), 549*.
— Voir Arz.
Arsonneau (Perrine), 472*.
Artois (seigneur et dame d'), 190*, 209, 254* 277.
Artur (Jean), 265*.
— (Louise), 265*.
Arz (Anne-Marie), 180*.
— (Catherine), 180*.

Arz (François-Joseph), 180, 181.
— (Jacques), recteur de Theix, 305*.
— (Julien), procureur fiscal de Basvalan, 180, 381*.
— Voir Ars.
Arzal (paroisse), 181*-183.
Arzal (seigneur d'), 184, 185*, 186*, 188, 202*.
Arzano (seigneur d'), 24.
Arzon (paroisse), 263-264*.
Asensio (Joachim), 522*.
Assassinats (crimes), 14, 69*, 102, 112, 218, 330, 464, 600*.
Assenac (sieur et dame d'), 71, 103*, 365*, 379, 380*, 457, 458*, 492.
Assérac (seigneur d'), 158, 178, 271*, 342*, 433*.
Astier (Elisabeth), 50*.
— (François), 46*, 47.
— (Isabeau), 46*.
Aubé (Jeanne), 520*, 521*, 525, 528.
Aubert (Guyonne), 464, 589, 590, 590*, 593, 594.
— (Hélène), 438.
— (Jacques), 52*, 546*, 549.
— (Jean), 545*.
— (Jean-Baptiste), 546*.
— (Jeanne-Françoise), 403.
— (Marie-Elisabeth), 613*.
— (Marie-Jeanne), 549.
— (N.), 548.
— (Thomas), 403.
Aubiers (seigneur des), 572.
Aubigné (dame d'), 417, 421, 552*.
Aubin (Anne), 130, 175*, 307*, 370, 372, 374*, 377*, 378, 382, 395*, 428*, 529, 604*, 617*.
— (Anne-Renée-Louise), 529.
— (Augustin-Julien-François), 535, 545.
— (Augustine-Ursule), 532.
— (Bernarde), 335*.
— (Bertrande), 8, 129.
— (Catherine), 116*, 117, 130, 378.
— (Charles-Gabriel), 130*.
— (Charlotte), 159*.
— (François-Louis-Augustin), 532*.
— (François-Valentin), 534.
— (Françoise), 132, 307*, 339, 356, 359, 378*,441*,481*,532*.

Aubin (Françoise-Jeanne), 537*.
— (Gabriel), 224.
— (Gilles-Guy), 130.
— (Gilles-Joseph), 413*, 419*.
— (Gillette), 427.
— (Guy), 116*, 121*, 130, 130*, 132, 498*.
— (Guy-Marie), 132.
— (Jacques), 356.
— (Jacques-Augustin), 543.
— (Jean), avocat en la cour, 335*, 337.
— (Jean), 344, 349*, 351*, 357, 426, 427, 428*, 429, 434*, 467.
— (Jean-Augustin), 121*,132,498.
— (Jean-François), 586*.
— (Jean-Louis-François), 541.
— (Jeanne), 142, 343*, 427*.
— (Jérôme-Françoise), 481*.
— (Julien), 109, 129, 451, 455, 467, 481*, 498*, 501*, 586*, 588*.
— (Louis), 129, 141, 175*, 224, 307*, 352, 426, 431.
— (Louis-Alexandre), 545.
— (Louis-François), 155*, 397*, 529, 532, 532*, 534, 535, 537*, 541, 543, 545.
— (Louise), 537*.
— (Marie), 353*.
— (Marie-Anne), 482.
— (Marie-Charlotte), 132, 498*.
— (Marie-Gillonne), 121*.
— (Marie-Josèphe), 455.
— (Marie-Julienne), 132, 606.
— (Marie-Louise-Françoise), 155*.
— (Mathurine-Moricette d'),421.
— (Michelle), 429.
— (Perrine), 129, 142, 343*, 359, 427.
— (Pierre), 195*, 307*, 339, 343*, 344, 348, 352*, 353*, 354*, 356, 360, 370, 427*, 428, 428*, 429, 431, 431*, 432, 434*, 437, 578.
— (Pierre-Valentin), 534.
— (René), 175*, 224, 354*.
— (Renée), 426.
— (Renée-Louise), 545.
— (Sébastien), 121*, 343*.
— (Tobie), 224.
— (Ursule), 360.
— (Vincent), 224, 578.
— (Yvonne), 437.
Aubinaye (Jeanne), 559.

Aubré (Jean-François), 570*.
Aubré (Pierre-Julien-François), 570*.
Aubrée (Françoise), 228*.
— (Gilles), 577*.
— (Julien), procureur en la cour, 455.
Aubry (Basile-Yves), 571*.
— (César-Louis), recteur de Plœren, 314.
— (François), 453*.
— (Françoise-Yvonne), 604, 618*.
— (Jacques-Anne), maître chirurgien, 566*.
— (Jacquette), 508, 509.
— (Jean-Charles-Anne), 566*.
— (Jean-Gilles-Charles), médecin du roi à Vannes, 535, 566*, 571*.
— (Jean-Louis), 535, 536*, 541*, 559*, 562.
— (Jean-Louis-Ignace), 314.
— (Marie), 50*.
— (Yvonne-Marguerite-Françoise), 536*.
Auby (Ange-Jean-François d'), 411.
— (Jean-Claude d'), huissier royal de la maîtrise des Eaux et Forêts, 411, 412.
— (Yves-Marie d'), 412.
Auofer ou Quefer (Le), en Rieux, 122.
Audeu (Jacquette), 609*.
Audibon (Jacques d'), 124*.
Audic (Françoise), greffière de Quintin, 477.
— (Louis-Joseph-Marie-Bernard), 214*.
— (Marie-Perrine), 257*.
— (Pierre), 9*.
— (Pierre-François), receveur des domaines, 214*.
— (Pierre-Louis-Marie-Paul), 214*.
— (Ursule-Jeanne-Louise), 214*.
— (Yves), chanoine de Vannes et recteur de Saint-Patern, 134, 134*, 141, 429*, 430*.
Audo (François), prêtre, 74.
— (Maury), sous-curé de Moréac, 73.
Audouyn (Françoise-Cécile), 282.
— (Françoise-Siméonne-Cécile), 282.

Audouyn (Guillaume), greffier de Rhuis, 282.
— (Yves-Vincent), 282.
Audran (Françoise-Jacquette), 148.
— (Jeanne), 329*, 491, 520, 614.
— (Laurent), prêtre, 156*.
— (Marguerite-Josèphe), 502.
— (Mathurin), 327*.
— (Nicolas), libraire à Vannes, 263, 327*, 448.
— (N.), libraire à Vannes, 320*.
Audray (Philippe), 446.
Audren (Angélique), 522.
— (Angélique-Marie-Louise), 514*.
— (Bertrand), 45*.
— (Charlotte), 601.
— (Gilles), 469*.
— (Guillaume), 41, 41*.
— (Jacques), 41.
— (Jean), 41, 450*.
— (Joseph), commis au greffe de Ploërmel, 469*.
— (Julienne), 227.
— (Louise), 93.
— (Nicolas), 45*.
— (René), 45*.
— (Ursule), 45*.
— (Vincente), 598, 599.
— (Yves), 41.
Auffray (Anne-Renée), 35*.
— (François), 561.
— (Marguerite), 471*.
— (Marie-Mathurine), 552*.
— (Vincent), 468*.
Auffredic (Armel), 90.
— (François), 91*, 92*.
— (François), contrôleur du duché de Rohan, 45.
— (Guillaume), 15, 90.
— (Guillaume), notaire de Rohan, 15.
— (Jacques-Joseph), 51*.
— (Jacquette), 92*.
— (Jean), 91*, 92*, 93, 99.
— (Jérôme-Anne), 212.
— (Joseph), 91*.
— (Julienne), 92, 99*.
— (Marie), 92, 93.
— (Marie-Anne), 100*.
— (Marie-Françoise), 93.
— (Sainte-Hyacinthe), 100.
Auffredo (Mathurine), 77*.
Auffret (André), 585.

Auffret (Bernardin), 15*.
— (Charles), 15*.
— (François), 605*.
— (Françoise), 144*.
— (Gilles-Anne), 594.
— (Guillaume), notaire royal, 594, 594*, 595*.
— (Jean), 88*, 144*.
— (Jeanne), 426, 428.
— (Jeanne-Gabrielle), 594*.
— (Julienne), 426*.
— (Louis), 8, 14*.
— (Louise-Constance-Julienne), 64*.
— (Marguerite), 14*.
— (Mathurin-Pierre), professeur, 552.
— (Maurice), recteur de Remungol, 85.
— (Renée), 31.
— (Sébastien), notaire royal, 485*, 585.
— (Thérèse), 561.
— (Yvonne), 474.
Aulnays (sieur et dame des), 52*, 75, 88, 116*, 155, 155*, 159, 159*, 160, 247, 247*, 251*, 253*, 262, 305*, 362, 369*, 388*, 417.
Aumont (Gilles), 577*.
— (Jeanne), 600*.
— (Marguerite-Françoise), supérieure de la Retraite de Vannes, 613.
— (Pierre), 479*, 482, 577*.
Aunay (Guillemette d'), 444*, 445.
— (Luc-Alexandre d'), 457*.
Auno (Anne), 352*, 360.
— (Pierre), 344.
— (Yves), notaire royal au présidial de Vannes, 344, 346*.
Aurillion (Jacquette), 607.
Aurin (Louis), 598.
— (Louise-Renée), 598.
— (Siméon), 598.
Authueil (Antoine), 495.
— (Bertranne), 368, 381, 450, 456*, 481, 185.
— (Gabriel), procureur au présidial de Vannes, 298*, 349, 580.
— (Gillette), 276.
— (Guillaume), procureur à Rhuis, 276, 276*.

Authueil (Guillaume), curé de l'Ile d'Arz, 280.
— (Jacques), 277, 298*.
— (Jean), notaire royal, 272, 275, 276*.
— (Jean), procureur syndic d'Auray, 277.
— (J.), 280.
— (Louis), 342.
— (Magdeleine), 353.
— (Marie), 460*.
— (Olivier), 274*.
— (Perrine), 275, 275*.
— (Thomas), notaire royal et greffier de Rhuis, 274,274*.
— (Thomas), notaire royal au présidial de Vannes, 276*, 342, 346, 347, 351, 355, 359, 579, 579*.
Autier (Julien-Pierre), 400*.
— (Louis-Armand), 400*.
Autissier (Adrien-Marie), 556*.
— (Charles-Louis), 571.
— (Félix-Pierre), 553.
— (Jean-François), greffier de la maitrise de Vannes et premier huissier du consulat, 412*, 546, 548, 550, 550*, 552, 553, 554, 555*,556*.

Autissier (Jean-François), maître de pension à Vannes, 571.
— (Jean-Marie), 552.
— (Jeanne-Vincente), 554.
— (Julie-Charlotte), 412*.
— (Louis-Marie), 555*.
— (Yves-Joseph-Pierre), 543.
Autron (Mathurine), 89*, 391,392*, 563*.
— Voir Anthron.
Auvray (Catherine), 562.
— (Jean), 582.
— (Jeanne-Davide), 403*.
— (Marie), 456.
Auvril (Anne-Camille), 193.
— (Maurice), conseiller au Parlement, 193*, 365*, 373, 595.
Auvrin (Louis), 476*.
Aux (Louise-Marie d'), 290*.
Auzerayes (demoiselle des), 516*.
Auzon en Séné (chapelle), 351*.
Auzon (sieur et dame d'), 167*, 173, 180, 181*, 296, 296*, 316, 349, 358, 383*, 386, 390*, 392, 393, 394, 400*, 409, 468*, 475*, 477, 477*, 478*, 480*, 481*, 482, 483, 484, 489, 490*, 493*, 494*, 498, 498*, 500, 503, 506*, 508, 508*, 509*, 511*, 516*,

519, 520*, 522, 528, 534, 535*, 554*, 559*, 609*, 611, 622.
Avaugour(François d'), 163*, 338*.
— (Mathurin), 338*, 342.
— (N.), 221.
— (Robert), 146*.
— (Vincent), 342.
Aveline (Jeanne), 123*.
Avenart (Gillette), 110*.
Avennes (Louise d'), 371.
— (Louise-Françoise), 489*.
Avis (Jeanne), 474.
Avril (André), 205.
— (Antoine), 594.
— (Gabrielle), 256*.
— (Jacquemine), 111.
— (Jean), 111.
— (Jeanne), 111, 256*.
— (Louis-Vincent), maitre chirurgien, 554*.
— (Michelle), 234*.
Avrillé (Vendée), 571*.
Ayelin (Françoise), 536.
Ayeoul (Vincent), 228*.
Ayoux (Marie), 549*, 627.
Ayrault (Guillaume), 502*.
— (Nicolas), 502*, 522.

B

Babet (Michelle), 425.
Babine (Renée-Marie), 421.
Baboys (Antoine), procureur en la cour, 475*.
Bachelay (Massé), 458*.
Bachelier (Marie-Sébastienne), 328*, 468.
— (Pierre), notaire royal à Vannes, 574*.
Bachelot(François-Marie),alloué de Largoët, trésorier du district de Vannes, 417, 419*, 420, 421, 637*.
— (Françoise), 332.
— (Jean-Julien), 421.
— (Jean-Louis-Marie), 420.
— (Louis), capitaine d'infanterie, 332.
Baden (paroisse), 309-310. — Voir : Thére (le), Toulvern (lieux-dits).
Badiat (François), 570.

Badiat (Hyacinthe-Marie), 570.
Badiche (Jean), 462*.
Badin (François-Marie), 567.
— (Jean-Marie), 564*, 570.
— (Jean-Thomas), 563,563*,564*, 567, 568*, 570.
— (Joachim-Olivier), 563*.
— (Pierre-François), 563.
— (Suzanne-Perrine), 568*.
— (Thérèse-Françoise), 634.
Baellec (Angélique-Jean), 138.
— (Anne-Jeanne), 147*.
— (Anne-Ursule), 84*.
— (Antoine-Armand-François de), 620.
— (Charles-François-Gabriel de), 621*.
— Charlotte-Claude de), 621*.
— (Claude), 585.
— (Claude-Thomas), 31*.
— (Françoise), 34.
— (Françoise-Ursule), 84*.

Baellec (Gilles), 84*.
— (Jean), 58*, 63*, 138.
— (Jeanne), 84*, 284.
— (Louise), 58*.
— (Marie-Anne), 30.
— (Marie-Laurence), 138.
— (Nicolas), 58*.
— (Paul-François), 30*, 31*, 288.
— (René), 30.
— (René-Augustin-Armand-Louis) avocat en la cour, 288, 620, 621*, 624*, 631*.
— (Renée), 59.
Bagot (Anne), 603*.
— (Emmanuél-Julien), 604.
— (François-Augustin-Joachim), 603, 624*.
— (Joseph), commis au bureau du tabac, 496*, 603, 603*, 604, 604*, 605, 605*, 606, 606*, 607*, 608.

Bagot (Joseph-Marie), 605*.
— (Josèphe), 607*.
— (Louis-Marie-Joseph), 606*.
— (Marie-Anne), 604.
— (Marie-Rose), 605*.
— (Michel), 604*.
Bahon (Alain), 453.
— (Guillemette), 439*.
Bahuno (sieur du), 42, 89.
Bahuot (François), maître chirur-
gien, 591*.
Baburel (seigneur de), 110.
Bail (Louis-Nicolas), 19*.
— (Louise-Constance), 19*.
Baillène-Lombard (Renée-
Marie), 569*.
Bailliff (Jeanne), 513.
— (Jeanne-Charlotte), 390.
Baillon (sieur du), 375.
Baillon (Charles), 604*.
Bain (Hilaire), 624*.
Bais (Ille-et-Vilaine), 27*.
Balenne (Marie-Georgette), 626*.
Ballangeart (sieur et dame de),
123*, 198*, 236, 306, 311*.
Ballay (Etienne), notaire royal au
présidial de Vannes, 575*.
Ballé (sieur de), 502.
Ballin (Joseph-Antoine), greffier
de la garde des sacs civils
au Parlement, 453*.
Ballu (Michelle), 452*, 466*, 478*.
Balsème (seigneur de), 331*.
Balthazar (Noël), marchand
d'images de taille douce,
478.
Baniel (Olivier), recteur de Sul-
niac, 144.
Banlieues, 97*, 98*, 317, 318*.
Banneville (seigneur de), 42.
Bannier (Philippe), 41*.
Baptêmes (du rite romain), 174*.
Baraban (Bertrand), 588*.
— (Guillaume-François), 587*.
— (Jean), maître peintre à
Vannes, 452, 453*, 454, 455*,
587*.
— (Jeanne), 425*.
— (Joseph-Charles), 453*.
— (Louis), 455*.
— (N.), 412.
— (Perrine), 518.
Barach (sieur et dame de), 64*,
65. — Voir : Barrach, Bar-
rara.

Bararach en Séné, 296.
Barat (Marguerite), 436, 438.
Barate (Guillemette de), 107*.
— (Jean de), 107*.
— (Jeanne), 586, 589.
— (Pierre de), 107*.
Barazer (Laurence), 616*.
Barbarin (Marie), 573*.
— (Pierre-François), garde ma-
gasin général de la Cie des
Indes, 95.
Barbé (Guillaume), 469.
— (Jeanne), 229*.
Barbereau (André), jésuite, 421.
Barbier (Aimé-François), 160.
— (Barbe-Alexandrine), 415,
420*, 632.
— (Jeanne-Marie), 567*.
— (Marie-Marthe-Agathe), 123*,
160.
— (N.), 550.
Barbiguière (Marie-Thérèse),
330*.
Barbot (Antoinette), 582.
— (Jeanne), 411*.
— (Pierre), 147*.
Barbotin (Antoine), receveur des
impôts et billots de l'évê-
ché de Vannes, 448*.
— (François), directeur général
des Aides à Saumur, 448*.
— (Jacques), 448*.
Barcelone (comte de), 558.
Bard (Ignace), capitaine de port
à la Martinique, 534.
Barday (Augustin), recteur de
Melrand, 8*.
Bargain (Anne-Marie-Thomase),
27*.
— (Yves), receveur de Ranes,
27.
Barillet (Vincent), 484*.
Barin (Claude), auditeur à la
Chambre des Comptes de
Paris, 472.
— (Magdeleine), 221.
Barisy (Angélique-Marie), 54*.
— (Antoine), 49*.
— (Bertrand-René), 11.
— (Claude), 48.
— (Claude-Michelle), 52.
— (François), 47, 61*, 93, 95*.
— (François), substitut du pro-
cureur fiscal de Guémené,
47.

Barisy (Gilles-Isidore), 47*.
— (Isabeau), 46*.
— (Jacques), 46, 46*, 49*.
— (Jacques), notaire à Gué-
mené. 53*, 55*.
— (Jacquette), 50*, 53*, 55*, 62*,
63.
— (Jacquette-Ursule), 48*.
— (Jean-François), 93.
— (Jean-Jacques), lieutenant
général garde-côtes de l'Ile
de Groix, 53*, 54, 63.
— (Jérôme), capitaine de Gué-
mené, 48, 50, 50*, 51.
— (Jérôme-René), 54*.
— (Joachim-Jean), 93*.
— (Joseph), 47*, 49*.
— (Louis-Joseph), 93.
— (Marguerite), 611*.
— (Marie-Anne), 24*, 54.
— (Marie-Louise), 51*.
— (Pierre), 12, 19*.
— (Pierre), recteur d'Inguiniel,
93.
— (Pierre), procureur fiscal de
Guémené, 61*.
— (Pierre). avocat à Guémené,
45*, 46*.
— (Pierre-Ange), 93.
— (Pierre-Thomas). 50*, 52*,
54*.
— (Roland), 19*.
— (Thomas), avocat en la cour,
47, 47*, 48, 48*, 49*, 57*, 61*.
Barjulé (dame de), 560*.
Barlagadec (sieur de), 45, 46*,
50*.
Barnabot (Marie-Jeanne), 550*.
Barniquel (Jean), 107*.
— (Marie-Anne-Charlotte), 213*,
557.
— (Pierre), recteur de Redon,
213*.
Barnisquel (sieur de), 242.
Barnisquel (Gilles de), 242.
— (Jeanne de). 242.
Barolet (Pierre), 448*.
Baron (Anne-Sainte), 55.
— (François), 149*.
— (Jeanne-Louise), 149*.
— (Julien), 549.
— (Marie), 549.
— (Reine-Françoise), 100*, 101.
Barrach (Claude), 39.
Barrara (sieur de), 346*.

Barre (Louis), capitaine au régiment d'Autichamp-Dragons, 551*.
— (Marie-Thérèse), 518.
— (Pierre-Louis de), 400*.
Barré (Marguerite), 346*.
— (Michel), 438.
— (Vincente), 440*, 449, 450, 454*.
Barrégan (seigneur de), 25*, 26*, 33*, 35.
Barrin (comtesse de), 4.
Barthélemy (Renée-Jeanne de), 502.
Barué (Gilles), 460.
— (Pierre-Julien), 460.
Barubel (Mauricette), 69*.
Barz (Yvonne-Perrine), 536*.
Baslé (Jeanne), 589*.
Baslin (Joseph-Antoine), greffier au Parlement, 456.
Bas Maz (seigneur et dame du), 125, 125*, 126*, 242*, 246.
Bassé (François), 614*.
Basselinne (Henri), recteur de Saint-Jean-Brévelay, théologal et chanoine de Vannes, vicaire général, 47, 141*, 341, 347*.
— (Jean), notaire au présidial de Vannes, 426.
— (Jeanne), 341, 354, 358.
Basset (Elisabeth), 635*.
Basseville (seigneur de), 471*.
Bassot (François-Gentil), 599.
— (Louis), peintre, 599, 600*.
— (Marie-Jacquette), 600*.
Baston (Charles-François), capitaine de la Cie des Indes, 247.
Bau (Marguerite), 78.
Baubes (Jeanne de), 68, 69.
— (Marguerite de), 69.
— (Pierre de), 68.
Bauchaint (Pierre-Valentin), 540.
Bauché (Augustin-Mathurin), notaire de Cargroix, 560*.
Baud (paroisse), 1, 5. — Voir Notre-Dame de La Clarté, Notre-Dame des Neiges, Saint-Mandé, Saint-Séverin, Saint-Yves (chapelles); — Kerveno (juridiction); — Tallené (lieu dit).
Baud (Jacquette de), 48.
— (Jean-Baptiste de), 94*.

Baud (Jean-Baptiste-Marie de), 100*.
— (Jeanne de), 2, 59, 64.
— (Jeanne-Sébastienne de), 11.
— (Jérôme de), 102.
— (Louis de), 423.
— (Louise de), 2, 10*, 15*, 16, 255, 346, 351.
— (Mathurin de), 281, 449*.
— (Mathurin-Jean de), 11.
— (Mathurine de), 81.
— (Vincent de), 341*, 355.
Baude (Hélène), 382*, 384, 384*, 385*, 393.
Baudory (seigneur de), 402*, 403*, 415*, 562*.
Baudouast (Antoine), notaire royal à la Queille, 453.
Baudouin (Charlotte), 576.
— (François), 430, 576.
— (Jeanne), 430.
— (Marguerite), 592.
Baudray (Anne), 456, 593*.
— (Jeanne), 501, 502*.
— (Julien), 593*.
— (Marie), 616*.
— (Thérèse), 456, 585, 587.
— (Vincente), 565.
Baudrié (André-René), 620*.
Baudry (Jacques), 623.
— (Jeanne de), 144.
Baugé (Marthe-Elisabeth), 534*.
Baugeart (Jeanne), 583.
Bault (Charles), 327.
— (Claude), 327*.
— (Philippe), avocat en la cour, 327, 327*, 435*, 581*.
Baume (sieur et dame de), 46.
Baume (Antoine-Sébastien-Joseph), 213.
— (Louis-Augustin), maître-chirurgien, 213.
Baussan (François), 20.
— (Pierre), 20.
Baut (N.), maître-chirurgien à Angers, 342*.
Bauthamys (Françoise de), 326.
Bavier (Perrine-Charlotte), 508.
Bayar (Olivier), avocat en la cour, 468*.
Bayon (François), 459.
— (Françoise-Jeanne), 597.
— (Gillonne), 164*, 165*.
— (Jacques-Vincent), 453*.
— (Jean), 203*, 204, 204*, 440, 597.

Bayon (Jean), notaire au présidial de Vannes, 438*, 439, 440, 443*, 578.
— (Jean-Charles), 455*.
— (Jean-Joseph), 452.
— (Jeanne), 585*, 589.
— (Jeanne-Julienne), 605*.
— (Julien), recteur de Saint-Laurent de Grée-Neuve, 203*.
— (Marguerite), 203*, 609.
— (Mathurin-Pierre), 459.
— (Mathurine), 16, 81, 164*.
— (Perrine), 439.
— (Pierre), 605*, 608*, 609.
— (Renée), 626.
— (Renée-Vincente), 608*.
— (Suzanne), 204*.
— (Vincent), 438*, 452, 453*, 588.
Bays (de), voir : Debais.
Bazin (Anne), 621*.
— (Claude), prieur de Pirmil, prévôt du Chapitre de Guérande, 474*.
— (Claude), auditeur à la Chambre des Comptes de Paris, 468*, 474.
— (Clémence-Jacquette), 41.
— (Pierre), 474.
Bazvalan (seigneur et dame de), 45*, 115*, 143*, 144*, 177, 178, 179, 179*, 180, 180*, 181*, 190*, 191, 192*, 193, 194. 218*, 280*, 298, 331, 352, 360, 364, 375, 376*, 377, 377*, 380, 389, 390*, 391*, 392, 394, 394*, 395, 395*, 402, 404*, 407, 415, 420*, 463, 493, 527*, 533*, 558*, 561, 564, 565.
Bazvalan (Jeanne de), 177.
Beaubaset (sieur de), 277*.
Beaubois (sieur et dame de), 31*, 33*, 40*, 181*, 201, 371*.
Beaubois (Guyonne de), 438.
— (Suzanne de), 215*, 235*.
Beaucamp (Marie), 472*.
— (Pierre), imprimeur à Nantes, 472*.
Beaucé (seigneur et dame de), 182, 303, 373.
Beauchamp (seigneur et dame de), 82, 101, 144*, 370.
Beauchesne (seigneur et dame de), 43*, 58*, 134*, 135, 136,

137*, 138, 138*, 139, 139*, 153, 327*, 468*.
Beauchesne (Anne de), 212*.
— (Claude-Nicolas de), 144, 281.
— (Guillaume de), 279*.
— (Louis de), chevalier de Saint-Louis, 211*, 212*, 213*, 215, 557.
— (Louis-Charles de), 213*, 215, 557.
— (Louis-Marie de), 215.
— (Roch de), 279*, 281.
Beauchesne-Penhalleuc, (sieur et dame de), 156.
Beaucours (seigneur et dame de), 5, 26.
Beaucours (Bertrand de), doyen de Guémené, 60*.
— (Jeanne de), 58.
Beaufils (Barthélemy), 478.
Beaufond (Pierre de), 551.
Beaufort (François-Albert de), 100.
— (François-Louis-Marie-Albert de), 100.
Beaugendre (Anne-Michelle-Claude-Clémence), 525*.
Beaujouan (Alain), 46.
— (Thérèse), 373*, 477*.
Beauliac, 331. Voir Rulliac.
Beaulieu (seigneur et dame de), 50*, 65*, 68, 71, 71*, 77, 113*, 114*, 116, 120, 129*, 134*, 136*, 153*, 178, 185*, 189*, 197*, 200*, 250, 282, 287, 289*, 291, 292, 358, 360*, 362*, 364*, 387, 387*, 388*, 389, 390, 395, 398*, 429, 448, 529, 553*, 561, 573, 589*, 629*.
Beaulieu (Jacquette de), 234*.
— (Yves-Sylvestre de), 596.
Beaumanoir (seigneur et dame de), 353*, 354*, 373, 461.
Beaumanoir (Henri-Charles de), lieutenant général des armées du roi en Bretagne, 376.
— (Marguerite), 197*.
Beaumont (sieur et dame de), 28*, 260, 335*, 403*, 596*.
Beaumont (Anne de), 146.
— (Louis), recteur de N.-D. du Mené à Vannes, 345*.
Beaumont-la-Mazon (seigneur de), 381*.

Beaupero (sieur et dame de), 223*, 309*, 361*.
Beauperrin (Guillaume), 438.
— (Hyacinthe), 472.
— (Jean), 436.
— (Julienne), 521*.
— (Julienne-Vincente), 523.
— (Marie-Hyacinthe), 469, 471, 472, 474*.
— (Marguerite), 460*.
— (Pasquier), 436, 438.
— (Pierre-Hyacinthe), 522*.
Beaupré (sieur de), 278*, 311, 581*, 582*, 583, 591*.
Beauregard (seigneur et dame de), 11*, 12, 22*, 33, 61*, 90*, 109*, 120, 121, 121*, 136, 136*, 141, 178*, 276, 277*, 281, 294, 295*, 298, 328*, 329, 338, 339*, 343, 357*, 367*, 377*, 382, 386*, 561, 602, 603*.
Beauregard (Marie-Barbe de), 614.
— (Renée-Marthe), 537*.
Beaurepaire (sieur de), 93*, 271*.
Beauretour (Louis-Noël), 615*.
Beauront (N. de), 25.
Beausejour (sieur de), 476.
Beausoleil (sieur et dame de), 45*, 177*, 271*, 273*, 274*, 277*, 278*, 287, 289, 298*, 341, 462*, 464*, 476, 586*.
Beautrait (Robert), archiprêtre de la cathédrale de Vannes, 346*.
Beauvais (seigneur et dame de), 48*, 129*, 221*, 253, 595.
Beauvais (Anne-Esther de), hospitalière de la Miséricorde de Jésus, 52.
— (Marie-Anne), 524*, 526, 527, 529, 531, 548*.
— (N.), 628.
Beauval (seigneur et dame de), 36, 148*.
Beauvau (seigneur de, 105, 105*, 198, 198*.
Beauvau (Anne-Louis de), 105*, 198, 198*, 199, 398.
— (Claude-Charles), 105.
— (Claude-Louis-Jean-Vincent), 105*, 398.
Beauvoir (comte de), 110*, 304.
Beedelièvre (Anne-Marie-Alexandre), 288.

Beedelièvre (Antoine), 241.
— (François), 156*.
— (Gabriel-Antoine), 288*.
— (Gilonne), 194*, 195, 195*, 204*, 205, 309*, 358*.
— (Guillaume), 147.
— (Jean), 19, 195.
— (Jean-Baptiste), conseiller au Parlement, 365*.
— (Jean-Marie), 288, 288*.
— (Jean-Vincent), 288*.
— (Jeanne), 195, 197*, 358*.
— (Laurence-Antoinette), 240, 331*, 332, 563*.
— (Marguerite), 195*.
— (N.), 563*.
— (Pierre-Joseph), 240.
— (René-Jean-Baptiste), 288.
— (Renée), 195.
Béchenay (Vincente), 457*, 461*.
Bécherel (seigneur de), 302*, 339*.
Bechet (Cécile), 441*. [→ François, 447*]
— (Guillaume), sergent royal, 441, 441*, 442, 446, 447, 447*.
— (Guillemette), 447.
— (Jeanne), 442, 487, 490*, 491*, 493*, 499, 509.
— (Louise), 441.
— (Perrine), 446.
Bécheu (Pierre), procureur à Vitré, 456*.
— (Renée), 456*.
— (Suzanne), 593*.
Becmur (Marguerite de), 59, 65.
Bécot (Jacques), 282*.
— (Mathurin), 282*.
Becquet (Marie-Elisabeth), 169*, 170, 619, 622, 628*, 630.
— (Marthe), 122*.
— (N.), religieux de Saint-Laurent-sur-Sèvre, 239*.
Bedeau (Marie), 114*, 115.
— (Thérèse), 551.
Bedée (Christophe), 471*.
— (Mathurin), 35.
Bedel (Alexandre), 250*.
— (Anne), 251*.
— (Catherine), 108*.
— (Charles), 109, 244*.
— (François), 124*, 250*.
— (Françoise), 125, 153*, 201, 243*, 250*.
— (Guillaume), 108.
— (Jacquemine alias Jacquette), 458.

Bedel (Jean), 1.., 108*, 109, 121*, 129, 129*, 150'.
— (Julienne), 12.*.
— (Louise), 124.
— (Olivier), chirurgien écossais, 330*.
— (Perrine), 250*.
— (Pierre), 108*, 129, 154, 250*.
— (René). 108, 129.
— (Renée), 108, 129.
Bédès (Christophe), 195*.
Bedex ou Bedesque (Marie-Rose), 546, 547, 555*.
Bedoy (Catherine), 476*, 596*.
— (Étienne), 143*, 494.
Begaignon (Claude), 34*.
Béganne (paroisse), 110-116. — Voir : Bonconfort, N.-D. du Pont de Lestier (chapelles).
Bégassie (sieur de), 231.
Bégasson (sieur et dame de), 114*, 162, 204, 204*, 205, 205*, 242, 260.
Bégasson (Catherine de), 276.
— (Clément de), 163*, 276, 302.
— (Françoise de), 204, 227.
— (Gilles de), 204.
— (Gilles-Jean de), 114*, 205*.
— (Isabeau de), 133*, 152*, 204.
— (Jean de), 162, 199, 204, 242, 260.
— (Louis de), 195*.
— (Louise de), 152*, 153.
— (Magdeleine de), 204, 217*.
— (Marc de), 204.
— (Olivier de), 200.
— (Renée de), 136, 162, 200*.
Bégaud (François), 464*.
— (Françoise), 441, 441*, 447 449*, 454*, 458.
— (Gilles), procureur au présidial de Vannes, 575*.
— (Guillaume), 575*.
— (Jacquette), 476.
— (Jean), procureur au présidial de Vannes, 586.
— (Julien), 277*, 442*, 447, 580*.
— (Julien), notaire et procureur au présidial de Vannes, 343, 350, 364, 432*, 435*, 441, 442, 442*, 450, 455, 580*, 582*.
— (Julienne), 441.
— (Louis), procureur au présidial de Vannes, 364, 439*, 577*, 580*.

Bégaud (Louis), avocat en la cour, 475*.
— (Louise-Jeanne), 412*.
— (Olivier), procureur au présidial de Vannes, 470, 593*.
— (Perrine), 278.
— (René), 364*, 486*.
— (Rose-Marie), 450.
— (Vincente), 475*.
Bégo (Guillemette), 210*.
— (Jacquette), 210*.
Begouin ou Bigouin (sieur et dame de), 462*, 589, 591*.
Begué (Jacques), 546.
— (Jacques-Marie), 545*.
— (Jean-Baptiste), sous-brigadier dans les fermes du roi, 545*, 547*, 622*.
— (Pélagie-Perrine), 547*.
Behen (Antoinette-Aurélie de), 300*.
Behourt (Jeanne), 451*.
Beizit (seigneur et dame du), 23, 58, 76*, 77*, 107*, 108, 119, 135, 136, 137*, 141, 141*, 142, 162*, 178, 182, 203, 204, 217*, 218, 219, 219*, 241*, 242, 242*, 251, 302, 333. 336*, 353*, 358*, 360*, 361, 361*, 362, 423, 431*; 435, 438*, 465.
Beizit (Charlotte de), 111*, 422.
— (Claude du), 107*, 119, 241*, 242.
— (François du). 250.
— (Françoise du), 119, 215*, 216.
— (Françoise-Gabrielle du), 224.
— (Gilles du), 107*.
— (Guillaume du), 124, 208*, 216, 224, 242*, 451.
— (Jean du), 111, 111*, 118*.
— (Jean-Baptiste du), 215*.
— (Jeanne du), 91, 224, 250.
— (Marie du), 307.
— (Olive du), 124.
— (Saldebrail du), 195*, 215*.
Belair (sieur et dame de), 18*, 282*, 284*, 290*, 632*.
Béléan en Ploeren, 314.
Belenfant (Jacquette), 531, 602.
Belestré (sieur de), 354.
Belingant (Claude de), 329.
— (Jeanne-Françoise de), 3*, 329.
Bellamy (Julien), curé de Moréac, 75*.

Bellanger (Catherine-Elisabeth-Françoise), 196*, 559*.
— (Catherine-Louise), 520, 596*.
— (Claude-René), 27*.
— (François), 27*.
— (François), procureur au présidial de Vannes, 576*, 577.
— (Françoise), 523*, 532.
— (Jean), 170*.
— (Julienne), 345*, 350*, 355.
— (Louise), 170*, 596*.
— (Mathurin), 27*.
— (Thomas), 170*, 484*, 596*, 597*.
— (Yvonne-Jeanne), 508*, 597*.
— (Yvonne-Perrine), 625.
Bellay (sieur de), 382*.
Bellec (Anne-Marie), 198*.
— (Claude), 364*.
— (Jacquette), 70*.
— (Jean), procureur au présidial de Vannes, 499*, 507.
— (Jérôme-Ignace), 10*.
— (Nicolas), 10*.
— (Olive), 13.
Bellechère (seigneur et dame de), 55, 93*, 95*, 96, 99, 100, 101, 332*, 554.
Bellefontaine (sieur et dame de). 258, 316*, 321, 395, 405*, 406*, 489, 492*, 503, 503*, 507, 507*, 510, 521, 523*, 525, 527, 528, 529, 529*, 531*, 598*, 608*.
Belleix (dame de), 162.
Bellemare (Marie-Charlotte de), 546*, 548, 569.
Bellesbat (seigneur et dame de), 228, 236. 301, 409*, 444*, 449, 449*, 453, 589, 594*.
Bellesœur (Catherine), 554*.
— (Michelle), 432*, 433.
— (Olive), 469.
Belleste (seigneur de), 237.
Belleville (seigneur et dame de), 138*, 195*, 197*, 358*, 446.
Belleville (Jacques de), vicaire général du chapitre de Vannes, 134, 347*, 350*.
— (Marguerite), 361, 578*.
Bellevue (sieur et dame de), 48, 69, 73*, 229*, 230, 231, 232, 277*.
Bellin (Jeanne), 468*.
— (Yves), recteur du Faouët, 25.

Belliot (Jacques), 238.
— (Jeanne), 622.
Bellise (Louise), 327, 327*.
Bellisle (sieur et dame de), 105, 521, 56?, 561*, 564*, 566, 568.
Bellon en Elven (frairie de), 145.
— (maison de), 134*.
Bellon (sieur de), 119*, 200*, 421*.
Bellon (Anne), 475.
Bellot (Lou.s), 613*.
— (Louise), 613*.
Bellouan (seigneur de), 78*, 109.
Bellouan (maison de), 227*.
Bellouan (Claude de), 21.
— (François de), 152, 152*, 204.
— (Gilles de), 109, 160*.
— (Jean de), 204.
— (Mathurin de), 164*.
— (Perrone de), 107*.
— (Pierre de), 152.
— (Renée de), 128*.
Belludo (Louise-Julienne), 492, 599.
Bellune (Renée de), 578*.
Bellurion (Marguerite), 613.
Bellynno (Claude), notaire de Cohignac, 209*.
— (François), 212*.
— (Julien), 215.
— (Julien), notaire de Questembert, 544*.
— (Marie-Anne), 212*, 213, 214, 215.
— (Marie-Françoise), 568*.
— (Marie-Jeanne), 407, 407*, 408*, 409*, 416, 544*.
— (Urbain-Olivier), avocat à la cour, 215.
Belnart (Jacques-Victor), 12, 131.
— (Jean-Georges), 10.
— (Mathurin), 10, 18, 93.
— (Nicole-Victoire), 101.
— (Pierre-Mathurin), sénéchal de Rimaison, Talvern, Quelven, 12, 89.
Beloc (Pierre), négociant à Nantes, 512.
Belon (Françoise), 449*.
— (Jean), 448*, 449*, 450, 451.
— (Jean), notaire royal, 448*.
— (Nicole), 449*.
Belorient (sieur et dame de), 108, 243.
Belz (Françoise-Renée), 523*.

Belz (Jean), 490*, 502, 612, 631.
— (Jean-Joseph), 612.
— (Joseph), 519*, 520, 523*.
— (N.), 613*.
— (René-Louis), 490*.
Belzac (François), curé de Plœren, 314.
Bénard (Catherine-Françoise), 54*.
— (Claude), 502, 504*, 521*.
— (Guillaume), 587.
— (Jeanne), 570.
— (Marguerite-Thomase), 502.
— (Marie-Julienne), 572*, 573*.
— (Renée), 588.
— (Thomase), 479.
— (Vincente), 569*, 571*.
Bénazé (Jean de), 471*.
Bénéac (sieur et dame du), 229, 229*, 230, 230*, 231, 231*, 232*, 233, 233*.
Bénédictions apostoliques, 266.
Bénédictions, d'églises, chapelles, chœurs, autels, tabernacles, fonts, statues, croix, bannières, presbytères, cimetières, maisons, etc., 3*, 7, 11*, 13, 14, 31*, 32*, 53, 54*, 59*, 62*, 64, 93*, 94, 113*, 115, 117*, 118, 134*, 145*, 156*, 159*, 172, 181, 216, 217, 219*, 221*, 223, 224*, 225, 239*, 251*, 281, 283, 285, 295*, 300*, 301, 301*, 304*, 305, 305*, 330*, 421, 514*, 625.
Benerven (Martine), 478*.
Benevain (Guillaume), 481*, 493*.
— Voir Benneven.
Benié (Pierre-François), vicaire de Théhillac, 241.
Benier (Pierre), 491.
Benneven (Marie), 475.
— (Nicole), 475*.
— (Yves), sculpteur à Vannes, 475.
Benoist (Adélaïde-Suzanne), 418.
— (André-Henri), 402.
— (Anne), 571*.
— (Charles-Jacques-Pierre), directeur général de la ferme de Bretagne, 418.
— (Etienne-Joseph), 295.
— (Françoise), 205*, 526, 529*, 533, 533*.
— (Gaspard), 296.

Benoist (Hyacinthe-Gilles), 205.
— (Jacques), 205, 205*.
— (Jean), 64*.
— (Jean), prêtre, 200.
— (Jean-Baptiste), prêtre, 526.
— (Jean-Vincent), 626.
— (Jeanne), 12?, 535*.
— (Jeanne Rose-Françoise), 402.
— (Joseph), recteur de Moréac, supérieur des missions bretonnes, 40*, 75*, 173*.
— (Mathurine), 547.
— (Perrine), 424.
— (Vincent), 626.
Benoiston (François), procureur en la cour, 589, 590.
— (Jeanne-Marie), 589.
— (Richard-François), 590.
Benville (Etienne), 628.
— (Françoise-Marguerite), 628.
— (Thomase), 632*.
Béranger (N.), 562*.
Berart (Julien), 76*.
— (Julien), trinitaire de Rieux, 159*.
— (Madeleine), 579.
— (Pierre), 76*.
Bercierre (Michelle), 169.
Bercy (comte de), 500*.
Bercy (Jean de), 500*.
Berder (N.), 472*.
Berger (Jean), 428*.
Bergeret (Gilbert), maître apothicaire, 465.
Bergoët (seigneur de), 415, 420*.
Berhet (sieur et dame de), 336*, 341, 341*, 342.
Bermingham (seigneur de), 56*.
Bernac ou Bernache (seigneur et dame de), 139, 286, 286*, 368*, 400*.
Bernard (Agathe-Adélaïde), 418*.
— (Agathe-Prudence), 621, 626.
— (André), notaire et greffier de Saint-Gildas, 265*.
— (Anne-Louise), 419*.
— (Catherine), 195*, 336.
— (Charlotte-Marie), 121*.
— (Charlotte-Thomase), 622.
— (Claude), avocat au présidial de Vannes, 535, 545.
— (Claude-Marie), avocat en la cour, 418*, 419*, 421, 567*, 626, 626*.

Bernard (Claude-Marie), lieutenant à la maîtrise des Eaux, Bois et Forêts de Vannes, assesseur de la maréchaussée, 620*, 621, 622, 623, 624*, 626.
— (François), 224, 580.
— (Françoise), 129, 154, 250*, 343*, 356, 403.
— (Guillaume-Julien), avocat en la cour, 629, 631.
— (Jacques), prêtre, 235.
— (Jean), 63*, 242*, 403*, 438*, 458*, 467*, 596.
— (Jean-Jacques), 421.
— (Jeanne), 177, 177*, 178, 185, 605*.
— (Joseph), 138, 147*, 165.
— (Julienne), 338, 452.
— (Julienne-Jeanne), 438*.
— (Laurent), 147, 338*.
— (Louis), recteur d'Elven et grand-vicaire de Vannes, 191*, 610.
— (Louis-Marie), 626.
— (Louise), 415.
— (Marguerite), 90, 154*.
— (Marguerite-René), conseillère au Parlement, 62, 607*, 611, 620.
— (Marie), 154*, 610*.
— (Marie-Anne-Sylvie), 418, 419*, 420*.
— (N.), 121.
— (Nicole), 91*, 92.
— (Nicole-Marie), 419*.
— (Olivier), 177.
— (Olivier-François-Marie), 623.
— (Perrine), 236, 484.
— (Pierre), docteur en médecine, 373, 460.
— (Pierre-Marie-Vincent), 631.
— (Prix), 627.
— (René), conseiller au présidial de Vannes, 338, 338*, 344, 428.
— (Renée), 147*, 611*.
— (Renée-Françoise), 373.
— (Roberde), 451, 452, 467*, 472*, 488*, 501, 502, 507, 538*.
— (Roberte-Joachim), 532.
— (Sébastien), 438*.
— (Suzanne), 62.
— (Thomas-Augustin), 624*.
— (Vincente), 326, 326*, 346.

Berné (paroisse), 24-25. — Voir : Kergunus.
Hernéan (seigneur de), 81.
Barnolo (sieur du), 171*.
Bernon en Sarzeau (Communauté des récollets), 282*, 285*, 286, 287*, 289*, 330*.
Bernudel (sieur et dame de), 273*, 276*, 278*, 279*.
Bernus (seigneur et dame de), 333*, 341, 348, 349*, 351*, 357*, 359, 424, 434*, 447*.
Bernuson (sieur et dame de), 177.
Berric (paroisse), 192-194. — Voir : Kercohan (chapelle), Colignac (manoir).
Berrien (seigneur et dame de), 5, 10, 17*, 42, 45*, 81*, 88, 89, 102, 102*, 107, 327*, 343*, 361*, 369*, 381*, 422*, 574*.
Berrolle (Jacques), 436.
— (Marie), 367.
— (Renée), 447*.
Berruyer (Jeanne-Jacquemine de), 12*.
Berso (dame de), 240.
Bertain (Jacqnette-Françoise), 555*, 562*, 614.
— (Jeanne-Marie), 610*.
— (Marc), 609*, 610*, 614, 618*, 622*.
— (Marguerite), 609*.
Bertaud (Bertrand), 425.
— (Georgine), 390, 502, 505*, 506.
— (Guillemette), 425.
— (Pierre), 499.
Bertel (Anne-Marie), 589.
— (Anonyme), 595*.
— (Françoise), 597*.
— (Jeanne), 592.
— (Marguerite), 596.
— (Mathurine), 597.
— (Raymonde-Marie), 598*.
— (Vincent), 585*, 589, 592, 595*, 596, 597, 597*, 598*.
Berthelais (mademoiselle de), 251.
Berthelot (Charles-Joseph-Armand), 312*.
— (Charles-Joseph-Hyacinthe), 312*.
— (François), jésuite, 348*.
— (Françoise-Marie), 264*, 306.
— (Jean), 578*.

Berthelot (Jeanne), 403*.
Berthier (Pierre), écrivain principal de la marine, 379*.
Bertho (Anne), 334, 574*, 575*.
— (Charlotte), 445*.
— (Françoise), 558*.
— (Jacques), recteur de Marzan, 220.
— (Jean), 441*.
— (Jeanne-Françoise), 196.
— (Jeanne-Vincente), 419*.
— (Pétronille), 147*.
— (Vincent), notaire au présidial de Vannes, 419*.
Berthomme (Marie-Renée), 544, 548, 548*, 564, 567*.
— (Michelle), 544.
Berthou (Angélique-Agathe), 122, 123, 205*, 206, 252.
— (Anne-Angélique), 256*.
— (Anne-Jacquette-Félicité de), 54*.
— (Anne-Thomine-Prudence de), 56*.
— (Constance-Aimée-Simone-Flore-Gabrielle-Jeanne-Justine-Marie de), 57.
— (Gilles), 111*.
— (Hélène), 206.
— (Jean-Jacques de), avocat général au Parlement, 54*, 56*, 57, 57*.
— (Jean-Olivier), président au Parlement, 205*.
— (Jean-René), 205*.
— (Magdeleine), 116*, 205*, 251, 251*, 252.
— (Magdeleine-Olive), 205*.
— Marie-Catherine-Vincente de), 56*.
— (René), 205*, 206, 245, 251, 260*.
— (Renée), 9*.
Bertin (Charles-Jean de), évêque de Vannes, 176, 532*, 535*, 541*, 543*.
— (Jean), maître chirurgien juré à Vannes, 320*, 504*, 587*, 589*, 600, 600*.
— (Julien), 442, 443.
— (Julien), doyen de Rochefort, 259.
— (Marie-Anne), 386*, 502, 504*, 505*, 507, 508*, 510, 513*, 527.
— (Marie-Jeanne), 514.

Bertin (Mathurin), 8.
— (Perrine), 515.
— (Ursule), 507*, 511*.
— (Yves), 514, 515, 515*.
Bertrand (Anne), 593.
— (Jacques), 4*.
— (Jean), 589, 591*, 593.
— (Jean-Baptiste), 543.
— (Julien), 591*.
— (Thérèse), 400, 400*, 401, 401*, 402, 403.
Berval (sieur de), 140*, 283*, 294, 391*, 392.
Beschart (Alexandre), 54*.
Beschays (Anne-Marie-Rose), 252.
— (Marie), 188.
Beschet (Jeanne), 484*.
Besidel (seigneur et dame de), 10, 11, 20*, 79*, 100, 196, 361, 417*.
Besidalan en Elven, 135*.
Besleix (seigneur de), 146*, 181*, 260, 260*, 261.
Beslon (seigneur et dame de), 136*, 137, 137*, 138, 142*, 143*, 144, 212, 213*, 215, 413, 417*.
Besmat (seigneur de), 11*.
Besnard (Claude), avocat en la cour, 589.
— (Elisabeth-Renée), 632*.
— (François), 288, 288*, 311, 529*.
— (Marie-Magdeleine), 287, 287*.
— (N.), religieux de Saint-Laurent-sur-Sèvre, 239*.
— (Vincente-Françoise), 288, 289, 291*.
Besné (François de), 215*.
— (Isaac de), 235*.
— (Jacques de), 236.
— (Jean de), 235.
— (Marie de), 199*.
— (Michel de), 236.
— (Olympe de), 199*, 200.
— (Philippe de), 235, 235*, 236.
— (Pierre de), 162, 235*.
— (Rose de), 558*, 629*.
Besnier (Guillemette), 514.
— (Hélène), 496*.
— (Pierre), notaire royal et syndic de Vannes, 496*.
Besons (sieur de), 474*.
Bésouet (seigneur du), 2*, 256.
Bessan (vicomte de), 354*.

Bessin (Joseph), 611.
Besson (François), 460.
Besson (Catherine), 151*.
Bestion (Pierre), 27.
Betléan (dame de), 424.
Beurel (Bonaventure-Louis), 104.
— (Louis), 104.
Beurier (Jacques), maître fondeur à Vannes, 49, 305.
Beuve (Marie-Aimé), 558*.
— (René), 558*.
Beuves (seigneur et dame de), 193*, 356*, 487.
Beux (seigneur et dame du), 30, 42, 42*.
Bevrot, procureur au présidial de Vannes, 526*.
Bézidel en Cléguerec (château de), 12*, 43*.
Bézier (Perrine), 110, 504, 524*.
Bézo (dame du), 237.
Bezouet en Moustoir-Ac (manoir), 77.
Biart (François), 58*.
— (Thomase), 58*.
Bias (Anne-Jeanne), 597*.
— (Joseph), 505, 595*, 596, 597*.
— (Marie-Françoise), 596.
Bidart (Julien), 458*.
Bidault (Julien), commis aux enquêtes du Parlement, 456.
Bidé (Amable-Augustin), 171.
— (Anne), 338.
— (Anne-Magdeleine), 167.
— (Charles), 357.
— (Charles), conseiller au Parlement, 138, 370, 370*, 372, 374, 384*.
— (Charles-Marie), 370*.
— (Guillaume), sénéchal de Vannes, 338, 338*, 431.
— (Jacques-Raymond), prêtre, 362*, 370*.
— (Jean-Roland), 458*.
— (Jeanne), 184.
— (Joseph), président au Parlement, maître des requêtes au Parlement de Paris, intendant du Limousin, 167, 167*, 356*, 357, 358*, 362*, 367, 372*, 382, 470*.
— (Joseph-Hyacinthe), 167*.
— (Joseph-Joachim), 372.
— (Joseph-Mathurin), 358*.

Bidé (Julien-Louis), 374.
— (Louise-Julie-Sainte), 374.
— (Marie), 99*.
— (Marie-Anne), 375, 375*, 376* 379, 384*.
— (Marie-Françoise), 171.
— (Sébastien), maître ordinaire en la Chambre des Comptes, 265.
— (Yvonne), 2*, 431.
Bienassis en Pipriac (manoir), 161*.
Bienassis (sieur et dame de), 129, 161*.
Bienassis (Charles de), recteur de Moréac, 471.
Bienlivien (dame de), 450*.
Biennovin (Françoise), 17*, 90*.
Biens communaux, 315*, 323*.
Bieuzy (paroisse), 5-6. Voir : La Trinité (église), N.-D. des Rois (fontaine), Castennec (lieu-dit).
Biffart (Antoine-Marie), 286.
— (Gabriel-Pierre), 285, 286, 287, 288.
— (Georges-Pierre-Marie), procureur du roi à Rhuys, 286.
— (Jeanne-Gabrielle-Marie), 286, 620, 621*, 624*, 632.
Bigaré (Anne), 464, 470.
— (Bertrand), 471.
— (Catherine), 479*.
— (François), 442*, 462*.
— (Françoise), 442*.
— (Françoise-Hélye), 469*.
— (Guénaille ou Guénolée), 333, 335*, 336*.
— (Guillaume), 364, 482.
— (Guillaume), conseiller au présidial de Vannes, 309*, 370, 375*, 433, 442*, 469, 482, 585*.
— (Guillaume), receveur des fouages de l'évêché de Vannes, syndic de Vannes, 342, 342*, 343, 347, 351, 352*, 353*, 355, 579, 580*.
— (Jacques), 343, 452*, 455*, 459*, 462*, 469*, 470, 471, 473, 475, 476*, 505, 603.
— (Jacques), arpenteur royal, 478*, 479*, 481, 482, 484*.
— (Jacques-Marie), 628.

Bigaré (Jean), 275*, 336, 429*, 433*, 433*, 575.
— (Jean-René), 626.
— (Jeanne), 453*, 475, 575.
— (Joseph), 347.
— (Joseph-François), 476*.
— (Julien), 575.
— (Julienne), 385, 459*.
— (Julienne-Françoise), 363, 364.
— (Louise), 424*.
— (Madeleine), 481.
— (Marguerite), 309*, 455*, 456, 536*.
— (Marie), 353*, 470.
— (Marie-Josèphe), 556*, 564, 618*, 628.
— (Marie-Louise), 627.
— (Marie-Thérèse), 470.
— (Mathurin), 422*.
— (Melchior), 354.
— (Olivier), 307, 341, 347.
— (Perrine), 275*, 431*.
— (Perrine-Françoise), 452*.
— (Pierre), 556, 626, 627, 628, 634, 556.
— (Pierre), conseiller au présidial de Vannes, 343, 354, 354*, 356, 364*, 580, 582.
— (Pierre-Julien), 459*.
— (René), chanoine de Vannes, 376*.
— (Thérèse), 23*, 309*, 352*, 362, 364, 369*, 370*, 376, 462*, 484*, 505, 506, 507, 509, 511, 512, 517*, 529, 532*, 538, 557*, 582, 603.
— (Vincent), notaire au présidial de Vannes, 449*, 450*, 455*, 456, 457, 458, 460, 461*.
— (Vincente), 354*.
Bigaud (Pierre), 349.
Bigeaud (Bonaventure), 49.
— (Marguerite-Françoise), 258.
— (Marie-Marthe), 50*.
— (Marie-Rosalie), 540*.
— (Marthe), 49.
Bigland-Belair (N.), 632*.
Bignac (sieur et dame de), 112, 113*, 211, 242*, 260.
Bignan (comte de), 390*, 602*.
Bignan : voir Kerguehennec.
Bignon (seigneur et dame du), 114, 118, 126*, 180, 186*, 244, 250, 325*, 342, 354, 358, 362*, 441, 475*, 550, 578*, 594, 600*.

Bignon en Peillac (maison noble), 116*.
Bignons (sieur des), 432*.
Bigot (Alexandre), 346, 351, 436, 437, 578.
— (Pierre), recteur de Questembert, 209.
Bigottière (Jeanne-Renée), 159.
— (Joseph), 166.
— (Olivier), 159.
Bihan (Pierre), 527*.
Bihoué (Jeanne), 609.
— (Perrine), 614.
— (Perrine-Charlotte), 515.
Bilair (seigneur et dame de), 108*, 121*, 128*, 129, 158*, 246*, 439*.
Bilaire (Madeleine), 479*.
Bilart (Jérôme-Bonaventure), 81.
— (Mathurine), 71*.
— (Toussaint), 81.
Bilocq (Anne), 590*, 594*, 595.
— (François), procureur en la cour, 587, 590*, 594*.
— (Michelle), 595.
— (Renée), 587, 588, 590, 590*, 592.
Bilève (Michelle), 474.
Bilhaud (Jean), maître des postes, 535*.
— (Jean-Marc), 535*.
Bilihervé (sieur de), 145, 311*, 401*, 508*, 509*, 512*, 515, 604*, 605, 606, 613, 614, 614*, 615.
Billart (Guy), 474*, 591.
— (Jean-Baptiste), receveur des Fermes, 521*.
— (Julienne), 307*, 351*, 359, 550.
— (Vincent-François), 474*.
Billet (Jean-Nicolas), 6(9*.
— (Marie-Jeanne-Vincente), 546, 549.
— (Marie-Vincente), 551.
Billiers (paroisse), 183. — Voir : Prières.
Billoart (Jean-Baptiste), sénéchal de Lanmeur, 138*.
— (Louis), recteur de Neulliac, 18.
— (Louise), 30*, 31*.
— (Marguerite), 477*.
Billy (Agathe-Sainte), 524.
— (Anne), 432*.
— (Charles), 529*.
— (François), 494*, 516*, 517*,

518*, 519*, 522*, 524, 525*, 527, 528, 529*, 531, 533, 534, 544, 566*.
Billy (Guillaume), 484*, 505, 511*, 514*, 516, 526, 536.
— (Jacques), 494.
— (Jacques-Jean-Pierre), 518*.
— (Jean-Baptiste-Félix), 522*.
— (Jeanne), 506*, 515, 518*, 623.
— (Jeanne-Agathe), 417, 514*, 524, 536.
— (Jeanne-Vincente), 570.
— (Julien), 492*.
— (Julienne), 438.
— (Louis-Augustin-Emmanuel), 623*.
— (Marguerite), 365, 366*, 373*, 469, 544.
— (Marguerite-Jeanne), 519*.
— (Marie-Anne), 527.
— (Marie-Anne-Guillemette), 517*.
— (Marie-Jeanne), 531.
— (Marie-Vincente), 525*.
— (N.), 568*.
— (Pélagie), 533.
— (Perrine), 209*, 439*.
— (Roberde), 485*.
— (Robert), 484*, 485*, 488, 489*, 492*, 494, 494*, 502, 503*, 505, 506*, 510, 511*, 517*, 597.
— (Robert-Thomas), 527.
— (Simone-Jeanne), 622*.
— (Thomas-Bonaventure), 528.
— (Vincent), 622*, 623*.
— (Vincent-Olivier), 534.
Bilzic (Jean), 616.
Bin (Gillette), 605*.
Binart (Guillaume), procureur en la Cour, 457*, 590*.
— (Jacques-Pierre), 457*.
Binel (René), contrôleur des actes à Locminé, 72*.
Binet (André), 438, 441, 443*, 446.
— (Michelle), 443*.
— (Pierre), 446.
Bino (Marie-Reine de), 239.
Bino (Julien), 421*, 423*.
— (Julienne), 421*.
— (N.), 423*.
Biré (Gillette), 509*.
Birhit (Le), en Noyale, 293.
Biron (dame de), 235.
Bisole (seigneur de), 283*.
Bisole en Trefflean, 146.

Bisson (Elisabeth-Olive de), 536*.
Bizette (Laurent), libraire à Vannes, 420*.
Bizeul (Andrée), 467.
— (Jeanne), 464*.
Bizien (François-Marie), 101.
— (Jean-Marie-Yves-Séverin), 81*.
— (Perrine-Marie-Jeanne), 101.
— (Toussaint-Marie), 101.
— (Toussaint-Marie-René), 101.
Bizien (François-René de), 23.
— (Marie-Jeanne-Marguerite-Gertrude de), 23.
— (Marie-Sébastienne de), 489.
— (Renée de), 470*.
Bladic (sieur du), 441.
Blain (François), 469, 487*.
— (François-Joseph), 487*.
— (Guyonne), 616.
— (Laurent), 585.
Blais (Jean), recteur de Saint-Salomon, 602*.
— (Jeanne), 436*, 442.
— (Julienne), 496*, 497*.
— (Louis), 424.
— (Patrice), procureur en la cour, 477.
Blaise (Jean), 584.
— (Julien), 584.
Blanc (seigneur du), 303*.
Blanchard (Bernard), 128.
— (Catherine), 450*.
— (François), 223, 226*.
— (François), capitaine de navire, 559.
— (Gabrielle-Marie), 551*.
— (Gilles), 450*.
— (Jean), 128, 453*.
— (Jean), prieur de Saint-Thomas de Loyat, 130.
— (Jean), conseiller secrétaire du roi, maison et Couronne de France et des Finances, 42.
— (Jean-Baptiste), 240, 601.
— (Jeanne), 236, 494, 498*.
— (Julien), 485*, 487, 491.
— (Julienne), 485*.
— (Louis), 559.
— (Louis-Guillaume), recteur du Faouët, 32.
— (Louise-Perrine), 592*.
— (Marguerite), 540*.

Blanchard (Mathieu), avocat en la Cour, 593*.
— (Perrine-Roberte), 592*.
— (Pierre), 487.
— (Pierre), procureur en la cour, 592*, 593.
— (Toussaint-Pierre), recteur de Fougeray, 636.
Blanchardière (Marie-Bernard), 610*.
Blanche (sieur de), 234*.
Blanche (Jean), 526*.
— (Julienne), 460.
Blanchelande (sieur de), 482*.
Blanchet (Anne-Julienne), 623*.
— (Jacques-François), capitaine de la C¹ᵉ des Indes, 622*, 623*, 626*, 631*.
— (Jacques-François-Benjamin), 622*.
— (Jean-Jacques), docteur en médecine, 635.
— (Marguerite), 622*.
— (Marie-Perrine), 635.
— (Thérèse-Josèphe), 631*, 633*, 634, 635.
Blancheville (sieur de), 591, 594*.
Blancho (dame de), 393*.
Blancho (Anne), 614*.
— (François), 613, 613*, 614, 614*, 617, 618.
— (François), directeur des grands Devoirs, 456*.
— (Gabriel), 618.
— (Guillaume), 602*.
— (Jean), 617.
— (Jeanne), 406.
— (Jeanne-Marguerite), 613*.
— (Joseph-Marie), 620.
— (Louis-François), 613*.
— (Marie), 631.
— (Marie-Anne), 614*, 631.
— (Perrine), 613, 614.
— (Pierre-François), 613.
— (Pierre-Mathurin), 602*.
— (Vincente), 614.
Blanchon (Jean), 498.
— (Pierre-Vincent), libraire, 609.
Blancluet (de), procureur fiscal de Tréal, 164.
Blau (Paule-Louise de), 37, 38.
Blausellau (sieur de), 425*.
Blavet (seigneur de), 1*.
Blavet (rivière du), 5.
Bled (Jean), 567, 568, 570*, 572.

Bled (Jean-François-Marie), 568.
— (Joseph-Marie), 567.
— (Louis-Marie), 570*.
— (Marie-Elisabeth), 572.
Blehano (sieur de), 364, 442*, 447, 580*.
Bléhéban (sieur et dame de), 109, 111*, 135*, 201, 224, 243*, 244, 244*, 245, 245*, 246*, 250*, 251*, 254*, 255*, 357, 366.
Blerye (Louis-François), inspecteur général de la régie de Bretagne, 574.
Blesvin (Julien), 168, 168*.
— (Philippe-François), 169*.
Bleville (Michel-Julien), 479.
Bleville (Françoise de), 455*.
Blevin (Alexandre-Marie de), 40*, 397*, 398*, 617*.
— (Angélique-Marie-Joséphe de), 393*.
— (Angélique-Thérèse-Augustine de), 40*, 530*, 550, 554, 615, 615*, 616*, 617*, 620*, 622*.
— (Catherine-Thérèse de), 530*.
— (Claude-Charlotte-Françoise de), 525.
— (François de), 326*, 340*, 507*.
— (François-Gilles de), 356*.
— (Julien de), 356*, 357*, 365.
— (Julienne de), 326*.
— (Philippe-François de), 393, 393*, 397, 525, 526, 530*, 615, 616*, 632*.
— (René de), 340*.
Blezon (baron de), 341.
Bligny (Mˡˡᵉ de), 411*.
Bliguet (Joseph), recteur de Molac, 199.
Blineau (Philippe), 439*.
Blineau (Hély de), 439.
Blon (Jeanne), 229*, 230.
Blondeau (Anne), 475*.
— (Daniel), 136*.
— (François), 136*.
— (Jean-François), 137.
— (Louise), 136.
— (Perrine), 178*.
— (Pierre), 179.
— (Renée), 450, 463, 592.
— (Simon), 136, 136*, 137, 178*, 179.
Blossac (seigneur ou baron de), 328*, 329, 369*, 373, 465*.

Blossac (N.), prêtre, 386*.
Blouet (Anne-Marie), 20*.
— (Charles), avocat en la cour, 478*.
— (François), doyen de Péaule, 280*.
— (Guy-Jules-Anne-René), 626.
— (Jean-Pierre), 478*.
— (Jean-Vincent), maître chirurgien, 546.
— (Marie-Françoise), 37*.
Blouin (Françoise), 460.
— (Jacques), maître architecte à Vannes, 452, 460*.
— (Jeanne), 448*.
— (Perrine), 595*.
— (Rose), 452.
Bobes (Françoise), 445, 446, 447.
— (Renée), 486*.
— (Thérèse), 603*.
Bobille (Marguerite), 13.
Bobille (Maurice de), 251.
Boblaye (sieur de), 100.
Bobréban (sieur et dame de), 127, 192*, 194, 200*, 219, 244, 245*, 250*, 254*, 255, 256.
Bobréhan en Pluherlin (manoir de), 209, 210, 245*.
Bocage (dame du), 560.
Bocan (Jean), 111.
— (Jeanne), 111*.
— (Marie), 111, 241*, 489*, 491, 492, 495.
— (Perrine), 111.
Boccosel (seigneur de), 42, 292.
Bocdelen (Jacques), 460*.
Boceret (seigneur et dame de), 221*, 222*, 223, 226*, 229*, 231, 232, 232*, 238.
Boceret en Nivillac (manoir de), 223.
Bocher (Adeline), 82, 325*.
— (Ange-Marie), supérieur des Récollets de Pontivy, 107.
— (Anne), 28, 624.
— (Hélène), 623.
— (Jacquette), 622, 623, 624, 624*, 626*, 629, 63'.
— (Jean), 492*.
— (Jean), recteur de Plaudren, 172.
— (Jérôme), procureur fiscal de Renac, 157*.
— (Perrine), 69*.

Bochet (Guillaume), sergent à Vannes, 453*.
Boclan (Marguerite), 498*, 500, 502.
Bocneuf (seigneur de), 305*.
Boco (Yvonne), 594.
Bocou (Agathe-Marie), 556*.
— (Clet), notaire au présidial de Vannes, receveur des consignations, 479*, 480*, 485, 490, 505*, 509*, 512, 527.
— (Jean-Baptiste-François), 527
— (Marie-Anne), 545, 551*.
— (N.), 623.
Bocquart (dame de), 585*.
Bocquay (seigneur de), 191*.
Bocquemer (sieur de), 421*.
Bocquet (Louise), 438, 442.
Bocudon (sieur et dame de), 133*, 471.
Bocze (François), 597.
Bodain (Madeleine), 587*.
Bodaly (sieur et dame de), 194*, 303, 344, 359, 512.
Bodan (sieur et dame du), 211, 311, 311*, 317*, 353, 369, 376, 405, 456*, 457, 458, 463, 465, 482, 483, 484*, 487, 495, 496*, 497*, 498, 499, 499*, 501, 501*, 504*, 505*, 506, 506*, 508, 510, 513, 518*, 526, 530, 531*, 532*, 533, 535, 535*, 536*, 537, 538, 538*, 539*, 544, 546*, 547, 548*, 549*, 550, 550*, 551, 552, 552*, 553*, 555, 556*, 557, 559, 559*, 563, 564, 565, 566, 567, 568, 568*, 614*, 624.
Bodéan (sieur et dame de), 107*, 112, 124, 124*, 125, 149, 152*, 153, 154, 242, 250, 255.
Bodéan (Anne de), 125, 153*.
— (François de), 111*, 242*.
— (Guillaume de), 112, 124, 125, 149, 153.
— (Guillemette de), 124.
— (Jacquemine de), 112, 112*, 152*, 199, 242*.
— (Jacques de), recteur de Béganne, 113*, 114, 153*, 217*.
— (Jacquette de), 111*, 242*.
— (Jagu de), 124.
— (Julien de), 125.
— (Louis de), 149.
— (René de), 125, 154, 255.
— (Roland de), 124.

Bodel (seigneur et dame de), 304, 503*.
Bodeligan (seigneur et dame de), 244.
Bodelio en Malansac (communauté de), 196, 253*, 257*.
Bodelio (baron de), 34.
Bodenay (sieur et dame de), 576.
Bodeno (dame du), 350.
Bodet (Marie-Françoise), 231, 232.
— (René-Julien), 231.
Bodeuc (seigneur et dame do), 190, 221.
Bodevenno (sieur de), 307, 343, 346, 355.
Bodien (Laurent), 3.
Bodin (Jeanne), 586.
— (Laurent), receveur des décimes de l'évêché de Tréguier et alloué-bailli de Guingamp, 372*.
— (Mathurin), 623*, 633*.
— (Perrine), 463, 468, 471.
Bodo (seigneur et dame du), 422.
Bodo (Jeanne-Marie-Thérèse), 419*, 420, 421.
— (N.), curé de Locqueltas, 173*.
Bodon (demoiselle du), 573*.
Bodory (seigneur du), 102*, 143*, 255, 302*, 304, 304*, 305, 305*, 347, 352*, 363, 364*, 367*, 379*, 380, 380*, 382*, 383, 384, 384*, 385*, 393, 394*, 396*, 407, 475*, 583*.
Bodoyec (Anne de), 424.
— (Claude de), 581*.
— (Françoise de), 365*.
— (Jacques de), 424.
— (Jacquette de), 388.
— (Jean de), 326.
Bodrual (seigneur et dame de), 296, 296*.
Bodrual (Alain de), 296.
— (Antoine de), 242.
— (Dominique de), 242.
— (Jean de), 110*, 241*, 296.
— (Jean de), recteur de Noyalo, 293.
— (Jeanne de), 241*, 296.
— (Marguerite de), 111*, 112, 242, 242*.
— (Yvonne de), 110*.
Boduic (sieur et dame de), 3, 3*.
Boëdan (Jean), recteur de Saint-Gonnery, 104*.

Boëdan (Julien), 583.
— (Julienne), 583.
Boëdic (dame de), 393*.
Boëdo (René), 327*.
Boëlec (Louise), 505.
— (Marie-Laurence), 503, 503*, 505.
Boëzil (seigneur du), 353*, 439.
Voir Bouexic (Le).
Bogar (Alain de), 337, 347.
— (Guillaume de), avocat en la cour, 337.
— (Guillaume de), chanoine de Vannes, recteur de Malansac et de Saint-Jean Brévelay, 150, 422.
— (Guillaume de), conseiller au présidial de Vannes, 576.
— (Jacques de), sénéchal de Rhuis, 272.
— (Jeanne de), 343*, 432.
— (Julienne de), 435.
— (Vincente), 342, 579*.
Bogard (Guillaume de), 606*, 607.
— (Jean-Claude de), 606*.
— (Marguerite de), 607.
Bohal (seigneur et dame de), 141*, 195, 195*, 196, 204*, 205, 205*, 206, 207, 207*, 216*, 254*, 309*, 358*, 392, 395, 502*, 538*, 602*, 627*.
Bohal (paroisse), 194-196. Voir : Haut-Bohal, Portail (lieux-dits) ; La Ville-Desprez (manoir).
Bohan (Gillonne), 464.
Bohel (Yves), huissier à la chancellerie de Bretagne, 406.
Bohérec (Guillemette), 471*.
Boillau (Jean), commissaire de la marine, 480.
Boin (Claude), 190*.
Boiron (Renée-Josèphe), 560*.
Boiry (seigneur et dame de), 147, 164*, 165, 165*, 196*, 198, 251*, 404*, 407, 514, 609.
Bois (seigneur et dame du), 75, 128*, 152*, 536*, 541*, 611*, 621.
Bois (sieur des), 68, 68*, 82*.
Boisanger (sieur de), 48.
Boisaulin (sieur de), 479, 593*.
Boisaumoyne (sieur du), 342*.
Boisauvoyer (baron du), 227*.
Boisbasset (seigneur et dame du), 156*, 195, 195*, 205, 262.

Boisbidre (sieur du), 503.
Boisboterel (seigneur du), 228*.
Boisboulay (dame de), 562*.
Boisbrassu (seigneur et dame de), 128*, 146, 148, 150*, 160*, 287.
Boisbrun (seigneur et dame de), 154*, 164*, 166, 166*, 244*, 248*, 249, 479.
Boisby (seigneur et dame du), 116*, 148, 163.
Boischardon (sieur du), 586.
Boischâteau (dame de), 262*.
Bois Chavaigne (sieur du), 334*.
Bois Danic (seigneur et dame de), 246*, 274, 277, 286*.
Bois de Chollet (seigneur du), 331*.
Bois de Cournon (seigneur et dame du), 150*, 151*.
Bois de la Motte (seigneur du), 143, 183.
Bois de la Musse (seigneur du), 240.
Bois de la Roche (seigneur du), 3*, 42, 61, 80*, 89, 102*, 117*, 362, 390*.
Bois de la Roche (château du), en Néant, 262.
Bois de la Salle (seigneur et dame du), 70*, 111, 112*, 125, 150, 156, 158, 173, 197, 199, 200, 204, 238*, 265*, 272, 276, 276*, 277*, 281, 283, 285, 286*, 289*, 290, 291, 298, 298*, 299, 303*, 326, 337*, 343, 346*, 355*, 363*.
Bois de Laval (dame du), 468.
Boisdélio (sieur de), 352.
Bois de Roz (seigneur et dame de), 200.
Bois de Soulain (sieur du), 99*.
Boisduliers (dame du), 167.
Bois du Lou (seigneur du), 137, 179.
Boisdurant (dame du), 147.
Boiseau (sieur et dame de), 297*, 414.
Boiséon (Claude de), 455*.
Boisfeuillet (seigneur et dame du), 3*, 89*, 136, 375*, 517, 630.
Boisgantier (Louise-Françoise de), 633.
Boisgence (demoiselle de), 363.

Boisgervais (sieur et dame de), 221.
Boisgervais en Nivillac (chapelle du château de), 223.
Boisgeslin (Anne-Julienne de), 295*, 522, 527, 536*, 614*.
— (Gabriel de), président au Parlement, 105, 328, 373, 459.
— (Gilles de), 294*.
— (Jeanne-Magdeleine-Eugénie de), 183.
— (Louis-Bruno de), maître de la garde robe du Roi, brigadier des armées du roi, 233.
— (Marguerite-Louise de), 105.
Boisglé (seigneur et dame de), 34, 107*, 116*, 156, 160*, 589*.
Boisgontier (Marc-Marie), 566*, 568, 569.
— (Marie-Michelle), 568, 569.
Boisgrignon (seigneur de), 257*.
Boisgrignon en Malansac (frairie), 254.
Boisguehenneuc (seigneur de), 205*.
Boisguérin (dame du), 146.
Boishamon (seigneur et dame de), 120, 167, 185*, 204, 217*, 235*, 236, 386, 391.
Boishardouin (seigneur et dame du), 16, 55, 78*, 79*, 100*, 106*.
Boishardouin en Moustoir-Remungol (manoir), 80.
Boishervé (sieur et dame de), 44*, 45, 46, 61.
Bois Hullin (seigneur du), 151.
Boisic (Jeanne de), 427*.
Boisignono (sieur du), 68*.
Boisjagu (dame de), 222.
Boisjan (dame de), 489*.
Boisjolan (sieur du), 235.
Boisjoly (sieur du), 41*, 230*, 233, 233*, 257*, 431.
Boisjoly en Saint-Dolay (métairie), 240.
Boisjulien (sieur et dame du), 114, 223*, 260.
Boisjumel (sieur et dame du), 146, 146*.
Bois l'Abbé (sieur du), 278.
Boislan (Louise de), 128*.
Boislaunay (sieur du), 27.

Boislesve (Pierre), procureur en la cour, 591.

Boismarquer (seigneur du), 217, 232, 232*.

Boismenguy (sieur et dame de), 441, 442*, 450, 463*.

Boismoreau (cimetière de Vannes), 421, 469*, 562*.

Boismouraut (sieur et dame de), 223, 421, 548*.

Boisorhant (seigneur et dame de), 108, 124*, 148*, 157, 160*, 161, 164, 200, 250*, 418.

Boispayen en Allaire (chapelle de), 110.

Bois Picart (sieur du), 217*.

Boisquenay (seigneur de), 632*.

Boisquesnay (Jean-Pascal de), 632.

Boisran (seigneur du), 81*.

Boisrapé (sieur et dame du), 108*.

Bois Rigourdaine (sieur et dame du), 164, 243.

Boisrio (seigneur du), 81*, 113*.

Boisrivault (sieur et dame de), 222*, 226*.

Boisroger (sieur et dame de), 99*, 554*.

Boisrouvray (sieur de). — Voir: Jacquelot, 570.

Boisruaut (seigneur du), 611*, 617*, 618*, 620.

Boisrufié (seigneur et dame de), 187*, 287*, 398.

Boisseau ou Boiseaux (Guy-François), 481.

— (Jean), commissaire de la marine, 481.

— (Jeanne), 486*.

Boissenay (seigneur de), 114*.

Boisset (Marie-Marguerite), 420.

Boissic (sieur du), 244.

Boissouchard (dame de), 208*.

Bois Toreaux (dame du), 256*.

Boistregat (sieur du), 83*, 514.

Boistréhan (sieur de), 339, 344.

Boisyvon (Jean-Baptiste-Pierre), conseiller au Parlement, 369*.

Boitart (N.), 584*.

Boiteux (Julienne), 593*.

Boivin (Suzanne), 584, 585, 585*.

Boixel (Anne-Françoise), 420*.

— (François), 420.

Boizard (François), premier huissier au présidial de Vannes, 455*, 582.

— (René), 582*.

Boizy (dame du), 202*.

Bojust (Claude), 179*, 186, 360.

— (Louis), conseiller au Parlement, 2*, 185*.

Bolle (Abel), receveur des décimes du diocèse de Vannes, 295, 386*, 388, 392, 512*, 612*.

— (Abel), fermier des devoirs de Guérande et du Croisic, 593.

— (Charles-Louis-Marie), 512*.

— (Charlotte), 295*, 389, 389*, 392*.

— (François - Hyacinthe - Vincent), 386*.

— (Hyacinthe-François-Xavier-Charles), 295.

— (Jean-Joseph-Pierre), 395.

— (Marie-Anne-Françoise), 513*.

— (Pierre), juge criminel de Vannes, 295*, 389*, 395, 512*, 513*, 635*.

— (René-André), recteur d'Allaire, 559.

— (Renée-Jeanne), 392.

Bollois ou Boloré (sieur de), 325*, 422*.

Bollomer (Guillemette), 423.

Bolloré (Marie-Jeanne), 41*.

Bolzec (Jacques), huissier de la Chancellerie, 522*.

— (Yves), 522*.

Bomarin (Marie-Angélique-Antoinette), 541*.

— (Marie-Louise-Perrine), 541*.

Bonaban (seigneur de), 165*.

Bonabry (sieur de), 107*.

Bonacoursy (Paul de), abbé de Langonnet, 33.

Bonamin (Louise), 476*, 598.

Bonamour (seigneur de), 181, 222, 222*, 230, 370*, 371, 463*, 467*, 527*, 531*, 572*.

Bonamy (Jeanne), 500*.

— (Louis-François), avocat en la cour, 173.

— (Marie), 495.

Bonamy Lestang (Jean-Gabriel), 521.

— (Jean-Vincent-Ignace), 521.

Bon-Confort en Béganne (chapelle de), 113.

Bondon (chapelle des Carmes du) à Vannes, 171*, 345*, 346, 474*, 483*, 484.

Bonfils (Damien), 279*.

— (François), aumônier du roi, prieur de Locminé, 70, 177*.

— (Gatienne), 279, 279*, 280*, 351*, 359*, 360*.

— (Louise), 432, 432*, 433*, 434, 435*, 438*, 443, 446.

— (Pierre), 429.

Bonnabes (Catherine), 272*.

— (Françoise), 435*, 436, 437, 448*, 472.

— (Jean), notaire royal, 272*.

— (Jeanne), 359*, 360.

— (Pierre), notaire au présidial de Vannes, 275*.

— (Yves), recteur de Moustoirac et Locminé, 70*, 77.

Bonnard (Jean-Antoine), 458*.

— (Jean-Mathurin), receveur des fermes du roi, 634*.

— (Jeanne-Louise), 407*.

— (Joseph), 605*.

— (Louis-Marie), recteur de St-Patern, 537*.

— (Louis-Marie-Julien), 371.

— (N.), 485.

— (Pierre), 371, 458*, 480*, 487*, 489*.

Bonneau (Marguerite), 490.

— (Olivier), 508, 519.

Bonnecamp (Françoise de), 486*.

— (Marie-Josèphe-Jeanne-Christine de), 487*, 594*.

— (Nicolas de), docteur en médecine, 593*, 594*.

— (Pierre), jésuite, 38.

Bonnechère (sieur et dame de), 14*, 15, 91*.

Bonnefin (Pierre), 121*.

Bonnefont (Jean), 461*.

Bonnefontaine (seigneur de), 260.

Bonnefoy (Anne), 440, 575*.

— (Anne-Jeanne), 137*.

— (Claudine), 454.

— (Jeanne), 393*, 576.

— (Julien), 137*.

— (Julien), avocat en la cour, 437*, 442*, 454.

— (Louis), 581.

Bonnefoy (Marguerite), 378, 389, 575*, 581.
— (Marie), 497*.
— (Marie-Thérèse), 497*, 498*. 500*.
— (Mathurin), 575, 575*, 576, 576*.
— (Perrine), 341, 432, 439*, 575.
— (Roland), avocat en la cour, 435*, 437*, 438*, 439, 439*, 440, 442*, 454, 468, 581.
— (Ursule), 442*.
— (Vincent), 574, 576.
Bonnel (Esther-Marie), 473*.
— (Jacques), 451, 473*.
— (Louis), 451.
Bonnemay (Louise-Anne), 597.
Bonnemen (Marie-Geneviève), 406*.
Bonnement (dame de), 413.
Bonnemer (Joseph), 473*.
Bonnen (sieur de), 47*.
Bonnepart (seigneur et dame de), 211, 303*, 304, 326, 351*.
Bonnerencontre en Tréal (chapelle de), 165, 165*.
Bonnervault (seigneur et dame de), 275*, 277, 278, 302, 303, 303*, 304*, 305*, 329*, 356, 356*, 413, 583*.
Bonnervault en Theix (manoir de), 303*.
Bonnet (Alexandre), 603.
— (Claude-Emmanuel), 589.
— (François), procureur en la cour, 594, 595.
— (François-Joseph), 599*.
— (Georges), 343, 544.
— (Jean), 589.
— (Jean-Baptiste), 594.
— (Louise-Andrée), 595.
— (René-Marie), 344, 555, 556.
Bonneville (Marie), 49*.
— (Marie-Josèphe), 62, 71.
Bonnier (Anne), 179, 185*, 186, 235*, 278*.
— (François), 179, 237*, 278*.
— (François), gouverneur de Guérande et du Croisic, 237*
— (Françoise), 190*, 341*, 355*.
— (Françoise-Eulalie), 216*, 230*.
— (Françoise-Thérèse), 261*.
— (Guyonne), 235*.
— (Jean), sénéchal de Rennes, 302*, 303*.

Bonnier (Jeanne), 179*, 252.
— (Julienne), 136, 144*, 185*, 186, 248*, 298*, 299, 302, 303, 303*, 304, 355*, 358, 360*.
— (Marie), 358.
— (Marie-Thérèse-Françoise), 191*, 258.
— (Pierre), 185*, 278*.
— (René), 120, 195*, 235*.
— (Renée), 303.
Bonno (Jean-François), 565.
Bonny (Antoine-Thomas de), capitaine au régiment de Provence, 536.
— (Michel-Antoine de), président des trésoriers de France, 536.
Bonpas (Anne), 469*, 473.
Bonvalet (sieur du), 539, 619.
Boptières (seigneur des), 121.
Boquette (Marie-Elisabeth), 630*.
Bord (Gentille), 599.
Bordeaux (Marie-Louise-Françoise de), 165*.
Bordes (dame des), 417*, 418*, 420.
Borgnis (Marie-Josèphe), 417*, 418*, 420.
Borie (Joseph de), sénéchal de Vannes, 318, 405, 537.
— (Simon de), receveur des décimes du diocèse de Tréguier, 532*.
— (Simon-Jacques-Joseph de), capitaine garde côtes, 532*, 538*.
Borin ou Baurin (Anne), 45.
— (Antoine), capitaine de Guémené, 44, 45, 45*.
— (Louis), 45*.
Boro (sieur et dame de), 109, 128*, 130, 152, 161*, 251.
Borré (Anne), 25*.
— (Catherine-Josèphe), 26*, 36*.
— (Jacques), sénéchal de Meslan, et de Gormois, 25*, 26*.
— (Jacques-Nicolas), avocat en la cour, 53.
— (Nicolas), 35*.
— (Nicolas-François), sénéchal de Priziac et Meslan, 26*.
— (Nicolas-Guillaume), 25*.
— (René-Gabriel), 26*.
Bosc (seigneur du), 595.

Boschat (Julienne-Louise), 572.
Boscher (Françoise), 337*, 338, 577*.
— (Suzanne), 333*, 334*.
— (Vincente), 583.
Boschet (seigneur et dame du), 26*, 121, 147, 148*, 194*, 209, 279, 363*.
Boschet en Carentoir (enfeu du), 148.
Bosmaud (seigneur de), 204*.
Bosquet (Basile-Gabriel-Laurent), 37.
— (Julien-Jean-Marie), receveur des domaines du roi, 36*, 38.
— (Julien-Joseph), 36*, 37, 38.
— (Julien-Michel), 36*.
— (Pierre-Julien), 36*.
— (Pierre-Michel), 36*.
Bossart (Anne-Claude), 560*, 562, 573.
— (François-Marie), colonel de dragons, 634*.
— (Jacques-Jean), 395, 395*, 396*, 398, 609, 610, 611*.
— (Jean), chanoine de Vannes, 591.
— (Jean-Pierre), 398.
— (Jeanne), 439*.
— (Marie-Josèphe), 562.
— (Marie-Josèphe-Claudine), 595*.
— (Martin-Yves), 560*.
Bossé (sieur de), 393*.
Bossenec (Alexis), 613*.
Bosseno (Olivier), 624*.
Bosset (Jeanne), 482.
Bot (sieur et dame du), 8, 23*, 50, 51*, 63, 86*, 146, 217*, 218, 219*, 222*, 229*, 299*, 336, 360*, 365*, 386*, 389*, 515*, 566*, 584*, 587*, 597.
Bot (Anne), 18*.
— (Jean), recteur de Neulliac, 19.
Botallan (seigneur de), 30*.
Bot-au-seneschal (seigneur du) 104*, 105.
Botbeley (seigneur et dame de), 29*.
Botboderne (châtelain de), 25*.
Botcouart (seigneur et dame de), 132, 155*, 195*, 307*, 343*, 344, 347*, 352*, 353*,

354*, 356, 360, 370, 397*, 427, 427*, 428, 428*, 431, 432, 434*, 437, 444, 451, 455, 467, 481*, 498*, 501*, 529, 532, 532*, 534, 535, 537*, 541, 543, 545, 578, 586*, 587, 588*, 606.

Botcozel (seigneur et dame de), 13*, 292.

Botdaly (sieur et dame de), 172*.

Botdéru (seigneur et dame du), 22*, 34, 64, 83, 276.

Botéas (seigneur de), 237.

Botelle (seigneur de), 460.

Boterbarz (seigneur et dame de), 10*, 11, 11*, 12, 47, 48, 48*, 50, 96, 96*, 208.

Boterelle (Jean), 445.
— (Louis), 445.

Boterf (seigneur et dame du), 2*, 8, 8*, 47*, 69, 77*, 83, 83*, 99*, 169, 329*, 341, 357, 358, 358*, 366*, 367*, 371, 376*, 579*, 581*, 595.

Botermené (demoiselle du), 512*, 602*.

Botersal (dame de), 58.

Bothel (sieur de), 438*.

Bothéran (sieur et dame de), 562, 569.

Botherel (Angélique-Nicole-Thérèse), 400*, 412.
— (Anne), 34, 272*.
— (Anne-Georgine), 354*.
— (Bonne), 161.
— (Catherine), 15*, 159, 244*, 255, 256.
— (Charles), 10*, 14*, 15, 15*.
— (François), 190*, 455*.
— (François), juge criminel au présidial de Vannes, 347*, 354*, 356.
— (François), commis au greffe du présidial de Vannes, 464, 467*.
— (François-Mathurin), 151*.
— (Gabrielle), 203, 303*, 348*, 356, 356*.
— (Gillette), 490*.
— (Hermine), 142*, 378*, 381*, 384, 385, 527.
— (Hermine-Mauricette), 310*, 373, 380, 380*, 603.
— (Jacques), 272.
— (Jean), 15, 469.

Botherel (Jeanne), 467*.
— (Jérôme), 164*, 356, 361*, 373, 384, 384*, 386*, 389*, 390*, 597*.
— (Jérôme-Marie-Daniel), 390*, 400, 400*, 401, 401*, 402, 403, 415, 521*.
— (Joseph), 387.
— (Joseph-François), 401*.
— (Josèphe-Jeanne), 402.
— (Julien), 464.
— (Julienne), 462.
— (Louis-Joseph-Alexis), 386*.
— (Madeleine-Joséphine), 400.
— (Marguerite), 15*, 16, 75*, 255.
— (Marguerite-Thomase), 390*.
— (Marie), 164*, 165.
— (Marie-Joséphine), 193*, 362*, 365*.
— (Marie-Vincent), 403.
— (Mathurin-Guillaume), 261.
— (Olivier), 272.
— (Pierre), 272.
— (Pierre), juge et magistrat criminel au présidial de Vannes, 275*, 337*, 338, 340, 342, 345*.
— (René-Christine-Jérôme), 401
— (Sébastien), 340, 345*.
— (Sidonie), 381*.
— (Thérèse-Sidonie), 383.
— (Vincent), 272, 272*, 455*. — Voir : Botrel.

Botioche (sieur et dame de), 329*, 342*, 353, 445*, 522*, 531, 547, 555*, 620*, 623*.

Botioche (Françoise), 616.
— (Vincente), 616.

Botivès (sieur de), 14*, 16*, 17.

Botlan (demoiselle du), 38*, 39.

Botmarch (seigneur et dame de), 9*, 16*, 43*, 233.

Botmarch en Cléguérec (manoir), 10*.

Botmarch (Catherine de), 43*.
— (Jeanne de), 102.

Botmarhic (Jean), 9*.

Botmiliaut (Pierre de), 328.
— (René-Gabriel de), 328.

Botorhan (sieur et dame de), 70*, 340, 342*, 351*, 356*, 359.

Botpilio (seigneur et dame de), 189, 190, 190*, 191*, 259*.

Botplançon en St-Aignan, 20.

Botquélen en Elven, 135.

Botquermarec (sieur de), 3*.

Botrel (Guillaume), 574*.

Botrel (Jean), alloué et juge de Vannes, 422.
— (Marguerite), 17*.
— (Marie-Madeleine), 569*.
— (René), 493*.
— (Thomas), 452. Voir : Botherel.

Botté (Jeanne-Marie-Prudence), 223, 231*, 232.
— (Joseph-Marie), 223, 231.

Botual (sieur de), 435*.

Botuarec (Urbain), procureur en la cour, 461, 465*, 477.

Botugar (dame de), 51.

Botvrel (seigneur de), 256*, 259.

Boubillon (Anne), 251*.
— (Bonaventure), notaire de Rochefort, 211.
— (Pierre), 464.

Boucard (Marie-Catherine), 614*.

Boucaud (Jean), procureur en la cour, 586.
— (Marie), 180.

Bouchant (Vincent), prêtre, 559*.

Bouchard (Françoise), 474*.
— (Jeanne), 461*, 464, 468, 474*, 590.

Boucheau (sieur du), 85.

Boucher (Anne-Marie-Andrée), 463*.
— (Armand), 230, 230*.
— (Augustine), 624*.
— (Elisabeth-Marie-Jacquette), 418.
— (Françoise-Henriette-Félicité), 231, 232*.
— (Jacques-Vincent), miseur de La Roche-Bernard, 231.
— (Jean), 226, 227.
— (Jean), alloué des eaux et forêts de Coislin, 229.
— (Jean-Vincent), 229.
— (Louis), miseur de La Roche-Bernard, 229*, 231.
— (Marie-Charlotte-Augustine), 230*, 231*.
— (Marie-Rose), 229*.
— (Marie-Thérèse), 398, 553.
— (Michel), greffier de Coislin, 226, 228, 229, 230.
— (N.), 612*.
— (Nicolas), 505.
— (Renée), 577*.

Bouchery (Jeanne-Thérèse), 330, 499*, 533, 537.
Bouczo (ou Bouezo) (Anne), 491, 492*, 494*, 496*, 498, 499, 594*, 596, 597*.
— (Claudine), 495*, 496*.
— (François-Hyacinthe), 498.
— (Gabriel-Charles), 499.
— (Hyacinthe), 521.
— (Jean), 490*, 493, 494, 495*, 515*, 527*.
— (Jean-Hyacinthe), 100, 284*.
— (Joseph), 618.
— (Joseph-Vincent-Guy), 494.
— (Julienne), 493, 512, 513, 514*, 515*, 516*, 522*, 523, 525, 604, 605, 605*.
— (Louis-Gilles), 519*.
— (L o u i s - H y a c i n t h e - R e n é - Anne), maître particulier des eaux et forêts de Vannes, 94*, 284*, 290*, 517, 531*, 543*, 556.
— (Louis-Philippe), intendant de la Princesse de Conti, 284, 284*, 286.
— (Louis-Pierre), lieutenant de frégate, 415*, 419, 561*, 660.
— (Louis-Vincent), 490*.
— (M a r i e - L o u i s - H y a c i n t h e - Anne), 560.
— (Marie-Perrine), 561*.
— (Mathurine), 286*.
— (Mathurine-Françoise), 94*.
— (N.), 604.
— (Pierre), prêtre et prieur des pauvres à Vannes, 505.
— (Pierre-Jean-Marie), 286*.
— (Pierre-Louis), 285*.
   Voir : Bousseau et Bousso.
Boudart (Anne), 139*.
Boudet (Emmanuel), 154*, 155.
— (Jean), 463, 470*, 471*.
— (Jeanne), 496*.
— (Louis), 485.
— (Marc-Emmanuel), 155.
— (Marguerite), 502.
— (Marie-Françoise), 163.
— (Mathurin), prêtre, 484*.
— (Michel), sénéchal de Rieux à Peillac, 116*, 149, 154*, 158*.
— (Pierre), 155, 158.
— (Pierre), recteur de Glénac, 158*.

Boudet (Reine-Pélagie), 155*.
— (René-François), 470*.
— (Renée-Agnès), 258*.
— (Yvonne), 457, 462.
Boudier (Françoise), 306*, 338*.
Boudon (Etienne), lieutenant de dragons, 628*.
Boué (Julien), 251*.
— (Madeleine), 634*.
Bouedo (Jean), recteur de Saint-Salomon, 593*.
— (Jean), maître tambour ordinaire de Vannes, 327, 583*.
— (Julien), maître tambour ordinaire de Vannes, 326, 326*.
— (Perrine), 501.
— (René), 453.
— (Urbain), 482.
Boueiffoux (Jeanne), 7.
Boues (enlèvement des), 98*, 317, 317*, 318*, 324*.
Bouesnel (Jean-Pélage), sénéchal de Noirmoutier, 229.
Bouetel (Françoise), 433.
Bouetiez (seigneur du), 205.
Bouexic (seigneur et dame du), 222, 238*, 253*, 334*, 335*, 336, 342*, 355*, 424*, 425, 426*, 433. — Voir Beésil (Le).
Bouexières (seigneur et dame des), 79, 107*, 124*, 130*, 147, 147*, 150*, 156, 163*, 164.
Bouezac (Armel), 90.
Bouffay (sieur du), 229.
Bougeart (Anne), 581*.
— (Jeanne), 440*, 442*, 443, 444*.
— (N.), 175*.
Bougon (seigneur de), 276*, 277*.
Bougret (Françoise), 483*.
Bougro en Saint-Vincent (passage de), 128*, 131.
Bouguant (Olivier), 443.
— (Pierre), 443.
Bouguenet (Jeanne), 426, 427*, 575*, 576.
Bouhelec (Guillaume), recteur d'Arradon, 308.
Bouhinet (Louis), 9*.
— (Marguerite), 9*.
Bouillé (dame de), 423.
Bouillon (Antoine), 224*.
— (Charles), 224*.

Bouillon (Jean), 475*.
Boulanger (Jean), 480*.
Boulard (Marie-Catherine), 547.
Boulher (Perrine), 473.
— (Pierre), 473.
Boulho (Guillemette), 443.
Boulicaud (Marie), 533*.
— (Perrine), 539*, 542*, 551*, 631.
— (Vincent), 532.
— (Yvonne), 518, 519, 521*, 523*, 530.
Boulido (François), 235.
— (Jean-Alexandre), recteur de Peillac, 122.
— (Jeanne), 120*, 121.
— (Joseph), recteur de Peillac, 117.
— (Mathurine), 116*.
Boulier (Françoise), 478.
— (Jacquemine), 157.
— (Pierre), 464*.
Boulio (Michelle), 483, 492*, 495*, 496, 499, 501, 522.
Boullain (Hélène), 294, 432, 432*, 433*, 434, 435*, 436, 436*, 438*, 443, 445*, 449, 451.
— (Jean), 435*.
— (Jeanne), 435*.
Boullay (seigneur du), 365.
Boullays (Charles-Marie), 52*.
— (Hyacinthe-Marie), 71*.
— (Jeanne), 493*.
— (Louis-Hyacinthe), 52*, 71*.
Boullé (Jean-Baptiste), procureur à Auray, 4*, 403*, 419*.
— (Jeanne-Henriette), 419*.
— (Joseph-Marie-Toussaint), 4*.
— (Marguerite), 52*, 71*.
— (Pierre), avocat en la cour, 101*, 590.
Boulmer (N.), 529.
Boulongne (Julienne), 576*, 577, 577*, 578*.
Boumarin (Israël), 532*.
Bouquet (Louise), 437.
— (Pierre), 573*.
Bouquetot (Eure), 72.
Bourbon (Anne-Marguerite), 196*, 198*.
— (Louis-Joseph), recteur de Saint-Jacut. 126*.
Bource (Bertranne), 450*.
— (Julien), 450*.
Bourcer (Françoise), 603.
Bourdas (Marie-Anne), 106.

Bourdiec (Françoise), 535*.
Bourdin (Anne), 8.
— (Gilles), 296.
— (Louise), 194*, 272.
Bourdon (Gilles), 46.
— (Louise-Mathurine), 633.
— (Philibert), 46.
Bourdonnay (Benjamin-Vincent), 56*.
— (Charles-François-Jean), 55*, 56, 56*.
— (François), 88, 518.
— (Jacques-Jean), 56.
— (Jean-Baptiste-Vincent), alloué de Pontivy, 55*, 88*.
— (Jeanne-Thomase), 520.
— (Mathieu), 518.
— (Pierre-Jacques), 56.
Bourdonnec (François), commis au greffe du présidial de Vannes, 475.
— (Jeanne-Thomase), 524*, 527*.
Boureau (René), 349.
Bourg (seigneur et dame du), 141*.
Bourgaigne (François-Ignace), 50.
Bourgé (sieur du), 234.
Bourgeois (Anne-Rose), 617*.
— (Jean), 617*.
— (Louis), alloué de Vannes, 379*, 380, 471*, 482.
— (Louise), 379*, 380, 381*, 382*.
— (Noël), capitaine de dragons, 382*, 405.
— (Noël), alloué de Vannes, lieutenant général de l'Amirauté, 297.
Bourgerel en Arradon, 309.
Bourgerel (sieur et dame de,) 198, 259, 279*, 309*, 310, 333*, 336*, 339, 352*, 359*, 360, 362, 364, 366, 374*, 376, 377, 378*, 389, 395*, 415*, 432, 465, 495*, 512*, 513*, 598, 609*, 612.
Bourgerel (Marie-Thérèse), 126.
— (N.), chanoine de Rennes, 159*.
— (Nes), 321.
Bourget (Jérôme), 440*.
— (Pierre), 440*.
Bourgmaria (seigneur de), 451*.
Bourgneuf en Arzon, 267*.

Bourgneuf (sieur et dame de), 11*, 144, 149, 216, 224, 377, 381*, 457*, 465, 468, 485*, 575*.
Bourgnouveau (demoiselle de), 626*.
Bourgogne (Claude), 226*, 227.
Bourgoin (Marie-Françoise), 553*.
Bourg-Paul, voir Muzillac.
Bourgues (Andrée de), 595.
Bourhys (Joseph), 609.
— (Nicole), 581.
Bouricquen (François), 491*.
Bournay, (sieur de) 27*, 43.
Bourneizo (seigneur de), 385*.
Bourneuff (Jean), sénéchal de Rieux, 113.
— (Melaine), recteur de Rieux, 122.
— (Pierre), 111.
Bouron en Allaire, (maison de), 124.
Bourrelier (Denise), 506.
Boursier (Andrée), 438, 452, 465.
— (Guillaume), sergent royal et d'armes, 438, 452.
Boursoy (Marie-Louise), 416*.
Boury (Anne), 445.
— (Bertrand), 452.
— (Bertrand), notaire de Largouët, 444, 445, 448*.
— (Jean), 444.
— (Jeanne), 445.
— (Louis), 452.
— (Marie-Jacquette), 448*.
Bouscailhou (Jean-Hyacinthe), 588*.
— (Pierre), 588, 588*.
Bousmée (Marie), 460*.
Bousquet (sieur du), 438*, 579*.
Boussac (Jacquette), 85.
Boussart (Guillemette), 310.
— (Louis-Marie), avocat en la cour, 412*.
— (Marie-Louise), 412*.
Bousseau (Joseph), 402*, 618.
— (Louis), 540.
— (Vincente), 402*, 614.
Boussineau (Élisabeth), 377*, 382, 388*, 394, 505*.
Bousso (ou Bouezo) (Anne), 445, 463, 464*, 467*, 470, 475*, 477*, 479, 480, 482, 483, 483*, 484, 485, 486, 488, 489*.
— (Anne-Perrine), 489.

Bousso (ou Bouezo) (Gabrielle), 441.
— (Jean), 440*, 446*, 475*.
— (Louise), 440, 442*.
— (Marguerite), 442*.
— (N.), 489.
— (Olivier), 175*.
— (Pierre), 440*.
— (Pierre), prêtre, 488.
— (Pierre), notaire au présidial de Vannes, 440*, 441, 442*, 445, 446*, 447*, 463*, 464*, 469.
— (Thérèse), 446*.
— (Vincent), 447*, voir : Bouozo, Bouzo.
Bouteiller (Élisabeth), 23*.
Bouteilly (Anne de), 327*.
Bouteville (Louise de), 25*.
— (Marie de), 25.
— (Yves de), 25.
Boutheroul (Marie), 428, 428*.
Boutincourt (Françoise), 601.
— (N.), paulmier, 320*, 601.
Boutouillic (Catherine-Hyacinthe), 310.
— (Charles-Étienne-Vincent-Jean-Louis), 407*.
— (Claude), recteur de Landévant, 479.
— (Félicité-Marie-Louise), 410.
— (Françoise), 289, 547*, 550.
— (Guillaume-François), conseiller au présidial de Vannes, 389, 395, 395*, 396*, 397*, 502*.
— (Jean-Joseph), abbé de Castello, chanoine de Vannes, recteur de Plaudren, 173, 395, 400.
— (Jean-Hélène-François), major des gardes-côtes, 395, 407, 407*, 408*, 409, 410, 411*, 412, 420, 632.
— (Jean-Louis), 408*.
— (Jeanne-Catherine), 629, 635*.
— (Louise-Anne), 117*, 122*, 510, 514*, 516, 524.
— (Louise-Thérèse-Reine), 395*.
— (Marie-Charlotte-Angélique), 410.
— (Marie-Félicité-Vincente), 397.
— (Marie-Hélène-Joseph), 412.

Boutouillic (Marie-Thérèse), 386*, 388, 388*, 635.
— (Marie-Vincente-Armande), 407.
— (N.), 316*.
— (Philippe-Benjamin-Vincent), 409.
— (Philippe-Jean), 395*.
— (Uurbain-Marie-François-Joseph), 411*.
— (Vincent), 437*.
— (Vincent), sénéchal d'Auray, 388.
— (Vincent-Jean-Louis), vicaire général de Vannes, 415*.
— (Yvonne-Olive), 389.
Bouttéon (seigneur de), 154*.
Bouttio (Anne-Marie-Charlotte), 568, 568*.
Bouvant (Marguerite). 601.
Bouvard (Augustin), contrôleur des devoirs de l'évêché de Vannes, 516.
— (Marie-Renée), 516.
Bouvet (Jeanne), 146.
— (Reine), 85*.
Bouvier (André-Jean), 597*.
— (Anonyme), 596*.
— (Catherine), 599.
— (Catherine-Jeanne), 599*.
— (Claude), 595*.
— (Gilles), 584, 586, 587*. 592, 594.
— (Gilles), sénéchal de Goulesne, 369.
— (Jean), arpenteur royal, 595*, 596, 596*, 597, 597*, 598*, 599, 599*, 600, 601.
— (Jean-Baptiste), 498.
— (Jean-Julien), 599.
— (Jean-Michel), 594.
— (Jeanne-Renée), 498.
— (Julien), 598, 599, 600, 603*.
— (Julien-André), 600.
— (Julien-Louis), 598*.
— (Julienne), 596, 599.
— (Louis), 598*.
— (Marguerite), 608.
— (Marie), 488*, 606*.
— (Marie-Michelle-Françoise), 597, 604.
— (Mathurin), 604.
— (N.), 618*.
— (Olivier-Julien), 587*.
— (Pierre), 586.
Bouvier (Pierre-André), 600.
— (Vincent), 587*.
— (Yves-Gabriel), 592.
Boux (Barbe), 553*.
— (Lucrèce), 377*.
Bouzo (Jean), religieux de Prières, 199.
Bovet (Julien), 469*.
Bovrel (seigneur et dame du), 135, 144*, 200, 271*, 304, 335*, 340*, 360.
Boyac (seigneur et dame de), 260*, 261, 261*.
Boyer (Jean-Hyacinthe), sénéchal de Plouay, 27.
— (Marie), 552*.
Boys (Ange), lieutenant des vaisseaux de la Cie des Indes, 520*.
Bozay (Jean), 453.
Bozerec (sieur de), 436.
Bragelongne (Julienne de), 365.
— (Marie de), 26.
— (Pierre de), président au Parlement, 472, 474.
Braheix (François), 116*.
— (Louis), 116*.
Brain (Hélène de), 308.
Brambec (sieur et dame de), 175*, 298, 313*, 314, 339, 357, 360, 360*, 361, 362, 376, 378, 378*, 490*.
Brambily (Françoise), 436*.
— (Jean), 82, 209*.
Brambis (sieur et dame de), 108*, 124.
Brambouet (seigneur de), 286*.
Branchu (Catherine), 532*, 401.
— (Guillaume), hydrographe du roi à Port-Louis, 495.
— (Perrine), 533*.
— (Perrine-Charlotte), 610.
Branda (Jeanne), 567.
— (Thérèse-Perrine), 572*.
Brandé (sieur et dame de), 551.
Brandicoët (sieur et dame de), 108, 108*, 109, 124*, 129, 154, 244*, 250*.
Brandin (Simon), conseiller au Parlement, 354.
Brandivy (paroisse), 167-168. — Voir : Brénedan (chapelle).
Brandivy (sieur et dame de), 278*, 279.
Branférec (seigneur et dame de), 133*, 158, 184, 335*.
Brangolo (seigneur et dame de), 8, 48, 50, 95*, 310.
Brangolo en Noyal-Muzillac (chapelle), 191.
Brangolo en Theix (chapelle), 303*.
Branguily (forêt de), 91, 92*.
Branho (sieur de), 84, 263.
Branhué (sieur de), 70.
Brantonnet (seigneur de), 200*, 209*, 221, 243, 328, 368, 369, 372*.
Brasquer (Julien), 427*.
— (Yvonne), 427*.
Brau (Jacques), huissier à la table de marbre, 594*.
Brault (François), 17.
Bray (seigneur et dame de), 45*, 113*, 144*, 153*, 156, 192*, 193, 193*, 194, 195*, 208*, 215* 216, 223*, 224, 298, 300*, 375, 376, 376*, 377*, 451.
Braye (Jacques de), commis au greffe des enquêtes du Parlement, 456.
— (Jean de), 456.
Brayet (seigneur de), 398.
Bré (sieur du), 152.
Bréaffort (sieur de), 334*, 340*, 432*, 433*, 470*.
Bréal (Madeleine), 579, 580.
— (Perrine), 589, 591*, 593, 464.
Bréan (marquise de), 144.
Bréart (Charles), 48.
Brébant (dame de), 262, 627*.
Brébant (Anne), 553.
Brébion (Jean-René), 416*.
— (Jeanne), 202.
— (Joseph), avocat en la cour, 202*, 416*.
Brécéan (seigneur et dame de), 84*, 109, 111*, 112, 113, 113, 114, 114*, 115, 125, 127, 153, 242*, 243, 243*, 244, 244*, 245, 246, 246*, 247, 247*, 251*, 252*, 253, 253*, 255*, 281, 285*, 341*, 342, 343*, 355, 369, 383*, 449*.
Bréchet (Antoine), 602, 602*.
— (Charles-Jean), 602*.
— (Guillaume), 602.
Brégeart (Mathurin), 460.
Brégent (Jacques), 623.
Bréget (Jean), 523*.
— (Joseph-Jean-Olivier), 531*.

Bréguéro en Rémungol, 85.
Bréhal (François), 583.
— (Yvonne), 583.
Bréhan (demoiselle de), 89*.
Bréhand (François de), 91*.
— (Françoise de), 86*, 90, 90*.
— (Jacques-François de), 485.
— (Jean de), 86*, 90, 92, 485.
— (Jeanne de), 377, 485*.
— (Louis-Hyacinthe de), 374.
— (Marie de), 86*, 90.
— (Maurille de), conseiller au
    Parlement, 373.
— (Suzanne de), 177*, 184*, 185*.
Bréhar (François), 591.
— (Françoise-Louise), 591.
Bréhart (Jean-François), 473*.
Bréhault (Pierre), 107*.
Bréhemont (Indre-et-Loire),
    19*.
Bréhier (Anne), 156*, 157.
— (Olivier), 454.
— (Pierre), 156*, 157.
Bréhiguère (sieur de), 614*.
Breil ou **Brueil** (sieur et dame
    du), 77, 78*, 84, 84*, 102*,
    146*, 207*, 251, 404. 449*,
    450*, 457, 460, 512*, 531*.
Brejen (Louise), 629*.
Brelivet (Jeanne-Marie), 101.
— (Toussaint), 101.
Brémanphany (dame de), 47*.
Brémantec (sieur de), 326.
Brémon (sieur de), 127.
Brénédan en **Brandivy** (cha-
    pelle), 168.
Brénellieau (dame de), 29*.
Brenic (Jeanne), 226*, 228.
Brenier (Claude), 41.
— (Guillemette), 41.
— (Jean), 41.
Brenne (Edmée-Charlotte de),
    403*.
Brenollo (sieur de), 433*.
Brenrun (seigneur et dame de),
    13*.
Brenugat (Alain), receveur de
    Rhuis et sénéchal de Ro-
    chefort, 257*, 280, 282, 282*,
    284, 284*, 285*.
— (Anne), 333, 592*, 595.
— (Françoise), 335*.
— (Georges), 213.
— (Hyacinthe-René), 286.
— (Jean), 334*, 336*, 422*, 574, 574*.

Brenugat (Jean), recteur de
    Sérent et chanoine de
    Vannes, 336*.
— (Jean-Baptiste), avocat en la
    cour, 391.
— (Jean-Vincent), avocat en la
    cour, syndic de Rhuis,
    183, 286*, 292, 558.
— (Jeanne), 76, 76*, 334*, 428*.
— (Jeanne-Marie), 213.
— (Louis-Marie), notaire de Ro-
    chefort, Keralio, Pinieuc
    et Châteaudcrec, sénéchal
    de Châteauderec, 202*,
    213, 213*.
— (Marie-Anne), 213*, 284, 286.
— (Marie-Magdeleine), 213*.
— (Michel), 148.
— (Michelle), 595.
— (N.), 525.
— (Perrine-Françoise), 259,
    284*, 285, 288*.
— (Pierre), 282*, 333.
— (Pierre-Hyacinthe dit « Du-
    len »), 553.
— (Pierre-Marie-René), 292.
— (Pierre-René-Alain), 282*.
— (René), avocat en la cour,
    substitut du procureur gé-
    néral du Roi à Rhuis,
    syndic de Rhuis, 285*, 286,
    286*, 289*, 292*, 553.
— (Renée), 280, 382*, 335.
— (Renée-Jacquette), 292.
— (Suzanne-Françoise), 257*.
— (Sylvestre), 574*.
— (Vincent), juge et magistrat
    criminel au présidial de
    Vannes, puis conseiller au
    Parlement et procureur gé-
    néral syndic des Etats, 335,
    335*, 336*, 341*.
Bréquigny (seigneur et dame
    de), 75*, 141*, 142, 178*, 303.
Brésal (Françoise de), 33, 33*.
Brésillac (dame de), 21, 22*.
Bresselin (dame de), 26.
Bresserien (sieur et dame de),
    26.
Bret (Bertrand), dit le « Ma-
    louin », architecte, 489*.
Bretel (Anne), 475.
— (Louise), 455, 490.
— (Vincent), 481.
Brèthe (Elisabeth), 232, 232*.

Brèthe (Joseph), lieutenant d'in-
    fanterie, 232*, 233, 547*.
— (Marguerite), 233.
Bretinay (sieur de), 45*.
Bretins (seigneur des), 539*.
Brétonneaux (Louis), 452.
Breval (marquis de), 403*.
Bréville (François-Marie de),
    lieutenant de frégate, 410,
    413, 415*.
Brézal (dame de), 21*.
Brézal (Mathurine de), 211*.
Briancourt (sieur de), 230*.
Briancourt (Nicolas de), 486*, 488,
    493, 501, 588, 595*, 601.
— (Nicolas-Hyacinthe de), 488.
— (René-Arthur de), 486*.
— (Thérèse-Nicole de), 390*.
— (Yvonne de), 596.
Briant (Guyonne-Scolastique),
    138*, 387*.
— (Hyacinthe-Marie-Eléonore-
    Aimée-Théodore), 27*.
— (Jacques), 98*.
— (Jean-Corentin), 27*.
— (Marie-Josèphe), 148.
— (Scolastique), 486, 599*.
— (Sœur Marie), supérieure de
    l'école charitable de Mar-
    zan, 220*.
Briat (Charles), 531.
Briczon (Claude), 172*, 194*.
— (Jean) 171*, 194*.
— (Jeanne), 195.
Brideau (Antoinette), 288*.
— (Renée), 610*.
Briel (Madeleine), 578.
Brien (Bonaventure), 92*.
— (Gillette), 525*.
— (Guillaume), 273.
— (Jean), 273, 511, 525*.
— (Jeanne-Marie), 157*.
— (Joseph-François), 511.
— (Marie-Thérèse), 628.
— (Olivier), 209, 209*.
— (René), maître moulageur,
    628.
— Brier (Marc), 168*.
Brière (Jeanne-Bastienne), 606*.
Brières (seigneur des), 44*, 239,
    612.
Brieux (sieur des), 400*, 401.
Briffaut (Jean-François), garde
    du roi au régiment Dau-
    phin Cavalerie, 506.

Briffaut (Pierre), 506.
Brigant (dame de), 307.
Brigent (Vincente), 588*.
Brignac, 84*.
Brignac (seigneur et dame de), 360, 360*, 448*.
Brignac (Julien de), 254.
Brignan (seigneur et dame de), 238*, 248.
Brigné (Louise-Françoise), 37*.
Brilhac (sieur de), 211, 596.
Brilhac (Charles-Dimas-Pierre de), 89*.
— (Marie-Anne-Geneviève de), 169*, 391*.
Brillays (Marguerite de), 366.
Brillet (Anne), 627*.
— (Guillemette), 146*.
— (Pierre), avocat en la Cour, 468.
Brimini (Brigitte), 511.
Brindejonc (Claude-Hyacinthe-Jean-Marie), receveur de domaines du roi, 56*.
Briniou (seigneur de), 21*.
Brion (sieur de), 474.
Brion (Pierre), 474.
Brionel (seigneur et dame de), 200, 298*, 336*, 394*.
Brior (seigneur de), 366.
Brisejon (Claude), jésuite, 344*.
Brissac (comte de), 273*.
Brissault (Cyr-Jacques), lieutenant de patache, 264*.
Brisseau (Anne-Louis), 230*.
— (Henri-Dieudonné), 230*.
— (Jean), 535*.
Brisset (Anne), 276.
— (Victor), maître particulier des Eaux et Forêts de l'évêché de Vannes, 276.
Brisson (Denise-Jeanne), 400*, 401.
— (Edme-Nicolas), 398.
— (Pascal), contrôleur général des rentes de l'Hôtel de Ville de Paris, puis entrepreneur de la ferme générale des tabacs, 398, 524*, 525.
Brissot (Françoise-Guillemette), 458*.
— (Jean), contrôleur des Fermes, 512*, 514, 528*.
Brissot (Pierre), 454*, 458*.

Brizeux (Adrien-Joseph), notaire royal, 27.
— (Anne-Julienne), 27.
Brizoal (Jeanne), 30.
— (Pierre), lieutenant de Guémené, 43, 44, 60*.
Brocard (Jean), directeur des Postes à Vannes, 500*, 602.
Brochereul (Antoine), avocat en la cour, 180*.
— (Félix), 180.
— (Marie-Jeanne), 4*.
Brochet (Roulette), 585.
Broël (sieur et dame de), 164, 189*, 217*, 284, 297*, 298, 366.
— Voir : Brouel.
Broël (Anne de), 346.
— (François de), 359*.
— (Guillaume de), 346, 578.
— (Jean de), 217*, 495.
— (Louise de), 164, 243,
— (Michelle de), 163*, 164.
— (Olivier de), 361.
Brohan (Perrine), 217.
— (Pierre), chanoine et curé de Rochefort, 259*.
— (Pierre-Joseph), 492.
— (Yves), recteur de Malansac, 252.
Brohays (seigneur et dame de), 13, 87, 104, 104*, 105, 302.
Brohun en Trédion (parc et forêt), 419.
Brondineuf (seigneur et dame de), 352*, 360*, 470.
Brook (Brigitte), 535.
Brossard (Alexandre de), 85.
— (Ambroise-Perronnelle de), 85, 169, 264*.
— (Anne de), 23*, 54, 54*, 57, 85.
— (Anne-Marie de), 85.
— (Anne-Renée de), 54, 57*.
— (Charles-Claude de), 264*, 306.
— (Claude de), 306.
— (François-Claude de), alloué de Moréac, 72*.
— (François-Marie de), 264*, 306.
— (Françoise-Marie de), 264*.
— (Henri de), 24*, 471*.
— (Isabeau de), 24.
— (Jacquette-Anne de), 282.
— (Jean-Félix de), 72*.
— (Jean-Jérôme de), 53.
— Louis de, 19*, 66*

Brossard (Louis-Alexandre de), 54, 65.
— (Louise de), 471*.
— (Marie de), 64*, 65*.
— (Michel de), 24*.
— (Pierre-François-Alexis de), 65.
— (Yves-Claude de), 169.
Brossay (seigneur et dame du), 119, 120, 140, 151, 151*, 159, 160, 167, 215*, 216, 221*, 224, 244, 246, 246*, 250, 252*, 254*, 255, 256*, 261, 261*, 262, 262*, 266*, 302*, 338*, 340*, 353, 365, 368*, 383, 384*, 385*, 386*, 473, 473*, 627*.
Brossin (Jean de), lieutenant de vaisseau, 389, 389*, 392*, 395.
— (Jean-Pierre-Anne de), 389*.
— (Sylvie), 392*.
Brotel (Louise), 585*.
Brouard (N.), 543.
Brouays (sieur de), 164*.
Brouel en Ambon (maison et chapelle), 178*.
Brouel en Arzal (château de), 182.
Brouel en l'Ile-aux-Moines (pointe), 312.
Brouhan (Julien), recteur de Saint-Jacut, 125*.
Broussay (seigneur et dame du), 169*, 242, 253.
Brousse (Catherine-Julie), 634*.
Broutay (comte du), 71*, 104*, 479*.
Broutier (Françoise de), 457.
Bruant (Julien), cordier, 185.
Bruban (ou Burban) (Charles-Louis), 126.
— (Jean), 154*.
— (Julienne), 154*.
— (Marie-Thérèse), 149*, 154*.
— (Nicole), 208.
— (Sébastien), 154*.
— (Sébastien-Alexis), 154*. — Voir : Burban.
Bruc (seigneur et dame de), 115, 299*, 377, 455*, 458, 474*, 476*, 592.
Bruc (Alexandrie-Jeanne-Rosalie de), 300*, 407, 417.
— (Louis de), garde-sceaux au Parlement, 281, 299*, 366, 455, 458.

Bruc (Marie de), 198, 229, 377*, 378*, 380*, 381*.
— (Perrine de), 157.
— (René-François de), garde-sceaux au Parlement, 115, 381, 474*, 476*, 592.
Bruiers (Françoise-Thérèse), 93.
Bruillac (Alain-Jean de), 573*,
— (Joseph-Anne de), sous lieutenant de vaisseau, 573*.
— (Marie-Louise de), 573*.
— (Pierre-François-Marie de), 573*.
Brulais (sieur des), 402*.
Brulenne Le Merle (François-Tanguy), 537*.
— (Yves-François), 537*.
Brullé (seigneur et dame de), 27, 54, 58*, 355*, 423.
Brullé (Bertrand), 575*.
— (Marguerite), 575*. — Voir : Bruslé.
Brullon (seigneur et dame de), 116*, 117, 129, 131, 549. — Voir : Guillemé.
Brullons (seigneur et dame des), 100, 207*, 565*.
Brullon (Anne-Geneviève de), 116, 116*.
— (Catherine-Marthe de), 116*, 117*.
— (Louis de), 114*, 116*.
— (Louis-Gilles de), 116*, 117.
— (Marie-Judith de), 117.
— (Saldebray de), 129.
Brumaut (Charles), 286*, 400, 524*, 525*.
— (Claude), 524*.
— (Jean-François-Bonaventure), 525*.
— (Jean-Marie), 400.
Brun (Félix), 470.
— (Marie), 448*.
Bruneau (Jeanne), 448.
Brunel (Guillemette), 179.
— (Jean), 429, 429*, 586, 587*.
— (Jeanne), 586.
— (Julien), 427, 429*.
— (Olive), 430, 576*.
— (Olivier), 429, 429*, 575.
— (Vincent), 587*.
— (Yvonne), 429*.
Brunest (Jean), 604*.
— (Marie), 628.

Brunet (André), 495*, 497*, 498, 514*, 515*.
— (Angélique-Mathurine), 519*.
— (Hyacinthe-Marie), 521.
— (Jacques), 489*, 616*.
— (Jacques), apothicaire, 406*, 415, 417.
— (Jacques), commissaire général des vivres de la marine, 483.
— (Jean), 31*, 514, 519*, 520*, 521, 523, 610*.
— (Jean-Jacques), 555*.
— (Jean-Vincent), capitaine de navire, 542.
— (Jeanne-Françoise), 412.
— (Jeanne-Josèphe), supérieure de l'Hôpital de Vannes, 549*.
— (Louis-Jacques), 504*.
— (Madeleine), 483.
— (Marie), 496, 497*, 514*, 515*, 517, 518, 519*, 520*, 521*, 525, 526, 528, 530, 531*, 539*, 544*, 546*.
— (Marie-Jeanne-Véronique), 417.
— (Michelle), 513*, 515.
— (Marie-Rose-Jeanne), 611*, 617*, 620.
— (N.), 539*, 597, 617*.
— (Pélagie), 213*, 534, 535*, 566*.
— (Suzanne-Perrine), 404, 405, 406, 407*, 408*, 409.
— (Vincente-Louise), 406*.
Brunetière (Jean), notaire au présidial de Vannes, 466.
Bruno (Yves), 460*, 462*.
Brusle (Suzanne), 432*. — Voir : Brullé.
Buar (Georges-Marie), 535.
— (Louis-Robert), 535.
Bubry : voir Perros (manoir).
Buchet (Etienne), 476*.
— (Jacques), 600*.
— (Jean), orfèvre, 475.
— (Jean-Baptiste), 567*.
Bude (comtesse de), 197*.
Budes (Christophe), conseiller au Parlement, 186.
— (Esther), 199*.
— (Marie), 68.
— (Renée), 357*.
Budy (seigneur du), 294*.
Buhourd (Denis), 578, 578*, 579*.

Buhourd (Jeanne), 488, 578, 583, 594.
— (Louis), 578.
— (Olive), 466, 472*.
Buisson (Angélique), 484*, 620*.
— (Gilles), docteur en médecine, 438.
— (Jacques-Marie), 484.
— (Jean-Joseph), 616*.
— (Jeanne-Michelle), 482.
— (Louis), 484*.
— (Marie-Anne), 484*.
— (Mathurin), premier commis au greffe du présidial de Vannes, 480*, 482, 484, 484*.
— (Mathurin-Marie-Vincent), 614.
— (Perrine), 222.
Buisson-Guérin (sieur du), 113.
Buléon (seigneur de), 76*.
Bullion (Jacques), recteur de Moréac. 73*, 74, 74*.
Bulot (Louise), 572*.
Bulou (René-Charles), 624.
Bunel (Etienne), recteur de Naizin, 80*, 81.
Bunetier (Jean), notaire au présidial de Vannes, 461, 582*.
Buo (Rose), 572.
Buon (Julien), sous prieur de l'Abbaye de Saint-Gildas, 268.
Burain en Saint-Dolay (Le), 237.
Burat (dame de), 560*.
Burban (Armel), 215.
— (François-Pélage), 213*.
— (Jean), 473*.
— (Louis), sénéchal de Cohignac, Carné, Rochefort, Pinieuc et Kerdavy-Quintin, 213*, 214, 215.
— (Louis-Exupère), sénéchal de Molac, 214*, 215.
— (Louis-Gabriel-Marie), 215.
— (Louis-Gilles), 211*.
— (Sébastien), sénéchal de Cohignac et Carné, 211*, 212, 213. — Voir : Bruban.
Bureau (Barthélemy), 452*.
— (François), alloué de Porhoët, 460.
— (Françoise), 455*.

Bureau (Gilles), secrétaire du roi, maison et couronne de France, 456*.
Burel (Guillaume), 156, 235.
— (Jean), 234*.
— (Marie-Thérèse), 545.
— (Michel), 234*.
— (Raoul), 45*.
— (Renée), 235.
— (Sébastien), 234*.
— (Suzanne), 235.
— (Ursule), 18*, 99*.
Burelle (Jacquette), 450.
Buret (Jeanne-Marie), 616.
Burgerin (Abel), notaire au présidial de Vannes, 426*.
— (Vincent), 426.
Burgo en Grand-Champ (chapelle du), 168, 170.
Burguin (Christophe), 587*.
Burin en Saint-Dolay, 241.
Burin (François), commandant du Port-Louis, 23.
Burke (Edmond), prêtre, 187.
Burnol (Blaise), 628*, 630*, 632, 633.
— (Jacquette), 632.

Burnol (Louise), 628*.
— (Marie-Catherine), 630*.
— (Paul-Marie), 633.
Buron (Marguerite), 579*.
Burot (Charles), procureur au présidial de Vannes, 265*, 458*, 460* 464, 467, 468*, 470, 470*, 473*, 495*, 608*, 610.
— (Jeanne-Jacquette), 493*.
— (Marie), 472*.
— (Mathurin), 467, 468*.
— (Michelle), 460*.
— (Michelle-Vincente), 460*.
— (Olivier-Jean), 470.
— (Pierre), 464.
Burtel (Marie-Angélique), 562*.
Bury (Jeanne-Catherine de), 42.
Busliez (dame de), 29.
Busson (sieur du), 590*.
Busson (Anne), 229*.
— (Marie-Hélène), 229*.
— (Perrine), 509*, 510*, 511*, 518*.
— (Pierre), secrétaire du roi, maison et couronne de France, 467, 474*.
— (Vincent), 483.

Bussu (Jean), 237.
— (Renée), 236.
Bussy (marquis et marquise de), 209*, 250*, 352, 443*.
Bussy (Claude de), 538*.
— (Simon-Henri de), 538*.
Butault (Gilles), conseiller au Parlement, 219, 219*.
— (Isabeau), 250, 250*.
— (Jacques), 113*, 124, 181*, 182. 217*, 368*.
— (Jacques-Julien-Joseph), 368*.
— (Joseph), vicaire général de Vannes, 175*, 305, 378*, 389.
— (Louise-Marguerite), 23*, 182*, 220.
— (Marie), 130, 181*.
— (Marie-Claude), 219.
— (Nicolas), 215, 217*, 218.
— (Perrine), 107*.
— (Perronnelle), 124*.
— (Reine-Marie-Marguerite), 23.
Butier (Jacquette-Françoise), 524.
Buttes (sieur des), 238.

C

Cabelduc (N.), 611*.
Cabelguen (Guillaume), recteur de Locminé, 69, 76*.
Cabellec (Françoise), 170*.
Cabeno (sieur et dame de), 185*, 186, 190*.
Cabo (Louis-Marie), 87.
— (Mathurin), 87.
Cabré (Agnès-Vincente), 517.
— (Jacques), 517.
— (Pierre), 487*.
Cabrié (Joseph), 542.
Cacaret (Pierre), 156.
Cadaran (François de), avocat en la cour, 365*, 366.
— (Louis-Anne de), 366.
Caden (paroisse), 241-247. — Voir : Saint-Vincent-de-Maunet (chapelle), Maguéro (lieu-dit).
Caden (seigneur de), 262, 359, 359*.
Caden en Sarzeau (manoir et chapelle), 282*.

Cadets nobles voir Compagnies.
Cadeville (comte de), 562*, 634.
Cadic (Françoise), 429.
— (Madeleine), 608*.
Cadié (Françoise), 578.
Cadier (Jeanne-Hélène), 79, 79*, 370*.
— (Louise), 354, 357, 359.
— (Marguerite), 16.
Cadillac (seigneur et dame de), 2*, 105, 307*, 308, 327, 342*, 349, 362*, 446*.
Cadillac (Anne de), 61, 99*, 103*.
— (Jean de), 5, 61.
— (Louis de), 43*.
Cadio (Ange-Claude), notaire royal à Hennebont, 32*.
— (Ange-Marie), 32*.
— (Catherine-Thérèse), 32, 32*.
— (Françoise), 421*.
— (Jacques-Charles), 377*.
— (Jean), 30.
— (Jean-Baptiste), doyen des trésoriers de France gé-

néraux des finances en Bretagne, 379.
— (Jean-Charles), 32*.
— (Jean-François), 50.
— (Jeanne), 119.
— (Jeanne-Louise-Joséphine), 32*.
— (Louis-Pierre), procureur fiscal du Dréors et de Crémenec, 32*.
— (Marie-Florimonde), 32, 32*.
— (Pierre-Louis), recteur de Saint-Laurent, 263.
— (Renée-Anne), 52, 54*, 62.
— (Robert), chanoine de Vannes, 296.
— (Vincent), 39, 56*.
Cadiou (Jacques), 41*.
— (Jean), 41*.
— (Jeanne-Catherine), 542*, 616*.
— (Louis), 578.
— (Marguerite-Françoise), 52, 52*.
Cado (Barbe), 346*, 436.

Cado (Françoise), 160*, 329*.
— (Guillaume), 171*, 333*.
— (Guyonne), 8.
— (Jacquette), 177*, 192*, 193, 209, 298.
— (Jacques), 8.
— (Jeanne), 171*.
— (Jeanne-Gabrielle), 595.
— (Julien), 337.
— (Julienne), 99.
— (Pierre), 333*.
Cador (Yvonne de), 31.
Cadoret (François), prêtre, 504.
— (Guillaume), 330.
— (Guillaume), recteur d'Arradon, 307*.
— (Jean), 458*, 480*, 488.
— (Joseph), chanoine de Guémené, 54.
— (Julienne), 499*, 502, 503*.
— (Julienne-Jacquette), 510*.
— (Pierre), 488.
— (Radegonde), 522*, 527*.
— (Suzanne), 271*, 273*.
— (Sylvestre), 480*, 510*.
— (Vincent), 564*.
— (Yvonne), 86.
Cadoret (Anne de), 176*, 272*, 273, 273*, 274, 274*, 275.
— (Jean de), 350*.
Cadoudal (seigneur et dame de), 13, 136*, 162*, 306*.
Cadoux (Louis-Sylvestre), 600*.
— (N.), notaire et greffier de Largouët, 600*.
— (Perrine), 17*.
— (René), prêtre, 17*.
Cadouzan (sieur et dame de), 120*, 154, 225*, 226*, 228, 236, 236*, 237, 237*, 238, 238*, 239*, 240, 240*, 393*.
Cadouzan en St Dolay (chapelle, manoir, seigneurie), 239.
Cadran (Marie), 610*.
— (Nicolas-François), maître chirurgien, 610*.
Cadres (sieur des), 58!*.
Cady (Charles), alloué de Guérande, 228.
— (Charles), maître ordinaire en la Chambre des Comptes, 412*.
Caffarel (Charles), 495.
Cagnart (Michelle), 1, 2.

Cahan (demoiselle de), 388.
Cahideuc (sieur de), 68, 82.
Cahideuc (Artus de), chevalier de l'ordre du roi, gentilhomme ordinaire de sa chambre, 68, 153.
— (Emmanuel-Paul-Vincent), 143.
— (N.), capitaine de vaisseaux, 183.
Caignart (Anne), 84.
— (Antoine-Vincent), 22*.
— (Jacquette), 475*.
— (Jeanne), 84, 527*.
— (Louis), 84.
— (Marguerite), 8.
— (Toussaint), 22*.
Caillet (Pierre), 155*.
Caillo (René), vicaire de Pénestin, 224*.
Cailloche (Marie-Yvonne), 51*.
Caillot (Claude-Perrine), 515.
— (François-Christophe), 474*.
— (Françoise-Jeanne), 507.
— (Grégoire), 463, 467*.
— (Jean), 477*, 501, 501*.
— (Jean), maître architecte à Vannes, 452, 458, 460, 463, 467*, 470*, 474*, 477*, 484, 484*, 492*, 497*, 501, 502, 503*, 505, 507, 508, 511*, 512*, 515, 597*, 598*, 599*.
— (Jean-Guillaume), 505, 606*.
— (Jeanne), 452, 474*, 484, 487*, 489*, 597*, 598*, 599*, 600, 600*, 601, 601*, 602, 602*, 607, 607*, 608*, 609, 609*.
— (Jeanne-Françoise), 503*, 612*.
— (Jeanne-Perrine), 484*.
— (Joseph-Olivier), 458.
— (Marie), 508, 570.
— (Olivier), 425*, 511*, 518, 609.
— (Olivier-Robert), 399, 399*, 502.
— (Vincent), 460.
Cailly (Jeanne), 577.
Calais (Jean-Julien), recteur de Saint-Laurent, 263.
Calan (seigneur de), 173.
Calan (Julien), 9*.
Callac (seigneur de), 104, 174, 175.
Callac (Andrée de), 58.
— (Bertrand de), 342.
— (Bertranne de), 441*.
— (Geffroy de), 421*.

Callac (Guillaume de), 421*.
— (Isabeau de), 333, 421*, 423.
— (Jean de), 333, 335*, 336, 341, 341*, 342, 344.
— (Jeanne de), 177.
— (Julien de), 335*.
— (Louise de), 58, 341.
— (Michelle de), 336*, 341*, 580.
— (Pierre de), 421*.
Calléon (seigneur et dame de), 10, 125, 125*, 150*, 235, 243, 385, 417*.
Calle (Jeanne de), 271*.
— (Perrine de), 426.
Calloët (Lucie-Françoise de), 407.
— (Pierre-François-Saint-Guillaume-Esprit-Bazile de), 403, 407.
— (Roland de), 22.
Calmar (François), 32*.
— (Jacques-Joseph), avocat en la cour, 32*.
— (Jacques-Michel), 32*.
— (Marie-Nicole), 32*.
Calo (dame de), 195.
Calsac (sieur de), 283*, 350, 351, 352, 441*.
Calsac en Sarzeau (étang de), 268*.
Calsac Ilis en Theix, 304*, 305.
Calvaires et croix, 5, 5*, 6, 6*, 7, 7*, 172, 247*, 291*, 302, 313*.
— Voir : Bénédictions.
Calvar (Jeanne), 263.
Calvary (Jeanne-Louise), 38*, 39.
— (Jérôme), 38*, 50*.
— (Jérôme-Barthélemy), notaire et greffier de Mur, 12, 38*.
— (Michel), avocat en la cour, 50, 50*.
— (Vincent), 38*, 48.
Calvé (François), 43*.
— (Françoise-Elisabeth), 560*, 562, 573.
— (Laurence), 43, 44.
— (Marie-Catherine), 566*.
Calvet (Anne-Félicité), 544.
— (Georges), capitaine de navire, 542, 543, 544.
— (Pierre), 542.
— (Samson-Pierre), 543.
Camaïon (seigneur de), 187, 392.

Camarec (seigneur et dame de), 133*, 273*, 299, 35*.
Camarec en Elven (croix de), 135.
Camarec (Olive), 627, 628*.
— (Marie), 628*.
Cambenaud (Marie-Madeleine), 538*.
Camboquer (sieur de), 191.
Cambout (seigneur du), 184*, 195*, 238*, 254*, 279*, 281, 281*, 303, 359, 359*, 393, 601, 601*.
Cambrigo (sieur du), 108*.
Camlan (Louis), 9.
— (Marc), 9.
Camoël (paroisse), 215, 216.
Camors (seigneur et dame de), 2, 80, 105, 306*, 307*, 308, 333*, 340*, 343, 346*, 353, 374*, 383, 390*, 617.
Camors (Jeanne de), 433.
Campel (seigneur de), 305*.
Camper (seigneur du), 166.
Campir (Guillaume), 273, 273*, 274*, 275, 275*.
— (Jeanne), 273, 273*.
Campostal (seigneur et dame de), 26, 251.
Camsquel (seigneur et dame de), 293*, 296, 302*, 331*, 422*, 423, 449, 451, 452*, 453, 459, 468*, 488*, 499.
Camsquel (Gilles de), 422*.
— (Pélagie de), 584.
Camzillon (seigneur et dame de), 136*, 160*, 216, 227*, 398*, 403*, 486, 558*.
Camzon (seigneur et dame de), 109, 109*, 121*, 125, 163*, 169*, 304*, 364*, 382, 391*, 490, 510.
Camzon (banc et chapellenie de), à Rieux, 121, 122.
Canaber (René de), gouverneur de Carhaix, 13*.
Canat (Perrine), 428*.
Canaux, 103.
Cancoët en Saint-Gravé (chapelle et château), 262.
Cancoët (seigneur et dame de), 58, 116, 117*, 262, 262*, 369*, 469, 590*.
Cancoët (Françoise de), 434*.
— (Marie de), 457*, 465.

Cancoët (Nicolas de), 347.
— (Perronne de), 107*.
— (Yves de), 116.
Candalh (Julienne de), 544.
Gangé (seigneur de), 592.
Canival (Perrine), 605.
Canivarh (sieur et dame de), 133*, 336, 442, 444*, 447*, 449, 451, 451*, 457, 576*, 581*, 583, 583*.
Canlou (François de), 33*.
— (Hélène de), 180*.
— (Jacques de), sénéchal de Gourin, 33*.
— (Jean-Claude de), 26.
— (Jeanne de), 34*.
— (Marie de), 33*, 39.
— (Marie-Jeanne de), 411*, 412*, 633, 634.
— (Michel de), avocat en la cour, 26, 34*, 39*.
Cano (sieur de), 298*, 342, 342*, 343, 347, 352*, 353*, 354, 355, 364, 433*, 579, 580*.
Cano (Jean), 177, 184*.
— (Perrine), 184*.
Canonisations, 316*.
Canquisern en Lignol (manoir de), 60*.
Cantin (Gabrielle), 474*.
Cantiques, 5, 5*, 6, 6*, 66.
Cantizac (seigneur de), 296.
Caoursin (Jean), 479*.
Capelle (Lucie-Louise), 398*, 399*, 400, 400*, 401, 403, 403*, 543.
Capitaine (Pierre), 495, 499.
Capitaines des portes de villes, 317*.
Car (Jean), 243.
— (Julien), 243.
Cara (Perronne), 446*.
Carade (sieur et dame de), 350*, 354, 576*.
Caradec (sieur de), 430.
Caradec (Allanette), 429*.
— (Ambroise-Jacques-Mathurin), avocat en la cour, puis conseiller à la cour, supérieure provisoire de Bretagne, 290*, 332*, 410*, 413*, 416, 418, 418*.
— (Augustin), 402*.
— (Augustin), prêtre, 413*.
— (Augustin-Jean), 531.

Caradec (Charles-Ambroise-Marie-Augustin), 413*.
— (Charles-Julien), procureur fiscal de Locminé, 72.
— (Françoise), 70, 71*.
— (Guillaume), 427*.
— (Guillaume), recteur de Saint-Caradec-Trégomel, 66*.
— (Guillaume-Ambroise-Marie), 410*.
— (Guillemette-Jacquette), 443*.
— (Hélène), 628*.
— (Jacques), 529.
— (Jacques), sénéchal de Kergroix, 71*.
— (Jacques-François), procureur fiscal des régaires de Vannes, 290*, 400*, 402, 402*, 404*, 406*, 529, 530*, 531.
— (Jean), 427*, 429*, 432*, 433.
— (Joseph-Pierre), 404*.
— (Julien), 432*.
— (Julien), maître chirurgien, 443.
— (Marie-Céleste), 71*.
— (Marie-Marthe), 72.
— (Marie-Mathurine), 529.
— (Mathurine), 530*.
— (Nicolas-Vincent-Charles), 402.
— (Olivier), 433.
— (Perrine-Marguerite), 400*.
— (Roland-François), 529.
— (Rose-Angèle), 418.
— (Rose-Fleurie), 529.
— (Suzanne-Marie-Françoise), 418*.
— (Vincent-Jean-Marie), 416.
— (Vincent-Pierre), 72.
Caradeuc (sieur et dame de), 232, 233.
Caradeuc (Françoise-Vincente de), 115, 115*, 194, 294*, 378, 379, 380, 382, 382*, 383, 385*, 386*, 399, 417*, 502*.
— (Jacques), conseiller au Parlement, 365.
— (Jacques-Joseph), 365.
— (Jacquette), 608.
— (Julien-François), 366.
— (Marie-Françoise-Julienne), 286.
— (Mathurine-Jeanne), 375*.

Caradeuc (Michel), 362.
— (Nicolas), 294*, 363*, 365, 366. 367*, 375.
— (Suzanne-Jeanne), 246*, 367*, 380, 383*.
Carado (sieur et dame de), 287, 529*.
Caradreux (Florimonde de), 145.
Caraësic (dame de), 29.
Caranré (seigneur de), 212.
Carautret (seigneur de), 21, 21*.
Carbonnel (Jean de), 507.
Carcado (seigneur et dame de), 3, 13, 73, 86, 86*, 87, 90, 104, 104*, 105, 105*, 110*, 196*, 197*, 198, 198*, 199, 296, 302, 364*, 388*, 389*, 398, 400*, 402, 408*, 530*.
Carcouet (seigneur de), 365*.
Cardelan (sieur et dame de), 174, 274*, 276, 305, 309, 309*, 310, 310*, 330, 356*, 360*, 364, 377, 379, 380, 381, 381*, 385, 387*, 388, 388*, 389, 393, 495*, 581.
Cardilès (Françoise), 516*, 519, 526.
Carel (Guillaume), recteur de Guern, 89*.
Carême (abstinence), 318.
Carency (prince de), 479*.
Carentoir (paroisse), 146, 149*
— Voir : La Bouexière, la Grée Horlet, la Touche-Peschart, La Villequeño (châteaux); Boschet (enfeu et manoir); La Haute-Bourdonnaye, Hautes-Bouexières (Les), Temple (Le), trêves).
Caret (Louis), 616.
Cargroix (sieur et dame de), 79*, 84, 84*, 85, 85*, 86, 102. Voir : Kergroix.
Carheil (sieur et dame de), 147, 160, 238*, 242*, 254*, 279*, 340, 359, 393, 601, 601*.
Carheil (Anne de), 160*, 451.
— (François de), 130, 146*, 185*, 223*, 224.
— (François-Jean de), 206, 224*.
— (Françoise de), 147, 147*, 223*.
— (Georges de), 284, 284*, 290*.
— (Gervais de), 63*, 146*, 147*, 237*, 284, 352*, 359*, 360.

Carheil (Gilles de), 243.
— (Jacquemine de), 146*.
— (Jean de), 223*, 224, 224*, 392.
— (Jean-Marie de), 148.
— (Jeanne de), 395.
— (Jeanne-Marguerite de), 206, 216*, 224, 392, 602*.
— (Julien de), 146*.
— (Louise de), 242*, 243.
— (Magdeleine de), 153, 242*.
— (Marie de), 206*, 207, 208, 224.
— (Marquise de), 223, 361*.
— (Mathurin-Gilles de), 147*.
— (Olivier-Antoine de), 223*.
— (Pierre-Jean de), 148, 284*, 359*.
— (René de), prêtre, 147.
— (Suzanne de), 223*.
Carhiel (Marguerite), 538*.
Carillé (N.), 471.
Cario (Grégoire). 604*.
— Vincente), 604*.
Carion (François-Joseph), 168*.
Caris (François), 169, 171.
— (François-Marie), 171.
— (Françoise-Josèphe), 537*.
— (Guigner), procureur fiscal de la Chesnaye, 169.
— (Guillaume), 83*.
— (Joseph), 170*.
— (Marie-Anne), 169*, 569*, 606*.
— (Marie-Josèphe), 170*.
— (Pierre), 606*.
— (Pierre-François), 171.
— (Sébastien-Olivier), 169.
— (Yvonne), 169*, 170*, 536*, 564.
Carlan (dame de), 288.
Carle (Guillaume), 438.
Carlier (Alexandre), 454*.
Carluer (Vincent-Augustin de), sénéchal de Tréguier à Lannion, 48*.
Carman (marquis et marquise de), 3, 25*.
Carmenet (seigneur et dame de), 137*, 168*, 260*.
Carmoy (seigneur et dame de), 125*, 245, 250, 250*, 251*, 257*, 493*.
Carnac (paroisse), 265*.
Carné (seigneur et dame de), 178, 193*, 194, 209*, 210, 210*. 211, 211*, 218*, 244, 245, 249, 277*, 361, 368*, 389, 443*, 487.

Carné (Gilles), 456*.
Carné (Adelice de), 325*.
— (Anne de), 368*.
— (Anne-Françoise-Claude de), 193*.
— (Anne-Roberte-Michelle de), 193*.
— (Anne-Thérèse de), 255.
— (Armand-Gilles de), 245, 246*, 251*, 389.
— (Cécile de), 135*.
— (Corentin de), 244*.
— (François de), 161*, 194, 211*, 255, 260.
— (Françoise de), 193*, 255.
— (Gabriel de), 177*, 243*.
— (Gilles de), 219, 244, 245, 255*, 366.
— (Gillette-Marie de), 255, 261*.
— (Gillonné de), 260*.
— (Gillonne - Marie de), 127, 194, 245*.
— (Guy), 244, 244*, 249, 255, 255*.
— (Hyacinthe-René), 255.
— (Jean de), 153, 153*, 162, 162*, 177*, 178, 201, 243, 244, 254*, 297*, 302*, 357.
— (Jean-Guy de), 211*, 244.
— (Jean-Sébastien de), 162*.
— (Jean-Toussaint de), chevalier de l'ordre du roi, 193*, 368*, 487.
— (Jean-Urbain de), chevalier de l'ordre du roi, 193, 193*, 209*, 210, 218*, 244, 361, 443*.
— (Jeanne-Bertranne de), 244, 244*.
— (Jérôme de), 163, 243*, 245.
— (Joseph de), 210.
— (Joseph-Alexis de), 255.
— (Julienne de), 162.
— (Laurent de), 18, 154, 162, 162*, 326*, 499.
— (Louis-François de), 193, 193*.
— (Louise de), 243, 244, 245.
— (Louise-Vincente-Gabrielle de), 224, 245, 245*.
— (Magdeleine-Perrine de), 163, 245.
— (Marie de), 162*, 178.
— (Marie-Madeleine de), 596*.
— (Mathurin de), 243*, 244*.
— (Olive-Françoise de), 210.
— (Perrine de), 255.

Carné (Perrine-Françoise de), 487.
— (Perrine-Julienne de), 224, 245, 245*, 246, 255*.
— (Pierre-Jean de), 245.
— (René de), 134*, 135*, 177*, 178, 243, 243*, 298*.
— (Suzanne de), 162*.
— (Thérèse de), 178, 211*.
— (Thérèse-Corentine-Marie de), 572*.
— (Valentine-Françoise de), 389.
Carno (François), 436.
Carnouet (seigneur de), 395.
Caro (Elisabeth), 90.
— (François), constructeur de la Cⁱᵉ des Indes, 95.
— (Guillemette), 178, 439.
— (Jean), 578*.
— (Jean), curé de Naizin, 81*.
— (Jean-Baptiste), lieutenant de port à Lorient, 97.
— (Julienne), 578*.
— (Marguerite), 96, 97.
— (Marie-Jeanne), 96.
— (Nicolas), capitaine des vaisseaux de la Cⁱᵉ des Indes, 97.
— (Pierre), capitaine de brûlot, 97.
Caron (Pierre), 457.
Carorgant (sieur et dame de),67.
Caroro (sieur de), 536*.
Carpehaye en Malansac (frairie de), 254.
Carpières (sieur des), 488*.
Carpont (sieur et dame de), 34*.
Carré (André), 272*.
— (Angélique-Perrine), 507*.
— (Anne), 621*.
— (Catherine), 510*.
— (Claude), 518*, 525*.
— (Claude-Pierre), 509, 510.
— (Etienne), 501.
— (Etiennette-Françoise), 502*.
— (François), 428.
— (Françoise), 34, 625.
— (Jacquette), 504*.
— (Jean), 272*, 273, 273*, 334, 336, 399*, 625.
— (Jean), recteur de Sarzeau, 277.
— (Jean-Louis), 525*, 553, 565, 567*.

Carré (Jean-Marie), 567*.
— (Jeanne), 273.
— (Jeanne-Françoise), 566.
— (Joachim-Joseph), 506.
— (Louis), 273, 280.
— (Louise-Françoise), 633.
— (Marc), sculpteur à Vannes, 320*, 477*, 485*.
— (Marguerite), 275, 327, 341, 428.
— (Marie), 191*.
— (Marie-Claude), 516.
— (Marie-Louise), 565.
— (Marie-Perrine), 565.
— (Marie-Thérèse), 499, 523*.
— (Mathurine), 509, 515.
— (Nicolas-Philippe), ordonnateur de la Marine à Nantes, 603*.
— (Olive), 272*.
— (Olivier-Mathurin), 553.
— (Perrine-Thérèse), 514, 515, 515*.
— (Perronne), 327, 343, 357, 359*, 367, 368, 461*.
— (Pierre), 510.
— (Pierre-Joseph), 51, 499, 500, 501, 502*, 506, 506*, 507,507*.
— (René-Louis), 500.
— (Simon), 504*.
— (Thérèse), 512.
— (Vincent), 275, 336, 428.
— (Vincente-Marie), 518*.
Carrel (Etienne), 603.
Carrière (seigneur de), 247*, 484*.
Carrion (Perrine de), 158*.
Cartelle (Anne), 399*.
Carteron (Louise), 450*.
— (Renée), 603*.
— (Vincent), prêtre, 556*.
Cartes géométriques, 225*.
Carthon (Louis), 90*.
— (Philippe), 90*.
Cartier (seigneur et dame du), 207, 531, 602.
Cartier (Alexandre), 457.
— (François), 457.
Carton (Lucrèce), 447.
Casal (Jean-Georges), 4.
Cassac (François), sergent de Largoët, 435.
— (Guillaume), 435.
— (Yves), 169.
— (Yves-Claude), 169.

Cassant (François-Philippe de), 532*.
Cassé (dame de), 634*.
Casset (sieur et dame de), 201, 248*, 249.
Casset de Vautorte (Louis), évêque de Vannes, 328*, 362*,368*,370 370*,371,372*.
Casset de Vautorte (Renée), 328*, 367*, 369, 372, 469*.
Casso (seigneur de), 102.
Casson (seigneur de), 584*.
Castagny (Elisabeth-Perrine-Laurence de), 4*, 293*, 410, 420.
— (François de), 4*.
— (François de), lieutenant colonel d'infanterie, 409, 410, 410*, 420*.
— (Françoise de), 410*.
— (Françoise-Alexandrine-Ursule de), 420*.
— (Jean-Antoine de), capitaine de grenadiers, 414.
— (Jean-Marie-René de), 409.
— (Rose-Elisabeth-Renée-Flore de), 420*.
Casteja (N. de), 3*.
Castel (seigneur de), 404*, 405, 610*.
Castel-Keevin (Comté de Cork, Irlande), 485*, 487.
Castel (Jean), 10.
Castel (Armand-François de), 418*.
— (Charles de), 62.
— (Clément-René de), 166*.
— (François de), 610*.
— (François-Marie de), 404*, 405.
— (François-Marie-Clément de), 415*, 418*.
— (Hélène de), 175*.
— (Pauline-Marie-Vincente de), 415.
— (Perrine-Vincente-Louise de), 405.
— (Rose de), 615*.
— (Rose-Anne-Marie-Radegonde de), 533.
Castelet (seigneur du), 558.
Castellan (seigneur et dame de), 18, 117*, 118, 128*, 138, 152, 152*, 153, 153*, 154, 161*, 162, 162*, 163, 167, 243, 245,

252, 262, 302*, 304*, 326*, 353*, 355*, 473*, 499.
Castellan (Anne de), 260.
— (Catherine de), 434*.
— (Flavie-Geneviève-Louise-Vincente de), 163.
— (François de), 128*, 152*, 162, 260.
— (François-Bertrand-Emmanuel de), 163.
— (Françoise de), 111*, 189*.
— (Françoise-Sévère de), 163, 262.
— (Guillaume de), 113*, 152, 260.
— (Jacques de), 152.
— (Jean de), 128*, 161*, 162*, 260.
— (Jean-Marie de), 163.
— (Jean-Marie de), capitaine des vaisseaux du roi, 262*.
— (Jean-Marie-Louis-Mathurin de), 262*.
— (Jeanne de), 128*, 161*.
— (Joseph-Marie de), 117*, 118, 163.
— (Joseph-Sévère-Armand de), 167.
— (Julienne de), 128*.
— (Louis-Joseph-Sévère de), 118, 163, 167.
— (Marie de), 125, 255.
— (Marie-Josèphe de), 252.
— (Pierre-Sévère de), 163.
— (Renée de), 125, 128*, 161*, 162, 260.
— (Renée-Aubine-Charlotte-Angélique de), 163.
— (Rosalie-Françoise de), 163.
— (Sévère de), 163, 252.
— (Sévère-Armand de), 118, 163, 260*.
— (Suzanne de), 112, 158, 260.
Castellane (François de), prieur de N. D. d'Arz, 312*, 313*.
Castellet (Galian de), colonel d'infanterie, 4.
Castello (sieur du), 173. Voir : Boutouillic (Jean-Joseph).
Castennec en Bieuzy, 5.
Castigny (François de), capitaine au régiment de Lorraine, 402*.
Castiller (sieur et demoiselle de), 464*, 483, 484, 522*, 531, 620*.
Castilloh (Marie-Anne de), 247.

Castoret (Sylvestre), 502*.
Catagnol (Anne), 626*.
— (Joseph), 626*.
Catfréd (seigneur et dame de), 294, 365*, 432, 443, 445*, 451, 454.
Catreux (Marie), 173, 281, 283, 597.
Catrevaux (Guillaume), 191.
— (Julien), greffier de Noyal-Muzillac, 191*.
— (Julienne), 464, 467, 473*, 478, 481*, 482*.
— (Marguerite), 191*.
Caudal (Guillaume), recteur de Meucon, 171*, 457.
— (Marguerite), 555.
Caudan (seigneur et dame de), 15, 16*, 22*, 328*.
Caudart (Jean), prieur de Saint-Jacob, Saint-Sébastien et Saint-Roch, 160.
Caufournic (Louis), 449*.
— (Pierre), 449*.
Caugart (Françoise), 610.
Caumont (sieur de), 327.
Cauran (sieur de), 128*.
Caurant (Guillaume), 36.
Caurel (Olive), 10.
Causic (Anne-Françoise), 596.
— (Antoine), sergent général d'armes, 596, 596*, 597*, 598*, 599, 600.
— (Gilles-François), 512.
— (Jean-Vincent), 596*.
— (Jeanne), 537*.
— (Joseph-Marie), 599.
— (Louise), 554.
— (Marie-Josèphe-Thérèse), 597*.
— (Nicole-Vincente), 598*.
— (Perrine), 570*.
— (Philippe), 619*.
— (Thérèse-Jeanne), 600.
— (Vincente), 604*.
Causique (ou Caussigné) (Anne-Philippe-Louis), officier garde-côtes, 544*, 623.
— (Joseph), 627.
Cavaro (seigneur et dame de), 111, 111*, 113, 113*, 114, 118*, 119, 133*, 134*, 136*, 177*, 178, 178*, 179*, 281.
Cavaro (François de), 118*.
— (Jeanne de), 111, 111*.
— (Perrine de), 111, 111*, 112.

Cayeux (comte de), 23*.
Caze (Antoine de), receveur général du tabac, 533.
Célard (Joseph-Simon), notaire royal à Quimper, 469.
— (Vincent), 293.
Celibert (Julienne), 622*, 623*, 625, 625*.
Cennine (Félix de), 107*.
— (Françoise de), 107*.
Cens (Anne de), 611.
— (Anne-Julienne de), 604.
— (Françoise-Madeleine de), 607*.
— (Jean-Jérôme de), 609*.
— (Jean-Joseph de), 610*.
— (Jean-Philippe de), 523, 524.
— (Joseph de), 606*.
— (Joseph-Marc de), 610*.
— (Louise-Elisabeth-Vincente de), 610.
— (Marie-Rose de), 526.
— (Philippe de), 604*.
— (Philippe de), contrôleur du bureau du tabac à Vannes, 499*, 607*, 609*, 610, 610*, 611.
— (Philippe-Vincent-Jacques de), 524, 526.
— (René-Charle-Joseph-Alexandre de), 611.
— (Suzanne de), 604*.
Centenaires, 237, 237*, 281, 345, 501, 503.
Cercleux (Anne), 494*.
— (Antoinette), 222*, 226, 231, 232.
— (Jacques), notaire royal de la sénéchaussée de Nantes, 228*.
— (Jeanne), 228.
— (Julien), 227.
— (Marc), greffier de la Roche-Bernard, 227*.
— (Marie), 228.
— (Michel), 228, 228*.
— (Michel), notaire royal, syndic de la Roche-Bernard, 227, 228.
— (Vincente), 229.
Cérémonies publiques, réceptions, etc., 314*, 315, 315*, 316, 316*, 317, 317*, 318, 319*.
Cérémonies religieuses, (funérailles, inhumations, ser-

vices, discussions, frais), 20, 30*, 53*, 66, 77, 112, 112*, 138*, 189, 139*, 145, 176, 181*, 206*, 235*, 257*, 259*, 269*, 270, 289, 290, 309*, 322, 344, 344*, 346, 381, 386, 386*, 387.

Cériac (demoiselle de), 511*.

Cerni (dame du), 61*.

Cérpier (Catherine-Julie), 533.

César (Michel-Charles-Jean), 546.

Cesbron (Joachim), 508*.

Cézy (seigneur et dame de), 39*, 67.

Cézy (Jean-Baptiste de), 39*.

Chabot (Françoise), 462.

Chaben (dame de), 152*.

Chaignart (Anne), 589*.

— (Félix-Jean-François), avocat, 259*.

— (François), 257*.

— (Guillaume), 584*.

— (Jeanne), 259, 409*, 554*.

— (Joseph), avocat en la cour, 259.

— (Marie), 589*, 593*, 594*.

Chaillou (Renée-Catherine), 180*.

Chalain ou Chalais (seigneur et dame de) 25*, 455.

Chalen (Françoise de), 601*.

Challot (Suzanne), 260.

Chalme (Yvonne), 548*.

Chalmers (ou des Chambres) (Guillaume), écossais, recteur de Caden, 346*.

Chalonge (seigneur de), 302.

Châlons (Pierre de), vicaire général de Vannes et vicaire perpétuel de Sainte-Croix, 86, 283*, 284*, 329*, 488.

Chalot (Anselme), 549.

— (Antoine), 549.

Chaloxi (Étienne), 426, 575*.

— (Jacquette), 426, 578.

— (Jean), 426.

— (Michelle), 575*.

— (Olive), 578*.

— (Yvonne), 431*.

Chamballan (seigneur de), 119, 221, 253.

Chamballan (François de), 119.

Chambault (René), sergent du régiment de Lannion, 498.

Chambellé (Françoise de), 205*.

Chambes (Catherine de), 58.

Chambéz (Marie-Geneviève de), 371.

Chambilly (Catherine), 230, 232*.

— (Guy), sénéchal de Théhillac, 229.

— (Jean), notaire de Coislin, 229*.

— (Louis-Jean), 229*.

Chambilly (Pierre), 229.

Chambon (François), ingénieur du roi, 539, 619.

Chambost (Gillonne), 591*.

— (Louis), 468*.

Chambots (seigneur et dame des), 238, 239*, 240, 240*.

Chambre des Comptes de Bretagne, 322*.

Chambrette (seigneur et dame de), 359*, 473*.

Chamgiron (sieur de), 457*.

Chamillard (Renée), 555.

Chamouzé (Edmond Le Blanc de), 567*.

Chamoy (dame de), 297.

Champagne (sieur et demoiselle de), 496*, 497*.

Champaigné (seigneur te dame de), 302*, 303, 304.

Champaigné (Anne de), 357*, 358, 359*, 366*, 375*.

— (Catherine de), 99.

— (Isabeau de), 24*.

Champdaguet (dame de), 456.

Champdavoine (Anne-Mathurine), 460*.

— (Antoine), 460*, 466*, 591*, 594.

— (Françoise), 594.

— (Jean), 466*.

— (Marie), 258*.

Champeaux (dame de), 256*.

Champeaux (Anne de), 115, 224, 305, 314, 385*, 386*, 394, 396.

— (Anne-Charlotte de), 187*, 256*, 260*.

— (Charles de), 115, 115*, 230, 256*.

— (Françoise de), 113*.

— (Jean de), 113*.

— (Jean-Baptiste de), 115*.

— (Jean-Baptiste-René-Marie de), conseiller au Parlement, 116.

— (Jeanne-Louise de), 115*.

— (Marie de), 115*.

Champeaux (René de), chevalier de Saint-Louis, 115*, 116.

— (René-Marie de), 115.

Champfleury (dame de), 73, 82*.

Champ Forestier (sieur de), 293*.

Champ Gauchart (demoiselle de), 548*.

Champ Gauchart (maison de), en Vannes, 571, 573.

Champie (Andrée), 451.

Champigny (seigneur et dame de), 469*, 472, 474, 474*, 476*.

Champion (François), conseiller du Parlement, 50, 138, 154*.

— (François-Marie-Gaston), 138.

— (Germain), 325*.

— (Jérôme), 314.

— (Thomasse), 104*, 153.

— (Vincente), 325*.

— (Vincente-Josèphe), 138.

Champlais (seigneur de), 50.

Champ Mahé (seigneur et dame de), 246*, 618.

Champ-Mahé en St-Gorgon (château de), 124, 247.

Champripault (sieur de), 445*, 446, 447.

Champroux (sieur de), 509*.

Champs (demoiselle des), 601, 601*.

Champsavoy (seigneur et dame de), 76, 76*, 80, 117, 132*, 140.

Champs de Bray (Jeanne-Simon des), 535.

Champyré (dame de), 190.

Chanchbt (Aubin), général d'armes, 577*, 580, 580*, 581.

— (Jean), 580*.

— (Jeanne), 591.

— (Julien-Joseph), 580*.

— (Olive), 581.

— (Renée), 577*.

— (Vincent), 580, 581.

Chandelier (Christophlette-Nicolette), 596*.

— (Jacques), peintre de l'académie royale de Paris, 593.

— (Jean), 482*.

— (Jeanne), 593.

— (Sébastien), 596*.

Chandouineau (Jean), archiprê-

tre de la cathédrale de Vannes, 455.

Chanfrey (Gilles-Jean), 492.

— (Jean). 492.

Changé (dame de), 152.

Channe (Françoise de), 226*.

Channié (Catherine de), 302*, 303.

Chanroiny (Joseph), curé de l'Ile d'Arz, 282*.

Chanois (Mathurine-Charlotte), 157*.

Chantelou (sieur de), 27*, 374, 461*, 464, 468, 473, 474*.

Chantereine (sieur de), 50*.

Chanterel (Jeanne de), 461*.

Chantrel (Louis), recteur de Noyal-Pontivy, 92, 92*.

Chanu (Charles-Jean-Marie), 416.

— (Charles-Louis), alloué de Vannes et lieutenant de l'Amirauté, 297. 382*, 394*, 401*, 403, 407, 408, 409.

— (Geneviève-Françoise), dame de la Retraite de Vannes, 297.

— (Jean-François-Marie), lieutenant général de l'Amirauté de Vannes, 403, 416, 417, 418, 560*.

— (Jean-Joseph-Charles), 407.

— (Joseph), conseiller au présidial de Vannes et garde des sceaux dudit présidial, 379*, 380, 381*, 382*, 384.

— (Louis-Joseph), 380.

— (Louise-Perrine-Marie-Angèle), 417.

— (Marguerite), 380.

— (Marie-Anne-Françoise), 412*.

— (Marie-Charlotte), 413*.

— (Marie-Jeanne-Josèphe), 408.

— (Marie-Michelle-Josèphe-Charlotte), 407.

— (N.), 557*.

— (Noël-Marie), 382*.

— (Noël-Xavier), 297.

— (Paul-Marie-Dominique-Maximilien), 418.

— (Vincent), 381*.

Chapelet (François), recteur de Marzan, 470*.

Chapelier (Renée), 531*.

Chapelle (Jean), 600.

Chapellenies, 177 à 179, 234, 313, 313*.

Chapelles, 55*, 61, 130*, 258, 304*, 305*, 383.

Chapelles (sieur des), 474*, 533.

Chappedelaine (Angélique-Olive de), 207*.

Chappuis (Louis-François), 96*.

Chapron (Olive), 492.

Chapus (Marie-Françoise), 568, 570.

Charbonneau (Charles), chevalier de Saint-Jean de Jérusalem, commandeur d'Amboise, 41.

Charbonnier (Jacquette-Vincente), 502.

— (Jeanne-Jacquette), 491.

— (Louise-Agnès), 500.

— (Louise-Julienne), 492.

— (Marie-Perrine), 498*.

— (Nicolas), marchand libraire à Vannes, 489*, 491, 492, 495, 495*, 498*, 500.

— (Suzanne), 453, 460, 463, 466, 470*, 587.

— (Thérèse), 489*.

Chardel (Joseph-Marie), intendant et procureur fiscal de Guémené, 24*, 52*, 53*, 55*, 56, 62*.

— (René), 53*.

Chardevel (Raoul), 630*.

Charenton (comte de), 500*.

Charette (Françoise-Renée), 206*, 207, 412.

— (Gilles), conseiller au Parlement, 394.

— (Jean), juge prévôt de la prévôté de Nantes, 184, 234.

— (Julien), 216.

— (Louis), conseiller au Parlement, 399*.

— (Marie), 216.

— (Pierre), 272*, 273*.

— (René), 278.

— (Renée), 184.

Charil (Jean), maitre-chirurgien, 456*.

— (Jeanne). 456.

— (Marie-Vincente), 403*, 406*, 408, 409*, 414*.

Charité (Bureaux de bienfaisance, hôpitaux, maisons de bourses), 49*, 54*, 72*, 94, 97, 97*, 98*, 101*, 103, 131, 132, 156*, 181*, 220, 220*, 267*, 270*, 271*, 306, 315*, 316*, 317*, 322, 322*, 636, 636*.

Charlanes (seigneur de), 508.

Charlot (Anne-Guillemette), 148.

— (Laurent-Joseph), 563*.

— (Louis), commissaire de la marine, 148, 540*, 545*, 563*.

— (Marguerite), 148, 404, 540*, 543*, 548, 618*.

— (Marie-Magdeleine-Rose), 404, 404*, 405*, 406*, 407*, 408*, 409*, 410*, 411*, 539*.

Charmois (Bonne-Angélique-Eulalie de), 16*.

— (Bonne-Yvorée de), 256, 259, 378, 379*, 393, 598*.

Charmouair (Guy de), 374.

Charon (Anne), 488*.

— (Pierre), 602*.

Charpentier (Anne-Marie), 10.

— (Etienne), 584*, 585*.

— (Eugénie-Marguerite), 11*.

— (François), lieutenant de Ploërmel, 18, 125, 125* 245*.

— (François-Augustin). 187.

— (Françoise), 307, 342, 343, 347*, 353*, 357, 584.

— (Françoise-Magdeleine), 27.

— (Françoise-Marie), 245*, 251*.

— (Gabriel), 10.

— (Gillette), 115*.

— (Gillonne-Josèphe), 194, 391, 392, 415, 563*.

— (Guillaume-Charles), 151.

— (Guillaume-Jacques), 388*.

— (Jean), 471.

— (Jean-Baptiste), 3, 10, 10*, 13*, 19, 23.

— (Jeanne), 10.

— (Jeanne-Françoise), 385, 385*, 388*, 391, 391*, 393, 393*, 510, 607*.

— (Jeanne-Louise), 13*, 151, 393*.

— (Jérôme), 550*.

— (Jérôme-François), conseiller au parlement, 10*, 11*, 12, 630*.

— (Jérôme-Louis), conseiller au parlement, 11*, 405, 405*. 549.

— (Jérôme-Vincent-Louis), 405*.

— (Joseph), 10, 125, 125*.

— (Julien), maitre barbier et perruquier de la cour, 479*.

Charpentier (Julienne), 125, 150*, — 151.
— (Louise), 585*.
— (Louise-Marie-Julie), 11*, 13*.
— (Marguerite), 604*, 605*, 607, 607*, 617.
— (Marie), 250*, 564*.
— (Marie-Louis-François), 550*.
— (Marie-Suzanne), 56*.
— (Pierre), 42, 91, 125*, 307, 338.
— (Pierre-Ignace), 10*, 13*.
— (René), 68*.
— (Renée), 256, 591*, 593*, 594.
— (Renée-Marie), 245*.
— (Thomas), 51*.
— (Vincent), lieutenant de Ploërmel, 187, 392, 584*.
— (Yves), 584*.
Charrier (Jeanne), 236*, 237*.
Chartier (Charlotte), 490.
— (Françoise), 14*.
— (Guillaume), 480, 482*, 483, 483*.
— (Jean), 576*.
— (Pierre), 576*.
Charvau (Antoine), 488*.
— (Antoine-Victor), 488*.
Chary (Luc-Joseph), médecin, 515.
Chassaing (Martin), 476.
Chassonville (comte et comtesse de), 140, 262, 620, 627*. 628*, 630.
Chastaigniers (sieur des), 156*.
Chasteau (Antoine), 483
Chastel (marquis et marquise du), 25, 304, 388, 512, 600.
Chastelier (sieur du), 156, 454*.
Châteaubourg (comte de), 592.
Châteaudérec (seigneur et dame de), 128*, 189, 190, 190*, 211*, 212, 245*, 254*, 256.
Châteaudérec en Questembert (procureur-fiscal des juridictions de), 211*.
Châteaudérec (Marie de), 189.
Châteaufort (sieur de), 231*, 232*.
Châteaufrémont (seigneur de), 381.
Châteaufur (seigneur et marquise de), 367*, 368, 397*, 399*, 402, 600*.
Château-Gaillard à Vannes, (maison du), 136*.

Châteaugal (seigneur et dame de), 24, 59.
Châteaugiron (seigneur et dame de), 139*, 140, 208, 402.
Chateaumerlet (comte et comtesse de), 384*.
Châteauneuf (dame de), 72.
Châteaurie (Guillaume de), 119.
Châteautro (seigneur et dame de), 11, 180*, 188, 245*, 388*, 392*, 395*, 396*.
Châteautro (Anne-Élisabeth de), 399*, 505*.
— (Jacques de), 339, 438*.
— (Jeanne de), 274.
— (J. de), 104*.
— (Joseph-François de), 391.
— (Julie-Vincente de), 396*, 398, 398*, 505.
— (Louise de), 539*.
— (Mathurin-François de), 387, 391, 505, 505*.
— (Michel-Ambroise de), 256.
— (Suzanne de), 272.
Chateauvert (sieur de), 458.
Chatel (Joachim-François), 331*.
Châtelet (marquis et sieur du), 253*, 287*.
Châtelier (seigneur du), 68*, 373*, 507.
Châtellain (comte de), 563*.
Chatellier (Denise), 543.
— (Julienne), 127*.
Chaton (Jean-Claude), 65.
Chaudo (Mathieu), 436*.
Chauffié (Jean-Baptiste-Marie), 420.
Chaune (seigneur et dame de), 481.
Chauny (sieur de), 123*, 127*, 553.
Chaurays (Jeanne de), 124*, 164.
— (Jonathan de), 235.
Chaussier (René), appointeur de de l'officialité de Vannes, 609.
Chaustier (sieur du), 242*.
Chautard (François-Marie), officier des vaisseaux de la Cie des Indes, 631.
— (Jean-Baptiste), officier des vaisseaux de la Cie des Indes, 631.
Chauvel (Charles-Anne), 604*.
— (Guillaume), 62*.

Chauvel (Hélène), 53*.
— (Jean), 502, 603*, 604*.
— (Jeanne), 263.
— (Julien), 262*.
— (J.), vicaire de Saint-Dolay, 241.
— (Louise), 154, 262*.
— (Marie-Thérèse), 603*.
— (Noël), 86.
— (Olivier), 471.
Chauvenière (N.), docteur médecin, 280.
Chauvet (Hélène), 59*.
— (Marie-Anne), 59*, 60.
Chauvigny ou Chauvigné (comte de), 238*, 371.
Chauvin (Jeanne), 150.
— (Olive), 456*.
— (Pierre), maître fondeur de cloches, 116, 456.
Chauvry (dame de), 148, 404, 404*, 405*, 406*, 407*, 408*, 409*, 410*, 411*, 539*, 540*, 548, 563*, 618*.
Chavaigne (seigneur de), 171, 334, 335, 336, 336*, 366*, 370, 374, 425.
Chavière (Julienne-Marie), 533.
Chavin (Charles), avocat en la cour, 589*.
Chebery (Marie), 39*.
Chédanne (Françoise), 333*, 334*, 341*, 349, 432, 433.
— (Guillaume), 333*, 364, 432.
— (Jacques), 337, 367.
— (Jacques), avocat du roi au présidial de Vannes, 436, 439*.
— (Jacquette), 2, 333*, 334*, 335, 336, 337, 340*, 425*, 428, 428*, 429*.
— (Jean), 297, 337, 354, 422, 423, 428, 432, 432*, 435.
— (Jean), avocat du roi au présidial de Vannes, syndic de Vannes, 437, 439, 466.
— (Jeanne), 296*.
— (Julienne), 354, 467, 478*, 480*, 482*, 486*, 493, 495.
— (Marie), 503.
— (Perrine), 341*, 343, 355, 361, 433.
— (Pierre), 577*.
— (Victor), 467.
— (Vincente), 333*, 336*, 339.

Chedanneau (Marie), 589, 590.
Chedehou (François), 85*.
Chédeville (sieur et dame de), 96*, 157.
Chedeville en Noyal-Ponti-vy (manoir de), 125*.
Chédeville (Jean de), procureur à la Gacilly, 154*, 157.
— (Jeanne-Françoise de), 114*, 155*.
— (Marie de), 157.
— (Mathurine de), 114*, 164*.
Chef debois (Anne de), 134*, 185, 336, 336*, 339, 343, 346*, 425, 428*.
— (Guillaume de), 423.
— (Isabeau de), 296*, 423.
— (Jean de), 58*, 424*.
— (Joseph de), 17.
— (Julienne de), 2*.
— (Louise de), 17, 100*.
Chef du bois (sieur et dame de), 21*, 22, 30*, 42*, 100*, 110*, 403*, 600.
Chemendy (Jean-Baptiste de), 26*.
— (Marie-Angélique de), 27*.
— (Marie - Éléonore - Thomase de), 27.
Chemillère (vicomte de), 341.
Chenault (Jean), chanoine de Vannes, 349.
Chenay (Anne), 459*, 492*.
— (Françoise), 491*.
— (Jean-François), 610*.
— (Louis-Claude), sculpteur à Vannes, 488*.
— (N), maître-chirurgien, 623.
— (Pierre), 604*.
— (Renée), 622.
Cheneu (Jean), 493*.
— (Joseph-Valentin), 493*.
Chênever (N.), 125*.
Cheno (Anne), 621.
— (Jacques), 549.
Chenu (Jean), 493*.
Cherbonneau (sieur de), 282*.
Cherdevel (Raoul), 419*.
Chereau (Marie), 580.
— (Thérèse), 580, 581, 581*, 582, 582*, 583, 583*.
Chereil (Rodolphine), 216*.
Chérel (Isabeau), 44, 46*, 47, 61*.
— (Jean-François), notaire à Guichen, 472.
— (Pierre), 469*.

Cheron (Etienne-Marie), 408.
— (Joseph), huissier au présidial de Vannes, 404, 405, 408, 412, 413*.
— (Louis-Thomas), 404.
— (Rose-Julienne), 405.
Cheroupvrier (Françoise), 69.
— (Jean-Baptiste), receveur général du domaine, 595.
— (Joanne), 68, 68*, 69, 74.
— (Louise), 68*.
— (Marguerite), 68*, 74, 82*.
— (Perrine), 69.
— (Yvonne), 68, 68*, 69.
Cherville (seigneur de), 181*, 229*.
Chervyer (Julienne), 581.
Chesnay (vicomte et dame du), 42*, 235*.
Chesnays (Jacques), 158.
— (Nicolas), 166*.
Chesne (seigneur du), 370*, 372.
Chesne-Lorans (seigneur de), 328.
Chesnelong (Marguerite-Sébastienne de), 591*.
Chesneron (sieur du), 423.
Chesnes (sieur des), 146*.
Chesnevert (sieur et demoiselle du), 155, 260, 369*, 392*, 404, 427, 515, 518*, 522*. 524.
Chesnin (Gabriel), recteur de Plonéour-Menez, 227.
— (Geffroy), 234.
— (Jeanne), 234.
— (Pierre), sénéchal de Cadoudal, 437*.
Chesnon (Anne), 18.
— (Isabeau), 10.
— (Jean), 18.
Chesnorain (dame du), 179.
Chesnoran (seigneur et dame de), 179, 245, 264, 364, 365*, 369, 373, 385.
Chesnot (sieur et dame du), 29, 165, 275*, 276*, 419*, 630*.
Chesnot Despréaux (François-Henri-André-Julien), 72*.
Chesny (Jeanne), 461*.
Cheuvard (Jean-Baptiste), employé dans les fermes, 310*, 311.
Chevadec (Michelle), 575.
Cheval (Joseph), prêtre, 625*.
Chevalier (André), 474*.

Chevalier (Antoine), 342.
— (Barbe), 468*, 489.
— (Elisabeth), 490.
— (François), 477.
— (Françoise), 481, 517.
— (Isabelle), 482.
— (Jean), 451*.
— (Jeanne), 201*.
— (Joseph), curé de St Gorgon, 124.
— (Joseph-Marie), 569*.
— (Julien), commis au greffe du présidial de Vannes, 472*, 474*, 482, 484, 489.
— (Julien), curé de St Gorgon, 124.
— (Marie), 150*, 342*.
— (Marie-Josèphe), 477*.
— (N.), 7.
— (Perrine), 484.
— (Pierre), 473*.
— (Pierre-Julien), huissier à la chancellerie, 559, 587.
Chevançay (dame de), 546*, 548, 569.
Cheveau (Thérèse), 450.
Chevereul (Jean), 587.
Chevicart (Anne), 369*, 464.
— (François), avocat en la cour, 350, 351, 352, 441*, 472*, 475*, 491*.
— (Jeanne-Vincente), 246, 369, 376, 378, 387*.
— (Olivier), avocat en la cour, 358.
— (Olivier-Charles), 358.
Chevigné (marquis de), 331*, 332, 332*, 413.
Chevigné (Arthur-Luc de), capitaine au régiment de Dauphiné, 331*, 332, 332*, 413*.
— (Augustine-Christophe-René de), colonel d'artillerie, 331*.
— (Jacques-Antoine de), capitaine de dragons, 332*.
— (Marie-Aimée-Augustine-Pétronille-Françoise de Sales de), 332, 413.
— (Marie - Elisabeth - Agathe - Françoise de Sales de), 331*, 332*.
— (Marie - Françoise - Hortense de Sales de), 332*.

Chevigné (Marie-Michel-Louis-Arthur de), 331*.
— (Marie-Osithe-Françoise de Sales de), 332*.
— (Marie-Renée-Françoise de Sales de), 332*.
Chevilier (N.), 541.
Chevillard (Françoise-Laurence), 310.
— (Louise), 310.
Chevillon (Catherine), 443.
— (Jean), 443, 448*.
Chevily (seigneur de), 367*.
Chevrier (Madeleine), 503*, 505, 507*, 510*.
— (René),commandeur duTemple de Carentoir, de l'Hôpital de Quessoy, etc., 149.
Chiffert (sieur du), 277.
Chigot (Jean), 466*.
Chiquault (Jeanne-Françoise), 558*.
Chiquet (Julienne), 458*, 460, 587*.
Chiron (Françoise), 439.
— (Louise-Hélène), 31.
— (Marie), 51*.
— (Marie-Jacquette), 51*.
Chirurgiens, 97, 168*.
Choblet (Michel), 593*.
— (Pierre), 595*.
— (Vincent), 471.
Chocat (Anne-Jeanne), 542.
Choësmel (Anne-Vincente), 524.
— (Guillaume), commis juré au Présidial de Vannes, 516*, 517, 520*, 524, 525*, 527, 528*.
— (Guillaume-Jean), 525*.
— (Mathurin-Vincent), 517.
— (Vincent-Noël), 527.
Chohan (Bertrand), 342, 359, 584.
— (François), 340, 340*, 342, 347, 353*, 355*, 356, 357*.
— (Guillaume), chevalier de l'ordre du roi, 272.
— (Guillemette), 333*.
— (Jean), 334.
— (Jérôme), conseiller au Parlement, 336*.
— (Louis), 134, 208*, 339,
— (Louise), 143*, 304, 304*, 352*, 363, 364*, 367, 380*, 382*.
— (Marguerite), 134, 135, 135*, 340, 340*, 357, 364*, 380, 391*.
Choiseul (Isabelle de), 154*.

Choisy-Boyer-Texier (Marie de), 605.
Cholette (Marie-Françoise), 540*.
Chomart (Armand), 238*.
— (Jean), 215*, 216, 221*, 238, 605.
— (Jean-Baptiste), 216, 605.
— (Jean-Baptiste-François), 216*.
— (Jean-François), 215*.
— (Jeanne-Claude), 239.
— (Jeanne-Henriette), 238*.
— (Louis), 238*.
— (Louise), 21*.
— (Magdeleine), 238*.
— (Marc), 238, 238*, 239, 282*.
— (Marguerite), 221*.
— (Marie), 72*, 216.
— (Marie-Anne), 216.
— (Marie-Anne-Rose-Jeanne), 404, 558.
— (Marie-Jeanne), 292*.
— (Marie-Rose-Jeanne), 216, 216*.
— (Olive), 215*.
— (Perrine-Françoise), 238*.
— (René), 216, 282.
— (René-Julien), 292*, 539*.
— (Suzanne), 238, 239.
Chotard (Guy), procureur fiscal de Coislin et de la Roche-Bernard, 226*, 227*, 228, 229.
— (Jacquette), 228.
— (Marguerite), 562.
— (Marie-Agnès), 205.
— (Maximilien), prêtre, 227*.
— (Pierre), avocat en la cour, 228.
Chouan (Anne-Françoise), 587.
— (Bertin), 587*.
— (Julien), maître peintre à Vannes, 586*, 587, 587*, 588, 589*.
Choumin (Françoise), 372, 377, 378, 379, 583.
— (Guillaume), 429*, 430.
— (Jacques), 380, 430, 579*, 581.
— (Jean), receveur des fouages de l'évêché de Vannes, 473*.
— (Renée), 372*, 380, 386, 577*, 578, 578*, 579, 579*, 580, 580*, 581*, 582, 582*, 583, 590, 592*, 601.

Chouppes (Louise de), 466, 477.
— (Renée-Élisabeth de), 368*, 499.
Chreoux (Pierre), sergent des régaires de Vannes, 592*.
Chrestien (Anne), 453*, 622.
— (Claude), enseigne de vaisseau, 11*.
— (Claude-Louis), 11*.
— (Françoise), 538.
— (Françoise-Jeanne-Théole), 553*.
— (Guillaume), 533*.
— (Guillaume), procureur au Parlement, 453*.
— (Guillaume-François), 533*.
— (Jacques-Guillaume), 569.
— (Jean), 533, 545*.
— (Jean-Baptiste-René), 11*.
— (Jean-François), 554.
— (Jean-Hyacinthe), vicaire général de Tréguier, 11*.
— (Jean-Vincent), 533.
— (Jeanne), 163*, 471, 473*, 476, 581*.
— (Jean-Marie), 567, 569.
— (Joseph), maître chirurgien, 463, 467, 581*, 582, 589.
— (Josué-François-Louis), 558.
— (Marie-Louise), 12, 545*.
— (N.), général d'armes, 596.
— (Philippe-Jacques), 581*.
— (Pierre), 156*, 533*, 538, 548*.
— (Pierre-Hyacinthe), 11*.
— (Rose), 207*.
— (Thérèse), 582.
— (Yvonne), 432*.
Christofle (César), doyen de Péaule, 200*, 201, 218*, 244.
Christophe (Guillaume), notaire de Saint-Gildas, 265.
— (Sébastien), 265.
Christy (Hyacinthe-Anne-Marie), 101*.
Chucheville (seigneur et dame de), 194*.
Chuilly ou Eschuilly (seigneur et dame de), 305, 376, 376*, 380*, 382*, 387.
Chupeau (Joseph), juge-royal, garde scel de la Monnaie de Rennes, 464*.
— (Renée), 472.
Cibillo (François), 476.

Cicé (baron et dame de), 138, 154*, 261*, 473*.

Cifaras (Pierre-Jean), 420.

Cigneux (André), 480.

Cillart (Armand), 283.

— (Catherine-Yvonne), 16*, 473.

— (Claude-Vincent), recteur de Grand-Champ, 72, 169*, 170, 246*, 282, 285*, 305.

— (François), sénéchal de Rhuis, 281*, 282, 282*, 283, 368*, 377.

— (François-Michel), 280*.

— (Françoise), 272.

— (Innocente-Françoise-Marguerite), 23, 88*.

— (Jacques), 351, 357*, 359.

— (Jacques), syndic de Vannes, 335, 345*.

— (Jacques), sénéchal de Rhuis, 280*, 281.

— (Jacquette), 273, 334.

— (Jean), 282, 297, 334, 357*, 359.

— (Jean), procureur du roi à Rhuis, 272.

— (Jeanne), 334, 340, 340*, 342*, 349*, 351*, 359.

— (Julien), 340.

— (Julien), sénéchal de Largoët, 338, 340, 341, 347*.

— (Julienne), 272, 275, 276, 276*, 278, 337, 341, 351.

— (Marc), 23, 88*.

— (Marie), 334, 335, 348.

— (Marie-Jeanne-Marguerite), 23.

— (Marie-Renée), 16*.

— (Marie-Thérèse-Françoise), 23.

— (Nc), 576*

— (Nicole), 357*, 372, 872*, 453*, 578.

— (Perrine), 283, 425*.

— (Perrine-Claude-Victoire), 282, 284, 284*.

— (Perrine-Jeanne), 280*, 282, 285*, 375*, 386*.

— (Sylvestre), 283.

— (Vincent), 272, 273, 334, 574.

— (Vincente), 282, 282*.

— (Yves), 334.

— (Yvonne), 427*.

Cimetières (inhumations, ossements, reliquaires, sépultures, translations), 27, 56, 77, 97*, 98*, 122*, 133, 145,

175, 206*, 219*, 233*, 235, 276*, 290*, 300*, 301*, 324*.

Clain (Françoise), 345*.

Clainchamps en Plumelin (manoir de), 75.

Clairambault (comte de), 420*.

Clairambault (Céleste-Françoise-Marie-Josèphe de), 420*.

— (Charles-Raymond de), 415, 420*, 632.

— (Elisabeth-Jeanne de), 632.

— (Elisabeth-Marie de), 632.

— (Sébastien-Marie-Auguste de), 415.

Clairault (Anne), 468.

Clairay (Julien), papetier à Vannes, 469.

Clairefontaine (Gilles de), 104.

Claize (dame de), 113.

Clan (Marie), 589*.

Clandy en Locminé (Le), 69*, 70.

Claret (Pierre), procureur fiscal et juge, 127*.

— (Pierre-Aimé-Julien), 127*.

— (Pierre-Marie), sénéchal et procureur fiscal, 127*.

Clari (Jeanne), 425.

Claudic (Nicolas), curé de Monterblanc, 141.

Clauret (Jacques), 432*.

— (Jean), syndic de Vannes, 578.

— (Jeanne), 431.

Clausne (seigneur, sieur et dame du), 179, 186*, 190*, 256, 274*, 278*, 279, 281, 344, 385.

Clavier (Louise-Jeanne), 157*.

— (Mathurin-Joseph), maître chirurgien, 157*.

Clays (Anne de), dite « de Minières », 491*.

Clazeul (sieur et dame de), 146, 147*, 148*.

Cleaoneh (demoiselle de), 3*.

Clech (Marguerite-Nicole), 35.

— (Nicolas), sénéchal de Gourin, 35.

Cleguennault (sieur de), 19*.

Cléguennec (sieur de), 81.

Cléguennec (Anne de), 16, 369.

— (Anne-Renée de), 369.

— (Armand de), 330.

— (Armand-René de), 75, 381*, 390.

— (Armand-Vincent-Anne de), 390*.

Cléguennec (Claude-Armand de), 75.

— (Daniel de), 81.

— (Fortuné-Pierre-Hilarion de), 400.

— (François de), 81, 284*, 396*.

— (François-Sébastien de), 16*.

— (Françoise de), 370, 371, 536.

— (Guillaume-François de), 370, 390*, 599*.

— (Hilarion de), 330*, 398, 398*.

— (Jacques de), 16, 78*, 80*, 81, 365, 470*, 581.

— (Jacques de), chanoine de Nantes, 313*.

— (Jacques du Saint-Esprit de), 470*.

— (Jacquette-Charlotte de), 313*, 382*, 384.

— (Jean de), 80*, 351*.

— (Jean-Mathurin de), 16*.

— (Julie-Françoise-Vincente de), 398.

— (Julienne de), 81.

— (Louis de), 8, 16, 42, 80, 80*, 81, 81*, 90*, 360*, 361*, 362, 366*, 369, 470*, 481.

— (Louis-Alexis de), 16.

— (Louis-François de), 381*.

— (Louis-Jean de), 16*, 366*.

— (Louise de), 100.

— (Marguerite de), 16.

— (Mathurin de), 16, 16*.

— (Mathurine de), 81.

— (N. de), 615.

— (Nicole de), 80*.

— (René de), 80*, 313*, 369*, 370, 371*, 373, 381, 391*.

— (René-Armand de), 285*, 362.

— (Sébastien de), 330*.

Cléguer (seigneur et dame de), 113*, 137, 143, 143*, 144, 144*, 196*, 246, 253, 253*, 413, 417*.

Cléguérec (paroisse), 9, 12. — Voir : Locmaria-Beauregard (chapelle), Colmario (lieu-dit), Botmarch (manoir).

Clémenceau (François-Jacques), sénéchal de Largoët, 409*.

Clément (Alexis-François-Marie), 533.

— (Anne), 462*, 464*, 467.

— (Augustine-Françoise), 530*.

Clément (Françoise-Marguerite), 397, 530*.
— (Hyacinthe-François), 531*.
— (Joseph-Edme), 397, 398, 527*, 528, 529, 529*, 530*, 531*, 533.
— (Joseph-François-Marie), 529*.
— (Marie-Françoise-Hyacinthe), 400.
— (Marie-Augustine), 398.
— (Monique-Jeanne), 528.
Clémorval (sieur et dame de), 80.
Cléquin (André), 503.
— (Barbe), 379.
— Bertrand), conseiller au Parlement, 328.
— (Félix), 379.
— (François), 9*.
— (Françoise), 10.
— (Guillemette), 444*, 445, 447*, 449, 451, 451*, 457, 580*, 581, 581*.
— (Henriette), 434*. 436, 439.
— (Jean), 9*, 70*, 110, 379.
— (Jean-Noël), avocat en la cour 402*, 614*.
— (Marguerite), 447.
— (Pierre), curé de Plumelin, 9.
— (Vincent), 379, 440*.
Cléren (Christophe), curé de Ploërdut, 65*.
Clergé (discussions, notes), 257, 312.
Clergé (Catherine), 583*.
— (François), praticien, 449*, 583, 583*.
— (Françoise), 583.
— (Hubert), 449*.
Clergerel (seigneur et dame de), 186*, 244, 254*, 255*, 256, 257, 259, 358, 363*, 439*.
Clergerel en Pluherlin (chapelle de), 256*.
Clerigo (seigneur et dame du), 69*, 302*, 303*, 304, 311*, 334*, 342, 386, 537.
Clerigo en Theix (chapelle), 303*.
Clérigo (Anne-Gillette), 191.
— (Jeanne-Françoise), 191.
— (Pierre), greffier de Keralio et Liniac, 190*, 191.
— (Pierre-René), capitaine de grenadiers, 192.
— (Renée), 191.

Clermont-Tonnerre (Alice-Tranquille de), 8*.
Clero (Elisabeth), 573.
— (Emilie), 127.
— (Marie-Françoise), 627.
— (Marie-Jacquette), 517*, 518*.
— (N.), huissier à Vannes, 320*.
— (Pierre), 503*.
Cléry (Marie-Françoise), 602*, 603*, 604, 604*, 605.
Clesches (sieur des), 104*.
Clésio (sieur et dame du), 17*, 92.
Cléu en Tréal (chapelle du), 164, 166.
Cléu (sieur et dame du), 209, 512.
Cleusio (sieur du), 55*, 88*.
Cleux (Catherine de), 34.
— (Claude-Hyacinthe de), 613.
— (Jacques), 6*.
— (Jacques-Claude), 89, 533*.
— (Marie), 124.
— (Marie-Reine), 89*, 613.
Clévedé (Claude de), 82*.
Clevrohan (sieur de), 460.
Cleyo (dame du), 108*. Voir: Clio (le).
Glezieux (seigneur et dame du), 332*, 635.
Clezio (sieur et dame du), 90*, 91.
Clio (sieur et dame du), 124, 162, 234, 342, 260. — Voir : Cleyo (Le).
Cliscoët (seigneur de), 291.
Clisson (François de), conseiller au Parlement, 69.
— (Jeanne de), 352*.
Olivier (Abel de), procureur fiscal de Rochefort, 260.
Clochers, 24.
Cloches (bénédictions de), 3*, 4, 8*, 13, 14, 19, 28, 31, 36, 36*, 37, 39, 39*, 40*, 44, 49, 52, 52*, 55*, 56, 58*, 59, 60, 63, 64*, 65, 67*, 72, 75*, 77*, 78, 82*, 83, 85*, 86, 88, 89, 89*, 91, 93, 93*, 95*, 96, 96*, 99, 102*, 104, 104*, 105*, 106, 110, 116, 122*, 123, 126, 126*, 128, 133*, 140, 140*, 145, 153*, 156*, 157, 157*, 158*, 160*, 162*, 164, 167*, 168, 170, 170*, 171, 172, 173, 173*, 183*, 188, 191*, 192, 196*, 197, 205*, 206, 214, 224*, 226, 247*, 248*, 249*, 252*, 253*, 260*, 261*, 264*, 281*, 283*, 286*, 289, 290*, 293, 293*, 294*, 301, 304*, 305*, 307*, 309, 328*, 329*, 526, 627. — Voir : Fondeurs de cloches.
Clodoris (seigneur des), 32.
Cloërec (Jeanne), 307*.
— (N.), 597*.
— (Vincente), 466.
Cloets (seigneur des), 104*, 105.
Clos (sieur et dame du), 25, 25*, 129, 228*, 330*, 370*, 395, 395*, 396*, 398, 560*, 562, 573, 573*, 576*, 583*, 601, 609, 610, 611*, 634*.
Clos Boschier (sieur du), 156*.
Clos Guymart (sieur du), 152.
Closmadeuc (sieur et dame de), 232*, 233, 233*, 313, 414.
Closne (dame du), 259*, 265*.
Closneuf (sieur et demoiselle du), 205, 213*, 214*, 218*, 272, 337*, 405, 560.
Closron (sieur du), 35.
Cloteaulx (Marguerite), 9.
— (Raoul), 9.
Cloud (Jean-Louis), 53*.
Clouères (sieur des), 468.
Clouet (Hubert), 449*, 580*.
— (Marguerite), 481.
— (Pierre), 482, 588*.
Clouret (Héliette), 472.
Clu (sieur du), 211.
Cludon (sieur et dame de), 5*, 6*, 26*, 88, 89, 533*.
Cluzio (sieur du), 48.
Cnechquerault (Isabelle de), 21.
— (Marie de), 21*. — Voir : Crechquérault.
Coadelès, voir : Le Ny de Coadelès.
Coadon (dame douairière du), 477.
Coatcouraval (sieur de), 392*.
Coatcren (sieur et dame de), 41*.
Coatelès (comte de), 455*.
Coatlus (seigneur et dame de), 36*, 37.
Coatnauf (dame de), 21*.
Coatsquif (sieur de), 468*.
Coattreuc (sieur de), 41*.
Cobigo (Jacques), recteur de Pleucadeuc, 207.

Cobigo (Nicolas), 499.

Cocastel (dame de), 590.

Coçennec (Claude de), 22, 45, 45*, 193.
— (Jeanne de), 39*, 45.
— (Louis de), 28.
— (Louise de), 45*.

Cochart (Augustiné), 408.
— (Claude-Jacques), directeur des postes de Vannes, 403*, 406, 406*, 408, 409*, 410*, 414*.
— (Françoise), 531.
— (Guillaume), directeur des Postes à Vannes, 509.
— (Jacques-Claude), 409*.
— (Jean-Louis-Roland), 56*.
— (Louise-Marie-Rose), 406*.
— (Nicole-Jeanne-Vincente), 414*.
— (N.), capitaine des Postes à Vannes, 317.

Cochet (Jeanne), 456, 483.

Cochevelou (François), 39.
— (Grégoire), 39.

Cochois (Joseph), imprimeur à Vannes, 332.

Cocu (Marguerite), 535*.

Coëbo (Jean), 483*.

Coëdello (François), 616*.
— (Jean), notaire de Coislin, 230.
— (Jeanne), 230, 230*, 231, 232*.
— (Jeanne-Eléonore), 223, 231.
— (Marie), 230, 231.
— (Renée), 237*, 630*.

Coëdic (seigneur, sieur et dame du), 46*, 47, 48, 163*, 164, 164*, 237*, 238, 243*, 339, 350, 382, 431*, 439, 444, 581, 583, 583*.

Coëdic en Tréal (chateau du), 167.

Coëdic (Guillaume), 478*, 492*, 496.
— (Hélène-Vincente), 531*.
— (Vincente-Marguerite), 496*.
— (Yves-Marie), 552*.

Coëlan (sieur de), 464, 590.

Coësplan (Pierre de), 461.

Coetaniao (seigneur et dame de), 10, 15*, 16, 16*, 21, 21*, 22, 22*, 23, 23*, 24, 40, 44, 44*, 49, 57*, 61*, 63*, 104, 139*, 456*.

Coetaniao en Séglien (chapelle de), 22*.

Coetanroux (dame de), 67*.

Coetanscours (seigneur de), 366.

Coetanscours (Alexandre de), conseiller au Parlement, 366.
— (Françoise-Robine-Mauricette de), 542.

Coetbidanic (seigneur et dame de), 78*, 79.

Coetbihan (seigneur et dame de), 30, 34, 34*.

Coetbili (seigneur de), 229, 332, 563*.

Coetbossen (seigneur de), 13*.

Coetbruc (sieur et dame de), 326*, 340*.

Coetbual (sieur et dame de), 24*, 139*.

Coetcandec (seigneur et dame de), 104, 134, 171, 175, 272, 336*, 339, 340, 340*, 342, 347, 352*, 353*, 355*, 356, 357*, 359, 363, 367, 391*, 406*, 584.

Coetcandec en Grand-Champ (manoir de), 170*, 171*

Coetcanton (seigneur de), 25*, 161*, 178.

Coetcanton (René-Athanase Grimaudet de), chanoine, 331*, 332, 332*. Voir : Grimaudet.

Coetcastel (seigneur de), 117*, 132*.

Coetcoodu (seigneur et dame de), 23, 23*, 25*, 40*, 47, 57*.

Coetcont (baron de), 21*.

Coetcouron (seigneur et sieur de), 228*, 238, 412.

Coetcralan (seigneur et dame de), 353, 356, 424, 433*, 440*.

Coetdelo (dame de), 205*.

Coetdigo (seigneur et dame du), 297, 303*, 333, 335.

Coetdihuel (sieur et dame de), 62*, 63, 215*, 279, 279*, 280*, 283*, 285*, 349*, 397*, 398, 399*, 406*, 412, 485*, 488, 490*, 493*, 494*, 508, 509*, 519*, 520, 521, 522, 523, 569, 611.

Coetdiquel (seigneur et demoiselle de), 12*, 88*.

Coetdrega (Yvonne de), 199.

Coetdregar (seigneur, sieur et dame de), 297*, 304, 333*.

Coetdrozic ou Codrosy (sieur de), 226*, 490.

Coetdubras (sieur de), 91*.

Coetec (seigneur et dame du), 296*, 336, 342, 349, 356, 357*, 372, 372*, 375, 381*, 382, 402, 423, 425, 427, 427*, 431, 431*, 432, 481*, 511*, 574, 577, 578, 581, 597*.

Coetenès (dame de), 24*.

Coetenic (dame de), 60*.

Coetenmoal (marquis de), 34.

Coetergarff (seigneur de), 302.

Coeterscoufle en Sarzeau (frairie de), 291*.

Coeterzo (seigneur et dame de), 10*, 13, 13*, 18, 59, 79, 81.

Coetforme (seigneur de), 21*.

Coetgarff (sieur et seigneur de), 338, 340.

Coetihuek (seigneur et dame de), 59*, 271*, 272*, 273, 273*, 274*, 275*, 276*, 277, 279, 356*.

Coetion (seigneur et dame de), 105, 328*, 340*, 369*, 463*, 589*.
— (banc de), en l'église des Fougerets, 155*.

Coetival ou Cotrival (sieur de), 407* 419*, 510*.

Coetlagat (sieur et dame de), 68, 174, 272, 331*, 334, 335, 345*, 381.

Coetlagat (Armelle de), 603*.
— (Barthélémy de), 314.
— (Barthélémy-Anne de), 314.
— (Elisabeth de), 398.
— (Françoise de), 254*.
— (Guillaume de), 471*.
— (Guy-Barthélémy de), 141, 383.
— (Hélène de), 387*, 388*, 389, 390, 395.
— (Henri de), 345*, 350*, 355.
— (Jacquette de), 296.
— (Jean de), 296.
— (Jeanne de), 174, 296*, 423, 574.
— (Jeanne de), greffière criminelle du Présidial de Vannes, 334, 334*.

Coetagat (Julien de), sénéchal de Trebrimoel, le Gué de l'Isle, et Moréac, alloué de Locminé, 68, 68*, 73.
— (Julienne de), 68.
— (Louise de), 296*, 471*.
— (Marguerite de), 175*.
— (Marie de), 353*, 355, 371*, 489*.
— (Perrine de), 243, 334*, 428, 576*.
— (Pierre de), apothicaire à Vannes, 296*, 423, 574*.
— (Robert de), 295*, 296.
Coetlan (dame de), 21*.
Coetligné (sieur et dame de), 1, 2, 3, 3*.
Coetligné (Michel de), 1, 2.
Coetlogon (dame de), 376*.
Coetlogon (Anne de), 78.
— (Anne-Marie de), 227*, 486.
— (Charlotte-Catherine-Guyonne de), 398, 615.
— (Elisabeth-Guyonne de), 330*.
— (François de), 244*, 248*, 251, 376.
— (François de), évêque de Quimper, 361.
— (Hyacinthe de), 147, 245*.
— (Jean-Baptiste de), 138*.
— (Jeanne-Charlotte de), 201, 602*.
— Jeanne-Françoise de), 282*.
— (Jeanne-Marie de), 79*, 245*, 247.
— (Joseph-Hyacinthe de), 246.
— (Julienne de), 154, 155, 201, 218*, 244, 248*.
— (Julienne-Marie de), 238, 239, 244*, 282*.
— (Julienne-Thérèse de), 375*.
— (Louis de), 200, 200*, 217*, 251.
— (Louis Maret de), évêque de Saint-Brieuc, 486.
— (Marie de), 247.
— (Marie-Françoise-Charlotte de), 89.
— (Mathurine de), 201, 248*.
— (N. de), 99*.
— (Philippe-Guy de), procureur général syndict des Etats, 376*.
— (Pierre de), 346.
— (René de), 78*, 79, 142, 251.
— (René de), lieutenant pour le roi en Bretagne et Gouverneur de Vannes, 451*.
Coetlogon (Renée de), 79, 251.
— (Sébastien de), 200, 201, 244, 244*, 245, 248*, 346, 355*.
— (Sébastien-Guillaume de), 79.
— (Suzanne de), 141*, 238, 355*.
— (Suzanne-Guyonne de), 376*.
Coetloret (baron de), 13*.
Coetlosquet (marquis de), 89.
Coetloury (seigneur et dame de), 24, 71, 75*, 330*.
Coetloury (Anne-Charlotte de), 554.
— (Benjamin de), 554.
— (Benjamin-Marie-Marc-Antoine de), 547.
— (Jeanne-Marie de), 75*, 617.
— (Marc-Antoine de), chevalier de Saint-Lazare, 627, 628*.
— (Yves de), lieutenant des maréchaux de France, 71.
Coetmadeuc (seigneur de), 370*.
Coetmagon (seigneur de), 444*.
Coetmagouer (sieur et dame de), 334*, 336, 355.
Coetmagouer (Merault de), 424.
— (Perrine de), 424.
Coetmellec (sieur de), 49*.
Coetmenach (seigneur et dame de), 84, 124*, 172*, 241*, 243, 301*, 332, 333*, 350*, 352.
Coetmeur (Anne), 86.
Coetnedprand (sieur de), 468.
Coetniel (seigneur et dame de), 15*, 17*, 89*, 102.
Coetnouhic (sieur de), 46.
Coetourman (sieur de), 53.
Coetpeur (dame de), 151*.
Coetpihan (dame de), 26*.
Coetprat (sieur de), 87.
Coétquelven (seigneur de), 21*.
Coetquenault (sieur et dame de), 209, 272*, 273, 275*, 298*, 488, 596*.
Coetquenen (vicomte de), 21*.
Coetquevez (dame de), 589*.
Coétregarif (dame de), 580*.
Coetrehouarn (sieur et dame de), 2.
Coetro (sieur de), 423*.
Coetros (sieur de), avocat au parlement, 53.
Coetsal (seigneur, sieur et dame de), 27, 27*, 31, 113, 182*, 221, 254*, 255, 293*, 307*, 308, 336, 370, 372, 374*, 377*, 378, 382, 395*, 467, 482, 599*.
Coetsal (Alain de), 336.
— (Anne de), 507*.
— (Françoise de), 261, 580*.
— (Julienne de), 119, 242.
Coetserho (dame de), 308.
Coetservel (sieur et dame de), 84.
Coetual (dame de), 16*.
Coetudel (sieur de), 19*.
Coetuhan (seigneur et dame de), 3, 77*, 79.
— (maison de), 106*. — (prieur de), 106*.
Coetus (sieur de), 156.
Coeurjoli (sieur de), 559.
Coffournic (sieur et dame de), 246, 265, 272*, 277, 281, 281*, 283*, 285, 289, 586. Voir : Caufournic.
Coffournic en Sarzeau (maison de), 287.
Coghlanus (Antoine), franciscain, 50.
Cogny (comtesse de), 89.
Coguen (Michelle), 257.
Cohan (sieur de), 118*.
Cohanno (seigneur de), 240, 301, 303*, 304, 304*.
Cohanno en Surzur (château de), 300*.
Cohazé en Saint-Thuriau (chapelle de), 100.
Cohéléach (Jean-Julien), 170*.
— (Joachim-Adrien), 170*.
Cohiac (Noëlle de), 104.
Cohic (Renée), 180*.
Cohier (Julien), trésorier de France, 379.
— (Julien-François), avocat en la cour, 618*, 620.
— (Marie-Jeanne-Josèphe), 378*.
— (Perrine-Françoise), 573.
Cohignac (seigneur et dame de), 22*, 23, 23*, 57*, 178, 193, 193*, 209*, 210, 210*, 211*, 218*, 244, 249, 253*, 259*.
Cohignac en Berric (maison de), 193, 193*, 211*.
Cohiniac (Côtes-du-Nord), 61*.

Coho (Françoise), 535*, 537*.
Coiby (seigneur de), 51, 388*.
Coignet (Marie), 462*.
— (Mathurin), 462*.
Coing (sieur du), 44*.
Coisbo, (seigneur de), 207, 217*, 226*, 303*, 357*.
Coislin (seigneur et dame de), 184*, 222, 226*, 228*, 238*, 382*.
Coisy (Antoine de), inspecteur général des manufactures de Bretagne, 232*.
— (Antoine-Charles-Marie de), avocat en la cour, 232*, 233.
— (Joséphine-Marguerite-Marie-Élisabeth de), 233.
Col (André), 560.
— (Jacques), 411, 413*, 421, 560.
— (Jacques-André), 411.
— (Jacques-Joseph-Marie), 413*.
— (Jean-Marc-Joseph), 411.
— (Marie-Anne), 411.
Colas (Anne-Marie), 600*.
— (Barthélemy), 517*, 522, 531, 535, 537, 539*, 556*, 562.
— (Bertrand), 468*.
— (Charles-Jean), 208.
— (Françoise-Vincente), 459.
— (Guillaume), 456*, 459.
— (Jeanne), 603*.
— (Julie-Michelle), 537.
— (Louise), 311*, 535, 537, 538*, 539*, 544, 552, 564*.
— (Louise-Marguerite), 208.
— (Marie-Barthélemie), 539*.
— (Pierre), maître-chirurgien, 517*.
— (Vincent), prêtre, 459.
Colhoé (sieur du), 564.
Coligny, ou Colleny, (seigneur de), 4*, 409, 410.
Colin (Charles-Jean-Marie), 624.
— (Charlotte), 629.
— (Claude), 39*.
— (Françoise), 87.
— (Jacques), 588.
— (Jacquemine), 469.
— (Jean), 622, 623, 624, 624*, 626*, 629, 631.
— (Jean-Hilaire), 624*.
— (Marie-Jeanne-Augustine), 626*.
— (Marin), notaire à Vannes, 192.

Colin (Michel), 551*.
— (Perrine-Hélène), 623.
— (Pierre-Marie), 622.
— (René-Marie), 631.
— (Vincent), 469.
Colinet (Elisabeth-Nicole), 54*.
— (Jean-Olivier), 479.
Coliton (Marie-Josèphe), 627.
— (Olive), 606, 606*, 607.
Colleau (Anne), 251*, 437*, 438*, 441, 442*, 443*, 444*, 447.
— (Philippe), 438*.
Collédo (seigneur et dame du), 302, 396, 422*.
Colledo (Anne du), 422*.
Collèges, voir : Ecoles.
Collen (sieur et dame de), 43*, 61*, 340*, 430.
Collenno (Alain), notaire royal, 177*.
— (Anne), 277*.
— (François), 628,
— (Jacquette), 177*.
Collet (Agathe), 143*, 299*.
— (Gabriel), 143*, 281*, 299*.
— (Guillemette), 149.
— (Jacques), 440.
— (Jean), notaire royal, 600.
— (Louis), 299*.
Collibert (Françoise-Charlotte), 523*.
Collier (Jean), 573.
— (Marie-Louise), 573.
Collignon (Marie), 558*.
Colliguet (Pierre), 111.
— (Yves), 111.
Collizac (sieur et dame de) 335*, 463*, 468*.
Collobel (Clément), 503*.
— (Clément-François), 219*.
— (Jean), 217, 218, 336.
— (Jean-Marie-Claude), 219*.
— (Jeanne), 227.
— (Julien), 227.
— (Marie-Françoise-Geneviève), 144*, 417*.
— (Marin), 360*, 584*.
— (Pierre-François), 139*, 198*.
— (Vincent), 219*.
Colmario en Cléguérec, 12.
Colobert (seigneur de), 24.
Colomb (Claude-Bonaventure), 599*.
— (Daniel-Jacques), recteur de St-Salomon, 504, 585*, 611*.

Colomb (Françoise), 584.
— (Jacques), 584.
— (Jean-Charles-Colombeau), 500.
— (Jeanne-Josèphe), 613*.
— (Joseph), 483, 500, 502*, 504, 506, 585*, 597*, 602.
— (Marie-Josèphe), 599, 606*.
— (N.), 605, 608.
— (N.), 612*.
— (Pierre), 612*.
— (Pierre-Nicolas), 502*.
— (Renée), 598.
Colombel (Anne), 298*, 337*, 338*, 339, 339*, 341, 431*, 433.
— (François), 335*.
— (Françoise), 215, 341*.
— (Henri), 333*, 341, 341*, 431.
— (Jacques), 334, 335*.
— (Jacquette), 334.
— (Jean), 333, 334, 334*, 422*.
— (Jean), chanoine de Vannes, recteur de St-Jean, 424.
— (Jeanne), 178, 209, 275, 275*, 298*, 334*, 424*.
— (Nicole), 209, 254*, 276*, 297, 298*, 335.
— (Pierre), 334*, 335, 424*, 427.
— (Yvonne), 427.
— (Yvorée), 334.
Colombier (dame du), 259*.
Colozier (Gabriel-Joseph Motte de), 202*, 233.
Colpo (forêt de), 169.
Colson (Augustin-Louis), 182*.
Colveuc (sieur de), 378, 598*.
Combles (Anne-Vincente-Françoise de), 186*.
— (Marie-Renée de), 467.
— (Pierre de), fermier des devoirs de Muzillac, 186*, 467.
— (René-Alexandre de), 186*.
Combourg (Ille-et-Vilaine) 16*.
Combout (baron de), 34.
Comédiens royaux, 367.
Comellin (François), 200*.
— (Julien), sénéchal de Pinieuc et Marzan, 200*.
— (Magdeleine), 200*.
— (Ursule), 202.
— (Vincent), 200*.
Comenan (messire de), 348*.
Comètes, 263*.
Commerce et industrie, 637.

Commissaires vérificateurs aux rôles, 319*.

Communautés de villes, 97, 225*, 270*, 271, 325* (voir syndics, Vœux).

Communautés religieuses (Abbayes, Couvents, Bénédictines, Carmes, Cordeliers, Dames de la Retraite, Dominicains, Hospitaliers, Jésuites, Récollets, Religieux de la Merci, Sœurs grises, Templiers, Trinitaires, Ursulines), 36, 54*, 101*, 122, 122*, 123 149, 176, 183, 188*, 265, 266, 266*, 267, 268, 268*, 285*, 286, 287, 287*, 290, 295*, 317, 317*, 318, 319, 322, 322*, 323, 327*, 343*, 636.

Compadre (dame de), 166*.

Compagnies de Cadets nobles, 325.

Comper (seigneur et dame de), 352*, 382, 384*, 392, 392*, 397*, 399*, 402, 445, 526*, 600*, 602.

— (château de), en Concoret, 388.

Comptes d'églises, chapellenies, chapelles et confréries, 76, 80, 102*, 103, 123*, 247*, 251*, 293*, 301*.

Comptes des miseurs, 98, 225, 225*, 321*, 322, 322*, 323.

Conadan (Perrine), 583*, 584*, 585*, 586*, 588, 595*.

Conan (Anne), 9*.

— (Anne-Pierre-Constant), 87.

— (Charles), 15.

— (Françoise), 483*.

— (Jean), curé du Saint, 43.

— (Jean-François), 419*.

— (Jeanne), 563.

— (Joseph), 87.

— (Julien), 227.

— (Magdeleine), 113, 228.

— (Marc), curé d'Elven, 459.

— (Marguerite), dame de la Reine, 271*.

— (Perrine), 490, 492*, 498*, 522, 604*, 609*, 617.

— (Vincent), 15.

— (Yvonne), 227, 228, 228*.

Concoret. — Voir : Comper.

Condat (sieur de), 381.

Condest (seigneur de), 226*, 229, 229*.

Condon (Marie), 463*, 465*.

Conegut (Antoine), maître chirurgien, à Vannes, 471, 473*, 476.

— (Antoine-Martin), 476.

— Charles-Laurent, 471.

— (Françoise), 570.

— (Jean-Antoine), 473*.

— (Marie), 562.

Conen (Anne), 348*.

— (Jean-Baptiste), officier d'infanterie, 96.

— (Jeanne), 109*.

— (Mathurine), 109*.

— (Noëlle), 47*.

— (Yves), recteur d'Evran, 181*.

Conférence sur les empêchements de mariage, 168*.

Confirmations, 129*, 176*.

Confréries, 66, 78, 163*, 171, 225, 239. Voir : *Comptes*,

Congart (Julien), prêtre, 467*.

Congo (Jean), 582*.

— (Louise), 582*, 605.

Congrégations d'artisans, 101*.

Coniac (seigneur et demoiselle de), 371.

Coniac (Eulalie de), 371.

— (Jean-François-Dinan de), conseiller au Parlement, 393.

— (Marguerite-Marie-Josèphe de), 61, 100*, 395, 561*.

— (Marie de), 82*, 180.

— (Pélage de), 374.

— (Yves de), conseiller au Parlement, 371, 374.

Conleau (sieur et dame de), 174, 275, 311*, 383, 386*, 428, 436*, 548*.

— (maison de), en Vannes, 428, 548*.

Conseil général de Vannes, 319.

Constance (Charles), 493*, 500, 502*, 504, 509.

— (Hélène), 500.

— (Jean-Charles), 493*, 504.

— (Vincent-Robert), 502*.

Constant (Jacques), 33.

Constituts, 234.

Constructions et réparations de chapelles, églises, tours, autels, retables, 7, 7*, 14, 20*, 24, 25, 40, 49*, 57, 61, 64, 66, 74*, 78, 84, 87*, 88, 93*, 97, 98, 98*, 99, 101*, 106, 126, 126*, 130*, 131*, 132, 133, 139, 143, 156*, 163*, 168, 176*, 188*, 192, 219*, 225*, 247*, 249*, 253*, 263*, 268, 280*, 293*, 300*, 304, 306, 306*, 311, 312*, 330*, 531*, 540*.

Constructions et réparations de monuments publics, hôtels de Ville, moulins, murs, prisons, quais, etc., 93*, 97, 98, 98*, 225*, 261, 268, 268*, 271*, 315, 316, 316*, 317, 317*, 318, 318*, 319, 319*, 321*, 322, 322*, 323*, 324, 324*, 325.

Consulats, traites et amirautés, 316*, 318, 318*, 319*.

Contaud (Auguste-Charles), écolier de la marine, 297.

— (Jean-Gabriel-François-Louis), 297.

Contributions patriotiques, 323*.

Coppalle (Anne), 119.

— (Catherine), 119.

— (Claude), 119.

— (Guillaume), 118*, 119.

— (Jean), 108, 108*, 111*, 119.

— (N.), 108.

— (René), 118*.

Coquais (Guillaume), recteur de Bohal et St Marcel, 195*.

Coquelin (sieur et dame de), 158.

Coquelin (Louise), 231*.

Coquen (Catherine), 485*.

Coquereau (André-Louis), 572, 573*.

Coquerel (Anne-Thérèse), 620, 635.

— (Jean), docteur à Vannes, 348.

— (Jean-Alexis), 613* 618, 620*.

— (Jean-Marie), 614*, 620.

— (Jean-Pierre), 617*.

— (Jeanne), 567*.

— (Jeanne-Thérèse), 412, 415*.

— (Jeanne-Vincente), 613, 618, 621*.

— (Julie), 613*, 620.

— (Louis), 612*, 613, 632*.

— (Louis-Marie), 618*, 628.

— (Louise), 139, 412, 516*.

— (Louise-Marie), 615*, 620*.

— (Louise-Noële), 416*, 417, 419*, 632*.

Coquerel (Marie), 617*.
— (Marie-Anne), 613, 618, 633, 634*.
— (Marie-Jeanne), 613*, 616, 631.
— (Marie-Louise), 612*, 619*.
— (Marie-Rosalie), 632*.
— (Marie-Thérèse), 556.
— (Mathieu), notaire, 409*, 620.
— (Mathurin-Augustin), tonsuré, 409.
— (Olivier-Pierre), 614.
— (Paul-Jean-Jacques), 615.
— (Pauline-Ursule), 615.
— (Perrine-Marguerite), 617*, 633*.
— (Pierre), greffier de la ville de Vannes, 612, 612*, 613, 613*, 614, 614*, 615, 615*, 616, 617*, 618, 618*, 620, 620*, 626, 629, 631, 632*, 633*, 634, 634*, 635.
— (Pierre-Alexis), 620*.
— (Ursule), 615, 618*, 629, 631.
— (Ursule-Marie), 618*.
Coquin (Jean), 478*.
Corabœuf (Jean), 236*, 237*.
— (Marquise), 236*, 238.
— (Suzanne), 222, 223, 238.
Corans (sieur des), 20.
Corbel (Emmanuel-Benjamin), capitaine de vaisseaux, 401*, 631*.
— (François-Pierre), 399.
— (Hyacinthe-Paul), avocat en la cour, 399, 400*, 401*, 549, 617.
— (Jean), 19*.
— (Joseph-François), 107.
— (Joseph-Marie), 400*.
— (Julienne), 71*, 72.
— (Marie-Louise), 549.
— (Mathurin), 107.
Corbeville (seigneur de), 117.
Corbin (Catherine-Noëlle), 535.
— (Charles), 308, 612.
— (Charles-Jean), 172.
— (Noëlle), 308.
— (Philippe), 508.
Corboulo en St. Aignan, 20.
Corcelles (Perrine de), 111.
Cordiers, caqueux (Usages les concernant; villages; mariages, sépultures) 43*, 46, 69*, 70, 91, 91*, 93*, 141*, 142, 147, 176*, 179*, 180, 185, 186, 199*, 200*, 201, 277, 302*, 318.

Cordier (Nicolas), 456*, 469.
Corel (Christophe), procureur fiscal de Langonnet et sénéchal, 39.
— (Christophe-Louis-Joseph), 39.
Coret (Jeanne), 409*.
Corfmat (Jacques), 438.
— (Jacques), commis au greffe de Vannes, 438.
— (Jean), recteur de Plescop, 173, 578*.
— (Julienne), 453.
Corgnet (Thomas), recteur de Saint-Nolff, 142*.
Corio (Vincent), 607 ; — Voir : Cozic.
Coriton (Jeanne-Marie), 616.
Cork (diocèse de), Irlande, 480.
Corlay (Françoise), 476*.
— (Nicole), 540, 541, 541*, 542*.
— (N.), 317*.
Corlobé (Françoise-Charlotte), 635*.
— (Jean-Marie-Nicolas), 635*.
Cormaille (Hélène-Louise), 556.
Cormier (sieur et demoiselle du), 128*, 242*, 549*, 568*, 570.
Cormiers (sieur des), 463*, 470*.
Cormier (Jean-François de), 500.
— (Yves), lieutenant au présidial de Vannes, 362*, 445.
— (Yves-Julien), avocat au parlement de Paris, 395*.
Cormier des Fosses (Louis-Marie), 101.
— (Marie-Adélaïde), 101*.
— (Mathieu), 101, 101*.
Cornec (N.), religieux de Saint-Laurent-sur-Sèvre, 241.
Cornic (Jacquette), 53.
Cornière (Guillaume), 559*.
— (Louis-François), 559*, 561*.
Corniquel (François), 593*.
— (Françoise), 573*.
— (Marie-Jeanne), 101*, 565*, 567*, 573*.
Corno (sieur du), 236*.
Corno (Abel), 241*.
— (Antoine), 111, 241*, 242.
— (François), 241*.
— (Guillaume), prieur de Saint-Symphorien et de Saint-Thébaud, 348.

Corno (Jean), prieur de Saint-Georges, 177*, 243.
— (Jeanne), 242.
— (Julien), 242.
— (Julienne), 135*, 177*, 178, 241*, 243, 250.
— (Marguerite), 241*.
— (Nicolas), 241*.
— (Pierre), 241*.
Cornouaille (sieur et dame de), 288, 481*, 606*.
Cornuau (Anne), 125.
Cornudet (Joseph-Louis-Agathon), 232.
— (Michel), maître en chirurgie juré, 231.
Cornulier (Angélique-Sainte de), 140, 262.
— (Anne-Josèphe-Louise), 55*.
— (Anne-Renée-Rose de), 62*.
— (Charlotte de), 241, 278.
— (Élisabeth de), 510.
— (Jean-Baptiste de), conseiller au Parlement, 196*, 373*, 594*.
— (Jeanne de), 196*.
— (Pauline-Jeanne de), 262.
— (Toussaint de), président au Parlement, 262, 381, 457*.
Coroir (dame du), 27.
Corollas (François), curé de Treffléan, 145*.
— (Françoise), 145*.
— (Jean-Antoine), 523*.
— (Julienne), 554, 555*.
— (Louis), 145*.
Corolleo (seigneur et dame de), 177*, 181*, 182, 215*, 219, 250, 295.
Coroller (René), 523*.
Cororgan (dame de), 47, 67*.
Corps de garde, 268*, 315, 315*, 316, 322, 322*, 325.
Corre (Jean), recteur de Larré, 196*.
Correc (sieur de), 104, 606*, 608.
Corseul (Jeanne), 48*, 49.
Corson : voir : Quelneuc.
Corveau (Jacquette), 549*.
Corvec (Françoise), 553, 565, 567*, 625.
— (Jacques), 552.
— (Jeanne-Jacquette), 559*.
— (Louis), 547, 552, 566*.

Corvec (Marie-Perrine), 547,
565*, 567, 571, 571*.
— (Olive), 552, 560*, 565.
Corvoisier (Anne-Marguerite-
Guyonne), 166.
— (Renée), 166, 166*.
— (Renée-Marguerite), 166.
— (Toussaint), 166.
Coscat (seigneur de), 130, 181*,
183, 189*, 219, 223*, 250*,
295, 358, 423*.
Coscat (Françoise de), 102, 177.
— (Jacques de), 423*.
— (Jean de), 113.
— (Jeanne de), 102, 341.
— (Julienne de), 243*.
— (Michel de), 189*.
— (René de), 80*, 358.
Coscro (seigneur et dame du),
44, 45, 50*, 58, 58*, 59, 59*,
60, 88, 137*, 142, 144*, 145*,
294, 333, 349, 360, 361*,
369, 369*, 389*, 423, 446,
472, 478*.
Coscro en Lignol (chapelle et
château du), 59*, 60.
Cosnier (François), architecte à
Vannes, 594.
— (Guillemette), 480.
— (Jeanne), 474*, 591.
— (Vincent), 474*.
Cosnoal (Anne de), 44, 45, 354*,
356.
— (Claudine-Emmanuelle de),
617.
— (François-Gabriel de), 206.
— (Geneviève-Elisabeth de),
533.
— (Georges de), 44, 45, 354*,
578*.
— (Hyacinthe de), 205, 206*, 578*.
— (Hyacinthe-Gabrielle de),
207.
— (Jérôme de), gentilhomme
ordinaire du Roi, 356.
— (Joseph de), 578*.
— (Louis-Marc de), 206, 206*,
207, 207*, 252*, 412.
— (Louise-Rose de), 206*, 207.
— (Louise-Rose-Magdeleine
de), 207*.
— (Marc de), 531, 602.
— (Marie-Thérèse de), 538.
— (Mathurin de), 258*.
— (Nicole de), 168*.

Cosnoal (Paul-René de), lieutenant de la maréchaussée,
311*, 531, 537, 538, 539, 540.
— (Pierre de), 378*.
— (Pierre-Hyacinthe de), 24*,
205, 205*.
— (Thérèse-Héloïse de), 537.
Cosquer (seigneur et dame du),
15*, 29, 34*, 51*, 58, 64*, 68*,
78*, 85*, 92, 92*, 99, 99*,
168*, 169*, 235, 272*, 274*,
275*, 294, 307, 344, 363, 371,
395*, 409, 449*, 476*, 484*,
513*, 515*, 545, 600, 612,
619, 620, 622, 623, 624, 625,
626, 626*, 628*, 629, 630,
634.
Cosquer (P. Pocart du), recteur
de Remungol, 85*.
Cosquer en Grand-Champ
(manoir du), 169*.
Cosquer en Vannes (maison
du), 636*.
Cosquéro (sieur du), 18.
Cossé (Charles de), maréchal,
grand pannetier et grand
fauconnier de France, lieutenant général en Breta-
gne, 273*.
Cossoul (Magdeleine), 55*.
Costal (seigneur du), 204*.
Costart (Paul-Roger de), prési-
dent des trésoriers de
France, grand voyer en la
généralité de Paris, 300*.
Costau Macé (sieur du), 541.
Costiau (Louise), 21.
Cotardays (dame et demoiselle
de), 343*, 346*, 354*.
Cotart (Catherine), 133*.
— (François), 133*.
— (Gillonne), 165, 461.
Coterel (Jean), 426.
Côtes (mise en état de défense ;
gardes côtes ; gardes
nobles), 225, 269*, 270*, 271*,
295, 317.
Cotier (Simone), 449*.
Cotnouan (sieur de), 61.
Cotruel (dame de), 327*.
Cottard (Charlotte-Julie), 398.
— (François), avocat en la cour,
398, 399, 415*.
— (Julien), 464, 607.
— (Louis-Anne), 399.

Cottard (Thérèse), 478, 481, 481*,
483*, 487*, 493, 523*, 607, 612*,
623, 625*.
Cottet (Louise-Marie-Sophie),
421.
Cottin (Claude), 310*.
Cottrel (Françoise), 234*.
— (Jacques), 234*.
Coturel (Vincent), 549*.
Couaisnon (Adrien), 260.
— (François), prieur de Saint-
Jean de Montfort et de la
Trinité-Combourg, 222.
— (Julienne), 243.
— (Pierre), auditeur des
comptes, 228*.
Couards (seigneur des), 59.
Couart (sieur du), 64*.
Couastalan (dame de), 58.
Coudé (sieur de), 373*.
Coudé (Anne), 517*.
— (Barbe), 436, 444*, 454*.
— (Denis), 574*.
— (François), 427*, 429, 430, 430*,
431, 432, 576, 576*.
— (Françoise), 377, 488*, 528*.
— (Jacques), 435*, 452*, 462, 476,
574*.
— (Jacques-François), 281.
— (Jean), 360, 430*, 435*, 449*,
450*, 484, 485.
— (Jean), avocat en la cour, 342*,
344, 348, 352*.
— (Jean), conseiller au Prési-
dial de Vannes, 280*, 377.
— (Jean), prêtre de Saint-Mi-
chel, 377.
— (Jeanne), 482*, 484, 485, 486*,
490, 493, 495*, 497, 502, 503*,
509*, 510, 514*, 517, 601.
— (Julien), 337*, 435*, 436, 437,
472.
— (Laurent), huissier au Prési-
dial de Vannes, 575*.
— (Luce), 427*.
— (Marie), 383*, 493, 497*, 500,
503.
— (Marie-Anne), 503, 503*, 519*.
— (N*.), 496.
— (Olive), 429.
— (Perrine), 336, 343*, 344, 347*,
353*, 354*, 356, 434*, 435, 437,
576, 578.
— (Suzanne), 430.
— (Thérèse), 387, 437, 445*, 448*,

450*, 452*, 454*, 460, 462, 465*, 472, 472*, 476, 488, 497*, 509.

Coudé (Vincent), 280*, 281, 360.
— (Vincente), 280*.
— (Yves), 579.
— (Yvon), 335.
Couderc (Louise), 5.
Coué (Charles), 507*.
— (Charles-Marie), 286*, 331, 396, 397, 409.
— (Claude), 146.
— (Dominique-Joseph-Marie), 198*.
— (François), 159.
— (François), capitaine garde-côtes, 365, 368*, 383, 385*, 389*, 392*, 393*, 395*.
— (François), notaire royal au Présidial de Vannes, 333*.
— (François-Jean), 365.
— (Françoise-Valentine), 397, 402*, 403*, 415*.
— (Hugues-Paul-Pascal), capitaine au régiment de Mailly, 384*, 409*.
— (Hyacinthe), 301, 368*, 386*, 394*.
— (Jacques-Joseph-Marie), avocat en la cour et sénéchal, 198*, 214*.
— (Jean), 244*.
— (Jean), syndic de Vannes, 244*.
— (Jean), recteur de Sarzeau, 327.
— (Jean), recteur de Noyal-Muzillac, 190*, 218*.
— (Jean-Baptiste), avocat en la cour, 126*, 404*.
— (Jean-François), 384*, 385*, 386*.
— (Jean-Marie), 389*.
— (Jeanne), 333*, 341.
— (Jeanne-Renée), 524*.
— (Joseph), 385*, 493*.
— (Julien), 340*.
— (Julienne), 326*, 374*, 342, 353, 434*, 522.
— (Julienne-Pauline), 384*.
— (Louis-Marie-Jean), 126.
— (N.), 395*.
— (Perrine), 244, 352, 359.
— (Perrine-Pauline-Joseph), 385*.

Coué (Pierre), avocat en la cour, alloué au chapitre de Vannes, 307, 348.
— (René), sénéchal de Vannes, 338*, 340*, 341.
— (René), 302*.
— (Valentine), 400, 400*, 522.
— (Vincent), 478*.
— (Vincent-François-Hyacinthe), major au régiment de la Reine, 386*, 415.
— (Vincent-Marie), sénéchal de Sérent, 198*.
Couéac (Françoise), 152.
Couédel (Joseph), 264*.
Couédor (seigneur de), 29*, 30, 42*, 174*.
Couédor (Charles de), 156.
— (François de), 156, 189.
— (Jeanne de), 242*.
Couédrien (sieur de), 363*.
Couédro (seigneur de), 248.
Couédro (Béatrice de), 2, 248, 424.
— (Claude de), 190, 242*, 423*.
— (Françoise de), 199.
— (Georges de), 189, 190, 241*.
— (Jean de), 111, 189*.
— (Jeanne de), 189*.
— (Renée de), 189*, 190.
Couellan (Guyonne-Michelle), 633*.
— (Jeanne-Marie), 636.
— (Joseph-François), 634.
— (Louise-Thérèse), 635.
— (Marie-Françoise-Philippine), 634*.
— (Pérette), 635.
— (Pierre), 633*, 634, 634*, 635, 636.
Couescrel (seigneur et dame de), 114*, 241*, 242*, 243, 243*, 244, 245, 247*, 254*, 342*, 343*, 358.
Couesleix (sieur et dame de), 108.
Couesnongle (seigneur et dame de), 123*, 125, 127*, 160.
Couespel ou Couespays (seigneur et dame de), 111*, 115, 119, 151, 187, 277*, 280*, 296, 326*, 341, 342, 343, 345, 345*, 353*, 354*, 358*, 367, 375, 375*, 379, 380, 382, 388, 433, 462.

Couesplan (Jean de), 120, 121, 189*.
— (Pierre de), 163*, 164.
Couesquel (seigneur et dame de), 184, 185, 199*, 200, 200*, 201, 237*.
Couesquel en Péaule (chapelle de), 200, 200*, 201.
Couesry (Jean), recteur de Saint-Laurent, 262*.
Couessin (Alexandre), 186*, 255*, 343*, 363*.
— (Anne), 113*.
— (Barthélemy), 255, 342*, 382.
— (Charlotte), 127, 245.
— (Etienne-Charles), 110, 618*.
— (François), 111*, 254*.
— (François-Louis-Thomas), 247.
— (François-Vincent), 186*.
— (Françoise), 112, 124, 255.
— (Françoise-Marie), 109*.
— (Gentien-Jagu), 255.
— (Gilles-Julien), 255*.
— (Gillonne), 127, 244.
— (Guillaume), 111*.
— (Guillemette), 242*.
— (Henri), 109, 113*, 244, 244*, 351.
— (Hyacinthe-Jean-Louis), 247.
— (Jacques), 244, 254*, 255, 343*, 358, 439*.
— (Jean), 109, 112, 113*, 242*, 243, 244.
— (Jean-François), 247, 247*.
— (Jean-François), capitaine d'infanterie, 247*.
— (Jean-Joseph), 254*.
— (Jean-Olivier), 149*, 245, 245*, 246, 383*, 385*, 386, 388.
— (Jeanne), 242*, 244*, 245, 255, 255*, 342, 345, 365*, 374.
— (Jeanne-Marie), 255, 255*.
— (Julien), 111*, 113, 243.
— (Laurent), 244.
— (Magdeleine), 186*.
— (Marc-René), 186*.
— (Marie), 127, 244*.
— (Marie-Renée), 245, 245*.
— (Philippe), 109, 114*, 115, 186*, 243, 243*, 244, 244*, 245, 251, 255*, 342, 343*, 369.
— (Philippe-Armand), capitaine au régiment d'Harcourt, 245, 246*.

Couessin (Pierre), 255.
— (Pierre-Gentien), recteur d'Erdeven, 186*.
— (René), 111, 111*, 112, 124, 242*, 243*, 244*, 255, 255*.
— (René-Jean), 109*.
— (René-Pierre), 110, 124, 144*, 159*, 247, 618.
— (René-Yves-Marie), 110.
— (Renée), 186*, 244, 255*.
— (Thérèse), 254*. 439*.
— (Thérèse-Marie-Françoise), 246*.
— (Valentin), 109, 243*.
— (Vincent), 255.
Couessou (seigneur de), 514.
Couetdro (Jacques), prêtre, 174.
Couetmellec (Claude), 61*.
Couetmeur (Anne), 92.
— (Pierre), notaire de Rohan, 92.
Couetrival (sieur de), 593.
Cougan (Julien), recteur de Trefféan, 145*.
Cougoulic (Anne), 629*.
Couillaud (N.), 292*, 318.
Coulanges (baron de), 297.
Couldebouc (Claude), 242.
— (Jean), 119*.
— (Vincent), 119.
— (Vincente), 118*.
Couldray (sieur et dame du), 68, 107*, 283, 297*, 333, 425, 428, 428*, 432*, 435*, 514.
Couldrays (dame des), 104*.
Coullomb (Anne-Marie-Bonne) 20*.
— (Joseph), sauvegarde de la forêt de Quénécan, 20*.
— (Marie), 76*.
Coulon (Marie-Jeanne), 559.
Coupard (Marie-Anne-Perrine-Rosalie), 405, 406.
Coupé (Bonne-Félicité), 548.
— (Catherine), 45, 175, 357*, 581.
— (Jean-Marie), 570.
— (Jeanne-Félicité), 548.
— (Marie), 538*, 623.
— (Marie-Suzanne), 559*.
— (Vincent), 548.
Coupegorge (Jeanne), 234*.
Coupris (Clair), 504*.
Courcier (Jean-François-Marie), recteur de Croixanvec, 86*.
Couriol (Guillaume), 520.

Couriol (Joseph-Jean), 611*.
— (Renée), 611.
— (Renée-Vincente), 605*.
— (Vincent), marchand droguiste, 520, 605, 605*, 611, 611*.
Couriolle (Jeanne), 237.
Cournon (paroisse), 150-151.
Cournon (seigneur, sieur et dame de), 150, 150*, 151, 160, 216, 256*.
Couronné (Catherine), 230*.
Courouet (Anne), 622, 623, 623*.
— (Jeanne), 623*.
— (Marie-Anne), 541*, 542*.
— (Pierre), 541*.
— (Pierre-Joachim), 542*.
Courry (Philippe), 336.
Cours (sieur des), 92.
Cours Chauvel (dame des), 166, 166*.
Courselles (François-Louis-Maurice de), 397.
Coursin (René), 499.
Courson (Anne), 433.
— (Pélagie-Yvonne de), 54.
— (Toussaint-François de), 54.
Courtillaux (sieur de), 81.
Courtillon (sieur de), 337*, 338*.
Courtin (Madeleine), 191*, 370*, 371, 372, 373.
Courtois (Françoise), 557.
Cousin (Claire), 322*.
— (Claude), 134*.
— (François-Alexis), 599.
— (François-Joseph), 480*, 492, 597, 597*, 598, 599, 599*.
— (Françoise-Andrée), 492.
— (Guillaume-Jacques), 598.
— (Jeanne), 493*, 508, 599*.
— (Jérôme-Henri), 597*.
— (Louise-Vincente), 597.
Coussin (Jacques), 177*.
Coustures (Olivier de), 177.
— (Simon de), 177.
Cousturet (Bertrande), 374.
— (Bertranne), 433*, 449*.
— (François), 345*, 432, 432*.
— (François), chanoine et recteur de Saint-Patern, 326*, 339, 344*, 346, 348, 426, 427, 428, 437.
— (François), recteur de Grano, 440.
— (Jacques), sénéchal de Kaer

et procureur fiscal de Largoët, 326, 341*, 343, 348*, 433, 433*, 434*.
— (Jeanne), 281*, 304, 361, 377, 377*, 596*.
— (Louis), 296*, 334, 574, 574*.
— (Louis), syndic de Vannes, 315*.
— (Louis), sénéchal de Largoët, 304*, 444*, 449, 449*, 453, 589.
— (Marguerite), 276*.
— (Marie), 278*, 574.
— (Perrine), 333.
— (Pierre), 334.
— (Robert), alloué de Largoët, 359, 363, 434, 441.
— (Thomas), avocat en la cour, 355.
— (Vincent), 341*, 355.
Cousturier (Marie), 261*.
— (René), conseiller au Parlement, 186, 359*.
Couteler (Louis), 544*.
Coutorel (Jean), 424*.
Couttin (Jacques), 29*.
Couvran (seigneur de), 193*, 279*.
Couvrand (Jeanne), 440*, 442*.
Couvreux (Anne-Thérèse), 338.
Couyer (Alain), 124*, 204.
— (Barthélemy), 250*, 260, 260*.
— (Françoise-Marie), 114*.
— (Gillette), 124.
— (Guillaume), 181*.
— (Guillemette), 260.
— (Jean), 124, 124*, 204*, 205.
— (Jeanne), 260, 260*.
— (Olivier), 204*.
— (Pierre), 124*, 146*, 204, 260.
— (Pierre), recteur de Saint-Martin, 162.
Coynart (Armande-Anne-Elisabeth de), 407, 407*, 408*, 409, 410, 411*, 412, 420.
Cozic (Etienne), 493.
— (Françoise), 545*, 547*.
— (Louis), 496.
— (Mathurin), maître d'école, 493*, 496. — Voir: Corio.
Graffel (sieur et dame de), 341*, 355, 432, 433.
Cramez (dame de), 239.
Cramézel (Augustin), 187, 238, 239, 264.
— (Françoise), 234.

Cramezel (Jacques-Marie), major des vaisseaux du Roi, 183.
— (Jean), 237*.
— (Jean-Joseph), 239.
— (Jeanne-Marie), 183.
— (Joseph), 237*, 238, 264.
— (Marie-Gabrielle), 187.
— (Marie-Josèphe), 187, 187*, 188, 238.
— (Pierre), 188.
— (Renée), 238.
— (Suzanne), 238.
Cran (seigneur et dame de), 105*, 121, 133, 216*, 230, 231, 232*, 233*, 572*.
Cran en Trefféan (frairie de), 240.
Cranhac (seigneur et dame de) 116*, 118, 126*, 186*, 238, 251.
Cranhac en Peillac (châtellenie de), 118.
Cranne (sieur de), 546*, 548.
Crannic (seigneur et dame du), 302*, 352*, 363, 364*, 382*, 384.
Crannic (Vincent), cordier, 93*.
Crano (seigneur et dame du) 44*, 207, 309, 356, 578*.
Crano en Croixanvec (Le), 86*.
Craslon (seigneur, sieur et dame de), 217*, 262*, 263.
Craslon en Marzan, 218*.
Crechancaroff (dame de), 21*.
Crecholein (seigneur de), 31.
Crechquérault (Marie de), 31. — Voir : Cnechquérault.
Créguel (baron du), 2*.
Crehelon (dame de), 505.
Crehinuel (châtelain de), 57*.
Crehuello (dame de), 80*.
Creil (Jean-François de), maître dès requêtes de l'Hôtel du Roi, 385*.
Creiskaer (sieur et dame de), 333*, 335*, 341*, 449*, 455*, 577*.
Crémenec (seigneur de), 32.
Crémeur (seigneur et dame de), 134*, 135*, 177*, 200, 243, 243*, 244, 250, 298*, 328, 365*.
Crénar (seigneur de), 63, 216, 608.
Crénénan en Ploërdut (chapelle de), 65.
Crenenen (sieur de), 49*.

Crénihuel (seigneur de), 21, 22, 44*, 58.
Crénihuel (sénéchal des juridictions de), 22*, 23.
Crénonnec (sieur de), 45.
Crénuhel (sieur de), 58.
Crespel (Antoine), 229.
— (Antoine-François), 231.
— (Esther - Gillette - Eléonore), 222*.
— (Françoise-Céleste), 241.
— (Jacques), 236, 236*.
— (Jacquette), 182, 182.
— (Jeanne), 182, 231*, 232.
— (Jeanne-Louise), 230*.
— (Marie), 228*.
— (Maximilien), sénéchal de Lourmois et de Cadouzan, 222, 222*, 227*, 229, 229*.
— (Maximilien - Henri), avocat en la cour, 222*, 229*, 231.
— (Paul), avocat en la cour, 227*, 228*, 236.
— (René), 236*.
— (Rose-Jacquette), 222.
Cresquel (sieur de), 470*, 478*, 480*, 481*, 486*, 495, 495*, 500*, 501.
Cresquel (Jean), 578.
Cresté (Michel), 477*.
— (Nicolas), 576*.
— (Perrine), 576*.
— (Vincent), 477*.
Crévy (seigneur du), 89*, 240, 369, 542.
Criquer (Joseph), 604*.
Crocalan (sieur de), 171*, 333*.
Crochereau (Louise-Thérèse de), 71*.
Croemenach en Ambon (chapelle de), 180, 181.
Croëzer (Françoise), 63*.
Crohon (seigneur de), 22.
Croisic (Le), Loire-Inférieure, 53, 265*.
Croisier (Charles-Joseph), 495.
— (Guillaume), 495.
Croissac (seigneur de), 392*.
Croistoul (seigneur de), 29*.
Croisty (Le), 67.
Groix (sieur et dame des), 158*, 443*.
Croixanvec (paroisse), 86. — Voir : Crano, Faux (lieux-dits).

Crom (Jean), 90.
— (Julien), 90.
Cromenach, voir : Croemenach.
Crossac (seigneur de), 240.
Crouezé (Magdeleine), 251.
Croze (Anne), 245, 343*, 348, 354, 445, 451.
— (Hector-Vincent), conseiller au présidial de Vannes, 245, 368, 369*, 371*.
— (Jean), prêtre, 354.
— (Jeanne), 367, 368, 373*, 374, 462.
— (Nicolas), conseiller au présidial de Vannes, 343*, 354, 354*, 367, 435, 445, 582.
Crozon (marquis de), 136.
Cruguil (seigneur de), 105, 339*, 340.
Cruyères (sieur des), 82*.
Cuidéran (Louise-Judith), 479.
Cuiffio (sieur du), 377.
Cuillé (seigneur de), 89, 188*.
Cuisinier (Marguerite), 452*, 455*, 460, 476*.
Cuitfoz, voir : Guidfosse.
Culte (bancs, chaires, décorations, garnitures, linges, meubles, ornements, ostensoirs, statues, tabernacles, tableaux, vases sacrés), 20*, 64*, 66, 101*, 102*, 106*, 123*, 130*, 131, 134, 139*, 157, 163*, 171, 188*, 216, 223, 249, 263*, 293*, 312*.
Cunfiou (sieur et dame de), 49, 55*, 61*, 216, 605, 608, 616.
Cunfiou (François-Augustin Le Gall de), 617*. — Voir : Le Gal.
Curage des rivières, 97*, 98*.
Cussé (seigneur de), 105, 183, 373, 459.
Gybouault (Ange-Catherine), 248*.
— (Charles), 254.
— (Jean), 248*.
— (Jeanne), 108, 109*, 248.
— (Louise), 366*.
— (Marc), 248, 248*, 254.
— (Marie), 162*.
— (Philippe), 189*.
— (Prégent), 189, 189*, 190.
— (René), 199*, 248.

D

Dabadis (Jean), 80.
— (Louise), 80.
Dabo (Françoise), 215.
— (Jean), prêtre, 161*.
Daen (Guillemette), 469.
— (Philippe). sénéchal de Rohan; 16, 79.
— (Sébastienne), 104*.
— (Thérèse), 93.
— (Thérèse-Yvie), 79, 99*.
Dagaud (Julien), 202.
Dagault (Jeanne), 218.
Dagornet (Françoise), 604.
— (Françoise-Agathe), 490*, 493, 494, 494*, 495*, 496*, 498, 499*.
Daguerre ou d'Haguerre (Andrée), 465, 586, 587, 587*, 588*.
— (Isabelle), 587, 587*, 588, 589, 590.
— (Louis), procureur au présidial de Vannes, 588, 589.
— (Olivier), 588*.
— (Sauveur), 589.
Daguillon (Augustin-Vincent), 4*.
— (Elisabeth-Françoise), 4*.
Daguindeau (Alexise-Dorothée), 196*, 198*.
— (Joseph), 196*.
— (Joseph), procureur-fiscal de Molac, 198.
— (Mathieu-Laurent), recteur de Saint-Vincent, 132*.
Dahirel (Toussaint), 401*, 608.
Dalbeau (Françoise), 575.
— (Julien), 575.
Dalbin (Marie-Louise), fille de la Charité, 573.
Dalboin (N.), lieutenant du Roi à Belle-Isle, 403.
Dalevard (dame de), 514*, 516.
Dalifard (Jacques-Jean-René), 568*.
— (Jeanne-Françoise-Julienne), 568.
— (Jeanne-Vincente), 623.
— (Joseph-Julien), archer de marine, 568, 569*.
Dalifard (Marie-Antoinette), 569*.
— (Renée-André), archer de la prévôte de marine, 568, 568*, 570, 623.
Dallerac (Perrine), 576.
Daluzeau (Marguerite), 456.
Damerval (Jeanne), 510*.
Damesme (Louise), 26.
Damgan : voir Pénerf.
Damien (Morice), 425*.
Danays (Mathurin), recteur de Tréal, 166*.
Dandelot (Anne-Agnès), 85.
Dandono (Jean), 535*.
Danet (Ange-Etienne), 624.
— (Anne-Josèphe), 618*.
— (Bertranne), 451, 482*, 513, 612.
— (François), 452.
— (François-Joseph-Ange), 562.
— (Françoise), 476*, 483, 485*, 488, 488*.
— (Françoise-Marie-Thérèse), 166*, 624*, 630.
— (Gabriel), 534*, 535, 537, 538, 539*, 540*, 542*, 551, 556, 556*, 564, 573, 614*, 618.
— (Gabriel-Marie), 564.
— (Guillaume), 499.
— (Hélène-Perrine), 628*.
— (Jean-Baptiste), 539.
— (Jean-Joseph), 321, 534*, 556, 556*, 558*, 560, 561*, 562, 563, 564, 565*, 566*, 569, 571*, 573*, 626*.
— (Jean-Marie), 621*.
— (Jean-Marie-Corentin), 563.
— (Jeanne-Perrine), 550, 551*, 552, 553.
— (Jeanne-Vincente), 538.
— (Joseph), 617*, 621.
— (Joseph-François-Marie), 566*.
— (Julien), 535*, 552, 560, 565*, 615*, 616*.
— (Julien-Marie), 565*, 573*.
— (Julien-Pierre), 535.
— (Laurent-Vincent), prêtre, 617, 633*.
Danet (Louis), 451, 452, 463, 476*.
— (Louise-Jacquette), 165*.
— (Marguerite), 551, 553*, 561*, 626*.
— (Marguerite-Jeanne-Perrine), 539*.
— (Marie-Ange-Eulalie), 573*.
— (Marie-Angèle-Louise), 569.
— (Marie-Anne-Marguerite), 558*, 569.
— (Marie-Françoise), 560.
— (Marie-Guillemette), 155*.
— (Marie-Jeanne), 632.
— (Marie-Josèphe), 556*, 566*, 617*.
— (Marie-Victoire-Etiennette), 571*.
— (Mathurin), 539, 539*, 540, 543, 544, 547*.
— (Mathurin), curé de Fontenay-aux-Roses et recteur d'Elven, 139, 139*, 140, 145.
— (Mathurin-Jean-Vincent-Gabriel), 539.
— (Michel), greffier au Présidial de Vannes, 321, 451, 455*, 581*.
— (Pierre), maître charpentier de navires, 615*, 617, 617*, 618*, 621, 621*, 624, 630, 632.
— (Pierre-Marie), 540*.
— (Renée-Perrine-Vincente), 628.
— (Thérèse-Françoise), 565.
— (Vincent-Gabriel), 542*.
— (Vincent-Marie), 540.
— (Vincente), 537.
Danglade (Allanette), 82*, 585.
— (François), 33*, 34*.
— (Hélène-Thérèse), 590*.
— (Jeanne), 542.
— (Louis), 82*.
— (Magdeleine), 33*.
— (Marie), 584, 586, 587*, 588.
— (N*.), 589*. — Voir: Anglade (d').
Danican (Marie), 159. — Voir : Halicant.

Daniel (Armelle), 214*, 215.
— (Etiennette), 87.
— (François), officier de la Cie des Indes, 413*.
— (Françoise), 426*, 427, 429, 433*, 437, 438, 439*, 575*.
— (Guillemette). 435*.
— (Jean-Yves-Philibert), 564.
— (Julienne), 214*.
— (Louis), 87.
— (Louise), 427.
— (Marie), 568*.
— (Perrine), 427, 428*.
— (Philibert-Jean), 564.
— (Pierre), avocat en la cour, 590*.
— (Pierre), procureur en la cour, 475*, 594.
— (Ursule), 213*, 214*.
— (Yves), 480.
— (Yves), curé de Locmaria-Grand-Champ, 170*.
Danielis (Daniel), 471*.
Daniellet (Françoise), 280.
— (Gilles), 353, 363*.
— (Guillaume), recteur de Surzur, 300, 502.
— (Louise), 279*, 363*, 582*.
Danielo (Guillaume), notaire, 483*.
— (Pierre), archidiacre de Vannes et abbé de Lanvaux, 421*.
— (Suzanne-Mathurine), 563, 563*, 564*, 567, 568*, 570.
Danière (Henri), syndic de Vannes, 315*.
Danillo (Guillaume), 210.
— (Guyon), 471*.
— (Jean), notaire de Carné et de Cohignac, 209*.
— (Marie), 231, 231*.
Danion (Jeanne), 172, 505.
Danjan (Marie-Anne), 416*.
Dannau (Jeanne), 425.
Danner (Olive), 428.
— (Sylvestre), 428.
Dano (Catherine), 609*.
— (François), 544.
— (Guillaume), 452.
— (Jean-Marie), 544.
— (Jean-Michel), 520*.
— (Jeanne), 586*.
— (Jeanne-Marie), 520*.
— (Joseph-Marie), 634*.

Dano (Julien-Nicolas), 608.
— (Julienne), 424, 626*.
— (Julienne-Louise), 607.
— (Louis), 607, 608, 609*.
— (Luce-Renée), 618*.
— (Marguerite), 195.
— (Marie), 452.
— (Marie-Julienne), 533*.
— (Marie-Rose), 624.
— (Marie-Thérèse), 570, 572.
— (Mathurin), 532, 533*.
— (Olivier), 614.
— (Olivier), premier huissier du présidial de Vannes, 520*, 522, 522*, 532, 559*.
— (Perrine), 600*.
— (Pierre-Marie), premier huissier au Présidial de Vannes, 522, 559*, 628, 634*.
— (Vincent), recteur de Plœren, 314.
— (Yvonne), 570.
Danrée (Julien), doyen de la Roche-Bernard, 222*, 230.
Dantol (René-François), 165.
Daquay (Mathieu), chapelain de Quelven, 89*.
Dargence (François-Silvain), capitaine d'Infanterie, 414*.
Dargy (Jean-Christophe), 102*.
— (Jeanne-Renée), 102*.
— (Marguerite-Jeanne-Charlotte), 101*, 102*.
Darmeur (Jeanne), 435*, 436, 438.
Darnault (Jacques), 335*, 428*.
— (Jean), 335*.
Darrouy (François), 474*.
— (Françoise), 474*.
Dartoys (Antoine), 577*.
Darun (seigneur de), 226*, 229*.
Dasnier (Charles), 524*.
Dasseré (Jeanne), 114*, 150*, 154*, 157.
Dastin (Anne), 466, 589*.
— (Jean), 589*.
— (Jean), procureur au Parlement, 466.
— (Marie), 593*.
Daudin (Anne), 378.
— (Claude), sénéchal de Blain, 378.
Daugy (Charles), avocat au Parlement de Paris, commissaire des vivres du Roi en Bretagne, 409*, 511.

Daugy (Euphrasie), 409*.
Daunay (Guillemette), 443.
— (Luc-Alexandre), 473*.
— (Marin), archiprêtre de la cathédrale de Vannes, 348*.
Dauphin (Claude), 508.
— (Claude), capitaine au régiment de Piémont, conseiller receveur du roi, maison et couronne de France, 508, 508*, 509.
— (René-Claude), 509*.
— (Thérèse-Augustine), 508*.
Dauplé (Guillaume), 499*.
— (Philipine), 499*.
Daurez (Vincent), 476.
Dauzéneaul (François), 235.
Davau (François), 547.
Davenel (René), prêtre, 505.
Davesnes (Françoise), 458*.
— (Louise), 485, 487*.
— (Louise-Françoise), 586*.
David (Anne), 624.
— (Anne-Françoise), 569*.
— (Françoise), 37.
— (Guillaume), lieutenant d'infanterie, 567.
— (Isidore-Jean), 531.
— (Jean), maître d'école à Vannes, 449*.
— (Luc), curé de Roudouallec, 41*.
— (Marie), 606.
— (Marie-Mathurine), 624*.
— (Mathurin), 563*.
— (René), maire du Croisic, 563*.
— (Sylvestre), 463.
Daviers (Abel), 440.
— (Anne-Josèphe), 634.
— (Daniel), 428*.
— (Elisabeth), 407.
— (François), 446.
— (François-Joseph), 486*.
— (Françoise), 284*.
— (Grégoire-Sylvestre), 482.
— (Henri), syndic de Vannes, 369, 437*, 440, 441, 442, 446, 447*, 450, 454*, 459, 460*, 475, 475*.
— (Jacques), 488*, 494, 506*.
— (Jacques-Ange), 488*, 508*, 517*, 518*.
— (Jean-Joseph), 482.
— (Jean-Sébastien), 484.
— (Jeanne-Françoise), 282*.

Daviers (Joseph-Henri), 483.
— (Joseph-Sylvestre), 442, 454,
        462, 474, 475, 482, 483, 484,
        484*, 488*, 492*, 494, 498, 501,
        504*, 506*.
— (Julien), 428*.
— (Julienne), 282*, 283.
— (Laurent), 440.
— (Marie). 272*.
— (Marie-Jeanne), 518*.
— (Marie-Vincente-Françoise),
        398*.
— (N.), 567*, 631.
— (Nicolas), 399*, 492*, 528*.
— (Nicolas), capitaine de la
        milice bourgeoise de
        Vannes, 398*, 399*, 407.
— (Nicolas-Guillaume), 517*.
— (Olive), 369, 449*, 456*, 458,
        459, 461, 465, 487.
— (Perrine), 508*.
— (Perrine-Charlotte), 484*, 506*,
        510.
— (Pierre), 449.
— (Pierre-Gatien), 279*.
— (René), 272*.
— (Sylvestre), 486*, 494.
— (Sylvestre), avocat en la cour,
        442.
— (Sylvestre), sénéchal de
        Saint-Gildas de Rhuis, 279*,
        282*, 283.
Davoine (Sébastienne), 100.
Davy (Alain), 119*.
— (Anne), 335*, 337, 341, 424,
        426, 427, 428.
— (Antoine), 121.
— (Bernarde), 335*.
— (Gilles), 109, 129, 237, 262*.
— (Guillaume), greffier au pré-
        sidial de Vannes, 444.
— (Guillaume), procureur en la
        cour, 290*.
— (Hélène), 8.
— (Jeanne), 129, 219, 244*, 251, 429.
— (Jeanne-Marie), 619.
— (Louis), 130, 251.
— (Louise), 129.
— (Marie), 130.
— (Perrine), 202.
— (P.), peintre de statues, 134.
— (René), 262*.
— (Vincent), 106*.
Dayel (François), 576*.
— (Françoise), 443*, 577*, 579*.

Dayel (Henri), 577.
— (Jean), 576*, 578.
— (Jeanne), 577, 579*, 596.
— (Julien), 577.
— (Julien), notaire royal du
        présidial de Vannes, 576*,
        577, 577*, 578, 581*.
— (Julien), maître apothicaire,
        582.
— (Olive), 576*.
— (Thomas), 576*.
Dawes (François), 535.
— (Jacques), 535.
Dazuette (Claudine), 503.
Débais ou Bays (de) (Jean), avo-
        cat en la cour, 197*.
— (Reine-Madeleine), 197*.
Debray (Michel-Guillaume), 531.
Debroise (Jeanne-Sainte-Rose),
        72*.
— (Louise-Perrine-Mathurine),
        72*.
— (Marie-Sainte-Radegonde),
        72*.
— (Pierre-Jean), sénéchal de
        Bignan, 72*.
— (Pierre-Toussaint), 72*.
— (Toussaint-René), 72*.
Debry (Julienne), 570*.
Découvertes de monnaies an-
        ciennes, 267*.
Defay (seigneur et dame du),
        130*, 229*, 294, 331, 350,
        364*, 405*, 460, 527*.
Deguigné (Paul), 551.
Deil (seigneur et dame de), 108,
        109*, 248.
Deil en Allaire (château de),
        110.
Dejouis (Françoise), 598.
Dejours (Marie), 599*.
Delabolle (Etienne), lieutenant
        du premier chirurgien du
        Roi à Vannes, 368*.
Delacour (N.), 582*.
Delamarre (Anne-Cécile), 591.
— (Jean), 591.
— (Jeanne-Marguerite), 537.
Delaunay (Jacques), commis aux
        enquêtes, 593*.
— (Julien), frère prêcheur, 239.
— (Mathurine-Perrine), 593*.
— (Pierre), notaire à Vannes,
        578*.
Delavigne (Françoise), 576*.

Delbreil (Bathilde), 232*.
Delibessart (Jean-Louis), 549.
— (Jeanne-Louise), 549.
— (Pierre-Antoine), 549.
Delfaux (Jeanne), supérieure de
        l'hôpital Saint-Yves, 569*.
Delisle (Marie-Anne), 41*.
— (Marie-Jeanne), 566*, 568,
        569.
— (Mathieu-Michel), 568, 568*.
Delorme (Françoise), 114.
— (Marie), 114.
Delort (Guillaume), directeur des
        impôts et billots à Muzillac
        et Rochefort, 210*.
Delourme (Guillaume), 114.
Delpeuch (Jean), avocat en la
        cour, 587.
Delphin (Anne), 509*.
— (Bonaventure-Julite), 503*.
— (Denis-François), 507.
— (Guillaume-Jean), 502.
— (Jeanne), 629*.
— (Jeanne-Catherine), 623.
— (Jeanne-Marguerite-Mathu-
        rine), 511.
— (Joseph-Jean), 512.
— (Louis-François-René), 502,
        503*, 505*, 506, 507, 509*,
        511, 512, 512*, 513*, 516.
— (Marie-François), 513*.
— (Marie-Louise), 516.
— (Marie-Vincente), 505*.
— (Pierre), 507*.
— (Pierre-Marie), 510*, 624*, 636.
Delphine (Sœur), fille de la
        Charité, 516*.
Demaine (sieur et dame du), 17,
        104.
Demarz (Charles-Paul), 611*.
— (Marie-Charlotte), 611*.
Demassac (Michel), recteur de
        Grand-Champ, 579*.
Demée (Michelle), 602.
Dement (Perrine), 438.
Demille, voir : Mille.
Demorny (Jeanne-Marie), 570.
Denabia (Anne-Marie), 468.
— (Augustin), 312.
— (Daniel), peintre à Vannes,
        468.
— (Jean), no'aire royal au Pré-
        sidial de Vannes, 491*, 493*,
        501, 514, 514*, 515*, 517*,
        522*.

Denabia (Joachim), 515*.
— (Julien-Marie), 514*.
— (Marie-Josèphe), 517*.
— (Paterne-Radegonde), 493*.
— (Yves), 491*.
Denis (Arthur), 257*.
— (Christian), 458*.
— (Clémence-Françoise), 28*.
— (Hyacinthe-Louis), 28.
— (Jacques), 29.
— (Jean-Henri), 28.
— (Jeanne), 257*.
— (Marie-Françoise), 29.
— (N.), 628.
— (René), 28, 28*.
— (René-Olivier), 28*.
Dennemat (Julienne), 598*.
Deno (Anne), 116, 130, 130*, 436*, 438*.
— (Barthélémy), 260.
— (Florent), 587*.
— (François), 129*, 130, 139.
— (Jean), 436*.
— (Laurent-Guillaume), 586.
— (Marie), 215*.
— (N.), 139*.
— (Olivier), 260, 260*.
— (Perrine), 113.
— (René), 297*.
— (Renée), 478*, 587*.
— (Yves-Marie), 587*.
Denoier (Marie-Françoise), 570*.
Denoual (Louis), 463*.
Dento (Nicolas), sous-curé de Caden, 241*.
Denyau (Charles), conseiller au Parlement, 592.
— (François), conseiller au Parlement, 374.
Défenses par rapport aux mariages, 83.
Depeuch (Pierre), 613.
Deplace (N), médecin à Vannes, 320*.
Deplan (N.), 320*.
Députations, 316*, 317*, 318, 318*, 319*.
Dercoüédo (demoiselle du), 3*.
Deremon (Pierre), procureur au Présidial de Vannes, 440*, 462.
— (Vincent), 462.
— (Vincent-Louis), 482*.
Dereux (Catherine), 534*.
Derison (Sylvie), 67.

Déron (seigneur et dame du), 150*, 219*.
Deroussan (N.), 633*.
Derue (Catherine), 528*.
— (Jean), 601.
Derval (seigneur et dame de), 360*, 374, 378, 386.
Derval (Suzanne), 99*.
Derval (Agathe de), 222, 230.
— (Agathe-Claudine-Josèphe de), 115*.
— (Agathe-Perrine de), 287*.
— (Anne-Hélène de), 169, 360*.
— (Anne-Marie de), 227*, 228, 237*.
— (Anne-Prudence de), 561, 621.
— (Annibal-Sylvestre-Fortuné de), 406.
— (François de), 78*, 181*, 227, 227*, 228, 228*, 229, 237*, 299*, 381*, 389*.
— (François-Amand de), 408.
— (François-Marie-Laurent de), 332, 563*.
— (François-René de), 168, 227*.
— (Guillemette de), 79, 92*.
— (Hélène de), 470.
— (Jean de), 227.
— (Jean-Claude de), 408*.
— (Jean-Claude de), conseiller au Parlement, 404*, 405*, 406, 408, 408*, 615*.
— (Jean-Louis de), 216*, 227, 374.
— (Jean-Louis de), conseiller au Parlement, 222, 229, 238*, 615*.
— (Jeanne-Charlotte de), 169.
— (Jeanne-Elisabeth de), 227*.
— (Joseph-Claude de), 332, 563*.
— (Louis-Valentin de), 222, 229.
— (Louis-Vincent de), 229*.
— (Marie de), 229.
— (Marie-Eulalie de), 216*.
— (Marie-Eulalie-Salomon de), 116.
— (Marie-Hermine-Pauline de), 405*.
— (Michelle de), 97.
— (N. de), 391, 629.
— (Paul-Louis-Claude de), 404*.
— (Pierre de), 352*, 353, 360*.
— (Suzanne de), 92*.
— (Victoire-Marie de), 374.
Dervilé (sieur de), 540.
Desalleurs (Alain), 297*, 298.

Desalleurs (Alain), notaire royal au Présidial de Vannes, 338, 429, 430, 432, 576, 576*.
Desalleurs (Gabriel), 277.
— (Gilles-François), notaire royal au Présidial de Vannes, 401, 405, 490, 513, 516, 516*, 518*, 530*, 532*, 537*.
— (Guillaume), 278.
— (Jean), 299*.
— (Jean), notaire, 493*.
— (Jean), procureur à Rhuis, 277.
— (Jean-François), 494.
— (Jean-Vincent), 488*, 514, 528*.
— (Jeanne), 277*, 355, 432, 577*.
— (Jeanne-Julienne), 493*.
— (Julien), procureur au Présidial de Vannes, 485, 485*, 488*, 489*, 490, 491*, 493*, 494, 495, 496, 497, 498*, 500*, 503*, 508, 514, 514*.
— (Julien), notaire royal à Rhuis, 277, 277*, 278.
— (Julien-Marc), 495.
— (Julienne), 277.
— (Louise), 491*.
— (Louise-Sébastienne), 192.
— (Marie), 275, 276, 518, 518*.
— (Marie-Anne), 497.
— (Perrine), 298.
— (Pierre), 297*.
— (Pierre-Marie), notaire, 192.
— (Roberte-Vincente), 498*.
— (Vincent), procureur au présidial de Vannes, 439, 446*, 581, 582*.
Desaugé (François-Hyacinthe), 29.
— (François-Louis), procureur fiscal de Quimerch, 29.
— (Hyacinthe-Claude), 35.
— (Nicolas), 35.
Desboys (Laurent), prévôt de la Marine, 537*.
Des Brosses (Nicolas), 104*.
Descaillier (Françoise), 584*.
Descaillun (Renée), 130, 251.
Descartes (Anne), 134.
— (Anne-Marie), 372.
— (Augustin), doyen de la Roche-Bernard, 221*, 228*, 238.
— (Catherine), 135, 137.
— (François-Joachim), conseil-

ler au Parlement, 138*, 139, 331, 394, 394*, 396, 402.
Descartes (Joachim), 137, 137*.
— (Joachim), conseiller au Parlement, 137, 164, 186*, 201*, 210*, 294*, 334*, 336, 366*, 370, 370*, 372, 374.
— (Marguerite-Sylvie), 140, 394*, 398*, 402.
— (Marie), 137*, 138, 370, 374, 384*, 619.
— (Marie-Françoise), 138*, 401*.
— (Marie-Magdeleine), 49, 63*, 136, 137, 351*.
— (Pierre), 134, 137.
— (Pierre), conseiller au Parlement, 134, 135.
— (N.), conseiller au Parlement, 608.
— (N.), 521*.
— (Prudence-Hélène), 366*.
— (René), 134, 137*.
Deschamps (François-Jean-Louis), 558.
— (Jean-François), 629.
— (Jeanne), 603*.
— (Louise), 38.
— (Marie-Claude), 264.
— (René), 558.
— (René), employé dans les Fermes, 629.
— (Yves-Pierre), 603*.
Deschasteletz (N.), curé de Molac, 197*.
Desclos (Jacques), conseiller, secrétaire du Roi, 390.
— (Perronnelle), 390.
Des Coignets (Françoise-Marie), 492*.
— (Jean-François), lieutenant gardes-côtes, 492*, 493*.
— (N.), 512.
— (Toussaint), 606*, 608.
Descours (Jean), 92.
— (Marie), 195*, 196.
Déserts (dame des), 159, 498*.
Desfontaines (Jeanne), 1*.
— (Marie), 2.
Desforest (Nicolas), 616*.
Desgerauld (Guillaume), apothicaire à Pont-Château, 514, 514*.
Desgrées (Anne-Marie-Joséphe), 332*.

Desgrées (Alexandre-Auguste-Jean), 332*.
— (Alexandre-Auguste-Jean-Marie-Joseph), 332*.
— (Bertrand-Marie), sénéchal de Ploërmel, 71*, 511*.
— (Françoise), 211.
— (Jacques-Bertrand-Colomban), 71*.
— (Jean-Marie-Bertrand), 75*.
— (Jean-Mathurin), 147*, 511*.
— (Joseph-Claude), 210.
— (Marie-Magdeleine), 55*.
— (Perronnelle), 162.
— (René-Louis), 75*.
— (Sébastien), procureur fiscal de Cohignac et Carné, 210, 210*.
Desgrieux (Louise), 585.
Des Hayers (Joseph-Hyacinthe), capitaine de grenadiers, 55*, 56, 63.
Des Hayeux (Anne-Thérèse), 28, 28*, 30.
— (Jean), 28.
— (Jean), recteur de Guiscriff, 29.
— (Jeanne), 28, 28*, 30, 41*.
— (Louis), grand vicaire de Cornouaille, 28, 29*.
Deshogues (Laurent), recteur de Saint-Avé, 295*.
— (Vincente), 523.
Desjardins (Alexis), 635*.
— (Françoise), 634*.
— (Marie-Françoise), 631*, 632.
Deslandes (Anne-Elisabeth), 613*.
— (Briande), 429, 430.
— (François), 242*.
— (Guillaume), 574*, 575, 575*, 576.
— (Jacquette), 346, 349*, 575*, 577*, 578, 581.
— (Jean), 574*.
— (Juliette), 508*.
— (Olivier), 575.
— (René), 576.
Desmars (Elisabeth-Marguerite), 502.
Desmée (Guillemette), 487*.
— (Julien), 487*.
— (Michelle), 522, 526*, 597.
— (Perrine), 500, 501*, 597.
Des Mores (Grégoire), 491*.
— (Marguerite), 491*.
Des Mourières (Catherine), 487.

Desnée (Perrine), 500, 501*.
Desnos (Charles), 250.
— (Charles-Marie), avocat en la cour, 173*, 559*.
— (Jean), 250.
— (Jean-Baptiste), 559*.
— (Jean-Baptiste), greffier civil en chef du Parlement, 173*.
— (Jean-Baptiste), procureur en la cour, 533*.
— (Marie-Jeanne-Vincente) 559*.
Desnoyers (Marie-Julienne), 552*.
Desperoy (Philippe), lieutenant des vaisseaux du Roi, 85.
Despinasse-Adhumeau (Jacquette), 555, 614*.
Despinel (Marguerite-Catherine), 554*.
Desplaces-Jamet (Marie-Anne), 214*, 613.
Desplaces.— Voir: Lemière.
Despland (François), recteur de Plescop, 176*.
Desportes (Charlotte-Jacquette), 27.
— (Jérôme), 42.
— (Marguerite), 44*, 45*, 46*, 58*, 578*.
— (Marie-Josèphe), 46*.
Desprez (Bertrande), 195.
— (Charlotte-Renée), 591.
— (François), 468*, 470*, 591.
— (Gilles), 130, 142, 195*, 204, 427.
— (Gillette-Françoise), 568.
— (Jacquette-Cécile-Marguerite), 470*.
— (Jean), 195*.
— (Joseph), 195*.
— (Joseph-François), 566*.
— (Yves), 195.
Desquinay (sieur de), 591.
Desrieux (Michel), avocat en la cour, 595.
Desroches (Gabrielle), 475.
Desrue (Catherine), 520*.
Des Salles (Renée), 156.
Destauges (Hélène), 456.
Destoret (Marguerite), 230.
Desvaulx (Jacques), recteur de Rieux, 120.
Desvilliers (Jacquette), 513.
Desvoyes (Catherine), 490*, 491*, 492*, 494, 495, 610.
— (Françoise), 491*, 596.

Desvoyes (Jean), procureur au présidial de Vannes, 446*.
Detaille (Alexandre), capitaine général des gardes-côtes de Belle-Isle, 544.
— (Etienne-Armand), 548*.
— (Jean), ingénieur en chef des Ponts et Chaussées à Vannes, 544, 548, 548*, 564, 564*.
— (Marie-Adélaïde), 418, 419*, 421, 548, 567*.
— (Marie-Michelle-Alexandrine), 544, 564.
Deu (Marie-Anne), 48, 61*, 216, 608, 608*.
— (Marie-Madeleine), 605.
Deville (Anne), 542, 549*.
— (Elisabeth), 533, 543*, 633.
— (Marguerite), 516*, 539.
Devilliers (Michelle), 598.
Deysautier (Honoré-Anne-Benigne), 75*.
Diagon (Jérôme), 453.
Diaret (Jean-Augustin), 560.
— (Madeleine-Elisabeth), 413*, 421, 560.
Diarnelez (château du), au Faouët, 43.
Diarnelez (seigneur, sieur et dame du), 27*, 29, 35*, 38, 41*, 42*, 43, 67.
Dibart (Françoise), 596*.
— (Jean), 478*, 479*.
— (Jean-Servant), 285, 596*.
— (Marc-Pierre), 173*, 285, 531, 596*, 614*.
— (Marguerite), 479*.
— (Urbain-Servant), 125*.
— (Vincente-Agathe), 404*, 405.
Dic (seigneur et dame de), 435*.
Dictons, devises, proverbes, 183*.
Dié (François de), 468*.
— (René de), 468*.
Dieux (Jean-Marie), 569.
— (Louis-Jacques), 569.
Digabel (Françoise-Jeanne), 603*, 604*.
— (Yves), 412, 412*, 420*.
Digault (Daniel), 74*, 99.
Digoëdet (Louis), 25.
Digueno (Perrine), 432*.
Diguet (François), 456*.
— (Joseph-Vincent), 597.

Diguet (Julien), sénéchal du chapitre de Vannes, 365*, 451*, 587*.
— (Julien-René-Simon), 253.
— (Julienne), 403, 460, 515*.
— (Renée-Jeanne), 253, 409*.
Dijonc (Nicolas), officier de la Cie des Indes, 632*.
Dilhuit (François), procureur de Guémené, 52, 52*.
— (Jean-Vincent), avocat en la cour, 56.
— (Joseph), avocat en la cour, 51.
— (Joseph-Louis), 51.
— (Magdeleine-Jeanne), 52*.
— (Marie-Renée), 51.
— (Noëlle-Florentine), 52.
Dilliers d'Entragues (Claude-Louise-Jeanne), 126*, 159*.
Dinochau (Marie), 519*.
Dinville ou Dimille (Joseph), 461.
— (Louis), maître chirurgien à Vannes, 451, 453*, 461.
— (Marie-Hyacinthe), 463*.
Discussions entre chapitres, clergé, paroisses, 47*, 98, 151*, 182*, 234, 267.
Divernay (Guillemette), 84.
— (Jean), procureur fiscal, 2, 7, 82.
Dixméon en Langonnet (manoir de), 26.
Do (Armand-Jacques), 487*.
— (Joseph-Jacques), huissier à Vannes, 487*, 489, 490*.
— (Marie), 490*.
— (Marquise-Jeanne-Baptiste), 490*.
— (Sainte), 489.
Doby (Vincente), 598*.
Dolhier (Claude), 584*.
— (Marie-Louise), 159, 458, 584*, 587.
Dollivier (Marie-Madeleine), 591.
Domaine royal de Rhuis, 268*.
Domaine (sieur du), 472*.
Domallain (Jean), 39*.
— (Yves-Even-Gilles), 39*.
Doméon (Joseph), recteur de Saint-Vincent, 128.
Domme (Pierre-Nicolas), 561.—
Donant (seigneur du), 310*.
Dondel (Aimé-François), 416.
— (Claude-Hyacinthe-Pierre), 395.

Dondel (François-Hyacinthe), 316*, 370*, 394, 395.
— (François-Hyacinthe), président du présidial et sénéchal de Vannes, 375*, 383*, 385, 385*, 388*, 391, 391*, 393, 393*, 395, 510, 511, 606*.
— (François-Ignace), 393.
— (François-Olivier), 417*.
— (François-Pierre), 373*.
— (Françoise), 196*, 373*.
— (Françoise-Claude), 515.
— (Françoise-Perrine), 416*.
— (Hyacinthe-Pierre-Vincent-Joseph), 410*.
— (Jacques-François-Elisabeth), 396*.
— (Jean-François), évêque de Dol, 375*, 396*.
— (Jean-François-Ignace), capitaine de cavalerie, 414*, 416*, 417*.
— (Jean-François-Stanislas), capitaine d'infanterie, 396*, 410*, 411, 413*, 416, 420, 550.
— (Jean-Jacques-Hyacinthe), 414*.
— (Jeanne-Olive), 607*.
— (Louise), 309*.
— (Marguerite-Charlotte), 32.
— (Marie-Françoise-Armande), 411.
— (Marie-Gabriel), 420.
— (Marie-Geneviève), 413*.
— (Pierre), président du présidial et sénéchal de Vannes, 308, 310, 363*, 364, 366*, 370*, 371*, 372*, 373*, 375*, 385*, 386*, 451*, 453*, 454, 459*, 462*, 463, 466, 468, 480*, 586*, 607.
— (Pierre-François), 394, 395, 396*, 515, 607, 607.
— (Pierre-François-Vincent), 385.
— (Pierre-Louis), 385*.
— (Pierre-Louis), capitaine de cavalerie, 419, 511, 570*.
— (René-Guillaume), 60*, 388*.
— (Thomas), 310.
— (Vincent), 368.
— (Vincent-François), 391*.
— (Yvonne), 522*.
— (Yvonne-Geneviève), 393, 396*.

Donias (François-Marie), 616*.
— (Jean), 21.
— (Jean-Marie), 615, 619*.
— (Joseph-Laurent), 615, 616, 616*, 618*, 619*, 620*, 621, 625, 625*.
— (Joseph-Marie), 625.
— (Julienne), 616.
— (Luce-Joséphine), 618*.
— (Marie), 21.
— (Marie-Anne), 621.
— (Renée-Jacquette), 620*.
Dons aux églises, 24, 36, 64*, 235, 300*.
Dons aux rois, 637.
Dons royaux, 323*.
Donval (Guillaume), recteur de Béganne, 115.
Dordelin (Alain), lieutenant des vaisseaux de la C¹ᵉ des Indes, 544.
Doré (Anne-Jeanne), 543*.
— (Gilles), 513*.
— (Jean), 509*, 510*, 511*, 512*, 513*, 542*, 544*, 546*.
— (Jean-François), 542*.
— (Jean-Julien), 512*.
— (Jeanne), 511*, 527*, 575.
— (Louis), trésorier des Invalides de la Marine, 509*, 541*, 542*, 543*, 544*, 546, 554, 555*, 558, 560*, 561*, 562*.
— (Louis-Marie-Xavier), 554.
— (Marguerite-Louise-Roséline-Henriette), 558.
— (Marie), 510*.
— (Marie-Anne-Jeanne-Françoise), 555*.
— (Marie-Josèphe-Louise), 544*.
— (Marie-Louise-Sophie), 562*.
— (Marie-Rose-Julienne-Hélène), 561*.
— (Renée-Perrine-Adélaide-Sophie), 560*.
— (Xavier-Louis), 546, 558.
Dorigny (Jean), vicaire perpétuel de Vannes, 337*.
Doriou (Pierre), marchand imprimeur à Vannes, 366*.
— (Roberde), 592.
— (Vincent), imprimeur à Vannes, 360*.
Dorival (Guillaume), 505.
— (Louis), 505.

Dorlot ou Le Dorlot (Allanette), 438.
— (Michel), 574*.
— (Michelle), 575*.
— (Nouelle), 426*, 430.
— (Yvonne), 426*, 429*, 575*.
Dorré (Antoine), tambour de la ville de Vannes, 319*.
— (Elisabeth), 464*, 586*, 593.
— (François), procureur au Parlement, 586, 586*.
— (Gabriel), sénéchal de Bourgneuf et Pornic, 476.
— (Julienne), 60*.
— (Laurent), 90.
— (Perrine), 472.
— (Pierre), 472.
Dorso (François), 438*, 444*, 582*.
— (Françoise), 472*.
— (Jean), avocat en la cour, 582, 582*.
— (Jeanne), 327*, 579.
— (Louis), prêtre, 597*.
Dotations, 314*.
Douabin (Mathurine-Mauricette), 417, 552*.
Doualan (Jeanne), 20.
— (Thérèse), 20*.
Douart (Guillaume), recteur de Bignan, 69*, 77.
— (Jean), premier chambellan du duc d'Orléans, maréchal de bataille des armées du Roi, capitaine commandant le régiment de S.A.R. 303*, 477.
— (Jean-Baptiste), 359, 466, 470*.
— (Marie), 349*, 352*.
Doublet (Jean), 184*.
Doucet (Anne-Marie-Françoise), 633*.
Doudar (Etiennette-Jeanne-Louise), 261*.
— (Henri), 261*.
Douezy (Jeanne), 586*.
— (René), 586*.
Doulon (seigneur de), 221.
Dourdu (seigneur du), 332, 374*, 563*.
Dourif (Joseph-Pierre), 552*.
— (Louise-Marie), 551*.
— (Marie-Madeleine), 549*.
— (Pierre), 548*, 549*, 551*, 553.
— (René-Jean), 548*.

Doussein (Jeanne-Charlotte), 517*, 520.
— (Jeanne-Roberte), 520.
— (Marie-Thérèse), 520, 605, 605*, 611, 611*.
— (N.), 605*.
— (René), 320*, 602*, 605.
— (Renée-Jeanne), 602*.
Doustet (Anne-Marie-Françoise), 563*.
Douville (Catherine-Thomase de), 286*.
— (Claude-Jean de), 94*, 286.
— (Hyacinthe-Marie de), 94*.
— (Louise-Mathurine de), 290*.
— (Perrine de), 561*.
— (Pierre-Claude de), 286*.
— (Pierre-Marie de), enseigne des vaisseaux du Roi, 560.
Dovergne (Charles-Dominique-Clotaire), 634*.
— (Marie-Marguerite-Françoise), 634*.
Dragée (Françoise), 439, 585.
— (Guillemette), 578*, 581.
— (Jacquette), 581.
— (Marie), 581.
— (Pierre), 436*, 437*, 581.
— (René-François), 436*.
Draullé (Michelle-Marguerite), 446.
— (René), 446.
Dréan (Françoise), 588*, 592.
— (Guillaume), 492*, 588*, 589*, 592.
— (Jacques), 437*.
— (Jeanne), 439*, 440, 442, 514, 514*, 515*, 517*.
— (Julien-Charles), 622.
— (Louis), recteur des Fougerêts, 156.
— (Marie), 202*.
— (Marie-Catherine), 630*, 631, 633.
— (Marie-Madeleine), 626.
— (Michelle), 510*.
— (Nicolas), sous-curé de Pleucadeuc, 203, 203*.
— (Pierre), recteur de Larré, 197.
— (Pierre-Marie), curé de Locmaria-Grandchamp, 171.
— (Vincent), officier des régaires de Vannes et de Largoët, 622, 626.

Dréan (Vincente-Marguerite), 589*.
Dréanic (Joseph), recteur de Neulliac, 13*, 18*.
Dréano (Anne), 170, 554, 555.
— (François), recteur de Grand-Champ, 170.
— (Jacques), prêtre, 76*.
— (Jean), 534*, 537, 543, 556, 615.
— (Jeanne), 544.
— (Joseph), 312*.
— (Julien), 313, 422*, 539*.
— (Julienne), 312*.
— (Marie), 523, 524, 526, 627.
— (Marie-Josèphe-Nicole), 539*.
— (Marie-Josèphe-Renée), 550, 556, 556*, 558*, 560, 561*, 562, 563, 564, 565*, 566*, 569, 571*, 573*.
— (N.), 556*.
— (Olivier), 218.
— (Pierre), 422*, 564.
— (Pierre), recteur d'Arzal, 182.
— (Thérèse), 414*.
— (Vincente), 534, 539.
Dréas (N.), 613*.
Dréneuc (seigneur et dame du), 116, 121*, 130*, 146*.
Drénidan (sieur et dame du), 326.
Drennes (sieur de), 616.
Drény (sieur du), 227.
Dréors (seigneur et dame du), 25, 32, 40*, 58, 141*.
Dreux (Pierre), conseiller au Parlement, 354.
Dreux-Brézé (Thomas de), conseiller au Parlement de Paris, 369*.
Drezay (sieur et demoiselle du), 230*, 231*, 239*, 493, 517*, 523, 620*, 624*.
Drezigué (Guillaume-David), 567.
Droalen (Marie), 25.
Droguec (Marie-Nicole), 627.
Drolé (René), 585*.
— (Yvonne), 585*.
Dronet (Abel), 307.
— (Anne), 211.
— (Jean), 307.
— (Jeanne), 439*.
— (Marguerite), 294.
— (Pierre), 294.
— (Raymond), 294.

Dronet (Raymond), procureur au Présidial de Vannes, 140*.
— (René), priseur et arpenteur, 294.
— (Yves), 307.
— Voir : Drouet.
Droual (Julienne), 503, 504, 506, 507*, 509*, 510*, 511*, 513, 519*, 521.
Drouet ou Dronet (Charlotte-Elisabeth-Marguerite), 155*, 163, 206, 240.
— (Claude), recteur de Glénac, 450, 594, 596.
— (François), avocat en la cour, 454*.
— (Françoise), 594.
— (Françoise-Thérèse), 584, 594*, 595*, 596*, 597.
— (Gilles), 104.
— (Jacques), 579.
— (Jean), notaire royal au Présidial de Vannes, 307, 351*, 363*, 364*, 464*, 583.
— (Jeanne), 579*.
— (Julienne), 454, 454*, 498*.
— (Léonard-André), 104.
— (Marguerite), 364.
— (Marie-Perrine), 390.
— (Mathurin), 457.
— (Michelle), 580*, 590*, 595*.
— (Perrine), 454.
— (Raymond), 579, 579*.
— (René), 454*.
— (Yvonne), 429, 430.
— Voir : Dronet.
Drouges (seigneur de), 342*.
Drouillart (Jeanne), 271*, 272, 422*.
— (Louise-Madeleine), 57z.
Drouillay (sieur et dame du), 432*.
Drouin (Célestine-Catherine), 414*, 418*.
— (Pierre), recteur de Guern, 88.
— (Yvonne), 454.
Druays (Barbe), 168*, 444, 444*, 582.
— (Jean), 427*, 574*.
— (Jeanne), 428, 428*, 429, 430, 576.
— (N.), 350*.
— (Pierre), 358*, 426*, 427, 429*, 432, 433*, 438*, 442, 445*, 575*.
— (René), maître orfèvre à Vannes, 262.

Drucy (dame de), 572*.
Drugeon (Jacquette), 426*, 575.
Du Bac (Anonyme), 138*, 505*.
— (Louis), 519.
— (Pierre), écuyer et premier gentilhomme de M. le Prince, 519.
Du Bahuno (Catherine), 89.
— (Catherine-Ursule), 64.
— (Claude-Anne), 81, 361*, 362, 368*, 369, 470.
— (François), 5, 10, 17*, 42, 81*, 89, 102, 343*.
— (François-Armand), 107.
— (Gilles), 98*, 422*, 574*.
— (Guillaume), 42, 303*.
— (Guillaume-François), 102*, 107, 369*.
— (Guy), 42.
— (Jacques), 64.
— (Jacques-Marie-François), 89.
— (Jacquette), 15.
— (Jean), 15, 61.
— (Jeanne), 422*.
— (Jeanne-Armand), 102*.
— (Jeanne-Josèphe), 89.
— (Marguerite), 422*.
— (Pauline), 89.
— (René), 15*, 45.
— (Renée-Pélagie), 102. 369*.
— (Thérèse-Fortunée), 59*, 63*, 107, 330, 394*, 616, 619, 632*.
— (Yves), chanoine de Vannes et trésorier. 344*, 348.
Du Balhelec (François), 606*.
Du Baudory (Jeannette), 463*, 604.
Du Bellineau (François), 41.
Du Bergier (François), lieutenant de frégate, 542*.
Dubertier (Joseph-Hyacinthe), 511.
Du Bez (Jeanne), 594*.
Du Bignon (Michel), 503.
Du Boberil (Marie), 229*.
— (Pierre), 181*, 229*.
Du Bochet (Esther), 562.
— (Françoise), 182*, 183.
— (Guillaume), 363*.
— (Jacquette), 463*.
— (Marie), 363*.
— (Paul), 224.
— (Renée), 224.
— (Tobie), 224.
Du Bois (Alexis), capitaine au régiment de Picardie, 386*.

Du Bois (Angélique), 384*, 386*, 390*.
— (Angélique-Aimée), 614*.
— (Bonaventure), recteur de Saint-Vincent, vicaire général et official de Vannes, 130*, 390*.
— (Claude), 3*.
— (Claude-Agathe), 27.
— (François), procureur au Présidial de Vannes, 524., 525*, 527, 529, 531.
— (François-Joseph), docteur en médecine, 405*.
— (François-Marie), 516*, 525*.
— (Hélène-Françoise-Renée), 547.
— (Hyacinthe), 51*.
— (Isabelle), 255*, 366.
— (Jean-Joachim), 527.
— (Joseph), 310.
— (Josué), 538.
— (Louis), capitaine de Guémené, 51*.
— (Louis-Gabriel), 51*.
— (Louise), 612.
— (Marc), 193.
— (Marguerite), 621, 621*.
— (Marie-Claire-Reine-Perrine), 215.
— (Marie-Françoise), 529, 548*.
— (Marie-Madeleine-Julienne), 617*.
— (Marie-Marguerite), 378*, 390*, 617.
— (Mathieu), 617*.
— (Mathurine), 361*, 366.
— (N.), alloué de Pontivy, 619*.
— (N*.), 602*.
— (Pierre-Thomas-François), 524*.
— (Pierre-Toussaint), 54.
— (Radegonde), 481.
— (René), 481, 547, 614*.
— (René-Michel), 531.
— (Ursule), 613*.
— (Yves), 470*.
Du Boisbaudry (Gilles), avocat général au Parlement, 367.
— (Marie-Jeanne-Ursule), 19, 102*.
Du Boisbily (Françoise-Magdeleine), 230*.
— (Louise-Anne), 62.

Du Boisbrassu (Anne), 128*, 152*, 161*.
— (François), 146.
— (Jeanne), 118*.
Du Boischevé (François), 76.
Du Bois-de-la-Salle (Abel), 306*, 336*.
— (Anne), 275, 276.
— (Catherine), 277*.
— (Charles), 150.
— (Claude), 70*, 173, 277, 281, 282*, 348.
— (Françoise), 141*, 190, 274, 333, 336*, 366, 423*.
— (Gabriel), 10, 142, 177*, 273*, 274*, 306*, 307, 342, 353*, 357, 362*, 582.
— (Gillette), 276.
— (Guillaume), 273*.
— (Guillaume), bénédictin de Saint-Gildas de Rhuis, 265, 277, 279, 280.
— (Jacques), 272*, 273, 273* 274, 274*, 276, 276*, 307, 349.
— (Jean), 141*, 192*, 272, 272*, 274, 277, 306*.
— (Jeanne), 150, 272*, 278, 280, 281.
— (Jeanne-Marguerite), 265*, 285.
— (Julien), 272, 272*, 342.
— (Julien), vicaire perpétuel de l'Isle d'Arz, et recteur d'Islur, 312, 366.
— (Julien-Claude), 283.
— (Julienne), 273, 365*.
— (Louis), 238*, 273, 276*, 277, 281, 283, 284*, 285, 286*, 597.
— (Marguerite), 296*.
— (Marie), 125, 294*, 353*, 363*, 365, 367*, 375*, 378, 424.
— (Marie-Claude), 284, 286, 286*.
— (Michelle), 274.
— (Pierre), 190, 272, 272*, 424.
— (Renée), 140*, 142, 294*, 307, 327*, 351*, 361, 582.
— (Suzanne), 367*, 371*.
Du Boisdenast (Magdeleine), 156.
Du Boisguéhenneuc (Charles), 260.
— (Jacques), 108*.
— (Jean), 121*.
— (Jean-Gilles), 617*.
— (Olivier), 238*.
— (Yves-Joseph), 617*.

Du Bois Halbran (Charles-Anne), 85.
— (François), 129*.
Du Boishamon (Louis), 254.
Du Boishelo (Jeanne), supérieure de l'Hôpital général de Vannes, 511.
Du Boislegat (Françoise), 234*.
Du Boisorhant (Louis), 235.
— (Valence), 190, 250*.
Du Boispéan (Sainte-Marie-Elisabeth), 167.
Du Bollan (Guillemette), 259*, 363.
— (Jeanne), 464*.
Dubon (Anne-Jeanne), 464.
— (Guillaume), banquier à Vannes, 455, 457, 459*, 462, 464.
— (Louis), 457.
— (Marguerite), 462.
— (Renée), 459*.
Du Borne (Anne), 47*.
Du Boscq (Antoine), 70*.
— (Mathurin), 70*.
— (Pierre), 70*.
Du Bot (Agathe-Charlotte-Anne), 256*, 257.
— (Agathe-Jeanne-Marie-Anne), 257.
— (Alain), 124*.
— (André), 272, 272*, 273, 273*, 274, 274*, 275, 275*, 297*, 298.
— (Anne), 254*, 379.
— (Anne-Charlotte), 331.
— (Armand-Marie), 183, 627*.
— (Armand-Marie-Jean), 207*, 208, 627*.
— (Catherine), 255, 298*, 329*, 360*.
— (Cécile), 380*, 514.
— (Charles), 277*, 298, 298*, 299.
— (Charles-François-Jules), 105*, 110*, 293*, 300*, 556*, 571.
— (François), 17, 255, 256, 256*, 257, 300*, 331, 378, 434, 496.
— (François), doyen de Péaule, 202*.
— (François-Alexis), 255*, 256*, 627*.
— (François-Alexis-Amador), 262.

Du Bot (François-Gabriel), 389*.
— (François-Jacques-Louis), 256*.
— (François-Marie), 331.
— (Françoise-Valentine), 375.
— (Gillotte), 299.
— (Gillonne), 359.
— (Henri), 133, 204.
— (Henriette-Julie), 376.
— (Isabeau), 204, 204*, 208*, 254.
— (Jacques), 396.
— (Jacques-Marie), 258*, 262.
— (Jacques-Marie-Louis), 16*, 256, 393*.
— (Jacquette), 433*.
— (Jacquette-Louise), 367*.
— (Jean), 133, 158*, 204*, 229, 250, 250*, 254, 254*, 255, 272, 275, 293, 299, 300, 349, 375, 385, 386, 387, 389*, 391*, 397, 597*, 598*.
— (Jean-Baptiste), 604.
— (Jean-Louis), 16*, 206, 208, 249, 251, 252, 255, 256, 256*, 257, 257*, 259, 260*, 378, 379*, 393.
— (Jean-Vincent), 373*.
— (Jeanne), 141*, 273*, 298, 302.
— (Jeanne-Marie-Anne), 256*.
— (Jérôme), 277*.
— (Jérôme-Joseph), 255.
— (Joseph), 255*, 383.
— (Julie-Charlotte-Marie-Thérèse), 110*, 143, 301.
— (Julien), 298.
— (Julienne), 273, 299, 303*.
— (Louis), 255, 277*, 514.
— (Louis-Armand), 207*.
— (Louis-Jacques), 256.
— (Louis-Marie), 514. 609.
— (Louise), 254, 255, 379.
— (Louise-Dominique-Emilie), 208.
— (Louise-Exupère-Françoise-Charlotte), 293*, 571.
— (Madeleine-Guillemette), 466,
— (Marguerite), 274*, 276, 277, 302.
— (Marie), 254, 255.
— (Marie-Anne), 387.
— (Marie-Anne-Marguerite), 159*, 160.
— (Marie-Anne-Pauline), 398.
— (Marie-Charlotte-Anne-Françoise), 151*, 256*, 257.

Du Bot (Marie-Corentin-Hippolyte), 208.
— (Marie-Rose-Cécile), 614*.
— (Michelle), 303*.
— (Olivier), 205*, 244*, 245, 254*, 255, 255*, 256.
— (Pélagie-Louise-Adélaïde), 208.
— (Pierre), 277, 298, 298*, 299, 299*, 303*, 341*, 433*, 434.
— (Prudence), 299*, 381*, 386.
— (René-Alain), 202, 255, 256, 256*.
— (René-Gabriel-Marie), 256*.
— (René-Gabriel-Marie-Anne-François), 151*.
— (Renée), 254*.
— (Sébastien), 298.
— (Suzanne), 31*, 40*, 254*, 273, 273*, 275*, 277*, 298, 302.
— (Thérèse), 301.
— (Thomas), 301.
— (Thomas-Prudent), 386.
— (Thomas-Scolastique), 110*, 142*, 143, 300*, 331, 387*, 393*; 398.
— (Vincent), 229, 299, 341*, 367*, 373*, 375, 376, 380*, 383, 466, 477*, 514.
— (Yves-Jean-Louis-Marie), 256*.
Du Botdéru (Agnès), 83.
— (Anne), 5, 15, 44*.
— (Claude-Joseph), 22*.
— (François), 302.
— (Françoise), 83.
— (Guillaume), 325*.
— (Jacques), 5.
— (Jacques-René), 27.
— (Jean-Baptiste-René), 27, 64.
— (Jeanne), 5, 277*, 299, 299*, 339, 340, 341.
— (Jérôme), 76*, 277*, 302.
— (Joseph-François), 83.
— (Louis), 82.
— (Louis), prieur de Saint-Guen, 421*.
— (Louise), 83.
— (Marie-Guillemette-Jacquette), 83.
— (Paul), 134, 276, 303, 338*, 340*, 582.
— (Pierre), 70, 83.
Du Boteno (Renée), 370*.
Du Botuic (N.), 583*.

Du Boueslec (Marie), 114.
Du Bouetiez (François), 107.
— (Françoise), 246*.
— (Jacques), 42, 89, 205, 369*.
— (Jacques-Pierre), 27.
— (Jacquette), 34, 89.
— (Joseph), recteur d'Hennebont et de Noyal-Pontivy, chanoine de Vannes, 93*, 94, 104, 205.
Du Bouëxic (Agathe-Félicité-Anne), 161.
— (Alexandre), 305*.
— (Alexandre-Laurent), 401*, 402, 403, 413, 421, 561.
— (Alexandre-Laurent-Marie), 305, 305*.
— (Alexandre-Yves-François), 403.
— (Catherine), 434.
— (Charlotte-Julienne), 109, 313*, 369*, 373, 393.
— (Claude), 434*.
— (Claude), conseiller au Présidial de Rennes, 302*.
— (Claude-Fabien), 249*.
— (François), 109, 127.
— (Guillaume), 153.
— (Hélène), 340*, 341.
— (Jacquette), 251.
— (Jeanne-Angélique), 249*.
— (Jérôme-Louis-Alexandre), lieutenant au régiment de Royal Marine, 305*.
— (Julien-René), 358*.
— (Julien-René), recteur d'Allaire, 110.
— (Julienne), 108, 109, 129, 130, 237, 244*, 263, 356*.
— (Laurent), 434*.
— (Laurent), recteur d'Elven, 138, 481*.
— (Louis), 130, 249, 304*, 350*, 355*, 356*.
— (Louis), conseiller au Parlement, lieutenant des maréchaux de France, 162*, 193*, 212*, 355*, 358*, 366, 368.
— (Louis), grand vicaire de Vannes, 371*.
— (Louis-François), 234.
— (Louis-Yves), 402.
— (Louise-Marguerite), 573*.
— (Marie-Françoise-Louise), 249.

Du Bouëxic (Marie-Louise), 305*, 401*.
— (Marie-Louise-Olive), 417.
— (Pierre), 121.
— (René), 356*, 373.
— (Suzanne), 313*, 355*, 371*, 465 .
— (Yvonne), 340*.
Du Boullay (Philippe), conseiller au Parlement, 365.
Dubourg (Louis), 509*.
Du Bourgneuf (Jean-Marie), 182*.
— (Jeanne), 180, 511*, 546*.
— (Jeanne-Marie), 180, 560*.
— (Thomas-Marie), 180.
— (Vincent-Louis), 182*.
Du Bournay (Marie-Françoise), 533*.
Du Bouschet (Louis-François), 371.
— (Marie-Louise), 371.
Du Brac (Yvonne), 549*.
Du Brandonnier (Anne-Louise), 600*.
— (François), recteur de Crédin, 92*.
— (François-Claude), 600*.
— (Guillaume), 13.
Dubreil (Jacques), 543.
— (Jacques), avocat en la cour, 591*, 593, 594*.
— (Jacques-Joseph), 594*.
— (Jean-Baptiste), 635.
— (Perrine), 591*.
— (René-Jacques), 591*.
— (Yves-Jean-Baptiste), 593.
Du Breil (Claire-Renée), 139* 140.
— (Félix), capitaine des vaisseaux du Roi, 406.
— (Françoise), 111.
— (Gabrielle), 541.
— (Guillaume), avocat en la cour, 464.
— (Jacques), procureur en la cour, 479.
— (Jean), 77.
— (Jeanne), 539.
— (Marie-Anne), 187*.
— (Marie-Anne-Thérèse), 283, 284*, 285, 286*, 372, 373*, 374, 374*, 375, 376, 376*, 377, 404.
— (N.), 477*.
— (Nicole), 104.
— (René-Jean), 139*.
— (Renée), 228*.

Dubreil-Beautour (Jacques), 543.
Du Breton (Marie-Anne), 99*, 379.
Du Brieuc (Marie-Corentine), 482*.
Dubuc (Anne-Thérèse), 608, 611*.
Du Buisson (Louise), 466.
Du But (Jeanne-Caliste), 451, 451*, 460.
Dubuys (Abel), 529.
— (Marie-Julie), 43.
Du Cambout (Anne), 129, 160*, 279*.
— (Armand), 222.
— (Armand), pair de France, lieutenant général des armées du Roi, chevalier des ordres du Roi, 228*, 238*.
— (Armand-Joseph), 279*, 601, 601*.
— (Charles), 119*.
— (Charles), lieutenant général en Basse Bretagne, chevalier de l'ordre du Roi, 226*, 303.
— (François), 223*, 340.
— (François), chevalier de Malte, 184*.
— (François), abbé de Saint-Gildas et de la Vieuxville, 185*.
— (Françoise), 273.
— (Jacques), gouverneur de Rhuis, brigadier et inspecteur général de cavalerie de l'armée de Catalogue, commandant des dragons de l'armée d'Italie, colonel du régiment de dragons du Cambout, 238*, 278, 281*, 601.
— (Jean), procureur du Roi à Vannes, 422.
— (Jean-Baptiste), 59.
— (Jeanne), 243.
— (Jeanne-Armande), 382*.
— (Jérôme), chevalier de l'ordre du Roi, enseigne dans les ville et château de Brest, 303, 354*.
— (Marguerite-Anne-Marie), 420.
— (Marguerite-Anne-Renée, 393, 394, 394*, 396, 397*, 601*.
— (Marie-Josèphe), 256*, 258*, 393, 601.
— (Mathurine), 335.
— (Perrine), 326.
— (Pierre), 174, 335.

Du Cambout (Pierre-Armand) 393.
— (Pierre-Louis), 393.
— (Pierre-Louis), capitaine de dragons au régiment de Vassé, gouverneur de Rhuis, 601, 601*.
— (René), chevalier des ordres du Roi, 254*.
— (René), gouverneur de Suscinio et Rhuis, 195*, 278, 279*, 281, 281*, 282*, 313, 359, 359*.
— (Sylvie), 189*.
Du Cauchetier (Simon), 504*.
Du Chaffault (Jeanne), 234.
— (Louis-Auguste), 332, 416*.
— (Marie-Auguste), lieutenant des vaisseaux du roi, 332, 416*.
— (Pierre-Gilbert), chevalier de Malte, 571*.
— (Sylvestre-François), 574*.
Du Chamel (Guyonne), 119*.
Du Charme (Charles-André), 467.
Du Chastel (Charles-Claude-René), 600.
— (Claude-Michel-Mathurin), 388.
— (Jacquette), 403*.
— (Jeanne), 58.
— (Marie), 471*.
— (Marie-Aude-Jacquette), 300*, 331, 387, 388*, 393*, 394, 396.
— (Marie-Jacquette), 128.
— (N.), 397*.
— (Vincent), chevalier de l'ordre du Roi, 336*.
Du Chastelier (Judith), 204*.
Duchemin (Agnès), 374.
— (Michelle-Agnès), 375*.
Duchesne (François), recteur de Puceul, chanoine de la collégiale de Nantes, 225.
— (Françoise), 353.
— (Jean-Vincent), 402*.
— (Jeanne), 213, 213*.
— (Marie), 213, 214, 224, 550*, 613*.
— (Pélage), 402*.
— (Pierre), 550*, 552*, 625.
— (Sainte-Marie), 550*.
— (Vincente-Claudine), 550*.
Du Chesne (Anne), 165.
— (Etienne), 205.

Du Chesne (Gilles), 29.
— (Jeanne), 29.
— (Pierre), 29, 622.
— (Suzanne-Angélique), 206.
Duclos (Mathurine), 430, 576.
— (René), procureur en la cour, 588*.
Du Clos (François), 583*.
— (Jean), 456*.
— (Raoulline), 29.
Du Coetlosquet (Anne), 634.
— (Anne-Marie-Michelle), 562*.
— (Guy-Marie), 89.
Du Colledo (Anne), 422*.
— (Jean), 1*.
— (Jeanne), 175.
— (Pierre), 337.
— (Roland), 1*, 337.
Du Cosquer (Geneviève-Josèphe), 463*.
— (Marie), 21*.
— (Pierre-Louis-Thomas), 518*.
Du Coudray (André-Claude), capitaine au régiment de Nice, 523*.
— (Antoine), 635*.
— (Charles), 243.
— (Claude), 229*.
— (Jean-Baptiste), 373*.
— (Jeanne), 272*.
— (Louise-Germaine), 229*.
— (Olive), 341.
Du Couëdic (Angélique), 591*, 594.
— (Guillaume-Jacques), 31*, 35*, 42, 42*.
— (Jean), 591*.
— (Jean-François), 34*, 35*.
— (Jean-Marie), 35*.
— (Marie-Josèphe), 37.
— (Nicolas), 34*.
— (Olivier-Louis), 572*.
— (Pierre-Louis), avocat au Parlement de Paris, 55.
Du Crest (Pierre), avocat en la cour, 469.
Du Drésic (Charles), 462*.
— (Marguerite), 145*, 462*.
— (Marie), 58*.
Du Dresnay (Françoise), 589*.
— (Françoise-Renée), 392, 393, 602.
— (Gabriel), capitaine des vaisseaux du roi, gentilhomme de la Chambre du roi d'Espagne, 602.

Du Drezet (voir : Boucher).
Duennard (Claude), avocat en la cour, 576*.
Du Fau (Jean), 507*.
— (Jean), chirurgien, 503*, 507, 507*, 508*, 512, 513, 516*.
— (Mathurine), 254*.
— (Pierre-Félix), 513.
— (Renée), 508*.
— (Vincente), 512.
Du fay (François-Michel), major du régiment de Montboissier, 501*.
— (Michel), 526*.
— (Nicolas), 526*.
— (N.), 320*.
Du Fay (Claude-Sébastien), 457*.
— Voir : Fay (du).
Du Feigna (Bertrand-Vincent), 56*, 249.
— (Charles-François), avocat en la cour, 56*, 564*.
— (Elisabeth-Louise-Vincente), 56*.
— (Françoise-Michelle), 55, 55*.
— (Marguerite-Agathe), 63.
— (Pierre-François), 249.
— (Pierre-Jacques), lieutenant de cavalerie, 53, 56.
— (Pierre-Samuel), maître particulier des Eaux, bois et forêts de Cornouaille, Léon et Tréguier, capitaine garde-côtes, 52*, 53, 55*, 56, 62*, 564*.
— (Samuel), 51, 52*.
Dufeu ou Du Feu (Henri), marchand orfèvre, 210*, 603*.
— (Jean-Hyacinthe), avocat en la cour, 588*.
— (Joseph-Jean), 210*.
— (Julien), avocat en la cour, 469*.
Duffin. — Voir : Tuffin.
Dufil (Guillaume), 579*.
Du Fith (Guillaume), maître-chirurgien, 438*.
Du Fossé. — Voir : Du Foussé et Foussé (du).
Du Foü (Alain), 43*, 44.
— (Catherine), 43*.
— (Claude), 9*.
— (François), 44.
— (François-Charles-Jérôme), 101.

Du Fou (François-Julien), 79*.
— (François-Marie), 11, 196.
— (François-Marie-Joseph), gouverneur de Pontivy, 11*, 20*, 79*, 100*, 196, 417*.
— (Hervé), 43*.
— (Jean), 9*, 16.
— (Jérôme-Bonaventure), 55, 100*, 101.
— (Laurent), 9*, 10.
— (Marie-Renée), 16.
— (Marie-Scolastique), 287*.
— (Nicolas-Roland), 55, 79*, 80, 100*, 101.
— (Pierre), 9*.
— (Pierre-Hyacinthe), capitaine au régiment de Boisgeslin, 11*, 196.
— (Pierre-Paul), prêtre, 11*.
— (René-François-Marie), 11.
— (Sébastien-François), gouverneur de Pontivy, 10, 11, 100.
— (Suzanne), 9*.
— (Tréphine-Françoise), 20*, 101, 144*.
Dufour (Jean), 613*.
— (Jeanne), 160, 458*, 586*.
Du Foury (Jeanne), 585*.
Du Foussé (Agathe-Françoise), 504.
— (Anne), 475*, 508*.
— (Denis), conseiller au présidial de Vannes, 334*, 336.
— (Denis), procureur à Vannes, 426*.
— (François), 343*, 472.
— (François), lieutenant du présidial de Vannes, assesseur criminel de la maréchaussée, 392, 494*, 501*, 503, 516*, 609*.
— (Guillaume), 43*.
— (Guy-Marie), 524*.
— (Henri), 341, 349, 358.
— (Jacques), 43*, 339, 340*.
— (Jacques), receveur des décimes de l'évêché de Vannes, 341, 343*, 845, 354, 430.
— (Jacques-Vincent), 522.
— (Jean), 358, 493*, 501*, 506*, 508*, 509*, 522, 612.
— (Jean), receveur et contrôleur des décimes de l'évêché de Vannes, 386, 465,

468*, 472, 475*, 477, 477*, 478*, 480*, 481*, 482, 482*, 483, 484, 485, 486*, 489, 490*, 493*, 498, 498*, 503, 508, 596*.

Du Foussé (Jean-Guy), recteur de Saint-Salomon et de Saint-Goustan d'Auray, 484, 524*, 525, 622.
— (Jean-Louis), 529*.
— (Jean-Marie), 392*.
— (Jean-Mathurin), 510.
— (Jean-Nicolas), 480*.
— (Jean-Sébastien), 482*, 508.
— (Jeanne), 273, 334, 336, 337, 337*, 351*.
— (Jeanne-Armande), 400*.
— (Jeanne-Marie-Marguerite), 180*, 535*.
— (Jeanne-Renée), 486*.
— (Jeanne-Ursule-Rose), 399*, 400, 498, 520*, 522, 523, 525*, 526.
— (Joachim), 504.
— (Joachim-François), 501*.
— (Joseph), 511*.
— (Joseph), receveur des Fermes, 180.
— (Joseph-Anne), 477, 503, 504, 510.
— (Julien), 338, 478*.
— (Julienne), 326*, 339, 352*, 377, 431*.
— (Louis), conseiller au présidial de Vannes, 338.
— (Louis-Joseph), 525.
— (Louise-Thérèse), 387, 485, 500, 508, 508*, 509*.
— (Marguerite), 44, 327, 342, 342*, 343, 354, 354*.
— (Marie-Josèphe), 180, 510, 520*.
— (Marie-Louise), 409, 490*, 510, 513, 519, 523, 525, 612.
— (Marie-Renée), 530*.
— (N.), 546*.
— (Perrine-Henriette), 353, 354, 367, 380.
— (Pierre), 493*.
— (René), 343*, 354*.
— (Rose), 511*.
— (Rose-Henriette-Thérèse), 528.
— (Rose-Ursule), 529, 529*.
— (Sébastien), 491, 506*, 508*, 510.
— (Thérèse), 489, 493*.

Du Foussé (Thérèse-Angélique), 306, 312*, 508.
— (Thérèse-Marie-Vincente), 173*, 534, 559*.
— (Thomas-Marie), 180.
— (Vincent), 180*, 520*, 525*.
— (Vincent-Claude), 525, 534.
— (Vincent-François), 481*.
— (Vincent-Joseph), 489, 522, 524*.
— (Vincent-Joseph), miseur de Vannes, 173*, 525*, 528, 529*, 530*, 534, 535, 536, 552*, 554*.
— (Vincente), 326*, 341, 341*, 342.
Dufresche (Jean-Vincent-Noël), 515*.
— (Julien), procureur au présidial de Vannes, 512, 513, 514*, 515*, 516*, 518*, 522*.
— (Julien-Louis), 516*.
— (Marie-Josèphe), 514*.
— (N.), 524*, 618.
— (Paul), 513.
Du Fresche (Anne-Jeanne-Louise), 151.
— (Charles-Anne-Mathurin), 151.
— (François-René), 605*.
— (Julien), 605, 605*.
— (Louis-Marie), 160.
— (Louis-René), 151, 151*.
— (Marie), 133.
— (Pierre), 146.
— (Pierre), prêtre, 261*.
Du Fresne (Claude), 25, 502*.
— (Françoise), 329*, 454*, 502*, 534*.
— (Gillonne-Marie), 462.
— (Guillemette), 177.
— (Hélène), 464.
— (Jacques), 353, 452*, 454*, 457, 462, 463*, 483.
— (Jacquette-Yvonne), 457.
— (Jean-Joseph), 463*.
— (Jeanne-Thérèse), 483, 489.
— (Marie), 452*, 503*.
— (René), 13, 128*.
— (Robert), 271*.
Du Fruit (Scolastique), 559.
Du Garo (Charles), 53*.
Du Garouet (Guy), recteur de Saint-Patern, promoteur de Vannes, 344*, 350, 442, 443*, 446.

Du Gaspern (Rose-Bertrande), 37*.
Du Gauric (Guy), chanoine de Vannes, recteur de Saint-Avé, 421*.
Dugis (François), 489*.
Du Glas (Catherine), 336*.
Du Goazmoal (Yvonne), 88.
Du Gobril (François), 468.
Du Gouray (Jean-François), 351.
— (Sainte), 197*, 374.
Du Gourlay (Agathe-Louise-Hyacinthe), 12.
— (Joseph-Marie), 12*.
— (Mauricette), 78*.
Du Gourvinec (Anne), 134*, 135, 136, 141, 141*.
— (François), 15*.
— (François-Claude), 137*, 361.
— (Françoise), 272.
— (Guy-François), 142.
— (Jacques), 58, 133, 141, 178, 336*.
— (Jacques), chevalier de l'Ordre du Roi, 302.
— (Jacquette), 177.
— (Jean), 15*, 99, 177.
— (Jeanne), 296.
— (Julienne), 176*, 177, 342, 422*, 438*.
— (Louis), 176*, 177.
— (Louise), 141*.
— (Marc), 135, 141*, 162*, 431*, 435.
— (Marie-Sébastienne), 137*, 362.
— (Mauricette), 255*.
— (Nicolas), 141*.
— (René), 141*, 353*, 360*, 361, 362, 465, 585*.
— (Renée), 15*.
— (Roland), 15*, 17*, 99.
— (Symphorien), 177.
— (Toussaint-Guenaël), 360*.
Du Gratz (Claude-Jean), 48*.
— (Marthe-Marie), 48*.
— (Yves-Gabriel), 48*.
Dugué (Antoine), 527*.
— (Charlotte), 629.
— (Françoise), 231.
— (Guillaume), 127.
— (Guillemette-Françoise), 541*, 542*, 555*.
— (Jean), 527*.
— (Jeanne), 127.

Dugué (Marie-Perrine-Marguerite), 540*.
— (Marie-Sylvie), 543.
— (N.), 542*.
— (Olivier), 623.
— (Pierre), recteur de Saint-Jacut, 124*.
— (Yves), recteur de Béganne, 115.
Du Guéhéneuc (Geneviève), 485*.
Du Guémadeuc (Amador-Jean-Baptiste), lieutenant du roi des évêchés de Haute Bretagne, gouverneur de Saint-Malo, colonel du ban et arrière-ban de l'évêché de Saint-Malo, 376, 486, 491.
— (Claude), gouverneur de Ploërmel, chevalier de l'ordre du roi, 136*, 162*, 204*.
— (Françoise), 189.
— (Gillonne), 83, 366*, 367*, 376*.
— (Hélène), 306*.
— (Jean-Baptiste), gouverneur de Saint-Malo, 599*.
— (Jeanne), 384*.
— (Louise), 294.
— (Marie-Angélique), 486.
— (Marie-Anne-Joseph), 491.
— (Marie-Eléonore-Julie-Adélaïde), 140, 392, 394, 394*, 396, 550, 599*.
— (Sébastien), abbé de Saint-Jean des Prés, 99*.
— (Thomas), 306*.
Du Guermeur (Thomas-Louis), 59*.
Du Guesclin (Bertrand), 238, 252.
— (Bertrand-Olivier-Marie), chevalier des ordres du Roi, 188.
— (Julienne), 374.
— (Hélène), 255, 261, 366*.
— (Marie-Rose-Louise), 117*, 239*, 394.
— (Marquise), 118, 188, 252.
Duguest (René-Jude), recteur de Glénac, 159*.
Du Guichet (Amaury), recteur de Tréal, 165.
Du Guilly (Marc-Pierre), 94.
Du Guiny (Achille-Marie), 165*.
— (André), 115*.
— (Anne-Jeanne-Marie), 571*.

Du Guiny (Gilles), 152.
— (Jeanne), 87.
— (Louise), 152.
— (Pierre), 335*.
Dugy (François), 493.
— (N.), 615*.
Du Haffont (François), 395*.
— (François-Guillaume), 395*.
Du Haindreuff (Charlotte), 243.
— (Claude), 242.
— (François), 125, 135*, 243*, 243*, 248*, 345*, 346, 355, 579.
— (François-Alexis), 125.
— (Françoise), 114.
— (Gabriel), 125*, 147*.
— (Germain-Gabriel), 144.
— (Gilles), 111*, 124, 242, 242*.
— (Guillaume), 242, 355.
— (Jacquemine), 242*.
— (Jacques), 114, 217*, 242*, 243*.
— (Jean), 242.
— (Jean-Baptiste), 345*, 579.
— (Jean-François), 196*.
— (Jeanne), 241*, 243*.
— (Julien-Alexis), 126.
— (Julienne), 126.
— (Marguerite), 243*, 355.
— (Marie-Mathurine), 212, 246, 246*, 287.
— (Mathurine), 243.
— (Mathieu), 346.
— (Perrine), 109*, 110, 124, 253.
— (Perrine-Françoise), 109*, 142*, 144, 246, 246*.
— (Pierre), 241*, 346.
— (René), 125, 125*, 243*, 246.
— (René-Michel), 196*, 246, 251.
— (Ysabeau), 242.
Du Halgouet (Antoinette), 63.
— (Magdeleine), 228*, 238*.
— (Marie), abbesse de Saint-Georges, 313.
Du Hally (Simonne), 336*.
Du Han (Françoise), 336*.
Du Hautois (Charles), capitaine d'infanterie, 622*.
Duhen-Le Gal (André-Helain-Marc), 536*.
— (Joseph-Marc), 536*.
— (Julien), 518.
— (Marc-Alain), 536*.
Du Henoleux (Jeanne), 298*.
Du Hénoet (Françoise), 297*.
— (Jean), 177.

Duhil (Jean), conseiller au présidial de Vannes, 630*.
Du Hirel (Jeanne), 235.
Du Houlle (Abel), 57*.
— (Jean), 40.
— (Perrine), 57*.
Du Houx (Barbe), 163*.
— (Claude), 163*.
— (François-Henri-Joseph), 164*.
— (Françoise), 147.
— (Gilles-François), 30*, 147*.
— (Jean), 124*, 150*, 164, 164*.
— (Jean), chevalier de l'ordre du Roi, gentilhomme de sa chambre, 147, 163*, 164, 164*.
— (Jean), chevalier de l'ordre du Roi, gentilhomme ordinaire de la chambre du duc d'Orléans, 164*.
— (Marie-Thérèse), 413*. — Voir : Du Lou.
Du Jardin (Bertrand), 582.
— (Catherine), 441*.
— (Françoise), 477.
— (Franze), 582*.
— (Guyonne), 438, 582, 583*.
— (Julien), 440, 441, 441*, 582, 582*, 583.
— (Marie-Thérèse), 521*.
— (Nicole-Thérèse), 582.
— (Sylvestre), 440, 441*.
— (Thérèse), 497.
Dujon-Duvorel (Jean-François), employé aux Fermes, 623*, 624.
— (Marie-Anne-Perrine), 624.
Du Lattay (Alain), 465*.
— (Anne), 460*.
— (François), maître chirurgien, 443*, 451, 452*, 454*, 458, 460*, 465*, 469*, 472*, 480*, 482, 583, 583*.
— (Jean), maître chirurgien, 444, 469*, 485.
— (Jeanne), 583.
— (Julien-Anne), 503.
— (Julienne), 454*.
— (Marguerite-Josèphe), 502.
— (Marie), 443*, 495, 495*, 583*.
— (Mathurine), 469*.
— (Michel), 472*.
— (Octavian), 452*.
— (Vincent), 458.

Du Lattay (Yves), 495*, 502, 503.
Du Laurent-de la Barre (Antoine), 52.
— (Antoine-Jacques-François), 52.
— (Jeanne), 512*, 608*.
Du Len (Françoise), 177*, 274*, 275*. 276.
— (Guillaume), 272, 273.
— (Hervé), 349*.
— (Isabelle), 273, 275.
— (Jean), 271*, 272*, 273*.
— (Jeanne), 275.
— (Julienne), 103*.
— (Olivier), 274*, 275*, 276*, 277.
— (Perrine), 272*, 273.
Du Lenen (Jacques). 298*.
— (Jean), 298.
— (Julien), 298*.
Du Liepvre (Hyacinthe), procureur au Présidial de Vannes, 518.
— (Ignace-Julien), directeur de la messagerie à Vannes, trésorier des malades de la Marine, 518, 528*, 529*.
— (Ignace-Marie-Louis), 518.
— (Ignace-Pierre-Jacques), sénéchal de Largoët, 635.
— (Nicolas-Marie), 528*.
— (Thérèse-Françoise), 529*.
Du Liscoët (Anne), 75, 80*, 81.
— (Catherine-Marquise), 360.
— (Guillaume), 42, 42*, 81, 250*, 359*, 360, 360*, 362, 369*.
— (Jacquette), 42.
— (Jeanne-Renée), 362, 369*.
— (Madeleine), 362.
— (Marie-Guyonne), 42*.
— (Perrine-Louise), 42, 102, 102*, 360*, 369*, 381*.
— (Philippe), 42*.
— (Philippe-Amand), 359*.
— (Philippe-Armand), 102*, 362.
— (René), 80*.
— (Valentine), 250*.
— (Yves), 42*.
Du Lorat (Jeanne), 226*.
— (Pierre), 226*.
Du Lou (Jean), 79, voir : du Houx.
Du Louet (Jeanne), 22*.
— (Julienne-Guyonne), 368*, 370, 372*.
— (René), évêque de Cornouaille, 25*.

— (René), chanoine de Léon, 33*.
Du Loquet (Louise), 298*.
Du Marchallech (Catherine), 30.
— (Louise). 29*, 30.
Du Mars (Bonaventure), 242, 242*.
Dumas (Jacques), lieutenant au régiment de Foix, 241.
Du Masle (François), recteur de Sixt, 150*. 358*.
— (Gillette), 116, 235.
— (Hélène), 116, 358*, 589*.
— (Jean), 160*.
— (Jean-Cyprien), capitaine du régiment du roi. 116*.
— (Julien), 147.
Dumay (Françoise). 10*.
— (Perrine-Jeanne), 635.
Du Maz (Alexandre), 250*, 343*.
— (Anne-Geneviève), 116*, 130*.
— (Anne-Marquise), 130*.
— (Catherine), 130*.
— (Charles), 119*, 261, 366*.
— (Claude), 108*, 120, 120*, 204*, 205.
— (Françoise), 116*, 130, 498*.
— (Gilles), 114*, 120, 120*, 121*, 127, 130*, 299, 303*.
— (Gilles), recteur de Saint-Vincent, 114, 129*, 130. 355*.
— (Gilles-René), 121*.
— (Gillette), 120, 120*, 209, 276*, 277, 342.
— (Gillette-Thérèse), 121*.
— (Gillonne), 130, 154*, 159, 159*.
— (Guillaume), 130*.
— (Guillemette), 119*.
— (Guyonne), 242*.
— (Hélène), 120, 175*, 313*, 355*, 356, 356*, 440, 584*.
— (Isaac), 119*, 120, 120*, 250.
— (Jean), 119*, 163*, 250.
— (Jean-Alexandre), 159.
— (Jeanne), 129*.
— (Julien), 120, 120*, 121.
— (Julienne), 109, 125, 129*, 356*.
— (Marie-Imbert), 159.
— (Pierre), 130, 179.
— (René), 244, 254*, 326*.
Du Menez (Béatrix), 33.
— (Marguerite), 28*.
— (René-Jean-Marie), 27.
Du Merdy (Charles-Marie-Fran-

çois-Jean-Célestin), premier-président au Parlement, 262*.
Dumesnil (Vincente), 584*, 585*.
Dumestre (N.), 292.
Dumet (Marie-Anne), 149*.
Du Meurier (Jean), 108.
Du Molinet-Blet (Antoine), 474*.
Du Monstret (Guillemette), 242.
Dumont (Alexis-Louis), 50*.
— (Geneviève), 228*.
— (Jeanne-Louise), 50*.
— (René), receveur des devoirs à Guémené, 50*.
Du Montier (Suzanne), 389*.
Du Moulin (Charles-Claude-Etienne), 262.
— (Daniel), gouverneur de Josselin, 261*, 473, 473*.
— (Emilie-Marquise-Judith), 252*, 256*, 262, 627*.
— (Etienne), 261*.
— (Louise-Elisabeth-Esther), 261*.
— (Marie-Magdeleine-Alexandrine), 261*, 262.
— (Marie-Marthe), 261*.
— (Pierre-Daniel), 262.
— (Thérèse-Eugénie-Françoise-Geneviève), 262.
Du Moulinet (Pierre), grand maitre des Eaux, Bois et Forêts de Bretagne, 477.
Dumoustier (Jeanne-Françoise), 253.
Du Moustoir (Louise), 170*.
Du Mur (Charlotte-Antoinette), 149*.
— (François-Bernard), 159.
— (Georges-Louis), 159.
— (Georges-René), prêtre, 159.
— (Jean), 147.
— (Julien), 149.
— (Magdeleine), 58.
Dunesme (Charles-Nicolas), 601, 601*.
— (Jean-Michel), 601*.
— (Jeanne-Marguerite), 601.
Dunet (Louise), 465.
Dupaïs (Anne), 35*, 36*.
Du Païs (Claude-Jean-Gabriel), 414.
— (Germain-Hyacinthe), 414.
— (Grégoire), 38.
— (Hyacinthe), 38*.

Dupar (Jean), 633.
Du Parc (Laurent-Louis), 384.
— (Louis-Martin), capitaine des
    vaisseaux du Roi, 57*, 384.
— (Marie-Marguerite), 613.
— (Suzanne), 466*.
Du Pé (Marie-Anne), 299.
— (René), 189*.
Du Penpoulo (Thérèse-Anne), 67.
Du Péronno (Bonne-Françoise-
    Marguerite), 622*, 630.
— (Bonne-Pauline), 630.
— (Céleste), 63*.
— (Céleste-Cécile), 64.
— (Céleste-Pauline), 629.
— (Céleste-Reine-Fortunée),
    64, 404*, 405*, 406, 408, 408*,
    615*, 629.
— (Claude), 45*, 58*.
— (David), 58*.
— (François), 63*, 64, 64*, 45*,
    49, 55*, 330*, 332, 351*, 394*,
    563*, 616, 622*, 632*, 635.
— (François), capitaine des
    gentilshommes de l'évêché
    de Vannes, 63*.
— (François-Joseph), 84*.
— (Gilles), 58*, 61.
— (Gilles), sénéchal de Gué-
    mené, 40, 45, 45*, 46, 46*, 47.
— (Jacques-François), 63*.
— (Jean), 58, 193.
— (Jean), sénéchal de Gué-
    mené, 44, 44*, 45, 58*, 61.
— (Jean-Amand), 64.
— (Jean-Armand), major de
    Dragons, 412, 573, 626.
— (Jean-François-Paul), 64*,
    625, 630.
— (Jeanne), 22*, 45, 47, 57*, 61*.
— (Joachim), 63*.
— (Louis), 40*.
— (Louis), sénéchal d'Henne-
    bont, 45*, 58*.
— (Marie), 44*, 193.
— (Paul-Romain-Guy), capi-
    taine des vaisseaux du roi,
    64, 64*, 406, 622*, 625, 626,
    629, 630.
— (Romain-Paul), 63*, 64.
— (Thérèse-Josèphe), 625.
— (Thérèse-Sylvie), 394*, 625,
    632*.
Duperrier (Rénault), procureur
    en la cour, 465*, 466*.

Du Perrier (Marc), capitaine des
    vaisseaux du Roi, 35*.
— (Marie), 34.
Dupery (N.), 513.
Dupin (René), 248*.
Dupin (Charles), gouverneur de
    Montfort, 298.
Du Plessier de Genonville (Marie-
    Anne), 138.
Du p le s s i x (Mathurine-Pétro-
    nille), 554*, 563.
Du Plessix (Anne), 58, 427.
— (Anne-Claudine), 603.
— (Charles), 58*.
— (Françoise), 114*, 112.
— (Françoise-Charlotte-Thé-
    rèse), 389.
— (Françoise-Ignace), 308.
— (Françoise-Marie), 389.
— (Françoise-Thérèse), 310.
— (Georges), 61*.
— (Guy), conseiller au Parle-
    ment, 305.
— (Hélène), 531.
— (Jean), 58, 234, 352, 353.
— (Jean), prieur de St-Georges
    de l'Ile d'Arz, 313.
— (Jean-Baptiste), président au
    Parlement, 198.
— (Jean-François), 406*.
— (Jean-Pierre), 408*.
— (Jeanne), 162.
— (Jeanne-Vincente-Adélaïde),
    388*.
— (Joseph), 179*.
— (Joseph-François), capitaine
    d'infanterie, 385, 397, 410*,
    411, 411*.
— (Josias), 58.
— (Louis), 58, 103*, 599, 600.
— (Magdeleine), 234*.
— (Marie), 58, 345*, 349.
— (Marie-Anne), 138.
— (Marie-Josèphe), 397, 407.
— (Marie-Louise-Adélaïde),
    397*.
— (Marie-Vincente), 600.
— (Mathurine-Pétronille), 554*,
    562*, 563.
— (N.), 573.
— (Nicolas), lieutenant colonel,
    419.
— (Nicolas-François), lieute-
    nant colonel du régiment
    de Lannion, commandant

du bataillon de milice de
    Vannes), 384*, 385, 388*,
    389, 390, 393*, 395, 397, 397*.
Du Plessix (Pierre-François-
    Vincent), capitaine d'infan-
    terie, 395, 406*, 407, 408*,
    411, 411*, 413.
— (René), 376.
— (René-Jean), 408*.
— (Renée), 58.
— (Rose-Vincente), 411.
— (Sébastien), 161*, 162.
— (Toussaint-Jean), 408*.
— (Valence), 162.
— (Yves), 164.
Duplex (Charles), 432*.
— (Pierre), 432*.
Duponceau (Antoine), prieur et
    seigneur de Massérac, 129.
Du Pont (Guy), conseiller au
    Parlement, 305, 310, 367*,
    375, 380*, 382*, 385, 387.
— (Mauricette), 421*.
Du Pontho (Jacques), 381*.
Du Pont l'Abbé (Marcellin), vi-
    caire des Capucins de
    Vannes, 127*.
Du Pontoye (Catherine), 395*.
Duportal (François-Ignace),
    chanoine de Quimper, 567.
— (Guillaume-Marie), sénéchal
    et maire de Tréguier, 566.
— (Marie-Françoise), 566, 567,
    568, 570.
Du Pou (Alain), 30.
— (Louise), 153, 158*.
Du Pourpris (François), 590.
— (Gabriel-Joseph-Marie), 590.
Dupré (Charles-René), 590.
— (François), procureur en la
    cour, 587*, 588*, 590.
— (Louis-Mathurin), 588*.
— (Marie-Anne), 367*.
— (Marie-Esther), 468*.
Du Pré (Hélène), 24.
— (Suzanne), 99.
Dupuch (Pierre), 535*.
Dupuis (Catherine-Anne), 97.
— (Claude), 25*.
— (Jacques), 25*.
— (Jean-Baptiste), 572.
— (Jean-Marie), maître cons-
    tructeur à Vannes, 570, 572.
— (Marie), 511.
— (Marie-Vincente), 570.

Du Pulhe (Pierre), 532*.
Du Puy (Claude), 121.
— (Eléonore), 474.
Du Puy-Montbrun de Montmé-
    jan (Alexandre), 148*.
Du Puy Murinais (Eléonore),
    159*, 374*.
Du Quellennec (Georgine), 354*.
— (Jeanne-Françoise), 256*.
— (Julien-Marie), 41.
— (Louis-Alain), 282.
— (Marc), procureur à Rhuis,
    282.
Du Quercron (Alexis-Joseph-
    Marie), 123*.
— (Jean-Marie), procureur-fis-
    cal de Rieux, 123*, 127*.
— (Joseph-Jean-Marie), 123*,
    553.
— (Joseph-Marie-François),
    123*.
— (Yvonne-Roberte-Josèphe),
    123*.
Du Quilio (Marie-Anne-Vin-
    cente), 557.
— (René-François), 541.
Duranceau (Pierre), chanoine de
    Vannes, 350, 445.
Durand (Agathe-Jeanne-Marie),
    217.
— (Benjamin-Jacques-Marie),
    217.
— (Claude), 507*, 606.
— (Etiennette), 490.
— (François), recteur de Pleu-
    cadeuc, 197*.
— (Geneviève), 216*, 217.
— (Guillaume), alloué d'Assé-
    rac, 216*, 217.
— (Jacques-Louis-Bonaven-
    ture), 217.
— (Jean), recteur de Réguiny
    et principal du collège de
    Vannes, 338*.
— (Jean), commis au greffe de
    la grand chambre de la
    Cour, 594*.
— (Jean-Marie), 603*.
— (Jeanne-Louise), 603*.
— (Jeanne-Louise-Anne), 217,
    232*.
— (Jérôme-René), sénéchal de
    Coetcodu et Langoëlan,
    procureur-fiscal de Pers-
    quen, 53*.

Durand (Julienne), 236, 236*.
— (Louise), 542*.
— (Louise-Nicole), 614*.
— (Mathurin-Claude), 523, 603*.
— (Michel-Jean), 594*.
— (N.), maitre de danse à Van-
    nes, 320*.
— (N.), 392*, 627.
— (Nicolas-François), capitaine
    aux «cravates» du Roi, 182.
— (Sainte), 435.
Durand-Robault (Charles), sé-
    néchal de Guingamp, 635.
— (Eugénie), 635.
Du Raquet (Jean-Frédéric), pro-
    cureur du Roi à Rhuis, 289,
    291, 292, 292*.
Durepier (Anne), 505*, 506, 507,
    508*.
Du Rescoët (Catherine), 327.
Du Restal (Jeannette), 25.
Durney (François), premier com-
    mis du bureau des fonds
    de la marine à Lorient,
    570*.
Du Rochay (Abel), 108.
— (Alain), 107*.
— (François), 108, 108*, 243.
— (Guillaume), 108*.
— (Jean), 107*.
— (Julien), 108.
— (Olive), 108.
— (René), 243.
— (Renée), 107*, 108.
Du Rochcozre (Marie-Ursule), 11.
Du Rocher (Anne-Guillemette-
    Olive), 419.
— (Anne-Marie-Pierre), 208.
— (Augustin-François), 208.
— (Gabrielle), 465*, 468.
— (Jeanne-Josèphe), 561.
— (Julienne), 472, 478*, 591*.
— (Louis-Pierre-Olivier), 419.
— (N.), religieux de Saint-Lau-
    rent sur Sèvre, 239*.
— (Pierre), procureur au Par-
    lement, 477*.
Du Rochier (Charles), 113*, 191,
    201, 221*, 228.
— (François), 114*, 191.
— (Françoise), 114*, 227*, 228.
— (Jean), 244*, 441.
— (Julien), 113, 113*, 129*.
— (René), 113*, 114*.
— (Renée), 113*.

Du Rohello (Alain), conseiller
    au présidial de Vannes,
    337, 337*, 345, 575*.
— (Charles-Jacques), 357*, 370*.
— (Claude-Madeleine), 356*.
— (Gillette), 82.
— (Jean-Baptiste), recteur de
    Pluneret, 380, 390, 480*.
— (Jeanne), 329, 337*, 357*, 428*,
    436*.
— (Julien), 309, 326*, 356*, 357*,
    366*, 443.
— (Joseph), 356*.
— (Louise), 441.
— (Madeleine), 505*.
— (Marguerite), 326*.
Du Roscoët (Bernardin), conseil-
    ler au Parlement, 16, 16*,
    17*, 78*, 103*.
— (Bertranne), 2*.
— (Catherine), 2*, 297*, 349.
— (Henri), 19, 88, 379*.
— (Julienne), 17*.
— (Louis), 16*, 366*.
— (Louise), 68, 73, 74*, 75,
— (Marguerite-Marie-Thérèse),
    17, 256.
Du Rousic (François-Joseph),
    604*.
Du Roux (Gabriel), 300*.
Du Rozay (Joseph), 497*.
Du Rumain (Reine-Jeanne-Mar-
    guerite), 219*.
Du Run (Tanguy-Julien-Yvon-
    net), avocat du Roi au pré-
    sidial de Vannes, 545, 547*.
Durvil (Perrine), 535.
Du Ry (Antoine), receveur des
    domaines à Vannes, 390,
    507*, 508*, 512*.
— (Bonaventure), 500, 505*, 507*,
    508*, 509*, 510*, 511*, 512*,
    515, 516, 525*, 527*, 531, 604,
    604*.
— (Félix-Vincent), 512*.
— (François-Bonaventure),
    509*.
— (François-Claude), 508*.
— (Françoise-Jeanne), 311*.
— (Jacques), 390, 466, 481.
— (Jacques), directeur du do-
    maine à Vannes, 145, 500,
    501*.
— (Jacques-Constant-Tous-
    saint), 516.

Du Ry (Jean-François), 390.
— (Jeanne-Pélagie), 555.
— (Jeanne-Sainte), 527*, 531.
— (Jeanne-Thérèse), 286*, 400, 512*.
— (Julienne-Pélagie), 515, 561.
— (Madeleine), 481.
— (Marie), 510, 511*.
— (Marie-Hyacinthe), 466.
— (Marie-Thérèse), 507*.
— (Mathieu-Bonaventure), 505.
— (N.), 506, 525*.
— (René-Yves), 510*.
— (Thérèse), 524*, 525*.
— (Vincent-Marie), 511*.
Du Sant (Anne-Julienne), 500.
— (Mathurin), notaire royal au présidial de Vannes, 443, 444*.
Du Sauvé (Etiennette), 458*.
Du Scelize (David), 149.
Dusers (Charles-Guillaume), conseiller au présidial de Vannes, 634, 635.
— (Françoise), 450, 455*, 584.
— (Françoise-Thérèse), 280, 452, 453*, 459.
— (Marguerite), 459.
— (Octavian), apothicaire, 453.
— (Pierre-Octavien), syndic de Vannes, 448.
— (Vincente-Renée), 453*.
Dussonnent (Julienne-Louise-Bonaventure-Nicole), 395, 635*.
Du Tac (Jean), huissier au Parlement, 461.
Du Tanneur (Claude-Vincent), 580*.
— (François), 434.
— (Françoise), 580*.
— (Jean), sergent général et d'armes, 433*, 434, 435, 580*.
— (Jean-Julien), 468*.
— (Jeanne), 433*.
— (Louis), 463*, 465*, 468*, 580*.
— (Perrine), 435.
— (Urbain), 465*.
Du Temple (Marguerite), 607.
— (Marie-Claude-Radegonde), 606, 606*, 607.

Du Temple (Pierre), contrôleur de la Ferme du Tabac à Vannes, 606, 606*.
Du Terre (Anne), 423.
Du Theno (Pierre), 189, 422*.
Du Tilly (Odette-Marguerite), 279.
Du Tressay (Anne), 299*, 498*.
— (Bertrand), 333*.
— (Catherine), 172*.
— (Jacques), 429, 430.
— (Jean), 171*, 172*, 333*, 346*, 424.
— (Julienne), 171*, 265, 277.
— (Marguerite), 135, 298, 298*, 342*, 345*, 430.
— (Michelle), 429.
— (Perrine), 172*.
— (Perronnelle), 133.
— (Pierre), conseiller au présidial de Vannes, 172*, 338, 430.
Du Trévou (Jeanne), 22*.
Du Tyvarlen (Louise), 153.
Duval (Claude), 590*.
— (Guillaume), prêtre, 247*.
— (Marie-Charlotte), 564*.
— (Mathurine), 593*.
— (N.), 471*, 556.
— (Pierre), 592.
— (Thérèse-Julienne), 624*.
Du Val (Alain), 190.
— (Andrée), 446*.
— (Barbe), 445*.
— (Guillaume), 190.
— (Jeanne), 446*, 448*.
Duvau (Jean-Joseph), 524*, 534*, 604*, 605*, 607, 607*, 613, 617.
— (Joseph), 607.
— (Julienne), 532*, 537, 613.
— (Louis), 473*.
— (Marguerite), 532*, 534*, 535*, 537, 538, 539, 539*, 540*, 541, 542*, 556, 558*, 564, 573, 605*, 614*.
— (Marie-Jeanne), 534*, 607*, 617, 618, 619, 620*.
— (Marie-Josèphe), 604*.
— (Marie-Renée), 540.
— (N.), 617.

Duvau (Perrine), 535*, 619.
Du Vauferier (François-Cyr), 115.
— (François-René), 115, 115*.
— (Gabrielle), 120, 235*, 236.
— (Guyonne), 363*, 452.
— (Jean), 120.
— (Jean-Baptiste-André), 115*.
— (Renée), 236.
— (Vincent), 236.
Du Vaugiraud (Charlotte), 121*.
Du Vauniel (Louise), 146*.
Du Velaër (Marie-Françoise), 619.
Du Verger (Claude), 1.
— (Jean), 2.
— (Jeanne), 440.
— (Marie-Anne), 35*.
— (Pierre), 472*, 490.
— (René-Pierre), 490.
Du Vergier (Anne), 350.
— (François-René-Marie), 37.
— (Geneviève-Renée), 37, 292.
— (Jean), 133*.
— (Jean-Marie), officier de marine, 37.
— (Jeanne), 338, 340, 342, 345, 356.
— (Jeanne-Louise), 375*.
— (Jérôme), 28, 28*.
— (Louise), 133*.
— (Marie-Anne), 30, 126.
— (Marthe-Marguerite), 600*.
— (Mathurin), sénéchal d'Hennebont, 364, 375*.
— (Paul-René), 167*.
— (Rose-Isidore), 167*.
— (Thérèse), 394*, 611*.
— (Victor-René), 167*.
Duvernay (Pierre), 471.
Du Vieuxchastel (Anne), 468.
— (Pierre-François-Ignace), 541.
Duvivier (Laurent), 598.
— (Marie), 480*.
— (Marie-Françoise), 598, 603*.
Du Vivier (Charlotte), 295*, 386*, 392, 512*, 612*.
— (François), greffier en chef de Guérande, 513*.

E

Ealet (Rose-Antoinette), 230*.

Eblé (Françoise-Henriette d'), 413*.

Edenyn (Gabriel-Antoine), recteur d'Herbignac, 221*, 223*.

Edy (René), recteur de Guern, 88*.

Echenillage, 317, 318.

Ecoles et collèges, 140, 225*, 269, 270*, 292*, 315, 315*, 316, 317*, 318, 318*, 319, 321*, 322, 322*, 323, 636.

Egu (Pierre), 621.

Eguen (François-Jean), 604*.

— (Jean), 603*, 604*.

— (Jean-Pierre), 603*.

— (Sainte), 605.

Eguin (Anne-Françoise), 627.

Ehano (Anne), 451*.

— (René), 152.

Elbeuf (duchesse d'), 105*.

Elbeuf (Emmanuel d'), grand d'Espagne de 1ʳᵉ classe, 615*.

Eledouet (Yves), recteur de Locminé et Moustoirac, 78.

— (N.), 632.

Eledut (Pierre), 9*.

Elfau en Bieuzy (L'), 6.

Elias (Jean), 626*.

— (Vincent-Marie), 626*.

Elie (Marie), 182*, 183, 224*.

Elven (paroisse), 133-140, Voir : Botquelen, Camarec (lieux-dits).

Elven (château d'), 133.

Empster (Marianne-Antoinette), 19*.

Enard (Isabelle), 545.

Enaut (Anne-Rose), 528* 535*.

Enervoy (dame d'), 9*.

Enfants naturels, 169.

Enfants trouvés, 129, 134, 189, 196, 210, 250, 293.

Enterrements de personnes considérables, 176, 289*, 290, 517.

Entraigues (seigneur d'), 331*.

Entrechaux (N. d'), lieutenant du Roi au Port-Louis, 410.

Eon (Julien), prêtre, 436*.

Eonnet (Jean), 28, 28*.

— (Marguerite), 28, 28*.

— (Michelle-Jeanne), 144.

Epidémies, 5, 5*, 6, 6*, 14, 18, 21, 61, 68, 68*, 73, 78, 82*, 93*, 94, 99, 100, 112, 120, 123*, 124*, 126, 128, 134*, 135, 135*, 143, 146, 151*, 152*, 164, 174, 176, 185, 192*, 193, 195, 199, 204*, 206*, 209, 218*, 220*, 240*, 248*, 263*, 266, 266*, 268, 286*, 291, 295*, 296, 297*, 300, 301, 301*, 306, 312, 315, 316*, 322.

Epinay (sieur de l'), 595.

Epineux (seigneur de l'), 239.

Erbrée (Jean d'), conseiller au Parlement, 248.

Erdeven (Mathurin), officier de vaisseaux, 630, 630*.

Erear (Guillaume), chanoine de Quimper, recteur de Plusquellec, 454.

Ermar (Aliénor), 204*.

— (Catherine-Marie), 205.

— (Françoise), 204*, 205.

— (Guy-Jean-Baptiste-Sévère), 376.

— (Henri), 9, 204.

— (Jean), 204, 204*, 208*, 254, 254*,

— (Jeanne-Jacquette-Angélique-Eulalie), 256.

— (Joachim), 93*.

— (Joseph), 205*.

— (Louise), 254*.

— (Marc), 249, 376.

— (Marie-Anne), 18*.

— (Marie-Perrine), 205, 205*.

— (Renée), 204.

— (Sébastien-Mathurin), 99*.

— (Thomas), 99*.

Ernault (Henri), juge et premier magistrat criminel au présidial de Vannes, 369*, 453*.

— (Jeanne-Laurence), 469.

Ernothon (seigneur et dame de), 26, 26*.

Ernothon (François-Joseph), 26.

— (François-Joseph), conseiller au Parlement de Paris, 26, 26*.

— (Jean), conseiller, secrétaire du roi, maison et couronne de France, 26.

— (Marie-Thérèse), 26*.

Ernould (Jean-Baptiste), 418*, 420.

Erouard (N.), 573.

Eschard (Jeanne), 589.

Eschivy (seigneur d'), 233.

Eschuilly, Voir : Chuilly.

Escoire (marquis d'), 106.

Escots (sieur des), 281, 353.

Esguillon (dame d'), 460*,

Eslain (Jacques), 210.

Esly (Guillaume), notaire à la Roche-Bernard, 229*.

Espargé (sieur d'), 456*.

Espinasse (Françoise d'), 499.

— (Julienne d'), 495.

Espinay (Catherine-Siméonne d'), 139, 139*.

— (François d'), 137*, 138, 327*.

— (François-Claude d'), 137*.

— (Gilles-Joachim d'), 137*, 138*.

— (Jacques d'), 134*, 135, 135*.

— (Jean d'), 134*, 156.

— (Jeanne-Marie d'), 138*.

— (Jeanne-Pélagie d'), 26*.

— (Marc d'), 135.

— (Marie-Sébastienne d'), 137*.

— (Perronnelle d'), 29*.

— (Pierre d'), 135*.

— (René d'), 156.

Espine (sieur de l'), 439.

Espinefort (seigneur d'), 181*, 216*, 222, 227, 227*, 228, 229, 237*, 238*.

Espineux (Pierre d'), intendant de la surintendante Fouquet, 478.

Espinose (marquis d'), 629.

Espinose (Bonne-Paule d'), 167*, 396, 397*, 398, 622*.

Espinose (Charles-Paul-Augustin d'), 629.
— (Jean-Baptiste-Joseph d') conseiller au Parlement, 167*, 396.
Essarts (dame des), 435*.
Essonville (Louis-Augustin-Guérin), lieutenant de vaisseaux, 532*.
Estang (sieur et dame de l'), 154, 461, 565.
Estimbrieuo ou Timbrieux (seigneur et dame d'), 8, 16*, 76, 76*, 77, 82*, 444, 457*, 461, 514, 600, 609.
Estimbrieuo (André d'), 48, 265*.
— (André d'), avocat en la cour, postulant de la cour de Rhuis, 278.
— (Anne d'), 276, 444, 472.
— (Catherine d'), 16*.
— (Daniel d'), 274*.
— (François d'), 275*.
— (Françoise d'), 274*, 275*, 309.
— (Guillaume d.), avocat en la cour de Rhuis, 272, 272*, 273*, 274, 274*, 275, 275*, 276.
— (Guillaume d'), 354.
— (Henri d'), 276.
— (Jean d'), 272.
— (Jean d'), avocat en la cour, postulant au présidial de Vannes, 354, 357, 365.
— (Jean d'), procureur à Rhuis et en la juridiction des Eaux, Bois et Forêts de l'évêché de Vannes, 275, 275*, 276, 276*.
— (Jean-Bernard d'), 359.
— (Jean-François d'), 357.
— (Jeanne d'), 16, 99*, 274*.
— (Marguerite d'), 275*, 283*.
— (Mathurin d'), 271*, 272*.
— (Perrine d'), 273.
— (Pierre d'), 274*, 275*.
— (Sébastien d'), 276.
— (Suzanne d), 275.
— (Vincente d'), 282.
Estin (Marie-Anne), 608*.
Estoré (Anne), 608*.
— (Jacques), recteur de Noyalo, 293.
— (Jean), 486*.
— (Joseph), 608*.
— (Michelle), 69*.

Estrillart (Françoise), 463, 463*, 466, 479, 481*.
Esve (Olivier), directeur général des Aides des élections de Poitiers, Saintes, les Sables, la Rochelle et des Impôts et Billots de l'évêché de Vannes, 450.
Etats (députations, réclamations), 97, 97*, 174*, 176, 225, 225*, 268, 268*, 269, 269*, 270, 271, 314*, 315, 315*, 316, 316*, 317*, 318, 318*, 319*, 322, 322*, 323.
Etchevery (Jean d'), 530.
— (Jeanne d'), 530.
Etienne (Jean), notaire, 566*.
Eudo (Georges), 100*.
— (Guillaume), 58.
— (Louis), vicaire général de Vannes, 92*, 136*, 471*.
— (Louis-Joseph), conseiller au Parlement, 11*, 30.
— (Louise-Marguerite), 11*, 12, 630*.
— (Marie-Josèphe), 64.
— (Perrine-Marguerite), 11*, 12.
Eudoux (Jeanne), 581*, 582.
— (Louis), 70.
— (Marguerite), 452.
— (Vincente), 2.
Eurudou (Marie-Nicole), 618, 619*.
Euzel ou Uzel (Marie-Noële), 526*, 527*, 528*, 529.
Euzenat (Anne), 17*.
— (Julien), 17*.
— (Julienne), 588*.
— (Marie), 19.
Euzeno (Nicolas), 34*.
Euzenu (Jean), fondeur de cloches, 91.
Evain (Anne-Marie), 230*, 239, 240*.
— (Guillaume), notaire de Coislin à la Roche-Bernard et procureur du Plessix-Saint-Dolay, 239.
— (Jeanne), 624*
— (Jeanne-Ursule), 529*, 527, 612.
— (Joseph), curé de Grand-Champ, 170.
— (Joseph-Marie), recteur de Pleucadeuc, 208, 208*.
— (Yves), recteur de Béganne, 115
Evangélistes (chapelle des), en Pleucadeuc, 205*, 206*.

Evein (Marguerite), 535.
Even (Etiennette), supérieure de la Retraite de Vannes, 608.
— (Jean), 449*.
— (Julienne), 9*.
— (Rose-Ursule), 611*.
— (Yvonne), 235*.
Evenard (Claude), 354, 430.
— (Gilles), procureur au présidial de Vannes, 580*.
— (Jeanne), 356.
— (Michelle), 524*, 605*.
— (Nicole), 175, 348*, 350*, 356*.
— (Pierre), doyen de Rochefort, 255.
— (Pierre), procureur au présidial de Vannes, 444, 453, 583.
Evenas (N.), 491*.
Evènements contemporains, faits locaux rapportés sur les registres paroissiaux, 5, 5*, 6, 6*, 7, 7*, 8*, 18*, 40, 73, 85*, 87, 87*, 94, 119*, 122*, 133, 134*, 172, 173, 176*, 203, 205, 206*, 217*, 220, 220*, 249, 249*, 261, 263*, 265*, 288, 296*, 344, 421*, 422, 422*, 423, 423*, 424, 425*, 426, 531*.
— Eveno (Charles), 213, 214.
— (François), 456*, 606*, 607*.
— (François-Guy), 446.
— (Guillaume), recteur de Saint-Tugdual, 87*, 607*.
— (Jean-Pierre), 213.
— (Louis), notaire, 446, 452, 455, 456*, 469*, 470*.
— (Marie), 626.
— (Michelle), 85*, 628*.
— (Sébastien-Charles), 213, 284*.
— (Ursule), 212*.
— (Vincent-Patern), 606*.
— (Vincente), 470*.
— (Yves), 210*.
— (Yvonne), 433*.
Excommunications, 176.
Exécutions de criminels, 95*, 318, 318*, 390, 401.
Expositions du Saint Sacrement, 223.
Ezano (Guillemette), 522, 634*.
Ezequel (N.), 172.
— (Olivier), prêtre, 591*
— (N.), 172.
— Ezvan (Yves), recteur de Plouray, 39*.

F

Fabre (Benjamin), procureur au Présidial de Vannes, 496*, 497*.
— (François-Marie), 418*.
— (François-René-Ambroise), 414*.
— (Gabriel-Marie), procureur au présidial de Vannes, 613.
— (Gabrielle-Vincente), 413, 414, 419.
— (Jacques-Benjamin), 497.
— (Jean), évêque de Vannes, 422*.
— (Jean-François), 496*.
— (Jean-Pierre), lieutenant de la maréchaussée générale de Bretagne, 319, 414*, 418*.
— (Jean-Pierre-Augustin), 414*.
— (Louise-Jeanne), 497*.
Fabriques (comptes, dons, injonctions, etc.), 1, 10*, 11*, 14, 24, 31, 106, 141, 163*, 197, 234, 247*, 253*, 265, 293*, 306, 306*, 312.
Fabron, ou Fabroni (Anne-Marguerite), 122*.
— (Catherine), 237.
— (Denis), 237*.
— (Gabriel), 237*, 238.
— (Jean), 158.
— (Jeanne), 129.
— (Julienne), 109.
— (Marguerite), 109.
— (Perrine), 108.
— (René), 238.
— (Vincent-Philippe), 122*.
— (Yves-Julien), 122*, 127.
Fabry (Jacques), sénéchal de Vannes, 272.
— (Jeanne), 325*.
Fagon (Antoine), évêque de Vannes, 176, 517.
Faguet (Suzanne), 462*.
Falher, ou Le Falher (Jean), 433.
— (Jean), notaire royal au présidial de Vannes, 432*, 433, 434*, 435*, 436, 439, 439*.
— (Jean), huissier à Vannes, 612.

Falher (Julienne), 432*.
— (Louise-Jeanne), 623.
— (Mauricette), 436.
— (N.), 614.
— (Perrine), 436, 439*.
— (Vincente), 434*.
— (Yves), 435*, 439.
Familles étrangères. 276*.
Fandraux (Abel), 579.
Fanigot (Marie-Nicole), 450*.
Faouëdic (seigneur et dame du), 52*, 140*, 385*, 394, 395, 395*. 396*, 397*, 410*, 411, 413*, 416, 420, 515, 550, 607, 607*.
Faouet (seigneur et dame du), 25, 25*, 26, 26*, 33*, 35, 44, 44*, 45*, 46, 51*, 58, 88, 138.
— (paroisse du), 25, 27, 43. — Voir: Diarnelez (lieu dit).
— (recteur du), 25*, 26*.
— (juridiction du), 41*.
Farault (François), sénéchal de Josselin, 99*.
— (Gillette), 273*, 278*, 279, 338*, 430*, 576*.
— (Guillaume), 272*, 273*.
— (Guillaume), notaire royal au présidial de Vannes, 425, 426.
— (Jacquette), 275.
— (Jean), 276*.
— (Jean), greffier de Rhuis, 278*, 279, 279*, 280.
— (Jean-François), 280.
— (Marie), 272.
— (Sylvestre), 276*.
— (Thomas), 272*.
— (Toussainte), 278*.
Farcy (Augustine-Vincente de), 546, 547*, 624.
— (François de), 22*.
— (François de), gouverneur de Vitré, 45, 47*, 48.
— (François-Jacques de), 47.
— (Jacques-Annibal-Gabriel de), 188*.
— (Jean de), 47*, 48, 48*.
— (Jeanne de), 594.

Farcy (Marie-Jeanne-Suzanne de), 187.
— (Marie-Suzanne de), 23*.
— (Marie-Thérèse de), 546.
— (Mathurin de), recteur de Saint-Gonnery, 104*.
— (Pauline-Françoise), 89.
— (Sévère), 89.
Fardel (Anne), 265*, 440, 441, 445, 446, 453*.
Farion (Perrine), 278.
Faron (Jean-Baptiste-Philippe), vicaire général de Vannes, recteur de Sarzeau, 286*, 287.
Faruel (Jeanne), 164*.
Fau (seigneur du), 237.
Faucher (Anne), 58.
— (Jacques), capitaine des vaisseaux de la Compagnie des Indes, 513*.
— (Jeanne), 607.
— (Louis-François), 513*.
Fauchet (Marie), 601.
Faucheux (Marie), 488.
Fauchoux (Jeanne), 539.
Faure (Pierre), 503*.
Faury (Jeanne), 470.
Fautoux (Barthélémy), 608*.
— (Pierre), 608*.
Fauveau (Denis), 450.
Fauvel (François), 320*.
Faux en Croixanvec (Le), 86.
Favéno (sieur du), 18*.
Favereau (Abel), 429.
— (Charles), 581*.
— (Denis), 578*, 579, 579*, 580, 581, 581*, 582, 582*, 583, 583*, 585, 589.
— (Eustache), 580.
— (Françoise), 578*, 580.
— (Joseph), 582*.
— (Julien), 589.
— (Julienne), 581.
— (Marguerite), 582*, 589*.
— (Marie), 581*.
— (Nicolas), 582.
— (René), 429.
— (Simon), 583.

Favereau (Thérèse), 579.
— (Thérèse-Françoise), 583*.
— (Vincente), 579*.
Faverel (François), assesseur criminel au présidial de Vannes, 336.
— (Jean), 336.
Faverolle (Louis-Nicolas de), contrôleur général des Fermes de Bretagne, 530.
— (Nicolas de), maître de poste à Vannes, 470*.
Favigot (Marie-Nicole), 370*, 372.
Favrol (Jeanne-Henriette), 556.
Favrot (Anne), 398*, 399, 401, 407.
— (Anne-Françoise), 633*.
— (Anne-Vincente), 399, 399*.
— (François), maître apothicaire, 500*.
— (Françoise), 562.
Fay (seigneur du), 457*. — Voir : Fey (du).
Febvrier (Jacques), conseiller au conseil supérieur de Pondichéry, 631*, 632, 634*.
— (Jacques-Joseph), conseiller au présidial de Vannes, 421, 634*, 635*.
— (Jean-Marie), 634*.
— (Jeanne), 635.
— (Louise-Alexis), 635*.
— (Marie - Françoise - Guillemette), 631*.
Féchan (Andrée), 456*, 458*, 462, 465.
Fehuy (dame du), 516*.
Feillafé (Louis), prêtre, 563.
— (Yves), notaire de Rochefort, Cohiac et Kerdavy, 456.
— (Vincent), 456.
Feillastre (Julien), 153, 156.
— (Renée), 153.
Félan (Catherine), 228*.
Félgué (seigneur et dame de) 168*, 169, 169*, 170*, 260*.
Félix (Charles), chirurgien major, 477.
— (Marie-Anne), 477.
— (Rose-Gabrielle), 409, 410, 410*.
Felot (Anne-Renée), 513.
— (Gilles-Vincent), procureur à la cour, 495*, 515, 602*.
— (Louise), 477*, 588.
— (Marie-Reine), 513*.

Felot (René), 284.
Fenée (Guillemette), 526*.
Ferand (sieur du), 588.
Fèrel (paroisse), 216-217.
Ferey (Marie), 558*.
Fergand (Jeanne), 202.
Fermier (Charles-Marie-François), 636.
— (François - Jacques - Marie), 636.
Ferrand (Catherine-Françoise), 375, 376*.
— (Marie-Thérèse), 32.
Ferré (Thomase-Marie), 212*.
Ferrec (François), 603, 604.
— (Guillemette-Jacquette), 557, 630.
— (Jacques), 603.
— (Marguerite), 604.
— (Perrine), 510*.
Ferret (Barthélémy-Antoine-François), conseiller au Parlement, 387, 506*.
— (Catherine), 603.
— (Perrine), 476.
— (Pierre), 320*.
Ferrières (seigneur et dame des), 141*, 143, 144*, 272*, 277, 325*, 360, 361*, 365*, 366.
Ferrières (dame des), 525.
Ferrière (Claire-Françoise-Mélanie), 535.
— (Jean-Marie), 393*.
— (Jérôme), directeur des Fermes à Vannes, 393*, 513, 522*.
— (Jérôme - Jean - Hyacinthe), 393*.
— (Louise-Marie), 542.
Ferron (François-Louis), 370, 372.
— (Joseph-Nicolas-Julien), 372.
Ferronay (Françoise), 613*.
Ferronnet (Marie-Thérèse), 603, 603*.
Ferté (Jean-Pierre), 535*.
Fescal (sieur et dame de), 111, 134*, 189*, 190, 200, 200*, 254*.
Fescan (Jean de), 158.
— (Jeanne de), 158*.
— (Julienne de), 158.
Fêtes religieuses, 66*, 101*.
Février (Joseph), recteur de Radenac, 421.
Fey (François-Daniel du), 413*.
Fichter (Benjamin), 616.

Fierdebras (Julien), 617*.
Filleul (Geneviève), 166.
Finielz (André), employé dans les Fermes, 555.
— (René-Marie), 555.
Fischer (Antoine-Jérôme-Benjamin), 56*, 63.
Fitzgérald (Françoise-Xavière de), 534.
Fitzjaimes (régiment de), 27.
Fizel (Henriette), 612.
Flageul (Marie-Josèphe), 549*, 551.
— (Pierre), 551.
Fléchier (Alexis), lieutenant du Roi au Port-Louis, 619.
Flehó (Marie), 562*.
Fleuret (Adrien), chanoine de Tréguier, recteur de Rieux, 122.
Fleurimont (Alain de), avocat en la cour, 591*.
Fleuriot (Charles-Sébastien), 22*.
— (Renée), 43*, 44.
Fleury (Françoise-Madeleine), 370, 371*, 475*.
— (Gildas-Nicolas), 543*.
— (Marguerite), 287*, 527*.
— (Marie), 592.
— (Nicolas), 573*.
Flobert de Sacy (Louis), lieutenant de dragons, 62.
Floriau (Françoise), 159.
Flouri (Gillette), 9*.
— (Jacques), 9*.
— (Jeanne), 9*.
Fohanno (Anne de), 275.
— (Françoise de), 569*.
— (Gillette de), 275*, 278*, 279, 433.
— (Guillaume de), 272*.
— (Jacques de), 274, 275, 275*.
— (Jean de), 272, 274*, 620.
— (Jeanne-Rose-Françoise de), 620.
— (Julien de), 274, 274*.
— (Louise de), 274.
— (Mathurin de), curé de Moustoirac, 72*.
Fohenno (dame de), 205*.
Foires et Marchés, 97*, 98*, 103, 270, 292*, 636*.
Foliart (Anne), 354, 358, 434, 441.
— (Claude), 447*.
— (Françoise), 376, 498.

Foliart (Jean), avocat en la cour, 341*, 433.
— (Jeanne), 175, 354, 570*.
— (Louis), 446*.
— (Nicole), 351, 358, 428.
— (Pierre), 445*.
— (Sébastien), 341*, 445*, 446*, 447*.
— (Vincent), 352, 446*.
Folies, possessions, 68*, 69, 69*, 267*.
Folleville (sieur de), 350*, 430*.
Folope (Jean-René), recteur de Pleucadeuc, 208.
— (Marie-Josèphe), 533.
Fondations privés, 234, 247*.
Fondelienne en Carentoir (chapelle de), 148*.
Fondeurs de cloches, 49, 52, 52*, 55*, 57*, 72*, 83, 91, 95*, 96, 96*, 116, 122*, 126, 126*, 133*, 217*, 249*, 253*, 260*, 286*, 293, 293*, 305, 329*, 330, 330*, 331*, 335, 336*, 456, 479*, 521. Voir : Cloches.
Fontainegal (sieur de), 54*.
Fontainemalo (sieur de), 611*.
Fontaineper (sieur de), 65, 67*, 363*.
Fontaines (sieur des), 595, 615.
Fontaines miraculeuses, 5, 5*, 6, 6*.
Fontaines publiques, abreuvoirs, aqueducs, puits, sources, etc., 225, 225*, 268*, 269, 270, 271*, 324*, 325.
Fontainiers, 322*.
Fontenelle (seigneur de), 413.
Fontenue (seigneur et dame de), 204*, 207.
Forcet ou Fourset (Clément-François), 546*.
— (Jean), 464*, 466*, 472*, 482, 507*, 509.
— (Jean), général et d'armes, 479.
— (Jeanne), 466*.
— (Joseph), 472*, 488.
— (Marie), 479.
— (Marie-Perrine), 487.
— (Marie-Renée), 479, 507, 507*, 508*, 512, 513*. Voir : Fourset.
Foreau (Jean), 528.
Forent (Isaac), 473.

Forest (Daniel de), 113, 113*, 114, 136*, 179.
— (Jacques-Marin de), 114*.
— (Jean de), 113.
— (Louise de), 113, 113*, 136.
— (René de), 113, 114, 114*.
Forestier (Michel), chirurgien à la suite du camp général, 543.
Forestz (sieur de), 113.
Forêts (dame des), 500.
Forges (seigneur et sieur de), 91, 246, 288, 305*, 403, 413, 418, 527*, 561, 633.
Forges (Ange-Philippe-Victor de), 116.
— (Angélique-Victoire de), 159*.
— (Anne-Marie de), 239.
— (Catherine-Gillonne de), 158*.
— (Charles-François de), 159*, 160.
— (Charles-Imbert de), 117, 122, 123, 127, 130*, 159, 159*, 161, 239, 524.
— (Charles-Marie de), 416*.
— (François de), 156.
— (François-Marie de), 122*, 123*, 155*.
— (François-Marie de), lieutenant des vaisseaux du Roi, 116, 412*, 416*, 558, 561.
— (Françoise de), 150, 151.
— (Gilles de), 129, 154, 158, 158*.
— (Gilles-Marie de), 116, 122*, 123, 159*, 524, 558.
— (Guillaume de), 117, 121*, 146*, 150, 150*, 154*, 156, 158*, 159.
— (Guillemette), 150.
— (Guy-Marie de), 561.
— (Jean de), 116*.
— (Jeanne de), 156.
— (Jeanne-Charlotte de), 117.
— (Louis de), 150.
— (Louis-René de), 117, 122*, 159*.
— (Louise-Anne de), 122*, 123.
— (Louise-Marie de), 159*.
— (Magdeleine de), 150*.
— (Marguerite de), 150, 151.
— (Marie-François-Victor de), 116.
— (Marie-Louise de), 155*.
— (Michel de), 150, 156, 158.

Forges (René-Joseph-Narcisse de), 412*.
— (Renée de), 109, 158*, 199*.
— (Suzanne de), 254*.
— (Yves de), 156.
Forget (Adelaïde-Angèle), 420.
— (François), 456*, 460, 463.
— (Jeanne), 502.
— (Marguerite), 483*.
— (Marie-Elisabeth), 534.
— (Marguerite), 480.
— (Philippe), 420.
— (Pierre-René), 456*.
— (Suzanne), 463.
Forgettes (seigneur des), 164*.
Formal (Catherine), 627.
Formantin (Gilles), 193*.
Forsanz (Gilles-Marie de), 60.
— (Guillaume de), 60.
— (Hilarion-Eléonor de), 106*.
— (Jacques de), 106*.
Fortécuierre (Charles Charbonneau de), 41.
Fortier (François), 425*.
— (Jean), 425*.
Fortin (Ambroise), 434*, 436*, 438*.
— (François-Thomas), subrécargue de la Cⁱᵉ des Indes, 413*.
— (Marguerite), 517*.
— (Marie), 434*, 438*, 455, 461, 488.
— (Pierre), 436*.
Forville (Jacques), 71*.
Fos (seigneur du), 8.
Fossé (seigneur et dame du), 53*, 227, 227*, 228, 228*, 388, 396. — Voir : Foussé.
Fosses (Cormier des), 101.
Fou (seigneur du), 11, 100*, 196.
Foucaud (Jean), lieutenant de cavalerie, 123*, 127*.
— (Louis-Marie-François), 127*.
— (Marie-Augustine-Angèle), 127*.
Foucaudais (sieur de), 542*.
Foucauld (Anne), 179.
— (Bertrande-Renée), 467*.
— (Nicole-Anne), 35.
Fouché (Marie), 475.
Foucher (Catherine-Toussainte), 257*.
Foucher (Guillaume-Paul-Fidèle de), 160.
— (Louis-François de), lieutenant d'artillerie, 160.

Foucher (Louis-Marie-Casimir de), 160.
— (Marie-Félix de), 160.
Fouclère (demoiselle de), 564*.
Foudre, 176, 190, 218*.
Fouesnel (vicomte de), 228*.
Fougerêts (Les), paroisse, 152, 156. — Voir : Coetion.
Fouillard (Jeanne-Thérèse), 573*.
Fouillen (Guillaume), 580.
— (Renée), 482*.
— (Renée-Marie), 493*.
Fouillez (Jean), prêtre, 21.
Fouillezen (Michelle), 53*.
— (Renée), 492.
Foulon (Anne-Marie-Céleste), 571*.
— (François), employé dans les Fermes, 264.
— (Marie), 38*.
Foulquier (Jean), 502.
Fouquer (Catherine), 376.
— (Charles-François), conseiller maître en la Chambre des Comptes, 418.
— (Charlotte-Agathe), 382*.
— (Françoise), 115*, 116.
— (Geneviève), 382*.
— (Raoul-Philippe), 115*.
Fouquet (Charles), 138, 474*.
— (Charles), chevalier de N.-D. du Mont Carmel et de Saint-Lazare de Jérusalem, 197*.
— (Christophe), président au Parlement, gouverneur de Concarneau et de Saint-Aubin du Cormier, 25*, 455.
— (Jean-François), 556.
— (Magdeleine), 25*.
— (Michel), 556.
— (Sylvie), 138, 138*, 145, 474*.
Fourgeureuc (sieur et dame de), 177.
Fourier (Louis), commissaire garde d'artillerie à Port-Louis, 559, 633.
Fourlander (Adolphe), 475.
Fourmantières (sieur des), 208*.
Fourmelé (seigneur de), 479.
Fourmont (Gilles de), 235.
Fourmy (Jeanne), 276.
Fournel (Jean), avocat en la cour, 351*.

Fournel (Jean-Guy), 484.
Fournier (Alain), 360*.
— (Aubin), 511*.
— (Catherine), 511*, 514*, 516, 536.
— (Édouard-Hyacinthe-Marie), 292.
— (Elisabeth-Louise), 246*, 247.
— (Guillaume), 427, 428*.
— (Jacques), 106.
— (Jean), 428*.
— (Jean-Baptiste), procureur du roi, maire de Guérande, 514*.
— (Julien), 425.
— (Julien-Claude), 147.
— (Laurent), 147.
— (Louise), 427.
— (Marc), 425.
— (Marin), 147.
— (Perronnelle), 114'.
— (Renée), 405*.
— (Suzanne), 236.
— (Ursule), 510*, 608.
Fournisse (Vincente). 510*.
Fournoir (dame de), 65.
Fournoir (Georges) 64*.
— (Marguerite), 65.
— (Marguerite-Georgine), 65.
— (Pierre), 59, 65.
— (Thérèse-Florimonde), 64*.
Fourquois (Agathe-Pauline), 43.
— (Louis), 43.
Fourset (Jean), 454, 457*.
— (Perrine-Louise), 457*. — Voir : Forcet.
Fouscher (Jeanne), 280, 282*, 284*.
— (Julien), notaire royal à Rhuis, 278*.
Foussé (sieur du), 426*. — Voir : Fossé.
Foustoul (Jacques), 504*.
— (Jacques-Vincent), 490*.
— (Jeanne-Marguerite), 496, 496*, 500, 501*, 504*.
— (Julienne-Perrine), 487.
— (Marguerite), 499.
— (Marie), 509.
— (Marie-Gillette), 491*, 503*, 513*, 516.
— (Mathurin), 484*.
— (Olive), 482.
— (Vincent), huissier en la chancellerie du présidial de Vannes, 320*, 482, 484*,

487, 490*, 491*, 499, 500, 502*, 508*, 509.
Foyneau (Etienne), recteur de N. D. du Mené, 328*, 329*.
Fraboulet (Christophe), 431*.
— (Guillaume), 628.
— (Perrine-Hélène), 623*, 624.
Fraguic (Jeanne), 451*.
Fraiche (Renée), 275*.
Frairies, 320*, 321.
Frambry (François), 553.
— (Jean-Pierre), 553.
Framenan (sieur et dame de), 384, 426, 478.
Francé (dame de), 303, 304.
France (François-René-Marie de), 558*.
— (Gilles de), 277*, 279, 357.
— (Gillette de), 279.
— (Hélène de), 281, 449*.
— (Jacquette de), 108*.
— (Olive de), 215*, 451*.
— (Olivier de), chanoine de Vannes, 215*, 358*, 363*.
— (Sébastien de), 278.
— (Thomase de), 146*.
Francheville (seigneur et dame de), 205*, 255*, 256, 276*, 277, 278, 280*, 283, 284*, 285, 285*, 286*, 290*, 294.
Francheville (Agathon-Toussaint de), 289*.
— (Aimé-Gervais de), 286, 400, 400*.
— (Anne de), 272.
— (Anne-Catherine de), 303.
— (Bonne-Françoise de), 400*.
— (Catherine de), 133, 273*, 275*, 277, 303, 335*, 356*, 358*.
— (Catherine de), fondatrice de la Retraite de Vannes, 594*.
— (Catherine-Félicité de), 287*.
— (Charles-Jacques de), 285, 285*, 375.
— (Charles-Joseph de), officier de Dragons, 290.
— (Claude de), sénéchal de Vannes, 276*, 277, 278, 279, 280, 294, 355, 356, 357*, 360*, 364*, 368, 581*.
— (Claude-Vincent de), 279.
— (Daniel de), 272, 274, 275, 355, 357*.
— (Daniel de), sénéchal de Vannes, 585*.

Francheville (Daniel de), avocat général au Parlement, 368*, 581*.
— (Daniel de), sénéchal de Rhuis, 275, 275*, 276, 277, 278, 337, 347*, 555.
— (Daniel de), vicaire général de Vannes, 281*.
— (Daniel-Joseph de), 280*, 357*.
— (Esprit-Félicité-Charles-Joseph de), 290.
— (François-Claude de), 356*.
— (Françoise de), 141, 273, 273*, 274, 339*.
— (Françoise-Ursule de), 371, 372, 479*, 592*.
— (Gervais de), 187*, 285, 372, 373*, 374*, 375, 376, 376*, 377.
— (Gervais de), lieutenant des maréchaux de France, 278, 286.
— (Gillette de), 272, 273*, 275, 275*, 276*, 277, 279, 298, 356*.
— (Gillette-Françoise de), 356*.
— (Guy de), 303.
— (Henri de), 337.
— (Hercule-Louis-Jules de), 187*, 376*, 398.
— (Jacques de), 302.
— (Jean de), 272, 273, 273*, 274, 275.
— (Jean-André de), 279.
— (Jean-Baptiste de), 373*.
— (Jean-Baptiste-François de), 285, 285*, 286, 291.
— (Jean-Baptiste-Joseph de) avocat général au Parlement, 191*, 261*.
— (Jean-Baptiste-Joseph de), conseiller au Parlement, 285, 286*, 287*.
— (Jean-Baptiste-Joseph-François de), capitaine au régiment de Penthièvre, 285, 288*, 289*, 290, 291.
— (Jeanne de), 272, 272*, 274*, 559*, 630*.
— (Jeanne-Madeleine de), 279.
— (Julie-Lucie-Catherine-Félicité-Charlotte de), 290.
— (Julien-Catherin de), 357*.
— (Louis-Gervais-Marie de), 187*.
— (Louis-Hercule de), 376*.

Francheville (Louis-Jean-Camille de), 285*.
— (Marguerite de), 82*, 279*, 302, 339*, 599.
— (Marie de), 273.
— (Marie-Anne de), 288*, 289*.
— (Marie-Aude de), 398.
— (Marie-Charlotte de), 329*.
— (Marie-Louise de), 290*.
— (Marie-Thérèse-Françoise de), 261*.
— (Marie-Vincente de), 288*.
— (Michelle de), 274*.
— (N. de), 404, 596*.
— (Perrine de), 273.
— (Perrine-Anne-Marie-Renée de), 374*.
— (Perrine-Françoise de), 191*.
— (Pierre de), 273*, 274, 274*, 275, 275*, 302, 376, 590*.
— (Pierre de), avocat général au Parlement, 283*.
— (Pierre-Marie de), 280.
— (Pierre-Marie de), avocat général au Parlement, 284*, 376.
— (René de), 274, 303.
— (Sébastien de), 302, 302*, 303, 356, 356*.
— (Sébastien de), chevalier de l'ordre du roi, 277, 278.
— (Suzanne de), 302.
— (Sylvestre de), 272.
— (Thérèse de), 356.
— (Thomas de), 275*, 279, 280*, 351, 357*, 358*, 370*.
— (Toussaint de), 187, 188, 188*, 224*, 395** 398, 399*.
— (Toussaint de), enseigne des vaisseaux du roi, 289*.
— (Toussaint-Guillaume de), 187*.
— (Vincent de), 356*.
— (Vincent-Barthélémy de) 291.
— (Vincent-Mathurin de), lieutenant au régiment de Penthièvre, 288*.
— (Vincent-Mathurin-Barthélémy de), officier d'infanterie, 285*, 290*.
— (Vincente-Renée de), 188.
François (Colomban), sénéchal de Moréac, greffier de la Boulaye et du Resto, 77*.
— (Gatienne), 463.

François (Louis), 450, 456*, 463, 592.
— (Louis-Mathurin), 77*.
— (Marguerite-Vincente), 502*.
— (Thérèse), 450.
Franklin (Samuel), puis (Joseph-Anne-Paul-Luc-Vincent), 308*.
Frappier (Gabriel), 465*.
Frarin (Louis-Noël-Nicolas), lieutenant d'infanterie, 406.
Fraval (Gillette), 588*, 589*, 592.
— (Jacques), prêtre, 88*.
— (Jean), 21, 58.
Fravalo (André), prêtre, 600*.
— (Françoise), 519*.
Frébourg (seigneur de), 288.
Frébourg (Joseph-Louis de), capitaine au régiment de Limousin, 288.
Frédet (Jeanne), 465.
— (Olivier), 465.
Fredin (Philippe), 473*.
Frelaut (François-Marie), 530*.
Frementyer (Anne), 158*.
— (Julien), 154.
Frémeur (seigneur et dame de), 13*, 36, 36*, 79*, 82*, 93, 93*, 95*, 106*, 586.
Frémont (André), lieutenant du Roi au présidial de Vannes, 364*, 373*, 474*.
— (François-Hyacinthe), 368*.
— (Jacques), 229*.
— (Jeanne), 282.
Frénais (Jean-François), 521*.
— (Julien), 521*, 612.
— (Julien-Marie), 531*.
— (Marguerite), 612, 613*.
— (Marie), 613, 613*, 614, 614*, 617, 618, 620, 623*.
— (Perrine), 527*, 531*.
— (Renée-Vincente), 537, 544, 572.
Fréneau (Agathe-Angélique), 550.
— (Angélique), 528, 530, 533, 536*, 546*, 563.
— (Angélique-Anne), 563, 564, 565, 566, 567*, 568*, 570.
— (Charles), 546*.
— (Emélie), 567*.
— (Emélie-Perrine-Marie), 553*.
— (Guénaëlle-Jeanne), 513.

Fréneau (Jacques-Anne), 516.
— (Jean), 624.
— (Jean-Baptiste), 512, 513, 514, 515, 516, 518, 519*, 521, 523, 530, 543, 546, 548*, 549*, 551*, 551, 552, 553*, 555, 557, 559, 563, 572.
— (Jean-Baptiste-Patern), 555.
— (Jean-Marie), 549*.
— (Jean-Marie-Bernard), 557.
— (Jeanne), 551.
— (Jeanne-Catherine), 548*, 564.
— (Jérôme), 538.
— (Julie-Angélique-Lucile), 552, 566.
— (Julien-Vincent), 502*.
— (Louis-Marin), 547*.
— (Marguerite-Angélique), 512, 521, 531*.
— (Marie-Louise), 563.
— (Marie-Reine), 559.
— (Perrine-Gillette-Sophie), 551.
— (Pierre), 448*, 501*, 502*.
— (Renée-Hyacinthe), 515.
— (Simon), 538, 538*.
— (Thérèse-Perrine), 515.
Frérejouan (Marie), 252.
Fresche (seigneur du), 121, 127, 160.
Fresche en Rieux (manoir du), 123.
Freslon (Claude), 184, 202.
— (Claude), conseiller au Parlement, 463.
— (Éléonore-Rose), 222.
— (Jean), 184.
— (Jean-Baptiste), 184, 186.
— (Marie-Anne), 487*.
— (Mathurine-Jeanne), 184.
— (Renée-Rose), 184.
Fresnay (Charlotte de), 67.
— (Françoise de), 33*, 39, 107*, 119, 150, 156.
— (Gilles de), 150.
— (Jean-Claude de), 26.
— (Marie-Claude de), 26*, 88.

Fresnay (Marie-Renée de), 26, 26*.
— (Michel-Corentin de), 27.
— (Nicolas-François de), 26, 26*, 35.
— (Nicolas-Guillaume de) 25*.
— (René de), 25*.
— (René-Maurice de), 25*.
— (Sébastien de), conseiller au Parlement, 25*, 26, 33*.
Fresne (seigneur et dame du), 101, 174, 205, 224*, 234, 612.
Fret (Etiennette-Hyacinthe), 455, 461, 475*, 476.
Fretay (seigneur et dame du). 108, 109*.
Friart (Jacques), 579*.
Fricot (Annibal-Gabriel-Jean), 188*.
— (Gabriel-Louis), receveur des Domaines, 188*.
Frigot (Jean), 439.
Friot (Jean), 425*, 450*.
— (Pierre), 450*.
Frioux (N.), 320*.
Froger (Julien), procureur fiscal de Cohignac et Carné, 213, 614*.
Frogerays (Louise), 377, 498.
— (Robert), procureur en la cour, 592*.
Frogier (Catherine), demoiselle de la Retraite de Vannes, 607.
Frollo (Michel), 477*.
— (Perrine), 43*, 44, 45.
Froment (Jean), 420.
Fromout (Raoul), huissier au présidial de Vannes, 457*.
Frontaux (Marie-Françoise), 573*.
Fronteau (Anne), 592*.
Fruneau (Bertrand), 433.
— (Bertrand), doyen de Mendon, 471.
— (François), 430, 431, 434*.
— (François), receveur du chapitre de Vannes, 431*.
— (Grégoire), 333.
— (Jacques), 297*.

Fruneau (Jean-Marie), 413*.
— (Jeanne), 429*, 434*, 445, 457.
— (Joseph), 325.
— (Louis-Marin), 554*.
— (Marguerite), 553*, 557, 559.
— (Marguerite-Pélagie-Josèphe), 553*.
— (Marie), 342, 343, 347, 353*, 354, 433.
— (N.), 481.
— (Pierre), 428, 428*. 429*, 432*, 433, 435*, 575*.
— (Pierre), recteur de Buléon, 428.
— (Pierre), syndic de Vannes, 68, 431.
— (Renée), 341, 431.
— (Roland), 297*, 333, 425, 428, 574.
— (Roland), chanoine de Vannes et recteur de Guégon, 326*, 327*, 338*, 350, 429*, 434, 436*.
— (Simon), 552.
— (Simon-Marie), 413*, 550*, 552, 553*, 556, 559, 560*, 566.
— (Thérèse), 167*, 358, 439, 476*.
Frunel (Perrine), 429.
Frye (N.), 107*.
Fumel (Henri de), 176.
— (Jean-Félix-Henri), vicaire général de Vannes, 214.
Fummechon (Alexandre), 20.
Furic (Anne), 506*.
— (Anne-Véronique-Thérèse), 31*.
— (Guillaume-Ignace), sénéchal de Locminé, 71*.
— (Guy), 31.
— (Isaac-Pierre-Ignace), 71*.
— (Jean-Clément), 31, 31*.
— (Jean-Clément-Claude), 31.
— (Jeanne-Marie), 482, 483, 484, 484*, 486*, 488*, 492*, 501, 506*.
— (Marie-Anne), 484.
— (Pierre), 28*.
— (Suzanne), 482*.
Furien (Rolande), 425.
Fustel (Jean-Thomas), 60.

G

Gabart (Anne-Thérèse), 286, 389.
— (Antoinette), 201.
— (Claude), 236*.
— (Françoise), 114, 223*, 224.
— (Jacques), 221*, 224.
— (Jacques), conseiller au Parlement, 223*.
— (Jean), 215*, 221*, 223*.
— (Marguerite), 221*.
— (Renée), 113* 182, 218*, 223*, 251.
Gabouriau (Dominique), 610*.
— (Yvonne), 610*.
Gabriel (René), 629*.
Gachet (Marguerite), 546.
Gachot (Marie), 501*, 520.
Gachot-Peltre (Marie-Marguerite), 90.
Gaël (seigneur et dame de), 352*, 392, 397*, 399*, 402, 444, 445, 602.
Gage (marquis et marquise du), 6*, 89, 89*, 165, 456, 533*, 613.
Gaignart (Martin), intendant et chef du conseil de la principauté de Guémené, 48*, 49, 61*.
Gaillande (Claude-Joseph), prieur de Saint-Sauveur de Locminé, 75*.
Gaillard (Jeanne), 440.
— (Joseph), 3*.
— (Raoul), huissier ordinaire du Roi en la Chambre des Comptes, 257*.
Gaín (Jérôme), 565*.
Gaínche (Allainette), 428, 430*.
— (Barthélemy), 575.
— (Éonnette), 426.
— (Françoise), 428*, 430*, 431*.
— (Jean), 425*, 575.
— (Jeanne), 344, 360, 381, 425*, 434*, 574*.
— (Joseph-Marie), 377.
— (Olivier), 429, 430*.
— (Perrine), 426*, 427, 427*, 428, 428*, 429, 430*.

Gaínche (Simon), procureur au présidial de Vannes, 377, 490.
— (Suzanne), 430.
— (Vincent), prieur de Saint-Guen, 423.
— (Vincente), 389, 507*.
Gaincru (sieur et dame de), 335*, 341, 426, 427, 428, 428*, 429, 617*, 618*, 620.
Gaincru (Jean), greffier civil de Vannes, 574.
Gaincru (Françoise de), 343*, 346*, 354*.
— (Gillette de), 272.
— (Jacquette de), 167, 306*, 307, 336*.
— (Jeanne de), 277*, 306*, 435*, 580*.
— (Robert de), 333*, 424.
Gaisné (Perrine), 593.
Gajal, ou Gayjal (Élisabeth-Félicité), 409*.
— (Mathurin), 253.
— (Pierre-Mathurin), 253, 409*.
Galerne (Anne), 487.
— (Jeanne-Yvonne), 448.
— (Marie), 481, 595*, 596, 597, 597*, 598*.
— (Michel-François), 457.
— (Michelle), 441*.
— (Nicolas), notaire des régaires de Vannes, 448, 457.
— (Nicolas), commis au greffe de Vannes, 441*.
— (Pauline), 487.
— (Perrine), 459, 462, 595*.
— (Raoulette), 92.
Galette (Françoise), 471*.
Galian de Castellet (Charles-Félix-Hyacinthe), 4.
— (Charles-Félix-Hyacinthe-Pierre), 4.
Galina (Jacques), 634.
Galisson (seigneur et dame de), 141*, 142, 356*, 491, 541.
Gallais (Claude), 522.
— (Yvonne-Perrine), 522.
Gallé (Jean-Jacques), 539*.

Gallé (Louis-Marie), 569.
— (René-Marie), 539*, 569*.
Galles (Christophe), 327*, 329*, 330.
— (Christophe), maître imprimeur à Vannes, 330, 614.
— (Christophe-Jacques), imprimeur et libraire à Vannes, 491, 520.
— (Jean), 526.
— (Jean), imprimeur et libraire à Vannes, 327*, 368, 452*, 455*, 459*, 466, 472*, 585.
— (Jean-Baptiste-Marc), imprimeur à Vannes, 570*.
— (Jean-Baptiste-Marc-Joseph), imprimeur et libraire à Vannes, 332*, 419
— (Jean-Marc), 547.
— (Jean-Marie), 332*, 396*, 615*.
— (Jean-Nicolas), imprimeur et libraire à Vannes, 331, 331*, 396*, 555*, 562*, 614.
— (Jean-Vincent), 466.
— (Jeanne), 452*.
— (Marie), 455*.
— (N.), imprimeur libraire à Vannes, 320*.
— (Nicolas), imprimeur et libraire à Vannes, 332, 396, 396*, 520, 523, 524, 555*, 627, 632*.
— (René), avocat en la cour, 605*.
— (Vincent), imprimeur et libraire à Vannes, 331.
Gallet (Sébastien-Julien), 354*.
Galliard (Jacques), 520.
Gallicher (Louise), 593*.
— (René), 81.
Gallinier (sieur du), 124*.
Galliot (Arthur), 471*.
— (François-René), sénéchal de Saint-Nazaire, 216*, 217.
— (Guillaume), 582.
— (Jean), 471*.
— (Mathurin), notaire royal au présidial de Vannes, 320*, 450*, 582.

Gallo (Jacques-Joseph), 605*.
— (Jacquette), 604*.
Gallo (Joseph), 614.
— (Marie-Vincente), 571.
— (Nicolas), 604*.
Gallois (Anne-Louise), supérieure de la Visitation de Vannes, 342*.
— (François), notaire de Coetanfao et Crenihuel, 23*.
— (François-Jean), 23*.
Gallop (Marie), 500*.
Gallot (André-Nicolas), 610.
— (Jacquette-Thérèse), 607.
— (Jean-Nicolas), 610*, 623*.
— (Nicolas), 506, 607, 609*, 610, 610*, 612, 615, 617, 623*.
— (Perrine), 609*.
— (Vincent), 610, 613*, 625*.
Galot (veuve), 626.
Galpin (Charlotte), 601*.
— (François), 486.
— (Jean-François), 493*.
— (Jeanne), 543*.
— (Louise-Vincente), 624*.
— (Marie-Jeanne), 411, 421, 560, 619*.
— (Marie-Louise), 600*.
— (Nicolas), 488*.
— (Thérèse), 489*.
— (Vincent), 519*.
Galy (Charlotte de), 457*.
Gamache (marquis de), 23*.
Gamache (Isabelle-Françoise-Antoinette), 500*.
Gambert (Françoise-Paterne), 570*.
— (Geneviève), 217.
— (Julien), 452.
— (Yvonne), 442*, 444, 447, 460.
Gandon (Charlotte-Jeanne), 933*.
— (Jean-André), 554.
— (Jeanne-Nicole), 518, 528*, 529*.
— (Joseph), 511.
— (Julien-Marie), 563*.
— (Louis), 518.
— (Marie-Angélique), 557, 569.
— (Marie-Françoise), 562*, 568.
— (Marie-Louise), 630.
— (Marie-Yvonne), 562*.
— (N.), 321.
— (Nicolas), employé dans les Fermes, 567*, 569.
— (René), 563*.

Gandon (René-Nicolas), 551*, 553, 554, 557, 562*, 565*.
Gandonnière (sieur de), 502, 503*, 505*, 506, 507, 509*, 510*, 511, 512, 513*, 516, 621*, 636.
Ganié (Jacques-Joseph), 558*.
— (Marie-Madeleine), 558*.
Gannat (Julienne), 397*, 398*, 399, 400, 401, 401*.
Garaud (Jean), 497.
Garbaigne (Rémy), 453*.
Garcin (Madeleine), 479.
Garcon (Marie-Anne), 609.
— (Marie-Rose), 514.
Garde (Madeleine), 548*, 549*, 551*, 553.
Garderhault (Etienne), recteur de Caden, 247.
— (Primigénie), 606*.
Gardien (François), 555.
— (Jean-Michel), 555.
Gardin (Auguste-Bon-François), 167.
— (Marie), 602.
— (Sainte-Renée), 167.
Gareau (Guillemet), 242.
— (Renée), 433, 441, 443*.
Garec (Marie-Jeanne), 554*, 555*, 556*, 557*, 559.
— (Yves-Marie), 569.
Garel (Etienne), 516*, 518*.
— (Jeanne), 150, 440.
— (Joseph-Charles), 149*.
— (Marguerite), 533, 539, 540, 541, 542, 543*, 544, 546*.
— (Michel), 149*.
— (Pierre), recteur de Caden, chef de missions, 131*.
— (Pierre-Augustin), 31*.
— (Silvestre), 518*.
Garennes (sieur des), 3, 54*, 377.
Gargian (Barthélémy), 26, 26*.
— (Henri), 425.
— (Marie-Thérèse), 26*.
— (N.), 26.
— (Robert), 26.
Garil (Jeanne), 577*.
Garlan (Jacques-Hyacinthe), 566*.
— (Jean-Baptiste), 8.
— (Nicole), 566*.
Garlot (Jean), 296, 296*.
— (Louis), 296*.
— (Olivier), 296.
— (Regnault), 296*.

Garnier (Anne), 392, 486.
— (Charles), prieur de Rieux, 120.
— (Christophe), avocat en la cour, 369*.
— (Daniel), 174*.
— (Françoise), 174*.
— (Pierre-Augustin), recteur de Moréac, 75*.
— (Victoire), 208.
— (Yves), 585*.
Garniguet (seigneur de), 329*.
Garnoué (dame du), 158*.
Garo (sieur et dame du), 133*, 200, 303, 339*, 390*, 557*.
Garraud (Alliette), 46, 46*.
— (André), 46*.
— (Claude-Joseph), 50.
— (Guillaume-Joseph), sénéchal de Guémené, 46*, 48, 49*, 50.
— (Isabelle), 44.
— (Jacquette), 47*, 48*.
— (Jean), notaire de Guémené, 44, 44*, 45, 46.
— (Jérôme), 46*.
— (Joseph), 48.
— (Joseph), sénéchal de Guémené, 61*.
— (Marie), 44*.
— (Pierre), avocat en la cour, 49*, 50.
— (Pierre), capitaine major de la milice bourgeoise de Guémené, 50*, 51, 51*.
— (Renée-Angélique), 51, 52*.
— (Thérèse), 51*.
Gascheau (Jeanne), 50.
— (Perrine), 484*.
Gascher (Jean), 154.
— (Louise), 154.
Gasset (sieur du), 313*.
Gastel (Hélène-Jeanne de), 141.
Gastine (Louis-Pierre-Marie-Tite-Benit de), lieutenant de gendarmerie, 421.
— (Pierre-Antoine), 421.
Gastinel (Félix), 427.
— (Gilles), 427.
Gastonnet (sieur du), 272*.
Gatechair (Anne), 172*, 355, 460*, 590*.
— (Claude), 352*, 377*, 447, 451*.
— (Elisabeth), 222.
— (François-André), 222.

Gatechair (Françoise), 326, 337*,
341*, 345*.
— (Gabriel-Antoine), 373, 611.
— (Guillaume), 516, 660.
— (Jacques - Vincent), conseil-
ler au présidial de Vannes,
109*, 369*, 373, 390*, 393,
486, 599*.
— (Jean), 337*, 338, 341*, 342, 349.
— (Jean), avocaten la cour, 326*,
577*.
— (Jean), sénéchal de Vannes,
336, 337, 340.
— (Jeanne), 333*.
— (Julien), 222*, 431*.
— (Julien-André), 222.
— (Louise-Anne), 376.
— (Louise-Marie), 369*, 599*.
— (Marie), 21, 60*, 369*, 437, 469*.
— (Marie-Anne), 222.
— (N.), 313*.
— (Perrine), 355, 439*, 454, 458,
460*, 465, 466, 469*, 473,
481, 509.
— (Pierre), 277, 338.
— (Pierre), sénéchal de Por-
hoët, 337*.
— (Renée-Mathurine), 222*.
— (Sébastien), 326, 326*, 346.
— (Sébastienne), 222.
— (Sébastienne - Nicole), 222,
223.
— (Vincent), 326.
— (Vincente), 326.
Gatignol(Joseph de), capitaine au
régiment de Piémont, 609*.
Gatinaire (Françoise de), 207.
Gatinel (Louise), 441, 442, 446.
Gaubert (Guillemette), 80*.
— (Mathurine), 80*.
Gauchot (sieur de), 461*.
Gaud (Claude), officier marinier,
632.
— (Renée - Vincente - Josèphe),
632.
Gaudain (N.), 513.
Gauder (Guy), avocat et priseur
au présidial de Vannes,
581*.
Gaudin (Perrine), 193*.
Gaudineau (Françoise), 626*.
Gaudon (Eloy), 170*.
Gaudrec (Louis), 436*.
— (Perrine), 436*.
Gauguen (François), 519.

Gaullay (Jeanne de), 137*, 142,
196*.
Gault (Perrine), 305*.
— (Suzanne), 205.
Gault (baron de), 558.
Gaumont (Julienne), 514.
Gauquelin (Jeanne - Hyacinthe),
30*, 31.
Gauráys (Pierre), 237.
Gauregel (dame de), 75.
Gautier (Angélique), 545*, 546*.
— (Anne-Marie), 419.
— (Antoine), recteur de Séglien,
23.
— (Charles - René), 399*, 400,
400*, 401, 404, 404*, 416,
561*.
— (Charles-Vincent), 400.
— (Gillette), 39.
— (Jean), 320*, 372*, 474, 564,
596.
— (Jeanne), 23, 235.
— (Jeanne - Marie - Séraphie),
399*.
— (Jérôme-Alexis), 404.
— (Julien), 568.
— (Julienne), 584.
— (Marguerite), 538, 540.
— (Marguerite-Colombe), 543*,
544, 545*, 548, 549*, 550, 550*,
551*, 552*, 553*, 555, 556,
557*, 559, 560*, 565*, 572, 573*.
— (Marie), 501*.
— (Marie-Angélique), 531*, 533*.
— (Marie-Anne-Andrée), 626.
— (Marie-Hyacinthe), 372*.
— (Marie-Louise), 568, 569*, 622.
— (Marie-Prudence), 563.
— (N.), 555.
— (Perrine), 404*.
— (Pierre-Charles), 404*, 567*.
— (René), curé de Saint-Jean
Brévelay, 453*.
— (René-Alexis), 400*.
— (Suzanne), 425*, 474.
— (Thérèse), 529*.
— (Vincent), 562.
— (Vincent - Ambroise - Marie),
recteur de Theix, 306.
— (Vincente-Françoise), 401.
— (Yves), maître verrier, 169.
Gautro (seigneur du), 105*.
Gauvain (Claude), 474*, 495*.
— (Françoise), 519.
— (Georges), 444.

Gauvain (Georges), prêtre, 444.
— (Guillemette), 484*, 485*, 489*,
492*, 494, 494*, 506*, 511*.
— (Henri), 447*, 468.
— (Jeanne), 461*, 473, 478*, 479*,
495*.
— (Julien-Claude-Jean), 495*.
— (Julienne), 445*.
— (Marie), 494*.
— (Marie-Françoise), 492*.
— (Marie-Thérèse), 487*.
— (Pierre), 351*, 444, 445*, 447*,
454, 461*, 468, 479*, 487*,
492*.
Gavar (Julien), 476.
Gavault (Olivier), recteur de Sé-
né, 296*.
Gaverand (Léonard de), 629*.
— (Sainte-Anne de), 629*.
Gaviraud (Marie), sœur de cha-
rité, 534.
Gazet (Antoinette), 373.
Gazio (Jacques), 616*.
Gazon (seigneur de), 4, 292.
Gefflot (Anne), 366.
Geffredo (Mathurine), 620.
Geffroy (Anne), 60*.
— (Anne-Marie-Vincente), 501*,
503, 609.
— (Charlotte-Marie), 52*.
— (François), gardien du cou-
vent de Sainte-Catherine-
Blavez, 189.
— (Françoise), 608*.
— (Gildas), 568*.
— (Gildas - François- Joachim),
72.
— (Jacques), 352.
— (Jean), 608*.
— (Jean), conseiller au Parle-
ment, 245.
— (Jean-Joachim), 392*.
— (Jeanne), 520*, 521.
— (Joachim), 72, 501*, 609*.
— (Joseph-Marie), 616.
— (Marie-Anne), 392.
— (René-François), conseiller
au Parlement, 64.
— (Rose-Thérèse), 568*. — Voir:
Jeffray, Jeffroy.
Gégado (Jeanne de), 82*, 84.
Gégo (Jean), 111*, 112, 420.
— (Jeanne), 441*.
— (Julien), 114.
Gélard (Anne), 464.

Gélard (Claude), 464.
Gellouard (Alain), maitre des
    Comptes, 76*.
— (Alain), procureur royal à
    Auray, 82, 82*.
— (Guillemette), 3*, 77*, 372.
— (Michelle), 445.
— (Philippe), procureur royal à
    Auray, 76*.
Gelu (Jean-Baptiste), 569.
Gemin ou Gemmain (Anne-Guil-
    lemette), 573*.
— (Louise), 504.
Génard (Marie-Anne), 405.
Général de paroisse (délibéra-
    tions), 4*, 24, 57, 306.
Général, ou Le Général (Fran-
    çois), 442*.
— (François), général et
    d'armes, 458.
— (Joseph), 444*.
— (Julien), 434, 434*.
— (Julien-Charles), 443.
— (Julienne-Françoise), 458.
— (Nicolas), 434.
— (Perrine), 434, 434*, 435, 436,
    436*, 437, 438, 440*, 441, 441*,
    442, 443*, 446, 446*, 447.
— (Pierre), 439, 440*, 442*, 443,
    444*.
— (Roland), 439.
— (Thomase), 437.
— (Vincent), 440*.
Gennes (Jacqueline de), 80*.
— (Marie-Henriette de), 467*.
Genote (Jean-René), 564.
Gentil (Antoine-Françoise), 601*.
— (Bonne-Suzanne), 286*.
— (François), avocat en la cour,
    87, 590, 591, 592.
— (Jean), grand vicaire de
    Vannes, recteur de Plu-
    méliau, 15, 326*, 337, 576.
— (Jeanne-Perrine), 522.
— (Julien), 601*.
— (Louis-Redon), avocat en la
    cour, 590, 591.
— (Marie), 592, 599, 614.
— (Mathurin), 87.
Gentilhomme (Anne), 543*.
— (Antoine), 510*. — Voir : Le
    Gentilhomme.
Georgelin (Christophe), avocat en
    la cour, 462*.
— (Hélène-Marie), 11.

Georgelin (Henriette), 222*.
Georget (Augustin-Barthélémy-
    Vincent), 496.
— (François), 69, 575.
— (François), greffier criminel
    de Vannes, 488.
— (Françoise), 68*.
— (Gilles), 450, 458*.
— (Guillaume), 486.
— (Jacques), procureur fiscal
    de Locminé, 68*, 69. 69*.
— (Jean), 68*, 504, 504*, 486, 488,
    496.
— (Jean), huissier des Eaux et
    Forêts, 574*, 575.
— (Jean-Baptiste), prieur de
    Saint-Vincent, 345.
— (Jeanne), 68, 68*, 574*.
— (Marie), 504.
— (Perrine), 71*.
— (Vincent-François), 488.
Géral (Charles), 445.
— (Denis), général et d'armes,
    579, 580.
— (Guillaume), 442*, 579, 580.
— (Jacques), procureur au pré-
    sidial de Vannes, 442*, 443,
    444, 446.
— (Jacquette), 580.
— (Jean), 445, 447.
— (Jeanne), 441, 449, 579.
— (Julien), 447.
— (Julien), procureur au prési-
    dial de Vannes, 445, 447.
— (Louise), 581*, 582.
— (Marie), 463*.
Géralt (Jeanne), 459.
Gérard (Anne), 444, 579.
— (François), 471.
— (Françoise), 209*.
— (Guillaume), sénéchal de la
    Roche-Bernard, 229*.
— (Jean), 451.
— (Jean-Joseph), 496, 500.
— (Jeanne), 204*.
— (Jeanne-Perrine), 383*, 385,
    496.
— (Joseph), 491*, 495*, 497*.
— (Julien), 579*.
— (Julien), notaire et arpenteur
    royal, 444.
— (Louise-Thérèse), 496.
— (Marie), 478.
— (Michel), huissier en la cour,
    468.

— Gérard (N.), 614, 618*.
(Olive), 209*, 210, 211.
— (Pierre-Jean), 497*.
— (Pierre-Joseph), 500.
Géraudais (N.), 593.
Gerbier (Charles), 611.
— (Marie-Thérèse-Françoise),
    233*.
Gergaud (Alexandre), 631.
— (Jean), 223.
— (Pierre), 631.
— (René-Marie), 631.
Gergeois ou Jergeais (Gilles),
    441.
— (Jean), 441.
Germain (Claude), maitre en
    chirurgie, 561*.
— (Joseph-Marie-François),
    maitre en chirurgie, 561*.
Gernier (Jacques), 226*.
Gernigon (Anne-Antoine), 590.
— (Georges), 591*.
— (Guillaume-René), 587.
— (Julien), procureur en la
    cour, 587, 588, 590, 590*, 591*.
— (Pierre), 590*.
Gervaiseau (Elisabeth-Josèphe),
    232*, 233*.
— (Françoise), 519*.
— (Hyacinthe), 232.
— (Jeanne), 111.
— (Marie-Prudence), 232, 233.
— (Nicolas), 232*, 233*.
Geslin (Alexandre-Julien), 559*,
    561*, 564*, 566, 568.
— (Anne), 475*.
— (François), 161.
— (Grégoire-Vincent), 566.
— (Guillaume), 146*.
— (Jacques), procureur en la
    cour, 588.
— (Jean), procureur du Roi au
    présidial de Rennes, 279.
— (Jeanne), 147.
— (Julien), avocat du roi à
    l'amirauté de Nantes, 560.
— (Marie), 280.
— (Marie-Anne-Emmanuel),
    561*.
— (N.), 590*.
— (Yves), 146*.
Gibert (Françoise), 499*.
Gibon (Anne), 338.
— (Anne-Julien), 375.
— (Anne-Julien), conseiller au

Parlement, 314, 329*, 331, 535, 606.
Gibon (Anne-Paul-Louis-Marie-Emmanuel), 415, 415*, 418*, 419*, 535.
— (Anonyme), 411, 606.
— [Armand-Louis-Marie-Jean-Nepomucène), 618.
— (Catherine-Louise), 295, 374*, 384, 581.
— (Claude-Guy), 385.
— (Eulalie-Françoise), 415.
— (Eulalie-Grégoire), 415*.
— (Eulalie-Vincente-Marie-Louise), 142*.
— (Florimonde), 328.
— (Françoise), 303*, 327, 347*, 357.
— (Hyacinthe-François-Louis-Jacques), 418*.
— (Hyacinthe-Vincent-Marie), 295*.
— (Jeanne), 314, 331, 444.
— (Jeanne-Anne-Françoise), 378.
— (Jérôme), 243*, 330*, 375, 381*, 382, 402, 406, 481*, 511*, 532*, 597*, 603.
— (Jérôme), avocat du roi au présidial de Vannes, 339, 343*, 431*.
— (Jérôme-François), 397*.
— (Jérôme-Sidonie), 381*, 397*, 523*.
— (Julien), 145, 295, 328, 329*, 374*, 382.
— (Julien), procureur du Roi au présidial de Vannes, 339*, 351, 357*, 360, 360*, 372, 443, 444, 580*, 581, 581*, 587*.
— (Julien-Gilles), 347*.
— (Louis), 535.
— (Louis-Jérôme), 142*, 331, 331*, 384, 561*, 612*, 618, 619*.
— (Louise), 339, 583*.
— (Louise-Sidonie), 314, 612*, 618.
— (Louise-Sidonie-Barbe), 332, 417.
— (Marie-Zoé), 419*.
— (N.), 533.
— (Olivier), 142*, 295, 329*, 330*, 374*, 375, 378, 378*, 380, 381*, 383*, 384, 385, 389, 527, 603, 606.
— (Olivier-Jean-Zacharie), capitaine de dragons, 331*.

Gibon (Olivier-Julien), 314.
— (Paul), 4*, 293*, 331*, 406.
— (Paul), lieutenant des vaisseaux du roi, 441, 411*, 420.
— (Paul-François), 293*, 420.
— (Pauline-Pélagie-Thomase), 411*.
— (Philippe), 171*, 173*, 174, 338, 339*, 340*.
— (Pierre), 174, 580*.
— (Pierre), procureur du roi au présidial de Vannes, 446*.
— (René), 173*, 174.
— (Renée), 200, 200*, 217*, 325*.
— (Vincent), 527.
— (Vincent-Jérôme), 142*, 295*, 331*, 399*, 540*, 603.
— (Yves), 444, 581*, 583, 592.
Gibouin (Charles), lieutenant de la grande patache, 606.
— (N.), 604*.
Gicqueau (Anne), 155.
Gicquel (Alain), 465*, 467, 470, 472*.
— (Augustin-François), 393*.
— (Charles), 448*.
— (Charles-Nicolas), 180*.
— (Claude-François), 391.
— (François), 171, 388, 388*, 389, 391, 392, 393*, 394, 396*, 403, 410*.
— (François), curé de Redon, 505*.
— (François), lieutenant civil et criminel au présidial de Vannes, 334, 336*.
— (Gabriel), 173, 388*, 389.
— (Gilles-Pierre-Alexis), notaire royal et apostolique à Vannes, 180*, 181.
— (Guillemette), 462*.
— (Jean), 128, 173.
— (Jeanne), 128, 599*, 602.
— (Julien), 334.
— (Julien), prêtre, 566.
— (Louis), prêtre de Saint-Michel, 349*.
— (Marie-Eulalie-Ursule), 405, 405*, 549, 550*.
— (Marie-Joseph-Gabriel), 388*.
— (Marie-Julie-Perrine), 396*, 403, 405*.
— (Marie-Hélène), 173.
— (Pierre), 294, 575.

Gicquel (Pierre), lieutenant du roi au présidial de Vannes, 348, 360*, 436.
— (Pierre), chanoine de Vannes, 387.
— (Pierre-Vincent-Gabriel), 394.
— (Renée-Françoise-Angélique), 392.
— (Sébastien), 137*, 173, 362, 475*.
— (Suzanne), 492, 502*.
— (Vincente), 353*, 360*, 361, 362, 362*, 485*, 487, 491.
— (Vincente-Hélène-Maclovie), 389.
Glé (marquis de), 159*.
Gigault, ou Jégo (Anne), 524, 529*.
— (Yvonne), 530*, 532, 532*, 534*. 535.
Giguet (Yvonne), 520.
Gilarde (André de), 82.
Gillart (André-Jacques), 50.
— (Anne), 44*.
— (Claude), 381, 383*, 390, 392, 496*, 602*.
— (Claudine-Françoise), 512, 512*.
— (François), 46*.
— (François-Joseph), 47*.
— (Gilles), 45*.
— (Guillaume), 21, 23*.
— (Guyonne-Vincente), 517.
— (Jean-Jacques), sénéchal du Faouët et procureur fiscal de Guémené, 44, 45*, 46, 46*.
— (Jean-Jacques), procureur et priseur à Guémené, 46*, 47*, 48*, 50*.
— (Jérôme), sénéchal du Faouët, 44*.
— (Jérôme-Joseph-Jean), 53, 513.
— (Julienne-Marthe), 515*.
— (Laurence-Renée), 514.
— (Marie-Anne-Suzanne), 518*.
— (Marie-Thérèse), 240, 332, 563*.
— (Mathieu-Joseph), lieutenant général gardes-côtes de Lorient, 53, 392, 510*, 512, 512*, 513, 514, 515*, 516*, 517.
— (Perrine-Julienne-Rose), 63.
— (Renée), 45, 45*, 47, 48, 48*, 49*, 61*.

Gillart (Thomas-Marie), 48*.
Gillet (François-René), 598.
— (Guillaume), 598.
— (Guionne-Jeanne), 569*.
— (Jeanne), 252.
— (Julien), 484*.
— (Marguerite). 548.
— (Robert), 486.
— (Yvonne), 522.
Gillot (Agathe-Françoise), 620*.
— (Claude), 70*, 488*.
— (François), 311*.
— (François-Louis-Marie), 529*, 624.
— (Georges-Louis), maire de Vannes, 612, 622*, 623, 624, 625*, 626.
— (Jacques), 440*, 480*.
— (Jacques-René-Georges), 621*.
— (Jacquette-Yolande), 549*, 621*.
— (Jeanne-Martial-Julienne), 612*.
— (Joachim), 317*, 527, 555.
— (Julienne), 311*, 312, 354.
— (Julienne-Pélagie), 561.
— (Louis), avocat en la cour, maire de Vannes, 630.
— (Louis-François), avocat en la cour, maire de Vannes, 529*, 532*, 548, 610, 610*, 611*, 612, 612*, 613, 614*, 620*, 621*, 622*, 623, 624, 625*.
— (Louis-François-Jean-Joachim), 548, 623.
— (Marguerite-Yolande-Pélagie), 611*.
— (Marie-Victoire), 610*.
— (Michel-François), 529*, 612.
— (René), 561, 613, 621, 621*, 623*, 630, 632.
— (Renée), 354, 437*.
— (Victor), 486*, 488*, 492, 610*.
Gilmon (Madeleine), 507*.
Ginard (Marie-Anne), 414*.
Ginguené (Louise), 475, 588, 588*.
— (Mathurine), 586, 587*, 588*, 589*.
Girard (Anne-Marie), 631, 632.
— (Cécile-Angélique-Philippe), 188.
— (Jean-Baptiste), notaire, 631.
— (Jeanne), 580.

Girard (Jeanne-Rose), 632.
— (Joseph), 631.
— (N.), 535.
— (Pierre), 528*.
Girardin (Benoist), 614*.
— (François). 604.
— (Jeanne-Élisabeth), 604.
— (Pierre), 565.
Giraud (François), lieutenant d'infanterie, 548*.
— (Julien), notaire de Coislin et greffier de Lourmais, 201*, 234.
— (Pierre-Marie), 548*.
Giraudais (Catherine), 604*.
Giraudeau (Izao), 591.
Giraudet (Louis), maître chirurgien, 517.
— (Louis-Marie), 518*.
— (Pierre), maître chirurgien, 517.
Girault (Martine-Geneviève), 457, 458.
Girbon (André-César), contrôleur général des Fermes à Saint-Brieuc, 545.
— (Eugénie-Marie-Théodose), 417*.
Gissac (seigneur de), 283.
Glains (Anne), 617*.
— (Françoise-Anne), 157*.
— (Jacques), maître-chirurgien, 157.
— (Jean), sénéchal des Bouexières et de Trélo, 157.
— (Jean-Vincent), maire d'Auray, 565.
— (Joseph-Pierre), chapelain de La Gacilly, 157*.
— (Marie-Renée-Jacquette), 157, 157*.
Glacières, 322*.
Glaiollet (sieur et dame des), 81, 102.
Glairé ou Gleré (sieur et dame de), 120*, 121, 121*, 343*.
Glais (Jacques), procureur au présidial de Vannes, 554*, 556*, 557*, 559.
— (Jean-Jacques), 556*.
— (Joseph). 555*.
— (Julien), 559.
— (Marie-Josèphe), 555*.
— (Perrine-Jeanne-Julite), 557*.
— (Scolastique-Julienne), 559.

Glart (Jean-Hyacinthe), recteur d'Arradon, 308.
Glavignac (sieur de), 173, 175*, 282, 316*, 328, 353, 371*, 379*, 380*, 381*, 383*, 389, 392*, 397, 399*, 400, 408, 410, 410*, 412, 452, 465, 478, 502, 516, 517, 520*. 522, 524, 526, 528*. 529*, 540*, 610, 610*, 619.
Glé (François), chevalier de l'ordre du Roi, gentilhomme ordinaire de sa chambre, 185, 302*, 339*.
Glécon (seigneur de), 205*.
Gléharon (dame de), 355.
Glehello (François), 527.
— (Julien), avocat et procureur à Josselin, 495*.
Glemarec (François-Corentin), notaire à Baden, 310*.
— (François-Corentin-Joseph), 310*.
Glénac (paroisse), 158-160. — Voir : Haut-Sourdéac, La Forêt-Neuve (châteaux).
Glénart (Agnès), 595.
— (Françoise-Jacquette), 585*.
— (Louis), maître-orfèvre à Vannes, 585*, 586*.
— (Louise-Françoise), 586*.
— (Suzanne), 596.
Gler (sieur du), 112.
Glermé (François), sergent de Largoët, 435*.
— (Pierre), 435*.
Glet (Pierre), 251.
Glevier (Jacquette), 425*.
Glimes (Marie-Adrienne de), 262, 627*, 628*, 630.
Glotain (Pierre), sénéchal de La Roche-Bernard, 229*, 230*.
Glouet (Julienne), 623*.
Gloux (Joseph-Marie), 537.
Gludic (sieur du), 184.
Gluès (Jeanne), 426.
Glyaut (Magdeleine), 76.
Goaffé, ou Gouffé (Marie-Josèphe-Cécile), 549*.
— (Pierre-Claude), 549*, 551.
— (Vincent-Pierre-Marie), 551.
Goalesdré (Hyacinthe), 515.
— (Jean-Hyacinthe), maître particulier des Bois, Eaux, Forêts et Vénerie de l'évêché de Vannes), 565.

Goalesdre (Suzanne), 515, 613*.
— Voir : Goualesdre.
Goallen (Pierre-Joseph), 506.
Goamonen en l'Ile d'Arz, 312*.
Goarec (Côtes-du-Nord), 44*.
Goarlot (baron de), 28*.
Goasmeno (sieur de), 307*.
Goavert (dame de), 282*.
Goazemot (Jean), 39.
Gobé (Anne-Louise), 532*.
— (François), 413, 419.
— (Jean-Pierre), procureur du Roi en la maitrise des Eaux et Forêts de Vannes, 287, 287*, 295.
— (Jeanne-Marie), 529*.
— (Jeanne-Suzanne), 488.
— (Jeanne-Vincente-Guillemette), 529*.
— (Joseph), notaire royal au présidial de Vannes, 443*, 469, 481.
— (Marc), 596.
— (Marc-Anne), lieutenant au régiment de Riantec, 488.
— (Marie-Anne), 287, 287*, 532*.
— (Marie-Célestine-Hyacinthe), 419.
— (Marie-Françoise), 215, 529*, 557.
— (Perrine), 285, 285*, 296*.
— (Pierre-Vincent), 527, 529*, 531, 532*, 557, 566.
— (Suzanne), 460*.
— (Thérèse), 472.
Gobert (Julienne), 72.
Goblin (Françoise), 450, 506.
Gobril (seigneur de), 468.
Godeau (Guillaume), procureur en la cour, 456, 586*.
— (René), 586*.
Godel (Jeanne), 482.
Godet (Gratienne-Jeanne-Josèphe), 72.
— (Jeanne), 588*.
— (Renée), 29*.
Godin (Claude-Nicolas), consul de Lorient, 32*.
Godiveau (Jacques), 223*.
— (Marquise), 223*, 236*.
Godofre (Anne), 169, 169*, 516*, 518, 519*, 539, 542, 563.
— (Etienne), 541*.
— (Marguerite), 519*.

Godon (Joseph-Antoine), originaire de Turin, 166*.
Goesbriand (seigneur et dame de), 244.
Goesbriand (Louise de), 243*.
— (René de), 244.
Goez (sieur du), 296.
Gohin (Pierre-André), commandant général de Saint-Domingue, maréchal de camp des armés du roi, 308*.
Goian (Olive), 472*, 474*.
Goisver (sieur et dame de), 350*, 351, 363*.
Goldthorp (Jacques de), irlandais, aide chirurgien major des armées du roi, 543*.
Gonnet (Jean-Antoine-François), 569.
— (Jean-Baptiste), premier brigadier de la maréchaussée, 566, 570.
— (Renée-Louise), 570.
Gontier (Jeanne), 450*.
— (Marie), 258*.
Goray (trève du), en Pleucadeuc, 208*.
Goray (sieur et dame du), 194*, 203*, 204, 204*, 206, 207*, 208*, 627*.
Gorel (Pierre), recteur de Caden, 246.
Gornevec (seigneur de), 57*.
Gorré (Dorothée-Constance), 187*, 547*.
— (Nicolas), chirurgien à Muzillac, 187*.
Gorron (Jeanne), 526*.
Gorvello en Sulniac (Le), 143, 144*, 192*, 302, 304.
Gory (Pierre), doyen de Péaule, 201*.
Gosse-Joubias (Guillaume), officier de la Cie des Indes, 529, 530, 530*.
— (Jean-Baptiste), 530, 533*.
— (Jean-Baptiste-René), 530.
— (Marie-Françoise), 529.
— (Marie-Thérèse), 525.
— (Thérèse), 524*, 531, 537, 538, 539, 540*.
— (Vincent), exempt de la maréchaussée de Bretagne, 529*.
Gossemeit (Jeanne), 350*, 355*, 356*, 358*, 365.

Gosset (Jean-Baptiste-Pierre), 510.
— (Jean-Vincent), huissier à Vannes, 510.
Gosve (Françoise), 585.
Gouaillon (Hélène), 500*, 504.
— (Jeanne), 202*, 490*, 498, 503*, 504, 504*, 506*.
— (Nicole), 475*.
— (Pierre), 475*.
Goual (Jacques-Pierre), 597.
— (Pierre), 597.
Goualesdre (Hyacinthe), sénéchal de Largoët, 383, 498.
— (Jean), procureur au présidial de Vannes, 583*.
— (Louise), 583.
— (Pierre-Jean-Hyacinthe), 383.
— (Suzanne), 612*. — Voir : Goalesdre.
Goualier (Jeanne), 586, 586*, 588*.
— (Julien), 587.
Gouallon (Jeanne), 539*.
— (Nicolas), 458*.
Gouardour (seigneur de), 34*.
Gouandour (Louise-Anne de), 30.
— (Mauricette de), 28, 28*.
— (Nicolas de), 30.
Gouesmap (seigneur de), 412.
Gouault (Claude), archidiacre de Vannes, 2, 8, 82, 91, 104*, 133*, 326, 337*, 338, 340, 344*, 428.
— (René), archidiacre de Vannes, 2, 8, 91, 104*, 133*, 193, 193*, 280, 360*, 436*.
— (Thérèse-Angélique), 519.
Gouaux (Jeanne-Perrine), 534*.
— (Joseph), 520*.
— (Joseph), huissier de police à Vannes, 528*, 534*.
— (Marie-Claudine), 528*.
— (Michelle), 520*.
Gouberville (sieur de), 224*.
Goubin (François), procureur en la cour, 593*.
Goudelin (Françoise), 434.
— (Perrine), 435*, 439, 439*, 444, 446, 446*, 447, 467, 476*, 484.
— (René), 447*, 461, 463, 582* 598.
Goudemare (Christophe), 577.
— (Jeanne-Marie-Renée), 537.
Gouello (Guillaume), 524*.
— (Nicolas), 524*, 605*.
— (François-Alexandre), 629*.

Gouere (Marie), 437*.
— (Rose-Françoise-Prudence), 558*, 571*, 629*.
Gouésneuf (sieur de), 341*.
Gouévert (dame de), 282.
Gouézec (Finistère), 13.
Gouffé, voir : Goaffé.
Gouffier (Jacques), 128.
— (Pierre), 128*.
— (Renée), 108*.
Gougeard (Jeanne-Marie), 631.
— (Marie-Anne), 32*.
Gouguec (Jeanne-Olive), 633.
Gouiguet (Sébastien-Jacques), 42.
Gouizac (sieur et dame de), 135, 135*, 168, 168*, 169, 297*, 298, 431*.
Gouizac (François de), 297*, 431*.
— (Guillaume de), 135, 178.
— (Jeanne de), 78, 136*, 227*, 359.
Goujeon (Angèle-Marie-Ange), 627, 631*.
— (Anne-Marie-Josèphe), 629*.
— (François), recteur de Questembert, 213*.
— (François-Gildas-Marie-Mathurin), 628*.
— (Jean-Marie-Angel), 631*.
— (Joseph-Pierre), 551*.
— (Marie-Joseph-Renée), 550.
— (Marie-Thérèse-Perrine), 631.
— (Mathurin), notaire royal au présidial de Vannes, avocat en la cour, sénéchal de Bavalan, Trémoar, Bray, Trébenan, receveur des droits de l'Amiral de France, 550, 551*, 552, 553, 627, 628*, 629, 629*, 630*, 631, 631*, 632.
— (Raoul-Marie-Joseph), 630*.
— (Valentine-Marie-Michelle), 632.
— (Vincent-Marie-Joseph), 629.
Goulaine (marquis de), 105, 198*, 304.
Goulaine (Anne de), 144*, 193*, 194, 279*, 281, 304, 360, 365*, 458, 595, 603.
— (Claude de), 25, 25*.
— (Claude de), marquis des marches communes et préventionnelles de Poitou et de Bretagne, 304.

Goulaine (Françoise de), 58.
— (Gabriel), 304.
— (Jean), 58.
— (Yolande), 304.
Goulaire (Anne de), 365*.
Goulard (Joseph), 511.
— (Nicolas), commissaire aux saisies réelles, 596*.
Gouliart (Mathieu), 469.
Goullart (Gillette), 119. 241*.
Goupil (Guillaume), notaire de Cohignac, 209*.
— (Nicolas), 209*.
Gouppie (Pierre), 580.
Gour (Guyonne), 78.
Gourault (Jeanne), 446.
Gouray (seigneur du), 351.
Gourdan (François-Marie de), 407*.
— (Marie Anne-Mathurine de), 305*.
— (René-Marie de), 407*.
— (N.), 544*.
Gourdel (Perrine), 456.
Gourden (Perrine), 19.
Gourden (dame de), 90.
Gourdiat (Jean-Charles), organiste de la cathédrale de Vannes, 419.
— (Jean-Marie), 419.
Gourdy (Jean), recteur de Moréac, 75*.
Gourés (Anne), 42*.
— (Anne-Germaine), 37.
— (Catherine), 42.
— (Christophe), 41*.
— (Françoise), 353*, 373, 391*.
— (Guyonne), 135*, 178.
— (Isabelle), 41*.
— (Jacques), 41*, 42, 42*.
— (Jacques-Joseph), 42.
— (Jeanne), 28*.
— (Jeanne-Marie), 42*.
— (Louise), 134, 135, 135*, 136.
— (Urbanne-Corentine), 26*.
Gouret (César), 116*, 186*, 251.
— (Elisabeth-Valentine), 186*, 379*, 380, 385, 389, 390*.
— (Renée), 238.
Gourhel (paroisse), 10*; 194, 381*, 391, 395, 415, 563*.
Gourin (paroisse), 33-35. — Voir : Saint Hervé; Saint Philibert (chapelles); Quiliou (lieudit).

Gourmil (Anne), 3, 10, 13*, 17*, 18, 438*.
— (Françoise), 338, 338*, 428, 585*.
— (Gillette), 327.
— (Gillonne), 18*.
— (Guillaume), 455.
— (Guillemette), 455.
— (Jean), 326, 327.
— (Louise), 92, 326.
— (Marie), 108.
— (Olivier), conseiller au présidial de Vannes, 326, 575.
Gournois (comte de), 34, 193*.
Gouro (Anne-François), 173*.
— (Barbe), 458*.
— (Claude), 160*, 451.
— (Clément), 151.
— (François), 149, 367*, 451, 458*, 462, 467*, 506.
— (François-Marie), 382*.
— (Françoise), 158, 158*.
— (Gillette), 504*.
— (Gillonne), 149, 506.
— (Jean), 160*.
— (Jeanne), 160*.
— (Louise), 147.
— (Marie-Anne), 126*.
— (Marie-Bonne), 126, 126*.
— (Marie-Josèphe), 213.
— (Perrine), 149.
— (Vincente-Roberde), 462.
Gours (René), 503.
Gourvil (Louis-Marie), 627*, 629, 629*.
Gourvinec (sieur et dame du), 141, 141*, 162*, 177, 255*, 302, 336*, 362*, 431*.
Gousault (Jean-Baptiste), 456.
Gousseaud (Philippe), 585.
Gousset (François), 429*.
— (Jeanne), 530.
Goust (seigneur du), 110, 618.
Gouvain (Pierre), 481*.
Gouvello (sieur du), 452, 481*, 606*. (Voir : Le Gouvello).
Gouverneurs de villes et de province, 98, 268*, 269, 269*, 315, 316*, 318, 322, 322*, 323.
Gouyer (André), 485*, 592.
— (Anne), 501*.
Gouyon (Angélique-Mathurine), 3*.
— (Anne), 375*, 477.
— (Anne-Angélique), 314*.

Gouyon (Anne-Guillemette). 167*.
— (Bertrand), 171*, 341, 355*.
— (Bertranne), 193, 277, 277*, 298*,299*,303*,341*, 355*, 359.
— (Casimir - Charles - Marie - Louis), 160.
— (Catherine), 111*, 135, 171*, 294, 303*, 346*, 354*, 356*.
— (Catherine-Vincente), 600.
— (Charles), 298, 302, 303*, 394*, 429*.
— (Charles), gouverneur de Guingamp, 313*.
— (Charles), chevalier de l'ordre du roi, 276.
— (Charles-Jean), 115, 305, 314, 385*, 394, 602*.
— (Charlotte - Jeanne - Marie), 379.
— (Christine-Edmée), 403*.
— (Christophe), 171*.
— (Claude), 22.
— (Etienne-René-Bruno), 253.
— (François), 2*, 353, 367*, 375, 380.
— (François-Marie), 467*.
— (Gilles-Marie), 151.
— (Guy-Anne-Jules), lieutenant pour le roi en Haute-Bretagne, lieutenant des maréchaux de France, 394, 394*, 401*.
— (Jacques), 175, 294, 343, 345*, 350*, 355*, 356, 360*, 579*.
— (Jacques), chevalier de l'ordre du roi, 171*.
— (Jacquette), 354*.
— (Jean), 171*, 304, 358*, 361, 445.
— (Jean), conseiller au présidial de Vannes, 277*, 326*, 341, 341*, 342, 343, 345, 345*, 353*, 354*, 433.
— (Jean), chevalier de l'ordre du roi, 171*.
— (Jean), gouverneur de Guingamp, 353, 356, 433*, 438, 440*.
— (Jean-Baptiste), 115, 180, 379.
— (Jean-Baptiste-Vincent), 160.
— (Jean-Joseph), 180.
— (Jean-Vincent), 388.
— (Jeanne), 156, 427*, 442*.
— (Julienne), 119*.
— (Louis), 119, 119*, 296.
— (Louis-Claude), exempt des gardes du corps, brigadier des armées du roi, 305, 402*, 403*.
Gouyon (Louis-Marie-Victor), 160.
— (Louise), 5.
— (Louise - Célestine - Jeanne), 37*.
— (Marc), 302.
— (Marguerite), 171*, 453*.
— (Marie), 342, 366.
— (Marie-Jules), 394*.
— (Nicolas), 354*.
— (N.), 396.
— (Pierre), 104*, 272.
— (René), 379, 467*.
— (Renée), 348, 436, 592.
— (Renée-Modeste), 402*.
— (Servanne), 154*, 162*.
— (Suzanne), 345*, 353*.
— (Vincent), 367.
Gouyquet (Armand-Jacques-Guillaume), capitaine d'infanterie, 292.
— (Josèphe-Françoise), 635*.
Gouzevant (sieur et dame de), 47*, 49*, 507*.
Gouzon (Jeanne), 383, 456*.
Gra (sieur du), 277*, 342*.
Gracien (Françoise), 73.
Grador en Vannes, 303*, 469, 470*, 560*, 562, 573.
Graffion (Jacquette), 456.
— (Kertelinne), 189*.
Graigo (sieur et dame du), 190.
Grall (Ambroise), 41.
— (Elisabeth), 511, 560.
— (Jean-François), 511.
Grand bois (dame de), 594*.
Grand-champ (paroisse), 83*, 168-171. — Voir : Brénédant; Burgo (Le), chapelles; Coëtcandec (château); Cosquer (lieu dit).
Grand clos (sieur du), 70, 141, 154*, 155, 159, 160, 211*, 212*, 308, 342, 346.
Grandisle (sieur et dame de), 59*, 288, 290, 291*, 305, 360, 362, 362*, 378*, 386, 394*, 397, 398, 400*, 404, 410*, 467*, 525*, 538*, 548, 564*, 587*, 588*, 612.
Grand-Isle (Marie-Noële-Angélique de), 538*.
Grandjan (Olivier), 487*, 493*.
— (Thérèse), 327*, 448.
Grandmaison Frabot (dame de), 103*.
Grandmaison (sieur de), 197*, 541.
Grand Parc (sieur du), 14*, 15.
Grangan (sieur de), 536, 538*, 539, 540, 542, 543*, 546, 556, 558, 563, 567.
Grangan (Bonaventure-Regnault de), 531*.
Grange (sieur de), 20.
Granger (Paul-Laurent), horloger à Vannes, 413.
Granges (seigneur des), 13*, 106*, 111*, 414*.
Grannic, Grannec ou Guernic (sieur du), 135, 174*, 423, 424*, 428.
Grant (Antoine), commandant au régiment Clart, 311*.
Granvallet (Jeanne-Louise), 170.
Gras (sieur du), 477*.
Grassières (seigneur des), 595.
Grassy (Olivier de), commis aux Fermes, 265*.
Gratien (Charles), archiviste, 413*.
— (François), 201.
— (Jacques), 202.
— (Jean), procureur fiscal de Couesquel, 201, 202.
— (Jean-Baptiste), 202.
— (Joseph), sénéchal de Péaule, 203.
— (Julien), 202.
— (Marie-Jeanne-Charlotte-Euphrosine), 203.
— (Yves), 202.
Gravau en l'Ile d'Arz (Le), 312*.
Gravé (Charles), 311, 376*, 378, 466*, 474, 481, 483, 484*.
— (Charles-Joseph), 407*, 408, 408*, 410*, 411, 411*, 413*, 622.
— (Charles-Yves), 509.
— (Charlotte-Marie-Vincente), 411*.
— (François-Louis), 411.
— (François-Marie), 410*.
— (Françoise-Thérèse), 472.
— (Hyacinthe-Julien), 472.
— (Jean-Joseph), 469.
— (Jean-Marie), recteur de Lignol, 60.
— (Joseph), 598*, 599.

Gravé (Louise-Madeleine-Thomase), 407*.
— (Marie), 466*.
— (Marie-Josèphe), 501, 507, 620.
— (Martial-Jean-Baptiste), 376*.
— (Mathurin), 466*, 469, 471, 472, 474*.
— (Pélagie), 401.
— (Pélagie-Thomase), 408.
— (Perrine), 487*.
— (Perrine-Rose), 474*.
— (Perronnelle), 486.
— (Pierre), superintendant du Prince de Guémené, 60*.
— (Yves-Charles), 414*.
Gravelles (seigneur des), 398*, 399*, 400, 400*, 401*, 403, 403*, 543.
Grayo (Jacques), 210*.
— (Jean), 330*.
— (Jean), notaire de Cohignac et Carné, 210*.
— (Jean-François), 420.
— (Joseph), 634.
— (Perrine), 211*.
Grazil (sieur du), 522, 524*.
Grées (seigneur des) 376, 447.
Greffains (seigneur et dame des), 62, 118*, 119, 119*, 138, 147, 147*, 165, 338, 338*, 343*, 344, 356, 428, 607*, 611, 620.
Greffiers, 225*, 321*, 322*.
Greffier (Pierre), 469.
Greffin (Charles), avocat en la cour, 455*, 460*, 476.
— (Jacques), 441, 446*, 449, 459*, 460*, 580.
— (Louise), 441.
Grégo (seigneur du), 105*, 110*, 142*, 143, 158*, 193, 229, 257*, 273*, 277, 277*, 293, 293*, 298, 299, 299*, 300, 300*, 301, 303*, 331, 341*, 367*, 373*, 375, 376, 380*, 383, 385, 386, 387*, 389*, 391*, 393*, 397, 398, 477*, 496, 514, 536*, 556*, 571, 597*, 602*, 604. — Voir : Graigo.
Grégy (seigneur du), 415.
Gréhal (Françoise), 590*, 592, 593*.
Grénédan (sieur et dame de), 310, 364*, 376, 384*, 385, 388*, 389, 390, 393*, 395, 397, 406*, 407, 408*, 573.

Grénédan (Vincente de), 511.
Grenier (Anne-Rose-Laurence de), 208.
— (Antoine-Amaury de), 11.
— (Béatrix-Marie de), 251, 251*.
— (Charles-Anne-Alexis de), 208.
— (Elisabeth de), 47.
— (Hélène de), 88*.
— (Hélène-Mathurine de), 11, 12, 207.
— (Jean-François-Anne de), 11.
— (Jean-Marie de), 208.
— (Jeanne de), 85.
— (Jeanne-Perrine de), 11*.
— (Jeanne-Perronnelle de), 96, 96*.
— (Marie de), 11*, 88*.
— (Marie-Thérèse de), 207.
— (Marie-Ursule de), 11.
— (Mathurin-Barthélemy de), 207, 208.
— (Mathurin-Hyacinte de), 11, 206*, 207, 208.
— (Pierre-Louis de), 11.
Gréniers (Guillaume-Vincent-Léon de), 416.
— (Léon de), employé dans les Fermes, 416.
Grenieuc (sieur de), 379.
Grepin (Julien), 480.
— (Nicolas), 480.
Gresles (sieur des), 236, 236*.
Greyo (René), procureur d'Assérac, procureur fiscal de Trégrain, 217.
Grezil (Perrine-Marguerite), 534*.
Griel (Marie-Noëlle), 612.
Grieux (Louise de), 595.
Griffé (Jacques), 568*.
— (Jeanne-Françoise), 568, 568*.
— (N.), 570.
Grignart (François), 76, 80.
— (Gillette), 76.
— (Guy), 76.
— (Joseph), 140.
— (Louise-Marie-Mathurine), 132*.
— (Maurice), 80.
— (Perronnelle), 73.
— (Renée-Gillonne), 184, 186.
Grignon (Gillette), 444, 445, 448*.
— (Guillemette), 203.
— (Jeanne), 126*.

— (Jeanne-Guillaume), 445.
— (Marie-Jeanne-Baptiste), 407*.
Grignon (Marie-Louise), 405*.
— (Pierre), docteur en médecine, 317*, 405*, 407*, 411, 635.
— (Pierre-Joseph), notaire de Rochefort, 410*.
— (Pierre-Marie-Louis), 411.
— (Ysabeau), 29.
— (Yves), 403.
Grillant (Jean), 35.
Grimaud (René), 156*.
— (Suzanne), 150*.
Grimaudet (Jean-François de), 4.
— (Louis-François-Marie de), 291.
— (Pierre-François-Alain de), 291, 292.
— (René-Athanase de), chanoine de Vannes, vicaire général de Quimper, 331*, 332, 332*.
— (Vincent-Pierre de), 291.
Grines (Jeanne), 575*.
Grinne (Arthur), docteur en médecine, 618.
— (François), 615*, 619, 620*.
— (François-Rose), capitaine de vaisseaux et hydrographe du roi en l'amirauté de Vannes, 628.
— (Guillaume-Alexis), prêtre, sous-principal du collège de Vannes, 629*.
— (Guillemette-Louise), 628, 628*, 629*, 630*.
— (Jérôme-Vincent), 615*.
— (Marie-Françoise), 630, 630*.
— (Vincent-Pierre), 619.
Griport (dame de), 138*.
Grison (Georges), avocat en la cour, 595.
— (Georges), procureur en la cour, 592.
Grisons (province des), 4.
Grissart (Jeanne), 157*.
Grisso (seigneur du), 142*, 145, 145*, 171*, 174, 200, 295, 303*, 310*, 314, 325*, 328, 329*, 330*, 331, 338, 339*, 340*, 347*, 351, 357*, 358*, 360, 360*, 372, 374*, 375, 380, 381*, 382, 383*, 384, 385, 389, 443,

581, 583*, 585*, 587*, 596*, 603, 606, 612*, 618.
Grivard(Corentine),420*,542*,543, 444, 446*, 527, 535, 549, 580*.
Grivel (Guyonne), 638*, 630*, 632, 633, 634.
— (Zacharie), huissier en la cour, 463*.
Groix (paroisse), 8*.
Groleau (Mathurin-Julien), ingénieur à Nantes, 560*.
Gros (dame de), 451.
Grosbos (dame de), 91, 337, 426, 427, 427*.
Groschesne (seigneur de), 558*.
Grossin (Marie-Louise), 97.
— (N.), 390*.
Grout (Suzanne), 202, 212*, 249.
Groutel en Vannes, 421*.
Grulier (Pierre), 116*.
— (René-Armand), 116*.
Gruthus (Claude-Agathe de), 55*.
— (François-Marie de), 55.
— (Perrine-Françoise de), 55.
Grypont (Marie-Vincente), 568*.
Gubery (Pierre), contrôleur des Fermes à Vannes, 420, 516.
Gué ou Guay (dame de), 136*, 347*, 359, 582, 613.
Guebert (N.), 631*.
Gué Blandin en Saint-Jacut, 126*.
Guébriac (seigneur de), 606*.
Guébriac (Françoise de), 80*.
Guébriant (régiment de), 4.
Guédas en Marzan, 218, 221.
Gué de l'Isle (sieur et dame du), 10*, 79, 81, 87, 105, 158, 216, 404, 558*.
Guédo (N.), prêtre, 173.
Guédon (Louise), 506.
— (Marguerite-Ursule), 494.
— (Pierre), 449, 456*.
Guéfro (dame du), 346*.
Guégan (Alain), 29.
— (Catherine-Angélique-Françoise), 562.
— (Claude), 26*, 34, 34*, 35, 41.
— (Françoise), 33.
— (Grégoire-Louis-Pierre), 569.
— (Jacquette-Marie), 35.
— (Jean), 30, 33, 33*.
— (Jean), procureur au présidial de Vannes, 425*.

Guégan (Jean-Rémy), 29*.
— (Louis), 25.
— (Louise), 33.
— (Louise-Marquise), 30*.
— (Marie), 29*, 33.
— (Marie-Françoise), 406*, 407*, 410, 411, 537, 543*, 556, 560.
— (Marie-Jacquemine), 26*.
— (Mauricette), 29*.
— (Michel), 33.
— (Nicolas-Claude), 34*.
— (Pierre), 29, 30.
— (René-Charles), 34.
Guégeaux (Françoise), 158.
Guégot (Etienne-Joseph), prieur des Dominicains de Vannes, 78.
Guéguen (Jeanne), 619.
— (Pierre), 611, 619.
Guéguin (Jeanne-Marie), 509, 510, 518*, 525*. — Voir : Guiguen.
Guéhennec (Jeanne), 337.
Guéhenneuc (Bonaventure), 65.
— (Françoise), 91.
— (Guyonne), 262*.
— (Julien), 158*.
— (Marie), 18.
— (Nicolas), 158*.
— (Pierre), recteur de Noyal-Pontivy, 91. — Voir : Du Guéhenneuc.
Guého (Alexis), notaire de Péaule, greffier de Camsquel, 201*.
— (Anne), 202.
— (Anne-Cécile), 448*.
— (Anne-Rose), 459.
— (Gillès), recteur de Bohal et Saint-Marcel, 195.
— (Hélène), 450*.
— (Jacques), 492*.
— (Jacques), sénéchal de Noyal, 202.
— (Jean), notaire de Péaule, procureur fiscal de Trémondet, sénéchal du Bois-de-la-Salle, 201*.
— (Jean-Pierre), 460, 488*.
— (Joachim-Eustache), 201*.
— (Julien), 443, 448*, 450*, 457*, 459.
— (Julien-Alexis), 201*.
— (Perrine), 328.
— (Pierre), 460.

Guého (Sébastien), recteur de Noyalo, 293.
— (Thérèse), 544*.
— (Vincent), recteur de Séglien, 23*.
Guélin (seigneur de), 148.
Guellegouarch (sieur et dame de), 61.
Gueltas (paroisse), 86-87.
Guémadeuc (dame de), 138*, 387*, 599*. — Voir : Du Guémadeuc.
Guémené-Guégamp ou Guémené-sur-Scorff (paroisse), 7*, 12, 23*, 43-58, 63, 71, 88*. — Voir : N.-D. de la Fosse (pèlerinage de) ; Quenequen (forêt) ; La Maladrerie.
Guen (seigneur et dame du), 167, 494.
Guén (Jean), 606.
— (Julie-Claudine), 606.
Guénaël (N.), 320*.
Guénaneo (seigneur de), 3*, 82, 83*, 84.
Guénard (Augustin), 621*.
— (Claude), 621*.
Guénau (Jean), 434.
Guénaud (demoiselle de), 23*.
Guénéal (Robert), 234.
Guénéau (Claude), notaire royal au présidial de Vannes, 446*, 455.
— (Marguerite), 444.
Guénégaud (Emmanuel de), chevalier de Malte, 154*.
— (Henri de), commandeur des ordres du roi, secrétaire du Roi, 154*.
Guénel (Yves), 208*.
Guénement (dame de), 13*.
Guénest (sieur et dame de), 113, 204.
Guengat (comte de), 5*, 6*, 25*.
Guengat (Jacques de), 5.
— (Louise de), 5.
— (René-François de), 25*.
Guénin (paroisse), 7.
Guéno (sieur de), 53, 54*.
Guéno (Guillaume), curé de Cournon, 150*.
— (Michelle), 487*.
Guénome (chevalier du), 96.

Guépin (Julienne), 79*, 100*, 110,
187*.
Guer (paroisse), 25, 75, 207*, 208,
221, 221*.
Guer (Bonne-Gabrielle de), 25.
— (Brigitte-Louise-Claude de),
24*.
— (Charles-René de), 24*, 66*.
— (Claude-René de), 24*, 25, 67.
— (Hélène-Marie-Françoise-
Thérèse de), 25.
— (Jean de), sénéchal de
Vannes, 31*, 210*, 352, 362*,
363, 448.
— (Louis-Joseph-Armand-Co-
rentin de), 25.
— (Marie-Gabrielle), 24*, 378*.
— (Marie-Renée-Gabrielle-An-
gélique de), 25.
— (Olivier de), 44*.
Guéranée (dame de), 598*.
Guerbirio (seigneur de), 2*.
Guerche (Renée), 627*.
Guerdérien (dame de), 5(.
Guerdoul (sieur et dame de), 274.
Gueré (Alain), bailli du roi à Châ-
teauneuf du Faou, Lande-
leau, le Huelgoat et Gourin,
588*.
Guerer (Perrine), 528, 528*, 534,
534*, 536*, 537, 538, 539, 540,
541*, 543, 543*, 547*, 548, 561,
561*, 565*.
Guéret (Marie-Julienne), 416*,
417*, 420.
Guergano (seigneur de), 59.
Guergelin (dame de), 423.
Guergerot (sieur de), 352, 462*,
464*.
Guergorlay (René-François de),
88.
Guergrom (sieur de), 54*, 57*,
58, 58*, 59, 63*.
Guéric (dame de), 495.
Guéric (Marie), 78*.
Guerier (Marie), 497, 497*.
Guériff (Anne), 146*.
— (Claude), 149.
— (François), 149.
— (Guillaume), 158.
— (Hélène), 149.
— (Honoré), 147*.
— (René), 147*, 244.
— (Renée), 250.
Guérin (Anne-Françoise), 259.

Guérin (Augustin-Hyacinthe),
procureur fiscal de Ro-
chefort, 259*, 260.
— (Barthélemy-Julien), recteur
des Fougerets, 155*.
— (Bertranne-Marie-Anne-Hé-
lène-Françoise), 405, 414*.
— (François), receveur des
entrées de Paris, entrepo-
seur du tabac à Vannes,
405, 414*.
— (François-Pierre-Prudent),
259.
— (Françoise), 26.
— (Gilles), 542*.
— (Gilles), greffier de Roche-
fort, 598.
— (Gilles-Jean-François), 547*.
— (Guillaume), maréchal des
logis au régiment de Mar-
beuf, 542*, 543, 545*, 547*.
— (Jean), 573*.
— (Jeanne-Anne-Guillemette),
42*.
— (Jeanne-Françoise), 258*.
— (Joseph-Gilbert), receveur
des Fermes à Auray, 548.
— (Joseph-Jean-Marie-Théo-
dore-Augustin), 259*.
— (Julienne), 360.
— (Louis-Joseph), maître de
latin, 634*, 635*.
— (Louis-Marie), 636.
— (Louise-Théodore-Marie),
259*.
— (Marc), 233*.
— (Marie), 598.
— (Marie-Anne), 545*.
— (Marie-Louise), 635*.
— (Michelle-Louise), 543.
— (N.), catéchiste de St-Lau-
rent-sur-Sèvre, 239*.
— (Théodore-César), procu-
reur fiscal de Rochefort,
192, 259, 259*.
— (Thérèse), 494*.
— (Thomas), 26.
— (Vincent), 494*.
— (Vincente), 593, 634*.
Guerlogoden en Kergrist, 14.
Guerlosquet (sieur de), 34, 34*.
Guermanrec (dame de), 21.
Guermelin (dame de), 65.
Guermeur (sieur et dame de),
630*, 631, 633.

Guermeur (Jeanne), 618.
— (Paul-Anne), imprimeur à
Vannes, 332*.
Guern (paroisse), 87-89, 298, 339.
— Voir : Locmeltro, Mé-
norval, Quelven, Saint-
Michel, Trévanno (lieux-
dits).
Guern (sieur de), 76*, 77, 80, 80*,
83*, 135, 171*, 172, 298, 304,
339, 345*, 351*, 353, 356,
377*, 402*, 403*, 477*, 492,
493*, 522, 597*.
Guernalec (dame de), 27*.
Guernardam (seigneur de), 28*.
Guernautier (seigneur de), 67.
Guernazic (sieur de), 65.
Guernenain (seigneur de), 75.
Guernevé (dame de), 73.
Guernic (sieur et dame du),
175, 312*, 372*, 377*, 378,
379, 384, 387, 390*, 391*,
393*, 394*, 396*, 399*, 413*,
414, 416, 500, 508, 578, 582.
— Voir : Grannic.
Guernigou (dame de), 29*.
Guerniquello (sieur de), 78*,
89*, 90, 91, 92, 92*, 93.
Guerno (Le), paroisse, 183-184,
581.
Guerperno (sieur et dame de),
29*.
Guerre (mesures prises contre
l'ennemi), 322.
Guerréry (dame de), 85.
Guerric (seigneur du), 311, 474,
475, 482, 483, 484, 484*, 488*,
492*, 494, 498.
Guerric (Bastienne), 48.
— (François), notaire de Gué-
mené, 61*.
Guerry (Claude de), conseiller
au Parlement, 18, 386, 391.
— (Louise de), 10*, 13*, 18.
Guersallic (dame de), 49.
Guertin (François), 265*.
Guervasic (sieur et dame de),
135*, 136*, 172*, 177*, 333*,
343, 356*, 359, 359*, 367*,
373, 376*, 377, 386, 394*, 423.
Guervasio (Anne de), 84, 172*,
352, 359, 363, 386, 451, 584*.
— (Anne-Louise de), 487.
— (Anne-Louise-Pélagie de),
383*, 388, 397, 399*.

Guervasic (Anne-Pélagie-Char-
lôtte de), 404*.
— (Claude de), 177*.
— (Gilles de), 172*.
— (Guy de), 344.
— (Guy-Hyacinthe de), 367*.
— (Jacques de), 480*.
— (Jacquette de), 377, 409.
— (Jacquette-Marie de), 42*.
— (Jean de), 172*, 194*, 377.
— (Jeanne de), 340.
— (Julien de), 359.
— (Louis-Hyacinthe de), 376*,
383*.
— (Marguerite de), 174.
— (Marie-Josèphe de), 373.
— (Marie-Marguerite de), 480*.
— (Olivier de), 359, 442.
— (Pélagie-Charlotte de), 180*.
— (Pierre de), 172*, 177*, 333*,
361*, 367*, 373, 376*, 377,
383*, 396*, 423, 521*.
— (Pierre-Jacques-Louis-
Hyacinthe de), 383*.
— (Vincent de), 442.
Guescelin (dame de), 36.
Guescelin (Jeanne-Thérèse), 36,
38*.
Guesclin (dame du), 116*, 188.
Guesdon (Ambroise), 60*.
— (Anne), 43*, 44*, 46, 46*.
— (Bertrand), 43*.
— (Bertrand), greffier de Gué-
mené, 43*, 61.
— (Gilles), 43*.
— (Josias), 46*, 61.
— (Louis), 44.
— (Louise), 39*, 43*.
— (Marie), 43*, 44, 47, 60*.
— (N.), 232*.
— (Pierre), 60*, 462.
Guespin (Madeleine-Guyonne),
460.
— (Pierre), secrétaire de la
Princesse de Guémené, 49.
Guesquel (sieur du), 358.
Guest (seigneur du), 123.
Guezille (Françoise), 156*.
— (Georges), 156*, 163*.
— (Julien), 163*.
Guezole (Marie-Françoise), 500*.
— (Marie-Thérèse), 606.
— (N.), 320*, 598.
Guiard-Desforest (Nicolas),
officier de cavalerie, 618*.

Guiasson (Anne), 577.
Guibert (Alexandre), sénéchal
du Prieuré, 240.
— (François), employé dans les
Fermes, 609.
— (Laurence-Marie), 240.
— (Pierre), procureur en la
cour, 471.
— (Suzanne), 609.
Guiboret (Marie-Marguerite),
415, 416, 419.
Guichardy (Marie-Anne), 116*,
186*, 251.
Guichart (François), conseiller
au Parlement, 460*.
— (Jean), avocat en la cour, 74,
490, 592.
— (Marguerite), 490.
Guichen (dame de), 161.
Guichen (Yvonne), 522*.
Guichet (Denis), 471.
Guidal (N.), 320*.
Guidel (paroisse), 30.
Guidfosse ou Cuitfoz (sieur
et dame de), 27, 39*, 40, 40*,
48*.
Guido (Anne), 296*.
— (Antoine), 223*, 361*.
— (Charles-François), 310, 389.
— (Françoise), 432.
— (Jacquette), 602.
— (Jean), 340*.
— (Jean), sénéchal de Baud, 2.
— (Jean), conseiller au présidial
de Vannes, 339*.
— (Jeanne), 2, 18, 186, 340*, 343*,
356.
— (Jeanne-Madeleine), 603*.
— (Joseph-Vincent), 309*.
— (Laurent), 339*.
— (Marie), 204*, 205.
— (Michel), 2.
— (Philippe), 309*, 341, 352*, 362,
366.
— (Pierre), 361*.
— (Pierre), général des Fi-
nances, 108*, 344, 358*.
— (Renée-Françoise), 309*.
— (Vincente), 186*.
Guigné (Geneviève de), 628.
Guignolay (Julienne), 452, 456,
460, 463, 467*, 474*, 477*,
484, 484*, 501, 598.
Guiguen ou Guiguin (François),
618.

Guiguen (Françoise), 106.
— (Marie-Jeanne), 616.
— (Marie-Louise), 563.
— (Marie-Vincente), 613*.
— (Perrine), 555*, 617*, 619,
619*, 622*.
— (Perrine-Renée), 634*.
— (Yves), 613*.
Guihart (Angélique-Catherine),
187.
— (Gabrielle-Vincente), 187.
— (Jacques-Mathurin), 125*, 187.
— (Marie), 604*.
— (René), 466*.
— (René-Anne), 187.
— (René-Augustin-Hyacinthe),
187.
Guiho (Jacques), sénéchal de
Séréac, alloué de Marzan,
191*.
— (Pierre), maître chirurgien,
474*.
Guihur (François-Baptiste), 532.
— (Jean-Baptiste), 519, 530, 532,
533, 533*, 534, 534*, 537,
537*, 554*.
— (Jeanne-Marie-Thérèse),
554*.
— (Jeanne-Yvonne), 537*.
— (Marguerite-Yvonne), 530.
— (Marie-Jeanne), 533.
— (Marie-Thérèse), 541*.
— (N.), 39.
— (Perrine-Françoise), 533*.
— (Yves), 537.
Guilbaud (Guillaume), procureur
à Pontivy, 603.
— (Jean-François), chef du se-
crétariat de la Marine à
Lorient, 554*, 545, 555*, 570*.
— (Marie-Rose), 554, 555*, 558,
560*, 561*, 562*.
— (Martin), 226*.
Guilbert (Jean-Claude), 621.
— (Pierre-Vincent), 621.
Guilbery (Vincent), recteur de
Saint-Nolff, 143.
Guillart (Anne-Geneviève), 116*.
— (Augustin), 155.
— (Catherine-Valentine), 219.
— (Charles), 121*, 130*, 154, 159*,
201, 218*, 219, 244, 251.
— (Charles-François), 155*.
— (Charles-François), capi-
taine d'infanterie, 247, 247*.

— (Charles-Gabriel), 244.
Guillart (Charles-Marie), 159.
— (Claude-Renée-Louise-Marie-Anne), 159*.
— (François), 219, 243.
— (Guillaume), 243*.
— (Guy), 116*.
— (Hélène), 243.
— (Hiéromyne-Louise), 160.
— (Jean), 76*, 82*, 109, 112, 116*, 153*, 154, 154*, 155, 201, 242*, 243, 243*.
— (Jean), sénéchal de Rieux à Peillac, 155.
— (Jean-Alexis), 201,
— (Jean-François-Joachim), 155.
— (Jean-Louis), 253*.
— (Jeanne-Marie), 160, 219.
— (Joachim-Laurent-Charles), 155.
— (Julien), 243*.
— (Julienne), 244.
— (Louis), 262.
— (Louis-Mathurin), 155*, 247, 253*.
— (Marguerite), 125, 125*.
— (Marie-Angélique), 155.
— (Marie-Magdeleine), 155, 159, 219.
— (Philippe), 243*.
— (Pierre-Louis), 154.
— (René), 91*, 154, 218*.
— (Valence), 153*.
— (Valentine), 114*, 125*, 154, 154*.
Guillau (N.), 573*.
Guillaudeu (Elisabeth-Claire), 471.
— (Etienne), conseiller secrétaire du roi, maison, couronne de France, 471.
— (Jacques), 474.
— (Jean), 466*, 471, 474.
— (Jeanne-Marie), 4, 77*.
— (Mathurine), 474.
Guillaume (Anne), 86*, 134, 135*, 136*.
— (Daniel), 242.
— (François), 133, 491*, 613.
— (Gillette), 133.
— (Guillaume), maître fondeur de cloches à Vannes, 293.
— (Isabelle-Françoise-Antoinette), 500*.
— (Jacquette), 493*.

Guillaume (Jean), 500*.
— (Jean), recteur de Baden, 334*, 336*.
— (Jeanne), 574*, 619.
— (Julien), général et d'armes, 574*.
— (Julienne), 614*.
— (Louise), 478*.
— (Magdeleine), 168, 168*.
— (Marie), 491*.
— (Marie-Louise), 613*, 625*.
— (Michel), maître fondeur à Vannes, 72*.
— (N.), fondeur de cloches à Vannes, 55*, 57*, 126*, 249*.
— (Pierre), 128*, 134*, 135, 135*.
— (René), 135.
— (Thérèse), 134*.
— (Vincente), 525.
— (Yvonne), 427*, 430.
Guillaumeau (Louise-Angélique), 241.
Guillebot (Perrine), 272.
Guillec (Guillaume), 424*.
— (Marie), 424*.
Guillemard (Louis-Nicolas), 567.
Guillemé-Brulon (Jean), 410, 549, 619.
— (Marie-Adrienne), 410. Voir: Brullon.
Guillemet (Anne-Marguerite), 559.
— (Jean-Marie), 554.
— (Louis), 554, 555*, 561*, 565.
— (Marie-Josèphe), 561*.
— (Pierre-Marie), 565.
Guillomin (Antoine), 478.
— (Charles-Guillaume-Guénolé), 41*.
— (Grégoire), 41*.
— (Jeanne), 527.
— (Julien), recteur de Brech, 376.
— (Marie-Thérèse), 478.
Guillemot (Anne), 43*.
— (Antoine), 603.
— (Auffray), 90*.
— (Bonne-Constance), 126.
— (Charlotte), 433.
— (Christophlette), 455, 596*.
— (Claude-Anne), 463.
— (François), 448*, 449*, 451, 452*, 455, 455*, 463, 468, 584.
— (Guillaume), 86*.
— (Guillemette), 12.
— (Hélène), 452*, 468.

Guillemot (Hervé), 17*, 18.
— (Jeanne), 429*, 579*.
— (Jeanne-Louise), 127*.
— (Joseph), 603.
— (Louis), 455*.
— (Louise), 99.
— (Marguerite), 99.
— (Marie), 3, 10, 17*, 337*.
— (Marie-Perrine), 463.
— (N.), religieux de St-Laurent sur Sèvre, 239*.
— (Raoul), 429*, 433.
— (Vincente-Anne), 584.
— (Yvonne), 434*, 436*, 438*, 440*.
Guiller (Catherine), 16.
— (Catherine-Yvonne), 17.
— (Claude), abbé de Bon Repos, 15*, 21*.
— (Etienne), 33*.
— (Françoise), 65, 591.
— (Gertrude), 64*.
— (Louis-François), recteur de Meslé, 64*.
— (Marie), 20.
— (Mauricette), 92.
— (Pierre), 9*; 65, 67*.
— (Pierre-Louis), 11, 64*.
— (Tanguy), 13.
Guilleré (Maurille), recteur de St-Gonnery, 104*.
Guillerme (Vincente), 626.
Guillermo (Alexandre), 229*.
— (Anne), 229*.
— (Anne-Marie), 229*.
— (Guillaume), 356.
— (Guillaume), alloué de la Roche-Bernard, 226, 226*, 227.
— (Jean), 236.
— (Jean), procureur fiscal de la Roche-Bernard, 227.
— (Judith), 181*, 236, 260.
— (Michel), 226*.
— (Perrine), 354, 356, 371, 374*, 442*, 443*.
— (Pierre), 229.
— (Renée), 236.
— (Yves), 226*.
Guillet (Alexis), 562*.
— (Eulalie-Marie-Armande), 198*, 199.
— (Louis-François), procureur fiscal de Molac, 198*, 199.
— (Marin), 456*.
— (Pierre), 487*, 491*.

Guilleu (Jeanne-Françoise), 559*.
— (Pierre), 559*.
Guillevin (Louis-Marie), 628*.
Guillier (Françoise), 204*, 582,
    582*, 583, 583*, 584, 585.
Guilliers. — Voir : Rougé.
Guillo (Abel), notaire royal au
    présidial de Vannes, 307,
    346, 355.
— (Alexandre), 570.
— (Ange), 624.
— (Angélique-Lucile), 566.
— (Anne), 274.
— (Barnabé-Julien), 508*, 539*.
— (Barthélémy-Ange-Xavier),
    537, 547, 552*, 569, 573, 574.
— (Catherine-Angélique), 531*,
    546*, 548*, 549*, 551, 552,
    553*, 555, 557, 559, 563.
— (Catherine-Antoinette-
    Marie), 573.
— (Cécile-Julienne), 539*, 556*.
— (Charles), recteur de Noyal
    Muzillac, 191.
— (Charles-Constant), 567.
— (Félicité), 547.
— (Félicité-Anne), 574.
— (François), 307.
— (François), recteur de Meu-
    con, 172.
— (François), garde côtes de la
    Roche-Bernard, 220.
— (François-Barnabé), 499*,
    530, 533, 536*, 546*, 550, 563.
— (Françoise), 574*.
— (Françoise-Félicité), 569.
— (Gillette), 426*.
— (Grégoire), 355.
— (Grégoire), avocat en la cour,
    211, 353, 369, 456*, 457, 458,
    461, 463, 465, 482, 484*, 487,
    495, 499, 504*.
— (Grégoire-Ange), 505*.
— (Guillaume), 20.
— (Guillemette), 17*, 426.
— (Hélène), 307.
— (Isabelle), 596*.
— (Jean), 311*, 424, 424*, 425,
    476, 588*.
— (Jean), notaire royal et pre-
    mier huissier au présidial
    de Vannes, 424, 424*, 425*,
    574, 575.
— (Jean), recteur de Remungol,
    85.

Guillo (Jean-Baptiste), 211, 311,
    376, 484*, 495, 496*, 498,
    499*, 501, 501*, 505*, 506,
    506*, 530, 564.
— (Jean-Baptiste-Grégoire),
    498.
— (Jean-François), 556.
— (Jean-François), prêtre, 557.
— (Jean-Marie), 533, 565.
— (Jean-Vincent), maire de
    Vannes, 317*, 513, 535, 536*,
    537, 538, 538*, 539, 547, 548*,
    550*, 552, 552*, 556, 557,
    559*, 563, 564, 564*, 565, 566,
    567, 568, 568*, 569, 570, 573,
    574.
— (Jeanne), 307, 424.
— (Jeanne-Félicité), 550*.
— (Jérôme), 78.
— (Jérôme), recteur de Saint-
    Tugdual, 67.
— (Joseph), 311.
— (Joseph-Ange), 505*, 508, 508*,
    510, 513, 513*, 518*, 526, 552*.
— (Joseph-Ange), notaire et
    secrétaire du Roi, maire
    de Vannes, 531*, 532*, 535,
    537, 538, 539*.
— (Joseph-Ange-Marie), 538.
— (Julie-Angélique), 311*, 536*,
    547, 550.
— (Julien), 307.
— (Julienne), 337, 355, 429, 574*.
— (Julienne-Olive) 495.
— (Louis), 343, 422.
— (Louise), 424*.
— (Marie), 449*, 453.
— (Marie-Angélique), 559*.
— (Marie-Anne), 614*.
— (Marie-Anne-Louise-Tous-
    saint), 101, 526, 539*, 552.
— (Marie-Elisabeth), 513*.
— (Marie-Françoise), 552, 564*.
— (Marie-Josèphe), 501.
— (Michelle), 336*.
— (N.), 522*.
— (Nicolas), 78.
— (Perrine), 140*, 425*.
— (René), 307.
— (René), notaire royal et pri-
    seur noble au présidial de
    Vannes, 343.
— (Thérèse), 405.
— (Thérèse-Angélique), 510
    532*, 537.

Guillo (Thomas), 355.
— (V.), sous curé de Péaule,
    199.
— (Vincente), 526*.
— (Vincente-Françoise), 288,
    311, 496*, 513.
— (Vincente-Thérèse), 52*, 311,
    369, 483, 496*, 497*, 499, 501,
    533*.
— (Yves), curé de Saint-Aignan,
    20.
Guillocher (Thomase), 335.
Guillomé (Julienne), 274, 277.
— (René), 272*, 274.
— (Thomas), 272*.
Guillon (Ange), capitaine garde
    côtes, 207*.
— (Ange-Marie), 565*.
— (Louis), 100.
— (Thérèse), 469.
Guilloré (Jacquette), 575*.
— (Michelle), 423.
— (Olive), 228.
— (Renée), 113*, 235, 236,
    236*.
— (Suzanne-Marie), 246*.
Guilloroux (Henri), recteur de
    Guiscriff, 28.
Guillory (Jean), recteur d'Arzal,
    181*.
Guillot (Anne), 605*.
— (Charles), notaire royal au
    présidial de Vannes, 457.
— (Jean), 87.
— (Jeanne), 578.
— (Louis-Anne), 86.
— (Marc), 86.
Guilloté (Marie-Thérèse), 618.
— (Yves), 239*.
Guillotel (Marie-Catherine), 542*,
    543, 544.
Guillotin (François), 160*.
— (Louis-Marie-Anne), 150.
Guilloto (Pierre-Alexis), 556, 623*.
Guillou (Catherine), 25*.
— (François), 296.
— (Françoise), 204.
— (Jacqueline), 107*.
— (Jean), 296.
— (Jeanne), 146, 146*, 204, 250.
— (Julienne), 146*.
— (Louis), 296.
— (Marie), 146.
— (Renée), 50.
Guillouet (Anne-Thérèse), 26.

Guillouet (Blanche), 152*.
— (François), 152, 152*.
— (Gilles), 152.
— (Guillaume), 26
— (Marguerite), 34.
— (Marie), 128*, 152, 152*.
— (Pierre), notaire, 29.
Guilloux (André-Marie), 503, 527, 528*.
— (André-Marie), maître chirurgien, 524*, 528*, 529, 530, 531, 532, 533, 533*, 554.
— (Armand-René), 507.
— (Claude), official de Vannes, recteur de Saint-Patern, 506*.
— (François), cordier, 93*.
— (Françoise), 592.
— (Françoise-Julienne), 511.
— (Georges), 518, 535.
— (Georges), chirurgien, 554*.
— (Georges-André), 411*.
— (Guillaume), 6*.
— (Hyacinthe-Perrine), 513*.
— (Jacquette-Jeanne), 599*, 607, 608, 609*.
— (Jean), 589*, 592.
— (Jean-François), 505*.
— (Jean-Joseph-Marie), apothicaire, 411*, 530, 554, 554*, 555.
— (Jean-Michel), 504*.
— (Jean-Pierre), 504*.
— (Jeanne-Marie-Hyacinthe), 540.
— (Joseph-Anne), 589*.
— (Joseph-Pierre), 515.
— (Louise), 22.
— (Louise-Renée), 54.
— (Magdeleine), 93*.
— (Marguerite), 512*.
— (Marie-Hyacinthe), 516*, 623.
— (Marie-Jeanne-Vincente), 546.
— (Marie-Perrine), 531.
— (Marthe-Jean), 600.
— (Michel), 599*, 600.
— (N.), 563.
— (N.), curé de Saint-Patern, 551.
— (Perrine-Julienne), 508*, 530, 537, 546, 551.
— (Pétronille-Julienne-Dominique), 546.
— (Pierre), maître-chirurgien

juré du roi pour les rapports en chirurgie à Vannes, 501*, 503, 504*, 505*, 507, 508*, 510, 511, 512*, 513*, 515, 516*, 518, 527, 528*.
Guilloux (Pierre-Jacques-Vincent), 549.
— (Pierre-Marie-René), 533.
— (Pierre-Patern), maître chirurgien juré du roi à Vannes, 510, 533, 536, 540, 541*, 544*, 546, 549, 551, 552.
— (Vincent), 502*, 504*.
— (Vincent-Hyacinthe), 502*.
— (Vincent-Julien), 501*.
— (Yves-François), notaire apostolique, 62*.
Guillouzic (Antoine), 425*.
— (Julien), curé de Plescop, 174*.
— (Julienne), 143*.
— (Mathurin), 628*.
— (Perrine), 425*.
— (René), prêtre, 83*.
Guillouzo (François), notaire de Guéméné, 3, 32.
— (Gilles), 78*.
— (Louis), procureur fiscal de Kergroix, 78*.
— (Marie), 3.
— (Pierre), 85.
— (Toussaint), 78*.
Guilly en Malguénac, 15, 22.
Guilmore (Michel), 509*.
Guilmoto (Jean), 575.
Guimarho (Jérôme), 102.
— (Pierre), recteur de Noyal Muzillac, 192. — Voir aussi : Guymarho.
Guin (Jacques), 609.
— (Julien), 609.
Guino (Thérèse), 528*, 537*.
Guinois (Joseph-Martin), 412.
Guinot (Marie-Elisabeth), 533.
— (Pierre-François), 533.
Guiny (seigneur du), 115*.
Guionvarch (Marie-Anne-Georgine), 635*.
— (Marie-Françoise), 635*.
Guiotteau (Louise), 26.
Guiquéro (Anne), 493*.
Guiscriff (paroisse), 27, 29. — Voir : Saint-Guenaël (chapelle).

Guiter (Jean), conseiller médecin ordinaire du Roi, 331, 405*, 527*.
Guiterel (seigneur et dame de), 74*, 75, 84.
Guitteny (Jean-Prudent), 542*.
— (Joseph-Marie), 545.
— (Prudent), 542*, 544*, 545.
Guitton (Armand-François), 386*, 487*, 635.
— (Elisabeth-Clémente), 571*.
— (Guillaume), 365, 366*, 373*, 393, 394*.
— (Jean-Baptiste), 373*.
— (Louis-Anne), 366*.
— (Marguerite), 234.
— (Marie), 501*, 599, 599*, 600, 606*.
— (Marie-Julie), 386*, 635.
— (René-Louis-Joseph-Célestin), 167.
— (Vincent-Jacques), 571*.
— (Vincent-Jacques-Félix), 388.
Gurnan (seigneur de), 13.
Gustarnec (Alexis), recteur de Billiers, 183*.
Guy (Renée), 516.
Guyau (Gabriel), 445*.
— (Jean), 449*.
— (Mathieu), 440, 441, 442, 443, 445*, 449, 449*, 455*, 492.
— (Mathurine), 443, 488.
— (Michel), 442.
— (Michel), sergent à Montsoreau, 442.
— (Vincent), 449.
— (Yolande-Françoise), 455*, 492.
Guyé (marquis de), 22*.
Guyen (Alain-Claude), 210.
— (Bertranne), 484*.
— (Claude), 210.
— (François), 484.
— (Françoise-Josèphe), 491*.
— (Jeanne), 209*, 486*.
— (Louise), 209*.
— (Olive-Etienne), 494.
— (Pierre), sénéchal de Boblay et de Molac, 198, 484, 484*, 486*, 488*, 491*, 493, 494.
— (René-Alexis), 488*.
— (Renée), 209*.
— (Suzanne), 493.
Guyet (Anne-Rose-Gabrielle), 25.
— (Joseph-Guillaume), 629.

Guyet (Julien), 26*.
— (Marie-Josèphe), 408*.
— (Maurice-Jacques-Louis), 408*, 413*.
— (Maurice-Jean-Vincent),lieutenant d'infanterie, 420*.
Guyhar (Jean), 492*.
— (Perrine-Jeanne), 492*.
Guyho (Anne-Charlotte-Emilie), 27*.
Guyhou (Bertranne), 612.
— (Jacques), sénéchal de Fougeray, 151*.
Guymar (Anne), 307*, 352.
— (Anne-Louise-Constantine), 394, 611.
— (Charles-Balthazar), 441*.
— (Claude-Olivier), 460*, 462*.
— (Constantine), 167*.
— (François), 224, 450*.
— (Françoise), 455*, 476, 476*, 480*, 485, 485*, 496.
— (Guillaume), employé dans les Fermes, 555.
— (Jacquette), 355.
— (Jean-François), 462*.
— (Jean-Guillaume), 71.
— (Jean-Vincent), 555.
— (Jérôme-Ange), 393.
— (Louise), 351*, 363*, 364, 457*, 465*, 583.
— (Marguerite), 384.
— (Marie), 354*.
— (N.), maire de Vannes, 316.
— (Pierre), procureur fiscal de Locminé, Moréac, 70*.
— (Regnault), sénéchal de Kaer et lieutenant de Largoët à Auray, 278*, 576*.
— (Victor-Yvès-Jérôme), 393.
— (Vincent-François), 383*.
— (Yves), conseiller au présidial de Vannes, 354*, 361, 383*, 390*, 393, 394, 485, 489.
Guymarh (Louis), 450*.
— (Pierre), 450*, 454*.
Guymarho (Anne), 16, 483.
— (Anne-Renée), 81.
— (Bertrand), 333, 341, 349*.
— (Bertrand), vicaire général

de Vannes, chanoine et recteur de Grand-Champ, 174, 333, 334, 334*, 336, 342, 424*, 433, 440, 443*, 582.
— (Françoise), 58, 309, 334, 356*, 360*.
— (Gillette), 485*.
— (Guillaume), 456*.
— (Guillaume), alloué de Vannes, puis chanoine de Vannes, pénitencier, prieur de Saint-Cado et conseiller au présidial de Vannes, 306*, 309, 334, 335, 336, 337, 337*, 341*, 344*, 347*, 432*, 435, 579.
— (Henri), greffier criminel de Vannes, 333, 424, 574*, 575.
— (Hervé), 586*.
— (Jean), 102, 437.
— (Jeanne), 306*, 336, 437.
— (Julien), 81.
— (Julienne), 274*.
— (Louise), 586*.
— (Marguerite), 29*, 334, 424.
— (Suzanne-Laurence), 81.
Guyné (Louis de), 251*.
— (Roland de), 205*.
Guynement (Yves), procureur au Parlement, 591*.
Guyodo (Marie), 560*.
— (Marie-Anne), 514.
— (Vincent), 497.
— (Yvonne), 612*.
Guyomar (Françoise), 58*, 59, 137*, 142, 144*, 294, 360, 446.
— (George), ermite de Saint-Jean de Campénéac, 91*.
— (Guillaume), 118*.
— (Guillemette), 118*.
— (Jacquette), 495*.
— (Jeanne-Marie), 412, 537.
— (Louis), 533, 537.
— (Marie-Geneviève), 634*.
— (Marie-Guillemette), 533.
— (Pierre), 427.
— (Pierre), religieux, 118*.
— (Renée), 118*.

Guyon (Pierre), procureur au Parlement, 84*, 459* 593.
— (Pierre-Mathieu), 593.
— (Yolande-Françoise), 529*.
Guyot (Abel), 414*, 416.
— (Alain), 545.
— (Alexis), 636.
— (Anne), 604*.
— (Anselme), prêtre de Saint-Michel, 349*.
— (Augustin-Guillaume), 101.
— (Bonne), 436.
— (Charles), 101.
— (Charles-Jean-Xavier), 629*.
— (François), 293.
— (Guillaume-Marie), 416.
— (Jacquette), 469.
— (Jean), procureur au présidial de Vannes, 443.
— (Jean-Vincent), 545.
— (Jeanne), 144*, 421*, 422, 452, 585*, 685*.
— (Joseph), 549*, 567, 629.
— (Joseph-Guillaume), capitaine d'infanterie, 635*.
— (Joseph-Marie), 635*.
— (Julien), recteur de Noyalo, 293.
— (Louis-Marie-Antoine), 635*.
— (Louis-Robert-Angélique-Xavier), receveur des Domaines, 414, 635*.
— (Louise), 107, 475*, 553, 555, 623.
— (Marc), 628*, 629*.
— (Marie-Josèphe-Antoinette), 628*.
— (Marie-Thérèse), 554, 555, 559.
— (N.), 94*.
— (Nicolas), procureur au présidial de Vannes, 293, 427*.
— (Prudence), 293.
— (Sébastien), 486.
— (Suzanne), 441, 442*, 452, 579.
Guyto (Mathurine), 11.
Guyton (Marie), 514*.
Gy (sieur du), 484*, 501*.
Gyon (Marie-Jacquette), 554*.

H

Hacquet (N.). religieux de Saint-Laurent sur Sèvre, 239*.
Haffont (sieur du), 395*.
Haguenier (François), 583*.
— (Françoise), 588, 589, 590*, 592, 593*, 594*, 595, 596, 600*, 601, 610.
— (Marie), 593*.
— (Mathurine), 583*, 588.
— (Pierre), maitre brodeur, 583*.
Haiaux ou Haioaux (Françoise). 544*, 547.
— (Pierre), 544*.
Haindreuff (sieur du), 113, 135*. 217*, 241*, 242, 243*, 246, 246*, 247, 248*, 287, 287*, 289*, 355, 579.
Hais (Jeanne), 479*.
Haisdurand (Charles-François-Marie de). 416.
— (François-Marie de), contrôleur au bureau général des Fermes, 415, 416, 419.
— (Marguerite-Marie-Hyacinthe de), 415.
— (Marie-Françoise de), 419.
Halbert (N.), religieux de Saint-Laurent sur Sèvre, 239*.
Halbout (Anne-Hélène), 26*.
— (Anne-Renée), 25*.
— (Elisabeth-Josèphe), 53.
— (Jean), sénéchal du Faouët, 26*.
— (Nicolas), sénéchal du Faouët, 25*, 26.
Halgouet (seigneur du), 245, 366.
Halguy (Madeleine), 372*.
Halicant (Marie d'), 123. — Voir : Danican.
Haligon (Pierre), 593.
Halis (Jean), 420.
Halles, 268, 269, 269*, 271.
Halna (Sainte-Jeanne), 17.
Hamart (Georges), procureur en la cour, 588*.
— (Ignace), maitre chirurgien, 581.
— (Olivier-Raoul). 588*.

Hamart (Raoul), procureur au présidial de Rennes, 588*.
Hameaux (Jean-Baptiste), 20*.
Hamelin (Anne), 584.
— (Marguerite), 460*, 468*.
— (Marie), 205.
Hamon (Amand-Pierre), 27*.
— (François), 99.
— (François), procureur en la cour, 465*.
— (Guillaume), avocat en la cour, 590, 592, 593.
— (Jean-Baptiste), 632.
— (Jean-Baptiste-Paul), 27*, 43.
— (Jeanne), 523*.
— (Louis), 44*.
— (Louis), sénéchal de Coetanfao et alloué de Guémené, 21*.
— (Louis-Joseph), avocat en la cour, 38*, 39.
— (Louise-Marguerite), 465*, 467*, 472, 475*, 491.
— (Magdeleine), 106*, 115, 186*, 245, 369.
— (Madeleine-Jacquette), 386, 388.
— (N.), sénéchal de Gouarec, 632.
— (Nicole), 78*, 79, 84*, 99.
— (Pierre-Paul), 27*.
— (René), 593.
Hamonet (Gabriel), 10.
— (Jean), 10.
Hamonic (Etienne), 9*.
— (Jeanne), 90.
— (Julienne), 19*.
— (Pierre), 9*, 87.
Hamoniet (Françoise), 493*.
Hance (Perrine). 227.
Hanlay (sieur du), 605*, 634*.
Hanlis (demoiselle de), 625.
Hannit (Marie-Angélique), 606.
Hansar (sieur d'), 471*.
Hanvaux (seigneur du), 588.
Hanvec (Finistère), 194.
Haranchipy (Jeanne), 520*.
— (Maria-Jacquette), 520*, 522*, 559*.

Harcal (sieur d'), 346*, 352*, 360, 381, 422. — Voir Hercal.
Hardas (Mathieu), 68.
— (Reine-Bastienne), 166.
Hardaz (sieur du), 187.
Hardicourt (demoiselle d'), 19*.
Hardouin (François), 28*.
— (Françoise-Anne), 59*.
— (Henri), 441.
— (Henri), prêtre et sacriste de Saint-Patern, 468, 470.
— (Jean-François), lieutenant de la patache du Port-Navalo, 264.
— (Joseph), 442*, 455*.
— (Joseph-Marie), 264.
— (Julienne-Clémence), 29, 31.
— (Perrine-Julienne), 460.
— (René), 441, 442*, 448*, 452*, 455*, 460, 476*.
— (Vincente-Louise), 452*, 476*.
Hardy (sieur de), 257*, 259, 259*.
Hardy (Angélique), 398*, 404*.
— (Anne), 139.
— (Antoine), 601*.
— (César-Vincent), intendant du Prince de Guémené, 52, 53.
— (Charles), 84*.
— (David), 457.
— (François), 282*.
— (Geneviève), 457.
— (Guillemette), 613*.
— (Jean), 474*.
— (Jean-Baptiste), avocat en la cour, 398*.
— (Jeanne-Marie-Vincente), 559.
— (Marie-Anne), 384*, 386, 389*, 390*, 397, 604.
— (Marie-Suzanne), 52*, 53*.
— (Pélagie-Jacquette), 53.
Harel (François), 474*.
— (Guillemette), 468.
— (Guyonne), 464.
— (Henri-Thomas), 468.
— (Jean), 461*.
— (Jeanne), 474, 476*.

Harel (Jeanne-Vincente), 461*.
— (Mathurine), 559*.
— (Thomas), procureur en la cour, 461*, 464, 468, 473, 474*, 590, 594.
Harembert (André-Marie), sénéchal des régaires de Vannes, 418*, 420.
— (Anne-Marie-Jeanne), 418*.
— (Etienne), procureur en la cour, 464*, 467.
— (Jean-Marie), 420.
— (Joseph-Marie), 420.
Harembourg (François d'), capitaine aide-major, 553*.
— (François d'), maitre ordinaire en la Cour des Comptes de Normandie, 553*.
Harivel (Jacques), docteur en médecine, 479.
— (Jacques-Henri), 489.
— (Thérèse-Angélique), 488*, 494*, 495.
Harpin (Jeanne), 104, 302.
— (Perrine), 302*.
Harquin (Marie-Suzanne), 633.
Harscouet (Gabriel-Jean), 123*, 198*, 293*, 306, 311*, 415*, 561.
— (Gabrielle), 140.
— (Guillaume-Marie), 140, 545.
— (Hyacinthe-Marie-Mathurin), 562*.
— (Jean-Armand), recteur de Caden, 246.
— (Jean-François-Joseph), 311*.
— (Jeanne-Gabrielle), 140.
— (Joseph-Louis), 140.
— (Joseph-Marie), 140.
— (Julien-Gabriel-Melaine), 123*.
— (Pierre-Marie-Fidèle), 140.
— (Yves), 188*.
Hart (demoiselle d'), 495*.
Hary (Thomas), recteur de Sarzeau, 275, 275*.
Haubois (Yvonne-Marie), 461.
Haucourt (Colomban-Louis d'), avocat en la cour, 101*, 564, 566*.
— (René-Joseph d'), 101*.
Haudancourt (Henri de la Motte), 344*.

Haudressy (Jean-Baptiste d'), notaire et greffier de Rochefort, 258*, 259.
— (Joseph d'), greffier de Keralio, 258*.
— (Marie-Anne-Catherine d'), 258*.
— (Nicolas d'), 209*.
— (Olive d'), 257*.
— (Yves d'), 257*.
Haumestre (Julien), 453.
Haumont (Jean-François), capitaine de la Cie des Indes, 621*.
— (Jeanne), 618*.
— (Pierre), 496.
— (Thérèse-Charlotte), 621*.
— (Yves), premier recteur en date de Pénestin, 225.
Haupi (Anne), 634.
Hause (Alain), 427.
Haut-Bohal en Bohal, 195*.
Haute-Faille (sieur de), 466*, 471, 472, 474*.
Haute-Roche (sieur de), 502.
Haute-Rue (demoiselle de), 473*.
Hautes-Bouëxières (trève des), en Carentoir, 148*.
Haut-Pâtis en Sarzeau, 280*, 288.
Haut-Sourdéac en Glénac (château du), 159*.
Haut-Verger (sieur du), 222, 222*, 223, 227*, 228*, 232*, 234*.
Hauvillée (sieur de), 626*.
Havart (Christophe), 473*.
— (Jean), 523.
— (Jean-Baptiste), 144.
Havis (Augustin), 582.
— (François), alloué de Pontivy, 84*.
— (Guyonne), 19.
— (Ignace), 92.
— (Jeanne), 582.
Hay (Charles-Paul), 253*, 259*.
— (Jean), jésuite, 363.
— (Marie-Anne), 510.
— (Marie-Paul), 253*.
— (N.), conseiller au Parlement, 510.
— (Paul), 214.
Haye (Olive), 51*.
Hayes (sieur des), 477*, 525, 552*, 553*, 591, 592.

Hayes-Doudar (dame des), 261*.
Hayeux (sieur et dame des), 28, 29.
Hayneufve (Marie), 429.
Hayo en Saint-Thuriau (Le), 107.
Hazo (Jacques), 464*.
Hazois (sieur des), 327, 327*, 435*, 581*.
Hecqueville (Jacques de), libraire à Vannes, 601*. — Voir : Huqueville.
Hédon (Jacques), 459*.
— (Marguerite), 467*.
Hédoux (Jacques-Charles), 629*.
Heillard (Pierre), maitre des hautes œuvres de la ville de Vannes, 344.
Hélan (Marie) 612*.
Hélare (Guillaume), 477.
Helfau (seigneur et dame du), 113, 116, 133*, 134*, 135*, 136, 138, 138*, 197*, 200*, 254*.
Héligon (Jean), 149.
— (Pierre), 236.
Hellauff (dame du), 34*.
Helleguy (sieur et dame du), 47.
Hellene (Françoise-Renée), 410.
Hellés (seigneur du), 28.
Hellier (Jeanne), 532*.
Hello (N.), 321.
Hellocoq (Jean-Baptiste), 405.
Hélo (Andrée), 367.
— (Jean), 374*.
— (Jean), avocat en la cour, 367.
— (Jean), commissaire ordinaire de la marine, 510, 514*, 516, 524.
— (Jean-André), 510, 573*.
— (Louise-Ursule), 116, 122*, 123*, 524, 558.
— (Marie-Andrée), 374*.
— (Marie-Anne), 117*, 118, 132*, 516.
— (Pierre-Ignace), 514*.
Héméric (Marie), 435.
Hémery (Claudine), 500*.
— (Guillaume), sous-curé de Saint-Perreux, 128.
— (Jeanne), 497.
— (Julienne), 497.
— (Louise), 533*, 538.
Hémon (Anne), 550, 551*.
— (Claudine), 463.

Hémon (Jean), 420.
— (Jean), recteur de Plescop, 174, 174*.
— (Joseph), curé de Locmaria Grand-Champ, 171.
— (Julien), 536.
— (Julienne-Marie), 535*.
Hémonstoir (Côtes-du-Nord), 19*.
Hénan (sieur de), 93.
Hencoët (seigneur de), 177, 197.
Henlez ou Heinlée (seigneur de), 167, 177, 177*, 178*.
Héno (Julien), 9*.
— (Marie), 469.
Henrio (Henri), notaire, 546*, 547.
— (Jacquette), 546*.
— (Joseph), chanoine de Guémené, 54.
— (Marie-Julienne), 568.
— (Pierre), 14.
— (Pierre), curé de Kergrist, 14.
Henry (Adrienne-Marie-Hyacinthe), 207*, 627*.
— (Angélique), 538*.
— (Anne-Marie), 195*.
— (Anonyme), 567*.
— (Augustin-François), 256.
— (Augustin-François-Louis), 207*.
— (Baptiste-Hyacinthe), 195, 196, 205, 205*.
— (Barthélemy), 206, 207.
— (Bertrand), 41.
— (Catherine), 112.
— (Claude-Anne), 101.
— (Emilie-Célestine), 205*, 206.
— (François), avocat du Roi au présidial de Vannes, 350.
— (François), chanoine de Vannes, 366*.
— (François-Désiré), 573*.
— (Gaëtane-Françoise), 144*, 417*.
— (Gilles), 76, 195, 195*, 204*, 358*.
— (Gillonne-Guillemette), 196.
— (Guillaume), 549.
— (Guillemette), 175*.
— (Guyonne), 517.
— (Hyacinthe), 205*, 206, 207, 216*, 392, 395, 502*, 538*, 602*.
— (Hyacinthe-Eléonor), 207*, 216*, 392, 627*.
— (Hyacinthe-Joseph), 196.

Henry (Isabeau), 22.
— (Jean), 43, 195*.
— (Jean-François), 395.
— (Jeanne), 254*, 433*.
— (Joseph), 101*, 195*, 421.
— (Joseph), directeur des Fermes de Bretagne à Vannes, 565*, 567*, 573*.
— (Joseph-Théodore), 54*.
— (Louis-Alexandre), 101*.
— (Louis-Bonaventure), 93.
— (Louis-Marie), 101*, 573*.
— (Louise), 205, 254*, 309*, 310, 368.
— (Magdeleine), 206.
— (Marguerite-Jeanne), 565*, 574.
— (Marie), 205*, 370.
— (Marie-Agathe-Monique), 256.
— (Marie-Angélique-Rose), 207*.
— (Marie-Hyacinthe), 196.
— (Marie-Mathurine), 205.
— (Marie-Nicole), 610, 610*.
— (Marie-Vincente), 207*.
— (Olive), 358*.
— (Olivier), 204*.
— (Pierre), 195*, 196, 205*.
— (René), 205.
— (René-Gilles), 196.
— (Renée-Mathurine), 11, 195*, 196, 388*, 392*, 505.
— (Suzanne), 204*.
— (Toussaint-Fortuné), 573*.
Henry de Chasteautro (Renée), 383*.
Henven (sieur du), 68*, 69*, 444*.
Hequet (Jean-Baptiste), maître relieur à Vannes, 615*, 616.
— (Marie-Renée), 615*.
— (Pierre-René), 616.
Héraud (Mathurin), 542.
Hérauts, 97*, 316, 317*, 318, 318*, 322*.
Herbel (Marguerite), 609*.
Herbert (Françoise), 229*, 350*, 355*, 430*, 435, 436*.
— (Guillaume), notaire royal à Hennebont, 450*.
— (Jean-Joseph), 230*.
— (Vincent), 350*, 430*.
Herbet (François), 629.
Hercal (sieur du), 129. — Voir : Harcal.
Hercé (René), 524.

Hérisson (Charles-Louis-Ange), 110*.
— (Françoise-Aubine), 163, 252.
— (Jean), 252.
— (Marie), 163, 252, 253, 549.
— (René), 252.
Herman (Anne), 22*, 175*, 313*, 314, 328*, 347, 360, 361, 378, 467, 484.
— (François), 469.
— (Hélène), 466*.
— (Jean), 427.
— (Louis), 342*, 465, 466*.
— (Michel), 342*, 436*.
— (Regnault-Louis), 466*.
Hermant (Claude), 406*.
— (Hyacinthe-Vincent), 409*.
— (Jean-Claude), huissier au parlement de Paris, 406*, 407*, 408, 409, 409*, 413.
— (Marie-Louise-Adélaïde), 409.
— (Marie-Louise-Vincente), 408.
— (Marie-Vincente-Guillemette), 407*.
Hermier (Marie-Magdeleine-Charlotte), 56*, 249.
— (Pierre-Louis), chanoine de Lihas, 249.
Hermine (château de l'), à Vannes, 322, 323*.
Hermitage (seigneur de l') 603*.
Héro (Nicolas), chirurgien, 530.
Hérouard (Claude), 528.
— (Jean), 456.
— (Julien), 497, 602*.
— (Toussaint-Vincent), 497.
Herpe (Anne), 56.
— (François-Joseph), 56*.
Herpin (Julienne), 12.
— (René), 548*.
Herry (Marguerite), 9*.
Herso (Jeanne), 585.
Hertré (dame du), 64.
Hervay (Claude), 356.
— (Olive), 356, 437*, 580.
Hervé (Anne), 48.
— (Anne-Michelle), 48*.
— (Antoine-Jean), maître chirurgien, 398*, 402, 530*.
— (Antoinette), 227*, 228, 229.
— (Catherine-Olive), 398*.
— (Charles), procureur en la cour, 590.
— (François), 48*, 50, 204*.

Hervé (Gilles), 48*.
— (Henri), 50*.
— (Jacquette), 587*, 593.
— (Jean), 484*.
— (Jean), sénéchal de Rieux à Peillac, 154.
— (Jean-Baptiste), avocat en la cour, 611.
— (Jean-François), greffier de Guémené, 48, 48*, 49.
— (Jeanne), 236, 450, 604*.
— (Joachim-Théophile), 156.
— (Julienne), 480.
— (Louise), 226*.
— (Marie), 39*, 204*.
— (Marie-Anne), 284*.
— (Mathurin), 482.
— (N.), 520*, 590*).
— (N.), chirurgien, 530*, 402.
— (Perrine), 122.
— (Philippe-Armand-Sévère), avocat en la cour, 409.
— (Pierre), 48.
— (Pierre-François), chirurgien, 616.
— (Renée), 587, 590*, 594*.
— (Thérèse), 229.
— (Thérèse), fille de la Sagesse, 554.
— (Thomas-Joseph), 531*.
— (Vincent), 3*.
— (Vincent), avocat en la cour, 50*.
— (Vincente-Jeanne-Marie), 616.
Hervieu (Anne), 81, 102.
— (Catherine), 26*.
— (François-Pierre-Alexis), 417*.
— (François-Vincent), 417*.
— (Françoise), 546*.
— (Guillaume-Bonaventure), 196.
— (Jacques-Alexis), 420.
— (Joseph-Hilarion), 196.
— (Joseph-Morice), notaire royal au présidial de Vannes, miseur de Vannes, 416*, 417*, 420.
— (Louise-Hyacinthe-Françoise), 11*, 395.
— (Marguerite-Renée), 608*.
— (Marie-Anne), 11*, 513*.
— (Marie-Bonaventure), 11, 100*, 196, 417*.

Hervieu (Mathurine), 23.
— (N.), notaire apostolique à Vannes, 274*.
— (Pierre-Alexis), 416*.
Hervigo (François), 627.
Hervio (Jean), 506.
Hervoët (Anne), 597*.
— (Anne-Louise), 369* 375, 629.
— (Barbe), 454*.
— (Claudine-Marie), 460.
— (François), 430.
— (Grégoire), 457.
— (Henri), 427.
— (Jean), 450*, 478*.
— (Jean-François), 547.
— (Jean-Jacques), 476.
— (Jeanne), 425, 435, 486*.
— (Jeanne-Françoise), 472*.
— (Jeanne-Marie-Josèphe), 629.
— (Jérôme), recteur de Pleucadeuc et Rufflac, 126, 206*, 262.
— (Joseph), 433*, 448*, 450* 452*, 454*, 455*, 457, 462, 465*, 472*, 476, 476*, 477, 485; 489, 509.
— (Julien), syndic de Vannes, 425, 426, 427, 428*, 429*, 430, 434, 575*, 576.
— (Laurent), 433*, 434, 434*, 435, 436, 437*, 439, 460.
— (Louis), 436.
— (Louis), conseiller au présidial de Vannes, 375*, 377*.
— (Louis-Claude), 377*.
— (Louise), 363*, 402, 429*, 434*, 441, 442*, 449*, 451, 452*, 508.
— (Marguerite), 437*, 452*.
— (Michelle-Perrine), 547.
— (Nicole), 285*, 462, 485*, 488, 490*, 493*, 494*, 503, 520, 611.
— (Perrine), 426.
— (Pierre), 576.
— (René-Sébastien), 498*.
— (Sébastien), 482*, 493*, 497*, 498*, 499*.
— (Thérèse), 448*, 460, 468*, 472, 475*, 477, 478*, 480*, 481*, 482, 482*, 483, 484, 485, 486*, 489, 490*, 493, 498, 498* 501*, 506*, 508, 509*, 522, 612.
— (Thérèse-Jeanne), 497*.
— (Vincente-Jeanne), 465*.
— (Yves), 575*.
Hervou (Geneviève), 30.

Hervou (Jeanne), 29*.
Hervy (Louis), recteur de Béganne, 114*.
— (Marguerite), 511*.
Héry (Jean-Louis), sénéchal de Cranhac, 110, 110*, 118.
— (Joachim-Bertrand), 118.
— (Vincent-René-Alexandre), 110.
Hesguéno (sieur et dame du), 427*, 574*.
Heurtau (Elisabeth), 595.
Heurtevent (N.), 545.
Hézo (Le), 299*.
Higno (Jean), 124.
Hilart (Guillaume), 468.
— (Julienne-Jeanne), 468.
Hilguy (seigneur du), 35.
Hilliers (sieur et dame des), 111*, 298, 302, 353.
Hindré (Jeanne-Constance), 533*, 627*, 631*.
— (Pierre), avocat en la cour, 533*.
Hingant (Thérèse), 110, 246*, 618.
Hingard (N.), 554.
Hino (Briand), 156.
— (René), 156.
— (Renée), 163*.
Hiré (Jeanne), 33*.
Hirel (seigneur de), 226*, 235*, 236*, 237*, 238, 238*, 240, 240*.
Hirel (Jean), procureur au présidial de Vannes, 593.
— (Marie), 617.
Hirguer (dame du), 60*.
Hocaron (Marie), 62.
Hœdic, 265*, 266, 267, 267*.
Hoëllard (Etienne), sous-curé d'Elven, 134*.
— (Marie-Françoise), 561*, 565.
Hogaobi (Laurent), 537*.
Hogguer (Daniel), 390*, 602.
Holmberg (N.), 632*.
Homme (Pierre-Nicolas d'), 530.
Hôpitaux voir Charité.
Hôpital (sieur de l'), 234, 254, 351*, 497*, 500.
Horellou (Jean-Baptiste-Urbain), 398*.
— (Pierre-Jean-Corentin), 398*.
Horloges, 24, 97*, 98, 225, 268, 268*, 269, 269*, 270, 271*, 316, 317*, 322, 322*.

Hors (Louis), 475*, 477.
Hoscas (sieur de), 237*.
Hospitalier (Jeanne), 601, 601*.
Hoton ou Otto (sieur d'), 480*, 492, 597, 597*, 598, 599, 599*.
Houarno (sieur du), 53, 53*, 88, 557*.
Houat, 265*, 266, 267, 267*.
Houdiard (Jacques), 569*.
— (Jacques-Simon), 570.
— (Jeanne-Marie), 571*.
— (Louis), 569*, 571*.
Houé (Jean), 471.
— (Marie-Jeanne), 401*.
Houée (Bertranne), 130, 142, 358, 358*, 443*.
Houeix (Julien), fermier général de Beaumont, 263.
Houet (Anne), 524.
— (Catherine), 342*, 343, 344, 345*, 353*, 354*, 438*.
— (Claude), maître chirurgien, 455.
— (François), 157.
— (Jacques-René), 407.
— (Jean), greffier d'office et criminel au présidial de Vannes, 433.
— (Jean-Baptiste), procureur du Roi au présidial de Vannes, 392*, 404, 506*, 515, 518*.
— (Magdeleine), 86*.
— (Marie-Anne-Elisabeth), 217.
— (Marie-Charlotte), 155, 157.
— (Toussaint), 524.
— (Yves). 369*.
— (Yves), lieutenant général de police du Roi à Ploërmel, 155.
Houidal (Thomas), 499.
Houix (François), 341*.
— (Joseph), 522*, 524*, 533.
Houlle (seigneur du), 89, 137*, 361.
Hounneaux (dame des), 272, 273, 273*.
Houssais (Jacquette), 634.
Houssay (sieur et dame du), 49, 159.
Houssay (Jean), 486.
Houssayes (dame des), 75, 157.
Houssaye (Guillaume), officier des vaisseaux du roi, 383.
Housset (Catherine), 545*, 559*, 567.

Housset (Charles), 537, 538, 538*, 539, 540, 541, 542, 543, 545, 545*, 546, 547, 547*, 549, 549*, 550*, 552*, 555*, 565*, 568*.
— (Claude), 519*.
— (François), recteur de Malansac, 251*, 252.
— (Jean), 485*, 502*, 503*.
— (Jean-Baptiste), 545.
— (Jean-Charles), 542, 565*.
— (Jean-Guillaume), prêtre, 520.
— (Jean-Marie), 572.
— (Jean-Pierre), 517, 520, 521*, 537.
— (Jeanne), 528, 534*, 537*, 539, 539*, 540, 554, 554*.
— (Jeanne-Mathurine), 539.
— (Jeanne-Perrine), 520.
— (Jeanne-Renée), 521, 523*, 533, 537, 550, 552*, 553*, 556*.
— (Jeanne-Sainte), 538, 547.
— (Joseph), 538.
— (Joseph), curé de Malansac, 251*.
— (Joseph-Charles), 541.
— (Joseph-Marie), 549.
— (Julien), 559.
— (Louis-Julien), 503*.
— (Marie-Jeanne), 547, 571*, 572.
— (Marie-Vincente), 543, 564*, 565*, 567, 568*, 571.
— (Michel), 527*, 528*, 529*.
— (Perrine-Julienne), 502*.
— (Pierre-Joseph), 549.
— (Pierre-Maximin), 550.
— (Renée), 517, 538*.
— (Renée-Françoise), 538*.
— (Rose-Augustine), 540.
Houssin (Julien-François), 35*.
Houx (seigneur du), 106*.
Hovius (Mathieu), imprimeur à Vannes, 371*.
Huard (Augustin), 20.
— (Claude-René), conseiller au Parlement, 363*.
— (Elisabeth), 566, 567.
— (François), trésorier et chanoine de Rennes, 356*
— (François), conseiller au Parlement, 356*.
— (Gervais), conseiller au Parlement, 146*, 278, 355.
— (Gillette), 279.

Huard (Jacques), conseiller au Parlement, 279.
— (Jeanne), 193*, 210*, 368*, 487.
— (Marie), 377.
— (Mathurine), 20.
— (Michel-Jacques), 528.
— (N.), 534*.
— (Perrine), 278, 279, 280, 280*, 283, 355, 356*, 357*, 364*, 374*, 479*.
— (Perrine-Françoise), 487.
— (Pierre), trésorier, chanoine de Rennes et archidiacre de Vannes, 280.
— (Pierre-François), trésorier de Vannes, 487.
Huart (Aimée), 232*.
— (Joseph-Bathilde), 232.
— (Joseph-Jean). 231*, 232*.
— (René-Joseph-Marie), 231*.
Hubert (Agathe), 368*
— (Agathon), 373*.
— (Anne), 506.
— (Anne-Vincente), 509*.
— (Antoine), 234.
— (Armand), 504.
— (François), procureur fiscal de Saint-Gildas de Rhuis, 265.
— (Jean), 528, 631.
— (Jeanne), 509, 510, 510*, 511, 512, 513, 514*, 515*, 516*, 517*, 597.
— (Louis), conseiller au Parlement, 368, 368*, 373*.
— (Louise-Julienne), 514.
— (Marguerite), 502, 503*, 505*, 507, 509*, 511, 512*, 513*, 516.
— (Marie-Anne), 474*, 592.
— (Marie-Thérèse), 506, 507*, 512.
— (N.), 506, 510*.
— (N.), huissier du présidial de Vannes, receveur de la capitation, 316*.
— (Pierre), 265.
— (Pierre-Vincent), 479.
— (René-François), 352.
— (Yves), 479.
Hubineau (Claude-René), 377.
— (François), 377.
— (François), juré priseur arpenteur de la maréchaussée à Vannes, 319*.

Huby (Bernard), 583*.
— (Bonaventure), 1*.
— (Charles), conseiller au Parlement, 367*.
— (Jacques), 98*.
— (Jacquette), 60*.
— (Jean), 592*.
— (Jeanne), 39*, 44, 45, 46*, 60*, 61.
— (Jeanne-Renée), 38, 42*.
— (Jérôme), 1.
— (Marie), 1.
— (Nicolas), 583*.
— (Paris), 1.
Huchet (Alexis-René), capitaine des vaisseaux du roi, 330*.
— (André), procureur général au Parlement, 49, 147, 164*, 367, 368, 370*, 371*, 372, 373*, 375, 465.
— (Anne), 147.
— (Anne-Charlotte), 313*.
— (Bertrand), 124, 152*, 153.
— (Catherine), 600*.
— (Charles), 261*, 369.
— (Charles), procureur général au Parlement, 123, 128, 159, 159*, 300*.
— (Charles-Marie), procureur général au Parlement, 369, 374*, 375, 378*, 474.
— (Charlotte), 110*.
— (Elisabeth), 376, 474.
— (François-Gilles), 154*.
— (Françoise), 147.
— (Françoise-Elisabeth), 285*, 287, 289*.
— (Gilles), 147*.
— (Grégoire), doyen de Guémené, recteur de Locmalo, prieur de Ruffiac et de Saint-Barthélemy, 45, 45*, 46.
— (Guillaume), 152*, 153, 153*.
— (Hélène-Bertranne), 155.
— (Hugues-Humbert), capitaine au régiment de Gervesay, 126, 300*, 384*, 388, 389, 396, 408*.
— (Hyacinthe-Marie), chanoine de Vannes, 390, 401*, 521.
— (Isabelle), 152*.
— (Jean-Pélage), 154*, 313*, 314.
— (Jeanne), 124.
— (Jeanne-Catherine), 147*, 212* 387.

Huchet (Jeanne-Charlotte), 142*, 143, 300*, 331, 398, 536*.
— (Jérôme), chanoine de Vannes, 410.
— (Jérôme-Joseph), 314.
— (Jérôme-Joseph), recteur de Saint-Vincent, 132*.
— (Joseph), 374*.
— (Julie-Pauline-Charlotte), 300*, 301, 396, 405*, 415, 633.
— (Julien), 125.
— (Laurent), 116*, 117.
— (Louis), 153*, 154*, 158*, 162*.
— (Louise-Catherine), 633.
— (Marguerite), 153*.
— (Marie-Angélique), 163.
— (Marie-Corentin), 208, 257.
— (Marie-Thérèse), 141.
— (Nicolas-Charles), capitaine d'infanterie, 180*, 188, 301.
— (Pauline), 159, 384*, 385*, 386*, 389*, 395*.
— (Pauline-Marie), 392*.
— (Pierre-Dominique), 155, 155*, 206, 390.
— (Pierre-Thomas), notaire de Largoët à Auray, 630*, 631, 633*.
— (René), 153*, 607*.
— (René-Marc), 394*, 398.
— (Suzanne-Marie), 630*.
— (Vincent), procureur au présidial de Vannes, 584, 584*, 585.
Hudelor (Angélique), 187.
— (Anne), 162*.
— (François), 146.
— (Gabrielle-Jeanne), 187.
— (Jacques), 187, 252.
— (Jean), 91, 162.
— (Louis), chevalier de l'ordre du roi, 149, 208*.
— (Louise-Anne-Renée), 252*, 253.
— (Pierre), 162, 162*.
— (Valence), 146.
Hue (Etienne), lieutenant et juge des régaires de Vannes, 461*.
Huelvan (Jacques-François), 417*.
Huerman (Henriette), 193*.
Huet (Catherine-Josèphe-Marie), 230*.
— (Charlotte-Françoise-Henriette), 563*.

Huet (Claude), 230*, 492*, 620*.
— (Claude), chirurgien juré royal à Vannes, 490*.
— (Claude-Yves), 490*.
— (Éléonor-Antoine), 495.
— (Françoise-Jeanne-Apolline), 531*.
— (Guillaume), fondeur de cloches, 126*, 330.
— (Ignace), 491*.
— (Ignace), docteur en médecine), 491*, 493, 517*.
— (Jacquette-Laurence), 522*, 610*.
— (Jean), 490*, 491*, 492*, 494, 495, 610*.
— (Jean-Claude), 492*.
— (Julien), 537*.
— (Julien), maître fondeur, 330, 331.
— (Laurence), 494.
— (Louise-Françoise), 531.
— (Marie-Anne), 239*, 258*, 399, 517*, 523.
— (N.), fondeur de cloches, 95*, 126, 521.
— (Perrine), 157*.
— (Pierre), 258*.
— (Renée), 331*.
— (Siméonne), 472*.
Hugonier (Barbe-Thérèse), 65*.
— (François-Isaac), sénéchal de Langonnet, 39*.
— (Isaac), sénéchal de Langonnet, 26.
— (Joseph-Hyacinthe), sénéchal de Rostrenen, 52*.
— (Marie-Thérèse), 53.
Huguenots, 322.
Huguet (Jacquette), 528.
— (Jean), 532.
— (Jeanne), 528.
— (Julien), 457*, 483*, 606.
— (Marie), 522*, 528, 541*.
— (Patern), 457*.
— (Pierre), 460*, 496*.
Huidal (Armel), 608.
— (Jacques), 611*.
— (Marie), 499*, 502*, 504, 505, 506*, 508, 527.
— (Marie-Louise), 608.
— (Perrine), 505, 521*.
— (Pierre), 611*.
— (Robert), 522*.

Huidal (Vincente), 520.
— (Yves), 522*.
Huidanel (sieur du), 192*, 193, 298, 352.
Huilhard (Marie-Elisabeth), 127.
Huin (Jacques), 616.
— (Vincent-Marie), 616.
Huissiers, 319*.
Huitteau (Marin), 425.
Hulbert (Vincent), 143*.
Hulcoq (Hyacinthe), 455.
— (Jacques), notaire royal au présidial de Vannes, 455, 458, 461, 473*, 475*, 476, 481*, 482, 483.
— (Jacquette), 458.
— (Julien), 449*, 497.
— (Laurent), 481*.
— (Renée-Christine), 461.

Hulcoq (Sainte), 493.
— (Sébastien), 526*.
— (Sébastienne), 470.
— (Thuriau), 449*.
— (Yves), 526*.
Huloup (demoiselle de), 157.
Hunel (Françoise), 356.
Huo (Antoine-Hyacinthe), recteur de Pluméliau, 9.
— (Jacques), 50*, 51.
— (Jacques-Claude), 50*.
— (Jérôme-René), 23*.
— (Marie), 481*.
— (Thomas-Joseph), avocat en la cour, 23*, 51, 52.
Huon (Louis-Vincent), 534.
— (Marguerite), 197.
Huqueville (Anne-Marie de), 405*.
— (Jacques de), imprimeur et

libraire à Vannes, 392. — Voir : Hecqueville.
Hurel (Renée), 462*.
Huret (André), 439*.
— (Anne), 439*.
Hurtel (Julien), 236.
Huteau (François), 2*.
— (François), conseiller au Parlement, 362*.
— (Jacques), conseiller au Parlement, 446*.
— (Jeanne), 326, 334, 336, 337, 337*, 425.
— (Mathurin), 334, 574.
— (Thérèse), 2*, 105, 327*, 328, 342*, 582.
— (Vincent), 574.
Hyroë (Mauricette-Catherine), 29.
— (Michel), 29.

I

Ile-aux-Moines (paroisse), 311. — Voir : Brouel (lieu-dit).
Ile d'Arz (paroisse), 311-313. — Voir : Goarnonen, Grávau, Illur (lieux-dits).
Illur ou Isleur (en la paroisse de l'Ile d'Arz), 311*.
Impôts (aides, capitation, fouages, tailles, rôles, principaux imposés), 24, 80, 84, 97, 97*, 98, 101*, 102*, 106, 131, 225, 225*, 226, 247*, 254, 261, 268*, 269, 269*, 270, 270*, 293*, 306, 306*, 314*, 315, 315*, 316, 316*, 317, 318*, 319, 319*, 320, 320*, 321, 321*, 322*, 323, 325.
Incendies (précautions, pompes,

etc.), 68, 85, 169*, 267*, 270*, 315*, 316*, 322, 322*, 323, 324*.
Inizano (Françoise), 426*.
— (Jeanne), 444, 445.
— (Julien), procureur au présidial de Vannes, 426*.
— (Perrine), 431, 431*, 432, 433*, 435, 435*, 437.
Injonctions de l'évêque aux recteurs, fabriques, ermites, etc., 1*, 20*, 21, 21*, 66, 86, 86*, 90*, 91, 92*, 99, 104*, 111*, 133*, 136*, 143*, 152*, 167*, 172*, 175, 185*, 186, 187*, 199*, 201*, 218*, 219*, 235*, 243, 248, 274, 294, 297*, 300, 305, 305*.
Inspecteurs, aux boucheries 319*.

Intempéries, 6, 6*, 8*, 40, 73, 85, 86, 118, 126*, 131, 131*, 132*, 168, 174*, 176*, 207, 208, 240, 249*, 263, 263*, 264*, 266*, 267*, 268, 269, 269*, 283*, 289*, 290*, 299*, 300, 306.
Interdictions d'églises, 49* 166*.
Inventaires d'actes, de titres, 318, 319, 637, 637*.
Inville (Louis d'), 459.
Isle (sieur et dame de l'), 108, 141*, 346*, 352, 354, 412*, 414, 415, 432*, 435, 439, 448*, 452*, 460, 466, 476*, 569.
Isle Dieu (seigneur et dame de l'), 200, 271*.
Isson (dame d'), 294.
Ixtimberque (Marie-Anne), 544*.

J

Jabin (Marie), 470.
Jacar, (Jacques), 481*.
— (Madeleine), 611.
Jacconin (Nicole), 581.
Jacquelot(Adelaïde-Renée-Fran-
    çoise), 216.
— (Hyacinthe), 570.
— (Louis-Florent), 375.
— (Louis-René), conseiller au
    Parlement, 216, 216*, 398*,
    403*, 558*.
— (Marguerite-Anne), 403*.
— (Marie-Jeanne-Louise-Rose),
    216*, 558*.
— (Marie-Thérèse), 331.
— (N.), 72*.
Jacques (Anne-Henriette de), 238,
    238*, 239*.
— (Pierre de), 237*.
— (Timothée), capucin, évêque
    de Bérites et coadjuteur
    de Babylone, 4.
— (Vincent), prieur des Saints,
    581*.
Jaffré (François), 231.
— (J.), recteur de Camoël, 216*.
— (Julien), 231, 231*.
— (Marie-Mathurine), 231, 232.
Jaffré (Renée), 546*.
Jaffrézo (Mauricette), 48*.
— (Michel), prieur de Saint-
    Nicolas du Blavet, 9.
Jafrelot (Michelle), 528*.
Jagorel (François), notaire de
    Liniac et Keralio.
Jagu (Anne), 495*.
— (François), 623.
— (Françoise-Scholastique),
    104.
— (Françoise-Victoire), 623.
— (Hélène), 615.
— (Jean), recteur de Lauzach,
    197.
— (Jean), recteur de Plumelin,
    82*.
— (Louis), 103*, 104.
— (Marie-Thérèse), 103*, 495*,
    497, 498*, 500*, 509, 519, 566.
— (Paul-Joseph), 103*, 104.
Jahier (Guillaume), 482*.

Jahier (Guillemette-Suzanne),
    483*.
— (Jean), procureur au prési-
    dial de Vannes, 482*, 483*,
    485, 486*, 497*, 500*.
— (Jeanne), 447*, 487*, 491*.
— (Joseph), 587*, 593.
— (Marguerite), 485.
— (Marie-Françoise), 587*.
— (Mathieu), 447*.
— (Perrine), 486*.
— (Pierre-Vincent), 593.
Jabio (Marie-Julienne), 572.
Jahot (Suzanne), 470.
Jaillet (N.), 601.
Jallay (Anne-Thérèse), 536*.
— (Catherine), 530*, 542*, 543*,
    550*, 563*, 615, 615*.
— (Françoise), 522*, 551*.
— (Guillaume), recteur de Séné,
    297.
— (Jacques), maître vitrier, 597,
    598.
— (Jean), 579*, 584*, 585.
— (Jean-François), 525.
— (Jeanne-Marie), 598.
— (Joachime-Anne), 567*.
— (Julie), 526*.
— (Julienne), 579*.
— (Louise-Sainte-Françoise),
    515*.
— (Marie), 514.
— (Marie-Michelle), 540*.
— (Michelle), 342.
— (Nicolas), 584*.
— (Olivier), 518.
— (Perrine), 525.
— (Pierre), huissier audiencier
    au présidial de Vannes, 514,
    515*, 518, 521, 522*, 525, 526*,
    530*, 534, 535*, 536*, 537*, 597.
— (Pierre-Marie), 535*, 540*,
    541*.
— (Suzanne), 521.
— (Thérèse-Anne), 537*.
— (Vincente), 540.
Jamain (Marie-Françoise-Josè-
    phe-Eugénie), 545.
Jamais (Jean-Baptiste), prêtre

de Saint-Michel de Vannes,
    383*.
Jame (Jeanne), 459.
Jamet (Adélaïde-Nicole), 555.
— (François), prêtre, 440*.
— (Jean-Clair), 464*.
— (Jean-François), 233.
— (Jean-Joseph), 551.
— (Jean-Maurice-Olivier-Ma-
    thurin), 233*.
— (Jeanne), 434*.
— (Jeanne-Louise), 306, 557.
— (Joseph-Louis), 417, 421, 551.
— (Julie-Marie-Vincente), 420*,
    563*.
— (Julien-Nicolas-Joseph),
    greffier en chef civil du
    présidial de Vannes, 202*,
    305*, 313, 411, 412*, 414,
    415*, 420*, 555.
— (Louis), procureur en la cour,
    462*, 464*, 467, 586*.
— (Louise-Victoire-Marie-Eu-
    lalie), 557.
— (Marie-Angèle-Hyacinthe),
    233*, 411, 420*.
— (Marie-Anne), 467.
— (Marie-Reine), 417*.
— (Mathurin-Vincent), 415.
— (Nicole-Josèphe-Marie-Fran-
    çoise), 233, 313, 414.
— (Olivier-Pierre-Louis), 305*.
— (Renée), 550*.
— (Renée-Mathurine-Margue-
    rite), 552*.
— (Thérèse-Marguerite), 553*.
— (Vincent-Pierre), conseiller-
    garde-marteau à la maî-
    trise des Eaux et Forêts
    de Vannes, 415, 417*, 419,
    550*, 551, 552*, 553*, 555,
    557. — Voir : Desplaces-
    Jamet.
Jamin (Charles-Robert), 592.
— (François-Nicolas), 592.
Jammes (Jeanne), 465.
Jamonnières (dame des), 223*,
    236*.
Jamtel (Marie-Josèphe), 544*, 545*.

Jamtel (Pélagie), 548.
Jan (Anne), 603*.
— (Armel), procureur fiscal de Rohan, 12*.
— (Bon), avocat, 20*.
— (Charlotte), 600.
— (Françoise), 430.
— (Georges-Claude), 18.
— Guillaume), 447*, 452*.
— (Hilarion), sénéchal d'Ambon et de Berric, 214*, 568*.
— (Jean), fermier général des Devoirs de Bretagne, 503, 503*.
— (Jean), receveur de la communauté de Vannes, 492*.
— (Jean-François), 395, 507, 521, 523*, 525, 527, 528, 529, 529*, 531*.
— (Jean-Louis), 525.
— (Jeanne), 455, 627*.
— (Jérôme), sénéchal de Pontivy, 10, 13*, 18, 79, 99.
— (Joseph), 608*.
— (Joseph), directeur des Fermes à Vannes, 507*, 510.
— (Laurent), 18.
— (Marie), 613.
— (Marie-Anne), 568*.
— (Marie-Jeanne), 72.
— (Marie-Josèphe), 521.
— (Marie-Scolastique), 516*.
— (Rose-Edme-Aimée), 406*, 407, 408*, 529.
— (Sainte-Jeanne-Vincente), 405*, 531*.
— (Ursule-Claude-Marguerite), 18*.
— (Vincent), 18*.
— (Vincente), 138, 162*, 499.
— (Vincente-Angélique), 523*.
Janin (Claude), 531*, 538*.
— (Isabelle), 479, 600.
— (Isabelle-Agnès-Angélique), 480*, 482, 483*, 485, 488, 489*, 491, 494, 495, 495*, 500, 503.
— (Jeanne), 478*, 485, 519.
— (Jeanne-Marie), 531*.
— (Jeanne-Raymondine), 482*, 487*.
— (N.), 452*.
— (Pierre), 466*, 478*.
— (Sainte), 552*.
Janmeron (Renée), 450.

Janno (Henri), recteur de Noyalo, 293, 481*.
Jannotti (Joseph), 8*.
Janotin, (Brigitte), 70*.
— (Claude-Vincent), 282*.
— (Françoise-Thérèse), 284*, 290*.
— (Jeanne), 69.
— (Laurent), 69, 69*.
— (Michel), alloué de Locminé, procureur fiscal de Kerveno et Baud, 68, 68*, 82*.
— (René), 69.
— (Vincent), ministre des Trinitaires de Rieux, 123, 159*.
— (Vincent), avocat en la cour, 282*, 284*.
Jansénisme, 165.
Janvier (Charlotte), 108*, 109.
— (Elisabeth), 239*.
— (Georgine), 10, 18.
— (Jean-Baptiste), 239*.
— (Jeanne), 614, 614*, 615, 616*.
— (Louis), 234.
— (Pierre), recteur de Saint-Dolay, 239*, 240.
Jaquet (Marie), 603.
Jarais (Jeanne-Marie), 571.
— (Joseph-René), 569*.
— (Louis-Marie), 564*.
— (Marie-Aimée), 565*.
— (Marie-Perrine), 567*.
— (René), 564*, 565*, 567*, 569*, 571.
Jardin (sieur du), 499*.
Jardins (sieur des), 305, 330.
Jardin (François), huissier à la cour, 479.
— (Louise), 479.
Jarlegan (Julien), 413*.
Jarnier (Julien), 112*.
— (Pierre), 236*.
Jarno (Anne-Françoise), 406.
— (François-Jacques), avocat en la cour, 402, 599*.
— (Françoise-Thérèse), 599*.
— (Gillette-Jacquette), 538*.
— (Jacques), notaire royal et apostolique au présidial de Vannes, 538*.
— (Laurent), 494.
— (Pierre), notaire royal au présidial de Vannes, 404, 470.
Jarosson (Marguerite), 593.

Jarry (François), 562*.
Jarry (Jeanne-Claudine), 562*.
Jaureguy (Françoise-Claude de), 48, 48*.
Jauret (Vincent), 438.
Jausserand (Etienne), 432*.
— (Jeanne), 459, 463*, 472.
— (Julienne), 457.
— (Mathurin), 592.
— (N.), 473.
Javeleau (N.), religieux de Saint-Laurent sur Sèvre, 239*, 241.
Jean (Jeanne-Marie), 501.
— (N.), 457*.
Jean l'Evangéliste (le Père), récollet de Bernon, 386.
Jeffray (Julienne), 547. — Voir: Geffroy.
Jeffredo (Radegonde-Jacquette), 562.
Jeffroy (Martin-Joseph), procureur, 554*. — Voir Jeffray.
Jégado (François), 87*.
— (Jean), 61.
— (Jeanne), 61.
Jégado (Jeanne de), 73.
Jégaray (Françoise), 90.
— (Guillaume), 90.
— (Jean), 90.
Jégat (Adèle), 449*.
— (Barbe), 446*.
— (Laurent), 449*.
— (Louis), 623.
— (Marguerite), 471*.
— (Marie), 459*.
— (N.), 479.
— (Pierre), 623.
— (Pierre), notaire royal à Theix, 532*.
— (René), recteur d'Ambon, 181.
Jégo (Catherine), 447*.
— (Claude), 623*.
— (François), 283*.
— (François-Henri), 24.
— (Françoise), 234, 524*.
— (Hélène-Blaise-Louise), 418, 419, 421.
— (Hélène-Marie-Louise), 566.
— (Jacquette), 222.
— (Jean), 243, 281*, 433, 556*.
— (Jean), curé de Bizole, 146.
— (Jeanne), 202, 257*, 441*, 444, 455*.
— (Julien), prêtre, 426.
— (Julien-Vincent), 565*.

Jégo (Julien - Vincent - Joseph), 618.
— (Louise), 87.
— (Marguerite), 190, 209*, 423.
— (Marie), 236*, 433.
— (Marie-Anne-Andrée). 536*.
— (Perrine), 283*, 285, 286, 287.
— (René), 182*.
— (René), clerc tonsuré, 234.
— (Thérèse-Olive), 544.
— (Thomas), 24.
— (Vincent), 423*, 578.
— (Vincent-Louis), officier de vaisseaux, 536*, 565*, 618.
— (Yvonne), 524. — Voir : Gigault.
Jegorel (Jean), recteur de Crédin, 92.
Jégou (Alexandre-François), 617*.
— (Ange-Marie-Yves-Patern), 620*.
— (Barthélemy), 615.
— (Claude), 22, 466*.
— (Claude), président au Parlement, 18.
— (Emmanuel). 622*.
— (Emmanuel-Bonabes), 550*, 615*.
— (François-Louis), procureur, 12.
— (François-Paul), 63*.
— (François-René), 26*.
— (Gilles), 33*.
— (Jeanne-Marie-Philippe-Françoise), 616*.
— (Marc), 12.
— (Marie-Angélique-Catherine-Emmanuelle), 622*.
— (Marie-Anne-Françoise-Charlotte-Julie), 550.
— (Marie-Françoise), 64.
— (Marie-Olive), 40*.
— (Martin), 22.
— (Michel-Marie), 40*, 72*, 550, 615, 615*, 616*, 617*, 620*, 622.
— (Olivier), docteur en Sorbonne, 49.
— (René), conseiller au Parlement, 49, 369, 371*.
— (Thérèse-Françoise), 617*.
Jégousse (Jean). 609*.
— (Lucas), 609*.
Jégoux (Guillaume), 96*.
Jégouzo (François), 448*.

Jeguic (Denis-Gabriel), 31*.
— (Jacques), 163*.
— (Jean-Baptiste), 32.
— (Jean-François), 31.
— (Jean-François-Vincent), 31*.
— (Jeanne), 163*.
— (Marie), 28.
— (Marie-Françoise-Yvonne), 32.
— (Perronnelle), 163*.
— (Yvonne), 190.
Jeguy ou Jeguir (Jean), 325*, 422*.
Jehan (Jean), greffier criminel de Vannes, 422.
Jehanne (Catherine), 148*.
— (Etienne-Guillaume), 600.
— (Gillette), 161.
— (Henri), 165.
— (Jean), 164.
— (Julienne), 600.
— (Perronnelle), 164*, 165.
— (Pierre), 72.
Jehanno (François), 555*, 572.
— (Guillaume), 572, 613, 614*.
— (Jean-Louis), 416.
— (Jeanne), 455*, 464, 467*.
— (Jeanne-Marie), 548*, 555*, 557, 564.
— (Joseph-Marie), procureur au Présidial de Vannes, 562*, 633*.
Jergeais, voir : Gergeais.
Jersey. — Voir : Saint-Sauveur.
Joannes (Marie-Madeleine), 632*.
Joanno (Julien), 521, 523*,
— (Michel-François), 523*.
Joanny (Bertrand), brigadier de la maréchaussée, 566, 567.
— (François-Marie), 567.
— (Jeanne-Marie), 566.
Jocet (Achille-Jean), 182.
— (Catherine), 90.
— (Catherine-Perrine), 548*, 563*.
— (Charles), 298*.
— (Claude-Vincent), recteur de Noyal-Pontivy, 391.
— (Claude-Vincente), 360*.
— (François-Marie), 181*.
— (Françoise), 281*, 454*.
— (Françoise-Jeanne), 182.
— (Françoise-Yvonnette), 181*.
— (Gabriel-Aimé-Marie), 89*, 391, 392*, 563*.
— (Hyacinthe), 359*.

Jocet (Jacques), 182, 503*.
— (Jacques-Louis), 181*, 183.
— (Jean), 161, 299*.
— (Jean-Baptiste), 90, 392*.
— (Jean-François), 196*.
— (Jean-Marie), 360*.
— (Julienne), 339*.
— (Louis), 181*, 182*, 183, 186*, 221*, 227*.
— (Louis-René-François), 182*.
— (Marguerite-Ursule), 279*.
— (Marie), 574*, 575.
— (Marie-Renée), 182*.
— (Michelle), 273.
— (Nicole-Françoise), 280*.
— (Perrine), 89*, 90.
— (P.), 170.
— (Pierre), 182.
— (Sébastien), 276, 276*, 279*, 280*, 281*, 339*, 351*, 359*. 360*, 363*, 454*.
— (Suzanne), 273*.
— (Thomas), 272*, 273, 273*, 274*.
Johan (R. née), 17*.
Joisel (Louise-Françoise de), 138*.
Joliff (Marguerite), 149.
Jolisse (Jean), 554*.
— (Louise), 554*.
Jollivet (Adélaïde-Marie-Renée-Josèphe), 332*, 411*, 419, 570*.
— (Augustin-Félix), 546*, 553.
— (François-Marie), 419*.
— (Françoise), 454*.
— (Françoise-Elié), 476*.
— (Gilles-François-Marie) 537*.
— (Guillaume), 5*.
— (Jean), 557*.
— (Jean), curé de Saint-Patern, prieur de Saint-Nicolas, 435*, 439*, 442, 442*.
— (Jeanne), 442. 541*.
— (Louis), 453.
— (Mathurin), greffier des régaires de Vannes, 453. 454*, 470*, 471, 476*, 588.
— (Pierre), 453, 474.
— (Pierre-Mathurin), 544.
— (René-Marie), avocat en la cour, 419, 419*, 546*, 568*.
— (Vincent-Patern). 541*.
— (Yves), notaire royal au Présidial de Vannes, procureur fiscal des régaires et

receveur des décimes du diocèse, 537*, 541*, 542*, 544, 545*, 546*, 547*, 548, 548*, 567*, 568*, 569.

Jollivet (Yves-Joseph), 540*.
— (Yves-Louis), 547*.
— (N.), receveur du Clergé de France à Vannes, 571.

Joly (Antoine), 301*, 461*, 466, 592*.
— (Bonne), 108, 108*, 243.
— (Claude), 172*, 333, 427.
— (François), 466.
— (Françoise), 470.
— (Jacques), 124*.
— (Jeanne-Reine-Renée), 285*, 511.
— (Julien), 427.
— (Louis), 285*, 377*, 511.
— (Marie-Anne-Vincente), 289, 292.
— (Mathurin), 616*.
— (N.), fondeur de cloches de de la ville de Langres, 52, 52*.
— (Perrine-Jacquette), 461*.
— (René), sénéchal de Kermeno et Baud, 84, 243.

Jonchaud (sieur de), 85.
Joncherais (sieur des), 231*.
Joncheray (sieur du), 589.
Jonchère (Béatrice de), 254.
— (Siméon de), directeur de la C⁰ des Indes, 48*.
Jongan (sieur de), 592*, 597, 598*, 604, 606, 606*, 608, 608*, 609*, 610, 612*, 614.
Jongan (N.), avocat en la cour, 603, 608.
Jonneaux (Pierre), 41.
Jonston (André de), 275.
— (Charles de), 276.
— (Georges de), alloué de Rhuis, 275, 275*, 276, 302.
— (Gillette de), 278*, 279, 279*.
— (Jeanne de), 275*, 278*.
— (Julienne de), 278*.
— (Suzanne de), 275*.
Jordan (Bernabé-Julienne), 479.
— (Elie), 479.
Joseaux (Marie), 457*.
Josse (Agnès-Geneviève), 500.
— (Jeanne), 90.
— (Julien-François), procureur au Présidial de Vannes et

commissaire de police, 401*, 531*, 561, 618, 620*.
Josse (Louis), 99.
— (Louis-Marie), notaire royal au Présidial de Vannes, 562.
— (Nicolas), 99.
— (Sainte-Marguerite), 401*, 419*.
Josseaume (François), chirurgien juré, 54*.
— (Marie-Josèphe), 54*.
Josselin, 7, 7*. — Voir : N.-D. du Roncier.
Josselin (Julienne), 482*, 486*, 494.
— (Mathias), recteur de Theix, 329.
— (Vincente), 169.
Josseran (Jeanne), 498*.
Josset (Bonaventure), 547*.
— (François-Gilles), 94*.
— (Jean), 129*.
— (Julien), cordier, 91*.
— (Louis), 486.
— (Marguerite), 472*.
— (Marie-Françoise), 31*.
— (Marie-Magdeleine), 94*.
— (Pierre-Charles), 409.
Jossic (Alain), 82.
— (Jean), 82.
— (Pierre), 85.
Josso (Jacques), notaire de Péaule, 201*.
— (René-Joseph), 201*.
Jouan (Anne), 45.
— (Denise), 46, 46*, 48.
— (François), 46.
— (François-Michel), 37.
— (Guillaume), 46, 46*.
— (Guillaume-Anne-Nicolas), 31*.
— (Hélène), 50*.
— (Hyacinthe-Joseph), 28*, 31*.
— (Jeanne), 112*, 603*, 604*, 605, 606.
— (Jérôme), 224*.
— (Joseph), syndic d'Hennebont, 46*, 49.
— (Joseph-Thomas), 49*.
— (Judith), 606*.
— (Madeleine), 459.
— (Marie), 50, 165*, 595*, 596, 597*.
— (Marie-Marthe), 50*.

Jouan (Marie-Mauricette), 35*.
— (Paul), recteur de Guiscriff, 28*.
— (René), capitaine de Guiscriff, 28*.
— (Renée), 46*.
— (Thomas), fermier général de la principauté de Guémené, 48*, 49, 49*, 50*.
Jouanel (Jacques-René), 447*.
— (Jean), 447*, 582*, 583, 583*, 585.
— (Jean), recteur de Saint-Avé, 293*.
— (Laurent), général et d'armes, 435, 582*, 583, 584, 585.
— (Olive), 211, 494.
— (Pélagie), 584.
— (Perrine), 446*, 584.
— (Vincent), 435, 437, 438, 441*, 582.
Jouanguy (Pierre), 630.
Jouanne (Antoine-Marie), 570*.
— (Jean-Marie-Michel), 566*.
— (Marie-Françoise), 568.
— (Michel-Antoine), commissaire aux classes de la Marine à Vannes, 568, 570*.
— (Vincent), 441*.
Jouannic (Claude), 599.
— (Daniel), 74*.
— (Guillaume), notaire, 74*.
— (Jeanne), 601*.
— (Louis), recteur de Ploeren, 314.
Jouanno (Julien-Sébastien), 86*.
— (Yves), 81*.
Jouaquin (Nicole), 585*.
Jouaud (Jacquette), 516*, 610.
Joubault (Julien), sculpteur de statues, 134.
Jouber (Anne), 468*.
— (Michel), avocat en la cour, 468*.
Joubert (Antoine Jean-Baptiste-Marie), officier au régiment de Flandre, 570.
— (François), 453.
— (N.), religieux de Saint-Laurent-sur-Sèvre, 241.
Joubié (Jeanne-Françoise), 493*.
— (Julien), 493*.
— (Renée), 530.
Joubier (N.), 320*.
Joubin (Agathe), 461.

Joubin (Françoise-Angélique), 486, 488, 496, 504, 504*.
— (Guillaume), 3. 448*.
— (Jean), chanoine de Saint-Jean des Prés et prieur de Coetbugat, 362.
— (N.), 458*.
— (Vincent), 455, 461.
Joubioux (Gentille-Thérèse), 398*.
Joublo (Jeanne), 488.
Jouchet (Alain-Jean), alloué de de Vannes, 286*, 557.
— (Anne), 599.
— (Anne-Françoise), 497*, 499*.
— (François), avocat en la cour, 353*, 371*, 374*.
— (Guillaume-François), sénéchal de Rhuis, 286, 287, 384, 390.
— (Jacques), 128*.
— (Jean-Baptiste), 371*.
— (Julien), 599.
— (Marie-Anne-Françoise) 557.
— (René-François), sénéchal de Rhuis, 284, 286, 286*, 287, 288*, 290, 290*, 291, 557*, 558.
— (Suzanne-Gabrielle), 558.
Jouenno (Lorans), notaire à Vannes, 424.
Jouet (Julien-Jean), docteur en médecine, 546.
Jouhan (Urbane), 66*.
Jouhanic (Anne-Perrine-Vincente), 536.
— (Claude), 13, 599.
— (Claude-Jean-Anne), 535.
— (Françoise-Angélique), 10*.
— (Hervé), 90.
— (Jean), 495.
— (Jean-Yves), 603.
— (Jeanne), 496*, 601*.
— (Jérôme), 10*, 13, 13*, 18, 59, 79, 81.
— (Julienne), 495.
— (Louise-Julie), 10*, 11, 13*, 18, 19.
— (Marguerite), 10*.
— (Marie-Marguerite), 415*.
— (Marie-Paul), 603.
— (Marie-Pétronille), 54.
— (Mathurin), 535, 536, 537, 546.
— (Paul), 603.
— (Paul-Tristan), conseiller au Présidial de Vannes, 71, 103*, 365*, 381, 457, 492.
Jouhanic (Renée-Marie-Anne), 379 380*, 381.
— (Yves), notaire de Pontivy, 13, 103*.
Jouin (Pierre), recteur de Noyal-Muzillac, 192*.
Jouneaux (Jean), 576*, 578*.
— (Jeanne), 578*.
— (Julien), 576*.
— (Louise), 3.
— (Nicole), 436*.
— (Perrine), 433, 436, 437, 437*, 579.
Jounier (Julienne), 201.
Jounot (Anne), 484*.
— (Guy), 456, 593*.
— (Jacques), 437, 438.
— (Jacquette), 441, 442, 442*, 446, 447, 447*, 544*, 559.
— (Julienne), 438.
— (Marie-Thérèse), 593*.
— (Nicole), 436*, 448*, 489*.
— (Thérèse), 456.
Jourdain (Bertrand), 30.
— (François), 174*.
— (Jean), 29*.
— (Jean-François), 30, 42*.
— (Louise-Anne), 30.
— (Marguerite-Gabrielle), 67*.
— (Tanguy), 29*.
— (Vincent), 29*, 30.
— (Vincent-Louis), 30, 30*, 600.
— (Yvonne), 67*.
Jourdan (François), notaire de Guémené, 63, 66*.
— (Guillaume), procureur en la cour, 586, 589*.
— (Jean-François-Nicolas), 63.
— (Jeanne), 586.
— (Marie-Josèphe), 66*.
— (N.), 629.
Journeau (Martin), 48*.
— (Michel), procureur de Guémené, 48*.
Jousseaume (Marie-Aimée de), 332.
Jousselin (François), avocat en la cour, et procureur en la cour, 462*, 589, 591*.
Jouvante (Jeanne), 111.
Jouvin (Anne-Marie-Michelle), 625*.
Jouzeau (Jacques), 440.
Jouzeau (Marie), 454, 464*, 466*, 472*, 479, 487, 509.
— (Renée), 440.
Joyaut (Aimé-Alexis-Augustin), 160.
— (Augustin-Pierre), fermier général du comté de Rieux, 127*, 160.
— (Barthélemie-Ursule), 123*.
— (François), 123*.
— (François), fermier général de Comenan et annexes, 127*.
— (Jeanne), 123*, 127*.
— (Julien-Alexis), procureur fiscal de Redon, 123*, 160.
— (Louise-Thérèse), 127*.
Jozeaux (Marie), 585.
Jubert (Jean), 327.
Jubilés et Indulgences, 66, 80*, 81, 84, 85, 151*, 161*, 266, 294*, 296, 326.
Jubin (Anne), 453*.
— (Françoise), 453*.
— (Michel), officier des vaisseaux du roi, 264.
Juch (seigneur de), 198, 354*.
Judes (Anne), 146*.
— (Jean), 146*.
— (Louise), 156*.
Judic (Gervais), exécuteur des hautes œuvres à Vannes, 371.
Jue (Jacques), chevalier du Christ, 623.
Juhel (Hélène), 153*.
— (Hervé), 575.
— (Jacques), 448*.
— (Jean), 275, 276, 276*, 400*, 429.
— (Jean), graveur, 400*.
— (Jeanne), 133, 275.
— (Julienne), 424, 424*, 426*.
— (Perrine), 538.
— (Simonne), 618, 622*, 623*, 626*, 627*.
— (Toussainte-Sainte), 16.
— (Vincente), 575.
— (Yvonne), 574, 574*, 575, 576*.
Juigné (François), maître graveur, 462.
— (René), 462.
Juin (Perrine), 451, 452, 476*.
Julaude (Perrine), 165.
Julien (Frère), directeur des

Ecoles chrétiennes à Vannes, 623*.
Julien (Louise), 333, 575.
Julli (dame de), 138*.
Jullienne (Guillaume), 208*.
— (Jeanne), 208*.
Jumé (Nicolas), 532, 632.
Jumeaux, 88*, 250, 290.
— (Vincent), 532.
Jumel (J. F. Henri de), abbé de Belle Perche, vicaire général de Vannes, 170.
Jumès (Nicolas), 539.
Jumet (Hélène), 607*.

Junot (Charles), lieutenant de la Cie des Indes, 615.
Juppo (Julien), 463*.
Jurlinier (sieur de), 464*.
Jussé (dame de), 372, 373, 467.
Jussey (sieur de), 591*.
Justel (Jean), syndic de Vannes, 334, 335.
— (Richard), avocat en la cour, 590.
Justice (cours de), 270*.
Jutard (Denis), 610.
— (Denis-Thomas), 611.
— (Georgine), 11.

Jutard (Jean-Marie), avocat en la cour, 72*.
— (Marguerite-Renée-Pélagie), 611.
Jutel (Marc), 569*.
— (Marie-Josèphe), 569*.
Jutton (Marguerite), 592*, 594.
— (Nicolas), 594.
Juzan (Catherine). 518*.
— (Claude), 508.
— (Marie-Claude), 513, 514, 516, 518, 518*, 519*, 525.
— (Pierre), bourgeois de Paris, 508.

K

Kaer en Vannes, 315*, 335, 354, 359*, 435, 636*.
Kaer (baron et dame de), 208*, 437, 437*, 439*, 440, 450*.
Keller (Jean), 284.
— (Marie-Marguerite), 284, 389*.
Ker (Guillemette), 448.
Kerabrahan (sieur de), 208*, 209, 210, 211*, 212.
Keradreulx (Florimonde de), 59, 369.
Kerael (seigneur de), 22.
Keraezic (seigneur de), 30*.
Keral (sieur de), 172*, 174*, 346, 351*, 429, 580*.
Keralain (sieur de), 59, 70, 82, 83, 325*.
Keralan (Guillemette de), 180.
— (Jean de), 178, 179*.
Keralando (dame de), 551*.
Keralbaut (sieur et dame de), 174, 276, 293*, 309*, 330*, 331*, 364, 397*, 406, 411, 411*, 420, 532*, 533*.
Keralbaut (Armand-Joseph-François de), 363*.
— (Elisabeth de), 310*.
— (Georges-Pierre de), 310*.
— (Grégoire de), 309, 309*, 310, 363*.
— (Guillaume), 309.
— (Guillaume), prieur et recteur de Ruillac et de Portivy, 458*.
— (Hermine-Olive-Marie), 310.

Keralbaut (Jacques de), promoteur de Vannes, 176*.
— (Jean de), 309*, 330, 393.
— (Jean de), premier écuyer de Mme la Princesse, 310, 310*.
— (Jean-Paul de), 310*.
— (Louis de), 309, 309*, 581.
— (Louis de), recteur de Plœren, 595.
— (Louis de), chanoine de Vannes, vicaire perpétuel de Saint-Pierre, 310, 388*.
— (Louis-Gabriel de), 388.
— (Marie-Angélique de), supérieure de la Visitation, 595.
— (Marie-Anne de) 309*.
— (Pierre-Vincent de), 309*, 310, 379, 381, 385.
— (René de), chevalier de l'ordre du Roi, 174, 274*, 276.
— (Suzanne de), 174.
Keralier (sieur de), 282, 284, 284*, 287*, 289*. Voir : Keralvé.
Keralio (sieur de), 15*, 17*, 99, 128*, 163, 179*, 184*, 185*, 186, 189, 189*, 190, 190*, 191, 191*, 192, 253*, 258*, 259*, 298*, 302, 363, 373, 591*.
Kerallain (Jean de), 177.
— (Julienne de), 325*.
— (Louis de), 177.
Kerallan (sieur de), 235, 236*, 237.
Kerallec (sieur de), 587.

Kerallo (seigneur de), 600*.
Kerallouan (dame de), 804*.
Keralmon (sieur de), 582, 582*, 583, 583*, 585*, 587, 591.
Keralouan (seigneur de), 6*.
Keralouet (sieur de), 72.
Keralvé (sieur de), 272*, 273, 273*, 276*, 280*, 289*, 351*, 363*. Voir : Keralier.
Keraly (sieur de), 11, 51, 58, 68, 76*, 88*, 287*, 481.
Keraly (Charles de), 58.
— (Charlotte de), 76*, 82*.
— (Jean de), 76*.
— (Louis de), doyen du Parlement, 76*, 237.
Kerambartz (sieur et dame de), 2, 2*, 15*, 58, 76*, 92, 113, 134, 176*, 177, 177*, 178, 178*, 179, 179*, 180, 180*, 181*, 185, 186*, 191, 208*, 218*, 239, 254*.
Kerambel (sieur de), 440.
Kerambon (dame de), 311, 457.
Kerambour (sieur de), 208*, 300, 368, 369, 370, 382, 386, 387*, 389*, 390*, 397, 593, 602*.
Kerambras (sieur de), 421*, 516.
Kerambris (seigneur de) 395
Kerambrun (Guyon de), 421*.
— (Julien de), 421*.
— (Louis de), 421*.
— (Marguerite de), 421.
Kerampoul (sieur et dame de),

72, 170, 246*, 280*, 281, 281*,
282, 282*, 284, 284*, 285*,
297, 305, 334, 338, 340, 341,
347*, 351, 357*, 359, 359*,
368*, 377.
Keramprat (dame de), 23.
Keramret (sieur de), 587*.
Kerandrauff (seigneur de),
22.
Kerandréan (seigneur de), 23*.
Kerandu (sieur de), 479.
Keranezo en Marzan, 220*.
Keranezo (Jeanne Coquerel de),
613*.
Keranflech (sieur et dame de),
27*, 53, 240, 392, 393*, 510*,
512, 512*, 513, 514, 515*,
516*, 517.
Keranforêt (sieur de), 51, 52*,
53*, 55*, 56, 62*, 564*.
Kerangal (dame de), 17*.
Kerangal (Jacques-Paul de), 89*.
— (Marie-Magdeleine de) 101.
Kerangar (sieur de), 507*, 610,
610*.
Kerangat (sieur de), 212, 246,
256, 273, 291, 292, 331*,
367, 407.
Kerango en Plescop, 176, 544.
Keranguen (sieur de), 29, 34*,
88, 310, 363*, 364, 366*, 368,
370*, 371*, 372*, 373*, 375,
375*, 385*, 386*, 414*, 416*,
417*, 451*, 454, 459*, 462*,
463, 468, 480*.
Keranguen-Penhoët (Perrine),
612*.
Keranguez (sieur de), 549*.
Keranguyader (Anne-Marie-Co-
rentin), receveur des do-
maines et des consigna-
tions à Guérande, 572.
— (Marie-Jeanne), 572.
Keranlie (seigneur de), 133.
Keranlou (sieur de), 263, 278,
279, 338, 539, 340*, 341*,
346, 347*, 358, 361, 362*,
364, 431, 576.
Keranmoch (Perrine de), 39*.
Kerannot (demoiselle de), 553.
Keranquelven (seigneur de),
27.
Keranret (dame de), 251.
Keransquer (sieur de), 408*,
413*, 420*, 629, 635*.

Keranstret (sieur et dame de),
572*.
Keranstumo (sieur et dame de),
379*, 482.
Kerantré (sieur et dame de),
256*, 283, 286*, 309, 389.
Keraret (sieur et dame de), 58,
257, 374.
Kerariette (demoiselle de), 410*.
Kerario (seigneur et dame de),
177, 189.
Kerarmel (sieur de), 625.
Kerarmel (Dominique-Phillippe
de), médecin à Auray, 310*,
— (Marie-Jacquette-Philippe
de), 310*.
Keraron (sieur de), 10, 10*, 11,
76*.
Kerarvot (dame de), 533*.
Kerascoet (seigneur de), 22, 51*,
402*.
Kerasquer (seigneur et dame
de), 21*.
Keraudran (seigneur de), 10,
207*.
Keraudren (sieur de), 24*, 26*,
46, 52*, 54*, 57*, 78*, 83*, 169*
169*, 170, 170*, 349*, 383,
399, 440*, 464, 512, 516*, 518,
519*, 532, 536*, 542, 564, 566,
567*, 569*, 581, 634.
Kerauffret (N.), 570.
Keraut (sieur de), 596.
Kerautem (sieur de), 5*.
Kerautret (seigneur et dame
de), 21*, 22, 23*, 27, 44, 44*,
57*.
Keravel (sieur de), 37, 44, 140,
284, 537*, 545, 595*, 597.
Keravelo (sieur de), 349, 396,
442*, 470, 505*, 511*, 519, 523,
573.
Keravenan (sieur et dame de),
211*, 330*.
Keravéon (seigneur de), 51, 209,
310*, 370*.
Keravéon (Jeanne de), 190.
— (Vincent de), 190.
Kerazret (dame de), 58.
Kerballo (sieur de), 433.
Kerbardour (sieur de), 13.
Kerbartz (sieur de), 294.
Kerbasco (seigneur de), 255*,
367, 457*.
Kerbasquiou (dame de), 470*.

Kerbelfin (sieur de), 2, 14*.
Kerbeliau (sieur de), 36.
Kerbellec (seigneur de), 13*, 14,
78*.
Kerbelsic (dame de), 1*.
Kerbelsic (Marguerite de), 1*.
Kerbère (dame de), 440.
Kerberec (seigneur de), 28*, 31*.
Kerberhis (sieur et dame de),
86*.
Kerberio (seigneur de), 3*, 78*,
79, 99*, 138*.
Kerbériou (seigneur de), 339*,
340.
Kerbernard (sieur de), 224,
245*, 246, 588.
Kerberné (dame de), 92*.
Kerberon (sieur et dame de),
139, 395, 412, 497, 521, 523*,
525, 527*, 529, 529*, 531*,
565*, 567*, 573* 613*.
Kerbert (sieur de), 635*.
Kerberuet (sieur et dame de),
141*, 142, 218, 294, 326*, 333*,
339, 340, 351*, 352*, 358, 358*,
363, 365, 371, 441*, 443*,
444, 444*, 447*, 449, 459,
529*, 584*, 612.
Kerberuet (Françoise de), 583.
— (Isabeau de), 296*.
— (Julienne de), 333.
— (Marguerite de), 296*, 326*,
340*.
— (Pierre de), 172*, 296*.
— (Renée de), 307.
Kerbigot (seigneur de), 588.
Kerbiguet (sieur et dame de),
25, 26*, 33, 33*, 34, 34*,
35, 41, 41*, 91, 111*, 477,
633*.
Kerbiguet (Gillette de), 150.
— (Mathurine de), 91, 111*.
Kerbillevet ou Kerbilué
(sieur de), 335, 346, 347*.
Kerbily ou Kersily (seigneur
et dame de), 216, 221*, 404,
558*, 605.
Kerbilzic (seigneur de), 29*.
Kerbino (dame de), 368*.
Kerbissac (sieur de), 211*.
Kerbiston (sieur de), 124.
Kerbistoul (sieur de), 276*.
Kerblays ou Kerbloys (sieur
et dame de), 292, 335, 339*,
357*, 431, 434, 575*.

Kerbleizec (sieur de), 31*, 34*, 35, 35*, 37, 42, 42*.
Kerbloc (demoiselle de), 523*.
Kerbodec en Sarzeau, 271*.
Kerbois (sieur et dame de), 429, 430.
Kerbois (Marie), 449*.
Kerbonaire (seigneur de), 122*, 127.
Kerborgne (seigneur et dame de), 26, 33*, 39*, 45*, 60*.
Kerborne (seigneur de), 510, 524.
Kerbosse (sieur de), 516.
Kerbossen (seigneur et dame de), 18.
Kerbot (sieur de), 272, 272*, 273, 274, 275, 275*, 277, 277*, 281, 288*, 289, 291, 291*, 297*, 298, 298*, 299, 300*, 469.
Kerbouar (sieur de), 70*.
Kerbouédec (sieur et dame de), 276, 278, 281*, 282*, 284*, 491, 508*, 509, 510*, 517*, 519*, 525, 528*, 536, 557*.
Kerboul (Anne-Françoise), 23*.
Kerboulart (sieur et dame de), 130, 141*, 142, 199*, 251*, 294, 336*, 358, 358*, 429, 436*, 443*.
Kerboulart (Anne de), 199.
— (François de), 358.
— (Françoise de), 141*.
— (Gabriel de), 142.
— (Jean de), 141*, 142.
— (Jean-Alain de), 142.
— (Jeanne-Thérèse de), 142.
— (Marc de), 130, 141*, 142, 294, 358.
— (Olivier de), 141*, 336*.
— (Paul-René de), 142, 251.
— (René-Nicolas de), 142.
Kerboulin (dame de), 38*.
Kerboulla ou en ou Kervelaouen (seigneur de), 38*, 42.
Kerbourbon (sieur et dame de), 285*, 296*, 297, 334*, 339, 341, 351*, 353, 354, 358, 367, 369*, 421*, 423, 430, 437, 439*, 469*, 534, 538*, 541, 563, 564, 566*.
Kerbourdin (sieur de), 201*, 208*.

Kerbourdonnet (sieur de), 48, 49.
Kerbourhis (sieur et dame de), 15, 70, 71, 86*, 90, 90*, 94*, 99.
Kerboutier (seigneur et dame de), 13*, 18, 90, 338, 338*, 339, 341*, 343, 343*, 348, 357*, 433*.
Kerboutier (Anne de), 145*, 295, 328, 329*, 351, 357*, 358*, 375, 382, 431, 432, 463, 580*, 581, 581*, 600.
— (Bertrand de), 424*.
— (Françoise de), 431*.
— (Isabeau de), 425.
— (Jean de), 174*, 296*, 336, 423, 424*, 425, 427*, 428, 431*, 574, 577.
— (Jeanne de), 353, 360*, 378, 391, 432, 444.
— (Julien de), 425.
— (Julienne de), 431*, 444.
— (Louise de), 423, 577.
— (Perrine de), 339, 423, 425, 427, 427*, 428, 428*, 429, 431.
— (Pierre de), 339, 349, 431, 431*, 432, 577, 581.
Kerbouvellec (sieur de), 76*, 82, 83.
Kerboys (sieur de), 76*, 82, 82*.
Kerbras (seigneur de), 168.
Kerbrech (sieur de), 43*.
Kerbreneux (dame de), 365.
Kerbréséréc (seigneur de), 21*.
Kerbrest (sieur et dame de), 43*, 44, 45, 61.
Kerbriant (seigneur de), 24.
Kerbrigeant (dame de), 29*.
Kercabin (dame de), 308*.
Kercabin (Gervais de), 367.
Kercabus (seigneur et dame de), 224, 346.
Kercabus (Anne-Renée de), 223*, 224, 224*.
— (Claude de), 141.
— (Guillaume de), 112*.
— (Nicole de), 223*.
Kercadio (seigneur et dame de), 139, 139*, 186*, 187, 187*, 191, 191*, 197, 202, 206, 211*, 214, 252*, 253*, 258*, 259*, 260*, 312*, 316*, 372*, 375*, 377*, 380, 380*, 382*, 384, 384*, 386, 389*, 390, 390*, 394*, 397, 398, 399*, 414, 418*, 506*, 535*, 538, 604, 618*.
Kercadio (Jean-François de), receveur des fouages de l'évêché de Vannes, 536*.
Kercado (sieur et dame de), 32, 231, 232, 333*, 334, 341, 341*, 343, 344, 421, 422*, 431, 450, 515, 522, 563*.
Kercado (Jean), 600*.
Kercaire (sieur de), 100.
Kercambre (seigneur et dame de), 265, 265*, 267, 275, 279, 357, 469, 473.
Kercandal (dame de), 81*.
Kercaradec (dame de), 48*.
Kercassier (seigneur de), 224*.
Kercazdre (sieur de), 421*, 423*.
Kerchus (sieur et dame de), 217, 229.
Kerclo (seigneur de), 224.
Kercoënt (Charlotte de), 29.
Kercohan en Berric (chapelle de), 194.
Kerconte (sieur de), 172*.
Kercouent (Gillette de), 204.
— (Jean de), 204.
Kercron (Golven), 141.
Kerdal (Pierre), 533*.
Kerdaniel (seigneur et dame de), 35, 36*, 55, 70*, 79*, 80, 89, 100*, 101, 110, 110*, 379, 402*, 405*, 408*, 426, 427*, 440*, 503, 614*, 619*.
Kerdaniel (Jacquette), 604.
Kerdaouscoët (seigneur de), 26*.
Kerdavid (dame de), 490*.
Kerdavy (sieur et dame de), 70, 84, 141, 179, 179*, 182, 184*, 185, 185*, 186, 186*, 190*, 216, 216*, 278*, 298, 302, 336*, 341, 341*, 352, 353*, 354, 361, 363*, 379*, 381, 404, 407, 433, 435, 445*, 447.
Kerdef (N.), supérieure de la Retraite de Vannes, 602*.
Kerdelan (sieur et dame de), 41, 68*, 74, 422, 429*.
Kerdelan (Jean de), chevalier de l'ordre du roi, 422, 422*.
— (Pierre-Nicolas de), avocat en la cour, 42*.

Kerdelleau (sieur et dame de), 318*, 413, 416, 417, 418, 418*, 421, 537*, 560*.

Kerderet (dame de), 380*.

Kerderff (sieur de), 349, 365*.

Kerdesarouet (sieur et dame de), 339*.

Kerdigen (dame de), 594.

Kerdima (dame de), 558*, 571*, 629*.

Kerdisson (seigneur de), 10, 15, 15*, 17*, 42, 45*, 89, 102, 102*, 347, 369*.

Kerdivezec (sieur de), 503.

Kerdour (sieur et dame de), 273, 273*, 574*.

Kerdrain (sieur de), 18*, 99.

Kerdré (sieur de), 282*.

Kerdréan (seigneur et dame de), 1, 16, 34. 113*, 120*, 128*, 175, 179*, 185*, 186, 189, 189*, 190, 190*, 191, 191*, 192, 235, 236, 236*, 259*, 335, 336*, 363, 403, 421*, 424, 538*, 606*.

Kerdréan-des-Bois (sieur de), 8, 75, 80, 80*, 81, 90*, 360*, 361, 362, 369.

Kerdréan-Bouyer (dame de), 73, 74*.

Kerdréan-Musuillac (dame de), 164.

Kerdréan-Pontsal (dame de), 293*.

Kerdrecan (sieur de), 561, 621, 621*, 623*, 630, 632.

Kerdrehen (sieur de), 81, 281*, 595*.

Kerdreho (seigneur de), 22*, 27, 70, 82, 83, 277*, 582.

Kerdrel (sieur de), 82.

Kerdréoret (seigneur de) 67.

Kerdu (sieur et dame de), 36, 307*, 333, 334*, 335, 547*, 580, 580*, 584.

Kerdu (André-Henri de), 634.

— (Louis-Marie de), 634.

— (Vincent-Joseph-Henri de), 634.

Kerdual (sieur de), 91*.

Kerdually (seigneur de), 71, 174*, 388*, 608*.

Kerdudal (sieur et dame de), 184, 191, 201*, 202*, 203, 210, 211*, 214*.

Kerdudon (seigneur de), 42*.

Kerduel (seigneur de), 22, 23*, 40, 40*, 44, 44*, 45, 45*, 47, 57*, 58*, 60*, 61, 61*, 193.

Kerduel (Jean), curé de Plaudren, 141.

Kerebat (sieur de), 327, 343*, 350, 353*.

Keredo (sieur de), 48, 289.

Keredren (seigneur et dame de), 133, 189*, 208, 208*, 209*, 210*, 213*.

Kerel (Catherine de), 92.

— (Hervé de), 91*.

— (Jean de), 91*, 92.

— (Jeanne de), 86*.

— (Julien de), sénéchal de Rohan, 87.

— (Julien de), procureur-fiscal de Rohan, 91*.

— (Marie-Anne de), 137*, 327*.

— (Yvonne de), 18*.

Keremoux (seigneur de), 42.

Kerempoul (sieur de), 275.

Keremprat (seigneur de), 365, 367*, 368, 368*, 372*.

Kerencun (sieur de), 273, 273*, 274*, 276.

Kerendraon (seigneur et dame de), 21*.

Kerendrun (seigneur de), 143*, 255, 302*, 304, 304*, 305, 347, 352*, 363, 364*, 382*, 384, 385*, 407.

Kerengouez (seigneur de), 35.

Kérénor (Marguerite), 34*.

Kerénou (dame de), 28.

Kerectel (sieur de), 196*, 559*.

Kerentré (seigneur de), 258*.

Kerenveyer (sieur de), 49*.

Keréon en Roudouallec, 41*.

Kererat (sieur et dame de), 591.

Kerescant (seigneur de), 395*.

Kerescu (dame de), 67*.

Keres-e (seigneur de), 331*.

Kereuzo (sieur de), 311*.

Kereven (sieur et dame de), 351*, 354*, 355, 369, 392, 418, 419, 449*, 536*, 565*, 566, 618.

Kereveno (sieur de), 325*.

Kereveno (Vincent de), chevalier de l'ordre du roi, 325*.

Kerevin (dame de), 79.

Kerézan (dame de), 473*.

Kerface (sieur et dame de), 56*, 63, 125*, 200*, 201*, 202, 219, 242*, 244, 244*, 245, 248*, 249, 251, 346, 355*.

Kerfagotz (seigneur de), 17*.

Kerfalhun (sieur de), 70, 70*.

Kerfandol (sieur et dame de), 32, 52, 65*.

Kerfily (dame de), 134*, 138*, 339, 341*, 355*, 361, 361*, 431, 431*, 610*.

Kerflémic (sieur de), 31*.

Kerflisse (sieur de), 562.

Kerfort (dame de), 455*.

Kerfourn (paroisse). 89-90. — Voir : Saint-Eloi (chapelle).

Kerfozo (sieur de), 384*.

Kerfranc (dame de), 346*, 423, 574*, 575, 575*, 576.

Kerfraval (sieur de), 187*, 349, 580.

Kerfrezour (sieur de), 235.

Kerfur (seigneur de), 115*, 222, 299, 359.

Kergadien (sieur de), 53*.

Kergadien (Charles-Anne), 557*.

— (Marie-Anne), 557*.

Kergadiou (sieur de), 26*, 35, 36*.

Kergadiou (Gillette de), 163*, 164.

— (Renée-Charlotte de), 602.

Kergaff (seigneur de), 36*.

Kergal (sieur et dame de), 10, 13*, 14, 35, 35*, 95*, 100, 102, 106*, 109, 110, 111, 112, 113*, 167*, 242*, 243, 244, 244*, 280, 423*.

Kergal (Anne), 441.

— (Jacques), 453.

— (Jacquette), 448*.

— (Jean), curé de Ploërdut, 65*.

— (Léon), 145*.

— (Marie), 441, 452, 453*, 477, 486*, 506*, 597*.

— (Noël), 441, 453*.

— (N.), 491*.

Kergaly (sieur de), 7, 60*.

Kergaly (Charles de), 7.

— (François de), 60*.

Kergandal (sieur et dame de), 76, 80.

Kergane (demoiselle de), 71*.

Kerganemeur (sieur et dame de), 60*.

Kerganen (seigneur de), 4.

Kergano (seigneur de), 60, 145*.

Kergantel (sieur de), 82.

Kergario (seigneur de), 407*, 469, 477.

Kergariou (sieur de), 64*.

Kergaro (sieur et dame de). 13*, 15*, 90, 91, 98*, 342.

Kergaron (sieur de), 82, 325*.

Kergars (sieur de), 472*.

Kergat (demoiselle de), 591.

Kergaurent (sieur de), 40, 46.

Kergegu (Jeanne de), 510.

Kergentil en Marzan 219, 284, 286, 287, 558.

Kergéraut (sieur de), 212*, 568*.

Kergestin (demoiselle de), 222*.

Kergicquel (seigneur et dame de), 11*, 13, 18*, 513*.

Kerginet (sieur de), 326*.

Kerglas en Saint-Nolff (château de). 142*, 143.

Kerglazen (sieur de), 38*.

Kerglévérit (sieur et dame de), 15, 15*, 58*.

Kergo (sieur et dame de), 69, 83, 84, 84*, 113, 113*, 114, 138*, 159, 144, 144*, 218*, 303*, 326*, 337, 494*.

Kergoalère (sieur de), 572*.

Kergoat (seigneur de), 33, 35*, 36, 38*, 42.

Kergoët (seigneur et dame de), 21*, 31, 43*, 44, 415, 417*, 419, 550*, 551, 552*, 553*, 555, 557.

Kergoët (Jeanne), 9*.

— (Mathieu), 9*.

Kergoet (Anne de), 28.

— (François de), 33, 33*.

— (Hélène-Thérèse de), 33*, 34*, 35*.

— (Marguerite de), 33.

— (Marie-Renée de), 16, 22, 22*.

— (Renée de), 40.

— (Ursule de), 22.

Kergoff (sieur et dame de), 29*, 274*, 275*, 279, 282, 437.

Kergoff en Bieuzy, 6.

Kergohelec (sieur de), 75.

Kergolher (sieur et dame de), 133, 172, 173*, 335*, 338, 364, 375*, 378*, 418*, 435, 444, 463, 527, 531, 598, 614.

Kergolin (sieur de), 449.

Kergomar (seigneur de), 389*, 390*, 391*, 405.

Kergonan (seigneur de), 27, 395, 395*, 397*, 613.

Kergonano (seigneur et dame de), 196, 309*, 310, 368, 385, 385*, 388*, 391, 393*, 395, 419, 570*, 577*.

Kergongar en Limerzel (maison de), 248*.

Kergontralic (dame de), 168*.

Kergorden (sieur de), 446.

Kergorlay (seigneur de), 21*.

Kergorlay (Gabriel-Claude de), 26*.

— (Jacques-Claude de), 26*.

Kergos (sieur de), 303*, 326* 417*.

Kergouac (sieur de), 422.

Kergoual (sieur de), 435*, 439, 439*, 442*, 468.

Kergouat (seigneur de), 402*, 403*.

Kergouello (sieur et dame de), 76, 189*.

Kergouet ou Kergois (sieur de), 600*.

Kergouin (sieur de), 35.

Kergoulas (sieur de), 47, 61*, 93.

Kergoumar (sieur de), 164*.

Kergourio (sieur de), 94*, 376.

Kergourio (N.), 616*.

Kergournadech (seigneur de), 16*, 22, 23, 299.

Kergourtois (sieur et dame de), 590*.

Kergouvello (seigneur de), 374*.

Kergozou (seigneur de), 53.

Kergozou (Catherine de), 49.

— (François de), 479.

Kergrain (sieur de), 69*, 320*, 374*, 390*, 425, 447*, 499*, 503*, 509, 575*, 578*, 582*, 583, 584*, 596, 597*, 598, 601, 603, 605.

Kergrée (Julienne-Jeanne de), 468.

Kergrésil en Noyal-Pontivy, 94*.

Kergriff (dame de), 82.

Kergrist (paroisse), 10*, 12-14, 19*. — Voir: Saint-Merec (chapelle), Guerlogoden (lieu-dit).

Kergroadès (seigneur de), 39*, 45*.

Kergroadès (François de), 39*, 45*.

Kergrohen (Jean), chapélain de Kerguhe, 83*.

Kergroix (sieur et dame de), 102*, 200, 243*, 298, 298*, 326*, 333*, 335*, 336*, 337, 343, 387. — Voir: Cargroix.

Kergrouguec ou Kergruiec (sieur de), 173, 334.

Kerguche (sieur de), 257*, 258*, 259.

Kerguehennec en Bignan, 72*, 177*, 352. — Voir: Kerguezenec.

Kerguelen (Françoise de), 477.

— (Guillaume de), 477.

— (Isabeau de), 14*, 21.

Kerguen (sieur de), 99, 190, 296*, 364*, 424.

Kerguénan (sieur de), 2, 340*, 343*, 346*, 587.

Kerguennou (dame de), 30*.

Kergueren (sieur de), 68.

Kergueresin (sieur de), 38*, 39.

Kerguern (dame de), 580.

Kerguery (sieur de), 585.

Kerguesault (sieur de), 228.

Kerguet en Sarzeau, 283*, 287, 287*, 288, 289.

Kerguevel (seigneur de), 26*.

Kerguezay (Jeanne de), 236*, 237.

Kerguezec (dame de), 302.

Kerguézec (Catherine de), 156*, 276, 298*.

— (Jean de), 302.

— (Jeanne de), 154.

— (Françoise-Renée-Agnès de), 372, 373, 467.

Kerguezenec ou Kerguehenec (sieur de), 200, 339*, 440*.

Kerguicher (seigneur de), 44*.

Kerguiffio (sieur et dame de), 12*, 13, 13*, 17*.

Kerguifino (sieur de), 91.

Kerguillay (seigneur de), 42, 203.

Kerguilloux (sieur de), 45, 47*.

Kerguilly (sieur de) 3*.

Kerguimarec (seigneur et dame de), 29*, 94*.

Kerguin (seigneur de), 216*.

Kerguinio (sieur de), 104*, 327.

Kerguinit (dame de), 15*.

Kerguiris (Anne de), 388*.

— (Jacques de), lieutenant de la ville d'Auray, 76*, 445.

Kerguiris (Julienne de), 431*,581.
— (Louise de), 468*, 470*, 591.
— (Marguerite de), 577.
— (Marie-Anne de), 445.
— (Roland de), 337, 338, 431*.
Kerguisé (seigneur et dame de), 240, 298, 298*, 300*, 301, 302*, 303*, 304, 304*, 315*, 326*, 338*, 339*, 352*, 361, 366*, 377*, 393*, 395*, 407, 409*, 417, 435, 511, 571*.
Kerguisec (dame de), 171*, 177, 297*, 333, 349*, 518.
Kerguisec (Françoise de), 297*, 428.
— (Guy de), 333*.
— (Jean de), 297*, 333*.
— (Jeanne de), 226*, 297*, 301*, 302.
Kerguistangny (sieur de), 87.
Kerguistin (sieur de), 31.
Kerguivio (seigneur de), 10*.
Kergunus en Berné, 24*.
Kergurion (dame de), 173*.
Kergurionnec (seigneur de), 365, 397, 409.
Kergus (sieur et dame de), 31, 33*, 34, 34*, 36, 36*, 84.
Kergus (Anne de), 28*, 35.
— (Anne-Marie de), 35*.
— (Barthélemy-Corentin de), 36.
— (Claude de), 33.
— (Corentine-Louise de), 36.
— (François-Vincent de), 31.
— (Françoise de), 33*.
— (Gilles de), 33.
— (Guillaume de), 36.
— (Guillaume-Sébastien de), sénéchal de Gourin, 36, 38*.
— (Jacques de), 28*, 33*, 34*, 35*.
— (Jacques de), sénéchal de Gourin, 33*.
— (Jacques-Louis-François de), 35*.
— (Jean-Sébastien de), conseiller au Parlement, 33*, 35, 36, 36*.
— (Jean-Sulpice de), 35*.
— (Louis de), 33.
— (Vincent-Claude de), sénéchal de Gourin, 31, 35*, 42.
Kergustan (sieur de), 29*.
Kergustiou (sieur de), 28*.
Kerguyo (dame de), 2.

Kerguyomar (sieur de), 17, 25*, 29*.
Kerguzangor (sieur et dame de), 18, 77*, 80*, 81, 92, 93, 102.
Kerhal (sieur et dame de), 2, 92.
Kerhallic (Anne-Roland de) 17.
— (François de), 17.
Kerhamon (seigneur de), 34, 360*.
Kerhandre (dame de), 215*.
Kerhar (sieur de), 291*, 440.
Kerhardène (sieur de), 529*, 532*, 548, 610, 610*, 611*, 612, 612*, 613, 614*, 620*, 621*, 622*, 623, 624, 625*, 626, 630.
Kerharo (seigneur de), 27*, 31.
Kerhaude (sieur de), 109*, 110, 124, 144*, 159*, 246*, 247, 618.
Kerhaulter (seigneur de), 560*.
Kerhauteberz (sieur et dame de), 68, 68*, 69*.
Kerhavy ou Kerhervy (sieur de), 319, 414*, 418*.
Kerhedin (seigneur et dame de), 297, 379*, 380, 381*, 382*, 384, 394*, 401*, 403*, 407, 408, 409, 557*, 560*.
Kerherendon (sieur de), 425.
Kerhern (sieur de), 33*, 82*, 297*.
Kerhéro (seigneur de), 77*, 78.
Kerhéru (sieur de), 15, 75, 91, 97.
Kerhervant (seigneur de), 26.
Kerhervé (seigneur de), 280*, 336*, 340*, 341, 342*, 343*, 361*, 389, 392*, 426, 492*, 575*.
Kerhervé (Joseph), 627.
Kerhervio (sieur de), 149.
Kerhervy (sieur et dame de), 334*, 336, 343*, 354*.
Kerhierne ou Kerhihergne (seigneur et dame de), 40, 45.
Kerhingant (seigneur de), 45*, 99*.
Kerhirgartz (sieur de), 13.
Kerhoalan (seigneur et dame de), 382.
Kerhoarno (sieur de), 68, 70, 71*, 72, 493*, 511*.
Kerhoat (dame de), 28, 31*, 32.
Kerhoël (sieur de), 46, 46*, 60*.
Kerhoent (Joseph de), 100*.
— (Julienne de), 139*.

Kerhoent (Louis-René de), 100*.
— (Marie-Renée de), 100*, 139*.
— (Pierre-Louis de), 611*.
Kerhointe en Remungol, 74.
Kerhom (sieur de), 47*, 48.
Kerhoret (sieur de), 70*, 567.
Kerhorlay (dame de), 28, 28*, 30, 292.
Kerhoulio (Jeanne), 296.
Kerhoz (seigneur de), 165*.
Kerhué (demoiselle de), 183.
Kerhuel (seigneur et dame de), 29*, 504.
Kerhuellic (Guyonne de), 8.
— (N. de), 9.
— (Sébastienne de), 8.
Kerhuet (seigneur de), 83, 236.
Kerhuily (sieur et dame de), 99*, 254, 254*.
Kerhullio (seigneur de), 207.
Kerhulué (sieur et dame de), 13, 15, 15*.
Kerhulué (François), prêtre de Locmalo, 62*.
— (Vincent), curé de Locmalo, 62.
Kerhuly (dame de), 18*.
Kerian en Saint-Thuriau, 40, 50*, 79, 444.
Keriargon (sieur de), 306*, 333, 334, 335, 336, 337, 341, 342, 349*, 380*, 381*, 424, 433, 440, 443*, 582.
Keriaval (seigneur et dame de) 188, 246, 252, 281*, 282, 283, 283*, 284, 285*, 286*, 287, 289, 289*, 291, 291*, 292*, 327, 343, 357, 359*, 367, 368, 374, 375*, 386*, 389, 390*, 396, 407*, 408*, 410*, 420, 420*, 446*, 461*, 539*, 547*, 550, 632*.
Keribert (sieur et dame de), 133.
Kericu (seigneur de), 29*, 30.
Keridec (dame de), 132*.
Keriec (seigneur de), 608.
Keriergartz (seigneur de), 33*.
Kerignart (Guénaëlle), 437.
Kerihuel (sieur de), 581*, 582.
Kerilio (sieur de), 399, 549, 631*.
Kerimaux (sieur de), 207.
Kerino (sieur de), 433, 451*, 575.
Kerio (sieur de), 121.
Kerio ou Kerrio (Gabrielle-Jacquette), 494*.

Kerio ou Kerrio (Jean), lieutenant du premier chirurgien du Roi à Vannes, 494*, 534*, 596.
— (Jean), prieur de Saint-Nicolas, 422*.
— (Jean-Yves), lieutenant du premier chirurgien du Roi à Vannes, 239*, 399, 517*.
— (Marie - Vincent - François), docteur en médecine, 239*.
— (Rose-Ursule), 399.
Keriolet (sieur de), 348*.
Keriper (seigneur de), 12*.
Kerisac (sieur de), 44*, 45*, 46, 46*, 49*, 608*.
Kerisouët (seigneur et dame de), 10*, 11, 14*, 15, 15*, 16, 16*, 56*, 88, 142*, 174, 174*, 175, 233, 255, 255*, 295*, 331*, 348*, 350, 350*, 353*, 356, 365*, 366, 382, 384, 399*, 424, 437, 533, 536*, 540*.
Kerisper (sieur et dame de), 272*, 273, 274*, 276, 279*, 393, 394, 394*, 396, 397*, 420, 600*.
Kerisson (François), 417*.
Keristin en Sulniac, 214, 534.
Kerival (dame de), 284*.
Kerivalen (dame de), 68*, 104, 380*.
Kerivily ou Kerevily (seigneur de), 264, 453*.
Kerivin (dame de), 83*.
Kerjacob (sieur de), 68, 282.
Kerjagu (seigneur de), 22*, 119*.
Kerjan (seigneur et dame de), 14*, 18, 25*, 74, 126, 218*, 219*, 259, 329*, 512.
Kerjégo (sieur de), 76*, 82, 82*, 539*.
Kerjégu (sieur de), 26*, 47*, 588*.
Kerjoly (seigneur de), 21*, 33, 275, 275*.
Kerjoncour (sieur de), 24*, 54.
Kerjosse (seigneur de), 83*, 409, 410.
Kerjosse (Daniel de), 167, 436*.
— (Gillette de), 436*.
— (Guillaume de), recteur de Séné, 296.
— (Jacquette de), 167.
— (Marguerite de), 65.
Kerjosse-de-l'Eau (seigneur de), 2*.

Kerjosse de la Lande (seigneur de), 3*.
Kerjosse des Landes (sieur de), 82.
Kerjouanic (seigneur de), 218*.
Kerlagadec (sieur et dame de), 43*, 45.
Kerlain (sieur de), 284, 397*, 610.
Kerlan (sieur et dame de), 27, 34*, 35, 42*, 53, 70, 87, 205, 272, 272*, 287, 350*, 532*, 579.
Kerlaouan (dame de), 304.
Kerlaran (sieur de), 84.
Kerlau (sieur de), 416.
Kerlavard (demoiselle de), 544.
Kerlavarec (dame de), 42.
Kerléan (sieur de), 25, 594*.
Kerléan (Marie-Perronnelle de), 594*.
— (René-Corentin de), 25.
Kerléano (seigneur de), 2*.
Kerleau (sieur et dame de), 5, 5*, 51*, 100, 100*, 106, 106*, 134, 135, 135*, 137, 138*, 140, 184, 186*, 201*, 295*, 331, 334, 336*, 340, 366*, 370, 372, 374, 386*, 388, 394, 394*, 396*, 398*, 402, 424, 502, 505*, 508*, 510, 522, 582, 608.
Kerlech (sieur et dame de), 30*, 45*.
Kerlech (Alain de), 33.
— (Anne de), 3.
— (Marie-Françoise de), 30*.
— (Philippe - Emmanuel de), 25*, 29*.
— (Pierre-Claude de), 2*.
— (Renée-Françoise de), 3.
Kerledé (seigneur de), 229*.
Kerledren (dame de), 111*.
Kerlefent (sieur de), 17*.
Kerlegan (seigneur et dame de), 50, 335*, 506*, 508*, 510.
Kerlego en Moréac, 74.
Kerlegouarh (sieur de), 43*, 307*.
Kerleguein en Grand-Champ, 170.
Kerleguiny (seigneur de), 18.
Kerlen (seigneur et dame de), 25, 25*, 35, 41*, 272, 291*, 440.
Kerlenden (sieur de), 277*.
Kerlen-Ghuellauff, en Roudouallec, 41.
Kerleque (sieur de), 578*.

Kerlero (Marie), 101*, 444, 446*, 447*, 582*.
Kerlescan (dame de), 355.
Kerlesté (Agathe-Andrée de), 151*.
Kerleuguy (Louise de), 65.
Kerlevenan (sieur et dame de), 175*, 234, 236, 237, 272*, 273*, 275, 282*, 283*, 284*, 285*, 289, 291, 291*, 298*, 314, 342, 342*, 345*, 359*, 422*, 428, 446*, 461*, 467, 484.
Kerlévené (seigneur et dame de), 3*, 45*, 82, 83*.
Kerlidec (sieur de), 35.
Kerlierne (sieur et dame de), 51*, 91*, 92*, 93.
Kerlinou (sieur de), 38*, 332, 565.
Kerliviny (sieur de), 184.
Kerlivio (sieur de), 17, 30, 58, 471*, 635.
Kerlo (Jean-Marie de), 402*.
Kerlogenic (sieur de), 336*.
Kerlogoden (seigneur de), 95*, 100*.
Kerlohan (sieur de), 69.
Kerloïs (sieur et dame de), 15*, 16, 16*, 17, 29*, 42*, 92, 313*, 345*, 350*, 355, 404, 404*, 405*, 455*, 457.
Kerloisguen (Marie-Thérèse), 615.
Kerloret (sieur et dame de), 53*, 54, 55*, 613.
Kerlot (sieur et dame de), 61.
Kerlouet (dame de), 13*, 22*.
Kerloyon (seigneur et dame de), 88*.
Kerlutu (sieur et dame de), 184*, 204, 242*, 298*, 302, 304, 335*, 339*.
Kermabelan (dame de), 356.
Kermabo (sieur et dame de), 78*, 89*, 92, 92*, 93, 103, 104.
Kermabo (Adélice de), 5, 90*.
— (Charles de), 90*.
— (Jeanne de), 91*.
— (Louis de), 90*.
— (Yves de), 90*.
Kermabon (sieur de), 529*.
Kermabon (Caroline-Bertranne), 181.
— (Jean), recteur de Malguénac, 15.
— (Louise), 15.

Kermabon (Yves), 15*.
Kermadec (sieur et [dame de), 583*, 584, 585, 585*, 586, 589*, 592*, 602,[603*.
Kermadec (Jacques de), 77*.
— (Jacques de), avocat du roi au Présidial de Vannes, 337, 425*.
— (Julien de), 432.
Kermadehouay (seigneur de), 303*.
Kermaderen (sieur de) 328.
Kermadio (sieur de), 48*, 60*, 340*, 342, 353*, 355*, 356.
Kermadoué (seigneur de), 22, 29*.
Kermaès (dame de), 48*.
Kermain (seigneur de), 94*, 100*, 449*, 454, 493*, 497*, 498, 498*, 499*.
Kermainguy (sieur de), 194*, 362, 475*.
Kermais (dame de), 46*, 61*.
Kermanach (demoiselle de), 24*.
Kermaon (sieur de), 60*.
Kermapolier en Monterblanc, 141.
Kermapousset (sieur de), 346*, 350*, 436.
Kermaprezo (sieur de), 87.
Kermarec (seigneur de), 9*, 62*, 594.
Kermarec (Claude-Joseph), conseiller au Parlement, 558*.
— (François-Claude), conseiller au Parlement, 558*.
Kermaréchal (sieur et dame de), 169, 458, 465, 469*, 473, 478, 481, 512, 512*, 519.
Kermarien (sieur et dame de), 49*, 50*, 51, 54.
Kermarquer (sieur et dame de), 19, 24, 38*, 48, 48*, 49, 77*, 80, 207*, 280*, 342*, 344, 348, 349*, 360, 377, 434*, 437, 579.
Kermarquer (Jean-Baptiste de), prêtre, 382*.
Kermartin (sieur et dame de), 32, 48*, 52*, 61*, 112*, 185, 199*, 200, 200*, 201, 216, 217*, 251, 275, 276, 276*, 277*, 429, 440, 444*, 450.
Kermasson ou Kermasson de

Bourgerel (Cassien-Alexis), 258*.
— (Cécile-Perrine), 183, 292.
— (Claude), chanoine et chantre et conseiller au Présidial de Vannes, 363, 440.
— (Colomban), 481*.
— Françoise-Marie-Vincente), 515.
— (Gervais-Guillaume), avocat en la cour, 415*, 512*, 513*, 515.
— (Isabelle), 473.
— (Jacques), 183.
— (Jean-Marie-Vincent), 258*.
— (Jean-Olivier), 479.
— (Jean-Pierre), 466.
— (Jean-Thomas), 256.
— (Jeanne), 183.
— (Jeanne-Marie), 252*, 258*, 259, 288*.
— (Jeanne-Marie-Françoise), 407*, 418*.
— (Joseph), avocat en la cour, 377, 378*, 384.
— (Louis), maire de Rhuis et miseur, 287*.
— (Marc-Gervais), 359*.
— (Marie-Anne), 512*.
— (Marie-Reine-Marguerite), 513*.
— (Marie-Thérèse), 126*, 404*.
— (Marie-Vincent), 404*.
— (N.), 495*.
— (Olivier), procureur au Présidial de Vannes, 463, 463*, 466, 479, 480*, 481*, 482, 497.
— (Pierre), 374*.
— (Pierre), avocat en la cour, 279*, 359*, 360.
— (Pierre), fermier général de Rochefort, 252*.
— (Pierre), capitaine garde côtes, officier breveté du Roi, 258*, 259.
— (René), 513*, 515*, 612.
— (René), sénéchal de Rochefort, 256, 258*.
— (Renée), 449, 451*, 452*, 457*, 459*, 462, 464*, 465, 467, 479*, 480, 493.
— (Vincent-Joseph), 378*.
— (Yves-Guillaume), 377.
— (Yvonne), 188*, 225, 226*, 377, 395*, 398*.

Kermasson ou Kermasson de Bourgerel (Yvonne-Bonne), 187*, 188. Voir : Bourgerel.
Kermatret (seigneur de), 33.
Kermau en Moustoir-Remungol, 78.
Kermauto (sieur de), 496.
Kermedo (dame de), 35*.
Kermel (sieur de), 37*.
Kermel (Emmanuel-Armand-Sévère de), 37*.
— (Emmanuel-Louis-François de), 37*.
— (Pierre-François-Jean de), 37*.
Kermelin (sieur et dame de), 48*, 49, 49*, 50*, 364, 428, 503, 567, 574, 574*.
Kermélinaire (seigneur de), 88, 88*, 89, 621*.
Kermellec (sieur et dame de), 15, 24*, 25*, 26, 35*, 52*, 53*, 55*, 56, 62*, 592*, 593*.
Kermellec (Alain de), lieutenant général de Guémené, 44*, 45.
— (Anne de), 629*.
— (Catherine de), 12*, 13, 17*, 45*, 58*.
— (Claude de), 12*, 25.
— (Florentin-Marie de), 88*.
— (François-Yves de), 11*, 88, 621*.
— (Françoise-Jacquette de), 375.
— (Guillaume de), 25.
— (Hervé de), 14*, 44*.
— (Isabeau de), 14*.
— (Jean de), procureur du roi à Quimperlé, 29*.
— (Jean-Marie de), 88*.
— (Jean-Yves de), 11*, 88.
— (Joseph-Marie de), 88*.
— (Louis de), 25.
— (Louis de), alloué de Guémené, 47.
— (Louise de), 46.
— (Marie-Françoise de), 88*, 89.
— (René de), 592*, 593*.
— (Rio de), 14*, 40.
— (Tanguy de), 25.
Kermen (sieur et dame de), 309*, 337, 347, 351, 361, 365*, 369*, 370, 375*, 376*, 442, 469, 482, 527.

Kermenach (sieur de), 10, 11.
Kermenezy o u Kerminisic
 (sieur et dame de), 46, 244*,
 245, 251, 253, 253*, 255*, 326,
 337*, 342, 345*, 374.
Kermenguy (sieur et dame de),
 22, 30, 32, 33*, 39, 50, 52,
 56*, 128*, 133*, 172*.
Kermenguy (Angelique - Reine
 de), 622*.
— (Jacques de), 22.
Kermeno (sieur de), 21*, 114*,
 164, 168*, 236*, 237, 238, 345,
 357, 429*, 438*, 444*.
Kermeno (Alain de), 339*.
— (Alain de), conseiller au Par-
 lement, 80, 200.
— (Bertrand de), 69, 75, 342,
 342*, 353*, 355*, 440*.
— (Charles de), 355*, 364*.
— (Claude de), 184*, 185, 190,
 298*, 302.
— (François de), 114*, 189, 236*,
 237, 238, 304*, 346, 354*, 355*,
 357, 444*.
— (François de), chevalier de
 l'ordre du Roi, gouverneur
 de Vannes, et pensionnaire
 du Roi en Bretagne, 189*.
— (Gillonne de), 175, 340*, 342,
 346, 347, 356, 357*.
— (Hyacinthe - Alexis de), 28*.
— (Jacques-Françoise de), 221.
— (Jacquette de), 189.
— (Jean de), 128*.
— (Jean de), prévôt et chanoine
 de Guérande, 221.
— (Jean de), capitaine de
 Vannes, 184*, 190.
— (Jean de), recteur de Ques-
 tembert, 211*.
— (Jean-François de), 221.
— (Jean-Joseph de), 221.
— (Jeanne de), 238*.
— (Louis de), 357.
— (Marguerite-Louise de), 357.
— (Olivier de), 221.
— (Pierre de), 185*.
— (Prégent de), chevalier de
 l'ordre du Roi, gouverneur
 de Guérande et du Croisic,
 189, 190.
— (René de), 21*, 115*, 237.
— (René de), major de dragons,
 238.

Kermeno (René de), conseiller
 au Parlement, 164.
— (Renée de), 113*, 190, 208*.
— (Renée-Magdeleine de), 221.
— (Sébastien de), 190, 355*.
— (Suzanne de), 189, 189*, 190,
 273, 273*, 274, 274*.
— (Vincente de), 296.
— (Yves de), lieutenant de dra-
 gons, 238.
Kerméot (dame de). 29*.
Kermerien (sieur et dame de),
 8, 13, 24*, 29*, 44, 45, 46*,
 58*, 205, 206*, 207, 354*, 578*,
 594.
Kermeur (seigneur de), 29*,
 45*.
Kermeydio (Claude), religieux de
 Sainte-Catherine, 33.
Kermiaut (sieur et dame de),
 29*, 61*.
Kerminavet (seigneur de), 29*.
Kermoal (seigneur de), 30, 30*,
 31*, 40, 84*, 288.
Kermoël (sieur et dame de), 72*,
 369*, 399, 461, 462, 483*, 506,
 513, 588, 606*.
Kermoello (sieur de), 78*.
Kermoguer (dame de), 30.
Kermoisan (seigneur et dame
 de), 181*, 183.
Kermoisan (Charles de), 25.
— (Charles-Vincent de), 405.
— (Denise-Catherine-Marie de),
 411*.
— (Jean-René-Louis de), 411.
— (Louis-Jean-Baptiste de), of-
 ficier de marine, 140, 633*.
— (Roland-René de), avocat du
 Roi puis conseiller au Pré-
 sidial de Vannes, 409*, 410,
 411, 411*, 412.
— (Sidonie-Françoise de), 410.
Kermorgan (seigneur de), 8,
 39*, 45, 46, 46*, 47, 47*, 49.
Kermorial (sieur de), 58*.
Kermorial (Catherine de), 302*,
 303*, 342.
— (Jacques de), 58*.
— (Louis de), 58*.
Kermoro (seigneur et dame de),
 340.
Kermorvan (sieur de), 1, 2, 2*,
 3*, 4, 5, 23*, 51, 52, 77*, 78,
 79*, 82*, 83, 366, 372, 387.

Kermorvan (Jacquette), 621, 623,
 624, 625, 626*.
Kermouez (sieur de), 585.
Kermourault (seigneur et dame
 de), 114, 130, 223*, 224, 243,
 343*, 354, 354*, 361*, 367,
 392, 422, 423, 435, 436*, 585,
 602*.
Kermoy (sieur de), 70, 112.
Kernabat (sieur et dame de),
 236*, 414.
Kernafflen (Anne de), 26.
— (François-Joseph-Marie de)
 procureur du Roi à l'ami-
 rauté de Cornouaille, 417*.
— (Jean-Elisabeth - Marie d e),
 avocat en la cour, 417*.
Kernaliguen en Remungol, 86.
Kernallec (N. de), conseiller au
 présidial de Vannes, 325*.
Kernantec (dame de), 71*.
Kernapoullo (dame de), 477.
Kernars (sieur et dame de), 1, 1*.
**Kernascléden en Saint-Ca-
 radec-Trégomel**, 66, 66*.
Kernatoux (dame de), 33.
Kernault (sieur et dame de), 1,
 2, 43*, 434.
Kernavelo en Sarzeau (châ-
 teau de), 288*.
Kerné (sieur de), 278*, 282, 310.
Kernegan (sieur et dame de),
 180*.
Kernel ou Keruel (dame de),
 473*.
Kernel (Pierre), notaire royal au
 présidial de Vannes, 345.
Kernelle (dame de), 441*.
Kernen (sieur de), 9*.
Kernené (sieur de), 417*.
Kerner en Arzon, 264*.
Kernestic (sieur de), 76, 461.
Kerneur (Jeanne), 93*.
— (Jérôme), 92.
Kernevé en Noyalo, 293*.
Kernevenen (sieur de), 102.
Kerneveno (sieur de), 38, 38*.
Kernevez (Marie de), 25*.
Kernezne (Charles-Robert de),
 chevalier de l'ordre du
 Roi, gentilhomme ordi-
 naire de sa Chambre, gou-
 verneur de Quimper, 34,
 193*, 366*.
— (Claude de), 33*.

Kernicol (sieur et dame de), 83*, 144, 248*, 303, 303*, 304, 335*, 342, 440.

Kernily (demoiselle de), 412.

Kernipitur ou Quénéputur (sieur de), 334, 335*.

Kernisan (sieur de), 573*.

Kernisan-Cohars (Marie-Anne-Jeanne de), 204.

Kernivinen (sieur et dame de), 44, 62.

Kernodidon (sieur de), 383*, 385, 391, 395, 496.

Kernoel (sieur et dame de), 295*, 311*, 312, 379, 380, 393*, 397*.

Kernois en Marzan, 220.

Kernol (Pierre), procureur royal à Vannes, 437.

Kernostic ou Kernestic (sieur et dame de), 67*, 68*, 76*, 448, 475*, 480*, 482.

Kernotter (sieur de), 393*, 513.

Kernoual (sieur de), 574*.

Kernu (seigneur de), 470*.

Keroguen (Marie de), 33.

Kerohan (seigneur de), 21*, 37.

Kerohant (Urbain-Guillaume de), 37*.

Kerohel (dame de), 39*, 45, 46*, 53, 60*, 61, 100*.

Keroignant (Charles-Marie-Joseph de), 420*.

— (Pierre-Bertrand de), recteur de Sarzeau, vicaire général de Vannes, 292.

Keroignet en Noyal-Pontivy 93*. Voir : Kervigueno.

Kerolain (sieur et dame de), 42, 61, 63*, 64, 89, 107.

Kerollivier (seigneur de), 182*, 195* 430*.

Keroman (sieur et dame de), 51, 99, 361*, 367*, 450*.

Keronic (sieur et dame de), 11*, 12, 30, 415, 549, 550*.

Keropert (sieur et dame de), 9*, 21*, 40, 53*, 57*, 352*, 377*, 447*, 451*.

Kerorantin (seigneur de), 30.

Kerorben (sieur de), 614.

Keroret (sieur et dame de), 90*, 329, 342*, 436*, 466*.

Kerorguen (seigneur de), 369*.

Keroset (sieur de), 140, 140*, 142, 174, 293*, 294, 294*, 295, 295*, 303*, 307*, 326*, 327, 327*, 338, 338*, 340, 340*, 342, 347, 347*, 348, 351*, 357*, 358*, 361, 374*, 375, 378, 379, 381*, 384, 423*, 444*. 505, 513*, 579*, 581, 582, 592, 633*.

Kerossan (seigneur de), 37*.

Kerostin (sieur de), 18, 92*, 94*, 104, 354.

Keroual (seigneur de), 32, 469, 480.

Kerouallan (sieur et dame de), 11, 45*, 53, 53*, 57*, 58, 58*, 59, 59*. 60, 63*, 65, 65*.

Kerouallan (Alexis-Paul-Constant de), 60.

— (Anne de), 11.

— (Anne-Louise-Prudence de), 60.

— (Charles de), 58, 58*.

— (Claude-Constance de), 65.

— (Claude-Françoise de), 65*.

— (Claude-Françoise-Adélaïde de), 55.

— (Claude-Louis-Marie de), 59*,

— (Fortunée-Gillette de), 59*.

— (François de), 59, 99*.

— (Hélène-Marie de), 59*.

— (Isabeau de), 58.

— (Jean de), 45*, 58*, 59.

— (Jean-Baptiste de), 59.

— (Jean-François de), 55, 59*.

— (Jeanne de), 58, 59, 65.

— (Jérôme-Hyacinthe de), recteur de Cléguérec, 11.

— (Joseph de), 59, 64*.

— (Louis de), 57*, 58, 58*.

— (Louis-Charles de), 59, 63*, 65, 99*.

— (Louise-Anne-Prudence de), 60.

— (Marie-Anne-Pauline de), 60.

— (Marie-Louise de), 51, 532*.

— (Marie-Marguerite de), 65*.

— (Michel-René de), recteur de Saint-Caradec-Trégomel, 66*.

— (Pauline de). 60.

— (Pierre de). 65.

— (Pierre-Ignace de), 65, 65*.

— (Reine-Marie-Josèphe de), 59*.

— (René de), 58.

— (Suzanne de), 57*.

— (Thomas-François de), 53*, 59*, 60, 65*.

Kerouallan (Thomas-François-Charles de), 60.

— (Thomas-Marie de), 65*.

— (Ursule de), 64*.

Kerouant (seigneur de), 470*.

Kerouar (dame de), 41*.

Kerouarch en Le Saint, 42.

Kerouartz (dame de), 104*.

Kerouartz (Renée de), 137*, 186*, 191, 255*, 363, 373, 451*, 459.

Kerouault (J.), prêtre, 624.

Kerouaut (seigneur de), 30.

Keroudot (Marguerite de), 470*.

Keroué (demoiselle de), 222*.

Kerougant (seigneur de), 339*, 340.

Kerouguion (dame de), 34*, 40.

Keroullé (seigneur de), 34.

Kerouran (seigneur de), 264.

Kerouréron (seigneur de), 25.

Kerouret (sieur et dame de), 92, 103*, 104, 566.

Kerourin (sieur de), 30*, 39, 48, 52, 60, 60*, 65, 68, 92, 103*.

Kerousseau (seigneur de), 83.

Keroustin (demoiselle de), 607.

Kerouzéré (seigneur de), 258*.

Kerouzéré (Anne de), 15*, 21*, 22, 40.

Kerouzy (dame de), 27, 631*.

Keroyant (sieur de), 567*.

Kerozal (sieur de), 40.

Kerozven (Françoise), 43*.

Kerpart (N.), 409*.

— (N*.), 416*.

Kerpaulle (Pierre-Thomas), curé et prédicateur, 288*.

Kerpécart (sieur et dame de), 272*, 274, 274*, 275, 275*, 276*, 277.

Kerpezdron (Amaury de), 45*.

— (Andrée de), 484.

— (Gilles de), 39*, 45, 45*, 47.

— (Henriette de), 597*.

— (Jean de), 484.

— (Jeanne de), 45.

— (René de), lieutenant de Porhoët, 478.

Kerpiton (sieur de), 541.

Kerplat (seigneur et dame de), 246.

Kerpoisson (Aliénor de), 204*.

— (Anne de), 113*, 243*, 244*, 343*.

— (Claude de), 215*.

Kerpoisson (David de), 235.
— (Gédéon de), 235.
— (Guillaume de), 235.
— (Jacques de), 235.
— (Jacquemine de), 215*.
— (Jonathan de), 235.
— (Julien de), 237.
— (Louise de), 237.
— (Lucrèce de), 154, 162*, 237*.
— (Marquise de), 124*·
— (Perronnelle de), 200*.
— (René de), 235, 243*.
— (Suzanne de), 235.
Kerpondarm (sieur et dame de), 120*, 133*, 134*, 136, 141*, 162, 177*, 178, 200*, 204*, 254*, 421*.
Kerponher (seigneur et dame de), 44, 44*, 45, 46, 69, 70, 73, 74, 82*, 94*, 180, 284*, 598.
Kerprat (sieur et dame de), 48, 50*, 104.
Kerprévost (sieur et dame de), 176*, 309, 341*, 575, 579.
Kerprovo (sieur de), 469, 492*.
Kerprovôt (sieur de), 239*.
Kerpunce (sieur de), 450*.
Kerraheisic (seigneur et dame de), 29*.
Kerral (seigneur et dame de), 304, 424.
Kerran en Arradon (château de), 308.
Kerranter (dame de), 80*.
Kerraoult (seigneur de), 572.
Kerrat (sieur de), 90*.
Kerrault (sieur et demoiselle de), 285.
Kerredain (dame de), 204.
Kerredan (sieur de), 579*.
Kerrel (seigneur de), 307*.
Kerremar (Pélagie-Mathurine-Joachime-Victoire-Marie), 262*.
— (Robert), 17*.
Kerrès (sieur de), 573*.
Kerret (sieur de), 34, 42, 67.
Kerret (Alexandre-Jean-René-Marie de), 67*.
— (Charles-Isaac de), 34.
— (Hélène-Thérèse de), 64*.
— (Hervé-François de), 36*.
— (Jean de), 34, 42.
— (Jean-Vincent de), 42.
— (Louis-Jean-Marie de), 67, 67*.

Kerret (Marie-Josèphe-Gabrielle-Pélagie de), 67*.
— (Michel-François de), 34.
— (Yves de), 34.
Kerrezec (sieur de), 71*.
Kerrichart (sieur de), 112*, 114, 215*.
Kerriec (sieur de), 27, 423.
Kerriel (sieur de), 42*.
Kerrienne (dame de), 243.
Kerrimault (sieur et dame de), 90.
Kerrinse (sieur de), 210*.
Kerrio (sieur et dame de), 9, 50*, 52, 168*, 169, 169*, 210*, 221*, 277*, 280*, 352*, 355, 358, 358*, 364*, 377, 416, 441*, 504, 515, 532, 539, 542, 543, 563, 622.
Kerrio (Marie), 527*.
Kerrivallen (sieur de), 91*.
Kerriz (sieur de), 304*.
Kerrizel (sieur de), 252*, 258*, 259.
Kerrohan (dame de), 1*, 592.
Kerrohion (seigneur de), 208*.
Kerrojon (sieur de), 209, 209*.
Kerroland (sieur et dame de), 82, 85, 154, 165, 199*, 241*, 242, 251*, 293*, 302*, 351*, 368*, 453, 455, 458, 459, 461*, 483, 499, 599.
Kerroman (dame de), 1.
Kerropertz (sieur de), 44*, 86*, 432*.
Kerrouault (dame de), 575*.
Kerroue (dame de), 380*.
Kerroux (sieur de), 227, 231.
Kerroyan (sieur de), 469*, 495*, 594.
Kerruel (seigneur de), 376.
Kerrusan (sieur de), 347.
Kersa (dame de), 527.
Kersabiec (sieur et dame de), 44*.
Kersaint de Coetnempren (Joseph-Olympe), recteur de Ploërdut, 65*.
— (Pierre-Bonaventure), capitaine d'infanterie, 65*.
Kersal (Elisabeth-Jeanne), 50.
Kersalaün ou Kersalauen (seigneur de), 21, 34*.
Kersalaün (Louis-François-Noël de), ambulant au département des devoirs d'Elven, 142*.

Kersalic (seigneur de), 25, 25*, 66*, 67, 67*.
Kersalio (seigneur et dame de), 115*, 116, 177*, 184*, 189*, 199*, 215*, 337, 361*, 376*, 418, 480*.
Kersalio (Marie-Pauline de), 167.
Kersallo (seigneur et dame de), 29*, 83, 83*, 334.
Kersange (sieur de), 458*.
Kersape (sieur et dame de), 133, 172, 277, 298, 299, 301, 302, 477*.
Kersau, (dame de), 29*.
Kersault (sieur de), 447*.
Kersauson (sieur de), 222.
Kersauson (François-André-Joseph-Rémy-Marie de), 259.
— (François-Louis de), 11*, 259.
— (François-Louis-Nicolas de), officier d'infanterie, 126.
— (Jacques-Gilles de), conseiller au Parlement, 222.
— (Louis-Marie-Jacquette de), 287*.
— (Marie-Louise de), 371.
— (Pierre de), 587.
Kersco (dame de), 371.
Kerscomar (sieur et dame de), 45*, 91, 93, 116*, 121*, 129, 130, 132, 426, 529.
Kerscouble (seigneur et dame de), 173, 255*, 283, 284, 297*, 298, 298*, 299, 337, 338*, 339, 339*, 347, 431*, 433, 587*, 592, 597.
Kersevan (seigneur et dame de), 25, 58, 141*.
Kersimon (sieur et dame de), 3*, 79, 180*, 209*, 211, 212, 551.
Kersivien (sieur et dame de), 175, 285*, 297, 607*, 620, 624*.
Kersquer en Persquen, 64.
Kerstang (seigneur et dame de), 28*, 33, 33*, 34*, 35, 35*, 36, 36*, 49.
Kerstrat (sieur et dame de), 65*, 110*, 143, 293*, 301.
Kersulec (dame de), 245.
Kersulguen (dame de), 126*.
Kersulguen (Marc de), 308.
Kersuzan (Jean), recteur d'Arradon, 307.
— (Marie), 573.

Kersuzan (N.), recteur de Melrand, 8.
Kertady (dame de), 479*.
Kertallet (sieur et dame de), 227, 227*.
Kerteffanic (sieur de), 334*.
Kerthomas (sieur et dame de), 199, 200*, 272, 275, 275*, 278*, 287, 290*, 328, 365*, 397, 433, 508*, 510*, 511*, 529, 532, 602*.
Kertouart (sieur de), 217*, 226*.
Kertreton en Péaule, 202.
Kertudal (sieur de), 25*.
Kerudal (sieur de), 515.
Keruibet (dame de), 92.
Kerulué (sieur de), 40.
Kerulvern (sieur de), 174.
Kerusan (sieur et dame de), 34, 249, 376*, 377, 396.
Keruyo (Guillemette), 140*.
— (Olivier), 140*.
Kervagat (dame de), 357.
Kervaguez (sieur de), 214*, 568*.
Kervail (sieur et dame de), 276.
Kerval (sieur et dame de), 183, 292, 292*.
Kervalet (seigneur de), 526.
Kervanduc (sieur de), 53, 63.
Kervaret (seigneur de), 113*, 239.
Kervazic (sieur de), 76*, 175*.
Kervazic (Olivier de), 76*.
Kervazo (sieur de), 337, 425*.
Kervégan (sieur et dame de), 10*, 29*, 41, 44, 245, 399, 399*, 402, 402*, 409*, 410*, 412, 538.
Kervehé (sieur de), 177*.
Kerveho (sieur de), 273*, 274*.
Kervein (sieur et dame de), 277*.
Kervelaouen (sieur de), 28.
Kervello (sieur et dame de), 236.
Kerven de Kersullec (Anne-Louise-Marie de), 160.
— (Charles-Louis-Marie de), 160.
— (Marie-Françoise-Olive, de), 160.
— (Toussaint-Marie de), lieutenant des vaisseaux du Roi, 160.
Kervenal (dame de), 14*.
Kervenduc (N. de), doyen de Guémené, 54.
Kervenic (sieur et dame de), 58*, 59, 65, 337, 422.

Kerveno en Baud (sieur et dame de), 1*, 2*, 3*.
Kerveno (sieur et dame de), 9*, 22*, 89, 284, 285*, 286*, 289*, 292, 292*, 374, 375*, 381*, 553, 558, 589*, 590*.
Kerveno (Jacques de), 239.
— (Julienne de), 195*, 216, 451.
— (Zacharie de), 113*.
Kervenoal ou Kervenozaël (sieur et dame de), 28*, 30, 30*, 31*, 37.
Kervenou (baron de), 7.
Kervenozael (Anne de), 31.
— (Félix de), 36.
— (Jean-Louis de), 30*.
— (Jean-Marie de), 30*.
— (Jeanne de), 28.
— (Joseph-Jean-Baptiste de), 30*.
— (Joseph-Thomas de), 30*.
— (Julienne-Claude de), 28* 29.
— (Laurent-Guillaume de), 36.
— (Louis de), 28.
— (Louis-Corentin de), 28.
— (Louis-Laurent de), 395*.
— (Marguerite de), 28, 28*.
— (Marie de), 28.
— (Marie-Françoise de), 27*, 30*, 31, 67.
— (Marie-Jeanne de), 30*.
— (Olivier de), 28*.
— (Tanguy de), 28, 28*.
— (Thomas de), 30*, 31, 31*.
— (Vincente-Renée de), 30*, 31.
Kerver (dame de), 99.
Kerverder (Fiacrette-Renée), 79.
Kerverec (sieur et dame de), 1*, 278*, 337, 544.
Kerverel (sieur et dame de), 452, 455*, 459, 588.
Kerveren, 92.
Kerveret (sieur de), 84*.
Kerverho (dame de), 2*, 406, 408, 410, 412, 417, 419*, 487*, 565*.
Kerverien (Alexandre de), 109.
— (Françoise de), 109*.
— (Françoise-Magdeleine de), 109*.
— (Gabriel de), 109, 125*, 154*.
— (Gabriel-Alexandre de), 109*.
— (Gillette de), 109.
— (Gillonne de), 121*.

Kerverien (Jacquette de), 154*.
— (Jean de), 108.
— (Louis de), 121*.
— (Marguerite de), 330.
— (Marie de), 108*.
— (Pierre de), 109, 121, 125.
— (René de), 108, 109.
— (René de), avocat général au Parlement, 108*, 109, 237.
Kervern (sieur et dame de), 60, 350*.
Kervero (sieur et dame de), 3*, 429*.
Kervers (seigneur de), 16*, 72*, 569.
Kerverse (dame de), 21*.
Kerversolt (seigneur de), 26.
Kerverzet (sieur de), 15.
Kerverziau (sieur de), 24, 205*, 251.
Kervesec (Olive de), 400.
Kerveur (sieur et dame de), 10, 58.
Kervezec (sieur de), 476*.
Kervezo (seigneur et dame de), 188, 188*, 190*, 224*.
Kervezou (sieur et dame de), 41*.
Kerviche (Anne), 327*, 445*.
— (Catherine), 539*.
— (Geneviève), 450.
— (Guillaume), procureur au Présidial de Vannes, 209*, 342, 354, 434*, 436, 438*, 439*, 442.
— (Jean), 451*.
— (Jean-Baptiste), avocat du Roi au Présidial de Vannes, 369, 376, 378, 391*, 490*, 498.
— (Jean-Pierre), 626*.
— (Pierre), 450.
— (Vincente-Thérèse), 295*.
Kervier (dame de), 28*.
Kervigueno (sieur de), 59, 80.
Kervilart (sieur et dame de), 90, 170, 272*, 273, 273*, 274*, 279, 279*, 280*, 281*, 339*, 351*, 359*, 360*, 363*, 391, 392*, 454*, 529*, 532*, 563*, 566.
Kerviler (sieur de), 622.
Kervilian (sieur du), 583.
Kerviliere (seigneur de), 147*, 245*.

Kervilio (seigneur et dame de)
18, 33*, 49, 326, 362, 365*,
380*, 381, 574*, 575, 581*, 603.
Kervily (seigneur de), 2*, 308*,
362*.
Kervinal (Marie-Madeleine), 427*,
465*.
Kervinio (Louis), curé de Guern,
89*.
Kervio (seigneur de), 139*, 217*.
Kervisio (seigneur et dame de),
17*, 89*.

Kervoazou (sieur et dame de),
604.
Kervouys en Elven, 134*, 135.
Kervoyal (seigneur et dame
de), 178*, 184, 185*, 188, 202*.
Kervoyer (sieur et dame de),
277*, 343, 350, 435*, 437, 441,
486*, 582*.
Kervrenet (dame de), 215*.
Keryanna (dame de), 29*.
Keryargon (demoiselle de), 620.
Kerygomar (dame de), 119*.

Keryvon (demoiselle de), 19*.
Kerzeho (sieur de), 4*, 403*,
419*.
Kerzéré (François-Mathurin-Da-
niel de), 27*.
Keyser (Adrien-Jacques de), 553,
555, 556*, 557, 557*, 559.
— (Anne-Perrine de), 553.
— (François de), 557.
— (Jacques-Adrien de), 559.
Konigsmark (Marie-Dorothée
de), 196*.

L

La Balinais (seigneur de), 238*.
La Balle (Antoine-Jean de), 518*.
— (François de), 518*.
— (Marie-Claude-Françoise
de), 518*.
La Balluère (seigneur de), 558*.
La Balue (demoiselle de), 85.
La Baratrie (sieur de), 363.
La Barbarinaye (sieur et dame
de), 108, 160*.
La Barbe (Jean), 622*.
La Barbée (sieur et dame de),
152*.
La Barbier (sieur de), 592*.
La Barbue (navire de la flotte
du Roi), 624*.
La Bardoulais (sieur et dame
de), 165*, 244.
La Barillière (seigneur de),
587*.
La Baronnais (seigneur et
dame de), 114, 196*, 246,
251.
La Baronnie en Saint-Dolay
(château de), 238*, 240.
La Barre (seigneur et dame de),
52, 91, 156*, 163*, 167, 170*,
307, 312, 402, 512*, 608*.
La Barre (Jeanne-Françoise),
593*.
— (Perrine-Louise), 412*.
— (Thomas), 593*.
La Barre (Olive de), 241*.
La Barrière (sieur de), 26.
La Bassardenne (sieur et dame
de), 358*, 363*, 452.

Labassée (Marie-Magdeleine),
38*).
La Basse-Lande (dame de),
Labaye (Suzanne de), 467*, 129,
259*.
Labbé (Anne), 427.
— (François), 360.
— (Georges), 518.
— (Guillaume), 445*.
— (Jacques), 425*.
— (Jeanne), 342*, 432, 432*.
— (Julien), 575.
— (Marie-Madeleine-Charlotte),
572*.
— (Marie-Thérèse), 280*.
— (Michelle-Françoise), 148.
— (Perrine), 393.
— (Pierre), 442, 445*, 449.
— (Pierre-Claude), trésorier de
l'artillerie au Port-Louis,
403.
— (Raoulette), 147.
— (Renée), 594*.
— (Suzanne), 81.
— (Thérèse), 360, 449.
La Béchère (dame de), 160*.
La Bedière où Bidière (sieur
de), 338, 338*, 431.
La Bedinière (demoiselle de),
635*.
La Bédoyère (seigneur et dame
de), 46*, 49, 110*, 123, 126,
128, 142*, 143, 159, 180*, 188,
208, 257, 261*, 285*, 287,
289*, 330*, 331, 368*, 369,
370*, 371*, 372, 373*, 374*,

375, 378*, 384*, 388, 389, 392*,
394, 396, 398, 405*, 408*, 415,
536*, 607*, 633.
La Bégasnière (seigneur de),
27.
La Bélinaye (sieur de), 299.
La Bélinaye (Charles de), 299.
La Bellangeraye (dame de),
106*.
La Bellangerie (seigneur et
dame de), 294*, 363*, 365, 366,
367*, 378, 378*, 380, 383*.
La Benesterie (sieur de), 365*.
La Bennerais (seigneur et
dame de), 180*, 188, 394*,
398, 401*.
La Béraie (seigneur et dame
de), 109, 110*, 111*, 113, 113*,
114, 115, 149*, 186*, 226,
241*, 242, 242*, 243, 244, 244*,
245, 245*, 246, 246*, 247, 247*,
251, 255, 255*, 351, 369, 383*,
385*, 386, 388.
La Berangerie (sieur de), 551.
La Bercière (sieur de), 405, 406.
La Beriolière (sieur de), 369.
**La Bernardière en Saint-Do-
lay** (maison noble), 234,
237*, 238, 240*.
Labert (sieur de), 264*.
La Bertaudière (seigneur de),
235*.
La Bettonière (sieur de), 465*,
467*.
La Biardais (sieur et dame de),
82*, 296*, 334*, 421*.

La Bihinière (sieur de), 351*.
La Billardière (sieur de), 70*.
La Bintinaye (Louis de), 121.
— (Renée de). 358*.
La Biochaye (présidente de), 393*.
La Blanchardaye (sieur de la), 465*.
La Bochelaye (sieur de), 235.
La Boissonnerie (dame de), 619*.
La Bonelière (sieur de), 237*.
La Borde (voir Thomas de la Borde).
— (René-Jean-Benjamin), 217.
La Borderie (sieur de), 149.
La Botelleraye (seigneur et dame de), 227*, 339*, 340.
La Bouairye (sieur de), 260.
La Boucardais ou la Boucaude (sieur de), 464, 589.
La Boucelaye (Claude de), 82.
— (François de), 107*.
— (Françoise de), 107*.
— (Jean de), 108.
— (Marguerite de), 119.
— (Mathurine de), 118*, 119.
— (Perronnelle de), 427.
— (Pierre de), 107*, 111, 118*, 119, 234*.
— (Vincente de), 111*, 119*, 234*.
La Boucelaye (sieur et dame de), 108, 111, 111*, 114*, 116, 118*, 119, 119*, 121, 121*, 122, 122*, 123, 127, 155*, 239, 242, 410*, 524, 558.
La Bouchardais (sieur de), 213*.
La Bouère (seigneur et dame de), 148*, 150, 156, 156*, 157, 158, 165*, 235.
La Bouère (Anne de), 146.
— (Guillaume de), 146.
— (Mathurine de), 152*.
— (Renée de), 156. 156*, 235.
— (Suzanne de), 146*, 235.
La Bouexellerie (seigneur de), 109*.
La Bouexière (seigneur et dame de), 16, 83*, 148*, 149, 156, 160*, 161, 204*, 235, 235*, 245, 260*, 308, 308*, 328, 343*, 348, 354, 365*, 366, 367, 368, 369*, 371*, 375, 406, 435, 602.
La Bouexière (André de), 328, 365*, 368, 369, 372*.

La Bouexière (André-Joseph de), 372*.
— (Anne de), 56*.
— (Charlotte de), 34, 304, 304*, 360.
— (François de). 182.
— (François-Marie-Thomas de), lieutenant des vaisseaux du Roi, 148*.
— (Françoise-Suzanne de), 147*,
— (Gilles de), 53.
— (Jeanne de), 111, 121*. 146*.
— (Joseph-Michel-Louis de), 148.
— (Louis de), 13, 379*, 381, 382*,
— (Louis-Barthélemy de), 148, 148*.
— (Louise-Françoise-Modeste de), 418. 635*.
— (Marc-Antoine de), conseiller au Parlement, 364*.
— (Marguerite de), 136, 136*.
— (Marie de), 156, 182, 182*, 503*,
— (Marie-Anne de), 369, 382*, 392*.
— (Marie-Mathurine de), 161, 418, 635*.
— (Marie-Vincente de), 147*.
— (Philippe de), 200*, 243.
— (Pierre de), 221.
— (Pierre-Julien de), 67.
— (Vincent de). 368. 586.
— (Yvonne de), 156.
La Boularde (dame de), 500*.
La Boulaye (seigneur et dame de), 2*, 3, 10, 12, 18, 70, 76*, 77, 77*, 78, 84, 89, 93, 98*, 101, 126, 126*. 150*, 226, 226*, 234*, 239, 356, 382*, 388, 419, 518, 608.
La Boulaye (Agathe de), 39.
— (Barbe de), 38*.
— (Claude de), 146.
— (François de). 146.
— (Jacques de), 38, 39.
— (Marie-Anne de), 38*.
La Bourdelaye (sieur de), 568.
La Bourdinière (seigneur et dame de), 234*.
La Bourdonnaye (seigneur et dame de), 9*, 39*, 137*, 148*, 195, 195*, 196, 248*, 257*, 307*, 349*, 351*, 358*, 359, 364*, 374*, 583*, 413*, 445*, 619, 620.

La Bourdonnaye (Anne de), 105, 588.
— (Anne-Françoise de), 81*, 294*, 307*, 327.
— (Anne-Gabrielle de), 338*.
— (Annette de), 307*.
— (Bertranne de), 358*.
— (Catherine de), 294.
— (Charles de), sénéchal de Ploërmel, 340*.
— (Claude de), 137*, 147, 307*, 340. 351*, 352*, 358*, 359, 359*, 361*, 364*, 439*, 445*, 580*.
— (François de), 294, 327*.
— (François-Anne de), 295, 295*, 374*, 378, 379, 381*, 505*, 513*.
— (Françoise de), 423.
— (Gabrielle de), 342, 592.
— (Gabrielle-Thérèse de), 295, 329*, 375, 378*, 380, 582.
— (Guillaume-Anne de), 151.
— (Jacques-Renaud de), conseiller au Parlement, 329*, 373, 465*.
— (Jean de), 147, 164*, 165*, 174, 272.
— (Jean-Baptiste-François de), capitaine au régiment de Champagne, 171.
— (Jean-Jacques de). 357.
— (Jean-Louis de), évêque de Léon, 305.
— (Joseph-Avoye de), conseiller au Parlement, 314, 331.
— (Joseph-Hyacinthe de), 251*.
— (Julien de), 140*, 293*, 294, 294*, 295, 303*, 307*, 326*, 327, 327*, 338, 338*, 340, 340*, 342, 351*, 357, 358*, 375, 444*, 579*. 582, 592.
— (Julien de), conseiller au Parlement, 171.
— (Julien-Anne de), 295, 358*, 505.
— (Julien-René-Amable), 171.
— (Julienne-Louise), 149*.
— (Louis), chanoine de Léon, 386*.
— (Louis), conseiller au Parlement, 294*, 328*, 369*, 463*.
— (Louis-Anne), capitaine au régiment de la Tour du Pin, 404*, 407.

La Bourdonnaye (Louis-François), maître des requêtes, intendant de la généralité de Rouen, 148*.
— (Louise-Pauline-Emmanuelle), 415*, 418*.
— (Louise-Renée), 147.
— (Marie-Flore), 118*.
— (Marie-Louise), 294*.
— (Marie-Renée), 407.
— (Mathias), 294.
— (Perrine), 271*.
— (Prudent), 406*.
— (René), 338*.
— (Renée), 171.
— (Thérèse), 596*.
— (Yves-Marie), conseiller au Parlement 587*.
La Bourier (Anne de), 46*, 47, 47*, 61*.
— (Guyonne-Magdeleine de) 61*.
— (Renée de), 48.
Labouro (François), recteur de Remungol, 85, 151.
La Bourzaye (dame de), 152*.
Labousse (Anne), 510.
— (Anne-Josephe), 523*, 555*.
— (Sébastien), huissier audiencier au Présidial de Vannes, 523*.
La Boutardière (seigneur et dame de), 143*.
La Bouteveillaye (seigneur de), 158.
La Boutillerys (dame de), 156.
La Bouverie (sieur de), 468*.
La Brôche (Jeanne), 467.
La Bremanière (dame de), 395.
La Bretallière (seigneur et dame de), 134, 135, 135*, 137, 340, 460*.
La Bretesche en Missilac (Loire-Inférieure), château et forêt, 143*, 238*, 240*.
La Bretesche (seigneur et dame de), 226*, 314, 331, 332.
La Bretesche (Marie-Aimée de), 416*.
La Bretonnière (sieur de), 234, 271.
La Brière ou La Bruère (seigneur de), 257, 284, 378, 495*.
Labriffe de Préaux (N.), major du régiment Royal-Lorraine, 96.

La Brisonnais (sieur de), 589, 593.
La Brisserdière (sieur de) 349*.
La Brochardière (Marie-Geneviève-Modeste de), 571*.
— (Pierre-François de), trésorier de l'extraordinaire des guerres à Vannes, 546*, 548, 558*, 571*, 629*.
— (Pierre-François-Alexandre de), 558*.
La Brousse (sieur et dame de), 152, 217*, 226*, 227, 441.
La Brousse (Françoise de), 181*, 227, 228, 228*.
— (Jean de), 226*, 227, 441.
— (Pierre de), 227.
— (Pierre de), évêque de Léon, 368.
La Broyse (Marguerite de), 500.
La Brunollière (sieur de), 71*.
La Buissonvraye (sieur de), 452.
La Burbannière (sieur de), 248*, 326*, 349*.
La Burnaye (sieur de), 237.
La Busardière (sieur et dame de), 91*, 92*, 204.
La Busnelaye (seigneur de), 365*.
La Caillerie (sieur de), 464, 591.
La Caliorne (sieur de), 432*.
La Callotière (sieur de), 242*.
Lacassagne (Catherine), 546*.
La Cauchie (Madeleine de), 478.
La Caudraye (seigneur de), 444*.
La Caunelaye (seigneur et comtesse de), 110, 110*, 127*, 198*, 301, 388, 397, 399*, 400*, 402, 402*, 408*, 409, 530*.
La Caze (Gabriel), fermier du Domaine de Bretagne, 473.
La Celle (Charlotte-Louise de), 490.
Laceron (Renée), 601.
La Chaise (seigneur de), 397*, 399*, 402, 526*.
La Chalais (sieur de), 483, 484.
La Chalotais (seigneur et demoiselle de), 286, 365.
La Championais ou La Champonaye (sieur de), 219*, 259.
La Chapelle (seigneur et dame

de), 21*, 111*, 136, 162*, 179, 197*, 198, 216*, 237*, 278*, 302*, 354, 355*, 361, 366, 396, 397*, 411, 413*, 421, 434*, 438*, 560, 588*.
La Chapelle (Anne de), 511.
— (Anne-Pauline de), 4*, 331*, 398, 411, 411*.
— (Bertranne de), 446.
— (Briande de), 190, 242*.
— (Catherine de), 92*.
— (Claude de), 446.
— (François de), 99, 99*.
— (Françoise de), 91*, 99.
— (Guillaume de), 99.
— (Guy-Reynault-Joseph de), 397*.
— (Jacques de), 90, 99.
— (Jacques de), surgarde de la Forêt de Branguily, 91, 92*.
— (Jean de), 133
— (Jean de), sergent général et d'armes, 93*.
— (Jean-Baptiste de), 169*.
— (Jean-Baptiste-Alexis-Joseph de), 167*, 323*, 396, 397*, 398, 622*, 625.
— (Jeanne de), 93.
— (Joseph-Alexis de), 323*.
— (Joseph-René de), 167*, 253, 253*.
— (Julien de), 90*.
— (Louis de), 31*.
— (Louis-Marie-Joseph de), 397*.
— (Madeleine de), 603.
— (Marie de), 59.
— (Marie-Anne-Bonne), 396.
— (Marie-Bonne-Renée), 55*, 64*, 408, 622*, 625, 626, 629, 630.
— (Nicolas de), 446.
— (Pélagie-Françoise de), 397*, 626.
— (Perrine de), 57*, 59, 99*.
— (René de), 99, 586*.
— (Thérèse de), 11.
La Chapelle-Gaceline (paroisse), 149, 150
La Chapelle-L'Aumosne (dame de), 466*
La Chappelaye (sieur de), 208*.
La Charière (sieur de), 459*.
La Charpentrous (seigneur de), 331*, 332, 413.

La Charquetière (seigneur et dame de), 181*, 182, 182*, 183, 186*, 219, 221*, 227*, 503*.

La Chasse (sieur et dame de), 142*, 204, 392*, 393*, 535.

La Chasse (Anne-Françoise de), 52.

— (Charles - Constance-Jérôme de), 23*.

— (Denise de), 44, 44*, 45.

— (François de), 43*, 46*, 47, 47*.

— (François de), chanoine de Guémené, 51.

— (François), greffier de Guémené, 47, 48, 61.

— (Gilles), 46*.

— (Henri-Isidore), doyen de Guémené et recteur de Locmalo, 47, 51*.

— (Isabeau), 43*, 44.

— (Jean), 43*.

— (Jérôme), 48, 52.

— (Joseph), 48, 50*, 51, 532*.

— (Louis), 44.

— (Louis-François-Anne), 23*, 550*.

— (Louis-Joachim), 47*.

— (Louis-Joseph), 51.

— (Louis-Joseph), procureur fiscal de Coetanfao et Crenihuel, 23*, 532*.

— (Louis - Joseph), conseiller au Présidial de Vannes, assesseur de la compagnie de la maréchaussée générale de Bretagne, 544*, 563.

— (Louise-Jacquette), 52.

— (Marguerite), 48, 48*, 49*, 50*, 51.

— (Marie), 44*, 45.

— (Nicolas-Thomas), 23*.

— (Pierre), 43, 44, 46, 47, 47*, 48.

— (Pierre-Hyacinthe), 47*.

— (Thomas), 21.

— (Thomas), greffier de Guémené, 43, 43*, 44.

— (Thomase-Anne), 544*.

La Chastaigneraye (seigneur et dame de), 47, 113*, 124, 125, 127, 140*, 162, 164*, 165, 175*, 181*, 194*, 196*, 198*, 204, 212, 213, 213*, 214, 215, 217*, 218*, 219*, 223*, 250*, 251, 260, 305, 368*, 389.

La Chasteigneraye (Marguerite de), 242.

La Chathière (sieur de), 523*.

La Châtre (seigneur de), 524*.

La Chausonnière (Françoise de), 475.

— (Thérèse-Golvinne de), 329.

— (Vincente de), 486*.

La Chaussée (sieur et dame de), 69*, 124, 158, 471*.

La Chaussée (Michelle), 570*.

— (Nicole), 431.

La Chauvaille (sieur de), 152.

La Chesnaye (Anne de), 70, 77, 352.

— (Catherine de), 477, 504*.

— (Gilles de), prêtre, 260, 445*.

— (Jeanne de), 76*, 168*, 260, 461.

— (Julienne de), 76, 339*, 341.

— (Louise de), 82*.

— (Louise-Marie de), 76*, 77, 457*.

— (Marie de), 76*.

— (Marie-Françoise de), 8.

— (Marie-Louis-Joseph de), 8, 8*.

— (Mathurin de), 77.

— (Michelle de), 76*, 77.

— (Olivier de), 76*, 77, 457*.

— (Olivier-Armand de), 77.

— (Perronnelle de), 76*.

— (Pierre de), 76*, 77.

— (Yvonne de), 79.

La Chauvelays (sieur et demoiselle de), 414, 570*.

La Chauvière (seigneur de), 193*, 365*, 373, 595.

La Chauvinière (sieur et dame de), 158*.

La Chavelière (sieur de), 621.

La Chenardière (seigneur de), 634.

La Cherbonnays (sieur et dame de), 158.

La Chesnaye (seigneur et dame de), 4*, 76*, 77, 79, 100, 104*, 133*, 141*, 162*, 174*, 199*, 226*, 227, 228, 236*, 237*, 252, 253, 260, 262*, 274, 307, 336*, 340*, 342, 348, 350, 353, 353*, 363*, 409*, 465, 524.

La Chevaleraye (seigneur de), 144, 215, 280, 281, 557.

La Chevalerie (sieur de), 595.

La Chevière (Augustin-Laurent de), 188*.

La Chevière (Claude-Marin de), 188, 188*.

— (Flavie-Monique de), 163*, 166*, 167.

— (Françoise - Catherine de), 392*.

— (Louise-Cécile de), 85*, 187*, 188.

— (Luc de), 188.

— (Marguerite-Marie de), 187*.

— (Marie-Julien de), prieur-recteur de Cintré, 187*.

— (Michel-Abraham de), 188.

— (Rosalie-Bonne de), 208.

La Chevrignère (sieur de), 328.

La Chèze (seigneur de), 248.

La Chèze (Anne-Marie de), 143*.

La Chiffetaye (sieur de), 576.

La Chouanière (seigneur et dame de), 159*, 160, 160*, 161, 203*.

La Choue (seigneur de), 169*.

La Choue (Anne-Françoise-Pélagie de), 173*.

— (Charles-François de), 602*.

— (Gilles-Anne de), 584*.

— (Jacques de), écuyer de la ville de Vannes, 595*, 596, 596*, 597, 597*, 599, 602*.

— (Jean-Pierre de), 169*, 569*, 596*, 602*, 607*.

— (Jeanne de), 583*, 610.

— (Julienne-Jeanne de), 596*, 607, 607*, 611.

— (Louise de), 474*, 505*, 607*.

— (Marie-Hyacinthe de), 586.

— (Marie-Marthe-Prudence de), 569*.

— (Marie-Pélagie de), 596.

— (Marie - Reine - Pélagie de), 173*.

— (N. de), 497*.

— (Nicolas-Joseph de), 599.

— (Pierre de), 472*, 474*, 483*.

— (René de), 585*.

— (René-Julien-Louis de), 505.

— (Renée de), 597.

— (Yves de), 583*, 584*, 585*, 586.

La Claye (seigneur de), 201*.

La Clerçay (seigneur et dame de), 73.

La Clertais (sieur de), procureur au Parlement, 473, 593, 593*.

La Cochardière (sieur de), 456, 483.

La Cochetière (seigneur de), 592.
La Combe (sieur et dame de), 39*, 45, 47, 190*, 192.
La Communais (dame de), 155.
La Congraye (seigneur de), 466*.
La Coquerie (dame de), 185*, 191*, 258, 261*.
La Corbinais (Renée de), 285.
La Corbinière (sieur de), 455, 586*, 594*.
La Corbinière (Jacques de), 460.
— (Mathurine de), 125, 150*.
La Cormelaye (sieur de), 590*.
La Cornière (Olivier), recteur de Surzur, 300*.
La Corvilière (dame de), 558*.
La Cossaye (sieur et demoiselle de) 282*, 595.
La Cossue (sieur de), 588*.
La Coste (seigneur et dame de), 349, 351.
La Coudrière (sieur et dame de), 448, 449.
La Couldraye (seigneur et dame de), 113*, 156*, 221*, 228, 327*, 370, 448*, 458*, 460, 474*, 475*.
La Couldraye (Anne), 10, 327*, 361*, 433*.
— (Bertrand), 2, 334*, 340*, 343*, 432.
— (Catherine), 346.
— (François), 98*, 333*.
— (François), sénéchal d'Hennebont, 341*.
— (Françoise), 4, 432.
— (Henriette), 90*.
— (Jacqueline), 341*.
— (Jacques), 98*, 339, 348.
— (Jacques), alloué au Présidial de Vannes, 307, 338, 339, 339*, 341*, 343, 343*, 357*, 433*.
— (Jacquette), 339, 343*, 350, 581.
— (Jean), 340*, 346*.
— (Jean), conseiller au Présidial de Vannes, 60*, 279, 333*, 358, 362*, 426*.
— (Jeanne), 338, 340*, 361*, 448*.
— (Jérôme), 15*, 91, 144*, 342, 588.
— (Joseph), 4, 341*.

La Couldraye (Julienne), 90*, 98*, 422*, 574*.
— (Laurent), 347, 353*.
— (Louis), conseiller au Présidial de Vannes, 263, 265, 278, 338, 339, 340*, 341*, 346, 347*, 431, 576.
— (Louise), 12*.
— (Marguerite), 12*, 13, 14*, 91, 144*.
— (Marie), 90, 245, 328, 343, 364, 365*, 369, 385.
— (Marie-Anne), 279.
— (Nicolas), 90, 98*.
— (Perrine), 13*, 18, 91, 309*, 333*, 360*.
— (René), 337*.
— (Renée), 338, 353*.
— (Renée-Thérèse), 358.
— (Vincent), 340*, 435.
— (Yves), 2, 278*, 282, 310, 340*.
— (Yves), sénéchal des régaires de Vannes. 333*, 334*, 337.
— (Yvon), 425*.
La Couldre (Yvonne de), 199.
La Cour (seigneur et dame de), 224*, 273, 273*, 276*, 279, 285, 287*, 290*, 588, 591*.
La Cour (Charles de), bourgeois de Paris, 90*, 212*.
— (Jeanne de), 174.
— (Mathurin de), commis aux devoirs. 212*.
La Courbe (sieur de), 72*.
La Courberie (sieur de), 119, 121.
La Cour-de-Bouée (seigneur de), 238*.
La Courgue (Bernard), capitaine des milices bourgeoises de l'Ile Bourbon, 414.
— (Marie-Louise), 414.
La Cour-Neuve (sieur de), 474*.
La Croix (seigneur et dame de), 31*, 209, 209*, 254*, 276*, 298*, 436*, 440*, 459, 465*, 471*, 548*.
Lacroix (François), libraire et imprimeur à Vannes, 329.
— (Jean), 509.
La Croix (Jean-Baptiste de), 604.
— (Nicolas de), 473*.
— (N. de), directeur des messageries royales à Bar-sur-Seine, 551*.

La Croix-Ancienne (sieur de), 425.
La Croix-des-défunts (en Pleucadeuc), 206*.
La Croix-Julien (en Pleucadeuc), 204*, 206*.
La Croix-Orâin (sieur et dame de), 575, 576.
La Croix-Verte (maison de), à Vannes. 447*, 465.
La Crossonais (sieur de), 566*, 568, 569.
La Danaye (seigneur et dame de), 148, 148*, 164*, 165*, 404, 540*, 543*, 548, 618*.
La Danillais en Malansac (frairie de), 254.
La Daubiais (marquis de), 258*.
La Dauphine (sieur de), 464.
La Daviaye (sieur de), 592.
La Demiville (seigneur et dame de), 22, 42, 81, 303*, 355*, 369*, 558*.
La Devcriaye (dame de), 584*.
La Diacraye (seigneur et dame de), 109, 119*, 129, 130, 237, 244*, 263, 356*.
La Doblays (marquis de), 214.
La Drevallays (sieur de), 164*.
Ladro (N.), 557*.
La Droitière (dame de), 352*.
La Drouillaye (sieur de), 128*.
— (maison de), en Saint-Vincent, 129*, 130, 130*.
La Drullaye (dame de), 119*.
La Duchaye (sieur de), 237*.
La Durantaye (dame de), 255*.
Laënnec (Vincent), 597*.
La Fage (André), 236*.
— (Jacquette), 236*.
— (Julien), notaire de la Roche-Bernard, 236*.
La Faluère (seigneur et dame de), 12, 375.
La Farge (Antoine-Rollin de), 572*.
La Fargue (Jean-Joseph de), 542.
— (Louise-Thérèse de), 406*.
La Favarière (sieur de), 235*.
La Fayère (sieur de), 313*.
La Fayette (Françoise de), abbesse de St-Georges, 313.
La Feillée (seigneur et dame de), 189, 271*.

La Fellière (chevalier de), 160.
La Ferrière (seigneur et dame de), 52*, 76*, 157, 157*, 202, 248*.
La Ferronaye (sieur de), 482*, 593.
La Ferronnière (seigneur et dame de), 138, 144, 197*, 353, 360*, 444, 474*.
La Ferté (sieur et dame de), 10, 11, 237.
La Feuillée (seigneur et dame de), 41, 105, 195.
La Feuvroille (Madeleine), 604*.
Lafitte (Paul), 509*, 511, 513, 516, 605.
La Fiolais (seigneur de), 398*, 399, 561.
La Follye (Guillaume de), 111.
— (Jean de), 111.
Lafont (Claude-Guillaume), huissier de police au Présidial de Vannes, 524, 525*, 528, 528*.
— (N.), 531.
— (Olive), 521*, 524*, 525*, 528*.
La Fontaine (sieur et dame de), 3, 35, 46*, 47, 69, 116*, 121*, 128*, 129, 130, 132, 159*, 184*, 343*, 472, 481*, 578, 631*.
La Fontaine (Yvonne de), 585*.
La Forest (Anne de), 151, 362*.
— (Françoise-Thérèse-Jacquette de), 85*.
La Forestaye (dame de), 172*.
La Forêt (seigneur et dame de), 24, 108, 116*, 276*, 422*, 443, 457*, 466*, 480.
La Forêt-Neuve (château de), en Glénac, 123, 159*, 160.
La Forêt-Richard (sieur de), 119.
La Forterie (sieur de), 49.
La Fosse (Notre-Dame de), à Guémené-sur-Scorff, 43, 75.
La Fosse (Julien), prêtre, 19*.
— (Yves), prêtre, 19*.
La Fosse (Marie de), 100, 587, 587*, 589*.
La Fosse-au-Loup (seigneur de), 11*, 228*.
La Fouaye (seigneur de), 408*, 410*, 411*.
— (maison de), en Saint-Jacut, 126*.
La Fougeray (seigneur de), 23, 477*.

La Freslonnière (seigneur et dame de), 184, 186, 202, 463, 487*.
La Fresnaye (Barbe-Françoise de), 593.
— (François de), 79.
— (Françoise de), 128, 177*.
— (Gillette de), 13, 306*.
— (Marguerite de), 189.
— (Marie de), 136*.
— (Pierre de), 78*, 136.
— (Robert de), 189.
— (Yvonne de), 176*, 189.
La Fresnaye (seigneur et dame de), 79, 83*, 113, 120*, 156, 223, 226*, 228*, 232*, 234*, 236, 387, 391, 398*, 399*, 505, 505*, 608*.
La Fresnaye en Saint-Dolay (maison de), 235.
La Fruglaye (Casimir-François-Amat de), 96*.
— (Joseph-François de), 96*.
— (Marie-Claude de), abbé de Prières, vicaire général de l'ordre de Citeaux, 188.
— (Symphorien de), employé dans les Fermes du Roi au poste de Kerguet. 287*.
La Gabetière (seigneur de), 148, 392*.
La Gacherie (seigneur de) 390*.
La Gacilly (paroisse). 156, 158, 200. — Voir : Saint-Jugon (chapelle).
— (baron de), 79, 150*, 164*.
— (dame de), 107*, 130*, 147, 155, 162*, 165*.
— (comte de), 147*, 382.
Lagadec (Françoise), 573*.
— (Guillemette), 496.
— (Jeanne), 124*, 349*.
La Gaffre (sieur de), 174, 371*, 374.
Lagaldie (Jacques-Guy), 559.
La Galicheraye (dame de), 380.
Le Gallo (Marie-Josèphe), 606.
— (Nicolas), 606.
La Gaptière (dame de), 149*.
La Garde (Jeanne de), 577*.
— (Louise de), 184, 238*.
— (Olive), 428*.
— (Perrine de), 338, 429, 576.
— (Pierre de), 428*, 577*.

La Garde (Véronique-Louise de), 31*.
La Garenne (en Nivillac et La Roche-Bernard), 234.
La Garenne (sieur et dame de), 9*, 28, 28*, 44, 81*, 186, 234, 244*, 245, 251, 282*, 352*, 359*, 578, 622*.
La Garenne-Boisgelin (sieur de), 294*.
La Garenne-Chambrette (dame de), 473*.
La Garenne-Muydeblé (sieur de), 552*.
La Garnache (marquis de), 304.
La Gassaie (seigneur de), 291.
La Gauderie (René-David de), employé dans les Fermes, 547.
La Gaudière (dame de), 100*.
La Gaudinaye (seigneur de), 116*, 117, 121*, 122, 122*, 127, 129, 130, 130*, 150*, 153*, 154, 154*, 158, 158*, 159, 159*, 161, 187*, 188, 188*, 239, 259, 413, 414, 419.
La Gaudoisière (seigneur de), 376*.
Lage (Benjamin de), 13*.
— (Françoise de), 249.
— (Françoise-Luce de), 81*.
— (Jacques de), 13.
— (Louise-Josèphe) de), 562*.
— (Marie-Jeanne de), 71, 75*.
— (N. de), 330*.
— (Pierre de), 586.
La Gélinaire (seigneur de), 148*.
La Gerbaudaye (sieur de), 262*.
La Gerbière (dame de), 501.
La Gérivais (seigneur de), 288.
La Gervaisais (dame de), 118*.
La Gesrie (sieur de), 262*.
Lagier (Gabriel-Joseph), 403.
— (Joseph), 400*, 403.
La Gillardais (sieur de), 20*.
Lagillière (Jeanne-Françoise de), 572*.
La Giraudaye (dame de), 125, 150*, 151, 151*.
La Giraudière (sieur de), 52*, 71*.
La Girouzière (seigneur de), 288.
Lagogué (N.), religieux de Saint-Laurent-sur-Sèvre, 241.

La Gontraye (dame de), 101.
La Gorce (Michel), 495.
Lagoret (François), procureur au Présidial de Vannes, 425*.
La Goublaye (dame de). 12*.
La Goublaye (Jeanne-Françoise de), 409.
— (Louise-Perronnelle de), 11.
— (Marie-Mathurine de). 12*.
— (Rodolphe - Emmanuel de), gouverneur de la Chèze, Loudéac et la Trinité, 17, 101.
La Goupilière (dame de), 508.
La Gourgandais (seigneur de), 148*.
La Gourgue (Marie-Anne), 635*.
— (Marie-Louise), 635*.
La Graë (sieur de), 116*, 117. 117*, 118, 118*, 130, 132, 132*, 155*. 159*, 378, 515*. Voir : La Grée.
La Grandière (Marie-Charlotte-Claude-Maximilienne de), 418.
La Grandrivière (seigneur de), 147, 355, 363*.
La Grandville (sieur de), 80, 138, 167, 167*, 333*, 356*, 357, 358*, 362*, 367, 370, 370*, 372, 372*, 374, 375, 379, 382, 384*, 439*, 446*, 458*, 470*. 619.
La Granelaye (Marie de), 251.
La Grange (sieur et dame de), 35*, 440*, 449.
La Gras (seigneur de), 109, 125, 195.
La Grationnaye (seigneur de), 111, 124*. 144, 190, 198*, 205*, 241*, 243*, 245, 250*, 251, 251*, 252, 252*, 253, 253*, 373*, 477*.
La Gravelais (sieur de), 594.
La Grée (seigneur de), 2*, 9, 109*, 111, 113. 121, 136, 152*, 173*, 227, 236*. 242, 244, 246, 250*, 274*, 276*, 281*, 325*, 346, 351, 358, 359, 396*, 403, 405, 409, 410*, 414. 421*, 439*, 440*, 441*, 472*, 474, 477*, 478*, 506*, 514*, 515*, 517, 518*, 522, 528*, 532, 533*, 559*, 579*, 595*, 612, 612*, 616*, 624, 624*, 625*, 626. Voir : La Graë.

La Grée (Anne de), 331, 405*.
— (Guillemette de), 119, 152.
— (Isabelle-Josèphe de), 501.
— (Jeanne de), 272*.
— (Julienne de), 272*, 273*, 274.
— (Louise-Marie de), 626*. Voir : Nicolazo.
La Grée Bernard (seigneur de), 261. 261*.
La Grée de Callac (seigneur de), 249, 254, 627*.
La Grée Horiet (château de), en Carentoir, 148.
La Grée Mareuc (sieur de), 149, 208*.
La Grée-Saint-Laurent (seigneur de), 305*.
La Gressière (sieur de), 238.
La Grignonnaye (sieur de), 152. 152*, 158*, 159, 160, 244*, 245, 250, 254, 255, 256, 256*, 262.
La Grignonnerye (sieur de), 325.
La Guérande (seigneur de), 489.
La Guerohe (sieur de), 146*, 158*, 452*, 455*, 459*, 462*, 469*, 470, 471, 473, 475, 476*, 478*, 479*, 481, 482, 484*, 611*, 617*, 618*. 620.
La Guérinaie (dame de), 48, 109, 195*.
La Guérinière (sieur de), 328, 397, 493*, 506.
La Guérivais (dame de), 563*.
La Guérivière (dame de), 393*.
La Guermanière (sieur de), 204.
Laguette (Françoise de). 34*, 40.
La Guiaucherie (sieur de), 441, 443, 445*, 449, 449*, 455*.
La Guibourgère (sieur et dame de), 212, 256, 370, 378*, 383*, 401, 476.
La Guichardaye (sieur de), 128*, 146*, 148, 150*, 160*, 164*, 190, 203*, 281, 290*, 458.
La Guiche (seigneur de), 546*.
La Guignardière (seigneur de), 571*.
La Guihac (sieur de), 236*.
La Guihommeraye (seigneur de), 222*.
La Guillardaye (sieur de), 229*, 230*, 511*, 514*.

La Guillonnière (dame de), 195*, 196.
La Guillotière (seigneur de), 13*, 535.
La Guiltière (demoiselle de), 541.
La Guitonnais (seigneur de), 247*.
La Guittonière (seigneur de), 140*, 347, 352*, 457*.
La Gutoire (sieur de). 398*, 399, 399*.
La Guyberdière (sieur de), 222*.
La Guye (sieur de), 453*.
La Guyhonais (sieur de), 162*.
La Halgonrère (sieur de), 235.
La Halnaudaye (sieur de), 341*.
La Halnaudaye (Marie de), 580.
La Harpe (sieur de), 593.
La Hattais (seigneur et dame de), 160*.
La Haute-Bourdonnaye en Carentoir (Trève), 148*.
La Haute-Rive (sieur de), 17*.
La Haute-Touche (sieur et dame de), 242*, 249, 466*.
La Haute Ville (sieur et dame de), 38*, 147*.
La Hautière (seigneur de), 152*, 190, 221, 515*.
La Hauture (seigneur de), 603*.
La Hautonnière (Barthélémie de), 153.
La Haye (sieur et dame de), 10, 13*, 23. 36, 38*, 79, 99, 111, 111*, 118*, 119, 119*, 129, 150*, 161, 177*, 179, 187, 227, 234*, 236*, 237*, 239, 253, 253*, 264, 302, 302* 330, 366, 412, 451*, 567*, 589*, 590, 601.
La Haye (Alexandre), 5*.
La Haye (Anne de), 121*, 177*.
— (Anne-Jeanne de), 590.
— (Anne-Marguerite de), 416*.
— (Antoinette-Renée-Marie de), 182*.
— (Catherine de), 136, 136*, 178*.
— (Claude de), 113, 113*, 120, 120*, 136, 234*, 294*.
— (Claudine de), 177*.
— (Daniel de), 178*, 179.
— (Eugénie-Armande de), 182*.
— (Florent de), 491*.
— (François de), 136, 136*, 196*, 395, 520, 618.

La Haye (François-Louisde), 295.
— (François-Maurice de), 380*.
— (Françoise de), 112*, 113*, 120,
128, 133, 137, 137*, 138, 143*,
212, 221*, 294*.
— (Françoise-Suzanne de), 418,
568.
— (Gabrielle de), 121, 358, 441*.
— (Georges-Robert de), 147*.
— (Gilles de), 215*.
— (Gratien-Joachim de), 620*.
— (Guillaume de), 118*.
— (Guillemette de), 215*.
— (Henriette de), 479.
— (Honoré-Marie de), 182*.
— (Isaac-Jacques de), 416*. 418.
— (Isabelle-Julie de), 380*.
— (Jacques de), 177*, 182.
— (Jacques-Marie de), 183.
— (Jacques-Suzain de). 224*.
— (Jacquette de), 119, 423.
— (Jean de), 119, 120*, 121, 133*,
134, 136, 136*, 143, 179, 179*,
184*, 190, 215*, 224*, 365*.
— (Jean de), vicaire général de
Vannes, 325*.
— (Jean-Félix de), 404, 404*,
405*, 406*, 407*, 408*, 409*,
410*, 411*.
— (Jean-Félix-Michel de), 539*,
540*, 620*.
— (Jean-Louis de), 409*.
— (Jean-Louis-Benjamin de),
408*.
— (Jean-Marie de), 224*, 405*,
— (Jean-Sébastien de), 182*, 183.
— (Jeanne de), 108, 119, 119*,
134*, 215*, 356*, 358*, 359*,
361, 422*.
— (Jeanne-Françoise de), 124,
410*.
— (Jeanne-Jacquette de), 182.
— (Jeanne-Marie de), 406*.
— (Jeanne-Marie-Françoisede),
110, 618.
— (Jeanne-Renée de), 224,
224*.
— (Joseph-François-Isaac de),
404*.
— (Julien de), 113*, 120, 143, 356*.
— (Julien-Marie de). 405*.
— (Julienne de), 119*, 302.
— (Louis de), 196, 196*.
— (Louise de), 137*, 145*, 294*,
295, 460*, 472.

— (Marguerite de), 121, 133, 133*,
134*, 137*, 177*, 196*, 208*,
358, 480*.
— (Marguerite-Marie de), 196*.
— (Marie de), 121, 121*, 130, 159,
162*, 180, 184*, 205*, 217*.
— (Marie-Anne de), 101.
— (Marie-Françoise de). 182*.
— (Marie-Jeanne de), 570.
— (Modeste-Anne de), 407*.
— (Olive de), 7*, 480*.
— (Olivier de), 115, 120*, 121,
121*, 122, 130, 132, 181*,
223*, 380*, 389*, 616*.
— (Pierre de), 111*, 118*, 119,
119*, 177*, 179*, 181*, 182,
219, 224, 228, 242, 379, 491*.
— (Pierre de), capitaine garde
côtes, 295.
— (Pierre-Louis de), 295.
— (René de), 113, 115, 153*, 178,
181*, 215*, 221, 250.
— (René-Augustin de). 77.
— (Renée de), 111. 181*.
— (Sébastien de), 113, 133*, 134*,
177*, 178, 178*.
— (Sébastien-Antoine-Honoré-
Marie de). 182*.
— (Sébastien-Olivier de), 130,
130*, 295.
— (Vincent de), 107*, 119, 119*,
177*, 224.
— (Vincent-Marie de), 411*.
— (Yves de) 137. 196*.
— (Yvon de), 176*.
— (Yvonne de), 118*, 120, 120*,
121.
La Haye-de-Besné (seigneur
de), 162, 215*, 235*.
La Haye de Larré (sieur et
dame de), 119*, 133. 133*, 136,
136*, 137*, 142, 182, 196*,
365*.
La Haye-Dréan (seigneur et
dame de), 136. 136*, 137*,
138*, 145*, 177*, 179.
La Haye-Eder (seigneur de),
227*. 229, 230, 237*, 332, 408*,
563*, 615*.
La Haye-Jan (seigneur et dame
de), 18*, 360*.
La Haye-Jan (Claude de), recteur de Plélauff, 18*.
La Haye-Pallec (sieur de), 334,
425, 574.

La Haye-Pargo (seigneur de),
633*.
La Haye-Pesnel (seigneur de),
24*.
La Haye-Provost (seigneur de),
34*.
La Haye-Trémelo (seigneur de),
237*.
La Hélardière (seigneur de),
248 248*.
La Hellaudière (sieur de), 173.
La Hellaye (sieur de), 177*, 213,
214, 284*, 369*.
La Helligaye (dame de), 242*.
La Herblinaye (sieur et dame
de), 146*.
La Hergaye (maison de), en
Peillac, 116.
La Hériaie (sieur de), 589. 590.
Lahermouët (seigneur de), 104*.
La Hernure (sieur de), 453*.
La Héronnière (sieur de), 184,
201*, 228, 229.
La Herviais (seigneur de), 148*,
160*.
La Heulinière (sieur de), 586.
La Heuse (sieur de), 166, 166*.
La Hirtays (sieur de) 236*, 237.
La Hormanière (Cyprienne de),
133*.
La Houlle (Catherine de), 35, 35*,
— (Françoise de), 238*, 248*.
— (Guillaume de), 35.
— (Guillaume de), procureur du
Roi à Ploërmel. 249.
— (Guy de), 164*, 248*.
— (Jean de), 90*.
— (Julienne-Barbe de), 249.
— (Marie de). 35.
— (Mathurine de), 166.
— (Suzanne de), 244*.
— (Urbain de), 35.
La Houssaye (sieur et dame
de). 112*, 121*, 122, 123, 152,
152*, 153, 153*, 154, 155,
155*, 162, 162*, 163, 164, 164*,
205*, 206, 230*, 237*, 240,
252, 256*, 257*, 258, 258*,
276, 285, 395*, 407*.
La Houssaye (Angélique-Mar-
guerite-Joséphe de), 206,
240.
— (Charles-Joseph-Mathurin-
Augustin de), 163.
— (Élisabeth de), 162*.

La Houssaye (Elisabeth-Margue-
rite de), 156.
— (Eustache-Hyacinthe-Marie
de), 155*.
— (Eustache-Joseph de), 206.
— (Eustache-Louis-Charles
de), 155* 163.
— (François-Marie-Joseph de),
lieutenant des vaisseaux
du roi, 240*.
— (Françoise de), 155*.
— (Gabriel de), 162*.
— (Gillette-Lucrèce de), 162*.
— (Hélène de), 152.
— (Hélène-Agathe-Dominique
de), 206, 240.
— (Hyacinthe-Laurent-Victor
de), 155*.
— (Jacquemine de), 152*.
— (Jean-Louis de), 122.
— (Jean-Servais de), 162*.
— (Jeanne de), 122.
— (Joseph de), 163.
— (Laurent de), 121*, 154, 155,
155*, 162*, 205*, 206, 257*,
380*.
— (Louis-Joseph de), 122, 155*,
206, 240.
— (Olivier de), 122, 123, 205*, 206.
— (Pierre), 152*, 153*, 154, 162,
162*, 237*.
— (Pierre-Charles-Joseph), 163.
— (René), 152, 152*, 153*, 154.
— (René-Pierre), 162*.
— (Vincent), 152.
— (Vincente), 162*, 238.
La Houssière (dame de), 249*.
La Houssinière (sieur et dame
de), 204*.
La Huay (sieur de), 464.
La Hubaudière en Peillac,
158*.
La Hubertière (dame de), 146*.
La Hunaudaye (seigneur de),
159*, 179, 227*.
La Hunnelais (sieur de), 164.
Laigle (Olivier), bailli de Lesne-
ven. 591.
Laigneau (Alain), 50.
— (Vincent), fermier général
de la principauté de Gué-
mené, 50.
— (Vincent-François), 50.
Lain (sieur et dame du), 43, 44,
60*, 119*, 243*.

Lainhon (dame de), 26*.
Laire (Michel), recteur de Lignol,
58*.
Laisné (Anne-Catherine), 478*.
— (Anne-Louis), 314.
— (Louis), 314.
— (Louise), 556*.
Laisy (Jean de), 480.
La Jaroussaye (sieur et dame
de), 285.
La Jaunelaye (sieur de), 593.
La Jeunesse (François-Gabriel-
Pierre), 414.
La Jonchère (sieur et dame de),
44. 47, 51, 402*.
La Joncheray (sieur de), 61, 61*,
La Jouardaye (sieur et dame
de), 107*, 119, 124*, 128*,
152, 152*, 153, 153*, 154,
155, 155*, 158, 158*.
La Jourdanière (seigneur de),
62.
Lala (Marguerite), 510*.
La Lande (seigneur et dame
de), 75*, 120, 120*, 147, 175,
193, 253, 261, 277, 307, 352*,
433, 478*, 541, 587*.
Lalande (N.), 459*.
La Landé (Claude de), 234*.
— (Françoise de), 234.
— (Françoise-Angélique de),
312*.
— (Gabriel-Anne de), conseiller
au Parlement, 212.
— (Gilles de), 234*.
— (Guillaume de), 234*.
— (Guillemette de), 234*.
— (Guy de), 212.
— (Jacques de), 234*.
— (Julien de), 234*.
— (Julien de), avocat en la cour,
417.
— (Marie de), 234*.
— (Renée de), 176*, 234*, 236*,
237, 237*.
La Landelle (sieur et dame de),
69, 116*. 117, 122*, 125, 130,
132*, 146*, 155, 156, 246*,
275*, 327, 336, 341, 342*, 343,
352*, 354*, 356, 363, 365, 429*,
580, 582.
La Landelle (Angélique-Emma-
nuelle-Armande de), 305.
— (Anne-Marie de), 125*, 245,
257*.

La Landelle (Armand-Paul de),
142*, 198, 382*.
— (Armand-René de), 393*, 404*,
405, 406, 408, 409*, 410, 565,
618.
— (Armand-René-Augustin de),
396.
— (Blanche de), 141.
— (Catherine-Marthe-Josèphe
de), 132*, 133.
— (Claude de), 250.
— (Emmanuel-Armand-Si-
méon-Paul de), 406.
— (Emmanuel-Jacques-Vin-
cent-Benjamin de), 142*.
— (François de), 340.
— (François-Jacques de), 358,
382*.
— (François-Marie de), 132*.385*.
— (François-Marie de), capi-
taine au régiment d'Agé-
nois, 118*.
— (François-Mathurin de), 122*,
132*, 155, 155*, 159*, 515*.
— (François-Mathurin de),
greffier des Etats de Bre-
tagne, 117, 117*, 118.
— (Françoise de) 338*.
— (Françoise-Angélique de),
239, 240, 240*.
— (Françoise-Renée-Pauline
de), 142*, 331, 331*, 392*,
535, 561*, 618.
— (Gillette-Marie de), 159*.
— (Gillonne-Marie de), 117.
— (Gillonne-Marie-Vincente-
Cyprienne de), 405.
— (Isabelle de), 357*, 379*.
— (Jacques de), 116, 125.
— (Jean de), 142, 357*, 358, 359*,
367, 374*, 375*.
— (Jean-Baptiste de), prêtre,
117*.
— (Jean-René de), 359*.
— (Jeanne-Catherine de), 116*,
117.
— (Jeanne-Pauline-Adélaïde-
Félicité de), 404*, 407.
— (Joseph-Cyprien de), 116*,
117, 117*, 132*.
— (Josèphe-Gillonne de), 410.
— (Julienne de), 125.
— (Louis-Jean-Alexandre de),
commissaire des Etats de
Bretagne, 118, 118*, 132*.

La Landelle (Louis-Joseph-Auguste de), 117*.
— (Louise-Catherine de), 117*. 118, 132*.
— (Louise-Gabrielle de), 117*.
— (Marie de), 250.
— (Marie-Anne-Françoise de), 401.
— (Marie-Anne-Josèphe de), 132*.
— (Marie-Armande-Adélaïde de), 148, 409*.
— (Marie-Judith-Mathurine de), 117.
— (Marie-Louise-Emilie de), 118*.
— (Marquise de), 125*.
— (Mathurin de), 117, 118.
— (Mathurin-François de), 132.
— (Nicolas-Joseph de), 116*, 117, 130, 378.
— (Pauline-Adélaïde de), 143.
— (Perrine-Hélène de), 159*, 239*, 382*.
— (Pierre de), 125, 157, 250, 378.
— (Pierre de), conseiller au Présidial de Vannes, 141, 141*, 306*, 338*, 339, 340, 341*.
— (Pierre-Joseph de), 378.
— (René de), 239*, 250, 378, 379*, 381, 382*, 385*, 392*.
— (René-Anne de), 378.
— (René-Armand de), 143.
— (René-Armand de), capitaine au régiment de Berry, 618.
— (René-Hyacinthe de), 142*.
— (René-Hyacinte-Emmanuel de), 142*.
— (René-Vincent de), 142*, 305, 379*, 392*, 393*, 396, 401, 414*.
— (René-Vincent-Marie de), 408.
— (Renée-Pauline de), 142*.
— (Suzanne de), 141*.
— (Toussainte-Pauline de), 381.
— (Victor-Sabulin de), 159*.
— (Vincente-Marie-Paul de), 142*.
— (Yves de), 116.
La Landière (sieur de), 226*.
La Landyère (sieur de), 242*.
La Lardaye (seigneur et dame de), 114*, 200*, 204*.
La Largère (seigneur et dame de), 466*, 471, 474.

Lallé (Jean de), 497*.
Lallemand (Agnès), 405, 414*.
— (François), 566*.
— (François-Joseph), 406* 407*, 410, 411, 414*, 543*, 560, 562.
— (François-Marie), 411.
— (Gabriel), employé dans les Fermes, 311.
— (Jacques), 573*.
— (Jacques-Marie), 406*, 558*.
— (Jean), procureur fiscal des régaires de Guérande, 292.
— (Jeanne-Marie), 565*.
— (Jeanne-Victoire), 410.
— (Joseph), 620*, 624*.
— (Joseph-Alexandre), 407*.
— (Louis-Sévère), 407*.
— (Marie), 635.
— (Pierre), 528.
Lallier (sieur de), 108.
Lalo (Thérèse), 538*.
La Locherais (demoiselle de), 130*.
La Loi (sieur de), 592*.
La Longueray (vicomte et vicomtesse de), 22*, 164, 592*, 593.
La Longuère (sieur de), 58*.
La Loullaye (sieur et dame de), 152*, 242.
La Louvelais (dame de), 4.
La Loyère (sieur et dame de), 146*, 163*, 338*
La Loyrie (Perronnelle de), 178*.
La Luardaye (sieur et dame de), 136, 254*.
Laly (Charles-Joseph-André), 546.
La Machardays (sieur de), 9.
La Magdeleine (sieur et dame de), 75, 84*, 141*, 142, 147, 302*.
La Magnane (seigneur de), 372.
La Maignane (Renée de), 18.
La Maison (Thérèse de), 606*.
La Maisonblanche (sieur et dame de), 35, 71, 587, 590, 591*.
La Maladrerie, à Guémené-sur-Scorff, 43*, 46.
La Mancellaye (sieur de), 149.
La Mancellière (demoiselle de), 196*.
La Marche (seigneur et dame de), 3, 163, 164*, 304.

La Marche (Olive), 469*.
La Marche (Françoise de), 455*.
— (Yolande-Françoise de), 216, 374.
La Marck (Louise de), 576*.
— (Marie-Françoise de), 3*, 4, 380*.
La Mare (sieur et dame de), 47*, 203, 235*.
La Mare (Guillaume de), avocat en la cour, 29*.
— (Marie-Anne de), 468.
— (Marie-Françoise de), 493.
La Mare-Farault (sieur de), 91*.
La Mariaudais (seigneur de), 221*.
La Marraude (Anne de), 40.
La Martinière (sieur de), 212*.
Lamarzelle (Anne-Yvonne de), 127*.
— (Charles-François de), 127*.
La Marzellière (Gillonne de), 344.
— (Renée de), 344.
La Masse (sieur et dame de), 465*, 587*, 591, 594*, 595.
La Mazure (sieur et dame de), 205.
Lambart (Angélique), 108.
— (Barthélemy), 108, 109, 113.
— (Catherine), 107*.
— (Constance-Julienne-Renée), 110.
— (Jean), 108, 108*.
— (Jean-Louis), 109*.
— (Jeanne), 108, 109*.
— (Joseph), 110, 246*, 249, 259.
— (Joseph-René), 110.
— (Julien), 108, 108*, 109.
— (Julienne), 179*.
— (Louis), 106, 109*.
— (Marie), 108.
— (Nicolas), 108*.
— (Paul), 108, 108*.
— (Pierre), 109.
Lambault (Jean-Olivier), 626.
— (Joseph-Urbain), 621, 621*, 622*, 624*, 626.
— (Louis-Marc), 622*.
— (Marie-Louise), 621*.
— (Vincente-Marie-Josèphe), 624*.
Lamberdrec (Marie de), 45.
Lambert (François), 236, 236*.
— (Françoise), 474.
— (Jeanne), 127.

Lambert (Marie-Elisabeth), 569.
— (Pierre), 236.
Lambilly (sieur et dame de), 71*,
79*, 84, 84*, 85, 85*, 387, 395.
Lambilly (Guillaume de), 84, 84*.
— (Jean de), 84.
— (Jeanne-Céleste de), 71*.
— (Laurence - Thérèse - Ga -
brielle de), 85*, 188*, 417,
419.
— (Marie de), 479*.
— (Pierre de), 79*, 84*, 85, 102.
— (Pierre-Joseph de), 79*.
— (Pierre-Laurent de), 71*, 85,
85*, 395.
— (Robert - Guillaume - Joseph
de), 85*.
— (Suzanne de), 84*.
Lambot (Jacquette), 587*.
Lambriaye (sieur et dame de),
146*.
La Méaudais (village de), en
Peillac, 118.
La Meilleraye (duc de), 328*.
La Mélatière (seigneur de),
121*.
La Menantière (seigneur de),
75*, 187*, 188*.
La Menollière (seigneur de), 2*.
La Mettrie (seigneur de), 35*,
182.
La Meulle (dame de), 146.
Lamilandier (sieur de), 406.
La Miltière (sieur de), 592*.
La Minière (sieur et dame de),
109, 152, 160*, 204.
La Mirandolle (sieur de), 273.
La Mofrédays (demoiselle de),
222*.
La Mollaye (dame de), 152.
La Monneraye (sieur et dame
de), 335*, 406.
La Monneraye (Catherine-Ange-
lique de), 20*.
— (Jean de), 11*.
La Monnerye (dame de), 84*.
La Morandaye (sieur et dame
de), 91, 110*, 152, 152*, 153*,
154, 162, 237*.
La Morandaye (Martin de), con-
seiller au Parlement, 369*.
La Morays, en Malansac
(frairie de), 254.
La Mordellière (dame de), 76.
La Morinaye (sieur et dame

de), 116*, 120, 121, 149, 154*,
155*, 158*, 206, 260*, 363.
La Morissaye (sieur de), 2*.
La Motte (sieur et dame de),
48*, 72*, 76, 77, 80, 84*, 103*,
104, 115, 133, 146, 150*, 154,
154*, 157, 158, 167, 174, 201*,
209, 228*, 243*, 248*, 276*,
278*, 280, 339, 342*, 371*,
375, 398*, 403*, 404*, 418,
452*, 477, 495*, 497, 498*,
500*, 506, 509, 519, 558*, 565*,
566, 591, 604.
Lamotte (Françoise), 516.
— (Jean), 515*.
— (Jean), huissier au Présidial
de Vannes, 513, 516, 517.
— (Jean-Baptiste), 517.
— (Louis), général d'armes,
593*.
— (Marie), 520.
— (Onésime-François), capi-
taine des vaisseaux de la
C'ie des Indes, 414*.
— (Suzanne), 513.
La Motte (François de), 77,
352.
— (Gilles de), procureur en la
cour, 29.
— (Guillaume-Georges de),
526, 528, 612.
— (Guillaume-Michel de), 77.
— (Henri de), évêque de Rennes,
344*.
— (Jean de), 108, 484*.
— (Jean-Louis de), 77.
— (Jeanne de), 158, 197.
— (Joseph de), 528.
— (Marie-Julienne de), 484*.
— (Olivier-Armand de), 77.
— (Perrine de), 379*, 492*.
— (Yvonne-Anne de), 70*.
La Motte-au-Baron (sieur et
dame de), 297*, 298, 338,
430, 432, 576.
La Motte-Chrestien (dame
de), 337*.
La Motte du Parc (seigneur
de), 354*.
La Motte-Gibène (dame de),
456*.
La Motte-Olivet (seigneur de),
285, 287*.
La Motte Rivault (sieur et
dame de), 272, 273, 273*,

274, 274*, 275, 279, 281*,
284*, 285*, 286*, 291, 351,
357*, 358*, 370*, 559*, 630*.
La Mouesserie (sieur et dame
de), 152*.
Lamouhic (seigneur de), 95.
Lamour (Antoine), 436.
— (Bonaventure-Mathurin-
Charles-Louis), 548.
— (François), 570*.
— (Françoise-Elisabeth), 494.
— (Françoise-Émilie), 60.
— (Guillaume), prêtre, 73.
— (Guy), maître - chirurgien,
433, 435*, 436, 438.
— (Jacques), 85*.
— (Jean), organiste de Naza-
reth, 480*, 469, 494.
— (Jean-Marie), 567*.
— (Jeanne), 433.
— (Joseph-Vincent), 489.
— (Laurent), 569.
— (Louis), curé du Sourn, 107.
— (Louise), 438.
— (Mathurin), 546*, 548, 549.
— (Paul), 607*.
— (Pierre), 606, 606*.
— (Pierre).
— (Pierre-Marie-Constant),
546*.
— (René-Julien), 606.
— (Thérèse), 606*.
— (Vincent), 435*.
— (Yves-Félix), 606*.
Lamouric (Jean), 296.
La Moussaye (Amaury-Charles
de), conseiller au Parle-
ment, 365*.
— (Anne de), 271*.
— (Georges de), 454.
La Moustière (chevalier, sei-
gneur de), 331*.
Lamprat (Claude de), 281*, 283,
283*.
— (Jean-Isaac de), 33*.
— (Paul de), sénéchal de Gou-
rin, 33*.
Lamprière (Charles), 442, 442*,
444*.
— (Jeanne), 442.
— (Vincent), 444*.
— (Yves), 442*.
La Mue (François-Mathurin), 601.
— (Jeanne-Alexis), 601.
La Mulonnière (sieur de), 171.

La Mulotière (château de), en Saint-Vincent, 132*.
LaMulottière(seigneurde),150*.
La Muraye (seigneur et dame de), 152*, 153*, 260.
La Musse (seigneur et dame de), 78*, 117,117*, 158*, 163, 223, 252, 260*, 464*.
La Mutte (sieur de), 152, 152*.
Lanascol (comte de), 613.
Lançon (Jeanne), 502.
Landa (sieur du), 117*.
Landaul (sieur de), 208*.
Landays (Anne), 453, 454*.
— (René-Patern), 171*.
Landel (Julienne), 472.
Landelle(Guillaume),prêtre,236*.
— (Jacques), 236.
— (Pierre),236.
— (Vincent), 235*.
Landelles (sieur des), 69*, 70.
Landes (sieur et dame des),136*, 282*,441, 443,444*,445,563*.
Landisez (seigneur de), 558.
Landormy (Guillaume- Marie), 501*.
— (Jacques-Julien), huissier au Présidial de Vannes, 546, 547, 555*.
— (Jeanne-Josèphe), 546.
— (Jeanne-Mathurine),545*,567.
— (Louis), 501*.
— (Mathurine-Antoinette), 547.
Landreau (Marie), 480, 481, 482*.
Landrin (sieur de), 356.
Landrin (N.), 581*.
Landujan (sieur de), 364*, 373*.
Landual (chevalier de),166*,533.
Landy (Louise), 517*.
La Née (dame de), 250.
Lanezo (sieur de), 459*.
Lanfosso (dame de), 96*.
Langalière (Jacob), maître de musique au régiment d'Auxerrois, 416*.
— (Thomas-Vincent), 416*.
Langan (seigneur de), 367.
Langan (Joséphine - Françoise-Charlotte de), 600*.
Langario (dame de), 174.
Langat (sieur et dame de), 307, 351*, 363*, 364, 583, 609,609*.
Langat (Thomas), 535.
Langlade (Julienne-Thérèse de), 379*.

Langlade (Pierre de), ingénieur ordinaire du roi, 379*. Voir: Anglade (d').
Langle (sieur et dame de), 22*, 82*, 83, 295*, 424*.
Langle (Abel de), 112, 234, 234*, 242, 242*.
— (Alain de), 76*, 77, 83.
— (Anne-Marie-Jeanne de),397*, 399*, 402, 526.
— (Augustin), grand vicaire de Vannes 66, 77, 283*, 387*, 388, 397.
— (Bertranne), 2*.
— (Bon-Joseph), 396.
— (Briande), 242*, 260.
— (Claude), 2*, 76*, 77*.
— (Claude),lieutenant des vaisseaux du roi, 387, 388, 396, 403.
— (Claude-Marie), 77*.
— (Constant-Augustin), 77*.
— (Elisabeth), 79*
— (François), 77.
— (François-Joseph), 77*.
— (Guillemette - Eléonore), 77.
— (Guyonne), 2*, 76*.
— (Hélène), 77*.
— (Hélène-Monique), 3*, 77,77*, 388, 608.
— (Isabeau), 242*.
— (Jacques), 3, 76*, 77, 77*.
— (Jean), 112, 152*, 234*, 242, 242*, 301*.
— (Jean), prieur de Coëtuhan, 106*.
— (Jeanne), 293*.
— (Jérôme), 76*.
— (Joseph), 4.
— (Julien),religieux de Bodélio, 260.
— (Louis), 2*, 3*, 77*, 608.
— (Louis), conseiller au Parlement, 76*, 77, 78, 79*, 82*, 234, 366, 372.
— (Louis-Anne), 77.
— (Louis-François-Joseph), conseiller au Parlement, 77*, 83, 83*, 387, 475*.
— (Louis-Guy), président à mortier au Parlement, 78.
— (Louis-Vincent), 387.
— (Louise), 2*, 76*.
— (Marguerite), 242.
— (Marie-André), 372.

Langle (Marie-Anne), 295*, 331.
— (Marie-Françoise), 2*.
— (Marie-Renée), 78.
— (Marie-Thérèse), 81*.
— (Marthe), 234*.
— (Philippe), 111*, 242*.
— (René), 260.
Langlennec (prieuré de), en Le Tour-du-Parc, 267, 277*, 279*.
Langlo (Mathurin), 488.
Langlois (Catherine-Claudine), 549*.
— (Jacques), 568*.
— (Marie), 579*.
— (Marie-Olive), 570.
Langoëlan (sieur et dame de), 33*, 40*, 56*, 57, 57*.
Langoëlan (paroisse), 57.
Langonnet (paroisse), 26, 33, 33*, 38, 39, 48. — Voir: N.-D. de Pitié,St-Brandan, Ste Catherine (chapelles); Dixméon (lieu dit) ; la Trinité (trêve).
Langouët (sieur de), 367*, 595.
Langourdy (sieur de), 498*.
Langourla (seigneur et dame de), 8, 217, 230, 368, 369, 382.
Langourla (Agathe-Jacques de), conseiller au Parlement, 217, 230, 232, 232*.
— (Charlotte-Claude de), 35.
— (Claude de), 28*, 49.
— (Françoise-Bonaventure de), 148, 148*, 260*.
— (Louise de), 35.
— (Marguerite de), 35, 370*.
— (Marie-Louise de), 96.
— (Michel-Jean de), 230.
Languedoc (Julienne), 432*.
Languéouez (seigneur de), 34.
Lanhoëlic (seigneur et dame de), 43*, 60*.
La Nicollière (sieur et dame de), 555.
Lanidy (dame de), 22.
Lanier (Guillemette), 209*
— (Jean), sénéchal de Château-dérec et Kerabréhan, 212*.
— (Jean-Pierre), sénéchal de Malestroit, 212*.
— (Jeanne), 434.
— (Jeanne-Marie), 215.

Lanier (Joseph - Jean - Pierre),
568*.
— (Marie-Anne), 544*, 616.
— (Pierre), procureur fiscal de
Kerdavy, 209*.
— (Pierre-René-Gilles), avocat
en la cour. 568*.
— (Rosalie), 215.
— (Thomas-Marie), 212*.
Lanigry (sieur et dame de),346,
349, 359*, 585*.
Laniscat (Côtes-du-Nord). 18*.
Lanitré (seigneur et dame de),
137*, 179*, 186, 191, 363,
373, 451*, 459.
Lanivar (N. de), 315*, 316*.
Lanivinou (sieur et dame de),
205*, 245*, 251.
Lanjamet (sieur de), 330.
Lanjégu (sieur et dame de), 60,
546*, 548, 569.
Lannée (sieur et dame de), 172*,
194*, 195, 195*.
Lannic (sieur du), 586*.
Lannion (sieur et dame de), 2*,
3, 3*, 4, 4*, 48*, 105.
Lannion (Anne-Bretagne de),
gouverneur de Vannes et
Auray, 308.
— (Claude de), gouverneur de
Vannes, capitaine de l'ar-
rière ban de la Noblesse
et des ports et havres de
l'évêché de Vannes, 2*, 3,
105, 307*, 327*, 328, 353.
— (Claude-Joseph de), 3.
— (François-Claude de), 329.
— (Gillette de), 306*.
— (Hyacinthe de), 4.
— (Hyacinthe-Gaëtan de), 8*.
— (Jacquette-Arronnelle de),
327*.
— (Jean-Baptiste Pierre-Jo-
seph de), mestre de camp
d'infanterie, brigadier des
armées du roi, 308.
— (Julie-Elisabeth de), 4, 380*.
— (Laurent de), 339*, 353.
— (Laurent de), capitaine de la
noblesse de l'évêché de
Vannes, 374*, 378*, 383.
— (Louise de), 306*, 581*.
— (Louise-Renée de),3, 105,363.
— (Marie-Anne de), 308, 308*,
309, 547.

Lannion (Marie-Théode de),306*.
— (Pierre de), 2*, 3, 3*, 4, 306*,
315, 441*.
— (Pierre de), chevalier de
l'ordre du Roi, 576*.
— (Pierre de), lieutenant général des armées du Roi, 493.
— (Pierre de), gouverneur de
Vannes, Auray et St-Malo,
garde-côtes et capitaine
du ban et arrière ban,
baron et pair de Bretagne,
maréchal des camps et
armées du roi, 105, 339*,
340, 377*, 379, 380*, 582.
— (Renée de), 306*.
— (Renée-Thérèse de), 2*.
Lano, Lanno, ou La Noë (sieur
et dame de), 349*, 437*, 438,
440, 578*.
Lano (sieur du), 69.
Lano (François), maître-chirur-
gien à Vannes, 452*.
— (Jeanne), 404*. Voir : La Noë
(de).
La Nodi (sieur de), 347.
La Noë (sieur et dame de), 110*,
111*, 112, 113*, 119*, 124*,
158, 243, 244, 327, 437*, 438*,
441, 443*, 471, 472*, 478*,
500*, 577*, 586, 589.
La Noë (Anne de), 79, 460*, 462*.
— (Barthélemy de). 449.
— (Bonaventure de), notaire de
Rochefort, 257*.
— (François de), 227.
— (François de), maître-chirur-
gien à Vannes, 444*, 448,
449, 449*, 452*.
— (Jacques de), 447.
— (Jean de), 227.
— (Jeanne-Marie de), 515*, 535.
— (Joseph de), 558*.
— (Mathurin de), 444*.
— (Michel de), 535*.
— (Pélagie-milie de), 151*.
— (Perrine de), 548*.
— (Pierre de), 257*, 447.
— (Pierre de), procureur au
Présidial de Vannes, 487*,
489.
— (Rémy de), 78*.
— (Sébastienne de), 78*.
— (Vincente de), 448.
— (Yvonne de), 154*, 457*, 459.

La Noë Blanche (sieur et dame
de), 204.
La Noë Brandiccët (sieur et
dame de), 121*, 124*, 125,
129, 129*, 243*, 250*, 356*.
La Noë Cado (sieur et dame de),
153, 155, 155*, 156, 163, 258*.
La Noë Coetpeur (dame de),208.
La Noë Jocet (sieur et dame
de), 143*, 348*.
La Noë Sèche (seigneur de),
104.
La Noë Verte (seigneur de),244.
Lanouan (seigneur et dame de),
69, 75, 147, 147*, 158, 304*,
345, 354*, 355*, 357, 365, 438,
444*, 600*.
Lanoué (sieur du), 165.
La Noue (sieur et dame de),460,
572.
La Noue (Guillaume-Toussaint
de), officier des vaisseaux
du Roi, 572.
— (Jérôme-François-Fidèle
de), 572.
— (Noël de), 458*.
Lanouëdic (seigneur et dame
de), 141*,272*,277,285*,361*,
367*, 381*.
La Nouée (seigneur et dame
de), 195*, 196, 204*, 205*,
241*, 373*.
Lanprat (dame de), 461*.
Lanros (Marie de), 260.
Lanruas (sieur et dame de),
108, 108*, 222.
Lansalut (sieur de), 410*.
Lansé (Marie-Anne de), 541*.
Lanselin (sieur de), 366*.
Lantiern en Arzal. 182*.
Lantillac (sieur et dame de),
16, 16*, 40*, 42, 75, 80, 80*,
81, 81*, 285*, 330, 330*, 360*,
362, 365, 366*, 369, 370, 371,
381*,390*,396,398*, 400, 470*.
Lanuic (dame de), 364*.
Lanurien (Françoise), 41.
— (Thépault), 41, 41*.
Lanvaux (sieur et dame de),
156*, 421*.
Lanvaux (Béatrice), 576.
Lanvaux (François de),chevalier
de l'ordre du Roi, 189*.
Lanvenegen (paroisse), 29, 31,
42*.

Lanvoëlan (seigneur et dame de), 36, 36*, 37*.
La Pacaudaye (sieur et dame de), 199, 204*.
La Pallière (messire de), 101*.
La Papinière (demoiselle de), 241.
La Patissière (sieur de), 591.
La Paulmeraye (seigneur de), 114.
La Peindière ou Pinicière (sieur et dame de), 337, 338.
La Perdrilaye (dame de), 155*.
La Périère (sieur et dame de), 487, 628, 628*, 629*, 630*.
La Péronnière (sieur de), 292*.
La Pérouse (seigneur de), 161.
La Picherodaye (dame de), 130.
La Pierre (sieur et dame de), 467, 591*.
La Pierre (Angélique de), 36, 36*.
— (Avoye de), 93, 99*.
— (Catherine de), 602*.
— (François de), 93, 485.
— (François-Bonaventure-Toussaint de), 51.
— (Guillaume de), sénéchal de Pontivy, 93, 99*.
— (Hyacinthe de), 395.
— (Jean de), prêtre, 411*.
— (Jean de), sénéchal de Concarneau, 99*.
— (Jean-Joseph de), 99*.
— (Jeanne de), 538*.
— (Julie de), 535.
— (Juliette ou Julienne de), 371, 374.
— (Louis de), 500.
— (Louis-Anne de), 500.
— (Marie de), 49, 442.
— (Marie-Eléonore de), 100, 617*, 619*.
— (Marie-Thérèse de), 51.
— (Renée-Joséphine de), 616.
— (Thomase-Jeanne de), 407*, 544*.
— (Thomase-Pélagie de), 573.
— (Toussaint-René de), 51.
La Figuelaye (demoiselle de), 248.
La Piguelaye (Catherine de), 108, 248, 248*.
— (Guy de), châtelain de la Berhaudière, 235*.
— (Philippe de), 248.

La Pilaye (sieur et dame de), 257* 282*, 284, 284*, 285*, 479.
La Pilardière (seigneur de), 167.
La Piltière (sieur et dame de), 467, 483*
La Pironnière (sieur de), 318.
La Placelière (sieur de), 50.
Laplaine (Jean), 404.
La Planche (sieur et dame de), 81, 250*, 359*, 360.
La Planche (Charlotte), 500.
— (Gabrielle), 499*.
La Planche (Magdeleine de), 107*, 108.
La Planche des Landes-Martel (Claude de), 611.
La Planchette en Saint-Dolay (métairie de), 240.
La Poisnaye (dame de), 108*.
La Pommeraye (seigneur et dame de), 123, 224, 258*, 351*, 429, 587.
La Pommeraye (Anne-Marie de), 179, 180, 180*.
— (Augustin de), 179*, 180.
— (Augustin de), recteur de Combourg, 180.
— (Claude de), 15*, 92.
— (Claude-Ursule de), 179*.
— (François de), 15*, 92, 113, 177, 177*, 178, 178*, 189.
— (François-Ignace de), 179*.
— (Françoise de), 177*.
— (Guillaume de), 177*.
— (Guy de), 178*.
— (Henriette de), 124*.
— (Jean de), recteur de Malguénac, 15*, 179.
— (Jeanne de), 128*, 178.
— (Joseph de), 180, 180*.
— (Mathieu de), 189.
— (Olivier de), 177.
— (Pierre-Joseph de), 179*, 180, 224.
— (René de), 92, 178, 179, 179*, 180, 181*, 186*, 191, 224.
— (Renée de), 15*, 16, 92*, 177*.
— (Suzanne-Claude de), 179*.
— (Thérèse de), 179*.
— (Vincente-Marie de), 179*.
— (Yvonne de), 128*.
La Porte (sieur et dame de), 15,

18, 21, 34, 43, 44, 61, 75, 108, 150, 150*, 155, 181*, 190*, 196, 199*, 205, 209, 218*, 221, 224, 230*, 236*, 239*, 243, 250, 254*, 335, 337, 340, 361*, 363, 363*, 370*, 375*, 577, 383*, 389, 395, 395*, 396*, 397, 397*, 407, 407*, 408*, 409, 456, 487, 502*, 521*.
La Porte (André de), 209.
— (François-Armand de), 328*.
— (Gillette de), 457.
— (Isabeau de), 422.
— (Jean de), président au Parlement, 190*, 209*, 254*.
— (Joseph-Pierre de), 607*.
— (Louis de), 75.
— (Louise de), 338*.
— (Louise-Nicole de), 209*, 210, 210*.
— (Marie de), 367*.
— (Marie-Anne de), 127*.
— (Marie-Magdeleine de), 395*.
— (Nicolas de), 607*.
— (Nicole de), 190*, 209.
— (Yvonne de), 162.
La Porte Blanche (seigneur de), 29*.
La Porte Boutouillic (dame de), 507*.
La Porte Cousin (sieur de), 84*.
La Porte Illac (sieur et dame de), 226, 226*, 227.
La Porte Keravello (seigneur de), 168*.
La Porte Layec (seigneur de), 168*.
La Porte Neuve (seigneur et dame de), 24*, 44*, 66*, 67, 103*.
La Porteraye (sieur de), 177*.
La Portoroz-Carisier (seigneur de), 504*.
La Poujade (dame de), 295*, 399*, 527, 533, 614*.
La Poullenaye (sieur de), 352.
La Pourchassaie (dame de), 160*.
La Pourdhommais (dame de), 113.
La Prégenterie (seigneur et dame de), 237*, 238.
La Prévalaye (sieur et dame de), 169, 171*, 386*.
La Prévalaye (Hyacinthe-Morice

dé),recteur deGrandchamp et syndic du clergé de Vannes, 132, 500.

La Prévostaye (seigneur et dame de), 128*, 250*, 251*, 598.

La Prévostière (seigneur de), 217*.

La Prévosté (dame de), 119.

La Priolaye (sieur de), 469.

La Prise (seigneur et dame de), 494*, 495*, 496*.

La Provostaye (seigneur et dame de), 113, 154, 162, 166, 166*, 204, 206, 244*, 248*, 409, 441.

La Provosté (dame de), 19*.

La Pujolière (sieur de), 586.

La Quartrie (sieur de), 226*.

La Rabelière (sieur de) 257.

La Rabine (sieur de), 9*.

La Rambaudière (sieur de), 276.

La Raudière (sieur et dame de), 48*, 49.

Larcher (Anne), 25*.

— (François), 137.

— (Gratienne), 503*.

— (Jean-François), 137.

La Réaute (seigneur de), 378.

La Redaire (seigneur de), 408*.

La Régontais (dame de), 206.

La Regrière (sieur de), 495*.

La Rembaudière (Jeanne de), 107*.

— (Pierre de), lieutenant de Rieux, 108*.

La Renière (dame de), 427.

La Renolière (sieur de), 282*.

La Reveraye (sieur de), 84*.

Largentaye (seigneur et dame de), 69, 76*.

Largoët (seigneur et dame de), 140, 178, 342*, 433*, 592*.

La Ribaudière (seigneur et dame de), 110, 110*, 127*, 350*.

La Ricardaye (seigneur et dame de), 109*, 122, 127, 127*, 244*.

La Ricardelaye (seigneur de), 279*.

La Richardaye (seigneur et dame de), 451*, 452*, 457*, 459*, 462, 464*, 467, 479*, 480, 493, 495.

Lariguière-Gauvain (Jeanne),589*.

La Rimaudaye (seigneur et dame de), 157, 164*.

La Rivaudaye, en St.-Gorgon, 124.

La Rive (seigneur et dame de), 311, 376*, 378, 401, 407*, 408, 408*, 410*, 411, 411*, 413*, 414*, 466*, 474, 481, 483, 484*, 507, 509, 598*, 599, 622.

Larive (N.). 320*.

La Riverie (sieur de), 499*, 500.

La Rivière (sieur et dame de), 15*. 34*. 99*, 100, 100*, 105*, 107*, 124*, 128*, 136*, 138*, 148, 153, 162, 175*, 182, 198*, 207*, 216*, 237*, 259*, 273*, 274, 274*, 275, 275*, 298*, 302, 303*, 336, 336*, 340, 343, 343*, 344, 349*, 353*, 355*, 356, 356*, 357, 359*, 362*, 378*, 440, 455, 493*, 502*, 538*, 593, 627.

Larivière (N.), médecin à Vannes, 320*.

La Rivière (François de), 258, 499*, 500.

— (Jacqueline de), 341*, 357*, 433*.

— (Jacques-Jue de), chevalier de l'ordre du Christ, 408.

— (Louise de), 34*.

— (Marguerite-Françoise de), 258.

— (Marie-Françoise de), 408.

— (Melchior de), 114.

— (Sébastien de), 34*.

La Rivière de Sérent (dame de), 327.

La Rivière-Penifort(Hélène), 625.

Larlan (Anne de), 202, 303, 342.

— (Anne-Vincente de), 186*, 191*, 391*, 506*, 514*.

— (Athanase-Guillaume de),92*.

— (Catherine de), 90*.

— (François-Joseph de),prêtre. 166*.

— (Françoise de), 78*, 92*.

— (Gillette-Françoise de), 92.

— (Hervé de), 92, 99, 99*.

— (Honoré-François-Joseph de), 373.

Larlan (Jacques de), 15, 91,91*,92.

— (Jean de), 15*,16*, 92, 92*,328*.

— (Jean-Anne-Vincent de), 163, 187, 192, 206, 252*, 258*, 260*.

— (Jean-Baptiste de), conseiller du Roi en son grand Conseil, 184, 186*, 370*, 372, 373, 463*.

— (Jean-Baptiste de), président à mortier au Parlement, 191, 191*, 197*, 211*.

— (Jean-Baptiste-Julien de), 258*.

— (Jeanne de), 303, 346, 355*, 357, 365, 438.

— (Jeanne-Marie-Magdeleine de). 191*.

— (Julien de), conseiller au Parlement, 369, 372*.

— (Julien-François de), président à mortier au Parlement, 186*, 191, 191*, 506*.

— (Marie de), 92.

— (Marie-Françoise-Rose de), 214, 253*, 258*, 259*.

— (Marie-Madeleine-Vincente de), 372.

— (Marie-Renée-Angélique de), 211*, 370*.

— (Michel de), 75, 92, 92*, 99, 99*, 227*.

— (Nicole-Renée de), 92.

— (N. de), 75, 527*.

— (Perronnelle de), 92.

— (René-Michel de), 92*.

— (Renée de), 91.

— (Sébastien-Hervé de), 99*.

— (Thérèse-Vincente de), 22*, 23.

— (Vincent de), conseiller au Parlement, 451*.

— (Vincent-Exupère de). président à mortier au Parlement, 137*, 179*, 186, 191, 363, 373.

Larlo (sieur de), 129*, 130.

Larmor (sieur et dame de), 52*, 56*, 71*, 278, 298*, 311, 360, 376, 378, 391*, 408, 431*, 433, 490*, 497*, 498, 499, 499*, 507, 508*, 533*, 534*, 537, 538, 540*, 541, 553, 554, 564*, 573.

Larnec (dame de), 356.

La Robelinaye (sieur de), 124.
La Roberie (seigneur et dame
   de), 118, 126*, 238, 239*, 252,
   394.
La Robinais (sieur et dame de),
   239*, 590.
La Robinerie (sieur de), 377.
La Roche (sieur et dame de),
   33*, 34, 60*, 91, 105*, 107*,
   108, 110*, 111*, 124, 150, 152*,
   193*, 236, 242*, 243*, 264*,
   278, 339, 343. 427*, 556*, 571,
   576*.
La Roche (Anne de), 65*.
— (Anne-Louise de), 487, 497*.
— (Anne-Thérèse de), 382.
— (Catherine-Marie de), 407.
— (François de), 426.
— (Hélène de), 40.
— (J. de), 427*.
— (Jean de), 354, 363*, 379*, 453*.
— (Jeanne-Marie de), 506.
— (Jeanne - M a r i e -Angélique
   de), 504.
— (Joseph-Julien de), 485*.
— (Julien de), 27.
— (Laurent de), 354.
— (N.), 512.
— (Olive de), 124.
— (Perrine de), 493*.
— (Perrine-Louise de), 404.
— (Pierre de), 445*.
— (Thérèse de), 596.
— (Tobie de), 485*, 487, 596.
— (Vincent-Robert de), 381.
La Roche-Bernard (paroisse),
   225, 234, 238*. — Voir : La
   Garenne, La Voute (lieux-
   dits).
La Roche Coterel (dame de),
   146*.
La Roche de Bray (sieur et
   dame de), 153, 153*, 243.
La Roche-en-Batz (baronne
   de), 558*.
La Rochefordière (seigneur et
   dame de), 368, 368*, 373*.
La Rochegostin (Françoise de),
   128*, 152*, 158, 161*, 162.
— (Jacquette de), 158*.
— (Jeanne de), 162.
La Roche Giffart (marquise
   de), 23.
La Roche Guéhenec (seigneur
   de), 10.

La Roche Hervé (seigneur et
   dame de), 240, 241.
La Roche Jouardaye (sei-
   gneur et dame de), 130,
   152, 152*, 350*, 355*, 356*,
   358*, 365, 368, 371*, 373.
La Rochelando (seigneur et
   dame de), 109, 339, 343*,
   427, 427*, 428, 428*, 429, 431*,
   432, 578.
La Roche Macé (Anne-Maurice
   de), conseiller au Parlement, 634*.
— (Marguerite de), 634*.
La Roche Morice (seigneur de),
   386.
La Roche Saint-André (dame
   de), 383*.
La Roche Saint-André (Louis de),
   476.
La Rochère (Julienne-Marie de),
   210*.
La Rochetterie (sieur de), 477*.
La Rohullaie (sieur et dame
   de), 296.
La Roncière (sieur de), 65.
La Rongeraie (sieur et dame
   de), 60*.
La Rosaye (sieur et dame de),
   468, 470.
La Rouairie (seigneur de), 206.
La Rouardaye (seigneur et
   dame de), 108*, 119, 129,
   149, 158*, 183, 627*.
La Rouaudais (sieur de), 126*.
La Rouaudière (seigneur et
   dame de), 178, 419.
La Roue (Françoise-Renée de), 96*.
La Rouezo (sieur et dame de),
   578, 578*, 579*, 580, 580*,
   581*, 582.
La Rougeraie (sieur de), 333*.
La Roulerie (dame de), 474*.
La Rousselière (seigneur de),
   20*.
La Rouxelière (sieur et dame
   de), 458*, 460*, 470.
La Roze (Renée de), 2*.
La Rozière (baron de), 241.
Larragon (Jean), 238.
— (Marie), 216.
— (Marie-Françoise), 222, 222*.
— (Renée-Jeanne), 562.
— (Suzanne), 238.
— (Thomas), 562.

Larré (paroisse). 177*, 196. 197,
   382, 385, 388*, 391, 392. —
   Voir : Moustoir-Maria (cha-
   pelle).
Larré (Louise-Nicole de), 209*,
   210*, 211.
— (Pierre de), 209*.
Lartois (Charles-Florent), avocat
   au Parlement de Paris,
   entrepositaire du tabac à
   Vannes, 400*, 401.
— (Olympe-Suzanne), 400*.
— (Thérèse-Victoire-Vincente),
   401.
Lartz (Bertrand), 308.
— (Jean), 308.
La Rue (seigneur et dame de),
   164*, 327, 341, 346*.
La Rue (François), 543*.
— (Jeanne), 460.
— (Pierre), 409.
— (N.). 615*.
Larue (Jeanne), 592, 593.
— (N.), 321.
La Rue (Jeanne de), 473*.
La Ruée (sieur et dame de), 163,
   163*, 164*, 165, 165*, 166,
   166*, 204, 404*, 407, 461.
La Ruée (A n g é l i q u e-Marie-
   Louise-Suzanne de), 167.
— (Anne-Angélique de), 165*.
— (Anne-Marie de), 166*.
— (Auguste-Ange-Joseph-Marie
   de) 167.
— (Bertrand de), 147, 147*, 165,
   329.
— (Bertrand-François de), 165.
— (François de), recteur de
   Fégréac, 165*.
— (François-Gabriel-Marie de),
   166.
— (François-Louis de), 148, 166*.
— (François-Louis-Clément
   de), 148.
— (Françoise de), 164*, 165, 165*,
   166*.
— (Guillaume de), 146*, 195, 204*.
— (Hélène de), 243.
— (Hyacinthe de), 166*.
— (Hyacinthe-Jean de), 165*.
— (Hyacinthe-Marie de), 148.
— (Jacques de), 165, 165*, 166.
— (Jean de), 153*, 164*, 165, 204,
   243*, 461.
— (Jean-Joseph de), 164*.

La Ruée (Jeanne de), 146*.
— (Joseph-François-Louis de), commissaire des Etats, président de la Noblesse, 163, 166*, 167.
— (Joseph-Marie-Luc-Hyacinthe de), 166* 167.
— (Julienne de), 164*.
— (Julienne-Perrine de), 165*.
— (Louis de), 165*, 166.
— (Louis-François de), 147*.
— (Louis-Jacques-Marie de), 165*.
— (Louise de), 146*, 147, 165, 194*, 195*.
— (Louise-Josèphe de), 165.
— (Marie-Anne-Victoire de), 163, 167.
— (Mathurine-Renée de), 147*.
— (Nicolas de), 164*, 165*, 166*.
— (Pierre-René de), 165*, 166.
— (René-Pierre de), 165*.
— (Renée de), 204.
— (Sainte-Joséphine-Flavie-Marie de), 167.
La Rue Gicquel (sieur de),546*.
Larvor (Isabelle), 589*.
La Sablonnière (sieur de),165*.
La Sallardaie (sieur de), 470.
La Salle (seigneur et dame de), 137*, 147, 149, 179, 209*, 260, 576*.
La Salle (Françoise de), 257*, 602.
— (Perrine-Françoise de), 260*, 261.
La Sampsonnière (sieur et dame de), 230, 230*.
La Sansonnière (sieur de), 590.
La Santé (seigneur et dame de), 151, 151*, 156, 159*.
La Saudraye (Anne de), 31*.
— (Gillette de), 30.
— (Julien de), 589.
— (Marie de), 133*.
La Saulaye (sieur et dame de), 473, 475.
La Sauldraye (sieur et dame de), 37*, 82, 119, 133*, 200, 200*, 208*, 217*, 243*, 248*, 261*, 302, 338*, 351, 435, 460*, 514, 562, 589, 592*, 595.
La Sauvagère (sieur et dame de), 587, 590.
La Savinaye (sieur de), 151*.

La Sauzaye (sieur de), 513.
Lasborde (seigneur de). 63.
Lascournec (Marguerite), 273.
Lascouvern (dame de), 174.
La Senardière (seigneur de), 571*.
La Sentière (seigneur et dame de),275*,321, 384, 456*, 490*, 498*, 513*, 519, 601*.
La Serpaudays (Louise-Jeanne de), 256*.
La Serre (dame de), 403.
La Simonaye (sieur de), 444*.
Lasné en Sarzeau, 281.
La Sorée (G. de), 150.
La Souallaye (seigneur et dame de), 111*, 113, 113*, 114, 114*, 115, 115*, 116, 245.
La Souallaye (Cyr-René de),115, 115*.
— (Cyr-René-Marie de), 115, 115*.
— (Etienne de), 114*.
— (Françoise de), 281.
— (Françoise-Jeanne de), 115.
— (Françoise-Marie-Anne de), 115*, 116, 123*, 558.
— (Gilles de). 111*.
— (Guillaume de), 111.
— (Isabeau de), 241*, 242*.
— (Jacquemine de), 114.
— (Jacques de), 111.
— (Jacquette de). 111*.
— (Jeanne-Marie de), 115.
— (Marguerite de). 124*.
— (Nicolas de), 114.
— (Perronnelle de), 124, 125.
— (René de),112*, 113, 113*, 114*, 115, 245.
— (Rodolphe-Philippe de), 114.
— (Thérèse de), 114*, 121*.
— (Thérèse-Gillonne de), 114*.
Lasquelluc (Olivier), 598*, 600.
— (Vincente-Marie), 598*.
Lasse (seigneur de), 368, 373*.
La Tertrée (seigneur et dame de), 2*, 3*, 83*, 514, 615.
La Tertrée (Julien de), chanoine de Vannes et recteur de Grandchamp, 174.
La Teste (Jeanne-Françoise de), 28*.
— (Louise de), 26.
— (Vincent de), 26.
La Thébaudaye (dame de), 129.

La Thibaudays (seigneur de). 367.
La Thibaudière (seigneur de), 328*.
La Thuillaye (sieur et dame de), 334, 574*, 575*, 576*, 577*.
La Tille (sieur de), 463.
Latimier (Joseph-François),564*.
— (Julien), 620*.
— (Marguerite), 332*.
— (Marie-Anne), 620*.
— (Mathurine), 635*.
— (Olivier), 635.
La Tivinière (seigneur de), 58.
La Toise (sieur de), 259*.
La Touche (seigneur et dame de), 27, 65, 79, 86, 86*, 90, 92, 111*, 118*, 127*,147,148*, 149,152*, 153*, 154,157, 165, 165*, 198*, 205, 222, 222*,227*, 229, 229*, 230, 230*, 236,237*, 238, 264, 272, 277*, 294, 304, 358, 379*, 381, 387, 392*,428, 437*, 449, 462, 584*, 587,635*.
La Touche (Anne de), 459.
— (Augustin-Hyacinthe de),449.
— (Baptiste de), 459, 461.
— (Barthélemy-Julien de), 388*.
— (Catherine-Françoise de), 159.
— (François de). 370.
— (François-Maurice de), 82.
— (Guillaume-Augustin de), 451.
— (Guillaume-Jacques de), 71, 358*, 469.
— (Hélène de), 277*.
— (Honorat de), 90.
— (Hyacinthe-Joseph-Alexis de), 71*, 395, 573.
— (Jacques de), 387, 423.
— (Jean de), 218.
— (Jean-Baptiste de),216, 368*, 451, 453, 455, 483.
— (Jean-François de), 453.
— (Jeanne de), 174.
— (Jeanne-Pélagie de), 452*, 595*, 596, 596*, 597*, 599, 602*.
— (Joseph de), 449.
— (Joseph-Alexis de), 449, 466.
— (Joseph-Alexis-François de), 387*, 388*, 389, 390, 395.
— (Julien de), 458.

La Touche (Julien de), lieutenant
au régiment de Navarre,
584, 584*.
— (Louis de), 276*, 277*.
— (Louis-Julien de), 458.
— (Magdeleine de).200.200*,217*.
— (Marie de), 89*, 92*, 93.
— (Marie-Hyacinthe de), 390.
— (Marie-Rose de), 451.
— (N. de), 398*.
— (Philippe de), 194*.
— (Pierre de), 294, 439*, 447,
452*, 578*, 627.
— (Pierre de), conseiller au
Parlement, 302*, 338*.
— (Regnaud de), 351*, 358*, 449.
— (René de), 451, 452*, 461*, 466,
478, 488*.
— (René de), recteur de Plu-
neret, 451, 461.
— (Sébastien de), 165, 216, 449,
451, 452*, 468*.
— (Suzanne de), 265*, 276*, 277*,
279*, 355*, 357.
— (Thérèse-Françoise de), 389.
La Touche aux Roux (sei-
gneur et dame de), 114,
164. 164*, 165, 166, 166*.
La Touche Carné (seigneur de),
161*.
La Touche Hilary (seigneur
de), 78*.
La Touche Peschart (château
de), en Carentoir, 148*.
La Touche Porman (dame
de), 17.
La Touche Saint Hélory (dame
de), 109*.
La Tour (seigneur et dame de),
216*, 401, 534*, 536*, 537,
537*, 538.539, 540, 541*, 542*,
543*, 546*, 547*, 549, 553,
560, 561, 561*, 564*, 565,565*,
567, 568*, 571*, 572, 625.
La Tour (François de), 76, 189.
— (Françoise de), 629*.
— (Jeanne de), 80.
— (Jérôme de), 2.
— (Julien de), 76, 80.
La Touraille (seigneur et dame
de), 55*, 221*, 222.
La Touraudaye (sieur de), 465*.
La Tourneraie (Jeanne de), 146*.
La Traille ou La Treille (sei-
gneur et dame de),105,105*.

La Tremblaye (sieur et dame
de), 66*, 126, 126*, 204.
La Trinité en Bieuzy (chapelle
de), 5*, 39, 202.
La Trinité en Langonnet, 39.
La Tronchaye (seigneur et
dame de), 147*, 148, 206,
206*, 237*, 284, 290*, 352*,
359*, 360.
La Tronchaye (Françoise de),
333*.
— (Sébastienne de), 10*, 13*,
78*, 79, 99*.
La Trousse (Marie-Jeanne de),
221.
Lattay (seigneur et dame du),
216, 229*, 309*, 374.
La Tullaye (Alexandre de). 288*.
— (Anne-Françoise de), 412.
— (Pierre de), 285.
— (Pierre-Alexandre de), 288.
— (René de), 285.
— (Suzanne de), 288, 288*.
La Tyollaye (seigneur de), 128*.
Laubé (dame de), 48*.
Laubinier (sieur et dame de),
231*, 233.
Laubrairie (sieur de), 313*.
Laudé (sieur du), 480.
Laudren (Françoise-Jacquette-
Hyacinthe), 291.
— (Julien), curé du Guerno,
184*.
— (Robert), 85.
— (Thomase), 439*, 452.
Laudriec (Françoise), 265.
— (Jeanne), 265.
Launay (seigneur et dame de),
3, 10, 11, 13*, 16, 17*, 18*,
33*, 35*, 45, 45*, 54, 58*, 65*,
91, 102, 107*, 108*, 110, 113,
115, 118*, 119, 119*, 121, 124,
125, 128, 128*, 130*, 132, 145*,
146*, 152, 158*, 162, 181*, 185,
190, 193, 205, 215*, 216*, 219,
223*, 227, 227*, 229, 234*,
238*, 239, 243, 244*, 245*,
246*, 247*, 250, 250*, 282*,
283*, 295, 326, 335*, 337, 340,
352*, 380*, 395, 479, 536, 551,
552, 563, 611*, 616*, 618.
Launay (Abel de), 107*, 128*, 190,
242*.
— (Anne-Geneviève de), 599.
— (Catherine de), 13*.

Launay (Claude de), 128*.
— (Claude de), bénédictin de
Redon, 158.
— (François), 3, 17*, 18.
— (François-Louis), 3*.
— (François-René), 18.
— (Françoise), 140*.
— (Gabriel-Marie de), huissier
à Vannes, 320*, 473.
— (Guillemette), 402*.
— (Jacques), 128*.
— (Jacquette), 446*.
— (Jean), 3, 17*, 18, 119, 128,
128*, 133*, 152.
— (Jean-Baptiste), 3*.
— (Jeanne), 128*, 152*, 473.
— (Jérôme), 3, 18*, 478.
— (Julienne), 242*.
— (Louise), 423.
— (Magdeleine), 133.
— (Marguerite), 13*, 16, 16*, 17*,
18, 106*, 162, 199*, 235*.
— (Marie), 307.
— (Michel), 91, 99, 102, 128, 234*.
— (Michel), alloué de Pontivy,
13*.
— (Michel-Marie), 72*.
— (Pierre), 357, 435.
— (Pierre-Claude-Gilles), rec-
teur de Persquen, 64.
— (René-Maurice), 75*.
— (Renée), 177*, 215*.
— (Scolastique), sœur de la
Sagesse, 556.
— (Yves-René-Maurice), 72.
— (Yvonne), 128*.
Launay ou Delaunay (Adrien-
Louis), 626*, 628, 628*, 629*,
630*.
— (Anne), 617*.
— (Charles), 632.
— (Grégoire), greffier de la
maîtrise des Eaux, Bois et
Forêts de Vannes, 631,
632.
— (Jacques-Marie-Hyacinthe),
630*.
— (Jean), curé de Rieux, 118*.
— (Jean-Augustin), sénéchal
des régaires de Vannes,
408, 543, 619, 626.
— (Jean-Baptiste), 628.
— (Jean-Baptiste), procureur
au Présidial de Vannes,
610.

Launay ou Delaunay (Jean-Baptiste), receveur des droits seigneuriaux de Valognes, 631.
—(Jean-Baptiste-Marie-Adrien), 631.
— (Jean-Baptiste - Marie - Vincent-Hyacinthe), 628*.
— (Jean-Charles-Marie), 632.
— (Jérôme), 538.
— (Joseph-Marie-Olivier), 631.
— (Julien-Augustin), 408.
— (Julienne), 582*.
— (Julienne-Françoise), 515.
— (Marie), 580*.
— (Marie - A n n e - Françoise-Angèle), 632.
— (Marie-Jeanne), 406. 406*, 408, 410, 412, 417, 420.
— (Marie-Jeanne-Jérôme), 629*.
— (N.). 567*.
— (Renée), 487.
Launay-Davier (seigneur de), 580*.
Launay-Tenoux (sieur et dame de), 153*.
Laune (Guillaume de), imprimeur a Vannes, 522*, 523, 525.
— (Marie-Anne de), 525.
— (Renée de), 523.
Lauréal (Grégoire), 570*.
Laurein (Jean-Jacob), 39.
Laurens ou Laurent (Catherine), 338, 339*.
— (Cécile), 517*.
— (François), 437.
— (François-Vincent - René), 390*.
— (Françoise), 174, 174*, 379, 380, 381, 384, 389*, 395, 437.
— (Hélène), 445, 450*.
— (Jacques), 295*.
— (Jacques), sénéchal de Quimper, 174.
— (Jacques-Siméon), 372*.
— (Jean), receveur perpétuel des fouages de l'Evêché de Vannes, 380, 382*, 384*, 386, 390, 390*.
— (Jean-François), receveur des fouages de l'Evêché de Vannes, 312*, 398, 399*, 414.

Laurens ou Laurent (Jean-René), 386.
— (Jeanne), 380, 436*, 511, 512*, 606.
— (Joseph), 434.
— (Julienne), 438.
— (Louis), 372*.
— (Louis), syndic de Vannes, 316*, 375*, 380*.
— (Louise), 78*.
— (Louise-Josèphe), 139, 139*, 435*.
— (Marguerite-Vincente). 399.
— (Marie). 139, 139*, 328, 436.
— (Marie-Françoise), 418*, 618*.
— (M a r i e - Françoise-Xavier), 397.
— (Olivier), 92*, 438.
— (Perrine), 435, 592*.
— (Pierre). 78*, 434, 434*, 435, 436, 436*, 437, 438.
— (Sébastien), 434*.
Lauret (Jean), 430*, 431*, 432*, 577.
Laurière (seigneur et dame de), 373*, 594*.
Lauroys (sieur de), 466*.
Lausard (Gilles-Toussaint), notaire à Loudéac, 633*.
— (Vincent-Julien-Marie), 633*.
Lauvergnac (seigneur et dame de). 182, 182*, 183, 190, 219, 224*, 228, 295.
Lauzach (paroisse), 197.
Lauzer (Antoine-Louis-Marie), alloué de Vannes, 311*, 553, 564*, 573.
— (Barnabé), avocat en la cour, 52*, 487, 497*, 499, 499*, 507, 508*.
— (Barnabé-Grégoire), 408.
— (Barnabé-Julien), conseiller au Présidial de Vannes, 311*.
— (Eulalie-Vincente - Josèphe-Anne), 311, 311*, 408, 553, 554.
— (Grégoire-Jean), 311; 311*, 499, 518*, 534*, 537, 538, 540*.
— (Grégoire-Jean), avocat en la cour, 52*, 565.
— (Jeanne), 486, 487, 489*.
— (Julienne), 433.
— (Marie-Louise-Angèle), 553.
— (Monique - Angélique), 537.
— (Philippe-Nicolas), 311*, 408, 553, 554.

Lauzer (Thérèse - Jeanne - Vincente), 56*, 538, 564*.
— (Vincente - Julienne - Marie), 541.
Lavaille (Anne-Marguerite), 545*.
Laval (comtesse de), 254.
Laval (Vincente). 513*.
Laval (Guy de), 254.
— (Guyonne de), 254. Voir : Rieux (de).
La **Valette** (sieur et dame de), 399*, 400, 400*, 401, 404, 404*. 416, 461*, 564, 567*.
La Valette (Alexis-Antoine-René de), 27*.
— (Angélique de), 552.
— (Anne-Yolande de), 595.
— (Charles de), 524*.
— (Charles-René de), 544.
— (Guillaume de), 595.
— (Marie de), 597.
— (Marie-Jeanne de), 524*, 544.
La **Vallé** (seigneur et dame de), 70*, 74*. 80, 99, 107*, 124, 137, 150*, 157, 160*, 199, 203*, 211*, 244, 257, 291, 292, 302, 336, 405*.
Lavallée (Marie-Angélique), 617.
— (N.). 606*.
La Vallée (Claude de), 86*.
— (François de), 86*.
— (Françoise de), 158*.
— (Jacques de), 98*.
— (Jean de), 86*, 98*.
— (Jeanne de), 171*, 301*, 333*.
— (Marie de), 335, 335*. 336*.
— (Michel de), gouverneur de N.-D. de l'Isle, 199.
La **Vallière** (sieur et dame de), 146*, 222.
La **Vallinière** (messire de), 27*.
Lavandier (Marie - Françoise), 470*.
Lavantur (P.), recteur d'Arzon, 264*.
Lavardin (sieur et dame de), 175, 376, 591*, 617*, 618*, 620.
Lavardin (Françoise de), 583.
— (Françoise - Mathurine de), 591, 593*, 594*, 595.
— (Jean de), 175, 578.
— (Jeanne de), 175.
— (Jeanne-Augustine de). 582.
— (Louis de), 582, 582*, 583, 583*, 584, 585, 585*, 587.

Lavardin (Louise de), 583.
— (Pierre de), 175, 584.
— (Vincent de), 582*.
La Varenne (sieur de), 491.
La Vaucelle (sieur de), 198*, 199.
La Vauguyon (duc de), 198*.
Lavéant (Jean), 594.
Lavenan (Antoine), 492*, 603.
— (Guillemette), 620.
— (Jeanne), 22.
La Venuraye (sieur et dame de), 108*, 118*, 119.
La Verdure (sieur de), 347.
La Vergne (sieur de), 235.
Lavergne (Simon), major de Port-Louis, 527*.
Laverne (Joseph-Marie de), chirurgien du roi, 96*.
La Vieille-Ville (seigneur et dame de), 108, 108*, 135*, 136, 306*, 326.
La Vieux-Ville (sieur et dame de), 31*, 166.
La Vigne (Claude-Guyonne de), 461*.
— (Henri de), 461*.
La Vigne (sieur et dame de), 172*, 461*.
La Vilgué (Françoise de), 107*.
— (Jacques de), 119*.
— (Jean de), 111*, 119.
— (Jean de), pensionnaire du Roi, 107*.
— (Marguerite de), 119*.
— (Renée de), 119* 120.
La Villaloys ou La Ville-ès-Hallois (seigneur et dame de), 284, 286, 287, 290, 290*, 353*, 371*, 374*, 384, 390, 557*, 558.
La Villaugat (dame de), 355.
La Villauraye (sieur de), 410*.
La Villautant (demoiselle de), 633*.
La Ville (Jacques de), recteur de Saint-Dolay, 239, 239*.
La Ville-Agan (sieur de), 128*.
La Ville-Allis (seigneur et dame de), 241*, 244, 244*.
La Villéan (seigneur et dame de), 20*, 138*, 359*, 378*.
La Villéan (Marie-Ursule-Denise de), 94*.
La Ville-André (seigneur de), 194.

La Ville-Aubert (seigneur et dame de), 246, 251, 252.
La Ville-Aubin (sieur de), 236.
La Ville-au-Blanc (dame de), 199.
La Ville-Audrain (seigneur de), 375*.
La Ville-au-Gal (seigneur et dame de), 326, 341*, 343, 348*, 434*.
La Ville-Auger (sieur et dame de), 26, 33*, 34*, 39.
La Ville-au-Liepvre (sieur de), 92*, 112*, 589*.
La Ville-au-Masson (sieur de), 172.
La Ville-au-Mené (seigneur et dame de), 265, 279.
La Ville-au-Moguet (sieur de), 226.
La Ville-au-Panetier (sieur de), 229.
La Ville-au-Roullé (seigneur de), 79.
La Ville-aux-Feuvres (seigneur et dame de), 182*, 183, 213, 214, 253*.
La Ville-Basse (dame de), 343.
La Villebeau (seigneur et dame de), 149*.
La Ville-Bernier (seigneur de), 381*.
La Villeblanche (sieur et dame de), 64, 155*.
La Ville-Boiselle (sieur de), 47.
La Villebonet (sieur et dame de), 53*, 207, 208*, 254.
La Ville Bouquais (seigneur et dame de), 196, 341*.
La Villebourde (seigneur et dame de), 13* 326, 458, 575.
La Villeboury (dame de), 251.
La Villebouye (dame de), 204.
La Villebreuve (sieur de), 99*.
La Villebriand (sieur et dame de), 68*, 80.
La Ville Bruno (dame de), 368.
La Ville Cadoret (seigneur de), 471*.
La Ville Caro (sieur et dame de), 126, 152, 153, 153*, 154*, 158, 571.
La Villecerfs (seigneur et dame de), 179*, 289*, 291*, 386*, 389, 393*, 394, 396, 401, 402, 420*, 547*, 602.

La Ville Chappe (sieur de), 111*.
La Ville-Colas (seigneur de), 590*.
La Villedane (dame de), 81.
La Ville-Davy (seigneur et dame de), 356*, 480, 586*.
La Villedel ou La Villeder (sieur et dame de), 110, 180, 248*, 384*, 473.
La Villedenoual (sieur de), 104*.
La Ville-Desprez (seigneur et dame de), 195, 195*, 206, 207*.
La Ville-Despréz (maison de), en Bohal, 194*.
La Villedubois (sieur de), 202.
La Ville-ès-Erns (sieur et dame de), 111, 111*, 112, 112*, 199, 200.
La Ville-Estienne (dame de), 146*.
La Villefief (seigneur de), 79.
La Ville-Frégon (sieur et dame de), 189, 248, 254.
La Villefréour (sieur et dame de), 46*, 47, 48.
La Villegagnon (marquis de), 182.
La Ville-Gal (sieur et dame de), 198*, 215.
La Villegantie (sieur de), 474.
La Villegeffroy (seigneur de), 168, 168*.
La Ville-Gicquel (seigneur et dame de), 13*, 78* 79, 95*, 326*, 385*.
La Villegonan (sieur et dame de), 100*, 101, 377*, 379, 395, 407, 407*, 408*, 410, 411*, 412, 415, 420, 517, 560*, 561*, 632.
La Ville-Gonthier ou La Ville-Gautier (sieur et dame de), 341*, 432, 577*.
La Villegorlais (sieur de), 12*.
La Ville-Gourdain (seigneur et dame de), 180*, 181, 549.
La Ville-Gourio (sieur de), 104*.
La Villegrayo (demoiselle de), 379.
La Villegro (dame de), 154*.
La Ville-Groumil (sieur de), 464.
La Villegué (seigneur et dame de), 119* 610.

La **Villéguéhar** (sieur et dame de), 163*, 276. 302.
La **Villehélio** (seigneur et dame de), 56. 406*.
La **Ville-Hellan** (seigneur et dame de), 113, 134.
La **Ville-Hermé** (sieur de), 177*.
La **Villehoux** (sieur de), 60.
La **Ville-Janvier** (seigneur et dame de), 150, 150*, 151, 151*, 156, 158, 160. 257.
La **Ville-Jégo** ou La **Ville-Jégu** (seigneur et dame de), 75, 227*.
La **Villejégu** (seigneur de), 89.
La Ville-Juhel (Julienne de), 152.
La **Villelio** (sieur de), 165.
La **Villeloays** (seigneur et dame de), 8, 273*; 601*.
La Villeloays (Auffray de), 489*
— (Christophe-Anne-Louis de), 100.
— (François-Pierre de), 101.
— (Georges de), 99.
— (Jean de), 99.
— (Jean-François de), 378, 489*.
— (Jean-Marie de), 100, 101*.
— (Jean-Mathurin de), 148*.
— (Louis-Anne de), 20*.
— (Marie de), 489*.
— (Marie-Marthe de), 148*.
— (Marie-Ursule de), 527*.
— (Marie-Ursule-Denise de), 100*.
— (Reine de), 554.
La **Villeloup** (sieur de), 230.
La **Ville-Mainguy** (sieur de), 288*.
La **Ville-Maupetit** (sieur de), 105.
La **Villemoisan** (seigneur et dame de), 63*, 636.
La **Villemorel** (sieur et dame de), 350*, 355*, 356. 360*, 379, 467*, 579*.
La Villemorel (Renée Jeanne de), 592.
La **Villemorin** (sieur et dame de), 162, 163*, 164, 189*, 258*,
La **Villeneuve** (seigneur et dame de), 2, 4, 9*, 12, 13, 16, 18, 21*, 24, 24*, 29*, 30, 33*, 34*, 39*, 40, 42*, 48, 51, 58, 68*, 69*, 71, 87, 90, 91*, 152*, 207, 248, 265*, 275,

275*, 276, 282, 338*, 339, 340*, 357, 358*, 385. 404, 410*, 425, 428*. 431, 447*, 459*, 463*, 470, 558*, 572, 622.
La Villeneuve (Antoine de), 33.
— (François de), 33, 33*.
— (Jean-Alexandre de), 398.
La Villeneuve (Jeanne de), 33.
— (Marie de), 33, 34*, 477*.
— (Nicolas de), 33*.
La **Ville-Noual** (seigneur de), 302.
La **Ville-Oger** (dame de), 159.
La **Villéon** (sieur et dame de), 2, 34*, 41, 100, 100*, 121*, 226*, 236*, 237, 328*, 333*, 334*, 337, 340*, 425*, 464*, 590*, 617*.
La Villéon (Anne de), 75.
— (Charles de), 630.
— (Claude de), 73, 74*, 84.
— (François de) 73, 74*, 75, 466.
— (François-Julien de), 136, 136*.
— (Gilles de), 445.
— (Gillon de), 441,
— (Honorat de), 90.
— (Jean de), 34*, 328*.
— (Jean de), recteur de Moréac, 69, 75, 84.
— (Jean-Marie de), 90.
— (Jeanne de), 75.
— (Joseph-Gilles de), 166.
— (Louis de), 74* 75.
— (Louis-Alexandre de), 89*.
— (Marguerite de), 445, 447.
— (Mathurin de), 136.
— (Mathurin-Pélage de), 3*, 375*.
— (Noël-Louis de), 547*.
— (Olive-Jeanne de), 90.
— (Pierre de), 75, 104*, 547*.
— (Pierre de), capitaine d'infanterie, 79, 89*, 90.
— (Thérèse-Noëlle de), 630.
La **Ville-Orhan** (sieur de), 345*.
La **Ville-Pélerin** (sieur de), 72.
La **Villepelotte** (sieur et dame de), 158*, 167*, 250, 250*, 396, 397*, 586*, 625.
La **Ville-Pierre** (seigneur et dame de), 206, 272*, 274, 575.
La **Ville-Pipe-d'Or**, (sieur de), 469.
La **Ville-Quelo** (seigneur et dame de), 113, 114.

La **Villequéno** (seigneur et dame de), 148*, 149, 157, 160*, 161.
La **Villequéno** (chateau de), en Carentoir, 148.
La **Villereix** (seigneur et dame de), 130, 142, 146*, 195*. 205*.
La **Villerenault** (sieur et dame de), 229*, 232*.
La **Villerio** (demoiselle de), 234.
La **Ville-Rioux** (sieur et dame de), 24*, 49*, 51, 62, 222*.
La **Ville-Robert** (sieur et dame de), 117*, 259, 259*. 284*, 288*, 498*.
La **Villeroux** (sieur et dame de), 22*, 151, 377, 385*, 388*.
La **Ville-Savary** (seigneur de), 114*.
La **Villescars** (sieur et dame de), 109, 112, 125. 154, 201, 242*, 243, 243*, 244, 245, 245*. 247, 250*.
La **Villesjour** (seigneur de), 308*.
La **Ville-Tané** (sieur et dame de), 215.
La **Ville-Théhart** (seigneur de), 73.
La **Ville-Thébert** (sieur et dame de), 285, 286, 287, 288, 621*, 624*, 632.
La **Villétte** (sieur de), 621.
La **Ville-Tual** (dame de), 351*.
La **Villouet** (sieur et dame de), 86*, 90*, 141. 141*, 157, 198, 215, 338*, 339, 341*, 357*, 363, 378.
La **Viseul** (seigneur de), 590*.
Lavocat (Dominique-Thomas-Eusèbe), 540*.
Lavoir (seigneur du), 261*, 473*.
La **Voirie** (dame de), 134.
La **Voltaye** (sieur de), 60*.
La Voue (Anne de), 136, 137.
— (Isabelle de), 136, 136*, 179, 179*.
La **Voûte en La Roche-Bernard**, 217.
La **Voye** (seigneur et dame de), 295, 295*, 385*, 388, 389, 392, 395.
La **Vraie-Croix** (paroisse), 143, 144, 144*, 146.
Layec (Françoise), 456*.

Layec (Perrine), 577*.
— (Pierre), 467.
— (Renée), 455, 456*, 459*, 464*, 475, 496.
Laz (seigneur et dame du), 34, 40*, 72*, 110*, 248*, 446, 550, 550*, 554, 571, 615, 615*, 616* 617*, 620*, 622.
Lazé (Jacques-Jean), 629*.
Léalet (N.), 23*.
Léaulet (sieur et dame de), 276, 307, 350*.
Léauté (Anne), 563.
— (Bruno), 563.
— (Jacquette), 459*, 479, 591*, 593*, 594*.
— (Yves), 593.
Le Baher (Louise), 79.
Le Bail (Françoise), 592, 593, 595*.
Le Bailliff (Jacquette), 176*.
Le Bannéur (Jean), 460*.
Le Bar (Joseph), 512.
Le Barbier ou Barbier (François), 522*.
— (François), prêtre, 556.
— (Jeanne), 484, 486, 495, 528, 558, 559.
— (Julien), 478*, 483.
— (Marie), 184*.
— (Marie-Jeanne), 529, 618.
— (Michel), 483.
— (Perrine), 293*.
— (Raymond), 140*.
— (René), 474*, 486, 491.
— (Vincent), 140*, 502*, 503*, 504, 522*, 528, 541*.
— (Vincent-Claude), 491.
Le Bare (François), 539*.
— (François-Marie), 101, 556.
— (Jean), 401*.
— (Jean-François), 101, 532*, 539.
— (Louis-Marie), recteur de Noyal-Pontivy, 96*.
— (Marie-Josèphe), 401*.
— (Vincent), 623.
— (Vincente), 617.
Le Barillet (Jeanne), 36*.
— (Yvonne), 177*.
Le Baron (Anne), 80*.
— (Jeanne), 510*.
— (Louis), maître libraire à Vannes, 510*.
Lebart (Renée-Jeanne), 413.
Le Bart (Julien), premier pilote des vaisseaux du Roi, 416*.

Le Bart (Mathurine), 582*, 584*.
— (Vincent), 416*.
Le Bartz (François), 485.
— (François), banquier à Vannes, 368*, 458*, 464*, 466, 481.
— (François), référendaire en la Chancellerie de Bretagne, 381.
— (Guillaume-Joseph), maire de Vannes, 316*, 377*, 379, 380, 381, 384, 385, 389*, 395*, 477*, 483*, 596*, 599.
— (Guyonne), 574*.
— (Jean-Bertrand-François), 381.
— (Jeanne), 481.
— (Jeanne-Marie), 380.
— (Jeanne-Renée), 384, 393*.
— (Joseph-Marie), 389*.
— (Joseph-Julien-Marie), 389*.
— (Marie-Louis), 368*.
— (Marie-Renée), 596*.
— (Marie-Renée-Charlotte), 377*, 485, 599.
— (Marquise), 490*.
— (Perrine), 574.
— (Pierre), curé de Baden, 311.
— (Renée), 384, 499.
— (Renée-Jeanne), 380, 395, 397.
— (Yvonne), 510*.
— (Yvonne-Perrine), 508, 519, 604.
Le Bas (François), recteur des Fougerets, 153*.
Le Bastard (Marie-Thérèse), 417*.
Le Baud (Jacques), 119*, 219, 243*.
— (Jacquette), 616, 616*, 617, 617*, 618, 619, 621*, 631.
— (Jean), 243*, 248, 421*.
— (Jeanne), 201, 243*, 345*, 346, 355, 474, 482, 494*, 579, 597*.
— (Jeanne-Perrine), 484*, 491*.
— (Julien-Olivier), 459.
— (Julienne), 125*, 201, 243*, 244, 248*, 251, 346, 355*.
— (N.), 616.
— (Silvestre), notaire royal au Présidial de Vannes, 458*, 459, 465* 477*, 484*, 490, 494*, 591.
Le Baudour (Isabeau), 425*.
Le Beau (Joseph), 600.
— (Marie-Charlotte-Perrine), 568*.

Le Bec (Pierre), 208*.
Le Bechenet (Marie-Louise), 526*.
Le Bècre (Jérôme), 2.
— (Louis), 2.
— (Louise), 2.
— (Michel), 2.
— (Samsonne-Thérèse), 173, 284, 592, 597.
Lebedesque (Laurence), 554*.
Le Béherec (Alain), procureur fiscal de Dréorz, 32*.
— (Barbe-Charlotte), 32*.
— (Louis-François), prêtre, 67*.
Le Bel (Balthazar-François), sénéchal de Cobignac, Carné, Pinieuc, Kerdavy, Lescoët, Coédro, 210*, 211.
— (Charles), 467*.
— (Charles), recteur de Grandchamp, 168*, 587.
— (Charles-François), 586*, 594*.
— (Claude-Louis), 211, 212.
— (François), 465*, 467*, 471, 482, 487*.
— (Françoise), 209*.
— (Georgine), 333*, 336*.
— (Guillaume-René), 536*.
— (Jacques), 455*.
— (Jean), avocat en la cour, 455, 586*.
— (Jeanne), 205*.
— (Jeanne-Olive), 211.
— (Julien), sénéchal de Cohignac, 209*, 210, 211.
— (Julienne), 465*, 513.
— (Julienne-Perrine), 503*, 518*, 530*.
— (Marie-Geneviève), 413*.
— (Mathurine), 258.
— (Nicolas), recteur de Saint-Salomon, 446, 446*, 583, 583*, 584*, 585*, 587.
— (Perrine), 401.
— (Pierre), 450, 465*, 584*, 588.
— (Pierre-Jean), 52.
— (Sébastien-Sylvestre), 211.
— (Yvonne), 597*.
Le Bellanger (François), 91.
— (Jeanne), 91.
Le Beller (Jeanne), 24*.
Le Belliguet (Guillaume), 79.
— (Marie), 79.
— (Michelle-Jeanne), 13*, 14, 100.
Le Bellour (François), 37.
Le Belon (Anne), 473*.

Le Ber (Gilles), 468*,
— (Vincente), 517.
Le Beric (Françoise-Marie), 37.
Le Berre (Denise), 43*.
— (Françoise), 9*.
— (Jean), 9*.
— (Marie-Geneviève), 627.
— (Marie-Thérèse), 609, 609*.
— (Pierre), 9*.
— (Yves), grand vicaire de Quimper et recteur de Mur, 19.
Le Berruyer (François), sénéchal de Rieux à Peillac, 153, 153*, 243.
— (Guillemette), 107*, 124*.
— (Hélène), 111*, 242*.
— (Jacquemine), 111*.
— (Jaquette), 242*.
— (Jean), 111*.
— (Julien), 156.
— (Marie), 154, 243.
— (Perrine), 242*.
— (Valence), 153*.
Le Bert (Angélique), 625.
— (Guillaume) 563.
— (Louise), 624, 624*, 625, 626*, 627, 634.
Le Besque (Guillaume), 274.
— (Pierre), 274.
Le Bessou (Catherine), 216, 605.
— (Jean), 216.
— (Jean-Baptiste), 222*.
Le Beurier (Charles-Joseph), 510*.
— (Etienne), fondeur de cloches, 329*, 330, 467*, 505.
— (Jacques), fondeur de cloches, 475*, 479*.
— (Jean-François), 475*.
— (Jeanne), 503*, 521, 531*.
— (Joseph), fondeur de cloches, 19, 330*, 503*, 505, 507*, 509*, 510*.
— (Pierre-François), 510*.
— (Thérèse-Josèphe), 398*, 402, 507*.
— (Vincent-Toussaint), 503*.
Le Bidan (Joseph), 483*.
— (Pierre), 483*.
Le Bidre (Julien), huissier au Présidial de Vannes, 320*, 502, 520.
Le Bigot (Anne), 147.
— (Anne-Louise-Françoise), 256*.

Le Bigot (Bernard), 320*.
— (Colomban-Hyacinthe), recteur de Naizin, 81*.
— (Jacques), 258*,
— (Jacques-Joseph), 256*.
— (Marguerite), 491, 492, 493*, 496*, 499*, 503, 516*.
— (Mauricette-Ursule), 22*.
— (N.), 451*.
— (Olive), 491.
— (René), 34.
Le Bihan, ou Bihan (André), 58*.
— (Charles-François), 310.
— (Charles-Gabriel), 67.
— (Georgine), 314.
— (Gilles), 610*.
— (Guillaume), 425*, 588.
— (Jacquette), 467.
— (Jean), 547*.
— (Jean-André), maître chirurgien, 412, 415*, 554,
— (Jeanne), 34*, 227*, 469*, 554,
— (Julien), 471.
— (Louis), 472*.
— (Marc), recteur de Meucon, 172.
— (N.), curé de Plaudren, 173*.
— (Olive), 458*, 463*, 467, 469.
— (Olivier), 489.
— (Philippe), notaire, 310.
— (Pierre), procureur fiscal de Marzan et Kerjan, 219.
— (Thomase), 603*.
— (Yvonne), 551*, 557, 558*, 562*, 565*.
Le Blanc (Alexandrine), 150.
— (Edmond), chanoine des Prémontrés, 567*.
— (Françoise), 229*.
— (Gilles), évêque de Nantes, 368.
— (Guillemette), 228, 338.
— (Madeleine), 406*.
— (Marguerite), 533*.
— (Marie-Anne), 536.
— (Marie-Augustin), capitaine d'infanterie, 222*, 231*.
— (Pierre), conseiller au Parlement de Toulouse, 222*.
— (Suzanne), 401*, 517.
— (Suzanne-Toussainte), 399.
Le Blay (Anne-Marie), 504*.
— (Françoise-Perrine), 521*.
— (Guillaume), huissier au Pré-

sidial de Vannes, 499, 499*, 500, 501, 504*.
— (Guillemette), 184*, 189*.
— (Jean-Baptiste-Louis), chirurgien major du vaisseau « la Concorde », de la Cie de Vannes, 501*, 521, 524*, 525*, 528*.
— (Jeanne), 326.
— (Marie-Claudine), 525*.
— (Marie-Sylvie-Ursule), 524*.
— (Olivier), notaire royal au Présidial de Vannes, 426*, 428*.
— (Perrine), 326.
— (Pierre-André-Marie), 528*.
Le Blévennec (Guillaume), curé d'Ambon, 177*, 178*.
Le Bloch (Jeanne), 493*, 600.
— (Julien), sénéchal de Saint-Gildas de Rhuis, Bazvalan, Berric, Trémonar et Bray, 290*.
Le Blond (Jean), 592*.
— (Louis-Anne), 592*.
— (Ursule-Corentine), 67*.
Le Blouh (Guillaume), 583, 585.
— (Guillaume), prêtre, 300*.
— (Pierre), 583.
— (Yvonne), 585.
— (N.), 448*.
Le Blouhic (Vincente), 608.
Le Bloys (Julien), 84.
Le Bodo (Jacques), curé d'Ambon et chapelain de Brouël, 181.
— (Marguerite), 284.
— (Olivier), alloué de Billiers, 181.
— (Vincente), 189*.
— (Yves), prêtre, 223*.
Le Boëdec (Françoise), 12.
Le Boëme (Alain), 607*.
— (Jacques-Julien), 607*.
Le Bœuf (Nicole), 408.
Le Bolzec (Jean-Marie), 544*.
— (Yves), premier huissier à la Chancellerie du Présidial de Vannes, 544*.
Le Borgne (Etienne), 118*.
— (Jean), 67.
— (Jean-Charles), 67.
— (Jean-René), 27, 67.
— (Julien), recteur de Cléguérec, 12*.

Le Borgne (Louise), 429*.
— (Marguerite-Marie), 100.
— (Marquise-Antoinette), 261*.
— (Pétronille), 88, 102*, 107.
— (Pierre-Julien), recteur de Persquen. 64*.
Le Bossenno (Sébastienne), 502*.
Le Bot (François), 481*, 586*.
— (François), curé de Saint-Patern, 174.
— (Jean), 596*.
— (Jean), recteur d'Arzal, 183.
— (Jeanne), 518, 586*.
— (Marie-Anne), 420*.
— (Perrine), 628*.
— (Pierre), 596*.
— (Pierre), recteur de Billiers, 183*.
— (Pierre), pilote pour le Roi à Vannes, 413*.
— (Thomas), compagnon orfèvre à Vannes, 418, 419*, 420*.
— (Thomas-Robert), 419*.
— (Yvonne), 429*.
Le Botec (Blanche), 152*.
Le Boteuc (Anne), 141*, 424.
— (Antoinette), 182*.
— (Artus), 2*.
— (Claude), 423*.
— (Henri), 424.
— (Jeanne), 182, 224, 250, 254, 254*, 379.
— (Louise), 254*.
— (Marguerite), 293*, 294, 424.
— (Michel), 221, 221*, 255, 293*.
— (Perrine), 424.
— (Pierre), 423*, 424.
— (Renée), 254*.
Le Botmel (Guillaume), recteur de Remungol, 85.
— (Marguerite), 10.
— (Olivier), recteur de Cléguérec, 10.
— (N.), principal du collège de Vannes, 572*.
Le Boucher (Pierre), recteur de Locminé et du Moustoir, 72.
Le Boudoul (Angélique-Gillette), 385.
— (Anne), 76*, 77.
— (François), 304*, 583*,
— (François), capitaine d'infanterie, 384.

Le Boudoul (François - Louis), 367.
— (François-Louis), major du régiment de Bresse, 396*.
— (François-Marie), 384, 407.
— (Gilles-Joseph), 380, 382*, 383, 384, 384*, 385*.
— (Hélène), 305.
— (Jeanne), 102*, 305*.
— (Joseph), 393, 394*.
— (Louis), 143, 255, 302*, 304, 304*, 352*, 363, 364*, 367, 367*, 379*, 583*.
— (Marguerite - Sylvie), 364*, 475*.
— (Marie-Anne), 377*, 383.
— (Marie-Anne-Renée), 364*.
— (Marie - Guyonne - Hélène-Louise), 382*.
— (Maurice), 304*.
— (Michelle), 70, 76*, 77, 84.
— (Perrine), 76*, 304*.
— (Pierre), 302*, 303*, 347.
— (Vincent), 143*, 363.
Le Bouème (Victoire), 633.
Le Bouhelec (Mathurine), 534.
Le Boulair (Christophe), curé de Brandivy, 167*.
Le Boulgé (Olivier), 254*.
Le Boulh (Charles-Jean), 555*.
— (Jean-Marie), capitaine garde côtes, 552*, 553*, 555*, 556*, 558, 559, 618*.
— (Jeanne), 545, 624, 632*.
— (Jeanne-Louise), 558.
— (Julien-Bonaventure), 559.
— (Marie-Jeanne), 553*.
— (Maximin - Jacques - Marie), 555*.
— (N.), 614*.
— (Pierre), 555.
— (Renée-Marie), 556*.
— (Vincent), 525.
— (Yves), 606*.
Le Boulhic (Guillemette), 601.
Le Boulicaut (Jean), 595.
— (Suzanne), 505.
Le Boullanger (Madeleine), 336*.
— (Marie), 31*.
Le Bouquin (N.), scribe, 133*.
Le Bourbasquer (Michelle), 507*.
Le Bourbois (Pierre), 468.
Le Bourcier (Perrine), 166*.
Le Bourdal (Guillemette), 70, 70*.
— (Perrine), 569*.

Le Bourdal (René), 69*, 70.
Le Bourdat (Jean), 482.
Le Bourdiec (François), 542*.
— (Renée-Marie-Charlotte), 542*, 544*, 551, 552.
— (Yvon), 296.
Le Bourdier (François), 441.
— (Guillaume), 441*.
— (Louis), 441*.
— (Perrine), 441*.
Le Bourdonnec (Andrée), 438, 450*.
— (Bertrand), 447*.
— (François), 442, 443, 445, 447*, 448, 448*, 450*, 454, 481*.
— (Jeanne), 445.
— (Julien), 454.
— (Louise), 480.
— (Marie), 438, 452.
— (Mathieu), 448*.
— (Mathurine), 449.
Le Bourg (Olive), 203*, 242*.
Le Bourhier (Louis), 90*.
Le Bourhis (Anne-Marie), 27*,
— (Claudine), 18, 103*.
— (Françoise), 87*.
— (Grégoire-Pélage), 610.
— (Guy), 439*.
— (Hervé), 44*.
— (Jacquette-Pélagie), 610, 610*, 611*, 612, 612*, 613, 630.
— (Jean), 454*.
— (Jeanne), 18, 93.
— (Louis), 5.
— (Marguerite), 437*.
— (Marie), 43.
— (Michel), curé de Locmeltro, 89*.
— (Nicole), 84, 437*, 439*, 440, 442*.
— (Olive), 558.
— (Olivier), 440.
— (René), 68.
— (Renée), 568*.
Le Bourzier (N.), huissier et général d'armes, 478.
Le Bouteiller (Pétronille-Catherine), 332.
Le Brandonnier (Anne-Louise), 173.
— (Guillaume), 513*.
— (Joseph), 18.
— (Joseph-Marie), 18*.
— (Isabelle-René), 18*.
Le Brandonnier (René), 18*.

Le Bras (François), chanoine de Guémené, 44.
— (Françoise), 589*, 592.
— (Guillaume), notaire royal au Présidial de Vannes, 345, 579.
— (Jean), greffier de Kergroye 77*.
— (Jeanne), 438*, 439, 440, 443*, 447.
— (Payen), chapelain de Bourgneuf en Moréac, 73*.
— (Yvon), 336, 575.
Le Brassé (Jacques), 471.
Le Bray (Louis), chanoine de Guémené, 51*.
Le Brec (Olive), 549.
Le Bret (Bertrand), 471*.
Le Breton (André-Louis), 599*.
— (Anne-Julienne), 605*.
— (Augustin-Jean-Ignace), 399*.
— (Bertranne), 456, 474, 484, 486*.
— (Catherine), 602.
— (Catherine-Rose), 392*.
— (Charles), curé de Malguénac, 15*.
— (Constance - Jeanne-Thérèse), 391*.
— (François-Michel), 70.
— (Françoise), 187, 196*, 239, 264, 434, 449, 455*, 470*, 600*, 602, 602*.
— (Guillemette), 294.
— (Hélène), 395.
— (Hélène-Louise), 569*.
— (Ignace), 507*.
— (Ignace), avocat en la cour, 401*.
— (Jacques), 484*.
— (Jean), 484, 512, 515.
— (Jean), recteur de Noyal-Pontivy, 93, 103*, 106.
— (Jean-Baptiste), vicaire général de Vannes, doyen de Mendon, 176.
— (Jean-Marie), 398*.
— (Jeanne), 107, 469, 497*, 498, 498*, 586.
— (Jeanne-Josèphe), 56.
— (Joachim), 264.
— (Julie-Hercule), 66.
— (Julien), 70, 71, 493, 493.
— (Marc-Mathurin), 515.

Le Breton (Marguerite - Reine-Augustine), 399.
— (Marie), 583*, 595.
— (Marie-Anne), 419*.
— (Marie-Bonne-Gabrielle-Thérèse), 56*, 63.
— (Mathurin), avocat en la cour, 592.
— (Mathurin - Ignace), avocat en la cour, 398*, 399, 399*, 509*, 511.
— (Michel), 454*.
— (M.), curé de Noyal-Pontivy, 95*, 96*.
— (Nicole), 442.
— (N.), 471*.
— (René), 433, 434, 498*, 596*.
— (René-François), avocat en la cour, régisseur du Prince de Condé, 55, 56, 56*, 101.
— (René-Marie), 55, 467*.
— (Suzanne), 251*.
— (Thérèse), 444*, 524*, 539, 540.
— (Vincent), recteur de Séglien, 24, 532.
— (Vincent-Pierre), 512.
— (Vincente), 264*.
— (Yves), 320*, 493, 599*.
Le Brien (N.), commissaire général de la marine, 542*.
Le Brier (Jeanne), 603*, 604, 604*, 605, 605*, 606, 606*, 607*, 608*, 609.
— (Jeanne-Bastienne), 606*.
Le Brigaut (Jean), 579*.
— (Jeanne), 473*.
— (N.), 573.
Le Bris (Anne-Guillemette), 562.
— (Jeanne), 90.
— (Joseph-Martial), 621.
— (Louis), châtelain de Saint-Yves en Lignol, 59*.
— (Mathurin), notaire, 562.
Le Brivoine (Anne), 549*.
Le Bro (Jean), 174*, 426.
Le Bron (Françoise), 226, 227.
Le Bronnec (Denis), 41*.
— (Suzanne, ou Anne), 41*.
Le Brun (Anne-Françoise), 598.
— (Charles), commissaire de la marine, 543.
— (Charles-Armand), commissaire général et ordonnateur de la Marine, 418*, 422*.
— (Claude), 456, 469, 473*.

Le Brun (Denise-Jacquette), 420*.
— (François), 425, 556*.
— (Françoise), 610*, 612, 612*, 619.
— (Geneviève), 216*.
— (Guillaume), 456.
— (Jacques), 603.
— (Jacques-Louis), 598*.
— (Jean), 456.
— (Jean-François), 456.
— (Jean-Nicolas), recteur de Noyalo, 293.
— (Julien), 597, 598, 598*.
— (Louis), 516.
— (Madeleine-Béatrix), 393, 601, 601*.
— (Marguerite-Anne), 516.
— (Marie), 619.
— (Rosalie-Louise-Charlotte), 418*, 419, 419*, 420*, 543.
— (Toussaint-Marie-Vincent), 566*.
Le Bucher-Néron de Kerudo (Louis-Blaise), 27.
Le Burban (Sébastien), 479.
Le Cabellec (Louis), commis au greffe du Présidial de Vannes, 496.
Le Cadet (Gabriel), 447.
— (Guillaume), 447.
Lecadre (Alexis), 565*, 572*.
— (Françoise), 573*.
— (Jean), 320*.
— (Jean-Marie), 565*.
— (Jean-Marie), sénéchal et procureur fiscal, 632*.
— (Jeanne-Vincente), 492.
— (Julienne), 197.
— (Marguerite), 203*, 584*.
— (Yves), 203*.
Le Cadre (François), 483, 492*, 495*, 496, 499, 501, 522.
— (François-Vincent), 499.
— (Françoise-Claudine), 501, 522, 522*, 524, 526, 527, 528*, 543*.
— (Guillemette), 197*, 419.
— (Jacquette-Charlotte), 492*.
— (Jean), 490, 598.
— (Jeanne), 498.
— (Jeanne-Perrine), 497, 503*, 504*, 505, 507, 509*, 511, 516*.
— (Julien-Marie), 496.
— (Marie-Gabrielle), 147*.
— (Perrine), 501, 609*.

Le Cadre (Vincent-Gervais), prêtre. 495*, 562*.
— (Vincente), 501, 507*, 549.
Le Cair (Joseph), prêtre de Béléan, 314.
Le Calonnec (François-Golven), 141.
— (Gillette), 580.
— (Guillaume), 141.
— (Michelle), 428*, 429, 430, 430*, 432.
Le Cam (Eulalie-Louise-Sébastienne), 86*.
— (Jean), 487*.
— (Julien), 86*.
— (Louis), 487*.
— (Marie), 494*.
Le Camp (Joseph), chanoine de Vannes, 383.
Le Camus (François), 456*.
— (Gilles), 129.
— (Julien), 129.
— (N.), 451*.
— (Saldebray), 129.
— (Ursule), 446*.
Le Cander (Pierre), recteur de Berric, 185, 193.
Le Canne de Rosangat (N.), 31*.
Le Caoursin (Françoise), 204.
— (Guénaëlle-Josèphe), 481.
— (Jean), 211, 466, 481.
Le Car (Françoise), 601.
Le Carf (François), 107.
— (Jeanne), 107.
Le Carnec (Louis), recteur d'Elven, 136, 136*.
Le Carour (Yves), recteur de Theix, 304*.
Le Cassard (Jeanne), 475.
Le Caudrec (Clément), recteur de Plumelin, 83*.
Le Cazdre (Catherine), 250.
— (Guillaume), recteur de Questembert, 208*.
— (Jacquette), 439, 440, 440*.
— (Marguerite), 438.
— (Marie). 181*, 186*, 219, 221*.
— (Olivier), 459*.
— (Olivier), huissier au Parlement. 459*. 461.
— (Perrine), 243, 250, 250*, 254*.
— (Perronnelle) 150*, 244*.
— (Pierre), 177, 217*. 243.
— (René), 109*, 113*, 150, 243*, 250.

Le Cazre (Renée). 243.
— (Yvonne-Marie), 461.
Le Célino (Jeanne), 451.
Le Cellier (Jeanne). 497.
Le Cerf (Louis), 498.
Le Cesne (Anne), 202.
Le Champion (Anne), 12*.
Le Chanoine (Jacquemine), 114.
Le Chapelain (Jacquette), 140*.
— (Jeanne), 491*.
— (Mathurin), 425*.
Le Chapperon (Jean), 172.
Le Chapponnier (Anne). 468.
— (Anne-Prigente). 368*, 470.
— (Jacques), 10.
— (Jeanne), 10.
— (Marguerite-Rose), 24*.
— (Mathurin-Joseph), 11.
Le Charpentier (Gilonne), 248*.
— (Marie), 248*, 254.
Le Chastelier (Julienne). 456*.
Le Chat (René), conseiller au Parlement, 589*.
Le Chauff (Charles), 150*.
Le Chenoys (Hélène), 574*.
Le Chesne (François-Marie), 499*.
— (Françoise-Anne), 508.
— (Hyacinthe), 502*.
— (Jeanne-Anne), 559*.
— (Joseph), 413, 414, 499*.
— (Joseph), huissier de police à Vannes, 502*, 504, 505, 508, 520, 521.
— (Marie), 525*, 540.
— (Marie-Anne), 528*.
— (Marie-Jacquette), 504, 524*, 527, 530, 531, 533, 539*, 554.
— (Pierre), 506*.
— (Vincente), 505.
Lechet (seigneur et dame de), 200*, 328, 365*.
Lechet (Anne), 309*, 351, 361, 442, 443.
— (Catherine). 595*.
— (François), 447*.
— (François-Vincent), sénéchal des régaires de Vannes, 359.
— (Françoise), 307, 360, 443, 585*.
— (Guillaume), 175*. 348, 383*, 596.
— (Guillaume), sergent au Présidial de Vannes, 447*.
— (Jacques), receveur des

décimes de l'évêché de Vannes, 340*, 353*, 364, 448.
— (Jacquette), 338*, 344.
— (Jean), 334.
— (Julien), sénéchal des régaires de Vannes, 360, 361*, 443, 581.
— (Olivier), 334, 338*, 575.
— (Olivier), chanoine de Vannes, 344*, 355, 360, 361*.
— (René), 340*, 348, 576.
— (René), sénéchal des régaires de Vannes, 436*.
— (Vincente), 334*, 336.
— (Yvonne), 346*, 575, 575*, 576.
— (Yvorée), 426.
Le Chevalier (Marie), 458.
— (Marie-Louise). 37*.
Le Chevoir (Françoise), 368*.
Le Cholande (Anne), 447.
Le Chuine (Jeanne), 594, 594*.
Le Clainche (Anne), 581*.
— (Anne-Marie), 493*, 500, 502*, 504, 504*, 509.
— (Augustin), 540, 559.
— (François), 493*.
— (François-Gabriel), avocat en la cour, 559*.
— (Guillemette), 498*, 499*, 500*, 502*, 504, 505, 506, 508*.
— (Guillemette-Catherine), 497.
— (Jean). 17*.
— (Marc), notaire royal et apostolique, 491, 495, 495*, 496*.
— (Marie), 87, 90.
— (N.), notaire à Josselin, 511.
— (Yvon). 17*.
Le Claire (François-Joseph), 421.
— (Jean), 572*.
— (Louise), 533*.
— (Marie-Anne-Aimée), 419.
— (Marie-Anne-Vincente), 546.
— (Marie-Françoise), 623*, 624*.
— (Pierre), 533. 541*, 546.
— (Pierre-Louis). 418.
— (Reine-Josèphe), 541*, 562*.
— (Suzanne), 484*.
— (Vincent-Joseph), procureur au Présidial de Vannes, puis juge de paix du canton sud de Vannes.
Le Clavier (Jean), greffier criminel du Parlement, 586, 593.
— (Jeanne-Rose), 371*, 477.
— (Marie-Josèphe), 371*, 477.

Le Clech (Marguerite), 141*.
— (Yves), avocat en la cour, 29.
Le Cleff (Marie), 506.
Le Clerc (Anne), 472.
— (Anne-Vincente), 285, 452, 470.
— (Charles-Marie-Louis), 378*, 527.
— (Elisabeth), 471.
— (François), 102.
— (François-Hyacinthe), 462*.
— (Françoise), 259*, 288*.
— (Gabriel), 622.
— (Gabriel-Jean), 246, 281*.
— (Gatienne), 463, 470*.
— (Guillaume), avocat en la cour, 285, 586.
— (Guillaume), procureur du Roi à Rhuis, 265, 276, 277, 277*, 281, 281*, 283*.
— (Hélène), 277*.
— (Hyacinthe), 511.
— (Isabelle), 474.
— (Jacques), 288*, 511.
— (Jacques-Joseph), recteur de Saint-Jean-Brévelay, 534*.
— (Jean), 430, 430*, 432*, 433*, 437*, 449*.
— (Jean-Joseph), 281*.
— (Jeanne), 342, 351*, 364, 444, 588, 588*, 590.
— (Joseph), 433*, 452, 458.
— (Julien), 429.
— (Julienne), 276.
— (Louis), notaire royal au présidial de Vannes, 441*, 444, 458, 461, 463, 464.
— (Louis-Joseph), 375*.
— (Louis-Joseph), procureur du Roi au présidial de Vannes, 375*, 378*, 385, 582*.
— (Louise), 491*.
— (Marguerite) 246, 281, 282, 285, 288, 288*, 435, 435*, 436, 436*, 437, 439, 444*, 461, 479, 575*.
— (Marie), 565.
— (Marie-Anne), 245* 247*, 283*, 287, 287*, 289, 611*.
— (Marie-Jeanne), 282*.
— (Mathieu), syndic de Vannes, 70*, 283, 316, 325*, 442*, 444, 452, 460, 460*, 461, 462, 462*, 467*, 470*, 472, 479*, 488*, 510, 495*.

Le Clerc (Mathurine), 283, 285*, 488*.
— (Nicole), 443.
— (Olive), 467*.
— (Perrine), 429*, 430.
— (Pierre), 467*.
— (Pierre), recteur d'Ambon, 180.
— (Pierre), miseur du Croisic, 515.
— (Renée), 284*, 286, 508*, 518*.
— (Renée-Claude), 282*, 491.
— (Renée-Vincente), 444.
— (Suzanne), 460.
— (Vincente-Barbe), 551*.
Le Clivier (Thomase), 446.
Le Cloërec (Angélique-Victoire), 486*.
— (Eliette), 468*.
— (Eliette-Françoise), 469*, 474, 474*, 476*.
— (François), 311*.
— (François), chapelain de Kerlois, 312.
— (Georges), 311*, 354.
— (Hervé), 434*, 436*, 437*, 438, 441.
— (Jacques), 432.
— (Jeanne), 434*, 454*, 457, 465, 471, 476*, 479*, 510, 595*.
— (Louis), premier huissier au consulat de Vannes, 415, 419*.
— (Louise-Thérèse), 486*, 496, 506.
— (Marie), 437, 438.
— (Nicolas), 453*, 477*, 486*, 492*, 500*.
— (Nicolas-Joseph), 477*.
— (Perrine), 436*, 450, 533*.
— (Thérèse), 600.
— (Yves), 533*.
Le Clos (Mathurine), 490.
Le Cocennec (Jeanne), 33*.
Le Cœur (Jeanne), 483.
Le Coguic (Corentin), curé de Séglien, 23.
— (Guillaume), 39*.
— (Pierre), 39*.
Le Cointe (Agathe), 522*, 605*.
— (Agathe-Renée), 494*, 521, 531, 562*, 620*.
— (Anne), 483*.
— (Anne-Marguerite), 489*.
— (Barbe), 440*.

Le Cointe (Charles), 444*.
— (François), 448*.
— (Gabriel), 446.
— (Guillaume), 450.
— (Guillaume), notaire de Prières, 183, 183*.
— (Guillaume-Pierre), 444.
— (Jacques), 183.
— (Jacques-Anne), 486.
— (Jacquette-Sébastienne), 479.
— (Jean), 112*, 469*.
— (Jean), commis de Largouët à Vannes, 600*.
— (Jean-Anne-Hyacinthe), 484.
— (Joseph), prêtre, 508.
— (Joseph-François), 491.
— (Joseph-Vincent), 477*.
— (Louise-Françoise), 600*.
— (Marc), 69*, 440, 440*, 444, 444*, 446, 450.
— (Marguerite), 489*.
— (Marguerite-Vincente), 464*, 494, 496*, 498*, 507*, 596*, 601*.
— (Marie), 441, 442, 445*, 447*, 449.
— (Marie-Anne), 481*.
— (Marie-Josèphe), 492*.
— (Pélagie), 483.
— (Perrine), 445.
— (Pierre), 442, 445, 446, 447*, 448*.
— (Pierre-Sébastien), 488.
— (Sébastien), notaire royal au Présidial de Vannes, 440, 462*, 464*, 467*, 469*, 475*, 477*, 479, 480, 481*, 483, 483*, 484, 485, 486, 488, 489*, 491, 492*, 494*, 496*, 498, 594*, 597, 601*.
— (Thérèse), 480.
— (Vincente), 515*.
— (Vincente-Anne), 475*.
— (Vincente-Nicole), 467*, 498*.
— (Yves), 485.
Le Comte (Marguerite), 133*.
— (N.), 552*.
— (Pierre), 436.
Le Coniac (Marguerite), 15*.
Le Conteur (Jean), 453.
Le Coq (Gabriel), 510.
— (Jean), curé de Remungol, 85*.
— (Julienne), 620*.
— (Marie), 518*, 529, 530, 580*.
Le Coquen (François), 627*.

Le Coquen (Jacques), 627*.
Le Cor (Marie-Louise), 586*.
Le Corf (Michelle), 633*, 634, 634*, 635, 636.
— (Pélagie), 405.
Le Cornec (François), 220.*
— (Madeleine), 494.
Le Corno (Allain), recteur de Saint-Jacut, 125,
Le Coroller (Louis), 41.
Le Corre (Amisse), 263.
— (Anne), 51.
— (Antoine-Jean), 544.
— (Charles-Joseph), vicaire général de Vannes, 9.
— (Charles-Joseph), procureur fiscal de Guémené, 48*, 49, 49*, 50, 50*.
— (Claude-Angélique), 41*.
— (Elisabeth), 39.
— (François), 23*, 52, 54*, 62, 62*, 544.
— (François-Charles), 52, 54*, 55, 63.
— (Françoise), 47.
— (Guillaume), 263.
— (Guillaume), notaire, 562.
— (Hélène-Laurence), 85.
— (Jacquette), 52*, 53.
— (Jean), 263.
— (Jeanne), 12, 565.
— (Jérôme-Joseph), sénéchal de Guémené, 51*.
— (Jérôme-René), 49*, 51.
— (Marguerite), 570*.
— (Mathurin), 12,
— (Nicolas), 47,
— (Renée), 47*, 49*, 50*, 52.
— (Thérèse), 51*.
— (Yves), procureur fiscal, 85.
— (Yvon), 263.
Le Corvec (Marie-Josèphe), 94*.
Le Corvo (Marie), 528.
Lécoubière (seigneur de), 179.
Le Couguec (Renée), 314.
Le Cour (Félicité-Marie), 20*.
— (Jean-Baptiste), 20*.
— (Nicolas), surgarde général des forêts des Salles de Rohan, 20*.
— (Perrine), 428*.
— (Tréphine-Louise), 20*.
Le Couriaut (Catherine), 487, 609.
— (Jean), 25*.

Le Couriaut (Jeanne), 482*, 483*, 484*, 487, 488*, 490, 494, 496, 520.
Le Courret (Jeanne), 525*.
— (Pierre), 525*.
Le Courtays (Gillette), 422.
Le Courtoys (Judith), 114*, 117.
— (Marguerite), 111*, 112*.
— (Pierre), 111*, 112, 112*.
— (René), 112.
— (Sylvestre), 111*, 112.
Le Coustumer (Henri), chanoine de Guémené, 52.
Le Coutellec (Charles), 60.
Le Coutellier (Alexandre), 217*.
— (Claude), 217.
— (François), 119.
— (François-Alexandre), 229*, 246*.
— (Guillemette), 242*.
— (Guyonne), 242.
— (Jacquette), 118*, 243.*
— (Jean), 217, 242.
— (Perronnelle), 108.
Le Coz (Anne), 297, 533*, 544*, 566, 611.
— (Anne-Josèphe-Félicité), 539.
— (Claudine-Germaine), 398, 569.
— (François-Marie), 566.
— (Jean-Baptiste), lieutenant d'infanterie, 561*.
— (Jean - Baptiste - François), officier de grenadiers, 533*, 564, 566, 569*.
— (Marie-Anne), 560, 566, 568.
— (Marie-Anne-Vincente), 536.
— (Marie-Françoise-Catherine), 551*.
— (René-François), lieutenant de la maréchaussée générale de Bretagne, 285*, 398, 399, 521, 528, 529, 533*, 534*, 536, 539, 554*, 560, 564, 569, 569*, 609, 611.
— (Rose), 534, 538*.
— (Suzanne - Vincente - Sébastienne), 399.
— (Thérèse-Jeanne), 529.
— (Vincent-Grégoire), 534.
Le Cozic (Anne-Françoise), 611*.
— (Françoise), 371, 463*, 467*.
— (Jacquette), 466*.
— (Louise), 526.
— (Pierre), recteur de Marzan, 219.

Le Crennec (Henri), curé de l'Isle-aux-Moines, 311.
Le Créquer (Perrine), 477*.
Le Croisier (Anne-Joachime), 522*.
— (François), greffier de l'Amirauté, 557*.
— (François-Jean), 554*.
— (François-Augustin), 489.
— (Françoise - Adélaïde), 531*, 541, 552*, 553*554*, 556, 557*, 560*, 562*, 565*, 633.
— (Guillaume), 489, 492, 510*, 530.
— (Guillaume - Vincent), 518*, 530.
— (Hélène-Paul), 492.
— (Jean-François), greffier de l'amirauté de Vannes, 517*, 518*, 520*, 522. 524, 525, 528*, 529*, 531*, 536, 539, 552*, 553*, 562*.
— (Jean - François - Mathurin), 520*.
— (Jeanne-Marie), 525.
— (Jeanne-Thérèse), 517*.
— (Jérôme-Hyacinthe), 528*.
— (Maximin-Guillaume - Ange), 524, 540.
— (Renée-Vincente), 615*.
— (Renée-Vincente-Elisabeth), 536, 538*, 539, 540, 541, 542, 543*, 546.
Le Crom (Guillaume), 4*.
— (Julien), 4*.
— (Louise), 4*.
Le Crosseo (Anne), 303.
— (Jacques), 423*.
— (Jacquette), 140*.
— (Julien), 423*.
Le Cudon (Angélique), 556, 565.
Le Cunff (Charles), 21.
— (Guillemette), 15.
— (Isabeau), 21.
— (Marie-Louise), 53.
— (Thomas), chanoine de Guémené, 55*.
Le Curé (N.), 327*.
Le Dagault (Marguerite), 158*.
Le Dain (Marguerite), 96*.
Le Danff (Perrine), 281*.
Le Danois (Charles), 420.
Le Dault (Guillaume), maître orfèvre à Vannes, 444*, 445, 446.

INDEX ALPHABÉTIQUE GÉNÉRAL

Le Dault (Mathurin), 445.
Le Dauphin, (François), 558.
Le Day (Jean), 424.
Ledé (Louise), 443.
Le Dean (Pierre), 591*.
Le Denays (Jean-Roland), 265*.
— (Julien), 265*, 469.
— (Marie), 265*.
— (Pierre), 265, 279.
— (Roland-Paul), 265*, 469.
Le Denmat (Jacques), 25*.
— (Jérôme), prêtre, 19.
— (Joachim-Joseph), 18*.
— (Julienne), 17*.
Le Derff (Joseph), recteur de
    Treffléan, 145*.
Le Désert (Anne), 26.
— (Bertrand-Joseph), curé du
    Faouët, 26*,
— (Françoise), 26.
Le Deuil (Bertrande), 469*, 472*,
    480*, 482. — Voir : Le Dueil.
Le Diberder (Louis), curé de
    Guern, 88.
Le Didrouc (Jean-Jacques-An-
    toine), recteur du Bourg-
    Paul-Muzillac, 188*.
Le Diech (Michel), chanoine de
    Guémené, 54*.
Le Dieu (Marie), 484*, 493, 501*,
    615*.
Ledieux (Yvonne), 578*.
Le Diffon (Antoine), 473*.
Le Digabel (Jeanne), 298, 298*.
— (Pierre), 298, 311*.
— (Sylvestre), 298.
— (Roland), 311*.
Le Digouédet (Françoise), 26.
Le Dilly (Louis), 634*.
Le Diouguel (Marie-Anne), 63*.
Le Dissez (Pierre-Trémeur), pro-
    cureur fiscal de Rostre-
    nen, 54*.
Le Divelleo (Gabriel), 521.
— (Jacques), 499.
— (Jeanne), 596*, 599*.
— (Marc), 311.
— (Marie-Josèphe), 311.
— (Renée), 441, 581.
— (Sébastien), 403*.
— (Vincente-Barbe), 409*.
Le Do (Jacques), 590*, 592, 593*,
— (Louis-Marie), 593*.
— (Perrine), 592.
— (Pierre), 590*.

Le Dorlot (Antoine), 9*.
— (Guillaume), 19.
— (Jean), prêtre, 12.
— (Marie), 9*.
— (Perronnelle), 91*, 92.
Le Dorz (Gillette), 68.
— (Olive), 539*.
Le Douarain (Anne), 353, 355*.
— (Barthélemy), 221*.
— (Catherine), 549*.
— (Charles), 109, 120, 309*, 313*,
    355*, 356*, 359, 443, 444*.
— (Claude), 326, 338*.
— (François-Joseph), 208.
— (François-René), 127, 245.
— (Françoise), 221*, 222, 222*,
— (Gillonne). 307*, 381*, 384, 388.
— (Gillonne-Thérèse), 483.
— (Jean), 108, 109, 221*.
— (Jean), prêtre, 567*.
— (Jean-Baptiste-Anne), 365*.
— (Jean-Joseph), prêtre, 222.
— (Jeanne), 108, 108*, 109, 475*,
    479*.
— (Jeanne-Françoise), 365*.
— (Julienne), 314, 381, 388* 458.
— (Magdeleine-Françoise), 264,
    369.
— (Marguerite), 574*.
— (Marie), 577.
— (Marie-Jeanne), 221*, 222.
— (N.), 450.
— (Nicolas), 108*.
— (Nicolas-Gilles), 222.
— (Pierre), 81*, 221*.
— (Pierre-Nicolas), 283.
— (Pierre-Noël-Gabriel), 55*.
— (Renée), 154*, 162*, 313*, 385*,
    395*, 490, 492*.
— (Thomas), 245, 328, 364, 365*,
    369, 373.
— (Thomas-François), 55*, 246*.
— (Yvonne), 463.
Le Doucic (Marie), 33*, 34*.
Le Douillet (Hélène), 185*.
Le Doulce (Jean-Baptiste-René),
    67*.
— (Michel), 67.
— (Pierre-Roland), 67*.
— (Renée-Anne), 67*.
Le Doulx (Raymond), grand
    vicaire de Vannes, 327*,
    362*, 455, 459*, 483, 584.
Le Dour (Anne-Charlotte), 38.
Le Doux (Henriette-Bénigne), 480.

Le Doux (Jean), 480.
Le Dréan (Marie), 509.
— (Marie-Suzanne), 612*.
— (Pierre), notaire royal et
    apostolique au Présidial
    de Vannes, 612*, 617* 635.
Le Dréau (Anne), 169*.
— (François), recteur de Grand-
    Champ, 167*, 169*.
— (Julienne), 169*.
Le Derf (Bertrand), chapelain de
    Brouël, 181.
— (Françoise), 509*.
Le Drevers (Guillemette), 542*.
Le Drévo (Marie-Anne-Josèphe-
    Geneviève-Rosalie), 411*,
    412*, 414, 418, 627*.
Le Drogo (Isabeau), 86*.
— (Jacquette), 63*.
— (Jean), recteur de Cléqué-
    rec, 12*.
— (Marie), 19, 107.
— (Olivier), chanoine de Vannes,
    62, 86, 396, 407*.
— (Pierre), prêtre, 14.
— (Yves), prêtre, 14.
Le Droit (Guillemette), 454*, 455,
    457*.
— (Jacquette), 285.
— (Jean), 469*, 581.
— (Jeanne), 583.
— (Nicole), 585.
Le Droz (Jacquette), 494.
Le Druz (Marie), 477, 478*, 589, 590.
Le Du (Françoise), 9*.
— (Gillette), 9*.
— (Olivier), 537*.
Le Duc (Augustine), 6*.
— (Charles), 598.
— (Jean-Marie), 104.
— (Jeanne), 452.
— (Yves), 107.
Le Due (Charles), 596, 597.
— (Claudine), 596.
— (Jean), 596.
— (Marie-Claude), 597.
Le Dueil (Bertranne), 444, 446,
    451, 453, 454*, 458, 460*, 465*,
    583, 583*
Le Duein (Jean-Joseph), 524, 529*.
— (Yvonne-Claudine), 524.
Le Duen (Marie-Thérèse), 411, 412.
Le Duign (Guillaume), notaire
    des régaires de Vannes et
    de Boblay, 487*.

Le Duigou (Marie), 41.
— (Michelle-Isabelle), 41*.
— (Pierre), avocat à la Cour, 41*.
Le Duin (Jean), recteur de Saint-
 Gildas-de-Rhuys, 268.
Le Falher (Françoise), 424*.
— (Jacques), 424*.
— (Jacquette), 134*, 135.
— (Jean), 424*.
— (Jeanne), 424*, 619*.
— (Marie), 533, 533*, 541*, 544*,
 545, 546.
— (Perrine), 459, 464, 467, 468*,
 470, 470*.— Voir : Falher.
Le Faucheux, ou Le Faucheur,
 (Christophe), 498.
— (Louis), prêtre, 65*.
— (Marie), 190, 486*, 595*, 596.
— (Pierre), notaire royal au Pré-
 sidial de Vannes, 437, 437*,
 578*.
Le Fauhé (Catherine), 216.
— (Jeanne), 182, 224*.
— (Jeanne-Pélagie), 216, 449,
 451, 452*, 461.
— (Julienne), 184, 201*, 228, 229*.
— (Louis), 228.
— (René), 215*.
Le Faure (Marguerite), 383*, 390*,
 393, 394.
— (Pierre), 483, 484.
— (Pierre), huissier en la Cour,
 456, 472, 483.
— (Raoul-Guy), 456.
Le Febvre (Anne), 471*.
— (Anne-Henriette), 378.
— (Armel), 135*, 136.
— (Catherine), 92*, 103*.
— (Claude), 135*.
— (Eulalie - Vincente-Marie),
 540.
— (François), 135*.
— (Françoise-Marie-Vincente),
 571.
— (Guillaume), 174*.
— (Jacques), 479*.
— (Jean), 133*, 234*.
— (Jean), prêtre, 137*, 173, 177*,
 444, 470.
— (Jeanne), 307, 343, 489*, 575*.
— (Joseph - Marie - Boceslas),
 569*, 571, 571*, 572*.
— (Julien), 136*, 260.
— (Louis), 174*.
— (Louis-Jude), 382*.

Le Febvre (Louise), 294.
— (Lucien), contrôleur du tabac
 à Vannes, 540.
— (Magdeleine), 197*, 489*.
— (Marguerite), 133*, 260.
— (Marie), 586*.
— (Marie-Anne), 12.
— (Marie-Magdeleine), 198*.
— (Marie-Marguerite), 198*.
— (Olive), 369, 456, 587*, 588*.
— (Pierre), procureur fiscal de
 Rohan, 87, 460.
— (René) premier président au
 Parlement, 375.
— (Renée), 167, 436*.
— (Sébastien-René), 136.
— (Silvestre), 60*.
— (Thérèse-Agathe), 60*.
Le Fel (Catherine), 537*.
Le Fer (Pierre), 607.
Le Fère (Henri), 50*.
— (Louis), 99*.
— (Louise), 50*.
— (Pierre), 3*.
Le Ferrec (Jacquette), 567*.
Leffaut (sieur et dame de), 297*,
 470, 593*.
Leffray (Julienne), 588*, 594.
Le Fichant (Louis), recteur de
 St-Tugdual, 40*.
Le Figuer (Isabelle ou Elisabeth),
 41*.
— (Pierre), 41*.
Le Flahec (Marie), 103*.
Le Floch, ou Le Flo (Anne), 15*,
 333*, 334.
— (Antoine), 237*.
— (Arthur), 90.
— (Barthélemy), greffier au Pré-
 sidial de Vannes, 443*, 444,
 446*, 476*, 484.
— (Briande), 98*.
— (Catherine), 621, 622, 622*, 624*,
 626.
— (Corentin), 60*.
— (François), 17, 509.
— (François-Jean), maître chi-
 rurgien à Vannes, 513*, 516,
 521*.
— (Françoise-Gabrielle-Renée),
 482*.
— (Guenaël), chanoine de
 Vannes, recteur de Berné,
 422*.
— (Guenaëlle), 296*.

Le Floch, ou Le Flo (Guillaume),
 84, 482*, 486, 494.
— (Guillemette), 83, 298, 402*,
 403*, 404, 404*, 405, 405*, 516.
— (Jacquette), 15.
— (Jean), 422, 486, 491*.
— (Jean), alloué de Rohan, 15*.
— (Jean), avocat au Présidial
 de Vannes, 296*.
— (Jean-Baptiste), 620.
— (Jeanne), 104, 200, 204, 326,
 334*, 336*, 337, 337*, 464.
— (Jeanne-Cécile), 398*, 399,
 399*, 401*.
— (Jeanne-Renée), 198, 444, 470,
 484, 484*, 486*, 488*, 491*,
 493, 494.
— (Joseph), 512.
— (Julien), 217, 447, 585*.
— (Julienne), 237*, 485*.
— (Louis), 16.
— (Louise-Claudine), 558.
— (Marguerite), 90, 98*, 435*.
— (Marie), 17.
— (Marie-Anne), 17.
— (Marie-Jeanne-Perrine-Pau-
 line), 17.
— (Marie-Louise), 39.
— (Marie-Monique), 628*, 629*.
— (Michelle-Marie), 16.
— (N.), capitaine de vaisseaux
 de la Cie des Indes, 247.
— (Perrine), 443*, 444, 445*, 447*,
 449.
— (Philippe), 217.
— (Pierre), 111.
— (Pierre), prêtre, 434, 446* 465.
— (René), 237*.
— (René), recteur de Plescop,
 176, 510*.
— (Silvestre), 458*.
— (Silvestre-François), 513*.
— (Vincent), 15*, 16, 16*, 92.
— (Yves), 2, 14*, 15.
Le Flohic (Etienne), 18*.
— (Jean), 485.
— (Pierre), 425.
Le Fol (Charles), maître cons-
 tructeur, 570*.
— (François), 570.
— (Jacques), 567.
— (Jacquette), 570.
— (Marie-Jeanne), 570.
— (Marie-Josèphe-Rosalie), 570.
— (Marie-Perrine), 570*.

Le Fol (Perrine), 567, 569.
Le Forestier (Anne), 141.
— (Bertrand), 141, 141*.
— (François-Jean), 10.
— (Françoise), 9*.
— (Jacques), curé de St-Aignan, 20.
— (Jean), 9*, 174.
— (Jean), curé de St-Thurial, 107.
— (Louise), 141*, 174.
— (Olivier), 10.
— (Roberte), 173*.
Le Fouchu (Michel), procureur au Présidial de Vannes, 514*.
Le Fouillé (Jean), recteur de St-Tugdual, 67.
Le Fouillen (Olive), 14*.
Le Fouillez (Toussaint), 22.
— (Yves), 22.
Le Fournier (Jean), 452.
Le Fournise (Françoise), 495.
Le Franc (Catherine), 523, 524*, 531, 535*.
— (François), 170, 619*, 629*.
— (François), recteur de Quiberon, 170.
— (Joseph), 170.
— (Marie), 452, 460*.
— (Marie-Madeleine-Elisabeth), 170*, 619*, 626*.
— (Mathurine-Jeanne), 170.
— (Noël), 619.
— (Pierre), 501.
— (Pierre-Vincent), notaire, 170, 170*, 619, 619*, 624.
Le François (Marie-Anne), 395, 395*, 397*.
— (Philippe-Marie), 396.
— (Thomase), 364*, 369*.
Le Fraper (Germain), notaire de Largoët, 487*, 500, 501*.
— (Germain-Yves), huissier au présidial de Vannes, 519*, 524*, 527*, 537, 537*.
— (Jean-Marie), 501*.
— (Jean-Pierre), notaire royal et de Largoët, 534*, 545.
— (Jeanne), 411*, 537*, 540*, 541*, 544, 571.
— (Jeanne-Marie), 517*, 518*, 524, 537, 546*, 547*.
— (Julien-Jean), 500.
— (Marie-Josèphe), 524*.

Le Fraper (Marie-Vincente), 140.
— (Michel), 527*.
— (Perrine), 412*, 543*, 544, 545, 546, 548, 550*, 552, 553, 554, 555*, 556*, 571.
— (Pierre-Toussaint-Pascal), avocat en la cour, 140.
— (Roberte), 526*.
— (Thérèse), 202*, 203, 539*.
— (Toussaint-Pierre-Marie), avocat en la cour, 203.
— (Vincente), 545.
— (Vincente-Angélique), 536.
Le Frère (Pierre), 468.
Le Fresne (Gillette), 104.
Le Frotter (Charles-Célestin), 55, 55.
Le Fur (Antoine), 478.
— (Claude), 22.
— (Guillaume), curé de Séglien, 23*.
— (Jean), 477.
— (Jeanne-Jacquette), 610, 616*.
— (Pierre), procureur de Cargroix, 85.
— (René), 22.
Le Gac (François), 29*.
— (Julien-Luc), recteur de Theix, 306.
— (Louis), recteur de Lauzach, 197.
— (Roland-Pierre), capitaine d'infanterie, 410*.
Le Gacoign (Claude), 33*.
— (Hélène-Gillette), 474*.
— (Jean), procureur du Roi à Gourin, 474*.
Le Gal, Le Gall, Legal (Adolphe-Vincent), 475.
— (André), 49.
— (André-Hélain-Marc), officier à Saint-Domingue, 536*.
— (André-Marie), 608.
— (Anne), 46*, 88.
— (Anne-Louise), 61*.
— (Balthazar), sénéchal de Rochefort, 209*.
— (Catherine), 40*, 45, 48, 61*.
— (Catherine-Marie), 48.
— (Charles-Marie), 232.
— (Désiré), 518.
— (François), 426*, 427*, 428*, 429*, 430*, 472.
— (François), greffier de Coetniel, Menorval et Henven, 88.

Le Gal, Le Gall, Legal (François-Augustin), abbé de Bonnacourcy, 49, 617*.
— (François-Jacques), 463*.
— (François-Marie), 54*.
— (Françoise), 46, 223*, 224, 350*, 430, 544.
— (Gilles), notaire royal au présidal et à Vannes, 472*, 475, 574*, 593*, 594, 595*, 596, 596*, 598, 598*.
— (Gilles), procureur fiscal de la Bourdonnaye, maire de la Gacilly, 157*.
— (Gillette), 430*.
— (Guillaume), 39*, 49. 111, 332, 426*, 428, 428*, 429.
— (Guillaume), conseiller au Parlement, 62.
— (Guillaume), sénéchal de Guémené et Pontcallec, 45, 46, 46*, 47, 47*, 49, 49*.
— (Guillemette), 427*.
— (Henri), 598*.
— (Henriette-Françoise), 569*.
— (Jacques), grand prévôt de Bretagne, 181*, 218*, 221, 227.
— (Jacquette), 39*, 80, 433.
— (Jean), 88, 88*, 428, 428*, 429, 429*, 437, 463*.
— (Jean), recteur de Bohal et St-Marcel, 195.
— (Jean), receveur des décimes de l'évêché de Vannes, 358, 442, 444, 446*, 449, 450*, 470*.
— (Jean-Nicolas), 521.
— (Jeanne), 54*, 130, 181*, 223*, 352*, 358, 429, 430*, 431, 440, 517*, 583*, 595*, 614*.
— (Jeanne-Françoise), 614*.
— (Jeanne-Ursule), 545, 616*, 621.
— (Joseph-Marc), 536*.
— (Julien), 507*, 518, 576*, 596, 613*.
— (Julien), notaire royal au Présidial de Vannes, 496, 502*, 503*.
— (Julien-Marie), 596.
— (Laurence-Mauricette), 592.
— (Louis), conseiller au Parlement, 47, 48, 48*, 49, 61*, 62, 216, 605, 608, 608*.
— (Louis), recteur de Languidic, 608.

Le Gal, Le Gall, Legal (Louis-François-Marie), 412, 618.
— (Louis-Marie), 48* 61*.
— (Louis-Marie-Joseph), conseiller au Parlement 55*, 62*, 63.
— (Louise-Judith), 181*, 227, 228*.
— (Louise-Suzanne), 62.
— (Madeleine-Olive), 536*.
— (Marguerite-Perrine), 623.
— (Marie), 42*, 354.
— (Marie-Anne), 40*.
— (Marie-Olive), 61*.
— (Marie-Renée), 536*.
— (Marie-Rose), 88*.
— (Marie-Rose-Thérèse). 565.
— (Michel), 226, 226*, 227.
— (Michelle), 430*.
— (N), 612*, 620.
— (N.),procureur à la Cour,592*.
— (Olive), 425*, 477*, 574*.
— (Perrine), 109, 244, 250*, 254*.
— (Pierre), 429*, 430, 430*.
— (Pierre), notaire royal au Présidial de Vannes, 425*. 428*.
— (Pierre), commissaire des saisies de Vannes, 600,601.
— (Pierre-Marie), 526*, 613*.
— (René-Claude),prêtre, avocat du Roi au Présidial de Vannes, 529, 610, 614*,616*.
— (René-Sébastien), 610.
— (Robert), 426*.
— (Rose-Thé èse), 216, 605.
— (Sébastien), notaire des régaires de Vannes, 584.
— (Suzanne), 429*.
— (Silvestre), contrôleur des fouages, 492.
— (Ursule), 544*.
— (Vincent), 596*.
— (Vincente-Ignace), 507*.
— (Yves), chapelain de Saint-Nicolas de Sucinio, maitre d'école, 282.
— (Yves-Isaac), notaire royal à Gourin, 38*.
— (Yvonne), 427. Voir: Duhen-Legal.
Le Gallé (Jeanne-Suzanne), 411*.
— (Thuriau), huissier ordinaire du Roi à la Cour des Monnaies, 411*.

Le Gallen (Guillaume). 476*.
— (Marguerite). 456, 462, 480.
— (Olivier), praticien, 438.
— (Vincent), 438.
Le Galliard (Jacques), 169*.
— (Jean-Marie), 169*.
— (Louise), 398*, 528.
— (Philippe), 169.
Le Gallic (Charles-Guillaume), avocat en la cour, capitaine d'infanterie garde côtes, 37.
— (Germain),avocat en la cour, 35*, 38*.
— (Guillaume), greffier de Gourin, 35.
— (Ignace-Nicolas), 35.
— (Jacquette), 70*, 379, 488.
— (Julien). recteur de Billiers, 183*.
— (Louis-François), avocat en la cour, procureur fiscal de Lorient, 56*.
— (Olivier), prêtre, 272.
— (Vincent), recteur de Noyalo, 293.
Le Gallo. (Adelaïde-Gabrielle), 96.
— (Jacques), 491*.
— (Jean), 427*.
— (Joseph-Armel), capitaine des vaisseaux de la Cie des Indes, 95, 96.
— (Julienne), 427*.
— (Louis), recteur de Croixanvec, 86*.
— (Marguerite), 575*.
— (Marie-Yvonne), 95, 96.
Le Gallois (Claude). 473.
— (Etienne), recteur de Surzur, 299*, 379*.
— (François), chanoine de Vannes, 372*, 455*, 477.
— (Guillaume), doyen de Rochefort, recteur de Noyal-Muzillac, vicaire général de Vannes, 175, 254*, 344*, 345.
— (Guillaume), avocat au Parlement de Paris, 443*.
Le Galloudec(François-Charles), notaire royal à Hennebont, 534, 539.
— (Marguerite), 46*.
— (Marie-Jeanne), 539.

Le Gardien (Louis-Claude), 79*.
Le Gargant (Jeanne), 586*.
Le Garjean (François), 140*.
— (Jean), 140*.
— (Pierre), 141.
Le Garo (Claude), notaire royal au Présidial de Vannes, 454*, 457.
— (Claude-Joseph), 502, 605*, 606*.
— (Michel). 585.
— (Vincent), 585.
Le Garre (François), procureur en la Cour, 454*.
Le Garrec (Guillemette), 21*.
Le Gauellec (Jeanne), 453.
Le Gault (Charles), 52*.
— (Marie-Marguerite), 29.
Le Gay (Bernabé), avocat au Parlement de Paris, 479.
Le Gelloux (Anne-Rose), 88*.
— (Jeanne), 88, 88*.
— (Joseph), chanoine de Guémené, 51*.
— (Pierre), chanoine de Guémené, 53.
Le Gendre (Angélique), 621.
— (François), 520*, 521.
— (Julienne-Charlotte), 622.
— (Louise), 519*, 520*, 523*, 612, 613*.
— (Louise-Corentine), 631.
— (Nicolas), conseiller assesseur à Quimper, 572*.
— (Vincente), 351.
Le Général(François),général et d'armes,463*, 467, 469*,594.
— (Jacquette), 467.
— (Jeanne), 469*.
— (Zacharie), 463*. Voir: Général.
Le Gentil (André), 454*.
— (Anne), 156.
— (Bonne), 228*.
— (Elisabeth), 51, 173, 499, 500, 501, 502*, 504*, 506, 507, 507*, 516, 517, 610, 610*.
— (François). 47*, 48.
— (Georgine), 50.
— (Guillaume). 469, 473*, 489.
— (Guillaume-Jean), 469.
— (Jacquette), 43*, 46, 46*, 47. 50*.
— (Jean), 458*.
— (Jeanne-Renée), 492, 598, 603*.
— (Jérôme), 49*.

Le Gentil (Jérôme), avocat à Guémené, 43*, 44*.
— (Julien), 199*.
— (Louis-Redon), avocat en la Cour, 474.
— (Marguerite), 44*, 65.
— (Marie), 229, 329*, 474.
— (Maurice), notaire de Coislin à la Roche-Bernard, 228*.
— (Nicolas), 49*.
— (Pierre), 48, 49.
— (Sébastien), 48, 448*.
— (Thomas-Joseph), 49*.
— (Yves), 507*.
Le Gentilhomme (Jean), recteur de Bohal et St-Marcel, 195.
— Voir : Gentilhomme.
Le Gingant (Jeanne), 467*.
Le Glain (Françoise), 464*.
Le Glas (Anne), 201.
— (Catherine), 141.
Le Gleuher (Jacquemine-Claude) 590*.
— (Jeanne), 589.
— (Louis), 587, 589, 590*, 591*.
— (Madeleine), 591*, 592*.
— (Noël), 587.
— (Olive-Madeleine), 591*.
Le Globanic (Jean), 416.
Le Glouhannec (Julien), maitre apothicaire à Redon, 211.
— (Marie), 450, 490*.
— (Renaud), procureur au Présidial de Vannes, 503, 596.
— (René), procureur au Présidial de Vannes, 479.
Le Gludic (Jeanne), 490*.
— (Yvonne), 145.
Le Gluhec (Madeleine), 612.
Le Goaesbe (Anne), 92. 173, 261*.
— (Armel), sénéchal de Rohan, 91*, 93.
— (François), 2*.
— (Françoise-Louise), 260*.
— (Hélène), 172*.
— (Jacquette), 70.
— (Jean), procureur du Roi à Ploërmel, 260*, 261.
— (Jean-Baptiste-François), 260*.
— (Julien), 204.
— (Julienne), 204.
— (Louis), capitaine au bataillon de Rennes, milice de Bretagne, 260*.

Le Goaesbe (Pierre), avocat en la cour, 261*.
Le Goaffvec (Corentine), 36*.
Le Goarant (Benjamin-Olivier-Louis-Guillaume-Marie), 37*.
— (Joseph-Jean-René-Marie), 37*.
— (Joseph-Louis), 37*.
— (Joseph-Marie), procureur à Gourin, 37*, 38.
— (Louis-François-Marie-Nicolas), 37*.
— (Marie-Rose-Josèphe), 37*.
— (Olivier-Joseph-Marie-François-Guillaume), 37*.
Le Goaz (Yves), 43.
Le Godec (François), curé de l'Isle-aux-Moines, 311.
— (Gilles), 69*.
Le Goff (Anne), 451, 531*, 547.
— (Anne-Jean), 329*.
— (Augustin-Charles). 405.
— (Augustin-Marie), 404*.
— (Barbe), 444*, 451, 467.
— (Bertrand), curé de Sarzeau, 280.
— (Constance-Julien-Anne), avocat en la cour, 54*.
— (Corentin), avocat en la cour, 53.
— (David-François-Nicolas), 54*.
— (Denise), 293.
— (François), 432, 574, 575.
— (François), prêtre, 19.
— (François), maitre chirurgien, 402*, 403*, 404, 404*, 405, 405*.
— (François-Anne). 329*.
— (François-Baptiste), 404.
— (Françoise), 337*. 428*, 588, 588*, 589, 623.
— (Guillaume), 19, 84, 172. 342*, 353, 428*, 429, 430, 430*, 431, 432, 432*, 433, 436, 445*.
— (Guillemette), 340, 342*.
— (Hélène), 234*, 445*, 526. 547.
— (Henri-Charles), 457.
— (Jacques), 442, 444*, 581, 583, 583*.
— (Jacques), major des troupes auxiliaires de l'évêché de Vannes, 445*, 447, 447*, 449, 451, 457.
— (Jacquette), 336.

Le Goff (Jean), 277*, 429, 447*, 574.
— (Jean), prêtre, 4*, 5. 373.
— (Jean-Julien), 329*.
— (Jean-Marc), 522*, 531, 555*, 562*, 620*.
— (Jean-Marie-François). 402*.
— (Jean-Vincent), 403*.
— (Jeanne), 297, 334*, 424*, 425, 430, 444*, 461*, 574.
— (Jeanne-Marie), 566*.
— (Jeanne-Olive), 398, 399, 415*.
— (Jérôme), 2.
— (Joseph), curé de Cléguérec, 12*.
— (Julien), 54*.
— (Julien-Guillaume-Anne), receveur des Fermes, 54*, 55.
— (Julien-Louis-Pierre), 55.
— (Julienne), 574.
— (Louis), 429.
— (Louise-Agathe-Barthélemie), 531.
— (Marc), 476.
— (Marguerite), 2*, 327, 337*, 340, 345, 425*, 575*, 590, 591*.
— (Marguerite-Jeanne), 527*.
— (Marie), 49*, 68, 451*.
— (Marie-Angélique-Jacquette), 405*.
— (Marie-Jeanne), 188*.
— (Marthe), 234*.
— (Mathurine), 19*.
— (Mathurine-Perrine), 53.
— (Michelle), 432.
— (N.), 1, 7*, 14*.
— (N.), scribe, 108, 133.
— (Nicolas), 522*.
— (Olive), 425, 426. 427, 428*, 429*, 430. 430*, 433*, 575*, 576.
— (Perrine), 333*; 334, 335, 346, 425*, 449. 482*, 612*.
— (Renée), 613, 622*, 623*, 627.
— (Vincent), 432*.
— (Vincente), 447.
— (Yves), 432.
— (Yves-François), 583.
— (Yves-Pierre), 447.
— (Yvonne), 426, 428*, 430*, 435, 574. 575*.
— (Yvorée), 348*, 355*.
Le Gogal (Henriette-Pauline), 63.

Le Gogal (Jean-François), séné-
    chal de Guémené, 56*, 63.
— (Louis-Bertrand), 62.
— (Louis-Vincent), 56*.
— (Marie-Sainte), 62.
— (René-Bernard), 56*.
Le Goihébel (Jacques), 452.
Le Golvin (Guillemette), 630.
Le Gonidec (Charles-Corentin),
    36*.
— (François), 36*.
— (Jean-Vincent), 396*.
— (Louise-Claude), 329.
— (Marie-Victoire), 393.
— (Olivier), 28*.
Le Gorhec (Jacques), 49*.
Le Gosse (Vincent), exempt de
    la maréchaussée, 538.
Le Gouais (Anne-Rose), 562*,564,
    564*, 565*, 566*, 569*, 570*.
    572.
— (Louise-Thérèse), 566*.
— (Marie-Anne-Julienne), 570*.
— (Pierre-Jacques), notaire à
    Nantes, 564.
— (Pierre-Marie-Georges),569*.
Le Goualec, ou Le Gouellec
    (Jeanne), 434*,435*, 436,437,
    437*, 440, 442, 445*, 579*.
— (Pierre), 296.
LeGoualler(Françoise-Marie),26.
Le Gouar (Guyon), 296.
Le Gouardun (René-Marie), capi-
    taine des vaisseaux de la
    Cie des Indes, 571.
Le Goudinais (Jeanne), 171*.
Le Goulx (Henri), 337*.
Le Gouriérec (Anne), 484.
Le Goust (René), avocat en la
    Cour, 146*.
Le Gouvello (Agnès), 389, 602.
— (Agnès-Josèphe), 373*, 386*,
    393*, 394, 396, 402.
— (Alexandre-Jean), officier de
    grenadiers, 246*, 287*.
— (Alexis), 283, 286*.
— (Angélique-Victoire), 281*.
— (Anne), 33*, 284, 334, 482*,
    586*, 587. 590*.
— (Armand), 245, 367, 368, 373*,
    374, 386*, 462.
— (Bertrand), 285*.
— (Bertranne), 272*, 334.
— (Catherine), 10, 76*, 92.
— (Charles), 175, 292.

Le Gouvello (Charles-Reinaud),
    286, 287, 289.
— (Charles-René), 289.
— (Christophe), 307, 359, 360,
    377*, 441*, 449.
— (Clémence-Marie-Josèphe),
    292.
— (Elisabeth-Marie-Françoise-
    Anne), 246*, 247.
— (François), 247.
— (François-Joseph-Claude),
    246*.
— (François-Marie), capitaine
    au régiment de Mailly,188.
— (François-Vincent) 246, 246*,
    252, 282*, 287.
— (François-Vincent), major
    des gardes côtes de Rhuis,
    287.
— (Françoise), 334, 336*, 339,
    446*, 455, 586*, 587.
— (Geneviève-Marie-Renée),
    292.
— (Georges), 284, 285*, 286, 286*,
    288*, 289.
— (Guillaume), lieutenant, du
    Roi au présidial de Vannes,
    576*.
— (Isabelle), 4, 34.
— (Jacqueline), 279, 357*.
— (Jacques), 354*.
— (Jacques-Vincent), 462.
— (Jacquette), 281*, 351, 354*,
    355, 358*, 435*.
— (Jean), 2, 309*, 327.
— (Jean), procureur du Roi à
    Hennebont, 175.
— (Jean-François), 246, 246*.
— (Jean-Joseph), 282*.
— (Jeanne), 18, 33*, 272, 272*,
    273*, 432*, 576*.
— (Jeanne), supérieure de la
    Retraite de Vannes, 620.
— (Joseph), 246, 281*, 282, 282*,
    283,283*, 284, 285*,373*,386*.
— (Joseph-Nicolas), 288.
— (Joseph-Roland), maître des
    comptes, 327, 461*.
— (Joseph-Vincent), 462.
— (Julien), conseiller au parle-
    ment, 366.
— (Julien), lieutenant au prési-
    dial de Vannes, 340, 354*.
— (Julien), lieutenant général
    d'Auray, 334, 340.

Le Gouvello (Louis), 1.
— (Louis-Marie), 409.
— (Marc-Antoine), 607*.
— (Marguerite), 309*, 327, 359*,
    363*.
— (Marie), 374*, 462, 463*, 624.
— (Marie-Anne), 455, 467, 481*,
    498*.
— (Marie-Anne-Agnès-Olive),
    292, 396, 539*.
— (Marie-Anne-Elisabeth),159*.
— (Marie-Anne-Thérèse), 283,
    284, 285*, 286*, 289.
— (Marie-François), 284*, 289,
    407*, 408*.
— (Marie-Françoise), 410*, 411,
    413*, 416, 420. 550.
— (Marie-Jeanne), 287,289*,291*.
— (Marie-Joseph-Armand),291,
    632*.
— (Marie-René-François-Jo-
    seph), 407*.
— (Marie-Thérèse), 290.
— (Marie-Vincente), 289, 290,
    291*.
— (Marie-Yvonne-Armande),
    408*.
— (N.), 346.
— (Paul), 297.
— (Perrine), 281, 294, 339*, 367*,
    576.
— (Perrine-Clémence), 286*,
    291, 292.
— (Perrine-Vincente), 461*.
— (Pierre), maître des comptes,
    309*.
— (Pierre), prêtre, 281*, 348*.
— (Pierre-Armand), 283, 283*,
    284*, 289*, 291, 396, 539*,
    547*, 550.
— (Pierre-Armand-Jean-Vin-
    cent-Hippolyte), 291.
— (Pierre-François-Marie-Jo-
    seph-Armand), 632*.
— (Pierre-Vincent), 368.
— (Regnault), maître des com-
    ptes,327, 343, 359*, 367, 446*,
    461*.
— (René), 1*, 2.
— (René-François), 289, 292.
— (René-Pierre), 359.
— (Vincent), 2*.
— (Vincent), juge prévôt de
    Rennes, 327, 461*.
— (Vincent-Marie), 285*.

Le Gouvello (Vincent-Marie-Jo-
seph), officier d'infanterie,
289, 633.
— (Vincente), 296*, 309*, 441*.
— (Vincente-Ursule), 289*, 420*,
547*.
Le Gouverneur (Jean), recteur
de Saint-Molff, 346*, 433*.
— (Jean-René), 403*.
— (Louis-Henri), 402.
Le Goux (Henri), notaire royal
au présidial de Vannes,
577, 577*.
— (René), conseiller du Roi, 184*.
Le Gouz (Charles), 298*.
— (Jeanne), 337.
— (Laurent), 298*, 342, 342*, 345*.
— (Marguerite), 342*.
— (René), conseiller au prési-
dial de Vannes. 326, 335*,
337, 340.
Le Gracieux (Charles), 429*.
— (Jeanne), 452*.
— (Julienne), 456*.
— (Marguerite), 444*.
— (Pierre), notaire royal, 429*.
Le Grain (Jacques), 578*.
— (Julienne), 578*.
— (Olivier), 578*.
Le Grand (Bertrand), 39.
— (François), 10*, 440, 622.
— (François-Jacques), 570.
— (Guillaume), 439.
— (Jean-Jacques), 570.
— (Jean-Louis), 570*.
— (Jeanne), 437*, 459, 461.
— (Julien), 36*.
— (Marie-Jacquette), 36*, 37, 38.
— (Marie-Rose), 36*.
— (Martine), 622.
— (Mathurine), 78.
— (Paul), 509*.
— (René), 437*, 439, 440, 456*.
— (Roland), 426*, 533*.
Le Grandjean (Jacquette), 469*.
Le Gras (Anne-Modeste), 526*.
— (Antoine), directeur des de-
voirs des Etats, 456.
— (Guillaume), 60*.
— (Jacquette), 46.
— (Jacquette-Jeanne), 516*.
— (Jeanne), 343*, 429*, 431*, 432.
— (Joseph), 456.
— (Marc), 493, 515.
— (Marc), greffier de la maré-
chaussée à Vannes, 516*,
520*, 523*, 524, 526*, 527*.
— (Marguerite), 44, 44*, 45, 45*;
46.
— (Marie), 21, 375*, 378*, 385.
— (Marie-Antoine), 520*.
— (Marie-Simon), 527*.
— (Marie-Thérèse), 524*.
— (N.), 521.
— (N.), promoteur, 104*.
— (Pierre-Ambroise), 523*.
— (René), 60*.
— (Toussaint), 494*.
— (Yves), notaire et commis au
greffe de Largoët, 493, 494*.
Le Graveux (Marguerite), 438*.
Le Griel ou Le Gryl (Jacques-
Charles-René), 377*, 522.
— (Marie-Noëlle), 305, 397, 398,
400*, 548.
— (Nicolas), 603.
— (Raymond), 598*.
— (Vincent), sénéchal des ré-
gaires de Vannes, 377*, 384,
477*, 597*, 598*.
Le Grip (Dominique), 533*, 627*,
631*.
— (Françoise-Xavier-Julienne-
Perrine), 625*, 631*.
Le Gris (Anne-Françoise), 509.
— (Bernabé-Anne), capitaine
au bataillon de l'Inde, 507,
544*, 546, 548, 564*.
— (Charles), capitaine de vais-
seau, 517*.
— (Charles-Joseph), 474.
— (Dominique), procureur fiscal
de Péaule et Porhoët, 616.
— (Henri), 459.
— (Jacques-Nicolas), 505.
— (Jean), 452, 453, 454, 459, 465,
468* 470, 474, 480*, 482*, 492,
498, 599.
— (Joseph-Marie), 512.
— (Marguerite), 23*, 506, 517,
532*, 544*.
— (Marie), 454, 494.
— (Marie-Thérèse), 492, 493, 495,
497, 499, 501, 502, 508*, 510*,
511*, 517*, 528.
— (Nicolas), 501, 517*, 529, 532*,
538.
— (Nicolas-Anne), 470, 505, 506,
507, 509, 511, 512, 548, 549*,
557*.
Le Gris (Nicolas-Marie), 548.
— (Thérèse), 490*, 599.
— (Vincent-Olivier), 465.
Le Gros (Armand-Anne-Marie),
420.
— (Charles-François), sénéchal
de Vannes, 297, 417, 418*,
420.
— (Charles-Marie), 418*.
— (Jeanne), 239.
— (Marie-Aimée), 417*.
Le Groumelec (Joseph), prêtre,
557*.
Le Gruyer (Jean-Baptiste), 562.
— (Jean-Jacques), avocat en la
cour, 562.
— (Joseph), doyen de Guémené,
53, 63.
Le Gualène (Marguerite), 596.
Le Guberic (Pierre), contrôleur
général des devoirs, 521*.
Le Guédois (Jeanne), 432, 432*.
— (Julienne), 351, 359, 434, 434*,
579.
— (Suzanne), 333, 335*.
Le Guellanf (Maurice), prêtre, 20.
Le Guellaoust (Catherine), 10*.
Le Guellec (Alain-Pierre), prêtre,
530.
— (François), 311.
— (Guillaume), 610*.
— (Jean-François-René), 610*.
Le Guen (Anne), 589*.
— (Françoise), 426*, 428*.
— (Gilles), 582*, 584*.
— (Guillemette), 516.
— (Jean), 471.
— (Jeanne), 584*.
— (Louis), 589*.
— (Michel), 577.
— (N.), 582*.
Le Guenego (Isabeau), 184*, 185.
— (Marguerite), 298.
— (Pierre), 296.
Le Guenet (Pierre), dit Le Mat,
425.
Le Guenic (Julienne), 579*.
Le Guennaff (Henri), 19*.
— (Marie), 19.
Le Guennec (Anne), 528*, 535*,
536*, 537*, 540*, 542*, 543,
545*, 547*.
— (Claude), 184*, 189*.
— (Françoise), 13, 17*, 189*, 221,
227.

Le Guennec (Georges), 237.
— (Guillaume), 17*, 199*, 215*.
— (Guillemette), 184*, 516*, 518*.
— (Jacques), 169.
— (Jean), 184*, 229*.
— (Jean-Michel), notaire à Questembert, 568.
— (Jeanne), 443*, 446, 454*.
— (Julien), 414*.
— (Julienne), 460.
— (Julienne-Thérèse), 3*, 50*.
— (Louis), 169, 184*.
— (Louise), 465.
— (Marie), 9*, 201.
— (Marie-Vincente), 532, 541, 544.
— (N.), 537*.
— (Perrine-Charlotte), 516*, 567, 568, 570*, 572.
— (Pierre), 236*.
— (Renée), 17*, 184.
— (Robert), 169.
— (Silvestre), 567.
— (Yves), 528*.
— (Yvonne), 424.
Le Guéret (Marie), 505.
Le Guern (Ambroise), prêtre, 530*.
— (André), 416.
— (Barthélemy), 36, 38*.
— (Françoise), 38.
— (Guy), procureur royal à Gourin, 38.
— (Jeanne-Renée), 38.
— (Marguerite), 27, 290*, 400*, 402, 402*, 404*, 406*, 528*, 529, 530*, 531.
— (Marie-Anne), 38.
— (Marie-Rose), 36, 38*.
— (Pierre), procureur fiscal de Langonnet, 38, 38*.
— (Suzanne-Rose), 419*, 429.
— (Yves), procureur fiscal à Langonnet, 38.
Le Guerner (Yvonne), 426*.
Le Guerneur ou Guerneur (Jean), 604*, 605, 605*.
— (Jeanne-Marie), 604.
— (Marguerite-Anne), 605.
— (Paul-Anne), 605*.
Le Guernevé (Vincent), 471*.
Le Guerranic (Jean-Baptiste), receveur des Devoirs, 420, 625*.
— (Jeanne), 442*, 444, 445*, 446*.

Le Guerranic (Julien), 578.
Le Guerroë (Nicolas), prêtre, 90.
Le Guével (Gabrielle), 333.
— (Henriette), 443.
— (Jean), 501.
— (Mathurin-Jean), avocat en la Cour, 308*.
— (Nicolas), prêtre, 41.
— (Pierre), 41, 443.
— (Pierre), recteur de Cléguérec, 10*.
Le Guéven (Olive), 14*.
Le Guiader (Guillaume), notaire, 23.
— (Marie), 8.
Le Guichet (Marie-Anne), 155*.
Le Guiller (Françoise), 563*.
Le Guilliec (Jeanne), 467.
La Gurun (Dominique), prêtre, 634.
Le Guy (Joseph), 468*.
— (Nicole), 465*.
— (Olivier), 455, 455*, 468*.
Le Guyader (Anne-Marguerite), 62*.
— (Jean), prêtre, 469*.
— (Joseph), notaire à Guémené, 56.
Le Guydart (Jean), recteur de Malguénac, 17.
— (Yves), recteur de Malguénac, 16*.
Le Guydenay (Blaise), 106.
Le Guynet (Guillaume), 235*.
Le Hagre (Barthélemy), 38.
— (Marie-Rose), 39.
— (Marie-Thérèse), 38*.
— (Yves-Guillaume), 38*, 39.
Le Halé (Jeanne), 487*.
Lehanven (sieur et dame de), 5, 303, 325*, 340*.
Le Hay (Marie-Vincente), 609.
— (Olivier), 609.
Le Hecho ou Le Héco (Paterne), 606*, 607*.
Le Hedois (N.), 560.
Léhélec (sieur et dame de), 58*, 111, 111*, 112, 112*, 113*, 114, 114*, 115, 115*, 150*, 187, 200, 202*, 203. 223*, 224, 224*, 244, 295, 378*, 379, 380, 382, 383, 385*, 386*, 399, 400, 400*, 402*, 403, 403*, 404, 405, 405*, 409, 409*, 417*, 600*, 633*.
Lehellec (Marie-Anne), 310*.

Le Helloco (Jean), prêtre, 476*, 505.
— (Jean-Joseph), 459*.
— (Pierre), facteur d'orgues à Vannes et organiste de la cathédrale, 459*.
Le Hen (Alain), 172.
— (François), 60*.
— (Guillaume), 64.
— (Jean), prêtre, 172*.
— (Jeanne), 425.
— (Julienne), 275*.
— (Louis), 2*.
— (Marguerite), 574*.
— (Michelle), 613, 615.
— (Perrine), 1*, 339*.
— (Pierre), 442, 574*.
Le Henauf (Louis), 487.
— (Louise), 469*.
Léheno (Claude de), 147.
Le Hescho (Germain), 283*.
— (Guillaume), 279.
— (Jeanne), 275.
Lehet (sieur de), 41*.
Le Heuc (Guillemette), 377.
Le Hir (Méliau), prêtre, 9.
Le Horiec (Jean), 604.
— (Marie-Jeanne), 604.
Le Houariec (Henri), notaire de Kerveno et Baud, 486.
Le Houedin (Guillaume), 76.
— (Louis-Jérôme), 76.
Le Houssay (Jean), 498.
Le Housset (Guillemette), 149, 152*, 153, 158, 260.
Le Houx (Jean-Joseph), capitaine des vaisseaux de la Cie des Indes, 571.
— (Marguerite), 591*.
Le Houzec (Jeanne-Simone), 531.
Le Hubois (Marie-Cécile), 636.
Le Hussec (Joseph), 498.
Leignou (sieur du), 26*, 31.
Leinhon (seigneur et dame de), 34. 34*.
Leissègues (Marie-Jacquette de), 27*.
— (Mathurin-Valentin de), 72*.
Leix (dame du), 21, 179*.
Le Jacobin (François), conseiller au Parlement, 372*.
— (François-Nicolas), 370.
— (Hamon), 374.
— (Jean-Claude), conseiller au Parlement, 219, 365, 367*.

Le Jacobin (Louise), 374, 615*.
— (Marguerite), 219, 368, 368*, 374.
— (Marguerite-Louise), 222.
— (Pierre-François), conseiller au Parlement et garde des sceaux, 26, 368*, 370.
Le Jallé (Gabriel), 92*.
— (Jean), 92*.
— (Jean), notaire de Rohan, 94*.
— (Michelle), 91, 92.
Le Jaoux (Guillemette-Anne), 42.
— (Marie), 35.
Le Jarriel (Renée), 467.
Le Jas (Mathurin-Babul), procureur en la Cour, 466*, 467, 475.
Le Jeune (Antoine), receveur aux fermes, 472.
— (Julien), 403.
— (Julien-Bernard-Thomas), 403.
— (Marguerite), 41*.
Le Jobin (Jean), 451.
Le Jouanguic (Jeanne), 335*.
Le Joubieulx (Jean), ministre des Trinitaires de Sarzeau, 272*.
Le Joubioux (Barbe), 342*.
— (Vincent), huissier audiencier à Rhuis, 485.
— (Vincent-Anne), notaire royal au présidial de Vannes, 410*.
Le Julit (Henri-Joseph), 626*.
— (Vincent), 626*.
Le Jumais (Guillaume), 486.
Le Labourier (Marguerite), 73.
Le Lagadec (Catherine), 629, 629*.
— (Guillaume), 631*.
— (Guy), 634*.
— (Jean-Joseph-Marie), 635.
— (Jeanne), 243*, 250.
— (Jeanne-Charlotte), 631*.
— (René-Joseph-Marie), 635.
— (Thérèse-Marie), 635.
— (Vincent-Joseph-Hyacinthe), 375*.
Le Lain (Perrine), 596.
Le Lair (Amaury), 39*.
— (Charlotte), 583*.
— (Guy), 39*. Voir : Le Ler.
Le Lan (Olivier), prêtre, 426.
Le Lardeur (Antoine), 578.
— (Barthélemy), procureur au

présidial de Vannes, 578, 579, 579*, 580, 580*, 582*, 584.
— (Françoise), 579*.
— (Hélène), 579.
— (Jeanne), 577*, 580, 584, 585.
— (Julien), 578, 585.
— (Julien), prêtre, 585.
— (Perrine), 579, 583*, 584, 585, 585*, 586, 588*, 592*.
— (Pierre), recteur de Baden, 579, 584.
— (Vincent), avocat en la Cour, 307*, 584, 592*.
Le Lart (Charles), 80*.
— (Eugène), 7, 79*.
— (Marc), 80*.
Le Leizir (Abel), recteur de Bourg Paul Muzillac, 185.
Le Ler (Amaury), 47*.
— (François), 592*.
— (Marie), 50*.
— (Michel), 50.
— (Noël-Toussaint), 47*. Voir : Le Lair.
Le Leu (Cécile), 542*.
Le Levyer (Georges), 208*.
— (Jean), conseiller au Parlement, 208*.
Le Liard (Perronnelle), 465*.
Le Lidec (Jean-Marie), officier de vaisseau, 32*.
— (Jeanne), 46*.
— (Jeanne-Marie), 32*.
— (Marguerite), 46*.
— (Marie), 352*, 360, 370, 444.
— (Marie-Anne-Sainte), 53*, 54, 55*, 63.
— (Marie-Josèphe), 32*.
— (Marie-Thérèse), 32*.
— (Michel), notaire de Pontscorff, 32*.
— (Nicolas-Jean-Marie), 32*.
— (Pierre-Ange-Théodore), 32*.
— (Thomas), 384*.
Le Liepvre ou Le Lièvre (Anne), 222*.
— (Françoise-Louise), 261*.
— (Guillaume), sous-curé de Rieux, 119*.
— (Jacques), 435.
— (Jacques), conseiller au présidial de Vannes, 337, 338.
— (Jacques-Marie-Corentin), 42*.

Le Liepvre ou Le Lièvre (Jean), 435.
— (Roland), 179.
Le Limonier (François-Gilles), 163.
Le Limouzin (Thébaude), 185.
Le Lin (Jeanne), 308, 402.
Le Livec (Bertranne), 431, 431*, 432, 577.
— (Françoise), 431*.
— (Jacques), prêtre, 83.
— (Jeanne), 337, 428.
— (Marie), 363*.
— (Marie-Anne), 83.
— (Vincent-Eugène), lieutenant d'Auray, 100.
Le Long (Gilles), 146*.
— (Hermelande), 221*.
— (Jean), 88*, 116, 130*.
— (Nicolas), 113*, 221*, 228.
— (Renée), 113*, 221*.
Le Lorrain (Jean-Joseph), 460.
Le Louarn (Marie-Thérèse), 36.
— (Thérèse), 35*.
Le Louédec (Catherine), 582.
— (Françoise), 441*, 449*.
— (Jeanne), 442.
— (Joseph), 404, 497, 512.
— (Louis), sergent royal à Vannes, 454.
— (Marguerite), 441*, 478.
— (Marie), 311, 376*, 454, 474*.
— (Perrine), 439, 439*, 440*, 441*, 442, 449, 452*, 461*, 463.
— (Pierre), 431.
— (Thérèse), 449.
— (Yves), 437*, 439, 439*, 442.
— (Yvonne), 431.
Le Louet (Alexandre), 433.
— (Claude), 579.
— (François), 326*, 433, 579.
— (Françoise), 429*.
— (Jean), 576.
— (Jean), notaire royal au présidial de Vannes, 326*, 425*, 429*.
— (Jean-François), maître-chirurgien, 72.
— (Marie), 578, 578*.
— (Marie-Jeanne), 568*.
— (Olive), 578, 579, 579*, 580, 581*, 582*, 584.
— (Perrine), 276*, 336, 429, 576.
Le Lubois (Julien), secrétaire du

Roi, maison et couronne de France, 221.
— (Pierre), inspecteur général des gabelles de Paris, 221.
— (Pierre-Benoit), caissier général de la Cie des Indes, 95.
Le Luc (Charles), 573*.
Le Luel (Jean-Marie), recteur de Lauzach, 197.
— (Jeanne), 139.
— (Louis), chapelain du prieuré de Trédion, 145.
Le Luer (Jean), procureur fiscal de Larré. 196*.
Le Luhern (Roland), 449*.
Le Lut (Cécile), 545.
Le Magré (Jeanne), 435*.
Le Maguer (Michel), notaire royal au présidial de Vannes, 450.
Le Maguet ou Magnet (Marguerite), 522*.
— (Marie-Anne), 516*, 517*, 518*, 519*, 522*, 524, 525*, 527, 528, 529*, 531, 533, 534, 544.
— (Olivier), 96*.
Le Maignan (Gabriel-Bon), capitaine d'infanterie, 407.
— (Jeanne-Louise-Xavier), 414.
— (Nicole-Françoise-Marie), 291, 292.
— (Perrine), 369, 567.
— (Pierre), sous-curé de Rochefort, 254.
— (René-Jean-Baptiste), 367.
Le Maignen (Benjamin-Marie), administrateur des hôpitaux de Vannes, greffier des insinuations ecclésiastiques et de l'officialité, 414, 415*. 416*, 418. 630.
— (Claude-Jacques), receveur des bois du Roi à Vannes, 567, 569, 630.
— (François-Ambroise-Marie), 416*.
— (Jacques), 401*.
— (Jacques), économe de l'Hôpital général de Vannes, 557.
— (Louis), 500.
— (Louis-Jean-Marie), 415*.
— (Louise-Françoise), 549.
— (Marie-Louise), 499*, 500.

Le Maignen (Marie-Pauline-Antoinette), 418.
— (Marie-Rose), 415*.
Le Maigre (Gilles-Urbain), 613*.
Le Mailliaud (François), 511*.
— (Julienne), 510*, 511*.
Le Mailloux (Jacques), 293*.
Le Maire (Marguerite-Claude), 594.
Le Maître (Antoine), notaire de Rohan, 194*.
— (Cécile), 101.
— (Elisabeth-Françoise), 511.
— (François), général et d'armes, 474.
— (Jean), 509, 511, 532, 542, 607, 608*, 609, 610*, 613, 615, 616*.
— (Jean-Joseph), 606*.
— (Jean-Olivier), 609.
— (Jeanne), 446*, 584, 610*.
— (Jeanne-Guillemette), 509.
— (Marguerite), 238*, 601*.
— (Marie-Rose), 540, 573*, 608*.
— (N.), 321, 610*.
— (Pierre), 607.
— (Thomas), 482.
— (Toussaint), 446*, 497.
Le Malliaud (François), sénéchal de Locminé, 71, 71*.
— (Guillemette), 279*.
— (Henri), 70.
— (Jacques), 68, 68*, 69*, 70.
— (Jean), 70.
— (Jean), procureur fiscal de Locminé, 483*.
— (Julien-Joseph), 71*.
— (Julienne), 71*, 75*.
— (Louise), 68*.
— (Marguerite-Thérèse), 69*, 492.
— (Mathieu), 71.
— (Michel), 69.
— (Nicolas-Joseph), sénéchal de Locminé, 73.
— (Pélagie), 72.
— (Perronnelle), 69.
— (Pierre), 68, 68*, 69*.
— (Yves-Vincent), procureur fiscal de Locminé, lieutenant garde côte, 71*, 72.
Le Manceau (Agnès-Laurence), 260*.
— (Anne), 154.
— (Guénaëlle), 374.
— (Jean), 217*.

Le Manceau (Jeanne), 611.
— (Nicolas), 262*, 263, 582.
— (Olive), 263.
— (Renée), 217*.
Le Maner (Louis), curé de Guémené, 54.
Le Maoult (Alain), 33.
— (Catherine-Thérèse), 36*.
— (Claudine), 33.
— (François), 35.
— (Jacques-François), 42.
— (Julien), 33.
— (Julien-Louis), avocat en la Cour, 26*, 36*.
— (Marc), notaire royal de Gourin, 34, 42.
— (Marie), 33.
— (Nicolas), 34.
— (Nicolas-Guillaume), 35.
Le Marant (Anne), 9*.
Le Marchand (Anne), 459.
— (Anne-Françoise), 536.
— (Anne-Thérèse), 489, 492, 497*.
— (Antoine), 159.
— (Barbe), 584*, 585*, 586.
— (François), 458*, 459, 480, 506*.
— (Françoise), 427*.
— (Jean), 454*.
— (Jean-Augustin), 489.
— (Julien), 453*.
— (Julienne), 431*.
— (Perrine), 227.
— (Pierre), 480.
— (Renée), 109*.
— (Renée-Marie), 601, 601*.
— (Vincente), 326*.
— (Yvonne), 356*, 440*.
Le Marec (François-Louis), 634.
— (François-Marie-Nicolas), 633*.
— (Jean), prêtre, 523.
— (Louis-Simon), 634*.
— (Louise), 5*, 100.
— (Marie-Vincente), 634.
— (Pasquier-Jean-Marie), commis juré au greffe de l'amirauté, 633, 633*, 634, 634*.
— (Yves), 6.
Le Marhadour (Françoise), 443.
Le Marié (Claude), 146.
— (François), 146*.
— (Hélène), 152*.
— (Michel), organiste, 365*.
— (Pierre), maître d'équipage

sur les vaisseaux du Roi, 419*.
— (Roberde), 146*.
Le Marouil (Isabelle), 445*.
— (Jeanne), 623.
Le Marquis (Catherine), 598*.
Le Marthellot (N.), 172.
Le Masle (Charles), évêque du Morbihan. 421.
Le Masson (Guillemette), 458*.
— (Guy), 458*, 464*.
— (Jean-Ambroise), 55.
— (Jeanne). 535*.
— (Marie-Françoise), 88*.
— (René), 464*.
Le Matelot (Marie-Jeanne), 549.
Le Mau (Alexise), 442*.
Le Mauff (Anne), 449.
— (Bonne-Marie-Thérèse), 213, 213*, 214.
— (Christophe), 449.
— (Eliette-Marie), 256.
— (Elisabeth), 202*.
— (Françoise), 201, 201*, 228, 229.
— (Françoise-Perrine), 229*, 230, 231*.
— (Gabriel-Julien-Hyacinthe), avocat en la Cour, 202*, 203.
— (Guillaume-Jean-Marie), 211*.
— (Guillemette). 210.
— (Isabelle), 211.
— (Jacques), alloué de Coislin, 228, 229, 229*.
— (Jacques), avocat en la Cour, 184, 453*.
— (Jacques), sénéchal de Péaule, Keralio, Kerdréan et Liniac, 201*.
— (Jacques-Aimé-Marie-Hyacinthe), 203.
— (Jean), 184, 202.
— (Jean), sénéchal de Kerdavy-Quintin, Pinieux, Coëdro, Lescahouet, Kerface, Larré et Noyal, 211, 211*, 212*, 213, 213*.
— (Jean-Guy-Marie), 211*.
— (Jean-Julien), capitaine des vaisseaux du Roi, 418*.
— (Jean-Louis), sénéchal de Cohignac, alloué de Rochefort, 212*, 213, 213*, 214, 214*, 215.
— (Jean-Raymond), 213.

Le Mauff (Jeanne), 214*.
— (Jeanne-Yvonne), 202*.
— (Joseph-René), 211*.
— (Julien), sénéchal de Kerdréan, Liniac et Kéralio, 191.
— (Julien), sénéchal de Noyal, Péaule et Muzillac, 184.
— (Julien), notaire royal au présidial de Vannes, 446, 447, 449, 449*.
— (Julien), notaire royal à Rochefort, 438*.
— (Julienne). 202*, 211.
— (Louis-René), 202*.
— (Louise), 360.
— (Marc), 447.
— (Marguerite-Jeanne-Dominique), 203.
— (Marie), 447*.
— (Marie-Louise). 213, 215.
— (Perrine), 444, 444*, 445, 446.
— (Perrine-Renée), 202.
— (Perrine-Thomase), 213, 214*, 568*.
— (Pierre), 202.
— (Pierre-Charles-François), officier au bataillon de Lannion, 202, 202*, 203, 214*.
— (René-François), 213*, 214.
— (René-Thomas), sénéchal d'Ambon, alloué de Rochefort, 214.
— (Renée), 191*, 201, 201*.
— (Renée-Olive), 202*.
— (Thomase), 184.
— (Tristan), prêtre, 189, 189*.
Le Mauguen (Béatrix), 33.
— (Louis), 38.
— (Louis-François), 38.
— (Marie-Jeanne), 619*.
Le Maux (Marie), 627.
Le Mée (Barthélemy), 575.
— (Jeanne), 511, 512, 513, 514*, 515*, 517, 518*.
— (Julien), procureur au présidial de Vannes, 428.
— (Julienne), 576*.
— (Raoul), premier commis criminel de la Cour, 456.
— (Raoul), procureur en la Cour, 592*, 594.
Le Meignan (Alexis-Claude), recteur et prieur de Coetbugat, 212, 256.

Le Meignan (Alexis-Joseph), 212.
— (Anne-Vincente), 256.
— (Bonne-Marie-Josèphe-Thérèse), 212.
— (Charles), prieur de Loutehel, 255*.
— (Gabriel-Bon), 212.
— (Guillaume-René), capitaine de grenadiers. 331*.
— (Isaac-Charles), 255*.
— (Jean), 255*, 256.
— (Jean-Augustin), 255*.
— (Jean-Baptiste), 194, 205*, 212, 245*, 256.
— (Jean-Guy), 255*.
— (Joseph-René), 256.
— (Louise-Charlotte), 255*.
— (Louise-Josèphe-Vincente-Gabrielle), 245*.
— (Marie-Louise), 258.
— (Nicole), 212, 256.
— (Nicole-Renée), 246, 256.
Le Meilleur (Anne), 294, 296*, 338, 338*, 340, 340*, 348, 581.
— (Augustin-Yves-François), mousquetaire gris, 197, 381*, 393*.
— (Claude), 341.
— (Elisabeth-Maclovie), 388, 388*, 389, 391, 392, 393*, 394, 396*, 411, 556.
— (François), 392*.
— (François), procureur du Roi, garde sceaux au présidial de Vannes, 309*, 358, 365*, 367*, 451, 452*, 462*.
— (François), lieutenant aux gardes françaises, 492*.
— (François-Joseph), président à mortier au Parlement, 377*, 382, 385, 388*, 391, 392, 394, 397, 467, 505, 505*.
— (Françoise), 338, 341*, 343.
— (Guillaume). 296*, 297, 334, 336*, 426, 575*.
— (Jean), 296*, 421.
— (Jean), conseiller au présidial de Vannes. garde-sceaux, 340*, 341, 341*, 343*, 350*.
— (Jean-Roland), 358.
— (Jeanne), 334, 340.
— (Joseph), 343*.
— (Julienne), 421*, 423.
— (Marie-Julienne), 377*, 386*, 485*.

Le Meilleur (Marie-Rose), 395*.
— (Mauricette), 436.
— (Paul), 297.
— (Pierre), 342*.
— (Rose), 387, 391, 505, 505*,
— (Vincent), 280*, 361*.
Le Melinesdre (Jean), 473*.
— (Pierre), 485*, 486.
Le Mené (Olive), 556*.
Le Meneust (Anne), 178.
— (Charles-Martiant), comman-
        deur de St Lazare, 507.
— (Françoise), 113, 178, 178*.
— (Guy), président au Parle-
        ment, 142, 178*, 303.
— (Joseph), conseiller au Par-
        lement, 373*.
— (Joseph-Nicolas), 373*.
Le Menez (Alexandre-Trémeur-
        Marie), avocat du Roi au
        présidial de Vannes, 318*, 413, 414,
        416, 417, 418, 418*, 421, 557*,
        560.
— (Alexandrine), 418.
— (Françoise - Jeanne - Marie -
        Trémeur), 421.
— (Gabrielle-Françoise), 413.
— (Jean-François), 414, 557*.
— (Joséphine-Marie), 416.
— (Louis-Vincent), 418*.
— (Marie-Constance), 417.
— (Marie-Jeanne), 560*.
Le Menuet (Charles), avocat en
        la Cour, 598.
Lemer (Julien), notaire royal au
        présidial de Vannes, 425*.
Le Mercier (Catherine), 188*.
— (Claire), 471.
— (François-Guillaume), gref-
        fier de Kercado, 19*,
— (Gilles), 591.
— (Gilles - René - Marie), rece-
        veur des devoirs à l'Ile-
        aux-Moines, 566*.
— (Jean - François), notaire à
        Bignan, 170*.
— (Louis-Marie), recteur de
        Persquen, 64.
— (Louise), 425.
— (Louise-Yvonne), 64.
— (Marie-Françoise), 533*.
— (Marie-Guillemette), 171.
— (Michelle), 483.
— (Yves-Henri), 64.

Le Meré (Anne), 439*.
Le Mero (Françoise), 507, 508,
        509, 510, 511*.
— (Mathurin), 538.
— (Michelle), 586*.
Le Mes (Barthélemy), 427.
Le Mesle (André), notaire royal
        à Hennebont, 313*.
— (Anne), 313*.
— (Anne-Louise), 463*.
— (Guillaume), 579.
— (Jacques), 579.
— (Jean), 463*.
Le Mesnager (Jacques), archi-
        prêtre de la cathédrale de
        Vannes, 347*.
Le Metaer (Alain), 81.
— (René-Bonaventure), 81.
Le Métayer (Agathe-Hyacinthe-
        Mathurine), 12*.
— (Alain), 102.
— (Anne), 15, 91.
— (Anne-Françoise), 59*.
— (Anne-Toussaint), 212, 212*,
        387.
— (Barthélemy), 342*.
— (Eulalie), 403*.
— (François), 78*, 426, 427*.
— (François-Augustin), 212*.
— (François-Claude), 359*.
— (François-Laurent), 59*.
— (Françoise), 92, 103, 335*, 430.
— (Grégoire), 78*, 184*, 333.
— (Guillaume), 84*, 430*, 579.
— (Guillaume), lieutenant des
        Eaux-et-forêts, 338*.
— (Guillemette), 100.
— (Henriette), 405*.
— (Ignace), lieutenant de Car-
        groix, 84*.
— (Jacques), 574*.
— (Jacques-Joseph), 358.
— (Jacquette), 91*, 92.
— (Jean), 17*, 21, 84*, 91*, 334*, 427.
— (Jean), recteur de Plougou-
        melen, 355*.
— (Jean - Baptiste - Camille - Au-
        guste), officier de grena-
        diers, 405*, 408*, 619*.
— (Jean - Marie - Guillaume - Au-
        guste), 408*.
— (Jeanne), 17*, 184*, 275*, 334*,
        335, 351*, 359, 364*, 424*,
        427*, 429, 430, 430*, 444*,
        576, 576*

Le Métayer (Joseph-Georges),
        59*, 88*.
— (Julienne), 350*, 353*, 355*, 579*,
— (Louise), 341*.
— (Marie), 254*, 342*.
— (Marie-Renée), 264*.
— (Pierre), 67, 78*, 102, 456*.
— (Pierre-Paul), 387.
— (Raymond), 212.
— (René), 184*.
— (Robert), notaire royal au
        présidial de Vannes, 209,
        326*, 335*, 346*, 426, 426*,
        427, 438*.
— (Suzanne), 427, 427*, 429*,
        430, 430*.
— (Toussaint), 600*.
— (Vincent), 210, 359*.
— (Yves), 335, 335*, 424*, 441*.
— (Yves), sénéchal de Bazva-
        lan, 355, 358.
— (Yvonne), 354*, 427.
Le Mether (Elisabeth), 483.
— (Louise), 307.
Le Meur, ou Meur (Bertrand),
        424*.
— (Guillaume), notaire au pré-
        sidial de Vannes, 424*.
— (Guillaume), régent au col-
        lège de Vannes, 423.
— (Jacques), 424*.
— (Jean), cordier, 93*.
Le Meute (Jean-Claude), 635*,
        420.
— (Marie-Julienne), 635*.
Le Mezec (Constance), 77*.
— (Françoise), 148, 161, 326*.
— (Guillaume), 69*, 326*.
— (Guillemette), 2.
— (Henri), 276, 307, 350*, 427,
        574*.
— (Jacquette), 44*, 45, 46, 46*.
— (Jeanne), 339*.
— (Julienne-Marguerite), 115*,
        116.
— (Marie), 69*, 70, 521*.
— (Marie-Anne), 11*.
— (Mathurin), 91.
— (Mathurine), 173.
— (Michel), 579*.
— (N.), 72, 599.
— (Olivier), 307.
— (Pierre), 91, 574*.
— (Vincent), 466*.
— (Vincent), sous-brigadier des

fermes. receveur de Pénerf, 180*.

Le Michel du Roy (Germain), 537*.

— (Joseph-Marie), 533.

— (Marie-Angélique), 533*.

— (Marie-Louise). 555*.

— (Marie-Vincente), 532.

— (Mathurin-Joseph), commis juré au présidial de Vannes, 528, 532, 533, 533*, 537*, 611*.

— (N.), 320*.

— (Rose-Fleurie), 528.

— (Thomas), 502, 534.

Le Mière (François), 605.

— (François-Vincent-Joseph), ingénieur, 202*, 398*, 399, 403*.

— (Jean), docteur en médecine, 392, 394.

— (Jean-Frédéric-Auguste), élève ingénieur des Ponts et Chaussées de France, 420*.

— (Julie), 202*, 233, 233*, 398*, 541*.

— (Louise-Josèphe), 399.

— (Marie), 543.

— (Marie-Anne-Jacquette), 305*, 313, 411, 414, 420*.

— (Marie-Olivier), avocat en la Cour, 410, 512*, 517*.

— (Olivier-Pierre), lieutenant de frégate, 305*.

— (Paul-Charles-Nicolas), 398*.

Le Mière-Desplaces du Boizy (Julie), 202*.

Le Mineur (Anne-Marguerite), 500.

Le Mingan (Jacquette), 471.

Le Minihi (Marie-Perrine-Jacquette), 403*, 407, 407*, 408, 409, 557*.

Le Mintier (Charles), 111*.

— (Charlotte), 111*.

— (Daniel), 113.

— (François), 111, 111*, 112*, 114, 114*, 115, 115*, 224, 224*, 295, 378*, 379, 380, 382, 383, 385*, 399, 402*, 403, 403*, 417*.

— (François-Jean), 379.

— (François-Joseph), 305*.

— (François-Marie), 115*, 187, 203, 400*, 403, 404, 405, 405*, 409, 409*, 633*.

— (François-Valentin), 385.

— (Françoise), 112*.

— (Françoise-Marie-Elisabeth), 405*.

— (Gabriel-Marie-Joseph), 305*, 417.

— (Gillette-Marie-Vincente), 115*.

— (Jacquemine), 112*.

— (Jacques), 58*, 114.

— (Jean), 114, 244.

— (Jean-François-Marie), 402*.

— (Jean-Marie), 380.

— (Jeanne), 114.

— (Jeanne-Françoise), 385.

— (Jeanne-Marie-Marguerite), 409*.

— (Jeanne-Thérèse), 403*, 633.

— (Jérôme), 155*.

— (Joseph-Marie-Vincent), 404.

— (Marguerite), 112.

— (Marie-Anne-Alexandrine), 305*.

— (Marie-Anne-Françoise), 382*.

— (Marie-Anne-Vincente), 405.

— (Marie-Jéronime), 382, 400.

— (Marie-Joseph-Armand), 409.

— (Marie-Louise-Charlotte), 417.

— (Marie-Olive), 90, 115, 187, 382.

— (Marie-Olive-Augustine), 187.

— (Maurice), 59.

— (Michel-Pélage), 385.

— (Nicolas-Marie), 187, 380, 385, 385*, 390, 600*.

— (Pélagie-Françoise), 417*.

— (Philippe), 71.

— (Pierre), 112*, 113, 113*, 200.

— (René), 111*, 112, 113.

— (Renée), 111.

— (Renée-Françoise), 115.

Lémo (seigneur et dame de), 55*, 127, 245, 246*.

Le Moaligou (Louis), 41*.

Le Moël (Anne), 86*.

— (Blanche), 86*.

— (François-Mathurin), notaire royal au présidial de Vannes, 187*, 188*.

— (Françoise), 489, 494.

— (Hervée), 86*.

Le Moël (Jeanne), 86*.

— (Marie), 603, 603*, 604, 604*, 605, 605*, 606*, 607*.

— (Marie-Françoise), 558, 629.

— (Mathieu), avocat en la Cour, 70, 71.

— (Michelle), 469*.

— (Olivier), 86*, 90.

— (René-Gabriel), 187*.

Le Moello (Jean), 54.

Le Moëne (Gabriel), curé de Locuon, 20.

— (Jacquette), 2.

— (Jean), 1*.

— (Jean), recteur de Plouray, 40*.

— (Jeanne-Rosalie), 396.

— (Marie-Gillonne), 23.

— (N.), 327*.

— (René), 1*.

Le Moguedec (Charlotte), 428, 432.

— (Françoise), 457, 459, 471*.

— (Françoise-Victoire), 548, 620*, 621*, 622*, 623, 624, 625*.

— (Guillaume), 431.

— (Jacquette), 312, 432, 434*, 436*, 437*, 438.

— (Jean), 450.

— (Jeanne), 140*, 428*, 445*, 446, 448*, 449*, 451.

— (Julien), maître-chirurgien, 501.

— (Marguerite), 69*.

— (Pierre), 311*, 448*.

— (Thérèse), 459*, 461*.

— (Vincent), 426*.

— (Yves), 426*, 428, 428*, 429, 430, 431, 440*, 449, 450.

— (Yvonne), 426*, 434*, 436*, 437*, 438, 438*, 441*. Voir: Moguedec.

Le Moign (Alain), prêtre, 24.

— (François), recteur de Noyal Pontivy, 94.

— (Guillaume), 591*.

— (Guillaume), curé de St-Gérand, 104.

— (Isabeau), 14*.

— (Jean), 441, 442, 444*, 448*, 452, 501, 502*.

— (Jeanne), 444*, 507*.

— (Jeanne-Marie), 501.

— (Jeanne-Perrine), 628.

— (Joseph-Vincent), 502*.

Le Moign (Marguerite), 494*, 502, 503*, 506, 507*.
— (Marie-Josèphe), 620*.
— (Mauricette), 442.
— (Michel), 14*.
— (Perrine), 442, 515.
— (Pierre), 441.
— (Pierre), recteur de Billiers, 183*.
— (Renée), 500.
— (Thérèse), 447*.
— (Yves), 96.
Le Moine (Anne), 452, 460, 461, 462*.
— (Charles), lieutenant de la maréchaussée, 580*.
— (Elisabeth), 599, 600, 603.
— (Fleurie), 576.
— (Hélène), 260.
— (Jacques), 297*.
— (Jean), 576*.
— (Julien), 297*.
— (Julienne), 276, 577, 586, 587*, 592, 594, 596, 596*, 599.
— (Laurent), 563*.
— (Marie), 590*.
— (Marie-Josèphe), 540*.
— (Michelle), 592*, 596.
— (N.), 403.
— (Pierre), 578.
— (Roland), procureur, 414.
    Voir : Le Moyne.
Le Molgat (Guillaume), 283*.
— (René), 281.
Le Monec, ou Le Mouée (Julien), 603.
— (Nicolas-Marie), 606.
— (Olivier), 603, 604, 605*, 606.
— (Raymond), 604.
— (Vincent-René), 605*.
Le Monnier (François), 607*.
— (François-Joseph), capitaine des canonniers de la division de Vannes, 633.
— (Jean), recteur de Peillac, 116*.
— (Julien-Marie), 521.
— (Louise-Marie-Agnès), 412*.
— (Marguerite-Renée), 607*.
— (Marie-Anne-Michelle), 411*.
— (Marie-Josèphe), 520.
— (Marie-Vincente-Rosalie), 634.
— (Michel-Anne-Sébastien), procureur du Roi de la maîtrise de Vannes, 633, 634, 411* 412*.

Le Monnier (Michel-Jean), 625.
— (Michelle-Anne-Elisabeth-Marie), 633.
— (Renée-Vincente), 401*.
— (Pierre), 520, 521*.
Le Mordant (Anne), 254*, 255*, 256.
— (Catherine), 151, 255.
— (Guillaume), 209, 275*.
— (Jean), 209, 209*, 254*, 255, 276*, 298*.
— (Jeanne), 190*, 209, 244, 250*, 255, 277, 298*.
— (Julien), recteur de Grandchamp, 167, 307.
— (Louise), 155*, 254*.
— (Marie), 254*.
— (Perrine), 254*.
— (René), 254*.
Le Morillon (Olivier), 171*.
— (Renée), 171*.
Le Moroux (Françoise-Rose), 452.
— (Julien), 452.
— (Thérèse), 138*.
Le Moué (Marie-Vincente), 612*.
Le Mouel (Andrée-Renée), 587*.
— (Charles), 107.
— (Charlotte-Marie), 585*.
— (Claude-Jeanne), 581*.
— (Françoise), 581.
— (Françoise-Thérèse), 584*.
— (Françoise-Vincente), 589.
— (Gillonne-Olive), 591.
— (Guillemette), 581.
— (Jean), 15, 99.
— (Julien), 582*.
— (Louis), 107.
— (Louis), curé de St-Thuriau, 107.
— (Louise), 15.
— (Marguerite), 588.
— (Marie), 586.
— (Olivier), notaire royal, priseur et arpenteur à Vannes, 580*, 581, 581*, 582*, 583, 583*, 584*, 585*, 586, 587, 587*, 588, 588*, 589, 589*, 590, 591, 591*.
— (Patern), 580*.
— (Silvestre-Guillaume), 583.
— (Vincent), prêtre, 590.
— (Vincent-Joseph), 589*.
— (Vincente), 15, 15*, 99.
— (Vincente-Jeanne), 583*.
Le Moulin (Gilles), vicaire de Gourin, 36.

Le Moulnier, ou Le Mounier (Françoise), 141.
— (Guillaume), 470.
— (Hyacinthe), 70*.
— (Jean), sénéchal de Baud, 70.
— (Jean), maître apothicaire, 604*.
— (Marie-Anne-Hyacinthe), 561.
— (Pierre-Jacques), 70.
— (Vincent), 70, 70*.
— (Yvonne), 444*, 445.
Le Mous (Hyacinte-Augustin), 469*.
Le Moyec (Alexandre), 435*.
— (Anne), 509, 536, 554*.
— (Gilles), 445*.
— (Jacques), 425*.
— (Jean), 263, 425*, 430, 430*.
— (Jeanne), 436.
— (Joseph), 434.
— (Julienne), 145, 433*, 434, 440, 442, 446, 454*, 457, 495.
— (Laurent), 434*, 435*, 437, 437*, 440, 442, 445*, 579*.
— (Lucas), 429.
— (Marie), 439*, 442, 459, 478*.
— (Marie-Olive), 442.
— (Nicole), 445*, 452, 453, 454, 459, 465, 470, 474, 480*, 492*, 505*.
— (Pierre), 434*, 437, 482*.
— (Vincent), 437*, 465.
— (Yves), 429, 430, 430*, 431*, 434, 435*, 436*, 440*.
Le Moyne (Alexis), 60.
— (Alexis-Thomas), 30.
— (Anne), 70*, 434, 444, 467*, 470*, 478.
— (Athanase), 89*, 92, 93.
— (Bernardin), 103*.
— (Bonaventure), 65, 81, 89*, 102, 503*.
— (Bonaventure-Alexis), 65.
— (Catherine), 80*.
— (Catherine-Jeanne), 103*.
— (Charles), capitaine de dragons, 515*.
— (Claude), 103*.
— (Fleurie), 429*, 430.
— (François), 44*, 48, 52, 65, 78*, 91*, 92, 431.
— (François-Dominique), 103*.
— (Françoise), 92*, 336, 337*.
— (Françoise-Jeanne), 93.

Le Moyne (Françoise-Jeanne-Anne), 39.
— (Gillette), 47, 48, 48*, 50.
— (Grégoire), 45*.
— (Guenaëlle), 469, 473.
— (Hervé), 92.
— (Isaac-Louis), 71*.
— (Isabelle), 435, 482*.
— (Jacques), 425*.
— (Jean), 18, 46, 92, 93, 435, 435*, 436, 436*, 437, 437*, 439, 479. 497*.
— (Jean), sénéchal de Rohan, 44, 44*, 45, 45*, 46.
— (Jean-Jacques), 46.
— (Jeanne), 18, 91*, 430, 472*, 479, 491.
— (Jeanne-Bonaventure), 65.
— (Jeanne-Marie), 65.
— (Jeanne-Rolande), 436*.
— (Joseph), 30.
— (Julien), 80*, 425, 425*, 428*, 430*, 431, 434, 472*.
— (Julienne), 337*, 479.
— (Laurent), 44, 65, 81.
— (Louis-Bonaventure), 93.
— (Marguerite), 435*, 522*.
— (Marie), 44, 436.
— (Marie-Anne), 92.
— (Marie-Elisabeth), 103*.
— (Martial), 45.
— (Mathurin), 425, 432, 435.
— (Nicolas), 81*.
— (Paul), 469, 480.
— (Perrine), 15, 78*, 91*.
— (Pierre), 68, 92, 103*, 425, 432*, 434, 437.
— (René), 91*.
— (Renée), 91*, 437*, 472*, 480.
— (Silvestre), 424*.
— (Thérèse), 91*, 439.
— (Vincente), 432.
— (Yves), 103*. — Voir Le Moine.
Len (sieur et dame du), 135, 176*, 177*, 273*, 274, 283, 285*, 289*, 511.
Le Na (Anne), 333, 333*.
Le Naden (Mathurin), 603.
Le Nas (Jean), 133, 172*.
— (Julien), 133, 172*.
Lendebedan (seigneur de), 24.
Lenée (Michelle), 543.
Le Nestour (Louis), curé de Persquen, 64*.
Le Net (Guenaëlle), 277*.

Le Net (Jean), 277*.
— (Jean), notaire royal et procureur postulant à Rhuis, procureur syndic de Sarzeau et Ile de Rhuis, sénéchal de Saint-Gildas, alloué de Rhuis, 275*, 276, 277*, 278, 278*, 341, 343, 349.
— (Jeanne), 275*.
— (Marie), 276.
— (Pierre), 272*, 424*.
— (Vincente), 277*, 280*, 343, 345, 345*, 353*, 354*, 358*, 462.
— (Yvonne), 342*, 343*, 349*, 437.
— (Yvorée), 275*, 354.
Le Neuthiec (Guillemette), 555.
— (Jeanne-Perrine), 570*.
Lénevault (sieur de), 125.
Le Nevé (Gilles), recteur de Treffléan, 145*.
— (Guillaume), 189*.
— (Marie-Anne), 540, 619*.
— (Pierre), recteur de Séné, 297.
— (Pierre-Alexis), avocat en la Cour, 521, 530*, 532, 540, 614, 616.
— (Yvonne), 470, 474*, 478*, 482*, 484, 499.
Lenevent (sieur et dame de), 589*.
Lenfant (Pierre), 425*.
Lengles (Nicolas), conseiller en la Cour des monnaies de Paris, 62.
— (Théodore), 62.
Lenhouet en Moréac, 74.
Lenion (sieur et dame de), 503, 504.
Lenir (Marie-Jeanne-Antoinette), 241.
Le Nobletz (Claude), 193*, 210, 361.
Le Noheh (Jacquette), 106.
— (Jean), 106.
— (Marie), cordière, 91*.
— (Olive), cordière, 93*.
Le Noir (André), 452*, 454*.
— (Guillaume). 245*.
— (Jacques), 107*.
— (Jeanne-Hélène), 288.
— (Michelle), 462*.
Le Normand (Guillaume), recteur de Malansac, 572.
— (Isabelle), 447*.
— (Jean), sénéchal de la Chèze, 73*.

Le Normand (Jean), sénéchal et maire de Josselin, 565.
— (Louis), 350, 445*, 447.
— (Louise-Marie-Josèphe), 565.
— (Marguerite), 144*, 588.
— (Marie), 445*.
— (Simone), 634*.
— (Thérèse), 447*.
Le Noublanc (Armel), chirurgien, 146.
Le Nozéach (Jean), 63*.
Lenozet (sieur de), 307.
Lentivy (sieur et dame de), 59, 79*, 84*, 618*.
Lentivy (Abel de), 58.
— (Agnès-Claude de), 478*.
— (Alain de), 82*.
— (Anne de), 140*, 167*, 179, 352*, 365, 367*, 447.
— (Anne-Françoise de), 79*.
— (Augustin-Charles-Marie de), 419*.
— (Barnabé de), 106*.
— (Bernard de), 13*, 76*, 79, 79*, 93, 93*, 106*, 284, 368*, 475.
— (Bernardin de), 16, 16*, 78*.
— (Bertrand de), 194*.
— (Bertranne de), 296*.
— (Charles-Raymond-Hippolyte de), 419.
— (Claude-François de), conseiller au Parlement, 59, 59*, 88, 145*, 369, 369*.
— (Claude-Jacquette de), 361*.
— (Clément-Henri de), 562*.
— (Florimonde de), 377.
— (Florimonde-Renée de), 59, 369.
— (François de), 13*, 14, 44*, 45, 100, 106*, 375*.
— (François-Barnabé de), 106*.
— (François-Guillaume de), 360.
— (François-Jacques de), 145*.
— (François-Nicolas de), 84*.
— (Françoise de), 113, 115, 128*, 130*, 132, 134, 145*, 295, 380*, 389*, 616*.
— (Françoise-Catherine de), 13*, 106*.
— (Françoise-Josèphe de), 13*.
— (Georges de), 102.
— (Guy-Joseph de), 17, 418*.
— (Guy-Joseph-Joachim de), 138*, 397.
— (Guyonne-Pélagie de), 106*.

Lentivy (Hervé de), 102, 305*,
— (Hyacinthe de), 138*, 139, 144, 144*.
— (Innocent-Louis-Dominique-Bretagne de), chanoine théologal de Vannes, 312*.
— (Jacques de), 5, 16*, 58, 100, 100*, 106, 106*, 128*, 145, 145*, 349, 353, 360, 361*, 367*.
— (Jacques-Julien de), 403.
— (Jacques-Louis de), 100*.
— (Jacquette de), 361*.
— (Jacquette-Antoinette de), 375, 375*, 376*.
— (Jean de), 5*, 78*, 79, 99, 102, 109*, 128*, 133*, 172*, 194*.
— (Jean-Claude-Camille de), 106*.
— (Jean-Dominique de), 84*.
— (Jean-Joseph de), 402*.
— (Jean-Louis de), 100*, 110, 418*, 419, 419*, 420.
— (Jeanne de), 70*, 79*, 100*, 106, 109*, 127*, 133, 133*, 136*, 177*, 179, 295.
— (Jeanne-Charlotte de), 55, 79*, 101.
— (Jeanne-Jacquette de), 374*.
— (Jeanne-Jéronime de), 59.
— (Jeanne-Marie de), 7, 400*, 562*.
— (Jérôme de), 79*, 106*, 179.
— (Jérôme de), conseiller au Parlement, 100*.
— (Jérôme-François de), conseiller au Parlement, 95*, 106*, 416*.
— (Jérôme-Valentin de), 106*.
— (Joseph de), 17, 100, 100*, 139, 139*, 145*.
— (Joseph-Marie de), 139.
— (Joseph-Maurice de), 13*, 187, 187*, 188.
— (Joseph-Vincent de), 284, 286.
— (Julien-Hilarion-Jérôme de), conseiller au Parlement, 106*, 404*.
— (Julienne de), 171*, 174, 200.
— (Julienne-Florimonde de), 145.
— (Louis de), 58, 69, 78*, 79, 82*, 84, 84*, 99, 102, 102*, 137*, 333, 423.
— (Louis de), conseiller au Parlement, 44*, 45, 58, 58*.

Lentivy (Louis-François de), conseiller au Parlement, 59, 478*.
— (Louis-Paul de), 415*.
— (Louis-Vincent de), 101*, 102*.
— (Louise de), 58, 85, 139*, 305*, 306*, 401*, 402, 403, 421, 478, 561.
— (Louise-Françoise de), 139.
— (Magdeleine de), 102.
— (Marguerite de), 78*, 140*, 145*.
— (Marguerite-Jeanne de), 16*.
— (Marie de), 600*.
— (Marie-Adélaïde de), 106*.
— (Marie-Anne-Jacquette de), 144*.
— (Marie-Anne-Thérèse de), 400, 400*.
— (Marie-Hyacinthe), 139.
— (Marie-Louise-Victoire-Rosalie de), 420*.
— (Mathieu de), 133*, 140*, 347.
— (Michel de), 82*, 83, 84, 102, 145, 350.
— (Nicolas-Augustin de), chapelain de Saint Louis, 83, 84.
— (Pierre de), 78*, 79, 79*, 84, 137, 137*, 145*, 294*, 295.
— (Pierre-François de), 294*.
— (Pierre-Gilles de), 102*, 400, 400*.
— (Pierre-Jean-Gilles de), 402* 403*, 415*.
— (Pierre-Julien de), 187*.
— (Pierre-René de), 102*.
— (Pierre-Valentin de), 400.
— (René de), 102, 140*, 375*, 457*.
— (René de), recteur de Plumelin, 83, 84.
— (Thérèse de), 85.
— (Thérèse-Anne de), 286.
— (Thérèse-Renée de), 79*.
— (Thuriau de), 106*.
— (Vincent de), 102.
— (Yvonne de), 69, 70*.
— (Yves de), 79*.
Lenvo (dame du), 18.
Lenvos (sieur et dame de), 10, 10*, 11*, 12, 13*, 21, 23, 42, 58, 207, 338, 550*, 630*.
Le Ny de Coadelès (Anne-Julienne Claude), 587.
— (Charles), grand vicaire de Vannes, 167*, 585*.

Le Ny (Claude), 21*.
— (François), bailli de Saint-Renan et Brest, 587.
— (Jeanne), 167*, 357, 358, 359, 362*, 372, 375*, 382, 446*, 470*.
— (Louis), receveur des ports et hâvres, 426*.
— (Mathurin), 359.
— (Mathurin-Marie), archidiacre de la cathédrale de Vannes, 22*, 194, 374, 389*, 394, 396.
— (Perrine), 635*.
Léon (prince de), 376*.
Léonard (Anne), 565.
— (Antoine), 556, 565.
— (François-Guillaume), 572*.
— (René-Marie), 556.
Léonas (seigneur de), 30*.
Léonce (Maurice), recteur de Surzur, 433.
— (Thomas), recteur de Surzur, 277*.
Le Page (Jean), prêtre, 164.
— (Jeanne), 226*, 227.
— (Julien), curé de Monterblanc, 141.
— (Marguerite), 87.
— (Pierre), 480.
Le Palec (Marie), 556*.
Le Paler (Julien), 604.
— (Marie-Josèphe), 604.
Le Pallier (Gilles-François), procureur en la Cour, 475.
Le Palmec (Yves), 453.
Le Pan (Julienne), 168*.
Le Pape (Gilles), 514, 535, 559*.
— (Marguerite), 314, 535, 536*, 539, 559*, 562.
— (Marie-Anne-Bonaventure), 160.
Le Papon (Catherine), 17*.
— (Olivier), 17*.
Le Parc, ou Le Par (Christine), 425*.
— (Guillaume), avocat en la Cour, 363*.
— (Jacquette), 93*, 511.
— (Julienne), 455, 481*, 482*, 487, 506*, 599.
Le Paric (Marguerite), 564*.
— (Renée-Josèphe), 564.
Le Pautremat (Etienne), 507*.
Le Pavec (Jacquette), 174*.
Le Puillon, recteur d'Arradon, 607.

Le Pélerin (Anne), 495, 495*.
— (Hélène), 490.
Le Peleter (Guyonne), 39*.
— (Jeanne), 596, 596*, 597*, 598*, 599, 600.
— (Julien), 39*.
Le Pelle (François), 141*.
Le Peltier (François), 180.
— (Guillemette), 481*.
— (Julien), procureur au présidial de Vannes, 482*, 577, 577*.
— (Julienne), 482*, 483*, 485, 486, 497*.
— (Marie), 494*.
— (N.), 450, 487*.
— (Pierre), 191*, 258*, 485.
— (Yves), 577*.
Lepeltiez (Yves), notaire royal, 491*, 496*, 502, 594*.
Le Pendic (Jeanne), 424*.
Le Penher (Jeanne), 281, 281*, 283*, 285, 586.
— (Marguerite), 578*.
— (Marie), 279*, 280, 280*, 281*.
— (Perrine), 280.
— (René), procureur fiscal de Camsillon, 279*.
Le Penneç (Anne), 271*, 272, 272*.
— (Catherine), 189.
— (François), 112.
— (Gédéon), 235.
— (Marie), 177, 189, 189*, 273.
Lépéran (seigneur de), 27.
Le Perdit (Jean), 94*.
— (Mathurine), 94*.
— (Olivier), 94*.
Le Perf (Anne), 547, 552.
Le Persquer (Jean), 425*.
Le Pestillac (Yves), 327.
Le Petit (Anne-Josèphe), 630.
— (Barthélemy), 141.
— (Catherine), 497.
— (Claude), 208*.
— (Gildas), 535*.
— (Hélène), 545.
— (Hélène-Pélagie), 308.
— (Jacques), 141.
— (Jean-Baptiste-Nicolas), 494*.
— (Jean-François), 549, 631*.
— (Jeanne), 208*.
— (Jeanne-Charlotte), 546.
— (Jeanne-Louise), 496.
— (Jeanne-Mathurine), 501.
— (Jeanne-Perrine), 539*.

Le Petit (Joseph), 549*.
— (Joseph), capitaine, garde côtes, 308.
— (Joseph-Jean), 533, 534*, 535*, 538*, 539*, 541, 541*, 545, 546, 547, 549, 549*, 551*, 552*, 570, 607, 629, 630*, 631, 631*.
— (Joseph-Laurent-Charles), 545.
— (Laurent-Joseph), 552*.
— (Marie-Anne-Benjamin-Joséphine), 547.
— (Marie-Josèphe), 538*, 552*, 630*.
— (Marie-Vincente), 534*.
— (Mathurin), 497.
— (Michel), prêtre, 520*.
— (N.), 518.
— (Pierre), huissier audiencier au présidial de Vannes, 479*, 483, 486, 494*, 495*, 496, 497, 499, 501, 502*, 507.
— (René-Vincent), 502*.
— (Renée), 504.
— (Renée-Louise-Vincente), 499.
— (Vincent), 549*.
— (Vincent-Joseph-Marie), 534*.
— (Vincente), 518.
Lepetitchault (Jean), 450*.
Le Peutrec (François), recteur de Lauzach, 197.
Le Pichon (Guillaume), procureur au présidial de Vannes, 476*, 589*.
— (Jean), recteur de Sulniac, 144.
— (Jean-François), 476*.
— (Louise), 473.
— (Marguerite), 482*, 485.
— (Marie), 424*.
— (Olivier), 448*.
— (Perrine), 432*, 433, 434*, 435*.
— (Yves), curé de Bizole, 146.
Lépicier (Bertrand-Julien), 468*.
— (Gratien), maître-chirurgien, 460*, 468*.
— (Thérèse-Jacquette), 173.
Le Pihan (Françoise), 567.
— (Perrine), 578*.
— (Yves), 604*.
Lépinay (vicomte de), 393.
Lépine (sieur de), 509*.
Le Piniec (Julien), vicaire perpétuel de Sainte-Croix de Vannes, 380*, 487*.

Le Piniec (Pierre), 556.
— (Roberte), 501*.
Le Piouffe (Antoine), sénéchal de Molac, 91*.
Le Piriec (Guillaume), 438.
Le Plenne (Jeanne), 141.
Le Pluart (Julienne), 485.
Le Pocreau (Claude), curé du Guerno, 184*.
— (Jean), recteur d'Ambon, 179.
Le Poder (Etienne-François), 29.
— (Etienne-Yves-Auguste), 29.
— (Jeanne-Louise), 38, 42*.
— (Nicolas), procureur fiscal du Saint et sénéchal de juridictions, 42*.
Le Poëtevin (Julien), curé de Naizin, 80*.
Le Pojellec (Marc), 473*.
Le Pojollec (Jeanne), 447*.
— (Louis), 445, 446, 447*.
— (Marie), 445.
— (Noël), 446.
Le Polotec (Etienne), 18.
Le Pontho (Angelique), 507*.
— (Anne), 48*.
— (Marie-Jeanne), 312*, 390*, 391*, 393*.
— (Marie-Vincente), 393*, 523*.
Le Porh ou Le Porch (Catherine), 460, 494.
— (Marie), 425*.
Le Port (Catherine), 470*.
— (Jacques), 479*.
— (Marie), 434*.
Le Porz ou Le Portz (Anne), 609.
— (Catherine), 596*, 597*.
— (François), 551*.
— (Françoise-Guillemette), 551*.
— (Jacques), 560.
— (Mathurine-Jeanne), 4*.
— (Pierre), recteur de Saint-Nolff, 142*.
Le Poullain (Jeanne), 9*.
— (Marguerite), 14*.
Le Pourceau (Guillemette), 507*, 523.
— (Jean), 619*.
— (Jeanne), 505*, 507*, 508*, 509, 509*, 510, 510*, 512*, 515, 516, 527*, 531.
— (Jeanne-Françoise), 410.
— (Julien), 283*.
— (Marie-Jeanne), 405*, 409, 619*.
Le Pourhiet (Henri), prêtre, 65*.

Le Poussin (Marie-Louise), 63*, 66*.
Le Poytevin (Marie), 14*, 15.
Le Prado (Isabelle), 278*.
— (Jacques), 278*.
— (Jeanne), 278*.
— (Marie-Anne), 278*, 279.
— (Pierre), 278*, 279.
— (Toussaint), 279.
Le Prat (François), 431*, 432, 432*, 434, 434*, 439, 447.
— (Françoise), 447.
— (Henri), 335, 346.
— (Jean), 335, 432*, 434*.
— (Jeanne), 337.
— (Julienne), 338, 439.
— (Marguerite), 432.
— (Pierre), 432*.
— (René), 431*, 447.
— (Roland), 439.
— (Vincent), 432.
— (Yvonne), 347*.
Le Pré (Cado), 499.
— (François), recteur de Naizin, 69.
— (Pierre), 68, 70*, 71*.
— (René), 69.
Le Predour (Marie-Louise), 503, 504.
— (Roland-Corentin), 503.
— (Sébastien-Corentin), avocat en la Cour, 26.
Le Prestre (Anne-Eléonore), 566.
— (Elisabeth), 331*, 332, 332*, 413.
— (François), chevalier de l'ordre du Roi, capitaine de 100 hommes d'armes, 164.
— (Guillaume), doyen de Gué-mené, 43, 61.
— (Jacques-René), président au Parlement, 402.
— (Michel-Edmond), 331*.
— (René-Jacques-Louis), con-seiller au Parlement, 140, 402.
Le Prévost (Françoise), 158.
Le Prézec (Nicolas), 490*, 598*, 604*.
— (Louise), 427*.
— (Perrine-Charlotte), 604.
Le Prince (Louise), 465*.
— (René), 182.
— (Renée), 78*, 84.
Le Priol (Jeanne), 480.

Le Provost (Andrée), 593*.
— (Joseph-Mathurin), 166*.
— (Marie-Anne), 26.
Le Puhé (André), archiprêtre de la cathédrale de Vannes, 585.
Le Puillon (Louis), sénéchal de Pontscorff, 100.
— (N.), prêtre, aumônier de la Cie des Indes, 266*.
— (Suzanne), 308.
Le Quemener (Yves), 19.
Le Quenay (Jean), 447*.
— (Pierre), 447*.
Le Quenderff (Anne), 445*.
— (Charles), notaire royal au présidial de Vannes, 440*, 581*.
— (Guy), procureur au présidial de Vannes, 445*.
— (Jeanne), 445*. 583.
— (Joseph), notaire royal au présidial de Vannes, 450*, 454, 457*.
— (Louis-Joseph), 454.
— (Marguerite-Julienne), 465*.
— (Marie), 457*.
— (Mathurine), 450*.
— (Renée), 465*.
Le Quenel (Anne-François), 445.
Le Quennec ou Quennec (Anne-Marie-Vincente-Margue-rite), 551.
— (Anne-Philippe-Louis), 544*.
— (François-Marie), 542*.
— (Jean-François), 524*.
— (Jean-Marie), 531.
— (Louis-Julien), 552.
— (Marie-Jeanne), 542*, 567.
— (Marie-Vincente), 555.
— (Mathurin), 555.
— (Pierre), 523, 524*, 531, 532*, 535*, 540*.
— (Pierre-Augustin), 551.
— (Silvestre), 523.
— (Thébaud), 542*, 544*, 551, 552.
— (Thébaud-Marie), 555.
Le Quéré (Jean), recteur de Bil-liers, 183*.
— (René), 497*.
Le Querer (Pierre), 526*.
Le Queux (Charles), 69*.
— (Colomban-Guillaume), 69*.
— (Jean), recteur de Bignan et promoteur de Vannes, 137*, 173.

Le Queux (Suzanne), 71, 71*, 511*.
Le Quilliec (Perrine), 190.
Le Quimener (Marthe), 213.
Le Quinio (Anne), 179.
— (Gabriel), maître chirurgien, 420.
— (Gildas-Nicolas), chirurgien du Roi à Rhuis, 287*.
— (Hélène), 185*.
— (Jacques), 179. 190*, 278*.
— (Jean), 184*, 190*, 298, 439*.
— (Jean), alloué au présidial de Vannes, 186, 356, 361*, 439*.
— (Jean), avocat en la Cour, 184*, 185, 185*, 186.
— (Jean-François), 287*.
— (Joseph-Marie), 179, 287*.
— (Julienne), 179, 190*, 265*, 278*. 279.
— (Marguerite-Thérèse), 187, 385, 385*, 390, 600*.
— (Marie-Jeanne), 292.
— (Nicolas-Jean-Marie), 292.
— (Nicolas-Marie), maître chi-rurgien, 292.
— (Perrine), 185*.
— (Perrine-Julie), 186*, 255*, 363.
— (Pierre), 497.
— (René-Jean), 191*.
Lerain (sieur et dame de), 402*, 440, 441*, 443, 443*, 444*, 445, 449*, 476, 477*, 516.
Le Ralle (Catherine), 14*.
— (François), curé de Noyal-Pontivy, 94*.
— (Jean), 15.
— (Mathurin), 14* 15.
Le Ray (Allenette), 574*.
— (Anne), 407*.
— (Antonine), 434.
— (Catherine), 313*, 470.
— (Claude), 239.
— (François-Claude), 478*.
— (François-Olivier), 532.
— (Françoise), 486, 487*, 491, 503.
— (Jacquette), 189, 189*.
— (Jean), 487*, 489.
— (Jean), recteur de Saint-Pa-tern, 574.
— (Jean), procureur en la Cour, 473, 593, 593*.
— (Jean-Baptiste), 409*.
— (Jean-René), 474*.
— (Jean-Rose), 536.

Le Ray (Jeanne), 436*, 441*.
— (Jeanne-Louise), 404.
— (Joachim), 532.
— (Joseph-Julien), 482*.
— (Julien), 520*, 521*, 522*, 524, 525, 526*, 529, 530, 532, 533*, 536, 538*, 544*, 552.
— (Julien), notaire royal du présidial de Vannes, 404*, 518*.
— (Laurent), maitre architecte à Vannes, 470.
— (Louis-Marie), 529.
— (Marie), 545*.
— (Marie-Josephe-Hyacinthe), 561.
— (Marie-Julie), 407.
— (Marie-Thérèse), 525, 629.
— (Mathieu-Julien-Michel), notaire royal au présidial de Vannes, 407, 407*, 408*, 409, 544.
— (N.), 450.
— (N.), notaire royal au présidial, 535.
— (Pasquier), avocat au parlement de Paris, procureur du Roi de la maitrise de Vannes, 535*, 561.
— (Pierre), 224*, 481*, 484.
— (Pierre), recteur de Saint-Avé, 295*.
— (Roberte-Aymone), 538*.
— (Sylvie), 521*, 530.
— (Thérèse-Renée), 523*.
— (Toussainte), 530.
— (Vincent), 408*, 526*.
— (Yves), architecte à Vannes, 470, 474*, 478*, 482*, 484, 499, 502*.
— (Yves-Jérôme), 522*, 532.
Léré (seigneur et dame du), 289, 547*, 550.
Le Rebours (François-Marie-Anne), 603.
— (Françoise), 511, 609.
— (Louis-François), 603.
— (Michel-Charles), 394*.
Lé Rebuffé (Françoise), 587.
— (Laurent), 587.
— (Laurent-Louis), docteur en médecine, 587.
— (Marie), 587.
Le Ret (Julienne), 491*.
Le Reyer (Corentin), 589*.

Le Reyer (François), 589*.
Le Riboul (Guillaume), vicaire perpétuel de l'Ile d'Arz, 313.
Le Ridant (Alexis), 414*.
— (Jean-Baptiste), notaire au présidial de Vannes, 411, 411*, 412*, 413, 414*, 419*, 625*, 626.
— (Jean-François), 626.
— (Jean-Marie), 412*.
— (Jeanne), 275.
— (Jeanne-Marie-Rose), 419, 419*, 625*.
— (Louis), 413.
— (Marie), 456*, 457*.
— (Marie-Josèphe), 411.
— (Marie-Perrine), 596*.
— (Marie-Vincente), 411*.
Lerié (sieur du), 518*.
Le Rieux (Marc), principal du collège de Vannes, recteur de Pluneret, 547*.
Lermo (sieur de), 372*.
Lerne (Anne-Jeanne de), 64*.
Lernoud (Hubert), 553.
Le Roch (Christophe), 471*.
— (François), notaire au présidial de Vannes, 585, 607, 607*, 610.
— (Guillaume), 335.
— (Jacquette), 336, 461*.
— (Jean), 585, 586*.
— (Joseph-Hyacinthe), 585.
— (Louis), 334*, 335, 336.
— (Marguerite), 335.
— (Pierre), 412.
— (Sébastien-Pierre), 607*.
— (Vincente), 583*.
— (Yvonne), 334*, 340*.
Le Rohellec (Jeanne), 314.
Le Roillo (Anne), 78.
Le Rouge (Marie-Ursule), 48, 48*.
— (Perronnelle), supérieure des hospitalières de Guémené, 51.
Le Rousseau (Anne-Marie-Thérèse), 35*, 36.
— (Claude-Louise), 42*.
— (Louis), 610.
— (Mathurin-Jean), 206.
— (Michel), chevalier de l'ordre du Roi, 41*.
— (Michel-Colomban), 34, 42*.
— (Olivier), 260.

Le Routennec (Jacquette), 282.
Le Roux (Anne), 60*, 491*, 493, 495*, 496*.
— (Anne-Marguerite), 491.
— (Catherine), 46, 508.
— (Charles), prêtre, 608.
— (Christophe), 445*.
— (Etienne), 241, 469.
— (François), 265, 452.
— (Françoise), 551.
— (Gilles), 455, 490, 592.
— (Gillette), 133, 273*.
— (Guillaume), 463.
— (Hyacinthe), 521* 525*.
— (Jacob), capitaine de la Cⁱᵉ des Indes, 630*.
— (Jacques), 265, 456*, 464*, 466*.
— (Jacquette), 355.
— (Jean), 296, 425*, 463.
— (Jeanne), 100*, 499*, 592, 593*.
— (Jeanne-Julienne), 493*.
— (Jeanne-Renée), 598.
— (Jeanne-Vincente), 525*.
— (Joseph), 463, 493*.
— (Julien), 425*.
— (Julienne), 502, 503.
— (Louis), 598.
— (Louis), procureur au présidial de Vannes, 489*, 491, 493.
— (Louis), maître-écrivain, 471, 478*.
— (Marie-Marguerite), 191*, 521*.
— (Marie-Vincente), 493.
— (Martine), 478*.
— (Mauricette), 473.
— (N.), graveur, 525*.
— (Olivier), notaire et sergent des régaires de Vannes, 469, 473*.
— (Renée), 10.
— (Patern), 321*.
— (Suzanne-Gabrielle), 489*.
— (Thérèse), 445*, 508*.
— (Vincent), 455.
Le Rouyer (Angélique-Jeanne), 412.
Le Rouzic ou Rouzic (Corneille), 558.
— (Jacques-Marie), 556*, 628.
— (Jean), 617.
— (Jean-Baptiste), 617.
— (Marie-Jeanne), 558, 560, 568*.
— (N.), orfèvre, 555*.
— (Paul), 87.

Le Roy (Aliette), 91, 334*, 335, 422*.
— (Anne), 153*.
— (Anne-Gabrielle), 148*.
— (Anne-Gabrielle-Josèphe), 543*.
— (Anne-Marie), 50.
— (Barbe), 46.
— (Catherine-Henriette), 114.
— (Charles), 78*.
— (Charlotte), 468*.
— (Claude), 499.
— (Françoise), 153, 475*, 544*, 607.
— (Henri), 425.
— (Honoré), doyen de Carentoir, 156*, 157.
— (Jean), 9, 152*, 153.
— (Jean), curé de Saint-Thuriau, 107.
— (Jean), notaire de Carentoir, 599*.
— (Jeanne-Louise), 504.
— (Joseph), 537*.
— (Joseph-Mathurin), 537*.
— (Julienne), 165*.
— (Louis-Marie), 618*.
— (Louise), 386*.
— (Marie), 166*, 425.
— (Marie), fille de la Charité, 532.
— (Marie-Jeanne), 148, 540*.
— (Marie-Josèphe), 148, 404, 540*, 543*, 548, 618*.
— (Marie-Pierre), 148*.
— (Mathurin), 152*, 153*.
— (Mathurin-Julien-Michel), 416.
— (Michelle), 425.
— (Nicolas), 203*.
— (Pierre), 78*, 425, 504.
— (Pierre), prieur de Saint-Nicolas-de-Blavet, 81*.
— (Raoul), 9.
— (Renée), 147*.
— (Rodolphe-Philippe), prêtre, 114.
— (Rose-Josèphe), 548.
— (Suzanne), 205.
— (Suzanne-Marie-Angélique), 203, 246*, 563.
— (Thérèse), 36.
Le Royer, ou Royer (Françoise), 427*, 430.
— (Jacques), 427*.

Le Royer, ou Royer (Jeanne), 429*.
Le Rozec (François), 426.
— (Françoise), 578*.
— (Jacques), 426, 575*, 576.
— (Jeanne), 341, 341*, 342, 344, 576.
— (Louise), 426.
— (Olivier), 426.
Le Rumin (Christophe), 41*.
— (Jeanne), 596, 598*.
Le Sage (Alain-René), 280.
— (Claude), 276*, 313.
— (Claude), notaire royal et greffier de Rhuis, 280.
— (Hélène), 38*.
— (Isabelle), « procureuse » du Roi à Gourin, 38.
— (Jacques), doyen de Péaule, 199, 200, 248.
— (Jacques), sergent général et d'armes, 276*.
— (Jeanne), 278*, 280, 299*.
— (Valence), 453*.
Le Saige (Julien), 150.
Le Saint (paroisse), 41-43. — Voir: Kerouarch, Le Saige (lieux-dits), Saint-Gilles de Ponthbriand (prieuré).
Le Sancquer (Golven-Julien), 157*.
— (Golven-Marie), 157*.
— (Pierre-Marie), procureur fiscal de La Bourdonnaye, 157*.
Le Sang (Françoise), 223*.
Le Sant (Jean), 275*, 469, 477, 595*.
— (Joachim), 570.
— (Julien), chapelain de Kerlois, 313*.
— (Louise), 469.
— (Marie), 313, 342, 414*, 416.
— (Marie-Thérèse), 419*.
— (N.), capitaine de navires, 414*.
— (N.), 595*.
Lesascoet (seigneur de), 25*.
Le Saulnier (Jean-François-Yves-Xavier), 406*.
— (Jean-Marie), commissaire de la marine à Vannes, 56, 406*.
Le Sausse (Jean-Olivier), 609.
— (Julien), 609.
Le Saux (Louis), 553*.

Lesbaupin (François-Gabriel), employé aux Fermes, 625.
Lesbins-Pontscorff (paroisse de), 103*.
Lescadiguen (seigneur et dame de), 16, 16*, 81, 133, 137, 201*.
Le Scanff (Jeanne), 22.
Lescaouet (sieur de), 190, 242*, 248, 423*.
Lescastel (sieur de), 436.
Lescaudu (Françoise de), 594.
Le Schel (Charles), 313*.
— (Jean), 313*.
Leschet (Jeanne), 272*.
— (Renée), 9*.
Lesclèches (sieur de), 272.
Le Scodant (Joseph), 563*.
Lescoët (seigneur et dame de), 28, 37*, 133, 134*, 135, 135*, 136*, 335, 415, 420*, 632.
Lescop (Jean), 462*.
— (Joseph), 462*.
L'Escorce (Denise de), 159.
Lescornec (Françoise-Agathe), 489.
— (Jean-François), maître sculpteur, 507*, 603*.
— (Perrine), 522.
Lescot (sieur et dame de), 141, 141*.
Lescot (Charles), 7.
— (François), 7, 406.
— (François-Yves), 406.
Lescouat (sieur de), 160.
Lescouble (Anne de), 158*.
— (Anne-Marie de), 592.
— (Anne-Thérèse de), 172*, 265*.
— (Charles-Jean-Marie de), 556*.
— (Claude de), 173, 265*, 614*, 618*, 625*.
— (Élisabeth de), 339.
— (Gilles de), 158*.
— (Gillette de), 433.
— (Guillemette de), 297.
— (Jean de), 255*, 278, 298, 298*, 299, 337*, 338*, 339, 339*, 347, 360, 431*, 433.
— (Jean-Baptiste de), 556.
— (Jérôme de), 431*.
— (Julien de), 173, 283, 284, 297, 339*, 587*, 592, 597.
— (Louis-Anne), 173.
— (Louis-Jean-Baptiste), 173, 284, 389*, 628.
— (Magdeleine-Florence), 283, 284*, 285, 286*, 597.

Lescouble (Marguerite), 193.
— (Marie-Jeanne), 389*.
— (Marie-Rose), 614*, 615.
— (Maurice), 433.
— (Nicole), 298*.
— (Pierre), 178, 337*.
— (Pierre-Marie), 618*.
— (René-Martin), 556*, 628.
— (Yvonne), 143*, 297*, 348*, 431*, 439.
Lescouet (Jean), curé de Plescop, 174*.
Lescouet (Claude-Marie-François de), 533*.
— (Eugène-Armand de). 26*.
— (François de), 194, 398*, 399, 405, 407, 533*, 558.
— (François-Joseph de), 398*.
— (François-Joseph de), capitaine d'infanterie, 537*, 571*.
— (Gillonne-Marie-Josèphe de), 399, 412*, 416*, 558, 561.
— (Hélène de), 464.
— (Jean-Baptiste de), 489.
— (Marie-Josèphe de), 405.
— (Méance-Marie-Josèphe de), 561.
Le Scouézec (Abel), recteur de Billiers, 183*.
— (Olivier), curé de Marzan, 217.
Lescran (sieur et dame de), 8; 26, 31, 33*, 129, 351.
L'Escu (François de), 367*.
— (Gilles de), conseiller au Parlement, 595.
— (Marie-Louise-Gabrielle de), 595.
Le Scunff (Jeanne), 25.
Lescuyer (Adélaïde-Marie-Philippe), 241.
— (Alain), maître-chirurgien, 70.
— (Jacquette), 311*.
— (Louis-Marie), 241.
— (Marie-Marguerite), 618*.
Le Sec (Louise), 477, 595*.
Le Sénéchal (Adèle-Joséphine-Eulalie), 418.
— (Amélie-Roger-Antoine-Paul), 300*.
— (Anatole-Louis-Marie-Corentin), 106.
— (Anne), 592*.
— (Anne-Julie), 376, 376*.
— (Anne-Julie-Perrine), 377*, 388*.
Le Sénéchal (Anne-Louise), 105.
— (Anne-Louise-Marie-Emilie), 86*.
— (Antoine-Paul-Marie-Prudent-Fortuné), 198*.
— (Barthélemy), 89*.
— (Barthélemy-Hyacinthe-Anne), 104*.
— (Catherine), 104*.
— (Charles-Louis), 304*.
— (Claude), 104*.
— (Claude-Hyacinthe), 105.
— (Corentin-Joseph), colonel d'infanterie, gouverneur de Quimper, 105*, 106, 198, 198*, 199.
— (Edouard-Louis-Marie-Alexandre), 106.
— (Eustache), prêtre, 105.
— (François), 13, 104, 302, 302*, 304, 304*, 351*.
— (François), chanoine de Saint-Augustin, prieur curé de Saint-Jean de Boiseau, 376.
— (François), chevalier de l'ordre du Roi, 104.
— (François), conseiller au Parlement, 73, 104*.
— (Françoise-Jeanne), 197*.
— (Gillette), 302, 302*.
— (Hyacinthe-Anne), 3.
— (Innocente-Gabrielle-Angélique), 105*.
— (Isabeau), 296.
— (Jean), 104*, 281*, 301*, 304*, 347, 356*, 361, 373*, 377, 377*, 448*, 452*, 464, 585.
— (Jean-Baptiste), 104*.
— (Jeanne), 302.
— (Jeanne-Charlotte), 304.
— (Jeanne-Marie), 198, 395*, 409*.
— (Julie-Agathe-Adélaïde), 105*.
— (Julien), 162*, 171*, 299, 303*, 304, 304*, 326*, 354*, 356*, 357*, 358*, 371, 377*, 459, 511.
— (Julienne-Anne), 303*, 304*.
— (Julienne-Suzanne), 304.
— (Laurent), 326*, 343*.
— (Louis), 304*.
— (Louis), capitaine au régiment de Guébriant, 211.
— (Louis-Alexandre), lieutenant général des armées du Roi, 90, 105*, 198*.
Le Sénéchal (Louis-Alexandre-Marie-Joseph), 87, 105*, 106, 198*.
— (Louis-Alexandre-Xavier), lieutenant général des armées du Roi, 198*.
— (Louis-Gabriel), 105*.
— (Louis-René), 86, 87, 105.
— (Louise), 302, 326.
— (Louise-Françoise), 110*, 198*, 400*, 402, 408*, 409, 530*.
— (Louise-Guyonne), 380*.
— (Louise-Marguerite), 105, 198, 198*, 199, 398.
— (Luc-Julien), lieutenant des maréchaux de France, 300*, 301, 377*, 392*, 393*, 395*, 407, 417.
— (Marcque-Perrine-Marie-Anne-Louise-Paule-Vincente), 105*.
— (Marguerite-Louise), 198*, 199.
— (Marguerite-Louise-Françoise), 87, 104, 105*, 198.
— (Marie-Anne), 198.
— (Marie-Jean-Prudent), capitaine de dragons, lieutenant des maréchaux de France, 332, 418.
— (Perrine), 571*.
— (Perrine-Anne-Marie-Louise-Paule), 198.
— (Perrine-Lucrèce-Alexandrine), 301.
— (Pierre), 377*, 596*.
— (Pierre-Marie), lieutenant des maréchaux de France, 240, 301, 392*.
— (Pierre-Marie-Louis), 240.
— (Prudence-Renée), 381*.
— (René), 298, 298*, 302*, 303, 315*, 326*, 338*, 339*, 343*, 352*, 361, 435.
— (René), maître de camp de cavalerie, 364*, 366*.
— (René-Alexis), lieutenant général des armées du Roi, gouverneur de Quimper, 196*, 197*, 198, 388*, 389*.
— (René-Pierre), lieutenant des maréchaux de France, 229, 300*, 361, 377*, 378*, 380*, 381*, 392*.

Le Sénéchal (Robert), 296.
— (Sébastien-Anne-Alexis), 105*.
— (Sébastienne), 104*.
— (Silvestre-Claude), chevalier de Malte, 105.
— (Tanguy), 104*, 298*, 301*, 302.
— (Thérèse-Eugénie), 105.
— (Thomase), 104*.
— (Vincent-René), 378*.
— (Vincent-Thomas), 393*.
— (Yolande-Adélaïde), 197*.
Lésenet (sieur de), 245*.
Lesenet (Achille-Anne de), 245*.
— (Catherine de), 242*.
— (Jeanne de), 164*.
— (Julien de), 111*.
— (Renée de), 108*.
Leserant (François-Marie de), 406*.
— (Julien-Marie de), 406*.
Le Serazin (Guillaume), 2*.
— (Guillemette), 2*.
— (Julien), 357.
— (Marie), 82*, 360*.
— (Pierre), 2*, 82*, 135*, 279*, 341, 357.
— (Pierre), conseiller au parlement, 83, 371, 376*, 579*.
— (Pierre-François), 357, 366*.
Léseren (sieur de), 262*.
Le Sergent (Marie-Anne), 621.
— (Vincente), 621.
Le Serre (Louise-Jacquette), 402*.
Le Seven (Julien), dit « Seveno », 267*.
— (Louis), chapelain du prieuré de Saint-Georges de l'Ile d'Arz, 313.
— (Marie), 264*.
— (Pierre), prêtre, 265.
Lesguinay (sieur de), 591.
Leshascouet (comte de), 6*.
Leshildry (dame de), 310*.
Leshildry (Françoise-Yvonne de), 310*, 330, 389, 393.
— (Olivier-Jacques de), 310*.
— (Yvonne de), 393.
Le Sieur (Anne), 488.
— (Catherine), 496.
— (Catherine-Vincente), 487, 621*.
— (Charles), 487.
— (Guillaume), imprimeur-libraire à Vannes, 482*, 483*,

484*, 487, 488, 489*, 490, 494, 495*, 496, 520, 595*, 598, 599*.
— (Isabelle), 483*.
— (Jean), 490.
— (Jean-Baptiste), 496.
— (Jeanne-Catherine), 490.
— (Jeanne-Marie), 396*, 484, 552.
— (Michel), capitaine de la grande patache des fermes du Roi, 604*.
— (Perrine), 494, 520, 524.
— (Renée), imprimeur à Vannes, 497*, 522*, 523, 548*, 615*.
— (Thomas), président du présidial de Vannes, 425*.
Leslay de Kerenguével (dame de), 39*.
Leslé (dame de), 603*.
Leslé (seigneur et dame du), 286, 287*, 289, 292.
Leslé (Rolande de), 326*.
Leslehé (dame de), 32.
Leslogot (sieur et dame de), 272, 574.
Lesmais (sieur et dame de), 21*, 33.
Lesmais (Claude de), 21*, 33.
— (François de), conseiller au présidial de Vannes, 333*, 334, 335* 336*.
— (Isidore-Olivier de), 40.
— (Louis de), 40.
— (Michelle de), 200, 298, 298*, 326*.
— (Renée de), 33*, 34*, 40.
Lesmée (sieur de), 177, 338*.
Lesmeleuc (Hélène de), 39*.
— (Jacques de), 248*.
Lesnaré (sieur et dame de), 345*, 347, 349, 354*, 376*, 433*.
Lesnaudier (sieur de), 385*.
Lesné (Françoise de), 221.
Lesnée (seigneur de), 332*.
Lesnelaye (seigneur et dame de), 150*.
Lesnevé (seigneur et dame de), 144*, 184*, 298*, 302, 304, 440.
Lesnicobin (seigneur de), 619*.
Lesnohan (sieur et dame de), 78*.
Le Songeux (Béatrice), 3*.
— (François-Marie), 634.
— (Marie-Jeanne), 634.
Le Souchu (Jeanne), 221.
— (Marie-Josèphe), 599.
— (Marie-Renée), 600.

Le Souchu (Michel), procureur au présidial de Vannes, 496, 599, 599*, 600, 606*, 607.
— (N.), 501*.
— (Perrine-Guillemette), 599*, 606, 606*, 607, 608, 608*, 609*, 610, 614.
Lésoudan (dame de), 66*.
Le Souef (Thomas), maître fondeur de cloches, 83, 479*.
Le Souffacher (Guillaume), 86*.
Le Sourd (Charles), 234*.
— (Mathurin), vicaire de Saint-Dolay, 235, 235*.
Lesourhiet (sieur de), 43*.
Le Sourn (paroisse), 107.
Lesparler (Jean-Hyacinthe), capitaine au régiment de Lannion, 386, 602.
Lesparre (messire de), 371.
Lespel (Vincente), 426*.
Lespinasse (Pierre de), conseiller secrétaire du duc d'Elbeuf, maître et grand veneur de ses Eaux et Forêts et Vénerie en Bretagne, 250, 254.
Lespinay (sieur et dame de), 13, 134*, 144*, 184*, 248*, 298, 298*, 302, 303*, 310, 341, 364*, 393, 471.
Lespinay (Barbe de), 479.
— (Charles de), 366.
— (François de), 277*, 369*.
— (Jean de), 277*.
— (Jean-Baptiste de), 364*.
— (Louis de), 591.
— (Michel de), procureur au parlement, 364*, 369*.
— (N. de), 606.
— (René de), 153.
Lespine (sieur et dame de), 70, 70*, 184*, 448, 462*, 583.
Lespine (Jean), 464*.
— (Olive), 439*.
Lespine (Henriette-Anne de), 462, 486.
— (Jean de), 456, 462.
— (Jeanne de), 456.
Lespiney (Guillaume-Pierre), recteur de Saint-Patern, 383, 551*.
— (Jacques-Hyacinthe), 386, 418*, 630*.
— (Jérôme-Jean), conseiller au

présidial de Vannes et procureur du Roi en l'amirauté de Vannes, 412, 516, 528*, 609*, 615*, 629*.

— (Julie-Guénaëlle), 180*, 380*, 543, 606, 619.

— (Julie-Jacquette), 380*.

— (Marie-Anne), 381*.

— (Pierre), procureur du Roi à l'amirauté et à la maréchaussée du diocèse de Vannes, 380*, 381*, 383, 383*, 386, 394*, 418*, 602*.

— (Vincent-Julien), 381*.

Lespoul (sieur et dame de), 479*, 480*, 509*, 512, 527.

Lesquelen (Jacquette de), 247.

— (Jean-Baptiste de), capitaine de la Cⁱᵉ des Indes, 631.

— (Jeanne de), 571.

— (Marie-Anne de), 414.

— (Marie-Josèphe de), 631*.

Lesquen (sieur de), 587,

Lesquen (Jeanne-Renée), 182.

Lesquen (Alexandre-Marie de), 102.

— (Anne de), 169.

— (Charlotte-Angélique de), 169.

— (Claude de), 102.

— (Claude-Louis de), 102.

— (Elisabeth-Josèphe de), 169.

— (Hyacinthe-Marie de), 169.

— (Jean de), 134*, 260.

— (Jean-Joachim de), 17.

— (Jeanne de), 260.

— (Jeanne-Marie de), 168*, 169, 169*, 170*.

— (Jérôme de), 17.

— (Louis-Anne de), 169.

— (Marguerite de), 134*.

— (Pierre-René de), 168*, 169.

— (Robert-Anne de), 168*.

— (Suzanne de), 236.

Lesquibé (sieur et dame de), 278*.

Lesquinay (sieur et dame de), 474, 595.

Lesrat (Marie de), 245.

Lessart (François-Joseph de), 150*.

— (Jacques-Jérôme de), 139*, 605*.

— (Pierre de), 458.

— (René de), 150*.

Lessart (René-François de), 150*.

Lessec (Perrine), 459.

Lestang (Antoine), 527*.

— (Antoine-Guillaume), 514.

— (Jean-Germain), maire de Vannes, 508, 513, 514, 516, 518, 518*, 519, 523*, 525.

— (Jean-Jacques), 518*, 519*, 525.

— (Jean-Louis), 514.

— (Jeanne-Reine-Michelle), 525.

— (Louis-Alexandre), 518.

— (Marie-Françoise), 519*.

— (N.), 488*, 515*.

— (Sauveur), 513.

— (Vincent), 516.

Lestenno ou Lestano (seigneur et dame de), 51, 72, 141, 352, 354*, 363*, 500, 501, 501*, 502*, 504*, 506, 507, 507*, 510*, 516, 523*, 609*, 616.

Lestez (seigneur et dame du), 120, 120*, 177, 178, 179, 182*, 185*, 186, 223*, 224, 224*, 225, 273, 275, 278*, 305*, 600*.

Lestez (Guillaume de), 177*, 178*.

— (Isabeau de), 184*.

— (Jean de), 176*, 177, 178*.

— (Jeanne de), 177.

— (Julien de), 176*, 177, 273, 275.

— (Marie de), 177.

— (Pierre de), 177, 177*.

— (Rolande de), 120, 178.

— (Rolandine de), 177.

Lestic (comte de), 207.

Lestier (sieur et dame du), 111, 112, 112*, 113, 113*, 114*, 115*, 191, 201, 221*, 227*, 228.

Lestin (sieur et dame du), 188, 243*.

L'Estorbec (Jeanne), 587.

L'Estourbeillon (Françoise), 160*.

Le Strat (François), 107.

— (Isabeau), 7.

— (Louise), 107.

— (Marie-Ignace), 10*.

Lestrenic en Séné, 297.

Lestrevignon (dame de), 22.

Lestun (seigneur et dame de), 141, 150, 150*, 151*, 156, 250.

Lesturgant (seigneur et dame de), 10*, 15, 15*, 16, 16*, 17, 75*, 88, 233.

Le Sueur (Charles-Joseph), archiprêtre et maître de musique de la cathédrale de Vannes, 401, 611*.

Le Sure (N.), 477.

Le Suret (Jacquette), 585*.

Lesvellec (seigneur et dame de), 141*, 171*, 293*, 294, 331, 331*, 415, 415*, 418*, 419*, 424, 535, 561*, 618, 619*.

Lesvern (seigneur et dame de), 3, 84*, 532.

Lesvignan (sieur et dame de), 490, 589*.

Lézurgan, voir : Lusurgant.

Le Tallec (Jacques-Alexis), recteur de Plumelin, 83*.

— (Olive), 535.

— (Pierre), recteur de Plumergat, 294*.

Le Taneulx (Jacquette), 300.

— (Pierre), recteur de Surzur, 300.

Le Tanneur (Vincent), maître apothicaire, 592*.

Le Teil (Mathurine), 462.

Le Tellier (Jean-Marie), curé de Naizin, 81*.

Le Tenevic (Françoise), 538*.

Le Tenours (Elisabeth-Pierre), 79*.

— (François), 79, 79*, 370*.

— (François-Isaac), 78*, 180*.

— (Gilles), 78*, 79, 92, 92*.

— (Jacques), 78, 78*.

— (Jean), 78, 78*, 99, 135*.

— (Jean-Pierre), recteur d'Ambon, 180*.

— (Jeanne), 158.

— (Jeanne-Vincente), 79*.

— (Jérôme-Yves), 79.

— (Julien-Jean), 3*.

— (Louis), 78.

— (Louis-Hélène), 180*.

— (Marie-Elisabeth), 551.

— (Sébastien-François), 79.

Le Tere (Jeanne-Reine), 8*.

Le Termellier (Etienette), 392*, 502*.

— (Thérèse), 49*.

Le Testu (Jean), 422.

— (Jérôme), recteur d'Arzon, 263*, 264.

Le Texier (Achille-Charles-Louis), 405.

— (Charles-Sébastien-Marie), 214.

Le Texier (Claude-Charles), re-
ceveur général des do-
maines, 405, 406.
— (François), 228, 238.
— (François - Louis - Charles),
406.
— (Jean), chapelain du Saint-
Esprit du Faouët, 75*.
— (Jean-Marie), 253.
— (Jeanne), 212*.
— (Louise), 445.
— (Marie), 608.
— (Marie-Anne), 253.
— (Marie-Josèphe), 238, 600.
— (Noëlle), 213, 213*.
— (Noël-Nicolas), notaire de
Questembert, 214.
— (Pierre), 476.
— (René), sénéchal de Coislin
à la Roche-Bernard, 228,
238, 600.
— (Renée), 120*, 121, 228, 236.
— (Suzanne), 158*.
Le Thêtu (Robert), 8.
— (Sébastien), 8.
— (Suzanne), 84.
Le Thiec (Anne), 491*, 493*, 514.
— (François), sous curé d'Elven,
133.
— (Françoise), 520.
— (Françoise-Geneviève), 542,
614.
— (Jeanne), 604.
— (Julienne), 603.
— (Marguerite), 447.
— (Marie), 312*.
— (Marie-Josèphe), 532.
— (Michel), notaire à Vannes et
priseur royal, 447, 451*, 454*.
— (Perrine), 451*, 486, 491, 502*.
— (Vincent), 510*.
Le Thieis (Anne), 169.
— (Anne-Marguerite), 519*, 542,
544.
— (Barbe), 477*.
— (Catherine), 505*, 512, 513, 514,
515, 516, 518, 521, 530, 531*,
543, 548*.
— (Catherine-Josèphe), 564, 566,
567*, 569*.
— (Étienne), 548*, 624.
— (François), 413*, 566, 634.
— (François), sénéchal de la
Chesnaye, 169*.
— (Guénaëlle), 175*, 369, 383,

446*, 481, 494, 504, 505*, 513.
Le Thieis (Guillaume), 169, 512,
516*, 518, 519*, 532, 542, 563.
— (Guillaume), notaire, 169*.
— (Guillaume-Pierre), 169, 169*,
170*.
— (Jacques), 581*.
— (Jacques), procureur au pré-
sidial de Vannes, 349, 442*.
— (Jacques-Joseph), 518.
— (Jean), 69*, 349*.
— (Jean), notaire royal au pré-
sidial de Vannes, 328, 437*,
439*, 440*, 444, 452.
— (Jean), avocat en la cour, 509.
— (Jean-Marie), 169*.
— (Jean-Pierre), maître parti-
culier des Eaux, Bois et
Forêts de Rennes, 399, 513.
— (Jean-Vincent), procureur au
présidial de Vannes, 470,
472.
— (Jeanne-Olive), 578*.
— (Marc-Vincent), greffier de
l'amirauté de Vannes, 396,
511*, 519, 573.
— (Marguerite), 543.
— (Marie), 454.
— (Marie-Madeleine), 392, 514.
— (Mathieu), notaire royal,
greffier de l'amirauté de
Vannes, 505*.
— (Mathieu-Jean), 472.
— (Perrine-Catherine), 549*.
— (Pierre), 83*, 170, 383, 464,
515, 564, 592*.
— (Pierre), procureur au prési-
dial de Vannes, 169, 494.
— (Suzanne), 144, 328, 444, 453.
Le Thurionner (Guillemette), 140*.
Le Tiff (Joseph), 451*,
— (Yves), 451*.
Le Tillon (Jean), 336.
— (Julienne), 574, 574*.
— (Pierre), 335.
— (Pierre), conseiller au pré-
sidial de Vannes, 334*, 335*,
424*, 425, 426*.
— (Sergine), 575.
Le Tilly (Marguerite), 99.
— (René), 227.
Le Tinnier (Pierre), recteur de
Larré, 196*, 211*.
Le Tocquin (Jeanne), 9.
Le Tohic (Louise), 9.

Le Torguénec (Louise), 425*.
Le Tort (Marquise), 155.
Le Toulec (Grégoire), 541*.
— (Guillaume), 485*.
— (Jean), recteur de Carnac,
77*.
— (Marie-Anne), 546*.
Le Tourneau (Louis), ministre
des Trinitaires de Rieux,
et provincial de l'Ordre en
Bretagne et Normandie,
236*, 237.
Le Tourneur (Élisabeth), 538, 559.
— (Jeanne), 579*.
— (Laurence), 455*, 463*, 468*.
Le Toux (Françoise), 340.
— (Jean), curé de Noyal-Pon-
tivy, 91*.
Le Tranchet (Marie-Anne), 350.
Le Tréhuédic (Jean), 485*.
Le Trépezec (Marguerite), 69*. —
Voir : Trépezec.
Le Treste (Alexandre), 457*.
— (Anne), 491*.
— (Anne-Louise), 461*.
— (Charles), 461*.
— (Charles), général et d'armes,
437*, 591, 593*, 594.
— (Françoise), 440*.
— (Gilles-Marin), 498*.
— (Hélène), 313*.
— (Isabelle-Françoise), 500*.
— (Jacques), 498*, 499*, 500*,
502*, 504, 505, 506, 508*.
— (Jacques-Vincent), 594.
— (Jacques-Vincent-Simon),
502*.
— (Jean-François), 508*.
— (Jeanne), 503, 506.
— (Julienne), 448*.
— (Marie-Perrine), 505.
— (Pierre), prêtre, 577, 577*.
— (Pierre-François), 499*.
— (Renée-Vincente), 504.
— (Yvon), 140*.
Le Treuze (Claude-Thérèse), 288*,
289*, 290.
Le Trezle (Adelice), 177*, 241*, 242.
— (Georges), 199*.
— (Jacquemine), 109, 113*, 150.
— (Jeanne), 242.
— (Joseph), 109*.
— (Louise), 589*.
— (Marie), 109, 113*, 244, 244*.
— (Pierre), 224, 245*, 588.

Le Trèzle (Renée), 244.
Le Trouedec (Louis), sergent royal à Vannes, 456.
— (Suzanne), 456.
Lettres patentes et de cachet, 268, 314*, 315. 315*, 316, 317, 318, 319*, 323, 323*, 627*, 636.
Letty (seigneur du), 50.
Le Tullier (Françoise-Marie), 569.
Le Turnier (François), 603.
— (Yves), 603.
Le Tyce (Jean), promoteur de Vannes, 296*.
Leurmen (sieur du), 42.
Leuscate (seigneur de), 596*.
Le Vacher (Françoise), 283.
— (Françoise-Renée), 373.
— (Joseph), 284.
— (Marie), 495*.
— (Pierre), banquier, maire de Vannes, 309*, 391*, 500*, 586.
— (Thérèse), 309*.
Le Vaillaut (Ambroise), 605.
— (Ambroisine), 604.
— (Angélique-Pélagie), 392.
— (Augustine), 447.
— (Elisabeth), 570*.
— (François), 78*.
— (Guillaume), 369.
— (Hélène-Jeanne), 526.
— (Jean), 275.
— (Jean), prêtre, 181.
— (Jeanne), 17*, 455, 456*, 471.
— (Jeanne - Marguerite - Perrine), 101.
— (Joseph), 503.
— (Joseph-Pierre), sénéchal de Pontivy, 100*, 395, 517, 561*.
— (Julien), conseiller au présidial de Vannes, 392, 486, 594*.
— (Léonard-Pierre), mousquetaire du roi, 104.
— (Louis), 519.
— (Marie-Perrine), 497*.
— (Mathurin), 516*.
— (Noël), maître d'école, 516*, 519, 526.
— (Pierre), huissier à Vannes, 494*, 497, 497*.
— (Pierre-Jean), 100*, 560*.
— (Pierre - Sébastien), syndic de Vannes, 321, 495, 512*, 513*, 519, 606.
— (Sébastien), 511.

Le Vaillant (Vincent), 275.
— (Yvonne), 175*, 365*, 368, 369, 372*.
— (Yvonne-Adrienne), 392.
Le Valois (Bertrand-Marie), 188.
— (Charles), prêtre, 185.
— (Christophe), 186.
— (Claude-Augustin-Marie), 85, 188*, 417, 419.
— (Claudine - Gillette - Bonne), 380.
— (Denis-Valentin), chanoine de Vannes, 85*, 187*, 188, 188*, 394, 412*.
— (François), 185.
— (François-René), 186*, 363, 379*, 380, 390*, 496*.
— (Françoise), 185*.
— (Gabriel-René), 85*, 87, 187*, 188, 202*, 216*, 393*, 394.
— (Guénaëlle), 277*.
— (Jacques), 184, 185, 185*, 186, 223*, 277*, 363.
— (Jean-Marie), 362*.
— (Jeanne-Marie), 186.
— (Joachim), 186*.
— (Julien-Claude), 360.
— (Louis), 277*.
— (Louise), 185*.
— (Marc), procureur du Roi au présidial de Vannes, 185*, 186, 186*, 191, 360, 360*, 362*, 363, 364*, 447, 448.
— (Marc-Antoine), 186.
— (Marc-Antoine-Paul), 364*.
— (Marguerite), 184*.
— (Marie - Cécile - Flavie - Gabrielle), 187*, 207*, 216*, 627*.
— (Marie-Rose), 394.
— (Marie-Thérèse), 417.
— (Marquise - Michelle - Renée - Cécile), 188.
— (Michelle), 184*.
— (Pierre), 177*, 184*, 185, 185*.
— (Renée-Gillonne), 186.
— (Suzanne), 185*, 186, 190*, 218*.
— (Suzanne - Blanche - Flavie), 187, 187*, 188, 188*.
— (Valentin-Gabriel), 187*.
Le Vandeur (Anne), 430*, 438*, 457*, 465, 468.
— (Armelle), 458.
— (Barbe), 467, 495*, 497*.
— (Barbe-Marie), 495*.
— (Charles), 443, 462.

Le Vandeur (Charlotte), 462.
— (François), 110*.
— (François-Grégoire), 365*.
— (Françoise), 435*, 443, 449*, 451, 452*, 455, 455*, 457*, 458, 463, 468.
— (Gillette), 497.
— (Guillaume), conseiller au présidial de Vannes, 169.
— (Guillaume), controleur général des tailles à Vannes, 294, 426*, 427, 427*, 428, 428*, 429, 430*, 431, 432*, 433*, 434, 435*, 436, 436*, 438*, 443, 445*, 576.
— (Hélène), 365*, 436*, 452*, 455, 479*.
— (Hélène-Jeanne), 519, 529*, 573.
— (Jacques), 428*, 436, 449, 451*, 452*, 457*, 459*, 462, 464*, 467, 479*, 480, 493, 495.
— (Jacquette), 460*, 486*.
— (Jean), 365*, 427*, 432*, 433*, 454.
— (Jean-Baptiste), 449, 450*, 454, 458, 460, 465, 469*, 473, 478, 481, 519.
— (Jeanne), 294, 335*, 425, 435*, 455*.
— (Joseph), 434, 451*, 473, 508.
— (Joseph), recteur de Malestroit, 512*.
— (Louise), 432.
— (Louise-Rose), 416*, 418.
— (Marie-Josèphe), 380*.
— (Marie-Mathurine), 469*.
— (Marie-Pélagie), 500*.
— (Nicole), 428.
— (Nicole-Marie), 215, 508, 527, 529*, 532*, 557, 566.
— (Perrine), 111, 497, 575.
— (Pierre), 103*, 294, 427, 429, 467, 495*, 497, 498*, 500*, 506, 509, 519, 566.
— (Pierre-Louis), 497.
— (Renée), 464*, 465.
— (Thérèse), 481.
— (Yvon), 110*.
— (Yvonne), 427*, 428, 433*.
Le Vanneur (Anne), 509*.
Le Vannier (Pierre), chauffe-cire de la chancellerie au parlement, 328.
Le Vavasseur (Jean), 542*.

Le Vavasseur (Jean-Michel), 558*.
— (Vincent-Marie), 420*.
Le Vayer (Jean), 471.
— (Jeanne), 150*.
— (Louis), 151.
— (Pierre), 150*, 467*.
— (René-François), 110.
Le Veil (Catherine), 458*.
Léveillé (Marie-Angéle), 573*.
Le Veneur (Anne), 80*.
— (Marguerite), 93.
— (Toussaint), 80*.
Le Venier (Joseph), 486*.
— (Marc), 614*.
Léveno (dame de), 112*.
Le Verd (Marie-Jeanne), 27*.
Le Verger (Bertrand), 80.
— (Françoise), 68*.
— (Jacques), 68*, 69, 490*, 492, 493, 494, 495, 497, 499, 499*, 501, 502, 601*.
— (Jacques), maire de Vannes, 392, 404, 508*, 510*, 511*, 516*, 518, 522, 527, 528.
— (Jacques), procureur au présidial de Vannes, 175*, 369, 445, 449*, 461*, 481.
— (Jacques-Ange), 494.
— (Jacques-Joseph), 525*.
— (Jacques-Guillaume), 494*.
— (Jacques-Guillaume), procureur au présidial de Vannes, 490*, 493, 494*.
— (Jean), 492, 600.
— (Jean), conseiller au présidial de Vannes, 169*, 517*, 521, 522, 529, 535*.
— (Jean-Baptiste-Louis), 529*.
— (Jeanne-Marie), 399, 502, 528, 529, 533*, 534*, 536, 539, 560, 561*, 564, 566, 569*.
— (Joseph), 539.
— (Joseph-Ange), 508*.
— (Julien), 401.
— (Julien), avocat en la Cour, 392.
— (Juste-Vincent), 614.
— (Louis-Vincent), avocat en la Cour, 492, 514.
— (Marguerite-Renée), 497.
— (Marie-Anne), 524*.
— (Marie-Anne-Françoise), 173*, 559*.
— (Nicolas), 401*.
— (Nicolas-Jean), 399, 401*, 499.

Le Verger (Nicole-Angélique), 495.
— (René), 68*.
— (Renée), 515.
— (Thérèse-Julienne), 233.
— (Thérèse-Marie), 173*, 180*, 493, 511, 515, 522, 524*, 525*, 528, 529*, 530*, 534, 535*, 552*.
— (Vincente-Jeanne), 501.
— (Yvonne-Françoise), 175*.
Lévesque (Agathe-Françoise), 202, 249.
— (Anne-Christine), 50*, 59*, 88, 369, 369*.
— (Charles-Joseph), 249.
— (Françoise-Louise), 230*, 231*, 232*.
— (Jacquette), 164, 248*.
— (Jean), 231, 231*.
— (Jean-Baptiste), sénéchal de la Villequéno, Quelneuc, Boisorhan, 157.
— (Jean-Louis), 248*.
— (Jeanne-Marie), 232*.
— (Joseph-Vincent), 157, 157*.
— (Julien), capitaine du guet, 232*.
— (Louis), 8, 233, 248*, 249.
— (Louis-Hyacinthe-Nicolas), 232.
— (Louis-Julien), 232.
— (Louise), 232, 240*, 590.
— (Marguerite), 152.
— (Marie), 467, 578*.
— (Marie-Marc-Aimée), 233*.
— (Maurice), 231*.
— (Maurice-Julien-Marie), 232*.
— (Maurice-Pierre), 231*, 232*, 233*, 240*.
— (Prosper-Marie), 240*.
— (Vincent-Marc-Mathurin), 249.
Le Veur (Julienne), 47.
Le Veyer (Claude), 71.
— (Marie-Yvonne), 71.
— (Roberte-Angélique), 24*, 31.
Le Viavant (Antoine-Vincent), procureur au présidial de Vannes, 309.
— (François), curé de Saint-Patern, 478*.
— (François), recteur de Meucon, 172.
— (Françoise-Elisabeth), 309.

Le Viavant (Jacques), 307*.
— (Jacquette), 145*.
— (Jean), 501*.
— (Jeanne), 511.
— (Jeanne-Vincente-Françoise), 309.
— (Julien), 501*.
— (Michel), 145.
— (Sébastien), 145.
— (Thérèse), 609*.
— (Yves), 604*.
— (Yves), recteur de Treffléan, 145*.
Le Vicomte (Charles-Yves), gouverneur de Morlaix, 22*, 23, 23*, 37*.
— (Constance), 57*.
— (Constance-Gabrielle-Bonne), 23*.
— (Isabeau), 3.
— (Julienne), 3.
— (Louis), 2.
— (Louis-Pierre-Paul), 23*.
— (Mauricette-Sainte), 57*.
— (Perronnelle), 384.
— (Pierre), 2, 22*, 61*.
— (Reine-Jeanne-Marguerite), 23, 23*.
Le Vieille (Jean), 451.
— (Mathurine), 451, 506.
Le Vieux (Guillemette), 585.
— (Jean), 585, 587.
— (Julien), 587.
Le Viguier (Jean), 456*.
— (Julienne), 456*.
Le Vilain (Jean), 611*.
Le Villan (François), sénéchal de Pontcallec, 221.
— (Marie-Anne), 170*.
— (Marie-Josèphe), 221.
Le Ville (Jacquette), 634*, 635*636.
Le Voisin (Jean), 445.
— (Laurent), 464.
— (Yves), 445*.
Levot (Claude), 20.
Le Voyer (Bonne-Louise), 24*.
— (François-Joseph-Jean), 257.
— (Gabrielle), 104*.
— (Jean-Baptiste), 388*.
— (Louis), 302*.
— (Marc-Pierre), ministre et secrétaire d'Etat à la guerre, grand maître et surintendant général des courriers, postes et relais

de France, grand croix de Saint-Louis, 198.
Levrault (Pierre), chirurgien, 9.
Le Yondre (Charlotte), 430*, 431*, 434.
— (Jacquette), 508.
— (Jean), 431*.
— (Pierre), praticien, 428*.
— (Pierre), notaire royal au présidial de Vannes, 433, 434*, 578.
— (Vincente), 437, 442, 517.
— (Yvonne), 429*, 433.
Lezallair ou Lezalet (seigneur et dame de), 119, 120*, 121, 121*, 122, 130, 134*, 143, 155*.
Lezallein (seigneur de), 244.
Lezard (seigneur et dame de), 23, 101, 470*, 489.
Lezardeau (seigneur et dame du), 27, 59*.
Lezardière (seigneur et dame de), 258*, 259.
Lezergué (seigneur de), 396.
Lezillac (sieur de), 575.
Leznet (sieur du), 272.
Lezonnet (Guillaume Le Prestre de), 43.
Lezot (Anne), 541*.
— (Gilles), recteur de Nivillac et doyen de la Roche-Bernard, 227.
— (Perrine), 594*.
Lezren (sieur et dame du), 68, 68*, 69.
Lezuan (seigneur et dame de), 174, 296*, 369, 527, 551*, 556*.
Lezusan (seigneur de), 24.
Lezvern (dame de), 174.
L'Haridan (Jeanne), 33*.
Lherec (François), sénéchal de Lanmeur, 476*.
Lhermittais (Augustin-Nicolas), 614*.
— (François-Louis), 329*, 599, 603*.
— (Jean-Vincent), 329*, 331, 614, 614*, 617, 619*.
— (Joseph-Marie), 617.
— (Louis-François), 614.
— (Marie-Vincente), 614.
— (N.), peintre de tableaux, 126.
— (Pierre), 603*.
— (Pierre-François), 329*.

Lhermite (Antoine), recteur de Limerzel, 249.
— (Catherine), 249.
— (Jean), 5.
Lhomarya-Synemore (René de), 283*.
Lhonneur (Anne-Perrine), 593.
— (Catherine), 489*, 491, 493, 598.
— (Françoise), 600.
— (Gabriel), maître chirurgien, 489*, 518.
— (Guillemette), 458*.
— (Jeanne-Isabelle), 595*, 596, 599*, 600, 601, 613*.
— (Julien-René), 592, 603.
— (Perrine), 599*.
— (Thérèse), 604.
— (Vincente), 452*, 458*, 464*, 603.
L'Hospital (Catherine de), 119, 119*.
— (Christine de), 119.
— (Claude de), doyen de Rochefort, recteur de Saint-Vincent et de Marzan, 119, 128*.
— (François de), 149.
— (Françoise de), 108*, 124*, 129, 243*, 489*.
— (Françoise-Gillonne de), 127.
— (Guillaume de), 18*.
— (Jean de), 108*, 128*, 129, 158*.
— (Jean-François de), 162*.
— (Jeanne de), 128*.
— (Louis-Jude de), 260*.
— (Mathurine-Marie de), 162*.
— (Noël-Michel de), 122, 127, 149, 162*, 260*, 261*.
— (Perrine-Marguerite de), 122.
— (Pierre-Gabriel de), 122.
— (Roberde de), 116*.
Lhospitalier (Mathurin), 479, 593*.
— (Vincent), 485*.
Lhoste (Hugues-Désiré), docteur en médecine, 321, 406*, 518, 519.
— (Jean), docteur en médecine de la Faculté de Montpellier, 397*, 398*, 399, 400, 401, 401*.
— (Jeanne-Julie), 401.
— (Jeanne-Louise-Hélène), 399.
— (Julienne-Marie-Françoise), 398*.
— (Marie-Françoise), 406*, 407*, 408, 409, 409*.

Lhoste (Olivier-Jean), 397*.
— (Toussainte-Françoise-Julie), 400.
— (Yves), archiprêtre de la cathédrale de Vannes, 346*.
Lhostelier (René), 71,
Liart (Guillemette), 441*.
Liays (Françoise-Briande), 47*.
— (Marie), 47*.
Libault (Jeanne), 454.
Lic (seigneur du), 477*.
Licberguen (François), 580*, 582*.
Lidec (Jeanne-Jacquette), 544*.
Liepmant (Jean), chanoine de Saint-Brieuc et de Rochefort, 241*.
Liérou (dame de), 204*.
Liet (Michelle), 508.
Lieuzel (seigneur et dame de), 99*, 204, 204* 205, 205*, 206*, 207, 207*, 208*, 254, 258*.
Liez (seigneur de), 438*.
Liger (Angélique), 589.
— (Gilles), procureur en la Cour, 477, 478*, 589, 590.
— (Guillaume-François), 477.
— (Jacquette), 590.
— (Jeanne-Marie), 589.
— (Julien), 478*.
— (Michelle), 586, 589.
Lignol (paroisse), 57, 60. — Voir: Canquisern, Cosero (lieux-dits).
Ligueil (Indre-et-Loire), 452.
Liguenague (dame de), 574.
Liliac (seigneur et dame de), 11, 88*, 206*, 207, 208, 251, 251*.
Lille (sieur et dame de), 194*, 254*.
Limellec (seigneur de), 100.
Limerho (sieur et dame de), 31*, 45*.
Limerzel (paroisse), 248-249. — Voir: Pont-Caden (lieu-dit), Kergougar (manoir).
Limerzel (seigneur et dame de), 201*, 248.
Liminan (sieur de), 84.
Limoges (seigneur et dame de), 81, 98*, 191*, 302, 302*, 338, 340, 341, 355*, 371, 372, 374*, 377, 379*, 381, 385*, 391*, 393*, 422*, 427, 441*, 444, 447, 459, 477, 479*, 485*, 491, 498*, 499*, 506*, 507, 514*, 515*, 519, 525,

526, 530*, 550*, 554, 574*, 615.
Limoges (Claude de), 150*.
— (Perrine de), 609*.
Limonier (Jean-Edouard), 396.
Limoral en Vannes (maison de), 612.
Limur (seigneur et dame de), 107*, 108*, 111*, 118*, 119, 119*, 120, 120*, 159, 178, 186*, 250, 297, 405, 417.
Limur (Françoise de), 119.
— (Gillette de), 119.
— (Jacques de), 119.
— (Jean de), 118*.
— (Jeanne de), 118*, 119, 119*, 128*.
— (Julienne de), 119, 119*.
— (Mathurine de), 118*.
Lin (sieur et dame du), 48*, 50*.
Lindeul (sieur et dame du), 510*, 512, 513.
Lindivat (Olive), 88*.
Lindreuc (sieur et dame de), 8, 89*, 91, 92, 370*, 547*.
Liniac (seigneur et dame de), 179*, 190, 190*, 191*, 192, 258*, 259*.
Linières (sieur des), 373.
Linio (sieur et dame du), 241*, 492*, 496*.
Linot (Françoise de), 619.
— (Gillette-Josèphe de), 605*.
— (Hélène-Mathurine de), 628*.
— (Jacquette-Vincente de), 604.
— (Jean-Louis de), 603*.
— (Jean-Vincent de), maître armurier, 606*, 618, 618*, 619, 619*, 620*, 621, 621*, 625*.
— (Jeanne-Nicole de), 606.
— (Jeanne-Yvonne de), 604*.
— (Joseph-Marie de), 605.
— (Julienne de), 620*.
— (Louis de), 619*.
— (Louis de), maître armurier dit : « Bellaire », 603*, 604, 604*, 605, 605*, 606, 606*, 607, 607*, 608*, 609, 610*, 612, 612*, 619.
— (Marie-Jeanne de), 626*.
— (Marie-Josèphe de), 612, 621.
— (Marie-Louise de). 619*.
— (Nicolas de), 607*, 612*, 613.
— (Nicolas de), armurier, 620*, 626*, 628*, 629*.

Linot (René-Joseph de), 621.
— (René-Louis de), 609.
— (Suzanne de), 610*.
— (Ursule de), 618*.
— (Victoire de), 621*.
— (Vincente de), 621*.
— (Vincente-Perrine de), 608*.
Linville (sieur de), 535.
Lionard (Antoine), 549*.
Lisandré, (sieur et dame de), 339*, 340.
Liscoët (seigneur et dame de), 351*, 353*, 364, 448.
Liscoët (seigneur et dame du), 6, 42, 89, 102*, 237, 362, 362*, 369*, 372, 471*.
Liscoet (Aliette), 34, 35.
— (Claude), avocat en la Cour, 35, 35*.
— (Jacquette), 26*, 34*, 35.
— (Yves), procureur de Gourin, 35.
Liscuit (sieur de), 244*.
Liser (Jacquette), 427*.
Lisle (seigneur et dame de), 100, 275*, 334*, 358. 403*, 406, 406*, 408, 410*, 414*, 500*, 509.
L'Isle (Jean de), confesseur des Ursulines de Vannes, 364.
Lisleloir (sieur de), 471*.
Lisquidic, (sieur et dame de), 589*, 592.
Lisses (Les), à Vannes, 321.
Livery (sieur du), 187*.
Livillion (sieur et dame de), 461*, 463.
Livillion (François de), 440*.
— (Gratien de), 577*.
— (Guillaume de), 334, 574*, 575*.
— (Hélène de), 574*.
— (Jacquette de), 433*, 442, 575, 575*, 576, 577.
— (Jean de), 576*.
— (Joanne de), 429, 432, 440, 576*.
— (Julien de), recteur de Ploeren, 347*, 435*, 437*, 440*.
— (Mathurin de), 440*, 441, 442, 445, 447, 447*, 449, 576*, 581, 583, 585*.
— (Pierre de), 442.
— (Vincent de), 440*, 441, 576*, 577, 577*, 578*.
Livino (seigneur et dame de), 25*, 275, 275*.

Livoudray (sieur et dame de), 136*, 244.
Livoyet (sieur et dame de), 107*, 108, 108*.
Liziec (sieur et dame de), 336, 337*, 427*, 429, 431, 432, 436, 437, 450*, 462, 472, 476, 490*, 573, 576, 576*, 579.
Liziers (Antoine), ermite de l'ermitage de St-Colomban, 346*.
Lobel (Jean), 234*.
Loberdière (sieur de), 476*.
Lobineau (Anne), 463, 470*, 471*.
Lochet (François), 34*.
— (Marie), 34*.
Lochrist (seigneur et dame de), 34, 34*, 35*, 42, 42*, 117*, 196, 360*.
Locmalo (paroisse), 60-63. — Voir : Sainte-Christine (chapelle).
Locmalo (sieur et dame de), 48*, 50, 60*.
Locmaria (sieur et dame de), 3*, 12, 21*, 23, 29*, 39*, 56, 76*, 83*, 141*, 189, 189*, 280*, 294, 296*, 326*, 333*, 336*, 339, 340, 341, 342*, 345*, 350, 354, 356, 356*, 358, 363, 364*, 365, 371, 374*, 377, 384*, 388*, 441*, 443*, 444*, 459, 470*, 471*, 495*, 515*, 579, 584*.
Locmaria en Plouguernevet (Côtes-du-Nord), 41.
Locmaria-Beauregard (chapelle de), en Cléguérec, 10*.
Locmaria-Coetanfao (seigneur et dame de), 19*, 20, 100*.
Locmaria-Grand-Champ (paroisse), 170-174.
Locmeltro en Guern, 89*.
Locminé (paroisse), 67-73. — Voir : Notre-Dame, Notre-Dame de Belle-Place, Saint-Colomban, Sainte-Marguerite (chapelles) ; Clandy (Le), lieu dit.
Locoal (seigneur de), 618*.
Locqueltas (seigneur et dame de), 141, 171, 175*, 307, 307*, 308, 352, 381, 385*, 415*, 422, 580*.

Locqueltas - Grand - Champ (paroisse), 171-172.
Locunollay (seigneur et dame de), 58*.
Locuon en Ploërdut, 65*.
Lodého (Guillaume), 486.
— (N.), 484.
Loëdon (Anne), 38.
— (Félix), notaire et procureur fiscal, 38.
— (Jean), recteur de Plescop, 175*.
Loënan (demoiselle de), 196.
Loënan (Anne de), 577.
— (François de), 309*.
— (Gillette de), 309*, 577* 578.
— (Gillonne de), 382.
— (Jeanne de), 375*.
— (Marie-Hyacinthe de), 196, 310, 366*, 368, 370*, 372*, 373*, 375*, 453*, 462*, 466, 480*, 586, 607.
— (Vincent de), 309, 577.
Logé (Marguerite), 539*.
Logeo en Sarzeau (Le), 312*.
Loget (Bernard), prêtre, 501.
— (François), 544.
— (François), prieur de Locglénec, 273.
— (Françoise), 502*, 503*.
— (Jacquette), 488, 544.
— (Julienne), 465*, 497, 517.
— (Marie-Josèphe), 403.
— (Michel), 456*, 488.
— (Suzanne), 519.
— (Yvonne), 441*, 449*, 582, 582*, 583, 583*.
Loglenec, voir Langleunec.
Loguyvyé (sieur et dame de), 335.
Lohac (sieur et dame de), 309*, 349*, 382, 384, 391*, 436, 437, 443*, 445*, 450, 451*, 457*, 458*, 459*, 460, 461, 463, 464*, 466*, 467, 470*, 471, 500*, 586.
Lohan (seigneur et dame de), 376*, 574*.
Lohan (Gillette de), 110*.
— (Jean de), 110*, 271*.
— (Jeanne de), 272*, 421*.
— (Mathurine de), 271*.
Lohé (Jean), prêtre, 68.
Lohéac (demoiselle de), 125*.
Lohéac (Alain), procureur à Quimperlé, 50*.

Lohéac (Jeanne), 434.
— (Vincent), huissier au présidial de Vannes, 434.
Lohéac (Anne de), 125*.
— (Marguerite de), présidente de Guilly, 22.
Lohéo (Julienne), 488*.
Lohezic (Louis), 7.
Lohier (Charlotte), 578.
Lohingat (seigneur et dame de), 115, 164*.
Lais de mer, 292*, 318, 319, 323*.
Loirat (René), 594.
Loiseau (Claude), 596, 597, 598, 598*.
Loisel (François), 363.
— (Joseph - Anne), contrôleur des actes à Locminé, 630.
— (Julien), greffier des régaires de Vannes, 516*.
— (Julienne), 495*, 496*.
— Marie-Ursule), 616*.
— (Vincent), recteur d'Arradon, 308*.
Loizel (François de), président à mortier au parlement, 81.
Lojan en Moréac, 74.
Lolivais (Vincente), 464.
Lollicart (Elisabeth), 536*.
— (Jeanne), 213*, 214, 215*.
Lollivier (Anne), 42*,
— (Anne-Jacquette), 37*.
— (Anne-Louise), 35, 42, 42*.
— (Catherine-Louise-Josèphe), 117*, 118, 167.
— (Charlotte-Françoise), 36.
— (François), 33*, 34, 34*.
— (François), recteur de Leuhan, 35*.
— (François - Claude), 35*, 36, 36*.
— (François-Jean), 36.
— (François-Jean-Baptiste), capitaine de vaisseau, 36*, 37, 37*.
— (François-Urbain), 37.
— (Jacques), 33*.
— (Jacques-Marie), 37.
— (Jeanne), 34.
— (Jeanne-Martine), 34*.
— (Louise-Catherine), 163.
— (Louise-Françoise), 37*.
— (Pierre), 34, 34*, 35, 360*.
— (Pierre-Jacques), 34.
— (René-Jean), 34.

Lollivier (Sébastien), 35.
— (Sébastien-Anastase), 34*, 35*.
— (Sébastien-Maurice), 117*, 196.
— (Ursule), 37.
— (Ursule-Sébastienne), 36*.
— (Yves), 34, 300*.
Lomande (sieur de), 454.
Lombart (Jean-Cosme), maître en pharmacie, 421.
— (Joséphine-Renée-Marie), 421.
Lombreuil (demoiselle de), 543.
Lominière (sieur de), 229.
Loncle (Jeanne-Gabrielle), 293.
— (Yves), 293.
Longchamps (sieur des), 474.
Longchesne (dame de), 516*.
Longé (Claude), 431, 432*, 433*, 434*, 435, 481.
Longet (Marie), 20*.
Longrais (sieur des), 395*.
Longraye (sieur de), 150.
Lopriac (François), 34*.
— (Françoise), 370*.
— (René), 370*.
Lorand (Guyonne-Anne), 196*.
Lorans (Aliette), 234*.
— (Anne), 478.
— (Béatrise), 427.
— (Christophe), 426*, 428, 429*, 430, 575*.
— (Françoise), 577*, 580*.
— (George), 429*, 430.
— (Jeanne), 580.
— (Julienne), 577.
— (Louise-Bertrande), 419.
— (Magdeleine), 103*.
— (Marie), 580.
— (Nicolas), 577, 577*, 578*, 580*.
— (Olive), 81, 234*.
— (Ursule), 465, 466*.
— (Yvonne), 429*.
Loréal (Jean-Baptiste), 510*.
— (Marguerite), 478.
— (Marie-Thérèse), 615.
Lorelle (Marie), 494.
Loret (Jacques), procureur en la Cour, 464, 589, 590, 590*, 593, 594.
— (Jean-Pierre), 593.
— (Jeanne), 584*.
— (Jeanne-Laurence), 590.
— (Joseph-Guillaume), 590*.
— (Mathurin-Jean), 594.

Loret (Nicolas-Cyprien), 589.
— (Pierre), sergent général et
    d'armes, 272.
— (René), procureur en la Cour,
    470.
Lorfeuvre (Julien), 589.
Lorgeoux (Mathurin), 546*.
— (Y.), recteur de Berric, 194.
Lorgerays (seigneur et dame
    de), 118, 126*, 148, 157, 159,
    165, 165*, 166, 166*.
Lorgeril (sieur de), 454.
Lorho (Jean), 617.
— (Julien), 551.
Loriau (Louise), 573.
Lorio (Anne-Jacquette), 607.
— (Joseph), 607.
Lorillet (Bertrand), 435.
Loriot (Yves), 587.
Lorme (sieur de), 204*.
Lormier (Jean-François), 542*.
Lorn (Philippe), 535*.
Lorvaie en Monterblanc, 140*,
    307*, 352.
Lorvaux (Renée), 474.
Lorveloux (sieur et dame de),
    201, 440.
Lorveloux (François), 422.
— (Jean), 422.
Lorveloux (Catherine de), 352,
    586.
— (Hélène de), 584*.
— (Hélène-Marine de), 173,
    391.
— (Jean-Julien de), 359.
— (Marie-Anne-Thérèse de),
    475*.
— (Michelle de), 201, 219.
— (Nicolas de), 142, 352, 359,
    451, 584*.
— (Paul de), 356 440.
— (Pierre de), 172*.
— (Renée de), 342, 356, 431*.
Lorvol (Alexis-Joseph), régis-
    seur des greffes du prési-
    dial de Vannes, greffier de
    la maréchaussée générale
    de Bretagne, 408, 409, 411,
    413, 416*, 550*.
— (Jean-François-Julien), 409.
— (Jean-Pierre), 408.
— (Joachim), 411.
— (Joseph), 187.
— (Marie-Françoise), 415.
— (Michel-Marie), 416*.

Loryno (sieur de), 427.
Losier (sieur de), 469*.
Lossieux (Marguerite-Anne), 632.
Lossulien (seigneur de), 25*.
Losties (Yves), sénéchal de Quin-
    tin, 379.
Lothey (Finistère), 22.
Lothodé (François-Julien), 622.
— (Françoise-Xavier-Louise),
    625*.
— (Jeanne-Marie), 624.
— (Joseph), 414*.
— (Olivier), 622, 624, 625*, 633.
Lou (sieur et dame du), 55*, 147*,
    302*, 511*.
Louer (François), recteur de
    Caden, 246.
— (Yvonne), 456*.
Louet (Jeanne), 463.
Louis (Claude), 431*.
— (Jeanne), 355, 363*.
Lour (Charlotte), 576*.
Lourdon (Renée), 584*.
Lourme (sieur et dame de), 52*,
    54, 91*, 147*, 153*, 296*, 326,
    338, 338*, 339*, 340, 428, 435,
    617*, 618*, 620.
Lourme-Bothelleraye (dame
    de), 200.
Lourme (Agathe-Françoise de),
    27*, 43.
— (Anne de), 620*.
— (Anne-Jeanne de), 394, 395,
    396*, 505, 600, 607, 607*.
— (Anne-Sébastien de), 458.
— (Barnabé-Laurent de), 487.
— (Charles de), 397, 516*.
— (Charles-Olivier de), 600, 604*,
    608*, 609, 610.
— (Charlotte-Jacquette de), 601*.
— (Claude de), 515, 606*.
— (Claude-Danielle de), 397, 398,
    602*, 609.
— (Claudine-Françoise-Da-
    nielle de), 395, 395*, 397.
— (François-Jean de), 599*.
— (Françoise-Philippe de), 407*,
    415*, 421, 634*, 635*.
— (Jacquette-Marguerite de),
    610.
— (Jean de), 597*.
— (Jean-Baptiste de), 458.
— (Jean-Claude de), 602.
Lourme (Jean-François de), 407*,
    609.

Lourme (Jean-Hyacinthe de), 541.
— (Jeanne de), 600*.
— (Jeanne-Louise de), 635*.
— (Jeanne-Mathurine de), 597.
— (Joseph-Julien de), prêtre,
    395*, 598*, 612*, 618*.
— (Marie-Anne-Perrine de),
    404, 408, 548*.
— (Mathurin de), architecte, 486,
    487, 489*, 600*.
— (Olivier de), maître architecte
    et entrepreneur de bâti-
    ments à Vannes, 484, 489*,
    493, 502, 503*, 597*, 598*,
    599*, 600, 600*, 601, 601*, 602,
    602*, 607, 607*, 608*, 609, 619*.
— (Olivier-Ange de), 600.
— (Suzanne de), 580.
— (Vincent-René de), 600*.
Lourmel (seigneur et dame de),
    52, 52*, 355, 359, 363, 434,
    441, 560.
Lourmel (André-Esprit de), 257.
— (Jeanne de), 310, 471.
— (Julien de), procureur à la
    Cour, 328.
— (Pierre de), 471.
— (René de), 577*, 598*.
Lourmois en Nivillac (sieur
    et dame de), 222, 226, 230.
— (juridiction de), 222.
Lourmouet (sieur et dame de),
    307, 307*, 326*, 351*, 359, 478.
Lou-Trégomain (seigneur du),
    212.
Louvar (Louis), 490.
Louvart (Anne-Joseph), 538*.
— (Catherine), 502.
— (Claude), procureur en la
    Cour, 589*.
— (Elisabeth-Reine-Josèphe),
    53.
— (François), 512.
— (François-Anne), sénéchal
    de Guémené, 32, 51*, 52,
    52*, 53, 53*, 54, 55, 55*, 56,
    59*, 101, 101*.
— (François-Louis-Laurent),
    52*, 53.
— (Joseph-Anne), 52*.
— (Joseph-Théodore), 54, 101*.
— (Laurence), 52*, 514.
— (Marie-Angélique), 55*.
— (Marie-Hyacinthe), 393*, 510*,
    512, 513, 514, 515*, 516*, 517.

Louvart (Marie-Josèphe), 53, 54, 55, 101.
— (N.), 598).
— (Thomas-Jacques), 53*, 56.
Louvel (Etienne), 257*.
— (Françoise-Claude), 16*.
— (Jean-Julien-Mathurin), 53.
— (Louise-Pétronille), 16*.
— (Marie), 593*.
— (Marin), 282.
— (Sébastien), 53.
Louvrardière (sieur de), 514.
Louyer (Servanne-Thérèse), 557*.
Lovedec (N.). 505*.
Loyat (paroisse), 52*, 147, 164*.
Loyer (Barnabé-Julien), conseiller au présidial de Vannes, 537.
— (Charlotte), 433.
— (Dorothée), 497.
— (Guillaume), recteur de Rohan, 167*.
Loyet (Yvonne), 440.
Loymeur (Jeanne), 472*.
Loyon (seigneur et dame de), 69, 75, 133*, 342, 342*, 343, 345, 353*, 355*, 440*.
Loysel (François), 141*.
— (François), sergent royal à Vannes, 579*.
— (Guy), 279*.
— (Jean), 471, 579*.
— (Marquise), 595.
— (Pierre), 236.
Loyselerie (sieur de), 589*.
Loyson (N.), orfèvre à Rennes, 139*.
Loz (Claude-Hyacinthe), conseiller au parlement, 50*.
— (Marie), 108*, 120*.
Loze (Joseph), 624*.
Lozechmeur (Alain), 588*.
— (Jacques), 585*.
— (Jacques), avocat en la Cour, 583*, 584, 585, 585*, 586, 588*, 589*, 592*.
— (Jacques-Louis), avocat en la Cour, 602, 603*.
— (Jeanne-Louise), 585.
— (Mathurin-François-Louis), 602.
— (Olive), 584, 586, 602*.
— (Pierre). 586.
— (Vincent), 584.
Lozevis (Jean), notaire de Largoët, 467*.

Lozevis (Yvonne), 426*, 429.
Luain (Jeanne), 615*, 616.
Lubin (Amaury), 575*, 579.
— (Antoine), avocat en la Cour, 426*, 427, 429, 575*, 578*.
— (François), 580.
— (François), avocat en la Cour, 374*, 390*, 499*, 503*, 509, 596, 597*, 598, 598*, 603, 605.
— (Françoise), 583, 598.
— (Guillemette), 580*.
— (Jean), 426*, 590, 591, 592*, 601.
— (Jean), conseiller au siège royal des Eaux et Forêts de Vannes, 447*, 577*, 578, 578*, 579, 579*, 580, 580*, 581*, 582, 582*, 583, 584*.
— (Jeanne), 427, 582.
— (Joseph), 583.
— (Marie), 577*, 578*, 597, 604, 608.
— (N.), avocat à Vannes, 320*.
— (René), 582.
— (Thérèse), 581*.
— (Thomas), 579*.
— (Vincente), 582*.
Lucas ou Lucas de Bourgerel (Anne), 156.
— (Augustin), prêtre, 530*.
— (Cécile-Renée-Françoise), 215.
— (François), recteur de Radenac, 603.
— (Françoise), 307.
— (Félix-Théodore-Marie), 259.
— (Guillaume). 167.
— (Guillemette), 363*.
— (Guillemette-Françoise), 49*.
— (Hélène), 578*.
— (Henri), 575, 576*, 577, 578, 581*.
— (Hyacinthe-Marie-François), 409.
— (Jacques), greffier de Vannes et du chapitre Saint-Guen, 354*.
— (Jacquette), 48*, 50, 446*, 448.
— (Jean), 164*.
— (Jean-Baptiste), conseiller au présidial de Vannes, 3*, 397, 400, 501, 509*.
— (Jean-Baptiste), procureur au présidial de Vannes, 497, 499*.
— (Jean-Guy), avocat en la Cour, 89.

Lucas ou Lucas de Bourgerel (Jean-Joseph), avocat en la Cour, 259, 409.
— (Jeanne), 50, 219, 275, 279.
— (Joseph), recteur de Pluneret, 524.
— (Joseph-Pierre), 219*, 259.
— (Julien), 575.
— (Julienne), 164*, 489*.
— (Louis-Mathieu), 400.
— (Louis), 576.
— (Marguerite), 446, 447, 449, 512*, 528.
— (Marie-Jacquette), 611.
— (Marie-Josèphe), 215.
— (Marie-Louise-Sainte), 419.
— (Marie-Marguerite), 397, 398, 525, 529*, 530*, 531*, 533.
— (Martin), 574, 574*, 575.
— (Mathurin), 215.
— (Michel), 48*.
— (Michelle), 575.
— (N.), 587.
— (N.), avocat, 554*.
— (N.), huissier au présidial, 108*.
— (Nicole), 438*.
— (Perrine), 342*, 519*.
— (Pierre-Mathurin), 549*.
— (Roland), 425, 575, 576.
— (Suzanne), 517, 519, 519*, 523, 533, 536*, 609.
— (Vincent), 325*, 499, 577.
— (Vincente), 352.
— (Yves), 8. — Voir : Bourgerel.
Lucinière (seigneur de), 196*.
Luco (Bertrand), 584.
— (Gilles), 584.
— (Guillaume), 296*.
— (Guillaume), recteur de Questembert et conseiller au présidial de Vannes, 307*, 326*, 339, 341, 358*, 360, 361, — (Jacquette), 307*, 349*, 351*, 358*, 440.
— (Jean), 341.
— (Marie), 239*, 337, 339, 378, 379*, 381, 382*, 385*.
— (Nicole-Pauline), 239, 382.
— (Pauline), 381.
— (Yvonne), 145, 145*, 353, 360, 361*.
Lucquin (Gabriel-Marie), 620.
— (Jean-Antoine), 616.
— (Jean-Joseph-Marie), 615.

Lucquin (Marie-Françoise), 619.
— (Marie-Josèphe), 618*.
— (Mathurine-Jacquette), 616*.
— (Perrine), 617*.
— (Pierre), 615, 615*, 616, 616*, 617*, 618*, 619, 619*, 620.
— (Pierre-Marie-Henri), 619*.
— (Suzanne), 615*.
Luette (Jean), recteur de Sarzeau, 283*.
— (Louise-Marie-Thérèse), 385*.
Luhandre (Josias), 44, 61.
— (Louis), 44, 45, 60*.
Luhern (Marguerite), 555.
Luigné (sieur et dame de), 328*, 367*, 369, 372, 468, 469*.
Lunven (Renée), 537*.

Lurien (Guillaume), 581*.
— (Louis), 581*.
Lurienne (Jacques), sénéchal de Guémené, 62.
Lusancay (messire de), 603*, 633.
Lusbolle (Suzanne), 598*.
Lussac (Anne-Marie), 171.
Lusurgant en Plescop, 174.
Luxembourg (Jean de), 195.
Luzançai (Louise-Sainte de), 515*.
Luzeau (François-Amable-Anne), lieutenant des vaisseaux du Roi, 171.
Lyé (sieur et dame du), 3, 10, 13, 13*, 17*, 18, 91, 233.
Lyec (Michelle), 515*.

Lyondre ou Leyondre (Isabelle), 580*.
— (Pierre), procureur fiscal de Kaer, et procureur au présidial de Vannes, 307.
Lys (Catherine), 104*.
— (Charles), 303.
— (Eustache), sénéchal de Vannes, 303.
— (Marie-Rose), 182.
— (Marie-Ursule), 373.
— (René-Eustache), chevalier de Malte, 201, 201*.
— (Sébastien), 201*.
Lyun (sieur et dame de), 176*, 177, 177*, 178*.
Lyvinot (sieur de), 5.

M.

Mabedat (Guy), 235*.
Mabic (Jean), 505.
Mabile (Julien), procureur au présidial de Nantes, 595.
Mabillo (Marie-Jeanne), 521.
Mabon (François), fermier de la seigneurie de Sourdéac, 158.
— (Jacques), 158.
— (Jean), 154.
— (Jean-Baptiste), 154.
— (Marie-Anne), 490*.
Mac-Carthy-Dagly (Abel), 497*.
— (Eugène), docteur en médecine, 228*, 295*.
— (Hilarion), 228*.
Mac-Donnel (Charles), 498*.
Macé (Alain), 111, 242*.
— (Anne), 520*, 553, 627, 628*, 629, 629*, 630*, 631, 631*, 632.
— (François), 124, 242, 242*.
— (Françoise), 428, 428*, 430, 431, 431*, 439, 440*, 521.
— (Françoise-Marie), 166*.
— (Gabriel-Marie-Xavier), 551.
— (Gildas), 524, 535*, 550, 628*.
— (Guyonne), 250.
— (Henriette), 92*.
— (Jacquette), 544*.
— (Jean), 108, 124, 250, 431*, 529*, 627, 632.

Macé (Jean-François), 166*.
— (Jean-Joseph-Marie), 549.
— (Jeanne), 147*.
— (Jeanne-Vincente), 526, 528.
— (Joseph), 519, 530, 630.
— (Joseph), receveur de la capitation à Vannes, 518, 521*, 523*, 549, 551, 552*, 560*, 562.
— (Julien), 504*, 520*, 521*, 525, 528.
— (Laurent), 521*, 545, 549, 551, 628*.
— (Marie), 67, 108, 135, 166, 250, 523*, 539.
— (Marie-Anne), 506, 521, 526*, 540.
— (Marie-Vincente), 525, 533, 534*, 535*, 538*, 539*, 545, 546, 547, 549, 550, 552*, 570, 629, 631*.
— (Olivier), 320*.
— (Pasquier), 504*, 506, 509.
— (Perrine), 111.
— (Poscher), 501*.
— (Pierre), recteur et official de Redon, 120*.
— (Pierre-Jean-Baptiste), 501*.
— (Pierre-Joseph), 506.
— (René-François), 105.
— (Sébastien-Martin), sénéchal de Redon, 230*.

Macé (Suzanne), 504*.
— (Vincent), 426*, 518, 524, 526.
— (Vincent-Joseph), 523, 534*, 627, 629.
Maceot (Isabeau), 141, 338*, 339, 340, 357*, 363.
— (Jeanne), 128*, 133*.
— (Renée), 426.
Machefaux (Catherine), 430*.
— (Isabelle), 486*, 489.
— (Jeanne), 585.
— (Nicole), 475, 595*, 596, 598*.
— (Vincente), 485*, 585.
Mac-Mahon (Anne), 616*.
— (N.), 142.
Madagascar, 185*.
Madaillan (Esther-Marie-Louise de), 229*.
— (Philippe-Samuel de), 238*.
— (René de), 371.
Madec (Ambroise-Antoine), 528*.
— (François-Marie), 555.
— (Françoise), 528*.
— (Gabriel), 528*.
— (Guyon), 189*.
— (Jean), 314, 553.
— (Jean-François), 553, 555, 626*.
— (Julien), 314.
— (Marie), 162*.
— (Olivier), 377, 528*.
— (Pierre), 314.

Madière (dame de), 88*.
Madouas (François), 570.
— (Marguerite), 506*.
— (Olivier) 506*.
— (Pierre), 568.
— (Yves-François), 568, 570.
Mageo (Jeanne), 574*, 575.
Magon (Anne), 595.
— (Charlotte-Julie), 253.
— (Françoise), 197*.
— (Hélène-Thérèse), 85.
— (Jean), grand vicaire de Saint-Malo, 197*.
— (Jeanne), 197*, 198, 389*.
— (Marie-Emilie-Sainte), 118*.
Magouer (dame de), 34*, 353.
Magrath (Catherine), 485*, 487.
— (N.), 596.
Magré (Germaine-Guillemette-Marie), 564*.
— (Jean), 401*.
— (Louise), 561*.
— (Marie-Jeanne-Françoise), 548*, 550, 552, 553, 555, 558*, 560*, 561*, 563, 564*.
Magrenon ou Maquenon (Bernard), 429, 575*.
Maguéro en Caden, 247*.
Maguero (André-Etienne), 490, 610.
— (Anne-Roberte), 502.
— (Armel-Pierre-Mathurin), curé de Gueltas, 87.
— (Claude-Raymond), 499*.
— (Denis), 488, 490, 492*, 498*, 522, 597, 617.
— (Jean-François), 546.
— (Jean-Jacques), 571.
— (Jean-Joachim), 547.
— (Jean-Marie), 570.
— (Jean-Vincent), 620.
— (Jeanne), 604*, 606, 610*, 616*.
— (Jeanne-Marie), 498*, 522, 532, 612, 612*, 613, 624*.
— (Jérôme), 620.
— (Joseph-Marie), 568*, 570, 571, 620*.
— (Julienne), 492*, 609*, 610, 610*, 612, 615*, 621*, 623*, 626.
— (Julienne-Jeanne), 503*.
— (Julienne-Louise), 408.
— (Marie-Josèphe), 621.
— (Marie-Josèphe-Julienne), 548*.
— (N.), 609*.

Maguero (Olivier), 604*.
— (Perrine), 529*.
— (Thomas), 499*, 502, 503*.
— (Vincent), 546, 547, 548*.
— (Vincent-Marie), 568*.
— (Vincent-Nicolas), 568*, 620*, 621.
Maguette (Marie-Anne), 566*.
Mahé (Anne), 424, 629*.
— (Anne-Marie), 38*.
— (Barthélemy-Joseph), 38*.
— (François), 312*, 554.
— (Françoise), 9*, 150*, 311, 591*.
— (Geffroy), procureur au présidial de Vannes, 574*, 575.
— (Hervé), 9*.
— (Jacques-Nicolas), 555*.
— (Jacquette), 338, 623*, 620*.
— (Jacquine), 624*.
— (Jean), 113, 228.
— (Jean), avocat en la Cour, second maire de Vannes, 384.
— (Jean-François), 478, 583*.
— (Jeanne), 141, 205, 223, 228, 424*, 436, 437*, 439*, 446*, 585*.
— (Joachime), 576.
— (Joseph), 312*.
— (Joseph-Julien), employé au tabac, 264.
— (Julien), 111.
— (Julienne), 312*, 426*, 496*, 623*.
— (Louis), 38*.
— (Louis-François), 196*, 559*.
— (Marguerite), 554*.
— (Marie), 113, 272*, 293, 311.
— (Maurice) 473*.
— (Michel), 457.
— (Michelle), 184*, 272*, 326, 335, 337, 340.
— (Nicolas), libraire et relieur à Vannes, 554, 555*.
— (Pierre), 426, 499.
— (René), 534*, 583*.
— (René), alloué au présidial de Vannes, 335.
— (Vincent), 426, 426*.
— (Vincent-Maurice), 38*.
— (Vincente), 481.
— (Yvonne-Françoise-Elisabeth), 559*.
Mahéas (Armand-Yves), 496*.
— (Jacques), 496*.

Mahéo (Anne), 214.
— (Catherine), 504.
— (François-Julien), 569*.
— (François-Marie), 568*.
— (Françoise), 489.
— (Françoise-Josèphe), 569*.
— (Guillaume), prêtre, 211*, 489*.
— (Guillemette), 69.
— (Jacques-Vincent), 486*.
— (Jacquette), 489.
— (Jean), 504.
— (Joseph), 558, 560, 568*, 569*.
— (Julie), 552.
— (Julien), 486*, 489, 494.
— (Louis), forestier de Branguily, 87.
— (Marguerite), 14.
— (Marie), 87, 433, 552.
— (Marie-Françoise), 413*, 554*, 560, 560*.
— (Mathurine), 556.
— (N.), 558.
— (Pierre-Marie), 558.
Mahieu (Marie), 71*, 122.
Mahoudeau (Claude), 19*.
— (François), prêtre, 20.
— (Françoise), 20.
— (Jean), 20.
— (Julienne), 20.
— (Louis-Marie), 20.
— (Marie), 20.
— (Mathurin), 19*.
— (Pierre), prêtre, 20.
Mahuet (Jean), notaire royal au présidial de Vannes, 498, 596*, 597*, 599*, 601*.
— (Marie), 139.
— (Marie-Henriette), 391*.
— (Perrine-Monique), 528.
Mahuo (Joseph), 538.
Mahy (Louise-Pélagie), 572*.
Maignan (Pierre), 459.
Maigné (Anne de), 152*.
— (Catherine de), 113, 113*, 120*, 153, 250.
— (François de), 111, 152, 152*, 153, 158.
— (Françoise de), 297*.
— (Gilles de), 272*, 273.
— (Guillemette de), 119.
— (Hélène de), 152.
— (Jacquette de), 118*.
— (Jean de), 124*, 152*, 153, 153*, 158*, 217*, 272*, 297*.
Maigné (Jeanne), 120*, 154, 297*.

Maigné (Julienne de),129,152;153.
— (Louise de), 153.
— (Perrine de), 174, 297*, 423,
    425*, 426.
— (Pierre de), 111, 112.
— (Thomase de), 158*.
— (Vincent), 119, 152.
— (Yves de), 112*, 113.
Mailhos (Gabrielle-Julie-Gil-
    berte), 188*.
— (Jacques-Etienne), capitaine
    général des fermes du Roi,
    188*.
Maillard (Bonaventure-Vincent),
    530*.
— (Charlotte), 441*.
— (Charlotte-Diane), 211.
— (Gabriel), 222, 222*.
— (Guillaume), 209*.
— (Isabeau), 146.
— (Jacquette), 222.
— (Jean-Henri), capitaine ca-
    nonnier, garde côtes, 222*,
    223.
— (Jeanne), 209.
— (Joseph), prêtre, 478.
— (Marguerite), 579.
— (Marie), 209*, 222*.
— (Marie-Anne-Aimée), 231*,
    232*.
— (Marie-Françoise), 231*.
— (Olivier), 527*, 530*.
— (Paul), maire du Croisic, 527*.
— (Paul-Philippe), 633.
— (René), capitaine d'infante-
    rie, 231*, 232*.
Maillé (seigneur de), 3.
Maillé (Donatien de), 3.
Maillet (Jean), commissaire gé-
    néral des vivres de la
    marine, 481*.
— (Marie-Josèphe), 288, 606*.
Maillet la Coste (Louis), 557.
Maingard (François), juge crimi-
    nel du présidial de Vannes,
    237.
Mainger (Abel), 578*.
Mainguy (Françoise), 528.
— (Guillaume), 482.
— (Pierre), 506*.
Mainlièvre, à Vannes, 470.
Maisonneuve (sieur et dame
    de), 26, 69*, 72, 73, 188*, 441,
    449, 459*,460*,477*,484*,485*,
    508*, 586.

Maisons Neuves (sieur et
    dame de), 69.
Maitrises, 316*, 637.
Maitrot (Nicolette-Marie-Philip-
    pine), 635.
Malagué (sieur et dame de),
    116*, 259.
Malansac (paroisse), 250, 254.
    Voir : Bodelio (couvent);
    Boisgrignon, La Danillais,
    La Morays (frairies) ; Car-
    pehaie (lieu dit).
Malardé (Louis),recteur de Saint-
    Caradec-Trégomel, 66*.
Malcot (Jacques), 445.
— (Perrine), 445.
Malenfant (Jeanne), 217*.
Malescot (Françoise), 449.
— (Perrine), 446, 447*, 448*.
— (Pierre), procureur en la
    Cour, 593*, 594*.
Malestroit (ville), 3*, 7*, 25, 105,
    142*, 180*,307*,308,329,376*,
    383*, 386, 388, 396*, 399*,
    404*, 409, 521*.
Malestroit en Quidice (sei-
    gneur de), 192, 258*.
Malestroit (Anne-Félicité de),
    396.
— (Anne-Louise de), 110.
— (Anne-Pélagie-Charlotte de),
    107.
— (Pierre de), 107.
Malguénac (paroisse), 14, 17.
    — Voir : Guilly, Moustoir-
    lan (lieux-dits).
Malherbe (Anonyme), 568.
— (François-Marie), receveur
    général des Fermes, 552,
    556, 557, 568, 570.
— (Jean-Marie), 570.
— (Jeanne-Marie), 413, 414, 416,
    417, 418, 418*, 421, 552, 557*,
    560*.
— (Joseph-François-René),554.
— (Louis),directeur des Fermes
    de Bretagne,551*,554.557*,
    560*, 566.
— (Marie-Françoise), 551*, 570.
— (Marie-Sainte-Françoise),
    567.
Maligorne (François), 493.
— (Julienne), 492*.
— (Michelle), 531.
— (Vincente), 604*.

Malinge (Louise-Jeanne), 260.
Malisson (N.), 535*.
Malissoux (Anne-Rose),567*, 569.
Mallais (N.), 614.
Mallard (René), chanoine de
    Guémené, 53*.
Mallenoë (sieur et dame de),
    113*, 302*.
Mallenoë (Pierre de), chevalier
    de l'ordre du roi, 302*.
Mallet (Anne-Marie), 622*, 623*,
    626*.
— (Catherine), 494.
— (François), 463.
— (Guillaume), procureur au
    présidial de Vannes, 461,
    473, 478*, 497*, 503*, 602.
— (Jacques-François), 622*.
— (Jeanne), 440*.
— (Julien), procureur au prési-
    dial de Vannes, 463.
— (Marguerite), 463, 479*.
— (Marie-Françoise), 605*.
— (N.), médecin à Vannes, 320*.
Mallier (Adrien-Toussaint de),
    262, 262*.
— (Angélique-Charlotte de),
    262, 262*.
— (Angélique-Marie de), 262*.
— (Daniel-Henri-Louis-Phi-
    lippe-Auguste de), 140,262.
— (Henri-Daniel de), 262.
— (Henriette-Célestine de),262*.
— (Jean-Charles-Louis de), 262.
— (Louis de), 262.
— (Marie-Henriette-Rébecca
    de), 262*.
— (N. de), maréchal des camps
    et armées du Roi, lieute-
    nant général, 630.
— (Pauline-Sainte de), 262*.
— (Thérèse de), 262*.
— (Ursule-Rébecca-Augustine
    de), 262.
Maloc (Irlande), 480.
Malpauderie (maison de), à
    Pontivy, 94*.
Malrais (sieur de), 530*.
Malry (Barthélemy), 614*.
— (Charlotte), 614.
— (Jean-François), 615.
— (Julien), 616*.
— (René), maître d'école à
    Vannes, 611.614*, 615.616*,
Malte (ordre de), 41.

Malville (sieur et dame de),105*, 583*.
Malville (Emmanuel de), 143*.
— (Gabriel de), 143*.
Malzan (sieur de), 400*.
Malzart (Charles), 443*.
— (Françoise-Guillemette),444*.
— (Jean), 444*.
— (Pierre-Guillaume), 443*.
Mamineau (Alexandre), 483.
— (Alexandre), capitaine, 483.
— (François-Michel), officier des vaisseaux de la Cie des Indes, 139, 399.
Mancel (Bertranne), 152*.
— (Gillette), 135*, 153.
— (Gillonne), présidente au présidial de Vannes, 298*, 327, 342*, 343*, 344, 346, 354, 355*, 356, 356*, 357, 359*.
— (Jean-Augustin), greffier de Redon, 211*.
— (Jean-François), avocat en la Cour, 211*, 212.
— (Marie-Jeanne), 626*.
— (Nicolas), 152, 153, 153*, 158*.
— (Pierre), 152, 152*, 153.
— (Pierre-Louis), 211*.
— (Suzanne), 152.
Mancier (Anne), 528*.
Mandar (Julienne), 493.
— (Louise), 493.
— (Marie-Jeanne), 634*.
Mandreville (François-Jérôme de), 252.
— (Louis-Joachim de), 252*.
— (Louise-Marque-Emilie de), 252*.
— (Philippe-François de), 252*.
Manéglas (sieur de), 351, 354*, 355.
Manéran (demoiselle de), 516*.
Mangolérian en Monterblanc (chapelle de), 173.
Mangot (Anne), 242*.
Manguy (Jean), 439*.
— (Pierre), 439*.
Manicié (Perrine), 584*.
Manio (dame du), 61*.
Mansa (Marie), 458*.
Manseau (Jacquette), 584*.
Mansiot (Louis-Marie), 544*.
— (Noël), 544*.
Manteau (Hubert), 611*.
Mantin (Théode de), chevalier de l'ordre du Roi, vice amiral des Mers du Levant, 306*.
Marais (dame du), 20*.
Marais (seigneur et dame des), 215*, 216, 221* 238, 379, 404, 573, 605, 618*, 620.
Marais (Pierre), 489*.
Marbeaude (sieur des), 587.
Marbœuf (dame de), 140.
Marbœuf (Anne-Marie-Angelique de), 393, 393*, 397*, 513*, 525, 530*, 615, 615*, 632*.
— (Charles-Louis-René de), chevalier de Malte, 525.
— (Charles-Louis-René de), lieutenant du roi de Haute Bretagne, maréchal des camps et armées du roi, commandeur de St-Louis et général des troupes du roi en Corse, 550.
— (Claude de), conseiller au parlement, 356*.
— (François de), conseiller au parlement, 341.
— (Isaac de), abbé de Langonnet, 33*.
— (René-Auguste de), prêtre, lecteur du Dauphin, 530*.
Marbré (Gabriel de), 250*.
— (Guyonne de), 244, 250*, 255*.
— (Marguerite de), 176*.
— (Marie de), 254*.
— (Michel de), 113.
— (René de), 113, 134.
— (Suzanne de), 236.
Marcadé (Anne), 149.
— (Charles), 129.
— (Claudine), 153.
— (Guillaume), 165, 456.
— (Jean), 149.
— (Robert), 149.
— (Yvonne), 146*.
Marcadieu (Jean), maître peintre et doreur à Vannes, 462*.
Marcé (sieur de), 483*.
Marcé (Pierre), capitaine de la Cie des Indes, 625*.
Marcenay (Jean-François-Marie-Clément de), 635*.
Marchallech (dame de), 30.
Marchands et négociants, 319, 326, 636*.
Marchand, ou Le Marchand (Allenette), 431.
Marchand, ou Le Marchand (André), avocat en la Cour, 470.
— (Anne-Marguerite), 509*, 604*, 605, 606, 613.
— (Anne-Thérèse), 495, 517*, 520.
— (François) 525, 586*.
— (Françoise), 561*.
— (Guillemette), 149.
— (Jean-Louis-Marie), 525.
— (Jeanne-Julienne), 599, 600*.
— (Martine), 622.
— (N.), 605*.
— (René), 470.
Marchandeau (Jean-Louis-Jacques), 564*.
— (N.), 440*.
Marches (dame des), 419*.
Mardeau (Michel de), avocat en la Cour, 310, 471.
— (Pierre de), 471.
Marec (Jeanne-Vincente), 625*.
— (Vincent), 625*.
Maréchaussée, 319, 319*.
Mareschal (Nicolas), 3*.
Maret (Isaac), capitaine de vaisseau, 473*.
Maretz (sieur et dame des), 70, 71, 250, 484*, 511.
Margat (Jean) 453.
Mariages, 168*, 291.
Marigné (seigneur et dame de), 104*, 302*.
Marigné (Guillaume de), 172*, 174*, 429.
— (Marie de), 304, 304*, 351*, 580*.
— (Vincent de), 346.
Marigner ou Malignier (sieur de), 448, 453.
Marigo (Anne), 13, 91.
— (Claude), 12*, 13, 104*, 327.
— (François), 13, 18.
— (Françoise), 13.
— (Hervé), 86*.
— (Jean), 12*, 13, 14*.
— (Jeanne), 13, 86*, 98*.
— (Jérôme), 13.
— (Louis), 12*, 13*.
— (Marguerite), 13, 327.
— (Marie-Anne), 13*.
— (René), 12*.
— (Tanguy), 13.
— (Yves), 12*, 13, 91.
Marigo (François de), 438*.

Marins morts pour la France, 266.
Marin (Jeanne), 581.
— (Joseph), chapelain de Saint-
   Germain, Trédion, 145.
— (Marie - Françoise - Renée),
   571*.
— (N.), 559.
— (Olivier), procureur au par-
   lement, 449.
— (Simon), 458*.
Marin (Anne-Marie de), 367, 377,
   377*, 380, 384, 394*, 395*.
— (François-Julien de), 75*.
— (François-Louis de), conseil-
   ler au parlement, 10*, 367.
— (René de), 357, 364*,
Marion (Françoise), 623.
— (Isabeau), 48*, 447.
— (Jean), 606*.
— (Jean), recteur de Meucon,
   172.
— (Jean-Claude), 606*.
— (Jean-Guillaume), 599*.
— (Jeanne), 449*.
— (Jeanne-Anne), 151, 151*.
— (Jeanne-Jacquette), 31.
— (Joseph), 603*.
— (Louis-Joseph-Marie), 117*.
— (Louis-Olivier), 151*.
— (Louise), 140*.
— (Marie), 625.
— (Marie-Charles), 83*.
— (Marie-Charlotte), 232*.
— (Pierre), 265*, 599*, 603*.
— (Pierre), sénéchal de Cra-
   nhac, 117*.
— (Pierre-Alexis), 83*.
— (Sabin), 83*.
— (Sébastien-Noël), avocat en
   la Cour, 514.
— (Vincent), 285, 286*, 614.
— (Vincente), 550*, 552*, 622.
— (Vincente-Thérèse), 285, 285*,
   290.
— (Yves), 424.
Maripaut (Vincente), 279.
Mariteau (Catherine), 47*, 48, 61.
— (Claude), 47*, 48, 49*, 50, 52.
— (Françoise), 47, 47*, 48.
— (Jean), 44*, 47, 61*.
— (Jeanne), 44, 61*.
— (Louis), 45, 45*, 47, 61, 61*.
— (Louis), procureur fiscal de
   Gouarec, surgarde verdier
   du château des Salles de

   Rohan et de la forêt de
   Quénécan, 44, 44*, 45.
— (Louis-Joseph), 47.
— (Marguerite), 47, 47*.
— (Marie), 44*.
— (Martin), 61*.
— (Thérèse), 61*.
Marivin (Perrine), 553, 557, 557*, 559.
Marlé (sieur et dame de), 482*.
Marnière (Gilles de), 159*, 160*.
— (Guillaume de), 160*.
— (Jean de), 116*, 160*, 589*.
— (Jean-Victor de), 160*, 161.
— (Jeanne de), 149, 160*.
— (Julien-Joseph de), conseiller
   au parlement, 207*.
— (Marie-Angélique de), 122*,
   123, 159, 159*, 161, 524.
— (René-Jean de), conseiller
   au parlement, 207*.
Maro (demoiselle de), 3*.
Marolle (N.), 600.
Marot (Antoine), 592*, 606.
— (Charles), 610.
— (Françoise), 450*, 521*, 603.
— (Jean), 621.
— (Jeanne-Catherine), 606.
— (Joseph), notaire royal au
   présidial de Vannes, 605,
   606, 606*, 608, 608*, 609*,
   610, 612*, 614.
— (Joseph-Marie), 606*.
— (Julien), procureur au prési-
   dial de Vannes, 591, 592*,
   597, 598*, 604.
— (Louis), 452.
— (Louis-René), 608*.
— (Marguerite), 82*.
— (Marie-Josèphe), 597.
— (Michel-Alexis), 606*.
— (Suzanne), 597, 605*.
— (Thérèse), 526*, 603*, 604, 608*,
   609*.
— (Toussaint), 608.
— (Vincent), 82*.
Marpaud (Jeanne), 594*.
Marquer (Catherine), 103*.
— (Claude), 473, 595*.
— (François), greffier des ré-
   gaires de Vannes, 480.
— (Françoise), 357.
— (Guillaume), 272*, 325.
— (Jacques), 90.
— (Jacquette), 28, 355, 357,
— (Jean), 17*, 427*.

Marquer (Marguerite), 7.
— (Perrine), 284.
— (N.), procureur au présidial
   de Vannes, 581*.
Marques professionnelles, 311*,
   422, 422*.
Marquet (Antoine), 443*.
— (Claude), 282, 441*.
— (Claude), recteur d'Arradon,
   308.
— (Claude), recteur de Pontivy,
   100, 282, 325, 584*.
— (Joseph), 443*.
— (Renée), 605*.
— (Renée-Louise), 282, 368*.
— (Renée-Marguerite), 602*.
— (Vincent), 589*.
— (Vincent), notaire royal au
   présidial de Vannes, 493,
   495*, 504*, 605*.
— (Yvonne), 487*.
Marquez (Félicité-Pétronille de),
   413*.
— (Marie-Scolastique de), 406*,
   407.
Marre (Anne-Marguerite), 491.
Mars (sieur et dame de), 150*,
   242*. – Voir : Matz (Le).
Mars (sieur des), 454*, 455, 464*,
   475, 496.
Mars (Charles de), organiste de la
   cathédrale de Vannes, 397*.
— (Jean-Michel), 397*, 412.
Marsa (Jacques), 436.
— (Jeanne), 582*, 583, 584, 585.
— (Marie), 437*, 586.
— (N.), 585*.
— (Perrine), 439.
— (Pierre), 436.
— (Yves), 437*, 439*.
Marsant (Marie-Anne), 212.
Marseille (vicomte de), 308*.
Marsilly (sieur de), 221.
Martel (François-Joseph), 89.
Martigné (sieur et dame de),
   187, 460*.
Martin (Anne), 462.
— (Anne-Jeanne), 590*.
— (Catherine), 182*.
— (Catherine-Françoise), 529.
— (Elisabeth), 206.
— (Etienne-Sébastien), 591*.
— (François), 452*, 456, 458*, 586*.
— (Françoise), 114, 223*, 462*,
   473, 525.

Martin (Gabriel), 514.
— (Gillette), 455, 457, 459*, 462, 464.
— (Hélène-Thérèse), 593.
— (Jacques), 182*, 449, 473.
— (Jacquette), 202, 574.
— (Jean), 464, 613*.
— (Jean-Jacques), 466.
— (Jean-Pierre), 182.
— (Jeanne), 475*, 610*.
— (Julien), 208*, 586*.
— (Louis), 489.
— (Louis), avocat en la Cour, 466, 473*.
— (Louis-Pierre), 20.
— (Mathieu), receveur général des devoirs, 517, 605, 611.
— (Mathurin), 590*.
— (Mathurin), recteur de Bourg-Paul-Muzillac, 187.
— (Mathurine-Françoise), 549, 551, 628*.
— (Olive), 248*.
— (Olivier), 604*.
— (Pierre), commis au greffe civil du parlement, 586, 587, 590*, 591*, 593*.
— (Yvonne), 439, 612.
Martin (Jacques de), évêque de Vannes, 264*, 335*, 337.
Martineau (Françoise), 580.
Martinet (Clément), 543*, 548*.
— (Louise), 545*, 553*.
— (Marie), 543*, 545, 545*, 547*, 548*, 550, 551*, 553*, 554, 556*, 559, 560.
— (Marie-Anne-Anastasie), 547*.
Marville (sieur et dame de), 392, 486, 594*.
Marvin (Olivier), procureur au présidal de Vannes, 494*.
— (René-Vincent), 483*.
— (Vincent), notaire royal au présidial de Vannes, 480, 483*, 491, 500*.
Marzan (paroisse), 23*, 113*, 175*, 181*, 182*, 201*, 217, 220, 250*, 251, 253*, 368, 368*, 374, 389.
— Voir: Craslon, Guédas, Keranezo, Kergentil, Kernois (lieux-dits).
Marzant (Guillaume), 173, 290*.
— (Guillaume), maire de Rhuis, 560.

Marzant (Guillaume-Mathurin-Marie), 560.
— (Jeanne-Marie), 290*.
— (Julien), 140*.
— (Marie), 307*, 410*.
— (Pierre), 606*.
— (René), 140*.
— (Thérèse-Marie), 560.
— (Thomas), 606*.
Mascarène (Jean), 100*.
— (Jean), fermier général du duché de Rohan, 99*, 100.
— (Jean-Paul-Mathieu), 558*.
— (Paul), 100, 538*.
Mascle (Anne-Marie de), 42*.
— (Françoise-Anne-Louise de), 37.
— (Louis), officier d'infanterie, 37, 42*.
— (Louis-François de), capitaine d'infanterie, 37, 38.
Masle (seigneur du), 116*, 147, 149, 160*.
Massac (Michel de), aumônier du Roi, recteur de Grand-Champ, chanoine d'Orléans, 168, 436*.
Massé (Marie), 263.
— (Vincente), 451.
Masseau (Nicolas), 513.
Masselin (Jacques), 567.
Massolay (Angélique de), 476.
— (Nicolas de), 144*.
Masson (François), 252.
— (Guy), 452*.
— (Jeanne), 408*.
— (Jeanne-Marcque), 252.
— (Marguerite), 516.
— (Marguerite-Jacquette), 420.
— (Perrine), 516.
Masureaux (sieur des), 166*.
Mat (Augustin), procureur fiscal de Rimaison, Talvern, Quelven, etc., 89.
— (Jacques), 12.
— (Joseph-René), procureur fiscal de Rimaison, 89.
Mathelin (Michelle), 626*, 628*.
Mathieu (François), 450, 451*.
— (Jean), 451*.
— (Pierre-François), 450.
— (Vincent-Charles), 473.
Matignon (marquise de), 403*.
Matignon (Anne), 503.
— (Françoise), 611*.

Matignon (Marie-Anne-Berthe), 611*.
— (Sylvie-Vincente), 400*, 403.
— (N.), maître de danse à Vannes, 320*.
Matignon (Marie-Françoise de), 397*.
Matozrec (Anne-Julienne-Josèphe), 625*.
— (Philippe), peintre, 625*.
Matz (seigneur et dame du), ou Mars, Mas, Maz, 71, 111, 111*, 151, 189*, 203, 219, 241*, 244*, 245*, 246*, 247, 247*, 250, 250*, 254, 256, 283*, 287, 288*, 289, 291*, 292, 352, 359, 387, 483*, 562, 563, 611*.
Mau (Alexise), 30, 65.
— (Joachim), procureur au présidial de Vannes, 354.
— (Michelle), 354*, 441*.
Maubec (Cécile), 259, 259*.
— (Cécile-Jeanne), 258, 259*.
— (Cécile-Perrine), 259*.
— (François-Hyacinthe), docteur en médecine de la Faculté de Nancy, chirurgien major des vaisseaux du Roi, 42*, 525.
— (Françoise), 281*.
— (Gilles), 280, 281*.
— (Jacquemine), 146*, 260.
— (Jeanne), 281*.
— (Julienne), 146*.
— (Mathurin), alloué de Rochefort, 258.
— (Perrine-Marie), 259.
— (René), 281*.
— (Renée), 260.
Maubreil (dame de), 475.
Mauchien (Angélique-Josèphe-Michelle), 595.
— (Anne), 466*.
— (Joseph), 595.
— (Julienne), 460*, 466*.
— (Louis), procureur en la Cour, 460*, 590*, 592*, 595.
— (Noelle-Jeanne), 592*.
Mauclerc (Antoine de), commissaire général de la marine et ordonnateur au Port-Louis et à Lorient, 379*.
Maucor (Jacques), 464*.
Maucoueffé (N.), curé de Saint-Jean des Marais, 127*.

Maudet (Alexandre-François), 187.
— (Marguerite-Françoise), 187, 187*, 216*, 393*, 394.
— (Marie-Geneviève), 240.
Mauduit (Antoine - Hyacinthe), 295*.
— (Antoine - René - Hyacinthe), officier de Dragons, 413*.
— (Eulalie-Scolastique), 142*, 295*, 540*.
— (Gabriel-Hyppolyte), 60.
— (Gabriel-Hyacinthe), 59*.
— (Gabriel-Hyacinthe-François), 59*.
— (Jean-Hippolyte), 60.
— (Joseph-Adrien), 495.
— (Joseph-Hyacinthe), vicaire général de Vannes, 86*, 287*.
— (Marie-Anne-Hyacinthe), 60.
— (Scolastique-Françoise), 60.
— (Thomas-Casimir), 60.
— (Thomas-Jean), 59*, 60.
Mauffray (Ignace), 581.
— (Jean), 578*, 581.
Maugars (Nicolas), 222*.
Maugé (Julie-Marie), 401, 534.
Mauger (Marie), 475*.
— (N.), 412.
Maugin (André), 439*.
— (Etiennette), 439*, 440.
— (Louis), 439*.
Mauguen (Jean-Marie), 613.
— (Louis), 613, 615.
— (René), 615.
— (Vincent), 615.
Maujouan (Jean), procureur en la cour, 313*.
— (Regnauld-Hyacinthe), 313*.
Maulny (Mathurin), recteur de Nivillac et doyen de la Roche-Bernard, 235.
Maumasson (Pélagie), 540*.
Mauny (Anne), 221*.
— (Michelle), 221*.
Mauny (Jeanne de), 195.
Maupas (sieur et dame de), 130*, 146*, 165*, 166*, 255, 261, 261*.
Maupeou (Marie de), 328*, 367, 368*, 371*, 476*.
Maupertuis (Perrine), 2, 272*.
Mauran (Jeanne), 593.
Maurepas (dame de), 190*.

Maurice (René), recteur d'Arzon, 264*.
Mauron (seigneur de), 3*, 373.
Maury ou Maurrie (Adrien), 460.
— (François-Bertrand), 523.
— (Jean), sergent général et d'armes, 191*.
— (Jean-Baptiste), recteur de Pluherlin, doyen de la collégiale de Rochefort, 259*.
— (Julien), notaire, 192.
— (Louise), 450*, 454, 457*.
— (N.), architecte à Vannes, 637.
— (Sylvestre-Joseph), 521*, 523.
— (Vincente-Madeleine), 460.
Mausset (Guillemette), 451.
Mausson (seigneur de), 56.
Mauvignier (N), 514.
Mauvoisin (Jeanne), 150.
Mauvy (Etienne), 164.
— (Julien), 164*.
— (Mathurin), 164*.
— (Michelle), 215*.
Mayenne (duc de), 328*.
Maynard ou Menart (sieur et dame de), 338*, 342.
Maynier (Jeanne), 432.
Maz (sieur et dame du), 112, 114*, 120*, 130, 179, 251*. Voir: Matz (Le).
Mazarin (duc de), 328*.
Mazarin (Armand de), pair de France, gouverneur d'Alsace, 328*.
Mazerac (sieur du), 321.
Mazette (Jean), procureur en la cour, 478*, 586, 589.
— (Jeanne), 165*.
Mazin (Bertranne), 450*.
Mazures (sieur des), 478*.
Mazurier (Adrien), 454*, 458.
Mé (sieur du), 602*.
Meaux (seigneur de), 230*.
Meaux (Jean-Louis de), abbé de Prières, 183*.
Médecins, 317*.
Médo (Jeanne), 296.
Médon (Marie-Marguerite), 239.
Méhat (Joseph), notaire, 247*.
— (N.), 506*.
— (Pierre), recteur de Bourg-Paul-Muzillac, 188*.
Mehaud (Marguerite), 204, 215*, 217*.

Mehée (Etienne), capitaine d'infanterie, 565.
Meillet (Jean-François), 571*.
Meinguy (Yves), recteur de Surzur, 300.
Méjanelle (sieur de), 258*.
Méjanelle (François de), receveur des Devoirs des Etats, 258*, 613*.
Melac (dame du), 161.
Meletry (N.), 507*.
Meliard (Georges), 515.
Mélier (Georges), 475.
— (Pierre-Joseph), 475*.
Melinesdre (François), prêtre, 476*.
Mellac (dame de), 417*.
Mello (Perrine), 39*.
Melrand (paroisse), 7, 8. — Voir: Quervent (château); Talroch (lieu-dit).
Men (Jean), chanoine de Vannes, 107*, 111, 119.
Menant (Anne-Renée), 480.
— (François), 472*.
— (Jean), 472*, 480.
— (Julienne), 472*.
— (Louis), 126*.
— (Louis-François), 118.
— (Marie-Anne), 126*.
— (René), 577*.
Menard (Jean), 237*.
— (Joseph), 477*.
— (Marthe), 237*.
— (Pierre), 157.
— (Pierre-Louis), 477*.
Menardeau (Catherine), 106*, 475.
— (Lucrèce), 185*.
— (Michel), 475.
Menaty (sieur du), 574*, 585.
Ménauray (seigneur et dame de), 5, 43*, 44, 61, 99*, 103*. Voir: Ménoray.
Mené (sieur et dame de), 8*, 79, 79*, 381*.
Mené-Bèque (dame de), 61*.
Menec (seigneur du), 16, 17*, 78*.
Menec (Jules), curé de Saint-Gérand, 103*.
— (Olivier), curé de Noyal-Pontivy, 93*.
Ménéguen (sieur et dame de), 2, 51, 60*, 66, 364, 375*, 394*, 407*, 592*, 616, 626.
Ménéhouarn (dame de), 400*, 402*, 633.

Ménémeur (seigneur et dame de), 194, 273, 334, 398*, 399, 405, 481*, 502*, 533*, 558, 571*.

Ménéorval (dame de), 15*.

Menesven (dame de), 2.

Ménétanguy (seigneur et dame de), 17*, 89*.

Méneuf (seigneur de), 328, 459.

Meneust (Georges), avocat en la cour, 586.

Ménez (seigneur de), 35*, 36.

Menez-marzin (sieur et dame de), 35.

Menez-penpen (sieur de), 34, 42.

Mengueffnet (seigneur de), 33.

Menil (Perrine), 478.

Menimur (seigneur et dame du), 307*, 359, 360, 374*, 377*, 378*, 441*, 449, 451*, 462, 481*.

Ménio en Moustoirac, 102.

Mennegent (Jeanne), 29.

Meno (Jean), 443*.

— (Jean-Nicolas), 443*.

Menoray (seigneur et dame de), 15*, 49*, 55*. 61*, 62, 62*, 63, 216, 607*, 611, 620. Voir : Ménauray.

Menoret (René), 486.

Menory (sieur du), 574.

Ménorval en Guern, 88, 88*, 102.

Menuet (Anne), 157.

— (Jean), 487*.

Meny (dame de), 99*, 255.

Mercier (Charles-Vincent), 481.

— (François), 472, 478, 481, 483*, 487*, 493, 509*, 523*.

— (François-Joseph), 483*.

— (Jacquette-Thérèse), 596.

— (Jean-Pierre), 555*.

— (Louise-Marguerite-Jeanne), 414*, 487*.

— (Luc), 487*.

— (Marie-Françoise), 532.

— (Marie-Josèphe), 510*.

— (Marie-Josèphe-Charlotte), 523*.

— (Marie-Thérèse-Vincente), 518, 536.

— (Michelle), 430*.

— (Pierre), 555*.

— (Pierre-François), 478.

— (Thérèse) 487*.

Mercœur (duc de), 7, 7*.

Merdy (dame du), 51, 53.

Meré (seigneur et dame de), 389, 389*. 392*, 395.

Meré (Jean de), 486.

Méréac (sieur de), 293*, 294.

Merel (Françoise), 78*, 91*, 92, 93, 103.

— (Guillaume), 91*.

— (Julien), prieur de Saint-Antoine, 91*.

— (Renée), 91*.

Merelle (Cécile-Marie), 166*.

Mérenville (sieur de), 628*.

Mergot (Charlotte-Jacquine de), 620.

Merionnec (sieur de), 480*.

Merléac (Finistère), 23, 79*, 81*. —Voir : Quénelec (château).

Merlet (Julien), 476*.

— (Mathurin), 7.

Merlin (Marie-Pérrine), maitresse de pension à Vannes, 413*.

Mersant (Alexise), 442*.

— (Anne), 428*, 577*.

— (Bonne-Françoise), 587*.

— (Jacques-Emmanuel), 433*, 443.

— (Jean), prêtre, 490.

— (Jeanne), 441*, 446*, 447*, 492.

— (Julien), 430*.

— (Laurent), 442*, 444, 445*, 446*, 452. 454*.

— (Louise-Françoise), 491.

— (Madeleine), 432*, 443, 445*, 446*, 447*.

— (Marguerite), 437*, 440, 441, 441*, 443, 443*. 444, 444*, 477*.

— (Marie), 352.

— (Marie-Louise), 444.

— (Michel), 429*.

— (N.), 485*.

— (Olivier), 428*.

— (Perrine), 432*, 433*, 434, 434*, 435, 436, 437, 437*, 438*, 439, 443*.

— (Pierre), 445*.

— (Pierre), recteur de Pleucadeuc, 206*.

— (Roland), 428*, 429*, 430*, 431*, 432*. 433*, 434*.

— (Rolande), 434.

— (Sébastien), 512*.

— (Yves), 430*.

Méry (Charles), 2*.

— (Pierre), 2*.

Meschin (Louis), 433*.

Mescoent, ou Mesoin, ou Mesgouhyn (seigneur de), 21*, 22, 23*, 57*.

Mesguen (sieur du), 278.

Mesière (Jacques de), 155.

Meslan (paroisse), 25*, 31, 32, 35, 84*.

Meslet (François), sénéchal de la Gacilly et du Temple, 149*, 160*.

— (Jean), 149.

Meslien (dame de), 369.

Meslies (sieur des), 586.

Meslin (Guillaume), 599*.

Meslon (sieur et dame du), 628*.

Mesloué (sieur du), 153*, 162.

Mesnage (Hélène), 205*, 206, 245.

— (Louis), 69.

— (Michel), notaire royal à Auray, 598.

— (Thomas), 69.

Mesnager (Catherine), 443.

Mesnaye (Pierre), 464.

Mesni (Jean), 619.

Mesnil (dame de), 50*, 546.

Mesnis (seigneur des), 595.

Méso (dame du), 175*, 440, 584*. — Voir : Mézo.

Mesouet (sieur et dame de), 557*, 608*, 611, 611*, 612, 614, 622.

Mesros (seigneur de), 24.

Messagers, bateaux de communication, 268*.

Messes, 217, 315, 322*.

Métairies (dame des), 200*.

Métayer (Françoise), 419*.

— (Louis), 517*.

— (Marie-Jeanne), 517*, 535, 539*.

— (Vincent), 502.

— (Yves), avocat en la cour, 121.

Mettry (Marie), 526.

— (Marie-Madeleine), 546.

Meucon (paroisse), 171, 172.

Meur (Mathurin), 48.

Meur (Marie-Rolande de), 67*.

Meurdy (dame du), 60*.

Meze (sieur de), 336*.

Mezedern (seigneur de), 375*, 631*.

Mezerac (sieur et dame du), 319*, 389*, 390, 395*, 397*, 513.

Mézo (seigneur et dame du), 109.

120, 307*, 309*, 313*, 314, 353,
355*, 356, 356*, 359, 361, 402*,
403*, 443, 444*. — Voir: Meso.

Mezouet (Jeanne-Anastasie), 543*.

Michel (Antoine), 490.
— (Augustin), 320*.
— (François), 4*.
— (Gilles), maître architecte, 451, 452, 467, 469*, 472*, 490, 501.
— (Gilles-Pierre), 606*.
— (Gillette), 472*, 493*, 508.
— (Guillaume), maître cordier à Vannes, 450.
— (Guillaume-François), officier de la Cie des Indes, 507, 606, 606*, 607.
— (Hyacinthe-Josèphe), 606*.
— (Jeanne), 452, 527.
— (Marie-Vincente), 490.
— (Mathurin), curé de Baden, 311, 519.
— (Mathurin-Joseph), 495*, 519, 526*, 607.
— (Mathurine), 473.
— (Pierre), prêtre, 517.
— (Renée), 511*.
— (Thomas), 524*, 526*, 595*.
— (Yvonne), 495, 496*, 501, 502, 503*, 505, 507, 508, 514, 515*

Michelot (Abel), 448*.
— (Anne-Françoise), 191.
— (François), sénéchal de Bazvalan, 191.
— (Guillaume), recteur de Bourg-Paul-Muzillac 187*.
— (Jean), sénéchal de Bazvalan et Bray, 191.
— (Thomase), 190*.
— (Vincente), 448*.
— (Vincente-Renée). 219*, 259.

Michiel (Anne-Julienne), 125*.
— (François), 245, 250, 250*, 257*. 364*.
— (François), officier de dragons, 125*.
— (François-Hyacinthe), 251*.
— (François-Louis), 294, 444*.
— (Françoise), 294.
— (Germaine-Félicité). 229*.
— (Gilles). 244, 250. 250*, 251.
— (Gilles-François), 252*.
— (Guillemette). 111.
— (Jean), 130*, 250, 451, 451*.
— (Jean), recteur de St-Denis, archiprêtre de la cathédrale de Vannes, chanoine de Rochefort, 242.
— (Jean-Louis), 251*, 252*, 253, 285*.
— (Jeanne), 241*.
— (Jeanne-Valentine), 125*, 257*.
— (Jérôme-René), 245.
— (Joseph), 251, 251*, 252*, 257*, 330*, 447.
— (Julien), 119, 209, 229*, 242*, 294, 437*.
— (Julien), recteur de St-Jacut, 125*.
— (Louise-Thérèse-Pélagie), 252*, 253, 253*.
— (Magdeleine-Gillette), 257*.
— (Marguerite), 444*.
— (Marie), 250*, 437*.
— (Marie-Anne). 251*.
— (Perrine), 443*.
— (Perrine-Laurence), 257*.
— (Perronnelle), 442*.
— (Philippe), 438*.
— (Pierre), 437*, 438*, 441, 442*. 443*, 444*, 447.
— (Pierre), recteur de St-Jacut, 125*.
— (René), 438*.
— (Renée), 441.
— (Renée-Gabrielle), 130*.
— (Renée-Olive), 125*. 187, 451*.
— (Sébastien-Joseph), 251*.
— (Tobie), 119*.
— (Valentine), 493*.

Michon (Marie), 484*.

Micoud (Alexis), 127*.
— (François), avocat au Parlement de Grenoble, 127*.

Miggoens (Félix), principal du collège St-Yves de Vannes, 427.

Migno (Julienne), 406. 544*.

Migorel (Marie), 44*, 45. 45*, 46.
— (Pierre), fondeur de cloches, 91.

Milé (Mathurine), 615*, 610.

Milès (Guillaume), 202.
— (René-François), 202.

Milices, 24, 97, 97*, 98*, 201*, 224, 226, 269, 270, 271*, 306*, 315*, 316, 316*, 317, 317*, 319, 322*, 323, 325.

Mille ou Demille (sieur de), 586.

Millero (seigneur de), 89.

Millet (Jeanne), 430.

Millie (François), 34*, 35.

Millien (dame de), 16.
— (François-Paul), 28*.
— (Julien), 34.
— (Nicolas), 34*.
— (René-Jean), 28*.

Millin (Anne-Renée-Basilie), 281.
— (Jacques), avocat en la cour, 281, 353.

Millon (Françoise-Pélagie), 356, 361*, 367*, 373, 376*, 377, 383*, 394*, 444.
— (Guy), 299, 348*, 350*, 356, 357.
— (Jean), avocat en la cour, 576.
— (Jean-Baptiste), 249.
— (Joseph-Charles), 457.
— (Marie-Julienne), 299.
— (Mathieu), lieutenant au siège de Concarneau. 496*.
— (René), huissier au présidial de Vannes, 457.
— (Rose-Corentine), 289.
— (Sébastien), 356, 371.

Milton (Jeanne), 471.
— (Marie-Anne), 541.

Minbielle (Jean), capitaine de vaisseau, 542*.

Miniac (Jean), procureur en la Cour, 475*.

Minier, ou Minière (François), 436.
— (Françoise), 443*.
— (Guillaume), 464*.
— (Henri), 434*, 436, 439, 443*, 444, 445*, 447*.
— (Jean). 447*.
— (Jeanne), 434*, 439, 445*.
— (Julien), 443*, 579*.
— (Marie-Françoise), 443*, 453, 490, 493*, 506.
— (Mathurin), huissier aux requêtes du Palais, 444, 469*, 495*. 594.

Minières (dame des), 191*.

Minio (sieur du), 380*.

Miquelard (Guillaume), 538*.
— (Jeanne), 538*.
— (Julien), 503.
— (Marie), 484*.
— (Marie-Anne-Nicolas), 501*.
— (Perrine), 536*, 565*, 618.

Miracles, 5, 5*, 6, 6*.

Miral (Antoinette de), 481.

Mirieu (Pierre), 420.
Miroux (seigneur du), 114.
Misère (mendiants, pauvres, vagabonds), 24, 106, 270.
Missillac(Loire-Inférieure),240, 240*, 241. — Voir : La Bretesche.
Missions. 53, 86, 94, 95, 100, 105*, 106, 117*, 126, 144, 172, 173, 176* 181, 220*, 234, 239*, 241, 247*, 262, 300*, 310*, 312*, 313.
Mitaillé (Jacquette), 602*.
Mitry (Marie-Henriette-Louise-Joséphe de), 138, 138*, 519.
Mobillon(Jean), supérieur camaldule de Roga, 261.
Mocquart (Noël), 578.
Modille (Antoine-Thomas), sénéchal de Coetanfao, 24*, 54.
— (Jeanne-Pauline), 24*.
— (Joseph), sénéchal de Coetanfao et Crénihuel, 23.
— (Joseph-Marie-Antoine Bonaventure), 24*.
Modir (Marie), 514.
Moëlien (dame de), 28.
Moëlien (Marie de), 28.
— (Nicolas de), sénéchal de Gourin, 34, 34*.
Moesnard (N.), recteur de Saint-Dolay, 241.
Mogin (Louis-Nicolas de), 415*.
Moguédec (Jacques-Joseph), maître-chirurgien. 527*.
— (Marie-Jeanne), 527*. Voir : Le Moguédec.
Moguenne (Jeanne), 556*.
— (Julien). 556*.
Moguero (Pierre-Marie), 419*.
Moguet (Olivier), 517*.
Mohinet (Jeanne), 436*.
Moigno (Bertrand), procureur au présidial de Vannes, 498*, 588, 589, 590*, 592, 593*,594*, 595, 596, 600*, 601, 605, 605*, 609, 610.
— (François), notaire royal au présidial de Vannes, 593*, 596, 597, 599.
— (Jean), 512*, 611*.
— (Jean-Anastase), 614.
— (Jean-Baptiste-Regnault), 611.
— (Jean-François), 589, 593*.

Moigno (Jean-Louis), 557*, 594*, 608*, 611, 611*, 612, 614.
— (Jean-Marie), 611*.
— (Jeanne-Anastasie), 614, 622.
— (Jeanne-Catherine), 600*.
— (Joseph-Marie-Alexis), 611.
— (Julien), 605*.
— (Julienne-Jacquette). 595.
— (Marie-Thérèse), 514*.
— (Mathurin), 592.
— (Mathurine), 588, 602*, 609*.
— (N.), 542, 604.
— (Renaud), 596.
— (Ursule), 590*, 610.
Moignon (Charlotte), 602.
Moinereau (Marguerite), 397.
Moisan (François), 482*, 487*.
— (Françoise-Ursule), 487*.
— (Jeanne-Guérine), 550*.
— (Joseph), 556*.
— (Louise-Séraphique-Alexise), 523.
— (Marie-Madeleine), 487*, 533.
— (Perrine-Josèphe), 482*.
— (Pierre), 490.
— (Pierre), notaire de Largoët à Vannes. 548*, 556.
— (Prégent). sénéchal de la Roche-Bernard, 226*.
— (Yves). 548*.
— (Yves-Pierre), 548*.
Moissar (Jean), 459.
— (Jean). notaire de Prières,459.
Moisson (Jean), tambour de la ville de Vannes, 607*.
— (Marie-Louise), 607*.
Moisvran (sieur de), 334*.
Molac (paroisse), 21*, 87, 104, 105*, 106, 136, 190, 196*, 199, 299, 304, 354*, 357*,388*,389*.
Molac (Guillaume), 454*.
Molac-Trégouët, en Molac, 197*. 198, 199.
Molet (Jeanne), 472*. 474*, 482, 484, 489.
Molcvan (N.), 490*.
Molinier, ou Molnier(Françoise), 438*, 440, 441, 442, 443, 445*, 449, 449*, 455*, 492.
— (Gabriel), 434*.
— (Jean). 431*.
— (Marie), 431*.
— (Pierre), 432, 434*, 436*, 437, 437*, 438*, 440.
— (René), 438*.

Molinier (Renée), 431*.
— (Yves), 436*.
Mollier (Guillaume), 605.
Mombet (Anne-Renée), 622.
— (Céleste-Marie-Josèphe-Joachime), 542*.
— (Jean-Vincent), 623*.
— (Joseph-Julien), 541*.
— (Michelle-Jacquette), 623.
— (Raymond-Bernard-Pie-Célestin-Marc-Marcellin), receveur des droits, 541*, 542*, 622, 623, 623*.
Moncan (seigneur et dame de), 10*, 75*, 339*, 357, 364*, 367, 377, 380, 391*, 617.
Moncan (François-Julien de), 405*.
— (Julien-Marin de), capitaine de cavalerie, 615*.
Monceaux (Anne), 54*.
— (François), avocat en la Cour, 50, 559.
— (François-Joseph), notaire de Guémené, 65.
— (Jacques), 50.
— (Jeanne-Elisabeth), 23*.
— (Suzanne-Angélique-Vincente), 417.
Monchy ou Mouchy (seigneur de), 100.
Mondet (François), 622.
Moneray (Olivier), 84*.
Monfeuillard (Jean), lieutenant de la Cie des gardes du m[is] de Brancas, intendant général du c[te] de Rochefort, 252*.
Monge (Gaspard), de l'Académie Royale des Science, examinateur des élèves de la marine, 572*.
Monica (Pierre), maître chirurgien, 477.
Monnays (Jean), 580, 580*.
— (Marie). 580.
Monneraye (Françoise), 509*.
— (Jeanne), 187*.
Monnereau (Marguerite-Emmanuel), 608*, 609, 610, 619*.
— (Moïse). 608*.
Monnery (Olivier), 581*.
— (Renée), 581*.
Monnier (François-Joseph), 548.
— (Jean-Bernard), 97.

Monnier (Michel - Anne - Sébastien), procureur du Roi des eaux, bois et forêts, 559.
— (N.), 621*.
Monniot (Charles-Joseph), 531.
— (Nicolas), 531.
Monnoye (Anne-François de), lieutenant du Roi à Dinan, et commandant sur les côtes de la Vilaine et du Morbihan, 230*.
Mons (baron de), 558.
Monségur (marquis de), 176.
Monsoreau (dame de), 371.
Montalembert (sieur de), 37*.
Montalembert(Andréde),conseiller au présidial de Nantes, 237.
— (Marie-Geneviève de), 372.
Montallays (Mathurin de), chevalier de l'Ordre du Roi, 208*.
Montauban (sieur de), 45*, 307.
Montbazon (duc de), 56.
Monthel (Jules-Gilbert de), premier maître d'hôtel de la c^tesse d'Artois, mestre de camp de cavalerie, gentilhomme d'honneur du c^te de Provence, gouverneur de Bar sur Aube, 188*.
Montbourcher (René de),conseiller au Parlement, 372.
Montdidier (seigneur de), 137.
Montebert (dame de), 206*, 207, 394.
Montégu (Joseph de), lieutenant au régiment royal de la marine, 507*.
Montel (Jeanne), 615*.
Montelec (Jeanne-Françoise), 520*.
Montelier (Françoise), 499*.
— (Jeanne), 530.
— (Jeanne-Madeleine),496*,498, 499*, 501, 505*.
— (Perrine), 498.
— (Perrine-Gabrielle), 549*.
Monteno (seigneur et dame de), 275*, 341, 343, 349.
Monterblanc (paroisse), 140, 141. — Voir : Kermapolier, Lorvaie (lieux-dits).
Monternault (sieur et dame de), 124, 177*, 189*, 274*, 275*, 276, 276*, 278*, 287, 289*, 341.

Monteville (baron de), 104*.
Montfort (Perrine), 519*.
Montgommery (Catherine de), 157*.
Montigné (Marie-Anne-Louise de), 589.
Montigny (sieur et dame de), 100*,272,272*,273. 275*,279*, 303, 328*,331, 493*,600*,602.
Montigny (Antoine de), greffier de l'amirauté de Vannes, 483*, 492.
— (Charles de), 273*, 276.
— (Charles-Louis de), 328*,487.
— (Claude de), 294.
— (François de), 140*, 339*, 393, 394, 394* 396, 397*.
— (François de), président à mortier au Parlement,327*, 328, 328*, 329, 367*, 382, 386*, 462*, 467*, 600*, 602.
— (François-Gabriel de), conseiller au Parlement, 328*, 377*, 384*, 482*, 600*.
— (François-Julien de), 394.
— (François-Marie de),420,600*.
— (Françoise-Jacquette de),492.
— (Gabrielle-Elisabeth de), 328*.
— (Gillette de),2, 273*,274*,306*, 333, 333*, 335*, 337.
— (Jacques de), 274*, 339*.
— (Jean de), 273*, 274, 274*, 277.
— (Jean de),chevalier de l'ordre du Roi, capitaine de Sucinio et Rhuis,275*,276*,345*.
— (Jeanne de), 273*, 276, 309*, 424.
— (Joseph de), 100*.
— (Laurent-André de), 499.
— (Louis de), 273*, 274.
— (Louis de), capitaine de Sucinio et Rhuis,209,271*,272, 273, 273*, 274, 276*, 277, 342.
— (Louis-François de), 402.
— (Louis-Hercule de), 600*.
— (Marie de), 294, 326*.
— (Marie-Anne de), 328*, 394*, 420, 467*.
— (N.), 455*.
— (Olive de), 274*.
— (Philippe de), 271*, 273, 273*, 333.
— (Pierre de), 273*, 274*, 279*.
— (Pierre de), chanoine de

Vannes, 141*, 303, 327, 343*, 350, 353*.
— (Reine-Anne-Marie de), 396.
— (René de), avocat général au Parlement, 273, 276, 277*, 294. 303, 338, 339*, 343, 357*, 367*.
— (Renée-Françoise - Armande de), 393.
— (Robert de), 271*.
— (Yves-Claude de), 399*.
— (Yves-Claude-René de), 415, 564.
— (Yves-Joseph de), 295*, 329, 392, 392*, 397*, 399*, 402,526*, 602.
Montlouis (dame de), 53, 66*.
Montlouis (Anne-Thomas de), 65*.
— (Jean-Baptiste-Mathurin de), 32.
— (Louis de), 52, 65*.
— (Louis-Marie de), 32.
— (Marie-Elisabeth de), 32, 40*, 52, 52*, 55.
— (Philippe-Emmanuel de), 25*, 32.
— (René de), lieutenant de Concarneau, 25*.
— (René-Joseph de), 32.
— (Thomas de), 65*.
— (Thomas-Siméon de), 32, 53.
Montméa (dame de), 127.
Montmény (dame de), 196.
Montmorency (Charles-François-Christian de), lieutenant général des armées du Roi, 403*.
— (François de), brigadier des armées du Roi, 86.
— (Marie-Anne de), 86.
— (Marie-Anne-Claude de),198*.
Montmorillon (seigneur de), 201*.
Monton (Gabriel), miseur de Guérande, 213*, 284, 286.
— (Marie-Anne), 286, 287, 558.
Montplaisir (dame de), 300*, 407.
Montrel (sieur et dame de), 427.
Montreles (Claude-Nouel), 469.
Montrémy (dame de), 395.
Montres, 320.
Montret (dame du), 242, 261.
Montreuil (seigneur de), 308*.
Montrouge (sieur de), 26*.

Mont Saint-Louis (sieur du), 476.

Morand (Simon-Jacques de), 548*.

Morandeau (François), 439.

— (Gabriel). 453*. 494*.

— (Jean), 438, 439, 440, 440*.

— (Jeanne), 584*.

— (Marie), 440.

— (Renée), 438.

Moraquiny (Anne-Perrine), 624.

— (François-Jacques-Marie), 623.

— (Jean-Ange), 621.

— (Jean-Pierre), 626*.

— (Marie-Jeanne-Françoise), 625.

— (Marie-Louise), 552.

— (Pierre-Simon.), maître en fait d'armes à Vannes, 621, 623, 624, 625, 626*.

Morau (Marguerite), 496, 497*.

Moraud (François), 150*.

— (Louise-Marie), 219*.

Morault (Claude), 217*.

Moraut (Martin), 512.

Morbihan (golfe du), 2.

Mordan (Marie-Anne), 456*.

Moréac (paroisse), 24, 71, 73, 76, 86, 272, 337, 347, 354*, 576. Voir : Saint-Jacques (chapelle), Kerlego, Lenhouët, Lojan, Penhair, Saint-Divy (lieux-dits); Pesré (maison).

Moreau (Claude), 481*, 482*.

— (François-Michel), 526.

— (Jean-Baptiste), 476.

— (Jeanne), 591*.

— (Jeanne-Julienne), 623*, 625*, 626*.

— (Jeanne-Marie), 636.

— (Joseph-François), 32.

— (Joseph-Louis). 636.

— (Julien-Pierre), 482*.

— (Julienne), 622.

— (Marguerite). 514*, 515*.

— (Marie-Louise), 622.

— (N.), 621.

— (Olivier), 481*.

— (Pierre), 580.

— (René-Louis), orfèvre à Vannes, 520, 609, 611, 613*, 616, 621*, 622, 624, 625*.

Morel (Anne), 165*.

— (Françoise-Perrine), 55.

— (Guillaume), 68*.

Morel (Jacquette-Suzanne), 52*, 53*, 55*, 56, 62*, 564*.

— (Jean), 65*, 427*.

— (Jeanne), 461, 479*.

— (Marguerite), 354*.

— (Marie-Anne). 55.

— (Nicolas), contrôleur général des Fermes, 522*, 614.

— (Pierre), 165*.

— (Pierre-Charles-Jean), gouverneur de Guémené, 55, 62*, 63, 406*.

— (Pierre-Jacques), 52, 53, 54.

— (Pierre-Jean-François), 55.

— (Sophie-Suzanne), 62*.

— (Suzanne-Françoise-Marguerite), 62*.

Mores (Anne), 154, 154*.

— (François), 158*.

— (Jean), 3*.

— (Jeanne), 3*, 180*.

— (Louis), 154*, 155, 158.

— (Louise-Cécile), 180*.

— (Mathurin), 180*.

— (Perrine-Hélène), 155.

— (Sébastien), 126*.

Moret (François), 228*.

— (François-René), 227.

— (Guillaume), 228*.

— (Gustave-François). 227*.

— (Jacques-Armand), 172.

— (Jean), 227.

— (Jeanne). 234.

— (Louis), 227*.

— (Louise), 490*.

— (René), 227, 227*.

Moreul (Catherine-Perrine), 584.

— (Jean), 584.

Morgan (seigneur de), 205*.

Morgan (François-Marie), recteur de Languidic, 40*, 172, 176*, 313.

— (François-Marie), recteur de Malguénac, 17.

— (Jeanne), 593*.

— (Yves), recteur de Grandchamp, 170.

Morgant (Louis). 21*.

Morian (Anne-Jeanne), 622.

Morice (Anne), 44*.

— (Anne-Sébastien), avocat en la Cour, 139, 402*, 516.

— (Bertranne), 450*, 519, 523.

— (Colomban), prêtre, 77*.

— (Denise), 583*.

Morice (François), 441*.

— (Françoise), 274*, 477.

— (Guillemette), 247*, 501*, 504*, 506.

— (Jacques), 68*, 69, 69*.

— (Jacquette), 327*, 357, 358, 358*, 362*, 367*, 372, 375, 445, 451*, 581*.

— (Jacquine), 585*.

— (Jean), 454*, 469*.

— (Jean), notaire royal héréditaire à Vannes, 583, 583*, 584, 588.

— (Jean), prêtre, 509.

— (Jean), physicien, 292*.

— (Jean), commis au greffe des régaires de Vannes, 474.

— (Jean-Augustin), 31*.

— (Jean-Guillaume), 539, 540*, 541.

— (Jean-Nicolas), procureur au présidial de Vannes, 441, 476. 477*, 480*.

— (Jeanne), 68*, 69, 70, 431*, 580, 584.

— (Jeanne-Bertrande). 440.

— (Jeanne-Louise), 584.

— (Julien), 68, 68*, 69.

— (Julienne), 274.

— (Louis), 444*.

— (Louis), recteur d'Ilur et vicaire perpétuel d'Arz, 312.

— (Louis-Julien), 443, 443*.

— (Louise), 68*, 70, 274.

— (Madeleine), 443.

— (Marie), 69, 285*.

— (Nicolas), 540*.

— (Perrine), 443*, 484.

— (Pierre), 4, 477*, 585.

— (Pierre), recteur de St-Nolff, chef de mission, 142*.

— (Pierre), procureur fiscal de Largoët, 440, 441*, 443, 443*, 444*, 445*, 449*.

— (René), 277*, 583.

— (René), procureur fiscal de Locminé, Moréac, le Gué de l'Isle, etc. 68, 68*, 69.

— (Simonne), 488, 500*.

— (Toussaint), 495*.

— (Vincent), 68*.

— (Vincente), 70.

— (Vincente-Bertranne), 518*.

— (Yves), 584, 595.

Morice (Yves), curé de Marzan, 219*.
— (N.), 397.
Moricet (Andrée), 582.
— (Alain-Anne), 312*.
— (Antoine), imprimeur-libraire à Vannes, 438.
— (Claude), 512*, 515.
— (Claude), receveur des impôts et billots, 508*, 509*, 604*, 605, 606, 613, 614*.
— (Félix), 512*.
— (Françoise), 577*, 580, 580*, 581.
— (Georges), libraire-imprimeur à Vannes, 339*.
— (Jean-Félix-Anne), 401*, 604*, 615.
— (Joseph), imprimeur-libraire à Vannes, 337*, 340*.
— (Julien), 454*.
— (Marie-Ursule), 532, 606, 614.
— (Ursule-Antoinette), 312*.
Morillon (Michel), 495*.
Morin (Anne), 134, 276, 336, 337*, 340*, 453*.
— (Antoine), doyen rural de Guémené, prieur du grand Saint-Michel de Noirmoutier, 52*, 53*.
— (Charles), 328.
— (Charles), chapelain de Saint-Julien, 472*.
— (Charles), notaire royal, 144.
— (Françoise), 334.
— (Geneviève), 594.
— (Guillemette), 442*.
— (Jacques), 165*, 337, 459,
— (Jacques), avocat en la Cour, 328.
— (Jacques), notaire royal au présidial de Vannes, 199, 574.
— (Jean), 430, 574.
— (Jean), premier président en la chambre des comptes de Bretagne, 334*.
— (Jean), président au présidial de Vannes, 306*, 326, 334, 335, 336, 336*, 337, 337*, 344, 425.
— (Jeanne), 128*.
— (Jeanne-Hélène-Marie), 144.
— (Jeanne-Henriette), 328, 403*, 419*.

Morin (Joachim), syndic de Vannes, 334*, 506, 523*.
— (Joseph-François), 633.
— (Julien), 446*.
— (Julien), notaire royal au présidial de Vannes, 574.
— (Louise), 438, 538*.
— (Marie), 48, 165*, 434.
— (Mathurin), 438, 493*.
— (Mathurin-Joachim), procureur fiscal de Largoët, 397.
— (Michel-André), 595.
— (Perrine), 574.
— (Pierre), 435.
— (René), procureur en la Cour, payeur des gages des officiers de la chancellerie de Bretagne, 465*, 587*, 591, 594*, 595.
— (Renée), 574.
— (Roland), conseiller au Parlement de Metz, 341*.
— (Roland), président en la chambre des comptes de Bretagne, 342*, 354, 435.
— (Sainte-Jeanne), 312*, 399*.
— (Simon), 486.
— (Suzanne), 52, 53, 430.
— (Thérèse), 342*.
— (Ursule-Honorée), 262.
— (Yvonne), 635.
Morineau (Louise), 22*.
Morinières (Jean), bénéficier de Saint-Pierre de Vannes, 500.
Morino (Jeanne), 511*.
Morio (François), 605, 607, 607*.
— (Françoise-Claudine), 605.
— (Jeanne-Françoise), 607.
— (Julienne), 607*.
Moris (Julien), greffier de Quinipily, 460.
Moriseaux (Marie), 580*.
Morizur (sieur et dame de), 10, 21*, 22, 23*, 37*.
Morlet (Cécile), 471*, 594*.
— (Cécile-Françoise), 471*.
— (Jacques), 471*.
Moro (Françoise), 13*, 272.
— (Gilles), recteur d'Allaire, 110,
— (Hélène), 443*.
— (Jean), 13*, 177, 192*, 272, 458.
— (Jean-René-Hyacinthe), 329*.
— (Julien), 325*, 421*, 422*.
— (Marguerite), 90.

Moro (Michelle), 272, 273, 273*, 274*, 275*, 298.
— (Yves-Jean), 180, 248*, 384*, 473.
Moronval (Antoine-Joseph), chirurgien juré aux rapports, 215.
— (Armand-Marie), 215.
Morre (René), 200.
Morsolo (Isabelle), 9*.
Mortalité, 137, 542, 543.
Mortier (sieur et dame de), 352*, 363, 459.
Morts subites, 349, 349*, 350, 361, 361*, 362, 363*, 365, 365*, 367*, 374, 374* 401, 405, 623*.
Morvan (Alain), recteur de Locminé et de Moustoirac, 76.
— (Charles), 184.
— (Françoise), 537.
— (Marguerite), 41*.
— (Marie-Anne), 35.
— (Marie-Mélanie), 246*.
— (René), procureur en la Cour, 468*, 601.
Morvelle (Catherine), 354*, 357*.
Morzelle (François de), 162, 162*.
— (Gabrielle de), 121, 162, 162*.
— (Guillaume de), 162.
— (Jean de), 162, 354*.
— (Jeanne de), 162.
— (Raoul de), 161*, 162.
— (Sébastien de), 162.
— (Suzanne de), 162.
Motay (Mathurine), 586.
— (Pierre), arpenteur royal, 472*.
Moten (seigneur du), 5.
Motequel (sieur de), 425.
Mottay (seigneur du), 55.
Motte (François-Augustin-Armand), 233.
— (Gabriel-Joseph), contrôleur général des Fermes, 202*, 233.
— (Gabriel-Louis), consul et avocat du roi en l'hôtel de ville de Beauvais, 412*.
— (Julié), 233*.
Mouchau (sieur de), 479.
Moucheron (Jean de), 197*.
— (Sébastien de), 197*.
Mouchon (sieur de), 44, 45.
Mouësan (Antoine), recteur de Rieux, 122*.

Mouezy (Toussaint), carme de Sainte-Anne, 415*.

Mouillemuse (sieur de), 151*, 261, 347*.

Moulin (Jean-Pierre), 509*.

— (Julien), 509*.

— (N.), officier d'infanterie, 63.

— (Pierre). 506.

Moulin (sieur du), 559*.

Moulin au Duc, à Vannes, 474, 476*, 485*, 486.

Moulin de Rohan, à Vannes, 432*, 433.

Moulnier (Jeanne), 183*.

Mouneray (Louise), 476*.

Monnier (Jean), apothicaire, 484, 600.

— (Marie-Anne), 526*.

Mounière (Elisabeth), 202.

Mounouff en Questembert, 210.

Mouraud (Etienne), 115.

— (Guillaume), 587.

— (Pierre), 481.

Mourault (Claude), notaire de Bazvalan, 179, 191, 443*.

— (François), notaire royal en la sénéchaussée de Vannes, 190.

— (Isabelle), 191.

— (Prégent), 190.

Mouro (Guillaume), 582.

— (Jean), expert priseur arpenteur royal, 597*.

— (Jeanne), 445.

— (Pierre), recteur de Molac, chef des missions françaises, 199, 220*.

Moussart (Jeanne-Mathurine), 614*.

Mousseron (sieur de), 427.

Mousset (Marie), 563, 566.

Moussin, ou Moussain (Jean), 462.

— (Julienne), 390*.

— (Marguerite), 449.

— (Yvonne-Marguerite), 462.

Moustoir (sieur et dame du), 21, 24, 77*, 174, 175, 183*, 326. 335. 335*. 336*, 338*, 341*, 356*, 358*, 359*, 361, 361*, 402, 423*, 578, 584.

Moustoir-Ac (paroisse), 3*, 76, 78.

— Voir : Menio, Moustouer (lieux-dits).

Moustoirlan, en Malguenac, 16*, 17, 17*, 80, 80*, 89*, 100.

Moustoir-Maria (chapelle de), en Larré, 197.

Moustoir-Remungol (paroisse), 78, 80. — Voir : Saint-Joseph (chapelle), Kermau (lieu-dit), Bois-Hardouin (manoir).

Moustouer, en Moustoirac, 77*, 432.

Moustoueric (dame du), 354*.

Mouton (François), procureur fiscal de Sainte-Croix de Josselin, 496*.

— (Perrine), 494*, 495*.

Mouy (N.), 553.

Mouzin (Pierre), procureur du Roi en la prévôté de Nantes, 457*.

Moy (Guillemette), 540*.

Moyan (N.), 320*.

Moyon (Julienne), 515.

— (M.), 600.

Moysan (Jacques), recteur de Saint-Avé, 295*.

— (Jacquette), 150.

— (Jean), 150, 158.

— (Jeanne-Marie), 513.

— (Louise-Séraphine), 518*.

— (N.), 519.

Moysant (François). 478*.

— (Marin), bourgeois de Paris, 478*.

Muguet (Marguerite), 468.

Muin (M. de), lieutenant de vaisseau, 624*.

Mulet (Noël), commandant de bataillon, 288.

Mulot (René), supérieur des missionnaires de Saint-Laurent sur Sèvre, 214, 239*.

Munehorre (seigneur de), 81*.

Munié-Didierre (Cyr), 565.

— (Jean), 565.

Munier (Jeanne), 603.

Mur (Côtes-du-Nord), 18*, 69.

Mur (sieur et dame du), 147, 149, 159, 477*, 630*.

Murinays (Eléonore de), 369.

Murio (sieur du), 279.

Musié (Hiérôme), libraire à Paris, 472*.

— (Michel-Emmanuel), marchand-libraire à Vannes, 472*.

Mutaud (Denis), notaire à Ploëdren, 514*.

— (Jacques-Joseph-Louis), 614*.

— (Jeanne-Reine). 570.

— (Scolastique), 614.

— (Scolastique-Mathurine-Gabrielle), 614.

— (Vincent-Charles), notaire royal au présidial de Vannes, 530*, 614, 614*.

Muydeblé (Pierre), sénéchal de Rohan, 552*.

Muzillac (paroisse), 184, 189, 405*. — Voir : St-Eutrope (chapelle).

Muzillac (César de), capitaine des vaisseaux du roi, 415.

— (François de), 189*.

— (François-Gabriel de), enseigne des vaisseaux du roi, 405*.

— (François-Gabriel-César de), capitaine des vaisseaux du roi, 633.

— (Françoise de), 336*.

— (Georges de), 141, 175, 336*.

— (Guillaume de), 128*, 189, 189*, 190, 424.

— (Jacques de), 34.

— (Jacques de). prieur de Saint-Guen, 423.

— (Jacques-Hervé-Joseph de), lieutenant colonel de dragons, 633.

— (Jean de), 189*, 336*.

— (Jeanne de), 164, 184*, 185*, 189*, 190, 190*.

— (Jeanne-Pauline-Emilie de), 40.

— (Julien de), 141.

— (Marguerite-Brigitte de), 25, 397*, 512, 606*.

— (Marie de), 189*.

— (Marie-Joséphe de), 616*.

— (Prégent de), 190.

— (Renée de), 1, 174*, 175, 189*.

Mynier (Marie-Françoise), 483*.

N

Nabia (Jean de), 444. — Voir : Denabia.
Naël (Anne), 487*, 488*.
— (François), 488*.
— (Françoise), 512*, 515.
— (Guillaume), sénéchal de Bléhéban, 377.
— (Guillaume), sénéchal de Quintin et Noyal-Muzillac, procureur fiscal de Limerzel en Kerdavy-Quintin, 211*.
— (Jean-Baptiste), 572.
— (Jean-Philippe), 572.
— (Jeanne), 191, 211*.
— (Joseph), procureur au présidial de Vannes, 481*, 487*.
— (Julienne), 213*.
— (Marie-Josèphe), 565*, 571*, 572*.
— (Nicole), 251*,
— (Pierre), recteur de Malansac, 251.
— (Vincent), recteur de Pontchâteau, 249, 249*.
— (Vincente), 377, 378*, 495*, 612.
Naives (sieur et dame de), 467.
Naizin (paroisse), 80, 82, 404.
Nantilly (demoiselle de), 232.
Nantois (sieur de), 17*, 473.
Narat (Elisabeth), 590*, 591.
— (Jacques), chevaux-léger de la reine, 590*.
— (Louise), 591.
Naschebou (Anne), 157, 261*.
Nau (René), fondeur de cloches à Quintin, 96, 96*.
Naufrages, voir : accidents.
Navarre (Alexis de), 50*.
Navier (Claude), 626*.
— (Marie-Catherine-Josèphe), 626*.
Navire, 248*, 268*, 269, 269*, 325.
Nayl (Anne), 488*.
— (François), 488*.
Nazareth, à Vannes, 136.
Néant, voir : Bois de la Roche.
Néant (Perronnelle de), 149.
Neckerre (Marie-Noëlle de), fille de la Charité, 550*.

Nédelec (Mathurin), recteur de Saint-Laurent, 263.
Nédo (seigneur et dame du), 171, 172*, 173, 294, 348, 353*, 360*, 362, 387, 388, 388*, 389, 391, 392, 393*, 394, 396*, 403, 405, 410*, 436, 475*, 549, 550*, 556.
Néelz de Plancy (Marie-Yvonne), 101.
Nègres (baptêmes de), 31*, 95, 115*, 247, 267*, 628.
Nelle (marquis de), 254.
Nervois (seigneur de), 10.
Nessé (seigneur et dame du), 8, 489*.
Nétumières (seigneur des), 214, 253*, 258*, 259*, 510.
Neubourg (dame de), 331*, 413.
Neufval (dame de), 48, 48*.
Neulliac (paroisse), 17-19.
Nevet (dame de), 33*.
Nevet (Claude de), 163*, 338*.
— (Marie-Thérèse-Joséphine-Corentine de), dame du Palais de Mesdames de France, 89.
Neveu (Jacquette), 475.
— (Florent), chanoine de Vannes, official de l'évêché, 475, 587.
— (Renée), 598.
Nezio (Jean), 83*.
Nicol (Anne), 476*, 481*, 482, 483, 594.
— (François), 454*.
— (Guillaume), recteur de Neulliac, 17*.
— (Guillaume), notaire royal du présidial de Vannes, greffier de Largoët, 443, 444, 446*, 454*, 456, 457, 460, 462*, 466*, 475*, 476, 481*, 482*, 487, 491*, 499*, 506*, 599.
— (Guillemette), 444.
— (Jacques), 516.
— (Jean), 453, 457, 461*.
— (Jean), prêtre, 464*.
— (Jean), curé de Moréac, 74, 74*.

Nicol (Jeanne), 443.
— (Jeanne-Jacquette), 460, 462*, 487*.
— (Louis), avocat en la Cour, 295*.
— (Louis-François), prêtre, 498.
— (Marguerite), 446*, 466*.
— (Marie), 104, 295*, 512*, 513*.
— (Perrine), 470.
— (Thomas), 93*.
Nicolas (Armelle), servante du seigneur de Roguédas, 327, 362.
— (Catherine), 354.
— (François), 474*.
— (Françoise), 570*.
— (Jacques-Julien), 604*.
— (Jean), 426*.
— (Jean-Louis), 214*.
— (Jean-Marie), notaire de Malestroit, 213*, 214.
— (Jeanne), 297*, 429, 432, 434, 468, 532, 533*, 557*, 574, 578.
— (Jeanne-Marie), 571*.
— (Joseph), 627*.
— (Louise-Jeanne), 214*.
— (Marie), 429, 429*.
— (Marie-Barthélemie), 538*.
— (Marie-Anne), 500.
— (Olivier-Marie), huissier de police à Vannes, 530, 540, 540*, 549*, 565, 567*, 568*, 570*, 571*.
— (Perrine), 437.
— (Pierre), 213*.
— (René-Marie), 568*.
— (Sébastien), syndic de Vannes, 325*, 342, 354, 362*, 441, 578.
— (Suzanne-Françoise), 567*.
Nicolay (Marie-Elisabeth), 261*.
Nicolazo (Alain), 464*.
— (André), 587*.
— (Ange-Marie), 514*.
— (Anne), 442.
— (Barbe), 447, 451*, 458*, 459, 478, 480, 586*.
— (Bernard), 587, 588*.
— (Bernard), général d'armes, 465, 586.

Nicolazo (Charles), 612.
— (Eléonore), 586.
— (Elisabeth), 616*.
— (Françoise), 311, 411, 411*,
    412*, 413, 414*, 440*, 441*,
    457, 459*, 492*, 515*, 612*,
    625*, 626.
— (Guillaume), 439, 439*, 440*,
    441*, 442.
— (Henri), avocat en la Cour,
    511, 512*, 513, 514*, 515*,
    517, 518*.
— (Henri-Joseph), avocat au
    parlement de Paris, 475,
    522, 598.
— (Isabeau), 336, 428, 480.
— (Isabelle-Josèphe), 396*, 504*.
— (Jean), greffier en chef au
    présidial de Vannes, 595*,
    598.
— (Jean-François), 512*.
— (Jean-Louis), 465.
— (Jean-Marie), 624.
— (Jean-Marie-Pierre), notaire
    royal au présidial de
    Vannes, 403, 522, 524*, 532,
    612, 612*, 624*.
— (Louis), 90.
— (Marguerite), 517.
— (Marie), 90, 450*, 452*, 455*,
    459*, 462*, 469*, 470, 471,
    473, 475, 476*, 479*, 481, 482,
    484*.
— (Marie-Jeanne-Michelle),
    518*.
— (Marie-Rose), 625*.
— (Marie-Thérèse), 472*.
— (Marie-Ursule-Perrine-Atha-
    nase), 532.
— (Mathurine), 99*, 204*, 205*.
— (Michelle), 445*, 581*.
— (N.), substitut de l'évêché de
    Vannes, 75.
— (Pierre), 626.
— (René-Henri), 513.
— (Sébastien), recteur d'Elven
    et chanoine de Vannes,
    133*.
— (Vincent-Pierre), 511.
— (Vincente-Isabelle), 489, 588*.
— (Yves), 439, 471.
— (Yves), avocat en la Cour,
    472*, 474, 475, 477*, 478,
— (Yves), châtelain ou sieur de
    Kerlois, 455* 457.

Nicolic (Armand-René), pro-
    cureur au présidial de
    Vannes, 496*, 498*, 507, 507*,
    601*.
— (Bertrand-Joseph-Vincent),
    498*.
— (Charles-Anne-Thérèse), 507*.
— (François), 601*.
— (François), greffier de Callac
    et Cadoudal, 496.
— (Marie-Jeanne), 601*.
— (Pierre), 605*.
Nicolle (Perrine), 296.
Nicolleau (Marie), 428*.
Nicou (Charles), huissier au par-
    lement, 588, 588*, 590.
— (Charles-Joseph), 590.
— (François), 588.
— (Jean-Vincent), 588*.
— (Sébastien), 588.
— (Sébastien), avocat au par-
    lement, 588.
Nio (Bastien), sergent royal, 424.
— (Perrine), 480.
— (Pierre), 486*.
— (Yves), 424.
— (Yves-Nicolas), procureur
    au présidial de Vannes,
    320*, 538*.
Nivillac (paroisse), 221, 223. —
    Voir : La Garenne (lieu
    dit), Boisgervais (château).
Nizan (François), 437, 615.
— (Françoise), 435, 447, 484.
— (Guillaume), 431.
— (Guy-François), 494.
— (Jacques), 575.
— (Jean), 431, 431*, 432, 433*, 435,
    435*, 437, 447, 448, 449*, 453*.
— (Jeanne), 350*, 427*, 430*, 431.
— (Julien-François), 494.
— (Julienne, ou Juliette), 509,
    511, 607, 608*, 609.
— (Louise), 449*.
— (Marie), 435*.
— (Nicole), 453*.
— (Olive), 428*, 429*, 430*.
— (Olivier), 426, 426*, 575.
— (Perrine), 431*.
— (Suzanne), 426*.
— (Thérèse), 431*,
— (Vincent), 432.
— (Vincente), 433*, 462, 465*.
— (Yves-Jacques), 448.
Noailles (marquis de), gouver-

neur de Vannes et Auray,
    318.
Nobille (Catherine), 177.
Noblet (François-Anne), 560.
— (Etienne), vicaire de Saint-
    Dolay, 236, 237.
— (Joseph-Olivier), 198*.
— (Louise-Anne), 560, 565*.
— (Marie-Jeanne), 123*, 198*, 306,
    311*, 561.
— (Nicolas), 333, 335*.
— (Perronnelle), 432*, 433.
— (Yves), archiprêtre de la ca-
    thédrale de Vannes, 347.
Noblot (Isabeau), 432*, 433*, 435,
    437*.
Noirville (seigneur de), 600*.
Noizeau (Antoine), 546.
Norguet (sieur du), 511*, 512*.
Normand (Jeanne-Marie-Scolas-
    tique), 632, 633.
Notaires, 319*.
Notin (Françoise), 284, 368*.
— (Vincente), 501*.
Notré (François), 463*, 468*, 477.
— (François), receveur des de-
    voirs, 455, 456.
— (Marie), 463*.
— (Marie-Thérèse), 477.
Notre-Dame (chapelle), en Loc-
    miné, 70*.
Notre-Dame de Belle-Place
    (chapelle de), en Locminé,
    70.
Notre-Dame de la Clarté
    (chapelle de), en Baud, 2,
    3, 3*, 4.
Notre-Dame de la Fosse, voir :
    La Fosse.
Notre-Dame de la Houssaye
    (chapelle de), en Noyal-
    Pontivy, 93.
Notre-Dame de la Tronchaye,
    257, 259.
Notre-Dame de Lorette (cha-
    pelle de), en Plouray, 40*.
Notre-Dame de Pitié (chapelle
    de), en Langonnet, 39.
Notre-Dame des Lices (cha-
    pelle de), à Vannes, 136.
Notre-Dame des Neiges (cha-
    pelle et prieuré de), en
    Baud, 4.
Notre-Dame des Rois (fon-
    taine de), en Bieuzy, 5*.

Notre-Dame du Pénity (chapelle de), en Persquen, 64,
64*.
**Notre-Dame du Pont de Les-
tier** (chapelle de), en Béganne, 113.
Notre-Dame du Roncier,
(église de), à Josselin, 80*.
Nouail (Louis), 552.
— (Nicolas), 133.
Noual (Marguerite-Anne-Louise
de), 501*.
Noué (seigneur et dame de),
150, 177, 183, 221*, 227*, 243,
243*, 250, 250*, 299*.
Nouel, ou Noël (Anne-Angé-
lique), 514, 519*, 520*, 521.
— (Anne-Jeanne), 285, 286*, 289*,
511, 525, 552*.
— (Anne-Vincente), 509, 510*,
522*.
— (Catherine), 513*.
— (Cécile), 512*.
— (Claudine), 454.
— (Elisabeth), 517*, 518*, 520*,
522*, 524, 525, 528*, 531*,
536, 538*, 552*, 553*, 557*.
— (Etienne), notaire royal à
Rhuis, 278.
— (François), 190, 496, 506*.
— (François-Mathurin), 539.
— (Guillaume), notaire royal à
Rhuis, 190, 277, 278*.
— (Jacques), abbé de Prières,
vicaire général de Citeaux
en Bretagne, 187*.
— (Jean), 282*, 491.
— (Jean), recteur de Caden,
243*.
— (Jean), notaire royal à Rhuis,
syndic de Rhuis, procu-
reur fiscal de Saint-Gildas,
278, 281*, 283.
— (Jean-Charles), 490.
— (Jean-René), 282*.
— (Jean-Vincent), 491.
— (Jeanne), 137*, 138, 201*, 277,
278*, 280, 281, 454, 498, 507.
— (Julienne), 278*, 279.
— (Louise), 615, 616, 616*, 618*,
619*, 620*, 621, 625, 625*.
— (Marie), 460,
— (Marie-Thérèse), 281*.
— (Mathieu-Vincente), 488*.
— (Perrine), 511.

Nouel (Pierre), procureur au
présidial de Vannes, 458*.
— (Pierre-Hyacinthe), 496, 506*.
— (René), 488*, 490.
— (René), notaire royal à Rhuis,
283, 285*, 511, 519*.
— (Sébastien), 277.
— (Thomas), recteur de Saint-
Jean-Brévelay, 138.
— (Victoire), 506* 528*, 532*.
— (Vincente), 604.
— (Yves), 539, 539*.
Nouet (N.), maître en la Chambre
des Comptes, 551.
Nourquer (François de), 166.
— (Renée-Guyonne de), 590,
591.
Noussillac (Claude de), 591*.
Nouvel (Anne), 380*, 381*, 383,
386, 397, 418*, 502.
— (Anne-Olive), 383*, 392*.
— (Armand-Louis-Gabriel), 526.
— (Guénaël), 379*.
— (Jean), 146.
— (Jean), avocat en la Cour,
175*, 353, 371*.
— (Jean), conseiller au prési-
dial de Vannes, 282, 328,
408, 452, 465, 472.
— (Jean-Marie), 523, 607*, 609*,
610, 610*, 611,
— (Jeanne), 455*, 472.
— (Jeanne-Marie), 524, 526.
— (Jeanne-Marguerite), 408.
— (Jérôme-Marie), 516.
— (Joseph), 486*, 487.
— (Julienne-Claude), 400.
— (Louis-Jean-Joseph), 150.
— (Marguerite-Jeanne), 383.
— (Marie), 381*.
— (Marie-Andrée), 328, 410.
— (Marie-Hiéronyme), 400.
— (Marie-Sébastienne-Vin-
cente), 399*, 410, 413.
— (Marie-Vincente-Rose), 410*,
411, 412, 525*, 573.
— (Mathurin), 150.
— (N.), 460*.
— (Octavien), receveur général
de l'Amiral, 173, 516, 517,
522.
— (Octavien-Guénaël), 380*, 381*,
383*, 389, 392*.
— (Octavien-Vincent), 522.
— (Pierre-Vincent), procureur

du Roi de la maréchaussée
de Vannes, 383*, 399*, 400,
520*, 522, 523, 524, 525*, 526,
529, 529*, 540*. 619.
— (Vincent), 478.
Noyal (seigneur de), 148*, 149,
250, 278*.
Noyal (Adrien de), 275.
— (Anne-Suzanne de), 190*.
— (Claude-Marie de), 190*.
— (François de), 177, 189*, 274*.
— (François-Anne de), 385.
— (François-Anne-Prosper de),
186*.
— (Françoise de), 133, 172*, 302.
— (Françoise-Anne de), 278*.
— (Guillaume de), 124.
— (Guillemette de), 124, 152*,
189*, 242.
— (Jacques-Michel de), entre-
preneur des bâtiments du
Roi à Brest, 566*.
— (Jean de), 177*.
— (Jean de), maître particulier
des Eaux, Bois et Forêts
de l'évêché de Vannes,
177*, 274*, 275, 275*, 276,
276*.
— (Jeanne de), 177.
— (Julien de), 275.
— (Julienne de), 279.
— (Louis de), 133.
— (Marie-Jeanne de), 566*, 568,
570*.
— (Nicole de), 280*.
— (Nicole-Noyale de), 190*, 256,
281.
— (Olive-Anne de), 277*.
— (Roland de), 124, 189*.
— (Sébastien de), 279.
— (Siméon de), 179.
— (Siméon de), juge et magis-
trat criminel de Vannes,
341.
— (Simon de), 179, 190*, 278*,
279, 298*.
Noyal-Muzillac (paroisse), 189,
192. — Voir : Braugolo
(chapelle).
Noyalo (paroisse), 293. — Voir :
Kernevé (lieu-dit).
Noyal-Pontivy (paroisse), 90,
97. — Voir : N.-D. de la
Houssaye, Sainte-Noyale,
Saint-Melar (chapelles);

Chédeville, Kergrésil, Poulvern, Quistinidan (lieux-dits).

Noyant (comte de), 59.
Noyers (sieur des), 491*.

Nublé (Anne), 578.
— (Perrine), 430.
Nyol (Françoise), 591.

O

Ocheron (Françoise - Vincente). 495*.
— (Pierre), 495*.
Oger (François), 465, 587.
— (Jeanne), 204*.
— (Marie-Guillemette), 465.
Ogier (François-Xavier-Joseph), brigadier des fermes, 293*.
— (Pierre), 124*.
Ognon (dame d'), 331*.
Oillic (Anne-Marguerite), 408, 408*, 409, 411, 415, 416*, 550*,
— (Françoise), 223.
— (Jacquette), 616*.
— (Jean), 491*, 493, 495*, 496*.
— (Jean-Joseph), 496*.
— (Jean-Vincent), 321, 538.
— (Jeanne), 355, 577.
— (Jeanne - Perrine - Michelle), 411*.
— (Jeanne-Yvonne), 495*.
— (Joachim), 547.
— (Joachim), marchand maître apothicaire, 411*, 412*, 414, 418, 627*.
— (Joachim-Marie-Joseph), 418.
— (Josèphe-Bertrande), 412*.
— (Julien), 550.
— (Julien), prêtre, 500*.
— (Julienne), 542*.
— (Marie), 534.
— (Marie-Renée), 491*.
— (Marie-Vincente), 414.
— (N.), 619.
— (Olivier-Hervé), 493.
— (Perrine), 575*, 610*, 614, 619.
Oillo (Guillaume), 450.
— (Guy), commis au greffe des régaires de Vannes, 450, 454.
— (Jacques), prêtre, 509.
— (Jean), 439*.
— (Julienne), 609.
— (Michelle), 443, 447*.
— (N.), 506.
Olichon (Pierre), 606.

Oligo (Julien), 479*.
Olive (Jean), 431, 456*.
— (Mathurine), 431.
Olivet (Catherine), 626*.
Olivier (Anne-Rose), 480.
— (Charles), chirurgien major de Port-Louis, 624*.
— (Charlotte-Thomase-Hélène), 628*.
— (Claude), 190.
— (Dominique), chirurgien des hôpitaux du Roi à Port-Louis, 566*.
— (Françoise), 504*.
— (Guillaume), maître arquebusier, 480, 488, 500*, 503*.
— (Jean), chirurgien, 190, 431.
— (Jean-François), 402*.
— (Jeanne), 434.
— (Jeanne-Marguerite), 624*.
— (Marie-Jeanne), 566*, 571*.
— (Marie-Julienne), 503*.
— (Marie-Marguerite), 402*.
— (Marie-Thérèse), 566.
— (N.), aumônier du président de Rochefort, 257*.
— (Nicole), 559*.
— (Perrine), 129*, 555.
— (Pierre), 623.
— (Pierre), greffier civil de Vannes et receveur des fouages de Cornouaille, 425.
— (René), 227.
— (Thérèse), 611*.
— (Thomas), notaire à Vannes, 628*.
Olivo (Françoise), 502*.
— (Guillaume), 502*, 503*, 505.
— (Guillemette), 487*.
— (Guillemette-Françoise), 458*.
— (Jean), 471.
— (Jeanne), 453.
— (Joseph-Louis), 505.
— (Julien), 503*.
Olivro (Marguerite), 570.
Olliviero (Anne), 314.

Olliviero (Anne-Marguerite), 496*.
— (Françoise), 502, 504*, 516, 521.
— (Julien), notaire royal au présidial de Vannes, 478*, 489*.
— (Julien - Olivier - Salomon), 623*.
— (Marc), 493.
— (Marie), 493, 494*, 521.
— (Marthe), 210*.
— (Nicolas), 625*.
— (René), 491*, 496*.
— (Vincent), 623*, 625*.
— (Yves), recteur d'Arradon, 308*.
Olymant de Kernéguez (Marguerite-Françoise), 35*.
Omnès (Catherine), 537*, 545.
— (François), 599.
— (Jeanne), 615*.
O'Molomy (Antoine), religieux des Frères mineurs Irlandais, 405.
Onfré (Joseph-Isidore), curé de Locmalo, 62.
Onno (Jean), prêtre, 82.
Oravé (Jean-Baptiste), notaire royal, syndic de Vannes, 513.
Ordonneau (Jeanne), 613*.
— (Marie), 612, 612*, 613, 613*, 614, 614*, 615, 615*, 616, 617*, 618, 618*, 620, 620*, 629, 632*, 633*, 634, 634*, 635.
— (Marie-Jeanne), 618, 618*, 619, 619*, 620*, 621, 621*.
Orgeben (Catherine-Perrine), 140, 203.
— (François), 320*.
— (Geneviève), 493.
— (Jean), notaire royal de Péaule, 201, 201*.
— (Jean-Baptiste), 202.
— (Joseph), 202*, 498.
— (Joseph), procureur fiscal de Marzan, 503*, 504*, 506*, 539*,
— (Joseph-Olivier), 506*.

Orgeban (Julien), notaire de Péaule, 202.
— (Marie-Anne), 503*.
— (Perrine-Thomase), 202*, 504*.
— (Pierre), 202*, 203,
— (Pierre-Guillaume), 539*.
— (Pierre-Jacques-Nicolas), 202*.
— (Roberte), 501*, 502*, 610*.
Orhand (Jean), 239.
— (Jeanne), 239.
Orieu (Anne-Marie), 471.
Orieux (Jean), greffier des affirmations du parlement, 456.
Orinel (Casimir-Jérôme-Charles), 157*.
— (Mathurin-Amaury), séné-

chal de la Bourdonnaye, 157*.
Oritel (Jean), 467*.
— (Joseph), procureur au parlement, 467*.
Orléans (Loiret), 334.
Orléans (Regnault d'), conseiller au présidial de Vannes, 296*, 334, 336, 574.
Ormesson (dame d'), 198*.
Orvault (sieur d'), 189*.
Ory (François-Joseph), sénéchal de Glomel, 38.
— (Jean), 423.
— (Michel-Louis), employé aux Fermes, 563.
— (Paul-Vincent), 563,

Ory (Pierre), 423.
— (Pierre-François-Hyacinthe), 38*.
— (Thibault), 423.
— (Yvonne-Renée), 563.
O'Shiell (Agnès), 308*.
— (Luc-Nicolas), 308*.
Ostome de la Hautière de Montigny (Pierre), 62.
Oudet (Marie), 527*.
Ouigl (Louis d'), nègre, 489.
Ours (Jean), 535*.
Outreville (Louis d'), 58.
Ozammau (Jeanne d') 222.
Ozon (François-Marie), employé dans les Fermes, 560*.
— (Jeanne), 71.

P

Pacqueteau (Jeanne-Catherine), 416*.
— (Julienne-Renée), 332*, 413*, 416, 418, 418*.
Pageaud (Julienne), 284.
— (René-Pierre), sénéchal de Saint-Gildas, 282*, 284.
Pageot (Charles), chanoine de Nantes, 256*.
— (Yvonne), 256*.
Paigné (Gratien), marchand-libraire à Vannes, 425*.
— (Perrine), 425*.
Paillant (Rose), 518.
Paillevé (Magdeleine de), 3*.
Paimar (Anne), 597.
Paimpont (Ille-et-Vilaine), 3*.
Pain (Hilaire), 629.
Palasne (Guillaume), huissier au Parlement, 466.
Palère (Michelle), 537*.
Palerne (Louis-Blaise de), 209*.
Palevar (seigneur et dame du), 46, 47, 47*, 48, 48*, 49, 61*, 62, 216, 412, 605, 608, 608*, 616.
Paleyson (seigneur de), 558.
Pallazy (François), chirurgien, 70*.
— (Jeanne-Françoise), 83*.
Paloque (Jacques-Pierre-Joseph), directeur des Fermes générales à Vannes, 562, 562*.

Palu (sieur du), 586*.
Palu (Thérèse), 582, 582*.
Paluden en Arradon (moulin de), 308.
Pan (seigneur du), 339*, 340*.
Panheleux (Jacques), prêtre, maire de Théhillac, 241.
Panhoet (sieur de), 169.
Pannat (Jeanne-Louise de), 403.
Pannetto (Charlotte), 274.
Pantaleon (Jeanne), 459*, 585*, 588. — Voir : Pautaldoc.
Pany (Philippe), 454*.
Papegauts, 45, 98*, 225*, 314*, 422*.
Papin (Jean-Baptiste), 541.
— (Julien), 618*.
— (Marie), 541.
Papot (Jean-Baptiste), maître écrivain, 413*.
Para (Noël), orfèvre à Lorient, 553*.
Parago (Marie), 457.
Parageau (Suzanne), 541*.
Parc (sieur et dame du), 41*, 42, 51, 52, 56, 63, 69, 70, 137, 166, 184, 191, 201, 207*, 226, 227, 229, 252, 255, 264, 370, 374, 489, 542, 592*, 597, 601, 608.
Parcé (Ille-et-Vilaine), 72*.
Parc-Jégo (sieur du), 222*.
Parco (sieur et dame du), 46, 46*, 88*, 326*.

Parent (Julienne), 476*.
Pargatz (Anne de), 271*, 272.
Pargo (seigneur et dame du), 189, 295, 314, 329*, 330*, 331, 331*, 332, 333, 339, 375, 378, 378*, 380, 380*, 381*, 383*, 384, 385, 417, 422*, 424*, 428, 431, 431*, 432, 535, 541*, 553*, 574, 574*, 577, 578, 592, 603, 606, 618.
Paris (Catherine), 455*.
— (Gabriel), maître opérateur, 577.
— (Jacques-Louis), lieutenant civil et criminel de Nantes, 464.
— (Jean), maître fondeur, 133*.
— (Julien), 577.
— (Marguerite), 430.
Paris de Soulange (Augustin-Hilarion), aumônier de Mme Adélaïde, vicaire général de Vannes, 207.
— (Claude), 207.
— (Claude-René), 207.
Parisy (François), 632, 633.
Parlements, 314*, 316, 317, 317*, 318, 319*.
Parquet (sieur et dame du), 557*.
Parquet (Yves), 471.
Parseille (Charles-Vincent), 552*.
— (Charlotte-Catherine), 549*.

Parseille (F r a n ç o i s e - Renée-
 Madeleine), 550, 572.
— (Jean-François), 546*.
— (Jean-Gilles), 543*, 544, 545*,
 546*,548,549*, 550, 551*, 552*,
 553*, 555, 556, 557*, 559,559*,
 560*,564*,565*,566*,572,573*,
 626.
— (Jean-Marie-Ange),545*,553*.
— (Jeanne - Vincente - Margue-
 rite), 544, 565*.
— (Joseph-Marie-Ambroise),
 548.
— (Marguerite), 544*.
— (Marie-Ange-Vincent), 557*.
— (Marie-Cécile-Marguerite),
 551*.
— (Marie-Josèphe), 555.
— (Marie-Louise-Michelle),
 559.
— (Marie-Marguerite), 553*.
— (Marie-Rose), 556.
— (Vincente), 552*.
Partenay (seigneur de), 109*.
Partenay (Anne de), 91.
— (Vincent de), 91.
Party (Henri), chirurgien major,
 549.
Parun (sieur et dame du), 309*,
 358, 365*, 367*, 452*, 462*.
Pas-aux-Biches (sieur et dame
 de), 146*, 260.
Pascal (Antoine), employé aux
 Fermes, 552.
— (Etienne), 634.
— (Louise), 552.
— (Marie-Josèphe), 634.
Pascau (Jean), dit Cobigo ,
 390.
Pascheu (Louis), notaire royal
 au présidial de Vannes,
 509*, 519.
Pasquer (Françoise), supérieure
 de la Miséricorde de Jésus
 de Guémené, 51*.
Pasquette (Perrine), 130*.
Pasquier (Abel), alloué de
 Vannes, 130, 588*.
— (Bonne), 114, 227*, 228*.
— (Catherine), 200*.
— (Françoise), 207*.
— (Jean), 114.
— (Olive), 114, 223*.
— (Pierre), 624.
— (Thérèse), 207.

Passage de personnages célèbres,
 225, 225*, 226, 231*, 322.
Passé (seigneur et dame de),
 198, 229, 281*, 298*, 304*, 361,
 373*, 377, 377*, 378*, 380*,
 381*, 388*, 392*, 435, 448*,
 452*, 464, 511, 585, 596*.
Passé (Jean), 596*.
Passereau (Jean), 520.
— (Marie-Louis), 520, 521*.
Pastol (Claudine-Yvonne), 542*.
Pastré (Pierre), 480.
Pasty (sieur et dame du), 48*, 49,
 61*, 117, 129*, 139, 159, 166,
 260, 260*, 279, 279*, 456, 586,
 586*, 588*.
Patar (Andrée), 469*.
Patin (Anne-Josèphe-Marie), 538*,
 549*, 552, 566.
— (François-Olivier), 539.
— (Françoise-Elisabeth), 552,
 563*,565,566, 567*, 569,619*.
— (Guillaume), 550.
— (Jean), 537, 538*, 539, 548, 449*,
 550*, 552, 563*, 619*, 624.
— (Jeanne-Madeleine), 550*.
— (Joseph-Ange), 567*.
Patoillat (Jeanne), 594.
— (Nicolas), procureur en la
 Cour. 587*, 589.
Pattier (François), 587*.
— (François),recteur de Rufflac,
 162.
— (Jeanne), 586, 589.
— (Michel), huissier en la Cour,
 586, 587*, 588*, 589, 589*.
— (René-Louis), 588*.
Paubie (Anne), 520*.
Paugom (Thomas), 509*.
Paugon (Pierre), notaire de Lar-
 goët et greffier de Kerflly,
 137.
Paul (Anne), 515*, 516, 517*.
— (François), 591*, 592*.
— (Françoise-Ursule), 592*.
— (Marin), 35, 438.
— (Nicolas), 438.
— (Vincente), 441, 443, 445, 447*,
 448*, 450*, 454, 481*.
Paul (Anne-Philippe de), 407*.
— (Jean-Baptiste-Renée-Joseph
 de), 407*.
— (Jean-Philippe-Annede),395*.
— (Marie-Louise-Aimée de),
 230.

Paule (comte de), 26*, 49, 369,
 371*, 466*.
Paulic (Isabelle), 501, 504.
— (Yvonne), 450*.
Paullou (François), procureur à
 Pontivy, 10.
— (Jeanne-Françoise), 89.
— (Jérôme), procureur fiscal de
 Guern, 88*.
— (Marguerite), 88*.
— (Marguerite-Yvonne), 88.
— (Marie-Madeleine), 89.
— (Yves-Jérôme), procureur à
 Pontivy, 94*.
Paulmy (seigneur de), 198.
Paulo (Guillemette), 425*.
— (Jean). 574*.
— (Jeanne), 574*.
Pautaldoc (Jeanne), 583.—Voir :
 Pantaleon.
Pautremat (Etienne), 531.
— (Jean-Joseph), 531.
— (Mathurine), 404, 405, 408,
 412, 413*.
Pauvert (Louis), 199.
Pavec ou Le Pavec (Adrien-
 Jacques), 555.
— (Jean-Charles), recteur de
 Saint-Patern, 555*.
— (Jean-François), 548*, 550, 552*,
 555, 557, 558*, 560*, 561*,
 563, 564*, 571.
— (Jean-Germain), 564.
— (Jeanne-Françoise), 555.
— (Joseph-Marie), 558*.
— (Marie-Ange), 560*.
— (Marie-Anne), 552.
— (Marie-Jeanne-Marguerite),
 550.
— (Marie-Josèphe), 563.
— (Marie-Michelle), 561*.
— (Pierre), 202*.
— (Yves-François-Pierre), 548*.
Pavi (Philippe), 462*.
Pavin (Julien), recteur d'Allaire,
 108, 108*.
Pavy (Anne), 458*.
Payel (Thomase), 548*.
Payen (Antoine), 467.
— (Guillaume), 490.
— (Jean-Vincent), 482*.
— (Jeanne-Henriette), 481*.
— (Julien), sergent royal à
 Vannes, 464, 467, 473*, 478,
 481*, 482*.

Payen (Marie), 192.
— (Nicolas), 473*.
— (Olive), 127.
— (Perrine), 464.
— (Vincente), 143*, 490.
— (Vincente-Suzanne), 478.
— (Yves - Aimé - Anne), avocat en la Cour 127*.
Pé (sieur du), 171*, 194*, 195, 195*, 205.
Pean (Claude-Nicolas), 554*.
— (Françoise), 435*.
— (Joseph-Marie), 554*.
— (Perrine), 424.
Péaule (paroisse), 199-203. — Voir : Couesquel, Kerbreton (lieux-dits).
Pécart (Anne), 273, 274, 274*.
Pécault (Gilles), 442.
— (Jean), 442.
Pecoaduc (sieur et dame de), 136*, 146, 146*, 147, 148.
Pêche, 263, 264*, 268, 322*.
Péçot (Jeanne), 593.
Pédrayic (Julienne), 457.
Pédron (Alain), 451*.
— (Anne-Marie), 93.
— (Catherine), 91*.
— (Françoise), 631.
— (Gilles), 511*, 518, 529*, 610*.
— (Gillette), 574*.
— (Jean), 91*, 501*, 507, 508, 509, 510, 511*.
— (Jean-François), 509.
— (Jean-Marie), 508.
— (Jean-Toussaint), 511*.
— (Josèphe), 521*.
— (Louise-Jacquette), 501*.
— (Marie), 524*, 583*, 618.
— (Marie-Jeanne), 507.
— (Marie-Josèphe), 520*, 522*, 524, 525, 526*, 529, 530, 532, 536, 538, 538*, 549*.
— (Maurice-René), 501*.
— (Michelle-Mathurine), 510.
— (N.), 522*.
Pedronic (François), 335*.
— (René), 335*.
Pegasse (Louise), 25*.
Péhé (seigneur de), 138*, 139.
Peiguilhem (Alexandre), 484*.
— (Jean), maître chirurgien, 449*.
Peillac (paroisse), 116-118. — Voir : Cranhac, La Hubaudière, La Méaudais (lieux-

dits) ; la Hergaye (manoir).
Peintres, voir : Tableaux.
Pelan (Jeanne-Marie), 623*.
— (Laurent), 70, 70*.
— (Pierre), 352*.
Pelar (Jean), 499.
Pelaud (Marie-Reine), 240.
— (Marthe), 236.
— (Paul), sénéchal de la Roche-Bernard, 236.
Pelé (Jean), recteur de Derval, 219*.
Pélerin (Anne), 534.
— (Bertrande), 111*.
— (Marie-Alexandrine), 166*.
— (Mathurin), recteur de Couffé, 371*.
Pèlerinages, 5, 5*, 6, 6*, 18*, 125*.
Pélicat (Claude), 550*.
Pelin (Louis-Claude-Adrien-Nicolas), chirurgien juré, 56.
Pélinec (seigneur et dame de), 187*, 188*, 224*, 285, 289*, 395*, 398*, 399*.
Pélissier (Jean-Baptiste), 524*.
— (Marie-Gillonne), 585.
Pelisson (Charles), 467*.
— (Charlotte), 426, 429, 576.
— (Françoise), 260*, 281*, 351, 357*, 359, 359*.
— (Jean), 338*.
— (Jeanne), 467*.
— (Olivier), 338*.
— (Pierre), conseiller au présidial de Vannes, 337*, 338, 344, 345*, 354.
— (Vincente), 143*, 190*, 352, 357*, 360.
Pellan (sieur et dame de), 246*, 247, 360*.
Pellassier (Jeanne-Marie-Julienne), 544.
Pellé (Achille), 216*,
— (Denise), 184.
Pellehaste (Emilie-Thérèse), 572*.
— (Michel), professeur royal de mathématiques au collège de la marine de Vannes, 572*.
Pellevé (Jacquette), 158.
Pellion (Julien), notaire de Kermeno et Baud, 460*.
Pellouan (sieur et dame de), 78, 78*, 99, 111, 135*.
Peltre (Jean-Baptiste), officier d'infanterie, 90.

Pelven (sieur du), 278*.
Pembou (Marie), 385*.
Pémur (dame de), 248*.
Pen (Françoise-Antoine), 472.
— (Jacques), 459, 463*, 472.
— (Jeanne), 463*.
— (Marc), 459.
Penandraon (seigneur et dame de), 33.
Penandref (Charles-Louis de), lieutenant des vaisseaux du Roi, 572*.
Penanech (dame de), 34.
Penanjun en Roudouallec, 41.
Penanrun (sieur de), 23*, 28*, 54*.
Penber (Guillaume), notaire royal et receveur de Rhuis, 275.
Penboch (seigneur de), 198, 338, voir : Poubaie.
Penbulzo en Surzur, 176*, 177, 180*, 188, 234*, 297*, 298, 339.
Penbulzo (Andrée de), 297*.
— (Françoise de), 297*.
— (Guillaume de), 184*, 297*.
— (Isabeau de), 176*.
— (Jacques de), 176*.
— (Jean de), 177, 297*.
— (Jeanne de), 339.
— (Marie de), 177.
— (Michelle de), 176*, 177, 297*.
— (Perrine de), 297*, 298.
— (Renée de), 297*.
— (Yvon de), 297*.
Pencadenic, en Sarzeau, 283*.
Pencoëdic (Barbe de), 33.
Pencreh (dame de), 60*.
Penderf (sieur et dame de), 43*, 515.
Penelan (sieur de), 29.
Penelle (Jeanne-Marie), 398.
Penendreff (seigneur de), 11*.
Penenguer (dame de), 27.
Penenru (sieur de), 587.
Penenvern (seigneur de), 63*.
Pénerf en Damgan, 180, 181, 286, 300*.
Penesclus (seigneur de), 188, 202*.
Pénestin (paroisse), 223-225. — Voir : Trebiguer.
Penfrat (sieur et dame de), 32*, 103*, 342, 576*, 599, 600, 603.
Pengreal (sieur de), 135*, 479*.

Penguern (Geneviève de), 28*.
— (Jean de), 593.
Penguily (seigneur et dame de), 15*, 18, 25, 45*, 102.
Penhair (seigneur et dame de), 43*, 45*, 46*, 48, 50, 52, 56*, 61*, 334*, 336. — Voir : *Penherf.*
Penhair en Moréac. 74, 368, 381, 426*, 603.
Penhaleuc (seigneur de), 130.
Penhallec (dame de), 135.
Penherf (sieur et dame de), 575, 576. — Voir : Penhair.
Penhoët (seigneur et dame de), 10, 21*, 22, 22*. 23, 23*, 40*, 49, 50, 51*, 80, 91, 142, 147, 168, 168*, 169, 169*, 172*, 187, 216*, 229*, 240, 246*, 288, 288*, 296*, 334, 354*, 356*, 357, 365, 393, 393*, 397*, 398*, 415, 454*, 507*, 525, 526, 530*, 554, 615, 616*, 617*, 620*, 622*, 632*.
Penhouet (Jean), chanoine de Rochefort, 255*.
Penhuir (sieur de), 454.
Penicaud (Claudine), 528.
Penifort (Guillemette), 484.
Peniguel (Joseph), recteur de Malansac, 253*.
Penlan (seigneur et dame de), 17, 100*, 139*, 396*.
Penmené (sieur de), 8, 91, 92.
Penmern (sieur de), 41.
Penmorin (Anne-Jacquette), 404.
— (François-Vincent), 404.
— (Jean-Pierre-Claude), 408*.
— (Jeanne), 535*, 566*.
— (Joseph), 541*.
— (Julien), 566*, 615*.
— (Julien), notaire 213*.
— (Julien-Marc), 534, 535*.
— (Louis-Joseph), notaire et greffier des régaires, 404, 405, 406, 407*, 408*, 409, 410*, 414, 627.
— (Marguerite-Adélaïde), 407*.
— (Marie-Louise), 406.
— (Marie-Vincente), 414.
— (Thuriau-Jacques), 409.
— (Yvonne-Perrine-Suzanne), 405.
Penon (Joseph), recteur de Saint-Gonnery, 105.

Penpenic (Charlotte), 441*.
— (Claude), chapelain de Trédion, 145.
— (François), 455*.
— (Louise), 474.
— (Marie), 448.
— (Olivier), 441*, 443, 444, 448, 455*.
— (Pierre), 444.
Penpoul (sieur et dame de), 47, 48, 48*, 57*, 61*.
Penprat (sieur de), 265*.
Penquelen (seigneur et dame de), 29*, 133*, 136*, 137*, 173, 177*, 197*, 208*, 260, 260*, 261, 382*, 444, 470.
Penquer (sieur et dame de), 27, 67, 517, 605, 611.
Penquer (Mathieu-Martin), 510.
Penros (sieur de), 511.
Penturban (sieur de), 68*, 69, 69*, 80*.
Penven (Jean), 522.
Penvern (seigneur et dame de), 42*, 45, 45*, 47, 49, 55*, 58*, 59*, 63*, 64, 64*, 137, 307*, 330*, 332, 351*, 363*, 364*, 379*, 380*, 384, 388, 390*, 394*, 406, 408*, 412, 483, 563*, 573, 615*, 616, 619, 622*, 625, 626, 629, 630, 632*, 635.
Penvins en Sarzeau, 285, 286, 288.
Pépin (Catherine), 108.
— (David), 58*.
— (François), receveur des droits de Bretagne, 538.
— (Françoise), 117.
— (Joseph-Jean-Baptiste), 109*.
— (Josias), 58.
— (Marie-Nicole), 545*.
— (N.), 537*.
— (René), président au parlement, 108*, 109*.
— (Renée), 328.
Pépion (Anne-Françoise), 73.
— (Charles-Denis), avocat en la Cour, 567, 569.
— (Denise), 569.
— (Françoise), 412*, 414, 415.
— (Germain-Jacques-Denis), 569.
— (Guillaume-Ravand), correspondant des commissaires des Etats, 567.
— (Guillemette), 517*.

Pépion (Jean-Julien), 72*.
— (Julienne-Denise), 72*.
Pérard (Antoine), libraire à Vannes, 459*.
— (Jean), 459*.
Peraut (Jeanne), 443, 448*, 450*.
Percherel (Anne-Marie), 179*.
Percheron (N.), jésuite, 53.
Perderel (Joseph), receveur des devoirs, 550.
— (Isabelle), 551*.
— (Marie), 202*, 634*.
— (Vincente), 605*, 608*, 609.
Perdriau (Jeanne), 157.
— (Yves), 157.
Perenez (seigneur et dame de), 177, 178, 298*, 339*, 360, 405, 422, 433, 561, 571*.
Pérennès (Julien), curé de Surzur, 300.
Perenno (sieur du), 64.
Pereul (Mathurin), 492.
— (Vincente), 492.
Perez (Didac-Vincent), 542*.
Pergeault (Marie), 272*.
Péri (sieur du), 355, 357.
Peric (Marguerite), 14*.
Périen (Toussaint de), 21*.
Perier (Armel), recteur de Tréal, 164.
— (Gilles), 2, 581*, 582.
— (Jeanne-Marie), 52*.
— (Joachim), 2.
— (Louise), 51.
— (Marguerite), 582.
— (Olive), 581*.
— (Yvonne), 584*.
Perigaud (Catherine), 611.
— (Elisabeth), 609*.
— (François-Marie), notaire, 66*.
— (Jean), notaire, 66.
— (Jean), procureur au parlement, 466.
— (Jean-Baptiste), 609, 609*.
— (Jeanne), 609.
— (Jeanne-Perrine), 609.
— (Marguerite), 555.
— (Marie), 482*.
— (Marie-Josèphe-Eulalie), 530*, 614, 614*.
— (Pierre), notaire royal au présidial de Vannes, 544*, 546*, 547, 609.
— (Thomas), 611.

Perigaud (Thomas), procureur en la Cour, 475.
Peringuer (Jeanne), 596*.
Perio (Jean-François-Marie), 416*,
— (Jean-Marie), 629.
— (Vincent), 416*.
Perné (Jean), employé dans les fermes, 629.
— Jean-Charles, 629.
Pernelle (Yvonne), 228*.
Pérouse (Bertrand de), 125.
Perrault (Jacquette), 591*.
Perray (sieur du), 391*, 516*.
Perreau (Julien), notaire royal au présidial de Vannes, 275*.
Perrest (sieur de), 28*.
Perret (Césarée-Jeanne), 100*.
— (Charles), miseur de Ploërmel, 541.
— (Jean), 260.
— (Jean), lieutenant du Roi civil et criminel à Ploërmel, 146*.
— (Pierre), sénéchal de Josselin, 205, 339.
— (Pierre-Joachim), procureur au présidial de Vannes, 541.
— (René), 260.
— (Rodolphe), officier de cavalerie, 309.
— (Thomase), 629.
Perret en Silfiac, 19*, 20, 20*.
Perret (sieur du), 59.
Perreul (Vincente), 543.
Perrières (sieur des), 633.
Perriers (sieur des), 485*, 592.
Perrignon (Georges), commis aux Bois pour la construction des vaisseaux du Roi à Brest, 474.
— (Joseph-Silvestre), 474.
Perrin (François), avocat en la Cour, 504*.
— (Jacques), 459*.
— (Jean), 459*, 466*.
— (Julien), 456*, 460*, 466*.
— (Julien), sergent royal, 480*.
— (Julienne), 493.
— (Marie), 569*.
— (Marie-Anne), 101*.
— (Paul-François), prieur de Langonnet, 39.
Perro (Marie-Françoise), 207*, 257.

Perro (Marie-Isabelle), 24.
— (Pierre), 207*.
— (Yvonne), 452*, 454*, 457, 462, 463*.
— (N.), avocat en la Cour, 326.
Perrodo (Anne-Louise), 487.
— (Jacquette), 615*, 617, 617*, 618*, 621, 621*, 624.
— (Joseph-Silvestre), 462.
— (Marc), recteur de Noyalo, 293.
— (Olivier), prêtre, 557.
— (Vincent), 462, 487, 596.
Perron (sieur du), 134.
Perron (Jacques), 532.
— (Marguerite), 532*
Perronay (seigneur de), 253.
Perros en Eubry (maison de), 51, 365*.
Perrot (André), 490*.
— (Christophe), 428.
— (Etiennette), 458.
— (Jacques), 436.
— (Jean), notaire royal au présidial de Vannes, 574.
— (Jean-Baptiste), 490*.
— (Julienne), 575.
— (Marie), 166.
— (Olivier), 307, 575.
— (Pierre), 427, 427*, 428, 433*, 575.
— (Suzanne), 427*.
— (Yvonne), 352*, 483, 486*.
Perrue (N.), 615*.
Persquen (paroisse), 49, 63, 64, 635. — Voir : N.-D. de Pénity (chapelle) ; Kersquer (lieu-dit).
Pertus (dame de), 229*.
Peschart (François), 302*, 340, 341, 428.
— (Françoise), 114*.
— (Françoise-Marie-Angélique), 373*.
— (Gilles), chevalier de Malte, 153*, 428.
— (Jeanne), 128*, 153*.
— (Julienne), 298*, 302*, 326*, 338*, 339, 339*, 343*, 435.
— (Laurent), conseiller au Parlement, 298*, 326, 338, 338*, 339*, 340, 427*, 428, 435.
— (Louis), 153*.
— (Marguerite), 153*.
— (Marie), 302*, 427*, 434*.

Peschart (Renée), 162.
— (Suzanne), 153*, 162, 302*, 304, 353*, 355*.
— (Valence), 152*, 153.
Peschon (Julienne), 425.
Pesdron (Françoise), 426.
— (Guillaume), 485.
— (Jean), sergent royal, 426, 426*, 485, 486.
— (Julien), 426*.
— (Pierre), 425.
— (Yvonne), 486.
Pesnelle ou Pesnel (Anonyme), 503*.
— (Jeanne-Marie), 503, 524*.
— (Louise-Jeanne-Marie), 526.
— (Pierre), 519*.
— (Pierre), receveur des Devoirs, 497*, 503, 503*.
Pesré en Moréac (maison du), 75.
Pesreul (Mathurin), 486.
Pestolaud (François), avocat à la Cour, sénéchal de Cranhac, 117.
— (Jeanne), 116*, 129*.
Pestivien (seigneur de), 6*, 89.
Pestruan (sieur de), 478.
Peteau (Anne), 25*.
— (Marie), 580, 580*.
Petiot (Perrine), 106*.
Petit (Claude), receveur des fouages de l'évêché de Quimper, 72.
— (Guillaume), 320*, 533.
— (Jeanne-Gabrielle), 155.
— (Jeanne-Thomase), 72.
— (Marguerite), 627*.
Petit Bois (sieur et dame du), 99, 246*, 342*, 343, 345*, 350, 353*, 354*, 438*, 495*, 500.
Petit Bot (sieur du), 230.
Petitjean (Elisabeth), 27*.
Petitpont (seigneur du), 168*.
Petrinneau (René), 455.
Peuchant (Anne), 92.
— (François), 46.
Peuris (Jean de), 103*.
Peyen (Gillette), 625*.
Peyrac (dame de), 633.
Peyrac (Catherine-Charlotte de), 291*, 632*.
— (Jean-Joseph de), commissaire général de la marine du Roi, 291*.

Pezdron (Edouard), 14*.
— (François), 14*.
— (Jean), 15.
— (Jean), commis au greffe de Vannes, 491.
— (Jeanne), 15.
— (Julienne), 491.
Pezdronnic (Jeanne), 422.
Pezrès (Jean), prêtre, 39.
Pezron (Alain), recteur de Neulliac, 19*.
— (Charles), 14*.
— (Françoise), 43*.
— (Hélène), 43*.
— (Mahé), 14*.
Phelippeaux(Armand-Louis),371.
— (Jeanne-Claude), 67*.
— (Louis), premier président au Parlement, 328*, 367, 368*, 371, 371*, 476.
Phelippes (Jeanne), 174.
— (Perronnelle), 76, 76*. 80.
Phelippot (Jean), 110*.
— (Jeanne), 241*.
— (Julienne), 171*, 200, 297*, 298*, 333*, 338, 427*, 428.
— (Perronnelle), 133, 172*.
— (Yvonne), 111.
Philippe (Anne-Marie), 532*.
— (Anne-Perrine), 626.
— (Dominique), 625.
— (François), recteur de Saint-Jacut, chef des missions françaises, 126.
— (Guénaël), 598.
— (Guillemette-Jeanne), 598.
— (Jacques-Olivier), 624*.
— (Jean), 558, 572, 624, 624*, 625, 626, 627, 634, 635.
— (Joseph-Marie), 625.
— (Marguerite), 616*.
— (Marie), 478*.
— (N.), 320*.
— (N.), capucin, 145.
— (Perrine), 599*.
— (Prix-Marie), 627.
— (René-Jean), 624.
— (Suzanne), 456*, 460, 463, 472*.
Piard (Antoinette-Julienne), 182*.
— (Dieudonné-Maximin), 562*.
— (Jean-François-Marie), 557*.
— (Jean-Marie-Pierre), 554*.
— (Louis-Maximilien), 553*.
— (Marie-Élisabeth-Louise), 553*, 634.

Piard (Marie-Françoise), 560*.
— (Marie-Hyacinthe-Elisabeth), 556.
— (Marie-Josèphe), 565*.
— (N.), 633*.
— (René-Joseph), 552*, 553*, 554*, 556, 557*, 560*, 562*, 565*.
— (René-Julien), 525.
Piau (Charles), maitre apothicaire, 46.
— (François-Pierre), 47*.
— (Françoise). 46, 46*, 47*.
— (Françoise-Agnès), 50.
— (Gilles), 46.
— (Isabeau). 47.
— (Louis), 47, 47*, 48, 50.
— (Louise-Marie), 47.
— (Marie). 48*.
— (Marie-Louise), 48*.
— (Renée), 50, 50*.
Piault (Jean), 280.
— (Vincente).362,362*, 378*, 466, 467*, 488*, 582*, 587*, 588*.
Picard (Jean-Vincent), 620*.
— (Jeanne), 535*, 617.
— (Marie), 466.
— (Marie-Jeanne), 618*.
— (Perrine-Reine), 619*.
— (Pierre-Nicolas), 618.
— (Pierre-Urbain),539*, 617,618, 618*, 619, 620*.
Picardat (Hélène), 25*, 26, 26*.
Picaud (Anne), 179, 179*, 186*, 190*, 191, 218*, 224.
— (Claude), recteur de Liffré, 179*.
— (Claude), sénéchal de Rhuis, 278*, 279.
— (Gabriel), 277.
— (Jeanne-Françoise), 570*.
— (Julienne), 179*, 190.
— (Louis). 277*, 342*.
— (Marguerite), 164, 243*.
— (Marie-Anne-Suzanne), 167*, 396.
— (Mathurine), 109, 121.
— (Nicole), 277*, 350, 359*, 441.
— (Pierre), 179*.
— (René), 205*.
Picault (Jean), procureur du présidial de Vannes, 435*.
Pichard de Saint-Julien (Catherine-Jeanne de), 106.
Pichart (Gilles), 574*.
— (Pierre), 574*.

Pichère (Marie), 456.
Pichet (Jacquette), 604*, 607*, 608.
Pichodo (Marie), 24*.
Pichodoux (Louise), 83*.
Pichon (Catherine), 399.
— (Catherine-Agnès-Mathurine), 414*.
— (Catherine-Josèphe), 402*, 409*, 538, 618.
— (Denis), 321, 399, 506, 507, 507*, 512, 517*.
— (Françoise), 440.
— (Ignace-Vincent-Fiacre),507*.
— (Jacques). 549.
— (Jean), officier de la Cie des Indes, 615.
— (Jeanne-Marguerie-Sainte), 399, 399*.
— (Julienne), 437*.
— (Louis-François), 506.
— (Marie), 615.
— (Noël), 437*, 439*, 440, 442*.
— (Perrine), 442*.
— (Philippe), 439*.
— (Renée), 532*.
— (Vincent-Nicolas), 405, 414*, 618.
— (Vincente-Perrine), 405.
Picom (Guillaume). 562.
— (Julien-Marie), 562.
— (Perrine), 490*.
— (Pierre), chirurgien, 490*.
Picot (Charles-Marie), 24*.
— (Charles-Vincent), 544*.
— (Jean-Marie), 148.
— (Jeanne-Marie-Josèphe), 293*.
— (Jeanne-Pélagie), 547.
— (Marie-Françoise), 544*, 545*, 547, 548, 551, 554.
— (Nicolas-Bonaventure), organiste de la cathédrale de Vannes, 604.
Picquart (Mathurin), fondeur de cloches à Rochefort, 217*.
Picquenard (Catherine), 600*.
Picquet, voir : Piquet.
Pieché (Jean-Joseph), 536*.
— (Marie-Françoise), 536.
Pied (Vincente), 231, 231*.
Piéderrière (Françoise), 492*.
Piédevache(François-Mathurin), 568.
Pierny (sieur de), 79.
— (sieur du), 16.
Pierre (Catherine), 34*, 35.

Pierre (Jean), procureur en la Cour, 594.
— (Michel), recteur de Theix, 303*.
— (Michelle), 594.
— (Perrine), 607*.
— (Yvonne), 107.
Pierrot (Marie-Jeanne), 510*, 517.
Pigard (Jeanne-Marie), 533*.
Pigeault (Jean), 121*.
Pigolen (Jean), jésuite, professeur de cas de conscience au collège de Vannes, 344*.
Pigot (Julien), 493.
— (Marguerite), 520*.
— (Marie), 519.
— (Mathurine), 524.
— (Sainte), 493, 511*, 519*, 520*, 522, 524, 525*, 527.
Pihan ou Le Pihan (Françoise), 428*.
— (Jacques), 436*, 438*.
— (Jean), 439.
— (Jeanne-Marie), 406, 417, 419*.
— (Joachim), 487*.
— (Joseph), 494, 514*.
— (Joseph), commissaire aux scellés, 607*.
— (Joseph-Louis), 511*, 512*.
— (Joseph-Silvestre), 406*.
— (Joseph-Vincent), 511*.
— (Marie-Angèle), 412.
— (Marie-Josèphe), 410.
— (Marie-Thérèse), 512*, 526, 528.
— (Marie-Vincente), 408.
— (N.), 565*.
— (N.), docteur en médecine, 504.
— (Nicolas), 437*.
— (Nicolas), procureur au présidial de Vannes, 467*.
— (Perrine), 433, 435, 435*, 436, 436*, 437, 438*, 439, 439*, 440*.
— (Perrine-Augustine), 406.
— (Pierre-Alexis), avocat en la Cour, miseur de Vannes, 406, 406*, 408, 410, 412, 417, 419*.
— (Suzanne), 529.
— (Yves), 428*, 436*, 437*, 438*, 439*.
Pihiriac (sieur et dame de), 433*, 442, 444*, 445*.
Pillet (Pierre), recteur de Baden, 310*.

Pillot (Jacob-Noël-Louis), 621.
— (Mathieu-François), recteur de Saint-Jean-Brévelay, 545*.
Pinar (N.), 507*.
Pinart (Claude), 305, 310, 377, 380, 381, 385. 495*.
— (Louise), 381*.
— (Marie), 58*.
Pinault (Robert), 430*.
Pinchard (Julienne), 621.
Pineau (Jean), 467.
Pinier (sieur du), 64*.
Pinieuc (seigneur et dame de), 162*, 189, 189*, 190, 193*, 199*, 202, 212*, 241*, 248, 248*, 249, 249*, 250*, 254, 304*.
Pinolle (Renée), 583.
Pinot (Pierre), notaire à la Roche-Bernard, 202.
Pinquer (Mathieu-Martin), directeur du Domaine à Vannes, 515*.
Pins (Catherine), 624*.
Pinsard (Claude), 45*.
— (Louise), 45*.
— (Marguerite), 74, 527*.
— (N.), 573*.
— (Perrine), 526*.
— (Pierre), 320*, 473*, 488, 522, 524, 540*, 543*, 573*, 600, 602.
— (Pierre-Marie), 522, 524, 526*, 527*, 528*, 543*.
— (Pierre-Vincent), 528.
— (Suzanne), 501*, 505, 514, 515*, 518, 521, 522*, 525*, 526*, 528*, 530*, 534, 535*.
Pintrel (Jean-Baptiste), procureur au Parlement, 465*.
Pioche (Charles), avocat en la Cour, 470.
— (François-Bertrand), 456*.
— (Jacques), 456*.
— (Marie), 474.
— (Suzanne), 463*, 465*, 468*.
Piquard (René), 476.
Piquet (François), 538.
— (Guillaume), 479*, 480.
— (Guy-François), vicaire général de Vannes, 404*.
— (Jean), greffier civil en chef du Parlement, 371*, 477.
— (Jean-Baptiste), prêtre, 509.
— (Jeanne), 589, 591*.
— (Jeanne-Catherine), 631.

Piquet (Joseph-François), 371*.
— (Julienne), 577*, 590*.
— (Louis-Alexandre), 371*.
— (Louise), 460.
— (Marie), 528*.
— (Marie-Sébastienne), 212*.
— (Nicolas), 479*.
— (Olivier), 575, 579.
— (Pierre), 575*.
— (Vincent), 537.
— (Vincent), chirurgien juré, 212*.
— (Vincente), 440*, 443, 444, 446*, 454*, 456. 457, 460, 462*, 476.
Piraud (Vincent), 68*, 80.
Piriac (seigneur et dame de), 348*, 358*, 582. Voir : Pihiriac.
Pirio (Brigitte), 497.
— (Françoise), 626*.
— (Jean), 94*.
— (Jean-Claude), 626*.
— (Pierre), 497.
— (Vincent), 626*.
Piriou (Paul), recteur de Neulliac, 17*.
Pirvaux (Mathurin), 619.
— (Rose), 414, 415*, 416, 416*, 418, 630.
Pistovy (François), général d'armes, 458*.
Pitault (Jean), 579*.
Pitel (Françoise-Louise), 553.
— (Hélène), 544*.
— (Jean), 599*.
— (Marie-Madeleine), 636.
— (Michel), 484*.
— (Pierre), 544*.
— (Pierre-Marie), 544*.
— (Vincent), 502.
Pitot (Jacquette), 62.
— (Marie-Renée), 634.
Pitouays (Augustin), sénéchal des régaires de Vannes, 399, 399*, 402, 402*, 409*, 618.
— (François), procureur fiscal de l'abbaye de la Joie, 402*.
— (Louise-Angélique-Vincente), 402, 409*, 410*, 411, 412.
Pivault (François), recteur de Marzan, 218*, 219.
Pizigot (Guillaume), 333*, 343*, 425, 428, 429*.
— (Jeanne), 177, 429*.
— (Olive), 437*, 439, 440.
— (Pierre), 425, 576.

Places (seigneur et dame des),
233, 233*, 305*, 313, 392*,
398*, 403*, 410, 411, 412*,
414, 512*, 517*, 541*, 543,
605.
Planche (seigneur de), 81, 250*,
359*. 360.
Planches (sieur des), 475, 588,
588*.
Plancher (Marie), 101.
Plancy (marquis de), 154*.
Plans, 103, 319, 324*, 637.
Planson (François), 448.
— (Jeanne), 448.
Plantais (Julienne), 427*.
Plantart (Françoise), 576*, 577,
577*, 578*, 579*, 580, 582*,
583, 593*.
— (Julienne), 576*, 577, 577*, 578,
584*.
— (Louis). 544*.
— (Prudent), 544*.
— (Yves), 426*, 575*.
— (Yvonne), 575*, 578, 579*.
Plasquer ou Plascaër (sei-
gneur et dame de), 32, 32*,
52, 53, 65*, 66*.
Plassix (sieur et dame du), 230,
231, 231*.
Plastre (Julien), 598.
— (Julienne), 598.
Platteville (sieur de), 186*.
Plaudrain (Guillaume), 448*.
— (Jean), 520*.
Plaudren (paroisse), 172, 173.
— Voir : Mangolérian (cha-
pelle).
Plaudren (Gillette), 442*.
— (Pierre), 150.
— (Vincente), 574.
Plélan (seigneur de), 397*, 399*,
402, 526*.
Plélauf (seigneur de), 374.
Plé-le-Plessix (dame de), 197*.
Plélin (seigneur de), 286, 290, 400,
400*.
Plescop (paroisse), 173. — Voir :
Kerango (manoir) ; Lésur-
gant, Saint-Hamon (lieux
dits).
Plesse (Jean-Baptiste), 500*, 504,
527*.
— (Jean-Maurice), 504.
— (Louise), 187*.
Plessix (sieur et dame du), 2,

13*, 21*, 29*, 35, 42, 54*, 58*,
59*, 86*, 91, 114*, 116*, 117,
117*, 128, 131, 151, 158*, 162,
163, 163*, 164*, 165*, 173*,
183, 184, 193*, 194, 198, 234,
238*, 280, 281*, 287*, 298, 299,
302, 303, 303*, 304, 305, 335*,
339, 342, 345, 348, 352*, 355*,
356, 357*, 358, 359, 360, 360*,
365*, 402, 409, 440, 448*, 449*,
451, 452*, 453. 455, 455* 457*,
458, 463, 464, 468, 486, 488,
495, 496, 504, 504*, 581*, 586,
595, 603.
Plessix (dame des), 109, 113*.
Plessix (Jeanne), 112*.
— (Joseph-Eugène), 230.
— (Joseph-Julien), notaire de
la Roche-Bernard, 229*;
230.
Plessix-Arault (dame du), 146*.
Plessix-aux-Rebours (seigneur du), 27, 83, 582.
Plessix-Balisson (Ille-et-Vilaine), 57*.
Plessix-Bellière (marquis du),
59.
Plessix-Bocosel (dame du),
635*.
Plessix-Bodoyec (seigneur
du). 179*.
Plessix-Bonenfant (sieur de),
277*, 299.
Plessix-Boverel (dame du),
133*.
Plessix-Casso (seigneur du),
102*, 236.
Plessix-de-Ressac (seigneur
et dame du), 107*, 108*, 111*,
118*, 119, 119*, 120, 120*, 121,
130.
Plessix-de-Sixt (seigneur du),
167.
Plessix-Guillemot (dame du),
361*.
Plessix-Josso (sieur et dame
du), 133, 144*, 184*, 204, 242*,
248, 248*, 271*, 279*, 281,
298, 423, 424.
Plessix-Kaer (seigneur du),
141*, 356*.
Plessix-Limur (seigneur du),
179, 326*.
Plessix-Mareil (seigneur du),
210.

Plessix-Padoière (sieur du),
352, 353*.
Plessix-Riou (dame du), 593.
Plessix-Rivaut (sieur et dame
des), 106, 108. 108*, 109,
109*, 110, 125*, 127*, 246*, 249,
259.
Plessix-Rosmadec (seigneur
et dame de), 136, 185*, 186,
197, 200, 298*.
Plessix-Saint-Dolay (seigneur
et dame du), 118, 239*.
Plessix-Trégu (dame du), 283*.
Pleucadeuc (paroisse), 203, 208.
— Voir : Evangélistes
(chapelle des) ; La Croix-
des-défunts, La Croix Ju-
lien (lieux-dits) ; Le Goray
(trève).
Pleugriffet (paroisse), 89.
Pleurien (Catherine de), 89*.
Plisson (Angélique-Catherine-
Jacquette), 567.
— (Charles-Jean-François),
536*.
— (Charles-Jean-Pierre), 565*.
— (François-Joseph), 538.
— (Jean-Baptiste-Marie), 542*,
562, 564*, 565*, 567, 568*,
571, 572.
— (Jean-François), chirurgien,
534, 534*, 536*, 537, 537*, 538,
538*, 539, 540, 541*, 542*,
543*, 546*, 547*, 560, 561, 561*,
565*.
— (Jean-Gervais), 534*.
— (Jean-Marie), 571*.
— (Jean-Pierre-Marie-Vincent),
534*.
— (Jeanne). 465*.
— (Jeanne-Louise), 571.
— (Jeanne-Marie-Yvonne), 537,
561.
— (Jeanne-Perrine), 539, 553,
562, 565.
— (Jeanne-Vincente), 568*.
— (Julie-Françoise-Perrine),
541*, 561*.
— (Marie-Yvonne), 547*, 549,
549*, 625.
— (Pierre-François), 543*.
Plista (Hélène), 496*.
— (Jean), 496*, 497*, 500*, 501*.
— (Jean-François), 500*.
— (Jean-Marie), 501*.

Plista (Marie-Anne), 497*.
Plœrdut (paroisse), 64, 65. —
    Voir : Crénenan (lieu-dit);
    Locuon (trêve).
Plœren (paroisse), 313, 314.
Plœsqueleo (seigneur et dame
    de), 57.
Plœsquellec (Julien de), 63.
— (Louis-Jean de), 57*.
— (Pierre-Marie de), 63.
— (René de), 57*.
Plœuc (seigneur et dame de),
    21*, 24*, 27.
Plœuc (Anne de), 133*, 134*, 141*,
    177* 178, 197*.
— (Jeanne-Renée-Thomase de),
    27.
— (Jeanne-Suzanne de), 37*.
— (Louis-Nicolas de), conseiller
    au Parlement, 24*, 31.
— (Louis-René de), 31.
— (Mauricette-Renée de), 3, 25*.
— (Nicolas-Louis de), 27.
— (René de), capitaine de vais-
    seau, 31.
— (Sébastien de), 21*.
— (Vincent de), 31.
— (Vincent-Claudé-François
    de), 31.
Plomet (N.), receveur des droits,
    500*.
Ploufragan (seigneur de), 186.
Plouguernevel (Finistère),
    voir Locmaria.
Plouider (Finistère), 22.
Plounevez-Quintin (seigneur
    de), 2*, 67, 105.
Plouray (paroisse), 39, 40. —
    Voir : N.-D. de Lorette,
    Saint-Guénin (chapelles).
Plouyé (seigneur de), 21*.
Pluherlin (paroisse), 254, 257.
    — Voir : Bobréhan (ma-
    noir), Clergerel (moulin et
    étang).
Plumaugat (Claude), 158*.
— (Françoise), 154*, 158*.
— (Laurence), 346.
— (Louis), 158*.
— (Rolande), 141, 342.
Pluméliau (paroisse), 8, 9. —
    — Voir : Saint-Nicolas-des-
    Eaux (trêve), Saint-Tho-
    mas (lieu dit).
Plumelin (paroisse), 82-84. —

    Voir : Clainchamp (lieu
    dit).
Plunian (Guillaume), 425*.
— (Olivier), 425*.
— (Pierre), notaire de Largoët,
    398*, 404*.
— (Vincente-Julienne), 404*.
Plurien (Françoise de), 465*, 580*.
— (Jean de), 17*.
— (René de), 17*.
Pluvier (Anne de), 5, 601.
— (Françoise de), 435, 445*.
— (Jean-Baptiste de), 36.
— (Jeanne-Thérèse de), 400*,
    402*, 403, 403*, 404, 405, 405*,
    409, 409*, 410, 633*.
— (Julien de), 5.
Pluvigner (paroisse), 208*.
Pocard (Claude-Vincent), 624.
— (Guillaume-Gabriel), 169*.
— (Jean-Marie), 624*.
— (Jeanne-Françoise), 629.
— (Madeleine-Françoise), 170,
    170*, 619, 620, 624.
— (Marie-Perrine), 170, 620,
    625.
— (Michel), greffier de Largoët,
    619, 622, 623, 628*, 630.
— (Michel), notaire de Largoët,
    arpenteur de la maîtrise
    des Eaux, Bois et Forêts
    de l'évêché de Vannes,
    169*, 170, 170*.
— (Michelle-Jeanne), 623.
— (Pierre-Anne), recteur de
    Rémungol, 85*.
— (René-Marie), 626.
— (Vincent), 545.
— (Vincent-Joseph), greffier de
    Largoët, 622, 623, 624, 625,
    626, 626*, 629, 634.
— (Vincent-Marie), 626*.
Pochard de l'Étang (Jean-Bap-
    tiste), procureur de l'ab-
    baye de Saint-Gildas de
    Rhuis, 266.
Poences (Guillaume-François),
    12*.
— (Rose-Aimée-Prudence), 12*.
Pohan (seigneur de), 453*.
Pohor (Barbe), 26*.
Poilevé (sieur de), 404.
Poilley (Barnabé de), 17.
Poinault (Jean), 597.
Poirier (Barthélemy), 466*.

Poirier (Barthélemy-Mathurin),
    456*.
— (Bernard), 464*.
— (Jeanne), 128.
— (Jeanne-Renée), 464*.
Poissemeux (Anne-Jeanne-Vin-
    cente), 525*, 536.
— (Anne-Josèphe), 524.
— (Etiennette), 516*, 517, 524,
    525*, 527.
— (Hélène-Laurence), 499.
— (Julien), 492.
— (Louis-Olivier), 491.
— (Marie-Jeanne), 527.
— (Mathurin), notaire royal au
    présidial de Vannes, 491,
    492, 493*, 496*, 499, 503, 504,
    516*.
— (Mathurin-Guillaume), 520*.
— (Olivier-Marie), 522.
— (Pierre-Julien), 496*.
— (Vincente), 530.
— (Vincent-Mathurin), 493*, 519,
    520*, 522, 524, 525*, 527.
— (Yvonne-Thomase), 503.
Poisson (Jean-François), 401.
Poitevin (Marie), 480, 598.
— (Marie-Anne), 394*.
— (Marie-Anne-Thérèse), 401*.
— (Michelle), 297.
Poitier (Gabrielle), 440.
Police, 225*, 269, 292*, 319*,
    322*.
Polignac (seigneur de), 57*, 250,
    254.
Polignac (Louis de), 57*.
Pollier (sieur de), 516*.
Polligné (Jeanne de), 194*, 203*.
Polluche (Jeanne), 362.
— (Perronnelle), 221*.
Polmur (dame de), 539.
Pomayrol (Elisabeth), 54*.
— (Pierre), 62, 71.
Pomeray (Anne), 10*.
Pominiac (dame de), 137.
Pommenard (seigneur et dame
    de), 217*, 226*, 303*, 348*,
    357*, 358.
Pommeraye (sieur et dame de),
    280*.
Pommery (seigneur de), 151,
    367*, 467*.
Pommorio (sieur de), 11*, 538.
Ponard (Laurent de), 587.
— (Louis de), 587.

PoncerotdeRichebourg(Jacques), 11*, 96, 96*.
— (Jeanne-Françoise-Jacquette), 96.
— (Jeanne-Louise - Charlotte), 96*. Voir: Richebourg (de).
Poncet (Jeanne-Anne), 105*.
— (N.), 522*.
Poncilin (Marie-Charlotte de), 329*.
Pondelloc ou Ponduloc (sieur de), 174*, 426.
Pondigo (dame de), 333.
Pongand (dame du), 138.
Pongerard (N.), huissier, 320*.
Ponneau (dame de), 240.
Ponpean (sieur des), 359, 432*.
Ponsard (François - Guillaume), 595*.
— (Jean), 596.
— (Jean-François), 603*.
— (Jeanne), 599*, 600, 602*, 604*, 605*.
— (Jeanne-Françoise), 605.
— (Jeanne-Rose-Pélagie), 402.
— (Marguerite), 603*, 618.
— (Marie), 402*.
— (Mathias), 602*, 603*, 604, 604*, 605.
— (Perrine), 607.
— (Perrine-Nicolas), 601.
— (Perrine-Yvonne), 604.
— (Pierre), 595*, 596, 599*, 600, 601, 613*.
— (Pierre-Michel), 599*.
— (Thérèse - Françoise), 602*, 631.
— (Vincent), 604*,
— (Yvonne - Nicole - Bonaventure), 407*, 419*.
Ponsonet (Jean-Louis), 618*.
Pont (seigneur et dame du), 144*, 298, 303, 303*, 304, 342, 440.
Pontalane (sieur de), 111*, 134*.
Pont-aux-Roux (sieur du), 130, 588*.
Pontbellanger (dame de), 571.
Pontbily (dame de), 152*, 246*, 252.
Pontbriand (sieur et dame de), 187*, 286, 404.
Pont-Caden en Limerzel, 249*.
Pontcalleo (seigneur et dame de), 24*, 25, 31, 58, 58*, 66*, 67.

Pontchartrain (seigneur de), 328*, 367, 371, 371*, 476.
Pont-Château (Loire-Inférieure), 119*, 223*, 226*, 238*, 303.
Pont Chevilli (sieur de), 592*.
Pont-Croix (seigneur et dame de), 30*, 96*, 198, 354*, 388*. 389*.
Pont d'Armes (sieur de), 147*.
Pont d'Arz (sieur et dame du), 116*, 117, 124, 125*, 152*, 153, 158*.
Pont d'Out (sieur et dame du), 121*, 130*, 153*, 154, 154*, 155, 201, 218*, 219, 243*, 244*, 247, 247*, 251, 260*.
Pontigny (sieur et dame de), 32, 40*, 51*, 52, 52*, 54, 55, 55*, 56, 59*, 101, 502, 503*, 510*, 512, 514, 515*, 516*, 517, 538*.
Pontivy (paroisse), 1, 4*, 5, 9, 11*, 12*, 13*, 16, 17, 19*, 20, 20*, 23, 24*, 51*, 55, 59*, 70, 85, 89, 97-103. — Voir : Saint-Ivy, Saint-Mériadec, Ste-Tréphine (chapelles) ; Saint-Pierre (église) ; Stival (trève) ; Malpauderie (manoir).
Pontlouet (seigneur du), 85*, 188.
Pont-Malgouin en Theix, 306.
Pontneuf (dame de), 56, 56*.
Pontoren (sieur du), 203*.
Pontou (sieur et dame du), 528*.
Pontsal (seigneur et dame de), 141*, 384, 386*, 390*, 400*, 401, 423.
Pontscorff, voir Lesbins.
Pont-Touchar (sieur du), 166*, **Pontvallon** (sieur de), 262, 375*, 377*, 629.
Ponvallon (sieur de), voir Hervoët (Jérome).
Pony (Françoise), 60.
Population (chiffre, recensement), 63*, 168, 299*, 316.
Poquière (Josias-François de), major de Belle-Isle, 85.
Poray ou Poret (seigneur du), 474, 592.
Porcaro, 129, 146*, 156.
Porcaro (Anne-Françoise de), 221.
— (Catherine de), 607*.
— (Charles-Jacques), 130*.

Porcaro (Claude), 156.
— (François), 156.
— (Hélène), 612.
— (Hélène-Geneviève), 612.
— (Jacques-François), 130*.
— (Jean), 158, 165*.
— (Jeanne-Ursule), 238*.
— (Julien), 146*, 156.
— (Louise-Dominique), 610.
— (Marie-Anne-Julienne), 130*, 155, 162*, 165*.
— (Paul), 399*.
— (Pierre), 146*.
— (René-François), 130*.
— (Suzanne), 152.
— (Sylvie-Louise), 399*.
Porcé (demoiselle de), 110.
Porcher (Léonard de), 273.
— (Perrine), 440*.
Porée (Antoine-Marie), 608.
— (Joseph), recteur de Camoël, 216*, 469.
— (Marie), 137, 201*, 294*, 366*, 370, 370*.
— (Michel), conseiller au Parlement, 137.
— (Nicolas), conseiller au Parlement, 374.
— (René), chanoine de St-Malo, 137*.
Porho (Barnabé), 520.
— (François), 554.
— (Vincente-Louise), 520.
Porlorino (sieur et dame de), 18.
Porman (seigneur de), 82, 90, 370.
Pormorvan (sieur de), 36*.
Porriec (Julien-Joseph), 13*.
Porsac (sieur de), 254*.
Porsales (seigneur de), 13*.
Portail en Bohal, 142, 164*.
Portal (sieur et dame du), 166, 194*, 195, 195*, 196, 509, 526, 612.
Portanguen (Anne), 561.
— (François), recteur de l'Isle d'Arz, 313.
Portblanc (sieur de), 380, 381, 477*.
Portderoche (dame de), 151.
Portebize (Henri de), gouverneur de Pontivy, 99*.
Portes (sieur et dame des), 38*, 205*, 251*, 292, 460*, 475.
Portgroes en Surzur, 300*.
Portiers, 322*.

Port-Louis (paroisse), 7, 48, 85.
Portmoron (Madeleine), 488*.
Port-Navalo en Arzon, 264*.
Porzbouen (seigneur et dame de), 34,
Porzo (seigneur du), 16*, 42, 88, 457*, 473*, 526*.
Posnil (Augustin-Basile), 635*.
— (Marie-Anne-Mathurine), 635*.
Postelle (Renée), 202.
Potel (Pierre), archiprêtre de la cathédrale de Vannes, 382*.
Poteries (seigneur des), 223*.
Potevin (Pascal), 475*.
Potier (Guillaume), 591*.
— (Jeanne). 467, 470, 472*, 584.
— (Jeanne-Yvonne), 591*.
— (Louis-Joachim-Paris), 118, 126*.
— (Louise), 583, 583*, 584, 586*.
— (Suzanne), 470.
Pottonnier (Anne), 284, 286*, 539.
— (Perrine-Vincente), 288.
— (Pierre), capitaine garde côtes, 288.
Poubaie (sieur de), 337. Voir : Penboch.
Pouc (seigneur du), 167*.
Poucherel (Etiennette), 440.
— (François), 440, 448, 458*.
— (Jeanne), 448.
Pouesiers (Georges de), capitaine du château d'Elven, 133.
— (Henri de), 133.
Pougeoise (Catherine de), 32*.
— (Elisabeth de), 38*.
— (Hyacinthe de), curé de Saint-Caradec-Trégomel, 66.
— (Marie de), 66.
— (N.), secrétaire de l'évêché de Vannes, 21, 90*, 152*.
Poulailler (Guillaume), 453.
Poulain (Catherine-Marie), 30*.
— (Christophe-Anne), officier de la Cie des Indes, 632.
— (Gilles), 353*.
— (Guillemette-Marie), 478.
— (Jean), 456*, 617*, 619, 619*, 634*.
— (Jean-Simon), 619.
— (Jeanne), 495, 495*, 496, 497, 499, 501, 502*, 518.
— (Jeanne-Louise), 619*.
Poulain (Julienne), 128*, 152*, 153, 158.
— (Julienne-Anne), 617*.
— (Louis), 69.
— (Raymond), 454*.
— (Thomas), entrepreneur architecte de l'évêché de Vannes, 517.
Poulbignon (seigneur et dame de), 136*, 176*, 177, 177*, 178, 178*, 179, 179*, 224.
Poulbignon (Jacquette de), 176*.
— (Jeanne de), 177.
— (Yvon de), 176*, 177.
Poulbleut ou Poulblet (dame du), 50.
Pouldu (sieur et dame du), 54*, 55, 63, 76, 204*, 359*, 367.
Poulfanq (sieur et dame du), 2*, 76*, 78*, 79, 79*, 82, 92, 92*, 135*, 370*.
Poulhaguen (seigneur de), 39, 42, 42*, 43.
Poulherveno (sieur et dame de), 51*, 203, 246*, 289, 292, 378*, 563, 613*.
Poulho en Vannes, 541, 625.
Poulho (Guillaume), 583.
— (Guillemette), 439.
Pouliguen (Marie), 556.
Pouljat (N.), 536*.
Pouljouan (N.), 321.
Poullaire (sieur du), 504*.
Poullauren (sieur du), 27*.
Poulmic (Anne-Françoise-Ursule de), 59*.
— (Anne-Ursule de), 53.
— (Françoise-Ursule de), 55.
— (Gilles de), 59*.
— (Reine-Cunégonde-Gillette de), 59*.
Poulpry (seigneur et dame du), 212, 387, 536*, 600*.
Poulvern en Noyal-Pontivy, 94*, 96*.
Pount (baron du), 7.
Poupart (Guillaume), 227*, 228*.
— (Julien), 488.
Poupinel (Jean-Marie), 559.
— (Jean-Marie-Patern), 559.
— (Louis-François), arquebusier, 558.
Poupon (Marguerite), 41.
Pouponneau (N.), religieux de St-Laurent-sur-Sèvre, 241.
Poupot (André-Geneviève), capitaine d'infanterie, 551*.
— (Antoine-Marie), 551*.
— (Geneviève), 551*.
— (Geneviève-Françoise-Rosalie), 551*.
— (Jean-Bapiste), conseiller au bailliage de Bar-sur-Seine, 551*.
— (Marie), 448*.
Pourchasse (Catherine), 494.
— (Guillaume), recteur de Séglien, 22.
— (Jean), 494.
— (Jeanne), 518.
— (Julien-Vincent), 416.
— (Madeleine), 550*, 622, 624, 625*.
— (René), 562*.
— (Vincent), 414*, 416, 417*.
Pournin (Jacques), 436*, 440*, 457*.
— (Jacquette), 457*, 458, 590*.
— (Eléonore), 480, 495.
— (Yvonne), 364, 490*.
Pourpris (sieur du), 437, 590.
Poury (Françoise), 437*, 581.
— (Jacquette), 457*.
— (Marguerite), 436*, 437*, 438*, 439, 439*, 440*, 441, 442*, 445, 446*, 447*, 464*, 469, 582.
— (Thérèse), 354*, 446*, 480, 581*.
Poussin (Jeanne), 466*.
— (Marie-Françoise), 501*.
— (Nicolas), 501*.
Poyrier (sieur du), 234*.
Poys (Jean-Baptiste de), grand prévôt du Roi en Bretagne, 138, 228*.
— (Jeanne), 201*.
— (Marie-Anne-Rose), 228*.
Pradelan (sieur de), 230*.
Pradroy (sieur de), 228, 412*.
Pradun (seigneur et dame de), 224.
Prady (Olive), 459*.
Prais (sieur du), 540*, 541.
Prariée, ou Parié (Anne), 314, 463*.
Prat (seigneur et dame du), 125*, 297*, 436*, 438*, 441, 442*, 443*, 447, 450, 451*, 460, 475, 579*.
Prateau (seigneur de), 228*.
Pratel (sieur de), 203.
Pratenrox (seigneur de), 24.

Pratergroahet (sieur de), 12*.
Pratherou (dame de), 542.
Pratmen (sieur de), 277.
Pratmorant (dame de), 554*.
Pratuloch (seigneur de), 34.
Praud (N.), 555.
Pré (sieur du), 17, 353*, 590*.
Préau (Julienne), 343*, 354, 367, 436*.
Préaubert (Gillette de), 204.
— (Honoré-Gilles de), 146.
— (Jean de), 204*, 205.
— (Jeanne de), 204.
— (Louis de), 204.
— (Pierre de), 204*, 205.
Préaudeau (dame de), 155*.
Préaudeau (Gilles-Jean), avocat au Parlement de Paris, inspecteur général des Fermes à Rennes, 166.
— (Jean-Baptiste), avocat en la Cour, 260*.
— (Mathurine-Jeanne), 260*.
Préaux (sieur des), 281*.
Préblanc (dame de), 93.
Préclos (seigneur et dame du), 147, 147*, 148, 153, 153*, 164*, 165, 165*, 166, 166*, 167, 243*.
Précour (sieur du), 20*.
Précréan (dame de), 348*.
Prédeseigle (Marie-Anne), 539*.
Prédic (sieur et dame du), 119, 128*, 130*, 217*, 218, 227, 336, 503*.
Prédictions pour le temps, 263*.
Prédubourg (dame de), 310.
Préglas (sieur de), 70*, 71.
Préhambert (sieur et dame de), 184*.
Préhedno (sieur et dame du), 243.
Préhello (sieur de), 277.
Préjan (Marie), 550*, 553, 554*.
Prémenu (sieur de), 197*.
Préoré (sieur de), 350.
Prérond (seigneur et dame de), 222, 222*.
Prés (seigneur des), 225.
Presbytères, 24, 101*, 106, 126, 126*, 132*, 133, 145, 216*, 220, 220*, 247*, 261, 306, 306*. Voir: *constructions.*
Présidiaux, 322*.
Presle (sieur de), 518*, 590*.
Preslin (Anne-Pélagie), 540*.

Preslin (Etienne), notaire à St-Malo, 540*.
Prêtres (*Listes, Nécrologes*), 37, 206*.
Prévary (dame de), 510.
Prévost (Jacquemine), 590*.
— (Pierre), 464, 590*.
— (René), 590*.
Prezec (Nicolas), 606, 607*, 608, 609*, 610*.
Price (Marguerite), 614.
Priellec (Claude), 608.
— (Hélène-Monique), 608.
— (Monique), 540.
— (Suzanne), 409, 615*.
Prier (François), 228*.
— (Guillemette), 227*.
— (Isabeau), 15*, 78*, 92*, 99.
— (Pierre), 228.
Prières publiques, 318.
Prières en Billiers, 132*, 183*, 188, 200.
Prieur (Claude-Jacques), inspecteur général des Fermes, 536.
— (Marie-Josèphe), 565.
Prieuré (sieur du), 27, 51*.
Prieurés, 636.
Prigent (Antoine), 24*.
Primaignier (Françoise), 582*, 595*.
— (Guillemette-Marie), 477*.
— (Jeanne), 513*.
— (Yvonne), 593.
Pringué (François), recteur de Naizin, 81*.
— (Jean), 70*, 80*.
— (Jean), greffier de Trebrimoël, Guédelisle et Moréac, 68, 68*, 69.
— (Jeanne), 68*, 80, 81, 281*.
— (Louis), 68, 69*, 80*.
— (Mathurin), 80*.
Prioul (Jeanne-Perrine), 603.
— (Théodore-Marie-Michel), doyen de Rochefort, 259*.
Priour (Augustin-Michel-Magloire), 231*.
— (Claire), 226*.
— (Eléonore-Flore-Désirée), 223.
— (Esprit-Jean-René), 232*.
— (Esther-Jean-Jacques), 231*.
— (Fleurie), 221*.
— (Henri), 222*, 232*.

Priour (Henri), alloué de Marzan, 229*, 231.
— (Henri-Jacques-Marie), avocat en la Cour, 223, 231, 231*, 232, 232*.
— (Jacques-Antoine), avocat en la Cour, 223, 232*.
— (Jean), 223, 226*, 231*, 238.
— (Jean), avocat au Parlement de Paris, 221*, 223.
— (Jeanne), 379, 467*.
— (Jeanne-Antoinette), 222*, 231.
— (Joséphine-Félicité-Sainte), 232.
— (Louis), 226*.
— (Louise), 226*.
— (Marie), 467*.
— (Marie-Louise-Henriette), 232.
— (Marie-Rose-Antoinette), 231.
Prioux (Hélène), 155.
Prises de possession (*Cures, vicariats*), 313.
Prisons, 98*, 269, 270, 271*, 322, 381.
Privé (Claude), 432*.
— (René), 359, 432*.
— (Vincent), 432*.
Prix des denrées, 73, 99, 122*, 126, 169*, 175, 203, 203*, 249*, 264*, 299*, 300, 305, 422.
Priziac (paroisse), 32.
Procè (seigneur de), 600.
Processions, 131, 206*, 225, 268*, 316*, 322, 323.
Prochaska (Marie-Elisabeth), 411*.
Profict (Mathurine), 65.
Promenades publiques, 97*, 98*, 315*.
Propriando (sieur et dame de), 148*, 174, 297*, 314, 381, 381*, 384, 386, 388, 388*, 395*, 418, 423, 426, 566*, 635*.
Prou (Suzanne), 234.
Prouhet (Jeanne-Elisabeth), 602.
— (Marguerite), 608.
— (Pierre), 608.
Prouho (Louise), 594*, 595.
Provost (Bertranne-Ignatienne), 513.
— (Claude), 25*.
— (Jacques-René-Louis), 512, 513, 545*.
— (Jean), 507*.
— (Jean-Baptiste), 542*, 616*, 630.

Provost (Jeanne), 150*.
— (L.), recteur de Sarzeau, 285.
— (Marie-Anne), 26*.
— (Marie-Jeanne), 630.
— (Nicole), 616*.
— (Nicole-Michelle), 616*.
— (Perrine), 531*.
— (Réné), receveur du Domaine, 515*, 525.
— (René-Claude), 417*.
— (Yves), 25*.
Prudan (Marguerite-Jeanne), 521.
Prud'homme ou Prod'homme (Bertrand), conseiller au présidial de Vannes, 347.
— (Jacques-Louis), 558*.
— (Jean), greffier de Largoët, 345*, 347, 354*, 433*.

Prud'homme ou Prod'homme (Louis-François), 558*.
— (Marguerite), 299, 350*, 356, 357, 438.
— (Michelle), 537*.
— (René), 345*.
Puil (seigneur du), 343*.
Puissant (Jean), surgarde des Salles, 10.
— (Julien), doyen de la communauté de Saint-Michel, 328.
Puluniau (Anne de), 369*.
— (Jean-Baptiste de), 480*.
— (Julienne de), 294.
— (Marie-Vincente de), 300, 368, 369, 369*.
— (Pierre de), 294.

Pulvan (Marie), 94*.
Purcelle (Anne-Vincente), 509.
— (Marie-Josèphe-Nicole), 508.
— (Nicolas), 508, 509.
Puren (Jean-Pierre), procureur fiscal de Moréac, 75*.
— (Louise-Marie), 615*.
Purét (Anne), 450,
— (Jean), 424*.
— (N.), 463*.
— (René), 424*.
Pusal (sieur du), 243.
Puy (sieur du), 82.
Puybreslon (seigneur de), 558.
Puyferré (Gabriel-François de), 38.
Puyguérin (sieur du), 107*.
Puyz (seigneur du), 7.

Q

Quatresols (Guillaume), recteur de Lehon, 462.
Quatrevaux (Julien), notaire de Couesquel, 201.
— (N.), 446*.
Québriac (seigneur de), 376*.
Québriac (Françoise de), 92*.
Quedillac (Julien), 621, 622.
Quefer, voir : Aucfer.
Quehellec (dame de), 325*.
Quéhéon (seigneur et dame de), 152, 152*, 179*, 205*, 335*.
Quéjau (seigneur et dame de), 32, 166, 206*, 432, 439*, 577*.
Quéjau (Françoise de), 152.
— (Mathurin de), 156*, 194*.
— (Nicolas de), 152.
— (Yvonne de), 152*.
Quélen (seigneur et dame de), 2*, 37*, 105, 105*, 206.
Quélen (Alain-Maurice de), 31.
— (Antoine-Paul-Jacques de), pair de France, lieutenant général des armées du Roi, commandeur de ses ordres, gouverneur du duc de Berry et du cte de Provence, 198*.
— (Barthélemy de), 104*.
— (Elisabeth de), 261*.
— (François de), 365.

Quélen (Françoise de), 68, 87, 441*, 443*, 444*, 447, 449, 584*.
— (Françoise-Guillemette de), 36*, 37, 37*.
— (Françoise-Yvonne de), 328*, 329, 367*, 382, 386*, 467*, 477, 600*, 602.
— (Guillaume de), 74*.
— (Jeanne de), 82*.
— (Joachim de), 84.
— (Marie de), 1, 582.
— (Michelle de), 84.
— (Nicolas de), 479*.
— (Urbain-Guillaume de), mestre de camp de cavalerie, 37.
— (Yves de), 367*.
Quelenec ou Quellenéc (seigneur et dame du), 18*, 23, 107, 135, 327*, 351, 540*, 552*, 553*, 554*, 556, 557*, 560*, 562, 565*, 633*, 634.
Quellain (Marie-Charlotte), 537*.
Quellard (Alain), notaire de Keralio, Liniac et Kerdréau, 190*.
— (Augustin), 533*.
— (Julien), recteur de Béganne, 114.
— (René), 190*.
Quellenec (Charles de), 612*.

Quelneuc ou Corson (trève), 148*, 157, 160, 161.
Quélo (Armand), 238*, 239, 240*, 393*.
— (Angélique-Louise-Vincente), 240.
— (Denis), 237*.
— (Elisabeth-Vincente-Marguerite), 240.
— (François-Joseph), 237, 238, 238*, 239*.
— (François-Marie), 618.
— (François-Marie-Joseph), 240*.
— (Françoise), 235, 235*, 236.
— (Jacques), 235, 236.
— (Jean), 236.
— (Jeanne), 154, 236*, 237.
— (Jeanne-Marie), 238*.
— (Joseph-Armand-Paul), 239.
— (Julien), 236.
— (Henri-Dominique-Vincent), 240.
— (Henri-Joseph), 159*, 239, 239*, 240.
— (Louis), 236*.
— (Louis-Armand-Henri), officier au régiment de Béarn, 159*.
— (Louise-Julienne), 237.
— (Lucrèce), 237*, 238.

Quélo (Marcel), 240.
— (Marie), 236*. 237, 240*.
— (Marie-Laurence-Marguerite), 240*.
— (Pierre-René), 236*.
— (René), conseiller au parlement, 120*, 154, 226*, 236*, 237.
— (René-Vincent), 240, 240*.
— (Renée), 236.
— (Renée-Lucrèce), 238.
— (Vincent), 618, 622.
— (Vincente-Renée), 238.
— (Yves), 226*, 237, 237.
— (Yvonne-Lucrèce), 238.
Quelven en Guern, 87*, 88, 88*, 89, 89*.
Quémard (Guillaume), 445*.
— (Jean-Baptiste), chanoine de Guéméné, 55*, 57.
Quémenec (seigneur du), 198.
Quen (sieur du), 111*, 112, 114*.
Queneau (Claude), 359, 478.
— (François-Marie), 478.
— (Jean), 307*, 351*, 359.
— (Marguerite), 351*, 445*, 447*, 454, 463*, 468, 487*, 492*.
Quénébro (sieur de), 33*.
Quenecquérault (seigneur de), 22, 44*.
Quénéleo (château de), en Merléac (Côtes-du-Nord), 23.
Quenemeult (dame de), 13.
Quénéquen (forêt de), en Guéméné, 44*.
Quenet (sieur et dame du), 363*.
Quénétin (seigneur de), 145*.
Quengo (le), ou Quengo (sieur et dame du), 76, 87, 93, 101*, 182, 208.
Quengo (Angélique de), 138.
— (Jean de), 119.
— (Renée de), 107*, 156.
Quenhouet (sieur et dame du), 76, 77, 108, 119*, 120, 480*, 590.
Quenhuen (sieur et dame du), 327, 337, 340, 345, 356*, 357*, 360*, 366*, 370*, 372, 380, 428*, 434, 444*, 480*, 575*.
Quennec (Pierre), 321, 620*.
— (Thébaud), 617*, 619.
Quenoays (Guillaume), 128*, 129, 158.
Quenpeutur en Séné, 296.

Quentel (Jeanne), 443*, 446.
Quentin (André), 278.
— (Gilles), 278*.
— (Guillaume), receveur du domaine, syndic et miseur de Rhuis, 278, 278*.
— (Jean), 278.
Quenven (seigneur du), 309, 443.
Queral (sieur de), 216*.
Queralbeau (seigneur de), 4*. — Voir : Keralbaut.
Querault (Perrine), 610.
Querdal (Pierre), notaire de Saint-Jean-Brévelay, 610*.
Queré (Françoise), 471*.
— (Justin), curé de Kergrist, 13.
— (Marie-Françoise-Julienne), 554*.
Quereault (Jean), avocat en la Cour, 458.
Querel (Françoise-Louise), 565, 567*, 568*, 569, 570*, 571*.
— (Jean-Marie), 545*, 554, 555.
— (Joseph-Jacques-Marie), 555.
— (Marie-Anne), 520, 523.
— (Marie-Vincente), 411*, 554.
— (Michelle), 517, 520, 521*, 523*, 526.
Querer (Marie-Françoise), 624.
— (Perrine), 547*.
Quergal (Jean-Marie), notaire de Guéméné, 32*.
Querguérault (dame de), 21*.
Querhallic (seigneur de), 22*, 23.
Querhallic (Anne-Roland de), 22*.
— (Claude-Gabriel de), 22*, 23.
— (Marie de), 23.
— (Marie-Anne de), 23.
— (Marie-Thérèse de), 23.
— (Roland-Anne de), 23.
— (Toussaint-Julien de), 22*.
— (Yves-Marie de), 23.
Querherch (sieur et dame de), 34*.
Querhoënt (seigneur de), 617*, 618*, 620.
Querhoent (Anne-Charlotte-Aurélie de), 620.
— (Anne-Rose-Marguerite de), 620.
— (Bertrand-René de), 19*.
— (Charles de), 21, 22.
— (Claude de), 21, 21*, 39*, 45*.
— (François de), 21*, 22, 39*, 44, 44*.

Querhoent (François de), chevalier de l'ordre du Roi, 21*.
— (François-Roland de), évêque d'Avranches, 22*.
— (François-Toussaint de), 22, 22*, 61*.
— (Henri-Louis de), 617*.
— (Jean-Sébastien de), 22*, 23.
— (Jean-Sébastien de), gouverneur de Morlaix, 23.
— (Joseph de), 21*.
— (Julienne de), 22, 22*.
— (Marie-Renée de), 23.
— (Maurice-Sébastien de), 22*.
— (Olivier de), 21.
— (Pierre-Louis de), 617*, 618*, 620.
— (René de), 21*.
— (Renée de), 21*, 22.
— (Roland-François de), 22.
— (Sébastien de), 10, 16, 16*, 21*, 22, 22*, 40, 49.
— (Sébastien-Guy de), 21*.
— (Toussaint de), 21*, 22.
Querhoual (Jeanne), 592.
Querileo (sieur de), 611.
Quermellec (Marguerite de), 9*.
Querneur (François), lieutenant de Pontivy, 539*, 552.
— (Jean-Alexis), 539*.
Queron (dame de), 471*.
Queroué (sieur de), 113*.
Querqueler (Renée-Guillemette de), 633*.
Quervazo (Charles), 88*.
Quervent (château de), en Melrand, 5*.
Queslen (seigneur de), 87.
Quesquero (sieur de), 72, 568*.
Questel (sieur et dame du), 180*.
Questembert (paroisse), 208, 215, 253*. — Voir : Sainte-Suzanne (chapelle), Châteaudérec, Mounouff, Saint-Doué (lieux-dits).
Quetier (Catherine), 586*.
— (Jacques-Anne-Ange), 57*.
— (Jean-Jacques-Hyacinthe), 53.
Quéven (paroisse), 83.
Quiban (Bonne), 479, 593*.
— (Gillette), 464, 590.
— (Jean), recteur de Locminé, 71, 71*.
— (Louise), 464.
— (Suzanne), 594.

Quiberan (Françoise), 534.
— (Jean), 509, 597.
Quibon (Suzanne), 456.
Quifistre (seigneur et dame de), 58*, 177, 190, 190*, 193, 298.
Quifistre (Anne de), 296, 296*.
— (Anne - Marguerite - Sylvie - Josèphe de), 180, 331, 380, 392, 394, 394*, 402, 521*.
— (Bertrande de), 193.
— (Claude de), 193.
— (Dominique de), 193.
— (François de), 45*, 193.
— (François-Jacques de), 137*, 144*, 145*, 179, 181*, 190*, 367, 465,
— (Françoise-Jacques-Gilles de), 179*.
— (François-Joseph-Guy de), 194, 561.
— (François-Pierre de), 375.
— (François-Vincent de), 180, 180*, 194, 375, 390*, 391, 391*, 392, 395, 415, 564.
— (Françoise-Apolline de), 190.
— (Gabriel de), recteur de Plouay, 193, 193*.
— (Gilles de), 137*, 143*, 191, 369, 462, 584*, 594.
— (Guillaume de), 178, 193.
— (Jean de), 171*, 178, 179, 190*, 192*, 208*, 218*, 298, 352, 360, 364.
— (Jean de), gouverneur de Pénerf, 280*.
— (Jean de), abbé de Saint-Gildas, 177.
— (Jean-François de), 194, 391, 420*.
— (Jean-Vincent de), 364, 375, 375*, 376*, 377, 377*, 380, 389.
— (Jeanne de), 192*, 296.
— (Julienne de), 192*, 208*.
— (Louise de), 192*.
— (Marguerite de), 133*, 143, 171*, 333*.
— (Marie-Gillette-Charlotte de), 416.
— (Marie-Josèphe de), 194, 398*, 399, 405, 407, 533*, 558*.

Quifistre (Marie-Sylvie de), 194, 392, 527*, 533*.
— (Michel de), 273.
— (Olivier de), 360, 364, 493.
— (Perrine-Vincente-Magdeleine-Antoinette de), 143, 404*, 405*, 406, 408, 410, 565.
— (Pierre de), 192*, 194.
— (René-Marie de), 194.
— (Simon de), 177.
— (Vincent de), 180*.
— (Vincent-Marie de), 194.
Quihiac (Amaurie de), 297*, 337*.
Quilbignon (sieur de), 39*.
Quilio (seigneur et dame du), 37, 79*, 172, 285*, 297, 398, 399, 516*, 521, 528, 529, 533*, 534*, 536, 538*, 539, 541, 551*, 554*, 557, 560, 561*, 564, 566, 568, 569, 569*, 609, 610, 611.
— Voir : Quillio.
Quilio Pratmeur (sieur de), 2.
Quiliou (Le), en Gourin, 37.
Quille (Jean-François), 613*.
Quiller (Marie), 9*.
Quillet (François-Timothée), 604.
— (Marie-Augustine), 603.
Quillien (seigneur de), 67, 67*.
Quillien (Jeanne de), 150*.
Quillier (Antoine), 608.
Quillio ou Quilis (seigneur et dame de), 367*, 372.
Quillio (Pierre), 603.
Quillo, ou Guillo (Marie), 447, 448.
Quilly (seigneur de), 62.
Quimerch (dame de), 30*, 34.
Quimont (Louise), 590*.
Quimper (Jeanne-Josèphe-Yves), 613.
Quincampois (Charles de), 250*.
— (Charlotte de), sénéchale de Vannes, 443.
— (Diane-Charlotte de), 352, 478.
— (Jeanne-Marie de), 250*.
— (Lucrèce de), 226, 226*.
Quincy (seigneur de), 239.
Quindéniac (François), 584*.
— (Jacques), 584*.
— (Vincente), 582*.

Quinerit (Marie-Anne), 633.
Quinio (Jean), alloué au présidial de Vannes, 18.
— (Marie), 310*. — Voir : Le Quinio.
Quinipily (seigneur et dame de), 1, 2, 3, 105, 306*, 307*, 308, 333.
Quinipily ou Quechquivillic (Amaury de), 39*, 45*.
— (Anne de), 585*.
Quintaine (Jean), 70*.
Quintin (Côtes-du-Nord) 86, 142*, 197*, 198, 347*, 354*, 378*, 380, 381*, 383, 384, 385, 386*, 387, 401, 401*, 402, 403, 412, 415.
Quintin (Sainte-Marie), 545*.
— (Vincent), 237.
— (Vincent-Louis), 602*.
— (Yves), 476.
Quintin (Françoise de), 357.
— (Marie de), 360*.
Quirizec ou Kerisec, (sieur du), 302*, 407.
Quistillic (seigneur et dame de), 111, 153, 200*, 204.
Quistinic (paroisse), 7, 8, 25*, 33, 61*, 70*, 76*, 77, 79*, 82, 200, 271*, 335*.
Quistinic (Geneviève), 450*.
— (Gilles-Marie), 593*.
— (Jacques), 591*.
— (Noël), maître écrivain juré de la Cour, 591*.
— (Paul-Alexis), sergent des régaires de Vannes, 591*, 592*, 593*.
— (Pierre-Michel), 592*.
Quistinic (Anne de), 352, 588.
— (Françoise de), 327.
— (Jacques de), 271.
— (Jean de), 271*, 296.
— (Julien de), 271*.
— (Marguerite de), 184*, 200*, 271*, 302, 302*, 335*, 340.
— (Perrine de), 588, 588*.
Quistinidan en Noyal-Pontivy, 97.
Quivello (sieur du), 114.
Quoquerel (sieur et dame de), 2.

R

Rabault (Marie), 600.
Rabier (Marie-Perrine), 498.
Rabinart (Perronnelle), 75.
— (Renée), 74*, 75, 80*, 84.
Rabines (demoiselle des), 221.
Racapé (Jeanne-Françoise), 545.
— (Jeanne-Louise), 550*.
— (Jeanne-Marie), 530.
— (Joseph-Marie), 416*, 530, 538, 540, 541*, 542*, 547*, 621.
— (Joseph-Yves-Anne), 541*.
— (Louis-Marie), 554*.
— (Marie-Anne), 555*.
— (Marie-Josèphe), 564*, 565*, 567*, 569*.
— (Marie-Nicole), 541.
— (Monique), 540.
— (Nicolas-Marie), 553.
— (Perrine), 547*.
— (Pierre), 530, 538, 540, 541, 542*, 545*, 547, 547*, 550*, 553, 554*.
— (Pierre-Louis), 527*.
— (Pierre-Nicolas), 542*.
— (Sainte-Marie), 538.
— (Suzanne), 555.
— (Tanguy-Jean), 547*.
— (Yves), 541*.
— (Yvonne-Jeanne), 542*.
Racouet (Charles), receveur des décimes, greffier des insinuations ecclésiastiques du diocèse de Vannes, 632*.
— (François), greffier criminel en chef du présidial de Vannes, 477*, 593.
— (Françoise), 508*, 613.
— (Françoise-Vincente), 390, 594.
— (Gillette), 593.
— (Guillaume), recteur de Saint-Congard, 260.
— (Jacques), 436, 437.
— (Jacques), notaire royal au présidial de Vannes, 433, 433*, 434, 434*, 435, 435*, 436, 436*, 437, 580*.
— (Jean), 433, 510*.
— (Jean), notaire royal au pré-

sidial de Vannes et procureur à la Chambre du Domaine, 590*, 593, 594, 596, 596*, 597*, 598*.
— (Jean-Michel), notaire royal au présidial de Vannes, 594.
— (Jean-René), 407*.
— (Julien), 435*.
— (Julienne), 436*.
— (Louis), avocat en la Cour, 391*, 392.
— (Marie), 286, 434.
— (Marie-Michelle), 284, 384, 590*, 597*.
— (N.), 525*.
— (René), 531.
— (René-Marie), recteur de Saint-Salomon, 417*.
— (Vincente), 435.
— (Yves), 434.
— (Yvonne), 433*.
Radenac (Françoise), 295*.
— (Julien), 87.
— (Louis), notaire de Rohan à Pontivy, 512*.
— (Marguerite), 87.
Rado (Alain), 111, 241*, 242.
— (Alexandre-Gabriel), 247.
— (André-Alexandre), 247, 563.
— (Andrée), 126*, 247, 259.
— (Ange-Marie-Philippe-Armand), 290.
— (Anne-Perrine), 151, 151*.
— (Catherine), 113*, 143, 143*.
— (Catherine-Françoise), 151.
— (Catherine-Louise), 151*.
— (Charles), 150, 246.
— (Charles-Guillaume), 150*, 151.
— (Charles-Marie), 246, 611*.
— (Claude), 242*.
— (Claudine), 241*.
— (Clément-Mathurin), 151.
— (François), 113*, 150*, 151, 219*, 243, 244*, 245*, 250*, 352, 359.
— (François-Amand), 160.
— (François-Jacques), 151, 151*, 216.

Rado (Françoise), 113*.
— (Françoise-Jeanne), 151.
— (Gabriel), 247.
— (Georges), 241*.
— (Guillaume), 241*.
— (Guillaume), aumônier de l'abbaye de Redon, 108*, 150, 243.
— (Guillaume-Charles), 150*.
— (Hiéronyme-Louise-Marie), 160.
— (Jacques), 247.
— (Jacques-François), 151*.
— (Jacques-Marie), enseigne des vaisseaux du roi, 562.
— (Jacques-Marie-Amand), 151*, 160, 256*, 257.
— (Jean), 111, 150, 150*, 241*, 242, 242*, 243.
— (Jean-Armand), 246*.
— (Jean-Baptiste-Mathurin), 150*, 151, 151*.
— (Jean-François), 246.
— (Jean-Joseph), 160, 246*.
— (Jean-Louis-Amand), 257.
— (Jean-Vincent), 245*, 246, 246*, 247*, 256, 283*, 287, 287*, 289, 611*.
— (Jeanne), 111, 113*, 221*, 228, 241*, 243.
— (Jeanne-Anne), 151.
— (Jeanne-Françoise), 245*, 246.
— (Jeanne-Françoise-Marie), 110, 246*.
— (Joseph-Jean), 246*.
— (Marie), 126, 259.
— (Marie-Agnès), 150*.
— (Marie-Joseph-Suzanne), 203, 246*.
— (Marie-Mathurine), 151.
— (Marie-Philippe-Armand), lieutenant de dragons, 246*, 287*, 289, 291*, 292.
— (Marie-Renée-Françoise), 245*.
— (Marie-Rose), 257.
— (Mathurin-Jacques), capitaine de grenadiers, 289.

Rado (Mathurin-Rose), 289.
— (Nicolas-Gabriel), 246, 246*, 247, 288*, 563.
— (Olive), 242*.
— (Perrine-Françoise), 245*.
— (Perronnelle), 245*, 359.
— (Pierre), 243, 250, 250*, 254*.
— (Pierre-Jean-Baptiste), 244*, 245*, 359, 483*.
— (René), 150, 150*, 151, 216.
— (René-Amand-Fidèle), 151*.
— (René-Joseph), 110, 126, 244*, 245*.
— (Vincent-Louis), 247*.
— (Vincent-Marie-François-Armand), 290.
— (Vincente-Marguerite), 245*, 287, 288*, 291.
— (Yves), 111, 111*.
— (Yvon), 242.
— (Yvonne), 111.
Raët-Vanderwoort (Albertine-Justine-Jeanne-Marie de), baronne du Saint Empire Romain, 54*, 56*, 57*.
Rafflé (François), prêtre, 12.
Ragot (Bertrand), 80.
— (Christophe), greffier en chef du présidial de Vannes, syndic de Vannes, 37*, 327*, 370, 460*, 461, 474*.
— (François), 80.
— (Jacques), 80.
— (Marie-Pierre-Christophe), 37*.
Raguedel (François), 448*.
Raguideau (Claude), 49.
— (Jean), capitaine de Guémené, 45, 48*, 49, 49*.
— (Louis), doyen de Carentoir, 49*.
— (Marie), 48*.
— (Marie-Perronnelle), 48, 49, 49*.
— (Olivier), 48*.
— (Pierre), 48*.
— (Pierre), doyen de Guémené, 47*, 48, 48*, 49, 50, 63*.
— (René), 458*.
Rahier (Jeanne-Françoise), 635.
Rairon (sieur de), 79*.
Raizin (Sainte-Jeanne), 489.
Ralet de Chalet (Paul), 530*.
Ramereu (Marie-Thérèse), 23, 100*.

Ramponet (sieur de), 187, 252.
Ranconnet (Antoine-Renéede), 59.
Randrecar (seigneur et dame de), 59, 130*, 137*, 144*, 145, 145*, 349, 350, 357*, 396*, 581.
Rangerard (sieur et dame de), 146*, 194*, 195, 204*.
Rangerel (sieur de), 156.
Rangouet (seigneur du), 212.
Rannou (Bernardine-Marie), 56*.
Ranquin (sieur du), 286, 350*, 353*, 557, 558.
Ranrouet (seigneur et dame de), 200.
Ransevaux (seigneur de), 127.
Ranzegat (sieur et dame de), 56, 56*, 63, 101, 201.
Raoul (Anne), 383*, 476.
— (Céleste), 196.
— (François), prêtre, 111.
— (François-René), capitaine des vaisseaux du roi, 401.
— (Guillaume), recteur d'Arzon, 264.
— (Jacques), premier évêque de la Rochelle, 278.
— (Jacques), conseiller au parlement, 212, 256, 370, 378*, 476.
— (Jean), 464.
— (Jeanne), 328*, 448.
— (Jeanne-Marie), 278, 279*, 281*, 359, 359*.
— (Louis), recteur de Grandchamp, 170*, 171.
— (Louise-Dominique), 610.
— (Marie-Thérèse), 212, 476.
— (Michel), 464.
— (Nicolas), 111, 610.
— (Pierre), gouverneur de Pontivy, 20.
Raoullais (Bertrand), 67*.
— (Guillaume), greffier de Trebrimoël, 68*, 76*.
— (Guillemette), 445, 479*.
— (Jacques), recteur de Molac, 475*.
— (Jacques-Étienne), 475*.
— (Jeanne), 448, 485.
— (Julien), 445, 448, 467*.
— (Julien), sénéchal de Kerfily, 461.
— (Julienne), 472.
— (Louis), notaire au présidial de Vannes, 604, 518.

Raoullais (Louis-Olivier), 504.
— (Marguerite), 68.
— (Michel), procureur au présidial de Vannes, 465, 467*, 472, 475*, 482, 491.
— (Thomase), 480*, 482, 484, 485.
— (Vincente), 467*.
Raoult ou Rault (Anne-Mathurin), 509*.
— (Jean), 158, 509*, 510*, 511*, 518*.
— (Jean-Olivier), 518*.
— (Marc), recteur de Persquen, 64, 64*.
— (Marie-Olive), 511*.
— (Perrine), 602, 604*, 605*, 606, 607.
— (Perrine-Jeanne), 510*.
— (René), 158.
Rapion (François-Toussaint), 50.
Raucouet (François-Louis), 100.
Raulais (Jeanne), 481*.
Raulet (Anne), 462.
— (Françoise), 441*.
Raulic (Jeanne), 10.
Raulin (Jean-Baptiste-François), contrôleur général des Fermes, 571*.
Rault (Perrine), 500, 502*, 504, 506, 548*, 551, 556*.
— (Vincente), 556*.
Ravache (Guillaume), 448*.
Ravart (René), procureur en la Cour, 477.
Ravault (Jean), 588.
— (Marguerite), 588.
Raveline (Nicole), 600*.
Ravenel (Antoinette), 476.
— (Charlotte), 249.
— (Julien), 476.
— (Vincent), 465.
Ravet (Jacquette), 476*.
Raymond du Chélas (André-Jean de), 465.
— (Anne-Jacquette de), 57*.
— (Edme de), 459, 465.
— (Francois de), 139*.
— (Jacques-Bruno de), capitaine au régiment Lyonnais, 54, 54*, 56, 57*.
— (Perrine de), 140*, 546*.
— (Pierre-Jacques-Bruno-Anne de), 54, 56*.
— (René), 459.
Raynal (Marguerite-Geneviève-Pauline), 332, 418.

Rays (dame de), 39*, 140.
Razé (Jacques), 166.
— (Jean-Marie), 150*.
— (Jeanne), 150*.
— (Marie-Mathurine), 166.
— (René), 150*.
Reau (René), 549*.
Réaux (sieur de), 166.
Réaux (N.), 362.
Rébellions, 112, 318.
Rebullé (Laurent), docteur en
     médecine, 463, 466, 470*.
— (Louise), 466.
Rebuffet (Anne-Charlotte), 55.
Réceptions solennelles, 268, 268*,
     269, 269*, 270*, 322, 322*. —
     Voir : CÉRÉMONIES PU-
     BLIQUES.
Receveurs, 306.
Récits de voyages, 267*.
*Récoltes (Exportations, interdic-
     tions, levées, prix, visites)*,
     81*, 97*, 247*, 249*, 263, 263*,
     264, 264*, 270*, 636*.
*Réconciliations d'églises, cha-
     pelles, cimetières)*, 110, 120*.
Recouvrance (chapelle Notre-
     Dame de), en Surzur, 293*,
     297*.
Redant (dame de), 441.
Redant (Jeanne), 363*.
Redevan (sieur de), 140*, 340*,
     360, 443, 576, 581.
Redillac (sieur et dame de), 124,
     125, 126.
Relluveillé (François), 599*.
— (Françoise), 585*.
— (Gilles-Pierre), 596*.
— (Jacques), 585*, 596*, 599*.
— (Madeleine), 605*.
— (Marguerite), 605.
— (Marie - Perrine), 568*, 570,
     571.
Réfugiés à la Tour d'Elven, 172*.
Refus du prêtre par des mourants,
     135*.
Regardin (François), maître chi-
     rurgien et apothicaire, 228*.
— (Jeanne), 222, 222*, 229, 229*,
     230, 231.
— (Vincente), 229, 229*, 230.
Régent (Julien), 237*.
Régents de communautés, 97.
*Registres paroissiaux (conserva-
     tion, gardes, lacunes, prix)*,
94, 132, 155, 219, 282, 301*,
     422,
Reglade (François), capitaine de
     la Cⁱᵉ des Indes, lieutenant
     de frégate, 615.
Regnac en Rieux, 119*.
Regnault (Aimée-Basile-Ga-
     brielle), 546.
— (Anne-Françoise), 539.
— (Claude-Mathurin), commis-
     saire de la marine, 570*.
— (Edme-François), prêtre, 538*.
— (Elisabeth-Aimée), 538*, 546,
     556.
— (François), 212*.
— (Françoise), 337, 338.
— (Françoise-Hyacinthe), 541,
     558, 567.
— (Gabriel-Claude), notaire
     royal de Morlaix, 546.
— (Guillaume), 427*.
— (Guillaume), dit « de St-Jean »,
     sculpteur à Vannes, 457.
— (Henri), 9*.
— (Hyacinthe-Anastasie), 543*.
— (Jean), 91, 427*.
— (Jean-François), 542.
— (Jean-Joseph), 536.
— (Jeanne), 9*.
— (Jeanne-Yvonne), 36*.
— (Marc-Bonaventure), 536,
     538*, 539, 540, 541, 542, 543*,
     546, 563.
— (Marguerite), 9*.
— (Marie), 217*.
— (Martin), recteur de St-Do-
     lay, 238*.
— (Maximien-Michel), 540.
— (Perronnelle), 91.
— (Suzanne-Thérèse), 212*.
Regniac (seigneur de), 331*, 332,
     413.
Reguinel (Yvonne), 532*.
Reigner (N.), 570.
Reix (Colette de), 560.
Réjouissances publiques, 17, 97, 97*,
     225, 225*, 268, 268*, 269, 269*,
     270, 270*.
Relays (Noëlle), 501*.
Reliques, 5, 5*, 6, 6*, 53, 62*, 66,
     72, 94*, 192, 214, 231*, 318*,
     322, 322*, 534, 568, 572, Voir :
     CIMETIÈRES.
Rello (Françoise), 383*, 607*.
— (Guillaume), 488, 529*.
Rello (Jean), 561*.
— (Jeanne), 473, 475.
— (Jeanne-Marquise), 488, 611.
— (Julienne), 603.
— (Michel), 583.
— (Nicole-Michelle), 379*, 381*,
     383*, 389, 392*.
— (Perrine), 459, 465*, 466, 475,
     477*, 495*.
Rely (Félix), 36*.
Reminiac (Françoise), 594.
— (Ignace), 262*.
— (Jean), 623.
— (Louis), 262*.
Remungol (paroisse), 5*, 70, 75,
     84, 86. — Voir : Bréguero,
     Kerhointe, Kernaliguen
     (lieux-dits).
Remungol (Elisabeth de), 498*.
Rémy (Raoul), recteur de Loc-
     miné, 71.
Renard (Anne-Vincente), 605*.
— (Jacques), 601*.
— (Marie), 443*, 446, 446*, 448, 449.
Renaud (Alexis-Vincent), 530*.
— (Antoine), 493*, 502, 504*, 506,
     507*, 521, 602*.
— (Claude-Jean), 507*.
— (François), 523, 537, 612*.
— (François-Jean), 494*.
— (Henri-Claude), 624, 627, 628*.
— (Jacques-François), 532, 535.
— (Jean), 528, 616.
— (Jean-François), 632*.
— (Jeanne-Marie), 534*.
— (Joseph), 517.
— (Julien), 612*.
— (Julienne), 528, 535, 536, 537.
— (Louis-Sidonie), 612*.
— (N.), greffier en chef au pré-
     sidial de Vannes, 396*, 616*.
— (Marguerite), 501*, 513*, 521,
     523*, 524*, 526*, 527*.
— (Marie-Josèphe), 525*, 541*,
     542*.
— (Marie-Nicole), 627.
— (Marie-Vincente), 535.
— (N.), religieux de Saint-Lau-
     rent-sur-Sèvre, 239*, 241.
— (N.), 413.
— (Pierre), 506, 526*.
— (Renée-Jeanne), 502.
— (Renée-Marguerite), 502*.
— (Vincent-Noël), 530*, 532, 532*,
     534*, 535.

Renaudin (Philibert), employé aux Fermes, 568.
Renaudren (seigneur de), 24.
Renault (François), ordonnateur de la Marine, 212*.
— (Joseph-Yves), greffier en chef du présidial de Vannes, 616*.
— (Julienne), 452.
— (Louise), 259*.
— (Magdeleine), 100*.
— (Marie-Pierre), greffier en chef du présidial de Vannes, 396*, 616*.
Renet (Jeanne), 35.
Rengouët (dame du), 251.
Renidan (sieur de), 346.
Renier (Michel), 534*.
Rénihel (dame de), 240.
Rennes (Louise de), 26, 39, 471*.
Renno (Jean), 185*.
Renou (Anne-Marie), 543.
— (Gabrielle), 555.
— (Jeanne), 537, 537*, 538, 538*, 539, 540, 541, 542, 543, 545, 545*, 547, 549, 550*, 551, 568*.
— (Julien), 552*.
— (Renée), 545.
— (Renée-Thérèse), 415, 417*, 551, 552*, 553*, 555, 557.
Renouar (Madeleine de), 562*.
Renouard (Agathe-Louise-Anne), 620*, 621, 622, 623, 624*, 626.
— (César), maître ordinaire de la Chambre des Comptes, 342*.
— (Jean-Baptiste), 621.
— (Marguerite-Cécile), 416.
— (Marie-Madeleine), 407*, 408, 410*, 411, 411*, 620*.
— (Perrine-Charlotte), 416, 622.
— (Thomas), 624*.
Renoul (Marie), 113.
Renoyal (sieur et dame de), 158*, 284, 298*, 299, 339*, 389*, 556, 556*, 616, 628.
Renrat (dame de), 176*.
Rentes, 306, 322*, 323.
Rentierre (sieur de), 551*.
Repichet (Jean-Baptiste), 601.
— (Marie), 307*.
— (Pierre-Charles), 601.
Requin (sieur du), 335, 335*.
Reron (sieur de), 260*.
Rescaly (sieur de), 47.

Resmenguy (sieur de), 46*.
Resquemeau (sieur de), 81.
Ressac (seigneur de), 116*, 123*, 131, 558.
Ressac (Anne), 571.
Ressac (Gallehaud de), 152, 152*.
— (Vincente de), 152.
Rest (sieur et dame du), 1*, 13, 22, 53, 54, 65, 78*, 79, 79*, 84, 99, 106, 106*, 107, 197, 336*, 382, 385, 390*, 404*, 416*, 488*.
Restadellin (sieur et dame de), 10*, 91, 95*.
Restanroué (sieur de), 43*, 46*, 47*.
Restanrous (sieur de), 28.
Reste (seigneur du), 5*, 17, 57.
Réste-Ihuel (sieur du), 17*.
Restian (sieur et dame du), 68, 68*, 69, 70*.
Restif ou Retif (Jeanne-Marie-Guillemette), 499*.
— (Jeanne-Thérèse), 497*, 511*.
— (Pierre), recteur de Saint-Salomon, 438*, 580, 580*, 581, 584, 585.
— (Pierre), huissier au présidial de Vannes, 497*, 499*, 504*.
Resto (sieur et dame du), 76, 76*, 80, 89, 93*, 99*, 102, 102*, 156, 208, 298, 484*, 486*, 491*, 493, 494.
Reto, ou Retho (Mathurine), 509, 510*, 511*, 512*, 514, 546*.
— (Olive), 597*.
Retraites, 176.
Retz (sieur et dame du), 185, 265*.
Reunfaut (seigneur de), 595.
Reuville (Pierre de), 446.
— (Pierre-Marin de), 446.
Revel (Gilles-Marie), 625*.
— (Jean-François), pensionné du Roi, régisseur des baronnies du Faouët et annexes, 27*.
Revenus des églises, 24, 163*.
Réverbères, 226.
Revoir (Charles-Denis), 608*.
Révolution (événements révolutionnaires, adresses, assemblées, décrets, fédérations, milices, etc.), 97, 97*, 98,

102*, 106, 226, 268, 270*, 306, 319, 319*.
Revol (dame de), 593.
Revol (Claude de), conseiller, secrétaire du Roi, Maison et Couronne de France, 466.
Reyelle (Anne), 634.
Reynaud (Pierre-René-Joseph), 569*.
Rhodes (N.), prêtre de la Congrégation de la Mission, recteur de N.-D. du Mené, 330.
Rhuis (sieur et dame de), 156*, 183, 268, 314*, 316, 317, 317*, 319*.
Rhun (seigneur du), 63.
Rialland, ou Riallen (Claude), recteur de Saint-Jacut, 124*.
— (Françoise), 584.
— (Françoise-Vincente), 399*.
— (Jacques-Guillaume), 399.
— (Jean-François), marchand apothicaire, 398*, 399, 399*, 401, 406.
— (Jeanne), 426*.
— (Jeanne-Julienne-Mathurine), 420*.
— (Mathurin-Isaac), procureur au présidial de Vannes, 420*.
Riaud (Anne-Jeanne), 570.
— (Françoise), 591*, 592*, 593*.
— (Gilles), recteur de Peillac, 118*.
— (Jean-Baptiste), procureur à Ploermel et notaire de Bazvalan, 180, 180*.
— (Juliette-Marguerite), 180*.
— (Marguerite), 335*, 336, 424*.
— (Pierre), 335*.
— (René), 356*.
— (René), écuyer de la petite écurie du Roi, seigneur banneret du Plessix-Kaer, 141*.
— (Renée), 136, 141*, 142, 358*, 360*, 435.
— (Vincent), 180*.
Ribaux (Anne), 620*, 621.
Ribot ou Ribout (Anne), 546, 547, 548*.
— (Marie-Hélène), 290*, 560.
Ribou (Pierre), 229*.
— (Sainte-Aimée), 229*, 230.
Ribouchon (Françoise), 447.

INDEX ALPHABÉTIQUE GÉNÉRAL

Ribouchon (Guillemette), 437*, 438*, 439, 440*, 442, 444*.
Ribourdin (Guillemette), 492.
Ricaud (Mathurin), 150*.
Richard (Aimée-Mélanie), 203.
— (Claude), 436.
— (François), curé de Lauzach, 197.
— (Françoise), 435*.
— (Jacques), 440.
— (Jean), 430*, 433, 434*, 435, 435*, 436, 438*, 440*, 446, 474.
— (Jean), maître d'école, 608*.
— (Jean), prieur de Béléan, 440*, 618.
— (Jeanne), 431*, 432, 432*, 434*, 435, 439.
— (Laurent), 426.
— (Marie-Louise), 72*, 77*.
— (Paul), 608*.
— (Perrine), 438*.
— (Perrine-Renée), 72*.
— (Pierre), 446.
— (Vincent), 433.
Richebourg (dame de), 591*.
Richebourg ou Poncerot de Richebourg (Françoise-Marguerite de), 65*.
— (Guy de), commissaire de la marine, 481.
— (Marie-Thérése-Simon de), 65.
Richecourt (seigneur de), 252*.
Richelet (Jacques), 446*.
— (Pierre), 446*.
Richer (Gabriel), avocat en la Cour, 445*, 446, 447.
— (Jacquette), 490*, 599*.
— (Jean-Baptiste), 330, 495, 497, 499*.
— (Marguerite-Jéronime), 252*, 253, 330.
— (René-Ignace), 513.
Ricquebourg (seigneur de), 23.
Ridan (François), notaire royal au présidial de Vannes, 294, 333*, 434, 439*, 441*, 580, 580*.
— (Guillemette), 580*, 581, 583, 585.
— (Jeanne), 353, 433*, 434.
— (Vincente), 433, 433*, 434, 434*, 435, 435*, 436, 436*, 437.
Ridel (Barbe), 446*.
— (François), arpenteur de la sénéchaussée de Vannes, 446*, 447*, 448.
— (Mathurine), 448.
— (Pierre-Valentin), archiprêtre de la cathédrale de Vannes, 413*.
Riec (seigneur de), 24*.
Riec (Guillaume de), 31*.
— (Louise-Jeanne de), 31*.
Riel (Marie), 635.
Riellé (Marie), 612*.
Rieux (paroisse), 118-123, 128, 147, 154*, 159, 159*, 160, 178, 254, 261*. — Voir: Aucfer, Camzon, Fresche (Le), Regnac (lieux-dits).
Rieux (Jean de), 158, 178, 200, 271*.
— (Jean-Emmanuel de), 342*, 433*.
— (Jean-Gustave de), 227*.
— (Louis-Auguste de), lieutenant général des armées du Roi, 126*, 159*.
— (Marie de), 200.
— (N. de), 123.
— (René de), 158.
— (René de), chevalier des ordres du Roi, lieutenant aux Pays Bas de Bretagne, capitaine de 50 hommes d'armes des ordonnances du Roi, 158, 271*.
— (Renée de) ou Guyonne de Laval, 254.
— (Suzanne de), 189, 271*.
Rigault (Marie), 435.
— (Renée), 108.
Rigolé de Kerleverien (Bernard-François de), vicaire général de Quimper, recteur de Neulliac, 19.
Rigoux (Marie), 549.
Riguidel (Anne), 608*.
— (François-Marie), 633.
— (Guillemette), 525, 530.
— (Julien), 495.
— (Marguerite), 627*.
— (Marie), 625.
— (Martin), 480*.
— (Mathurin), 633.
— (Perrine), 627.
— (Pierre), recteur d'Arradon et de l'Ile-aux-Moines, 311.
Riguidel (Sainte), 538, 556*.
— (Sainte-Agnès-Charlotte), 526, 540, 540*, 541*, 543, 548*.
— (Sainte-Julienne), 527*, 538, 541, 542.
— (Vincente), 617.
— (Yves), 521*, 523*, 524, 526, 543.
— (Yves-Joseph), 527.
Riguinel (dame de), 547*, 602*.
Rihel (N.), promoteur, 108.
Rillin (dame du), 247, 259.
Rimaison (sieur et dame de), 1, 5, 5*, 6, 6*, 15, 26*, 44*, 89, 99, 533*.
Rimaison (Françoise de), 5.
— (Jacques de), 5.
— (Jeanne de), 5.
— (Louis de), 1, 5, 15, 99, 102.
Riniac (dame de), 377.
Rio (Alain), 425.
— (Anne-Françoise), 480*.
— (Augustin), prêtre, 19.
— (Denis), 615*, 619.
— (François), 311, 413.
— (François), avocat en la Cour, 459*.
— (François-Marie), commis au greffe de l'amirauté de Vannes, 570*.
— (Françoise), 377*, 494, 597*, 625*.
— (Gillette), 424*.
— (Henri), 585.
— (Isabelle), 152.
— (Jacques), prêtre, 502*.
— (Jacques), notaire royal au présidial de Vannes, 278, 437, 438*, 579, 581.
— (Jacquette-Françoise), 492.
— (Jean), 470, 600*.
— (Jeanné), 425, 461*, 613, 625*, 632*.
— (Louise), 437, 438, 441, 577.
— (Madeleine), 466.
— (Marie), 68*, 555*, 616*.
— (Marie-Josèphe), 615, 627.
— (Marie-Magdeleine), 211*, 212*, 213.
— (Marie-Perrine), 619.
— (Mathieu), 616, 618*, 619*.
— (Mathurin), 459*, 461*.
— (N.), 321.
— (Noël), 585.

Rio (Perrine), 596, 597. 626, 627, 628, 634.
— (Pierre), 69, 580*, 581.
— (Raymonde), 212*.
— (René), notaire royal au présidial de Vannes, 278, 581*, 582*, 583, 591*.
— (Thébault), 345.
Riopel (Antoine), 44.
— (Charlotte), 510*.
— (Jacques), 44.
Riou (François), 470*.
— (Magdeleine). 179.
— (Roland), recteur de Meucon, 171*.
— (Thérèse), 100.
— (Thomas), recteur de Gourin, 36*.
Rioux (dame de) 147.
Rioux (Anne-Thérèse), 62.
— (Antoine), avocat en la Cour, 49*, 51, 62.
— (Antoine), sénéchal de Coetanfao et Crenihuel, 22*, 24*.
— (Cécile), 71.
— (Jacques), recteur de Séglien, 24.
— (Jean-Gabriel), procureur fiscal de Pontivy, 11.
— (Jeanne-Louise), 51*.
— (Julienne), 435*.
— (Nicolas), 435*.
— (Pierre), 549.
— (Yves), receveur des consignations, greffier de Locminé, 71.
Ripvière (Guillaume), 263.
Riquel (Jeanne), 542.
— (Louis-Julien), huissier, 540*, 541*, 543.
— (Marie-Thérèse), 541*.
— (Vincente-Madeleine), 543.
Ris (Puy-de-Dôme), 630*.
Rita romain, 275.
Rival (Claude), 9*.
— (Claude-Françoise), 211*.
— (François), 9*.
— (Françoise), 211.
— (Jacques), 529.
— (Jeanne), 211*.
— (Julien), 321, 495*, 498.
— (Marc), 513*.
— (Pierre), notaire et arpenteur à Larré, 196*.
— (Yves), 548*.

Rivalin (Andrée), 533*.
Rivière (Fabien). 493.
— (François), 82.
— (Jacquette), 69.
— (Joséphine-Marie-Anne), 126, 571.
— (Pierre-Marie), 493.
Rivières (sieur des), 143*, 281*. 299*.
Rivoal (Corentin), 37.
Roalin (Suzanne), 448,
Robecq (Joseph de), capitaine d'une compagnie franche de la marine, 536.
— (Marie-Denise de), 536.
Robelot (Jeanne), 175, 359.
— (Jérôme), 60*.
— (Michelle), 76.
— (Suzanne), 480*.
Robelot (Hélène de), 492.
— (Joseph-Nicolas de), 166*.
Robert (Anne), 585.
— (Anne-Perrine), 601*.
— (Esprit-René), 590.
— (François), 10*, 448*, 464.
— (François), recteur de Cléguérec, 10*, 11.
— (François), maître-chirurgien, 590.
— (Guillaume), 325*, 450*.
— (Guyonne), 17.
— (Guyonne-Françoise-Pélagie), 106*.
— (Hélène-Vincente-Perrine), 541.
— (Jacques-Roland), 10.
— (Jean), 149, 463, 468, 471, 473*, 496, 498.
— (Jean-François), receveur des Devoirs des Fermes, 539, 540, 541, 542, 543*, 544*, 545*.
— (Jean-Marie-Séraphin), 539.
— (Jeanne-Françoise-Marie), 11.
— (Joseph), 10, 10*.
— (Julienne), 598.
— (Louis), 585.
— (Louis), recteur de Cléguérec, 11.
— (Louise), 585.
— (Marie), 327*, 452*, 455*.
— (Marie-Anne), 542.
— (Marie-Elisabeth-Marguerite), 543*, 632*.

Robert (Marie-Josèphe-Marguerite), 540.
— (Marie-Perrine), 468.
— (Pierre), 471.
— (Pierre), recteur de St-Vincent, 131*, 132*, 622.
— (Pierre-François), 544*.
— (René), 141, 250.
— (Suzanne), 450*.
— (Yvonne), 496*, 497*, 500*, 501*.
Robes (Jean), 320*.
Robeton (Jacquette), 459*.
Robic (Etienne), 85*.
Robien (seigneur de), 102*, 372, 601*.
Robien (André de), conseiller au parlement, 169*, 300, 368, 369, 369*. 370, 510.
— (André-Joseph de), 370, 391*, 490, 599*.
— (Anne de), 386, 387*, 593.
— (Anne-Thérèse de), 382.
— (Anne-Thérèse-Thomase de), 395*.
— (Claude-François de), 40*.
— (Denis-Pierre de), 415*.
— (François-Paul de), 372.
— (Jacques-André de), vicaire général de Vannes, 300, 377*, 390, 492.
— (Jean de), 307*, 370, 372, 374*, 377*, 467, 482, 599*.
— (Jean de), conseiller au parlement, 382, 395*.
— (Jean-Baptiste de), 374*.
— (Jeanne de), 300, 368, 389*, 391*, 397, 602*.
— (Joseph de), 307*.
— (Joseph-Hyacinthe de), 601*.
— (Louise-Jeanne de), 402.
— (Marie de), 508.
— (Marie-Jeanne-Geneviève de), 171, 391*.
— (Paul de), conseiller au parlement, 372.
— (Pierre-Mériadec de), enseigne de vaisseau, 308, 391*.
— (René de), 377*.
— (René-Julien de), 369.
— (Thomas de), 330*, 369*.
— (Thomas de), président à mortier au parlement, 382, 386, 387*, 390*.
— (Vincent de), 102*.

Robigo (Marie-Anne), 613*.
Robille(Françoise-Corentine de), 488*.
Robin (Anne), 229.
— (Augustin), 622.
— (Jeanne-Vincente), 622, 623, 624, 625, 626, 626*, 629*, 634.
— (Joseph), 482*.
— (Julienne), 490.
— (Marguerite), 465.
— (Mathurin), curé de Locminé, 72*.
— (Thomase), 625*.
Robinaut (François), 375.
— (Jeanne), 607.
— (Joachim-Fulgence), 262.
Robineau (Daniel-Alexandre), 282*.
— (Gabrielle), 586*.
— (Louise), 282*.
Robino (Jeanne), 609.
— (Mathurine-Suzanne), 529.
Roblais (sieur de), 197*, 198.
Robo (dame de), 101*.
Robo (Jean), prêtre, 12.
Roc ou Ros (sieur du), 490*, 493, 494*, 497.
Rocaz (Claude), 578*, 582*.
— (Françoise), 234*.
— (Jacquette), 587*, 589*.
— (Jean), 234*.
— (Perrine), 578*.
Rochcaëzre (seigneur de), 34.
Roche (seigneur de), 141*, 589.
Roche-des-Bouillons (dame de), 630.
Rochefort (seigneur et dame de), 45*, 62, 70,137*, 163, 184, 186*, 187, 187*, 191, 191*, 192, 197*, 202, 206, 252*, 253*, 257, 259*, 260*. 370*, 372, 451*, 459, 463*.
Rochefort-en-Terre (paroisse), 257-260.
Rochefort (Laurent de), 70.
— (Louis-Alexandre de), 12*.
— (Le Président de), 132.
Rocheportal (dame de), 47*.
Rocher (sieur et dame du), 128*, 157*, 161*, 165*, 166, 174*, 265, 275, 472*.
Rocher-des-Moulins en Silfiac (Morbihan), 20*.
Rochereul (Angélique), 284.

Rochereul (Françoise-Marie), 415*, 419, 560, 561*.
— (Jean), 283*, 284, 373.
— (Jean-Marie), capitaine d'infanterie, 561*.
— (Marie), 512.
— (Marie-Anne), 283*, 284, 390*, 396, 539*.
— (N.), 560.
— (Renée-Thérèse). 390*, 391, 396.
Rochers (seigneurs des), 253*, 258*.
Rocherulle (Joseph), 88*.
Roches (sieur des), 27*, 43.
Rochet (Marie-Aimée), 293*.
Rochettes (sieur et dame des), 3*, 70*. 104*, 447*, 583*.
Rodant (Julien), recteur de Surzur, 426*.
Rodrigue (Françoise), 398*.
— (Louis), maître apothicaire, 366*.
Rody (sieur de), 33-
Roga en Saint-Congard, 261.
Rogard (Paul), curé du Saint, 42*.
Roger (Charles), 491*, 499.
— (Elisabeth), 414*, 416*, 417*.
— (François), 484*.
— (Gabrielle-Françoise), 225.
— (Julienne), 484*.
— (N.), 34.
— (Pierre-Philippe), 615.
Rogier (Anne), 134.
— (François), 369.
— (François-René), 542.
— (René), conseiller au parlement, 175.
— (Suzanne), 84, 84*.
Rogon (Alexandre), 201, 237*.
— (Alexandre-René), recteur de Plouhinec, 184, 261*.
— (Anne), 392*.
— (Antoinette), 237*.
— (Catherine), 200.
— (Claude), 48*.
— (César-Antoine), 201.
— (Françoise), 234*.
— (Guillaume), 199*.
— (Jacques), 112*, 185, 200, 200*, 204.
— (Jean), 199*, 226*, 236*, 237.
— (Jeanne), 221*.
— (Jérôme), 184, 191, 201, 255*.
— (Joachim), 184.

Rogon (Judith), 371*.
— (Julien), 234*.
— (Julienne), 200.
— (Louis), 236*.
— (Louis-Jérôme), 184.
— (Marie), 158*, 199*, 237, 392*, 393*, 395*, 518.
— (Marie-Anne-Aimée-Alexandrine), 184.
— (Marthe), 234*.
— (Michelle), 393*.
— (Pierre), 200, 237.
— (René), 200, 200*.
Roguédas (seigneur et dame de), 10, 142, 272*, 306*, 307, 331*, 336*, 342, 343, 347*, 353*,357*,362*, 365*, 366,582.
Roh (sieur du), 356.
Rohan (paroisse), 44*, 361*.
Rohan (Anne de), 585*.
— (Armande-Victoire-Josèphe de), 56.
— (Henri-Louis-Marie de), 56.
— (Isaac de), 76.
— (Jean-Baptiste de), 359*, 367*.
— (Jules-Hercule de), 56.
— (Louis de), 261*.
— (Louis de), prince de Guémené, Cte de Rochefort et de Montauban, grand veneur et gouverneur de l'Ile de France, 45*.
— (Louis-Alain-Bretagne de), 376*.
— (Louis-Constantin de), 52, 394.
— (Marguerite de), 600, 603.
— (Samsonne de), 119*.
— (Mémoire touchant le nom et les armes des Rohan), 98*.
Roharmen (seigneur de), 152.
Rohéan (Jeanne de), 112*.
— (Raoul de), 112*, 215*.
Rohiel (Barbe), 442*.
— (Françoise), 439.
— (Guillaume), 438*.
— (Jean), recteur de St-Goustan d'Auray, 423.
— (Julien), sergent général et d'armes, 437*, 438*, 439, 439*, 440*, 442*, 444*, 447, 492.
— (Nicole), 439*.
— (Olive), 437*.
— (Vincent), 440*.

Rohello (dame du), 329.
Rohic (seigneur du), 198, 444*.
Rohier (Anne-Marie), 531.
Rojouan (Françoise), 459, 466.
— (Jeanne), 456*, 459.
Roland-Bromaguer (Marie-Anne), 566.
Rolieuc (seigneur et dame de), 223*, 224, 236*.
Rolivaud (dame de), 284, 410.
Rolland (Anne), 15, 21*, 33*, 40, 326, 359*.
— (Anne-Marie-Thérèse), 291*, 536.
— (Bertrand), 296.
— (Charlotte), 444*.
— (Claude), 326.
— (François), 345*.
— (Françoise), 474*.
— (Georges), 326.
— (Guillaume), 14*.
— (Isabelle), 18*.
— (Jacques), 15, 356*, 358*, 359*, 361, 361*.
— (Jacquette), 213*.
— (Jean), 3, 13, 15, 15*, 326, 450*, 575.
— (Jean), conseiller au présidial de Vannes, 175, 333*, 336.
— (Jean-Baptiste), sénéchal de Lanmeur, 391.
— (Jeanne), 15, 58, 61, 333, 424*, 438, 582.
— (Jeanne-Perrine), 8.
— (Julien), 330, 356*, 536.
— (Julien), sénéchal de Belle-Isle, 518.
— (Julienne), 40, 338*.
— (Louis), 14, 15, 75, 594.
— (Louise), 14*, 21*.
— (Marguerite), 333.
— (Marie), 14, 90.
— (Michel), 82.
— (Nicole), 15, 45*, 58*.
— (Olive), 574*.
— (Pierre), 326, 337*, 342, 345*.
— (René), 128*, 358*.
— (Pierre), conseiller au présidial de Vannes, 326, 337*,
— (Renée), 342.
— (Vincente), 608.
— (Yves-Isaac-Bonaventure), 215.
— (Yvon), 14*.

Rollando (Jean), 47*, 485*.
— (Jean-Dominique), 604.
— (Perrine), 213.
— (Perrine-Josèphe), 284*.
— (Pierre-Nicolas), curé de Saizeau, recteur de Landévant, Sérent, Languidic, examinateur de concours, membre de la chambre ecclésiastique de Vannes, vice-gérant de l'officialité, 213, 291*.
— (Thomase), 211*, 212, 491*.
Rollée, ou Drollée, ou Derollée (Jeanne de) 84*, 85, 387.
— (Suzanne de) 84*.
Rollet (Annette-Mathurine), 633*.
— (Jean-Baptiste), employé à la régie des droits, 631*, 633*, 634, 635.
— (Joséphine-Charlotte), 634.
— (Perrine-Agathe), 635.
Rollin (Antoine), de l'Académie Royale de Marine, premier professeur de mathématique au collège de Vannes, 572*.
— (Guillaume), recteur de Béganne, 114*.
Rollo (Michel), priseur et arpenteur de la sénéchaussée de Vannes, 451*.
— (Perrine), 495*.
Rollon (seigneur de), 398.
Romain (Guillaume), 546*, 549*.
— (Jacques), 458.
— (Jean-François-Guillaume), 546*.
Romance (Charles-Antoine de), lieutenant-colonel du régiment Blaisois, 523*.
Ronceray (seigneur et dame du), 125, 153*, 204*, 337*.
Roncouët (sieur du), 543*.
Rondenet (Etienne), 558*.
— (Yvonne) 558*.
Ronfalaire (Vincent Deshogues de), 523.
Rongoëdo (sieur du), 3*, 49*, 50*.
Rongoët (sieur et dame du), 94*, 208*, 284, 285*, 286*, 290*, 415*, 419, 517, 519*, 521, 533*, 539, 543*, 556, 560, 561*.
Rontenec (Jean), notaire à Ambon, 493*, 517*.

Rontenec (Jeanne), 527.
Ropart (Jean), 553.
Ropertz (Guillaume), 450.
— (Jacques), recteur de Larré, 197.
— (Marie), 635*.
— (Olivier), 476.
Roquebrune (seigneur de), 558.
Roquefeuil (Jacquette-Charlotte de), 89.
— (Jeanne-Jacquette de), 40*, 89.
— (N.), capitaine des vaisseaux du Roi, 40*.
Roquefort (Antoine), officier quartier-maitre, 414*.
Ros (sieur du), 177, 221*, 222, 222*.
Ros (Françoise de), 234*.
— (Jacquette de), 234, 234*.
— (Julien de), 234*.
Rosambeau (dame de), 463*.
Rosampoul (seigneur de), 161*, 178, 208*, 260, 302*. 357*.
Rosangat (seigneur et dame de), 30, 31*.
Rosays (sieur des), 159.
Roscado (seigneur du), 75.
Roscallet (demoiselle de), 621*.
Roscanvec (seigneur et dame de), 141*, 142, 142*, 143, 159*, 239*, 331*, 338*, 357*, 358, 359*, 366*, 367*, 374*, 375*, 378, 379*, 381, 382*, 385*, 392*, 393*, 396, 401*, 404*, 405*, 406, 408, 409*, 414*, 535, 561*, 565, 618.
Roscario (demoiselle de), 67.
Roscoët (sieur et dame du), 14*, 16, 16*, 39*, 41*, 42, 50, 51*, 55, 62*, 73, 74*, 75, 75*, 80*, 84, 88, 102*, 103*, 255, 366*, 376, 379*, 634*.
Rosconnan (sieur de), 234*.
Rosé (Isabelle), 466*.
Rosely (demoiselle de), 24.
Rosely (Geneviève-Corentine de), 30*.
— (Henriette de), 24.
— (Julien de), 24.
— (Marie-Françoise de). 30*.
Rosgrand (seigneur et dame de), 34*, 292, 461*. — Voir: Rosmur.
Rosguen (demoiselle de), 32.
Roslagat (seigneur et dame de),

29°, 30°, 41°; — Voir : Rosangat.

Roslen (dame de), 38°.

Roslieu (seigneur de), 114°.

Rosmadec (seigneur et dame de), 21°, 197°, 198°, 299, 304, 354°.

Rosmadec (Anne-Cécile de), 360°.
— (Anne-Christine de), 357°.
— (Anne-Yolande de), 304.
— (Bastien de), 190.
— (Catherine de), 303, 360.
— (Charles de), 144°.
— (Charles de), évêque de Vannes, 3, 22, 136°, 141°, 175, 175°, 303°, 304, 327, 345, 351, 352°, 355°, 356, 357, 359°, 361°, 445.
— (Charles de), prieur d'Ambon et St-Cado, 358, 362.
— (Claude-Marguerite de), 304.
— (François de), chevalier de Malte, 361°.
— (Françoise de), 296.
— (Gabriel-Sébastien de), 304, 444°.
— (Jean de), chevalier de l'ordre du Roi, 133, 134°, 172°, 242°, 271°, 341.
— (Louise de), 80, 133°, 303, 303°, 339°, 348°, 357°, 358.
— (Magdeleine), 326.
— (Marc de), 184°, 197, 200, 204, 248, 302, 335°.
— (Marguerite de), 144°, 302°, 304, 352°, 444, 445.
— (Marie-Anne de), 364°.
— (Mathurin de), 338°, 352°, 445.
— (Michel-Anne-Sébastien de), 105°, 198°, 633.
— (Sébastien de), 21°, 197°, 200, 248, 248°, 279°, 281, 298, 298°, 299, 302, 302°, 303, 303°, 304, 339°, 354°, 355°, 356, 357°, 359, 360, 360°, 440.
— (Sébastien de), évêque de Vannes, 302, 302°, 338, 340, 342, 344, 353°.
— (Sébastien de), gouverneur de Quimper et de Dinan, 135, 136.
— (Sébastien de), lieutenant général du comté de Nantes et gouverneur de Nantes, 458.
— (Sébastienne de), 197.

Rosmadec (Tanguy de), 197.
— (Vincent de), chanoine de Vannes, 360, 363°.

Rosmaguer (sieur de), 298.

Rosmar (Claude-François de), 79°.
— (Claude-René de), 590°.
— (Jean de), capitaine de Guémené, 61.

Rosmelec, (seigneur et dame de), 29, 42°.

Rosmeno (sieur et dame de), 37, 284, 285°, 285, 286°, 288°, 289, 290, 291°, 292, 455.

Rosmordreuc (Alain de), 45.
— (Catherine de), 45°.
— (François de), 44°.
— (Gilles de), 47.
— (Jacques de), 46.
— (Jacquette de), 44°.
— (Jean de), 45°.
— (Jeanne de), 45°, 47.
— (Louis de), 44°, 45, 45°, 46.
— (Louis de), avocat de Guémené, 61.
— (Pierre de), 45.
— (Tanguy de), 47.

Rosmur (seigneur de), 309°. — Voir : Rosgrand.

Rosnarho (sieur de), 336°, 340°, 353°, 372.

Rosneriez (seigneur de), 467°.

Rosnervault (seigneur de), 355°.

Rosnivinen (seigneur et dame de), 21°, 299, 299°, 373°.

Rosnivinen (Bertrand de), conseiller au parlement, 277°, 299.
— (Charles), 299.
— (Jean de), 373°.
— (Marie-Julienne de), 299°.

Rospiec (Françoise-Angélique de), 511.
— (Marie de), 66°.
— (René de), 30°.
— (René-Marie de), 30°.

Rossi (Anne-Marie-Vincente de), 548°.
— (Antoine-Joseph de), 412.
— (Dongrace-Louis de), 412°.
— (François-Marie-Camille de), 634°.
— (François-Nicolas de), 413.
— (Marc-Antoine-Joseph-Vincent de), 548°.

Rossi (Philippe-François-Antoine de), capitaine au régiment royal Italien Corse, 404, 408, 412, 412°, 413, 548°.
— (Vincente-Angélique de), 404.

Rossines (François), 621.

Rostoc (Marie-Gertrude de), 556, 604, 628.

Rostrenen (seigneur et dame de), 21°, 52°, 59, 65°, 88, 478°, 612°.

Rostu (sieur du), 231°, 232, 232°, 233°, 240°.

Rosveguen (sieur de), 13, 147°, 148°, 161, 379°, 381, 382°, 418, 635°.

Rosvellec (sieur et dame de), 296°, 492, 567°.

Roszeno (demoiselle de), 284°.

Rouaud (Catherine), 108, 108°, 124, 250, 250°.
— (François), 107°.
— (Gilles), 107°.
— (Guillemette), 119°.
— (Julien), 136°, 244.
— (René), 156, 156°.
— (Renée-Magdeleine), 166.

Rouault de Gamache (Constance-Simone-Flore-Gabrielle), 23°.
— (Jean-Joachim), 23°.

Rouaut (Etienne), 69°.

Roudic (Jean-Baptiste), conseiller du conseil supérieur de l'Ile Bourbon, 628.
— (Jean-Baptiste-Joseph), 628°.
— (Julien), 398.
— (Marguerite), 180.
— (Marie), 615°, 619.
— (Marie-Catherine), 556°.
— (Marie-Anne-Geneviève), 556°, 628.
— (Marie-Marguerite), 628, 629°.
— (Renée), 277, 278.

Roudouallec (paroisse), 40-41.
— Voir : Keréon, Kerlen-Yhuelauff, Penanjun (lieux-dits).

Rouel (seigneur de), 558.

Rougé en Guilliers, 380°.

Rougé (Innocente-Catherine de), 23, 105, 615°.
— (Jean-Gilles de), 59.

Rouillé (Jean), curé de Moustoir-Arc, 77°.

Rouillé (Marie-Perrine), 558*.
Roulin (Anne-Henrie), 165, 165*.
— (Jean), 165.
— (Jeanne), 165*.
— (Louis), 165.
— (Mathurine), 165.
— (Michelle), 540.
Roulland (René), 514.
Roullet (François), 455*, 456*, 459*, 464*, 475, 494*, 496.
— (François-Jean), 464*.
— (Guillaume), chirurgien, 479*.
— (Guillaume-Louis), 459*.
— (Jean), avocat en la Cour, 454*.
— (Jeanne-Vincente), 479*.
Roumelin (dame de), 88.
Roussant (Jean-Baptiste de), 529*.
— (Jeanne de), 547.
— (Jeanne-Guillemette de), 529*.
— (Pélagie de), 562*.
Rousseau (André), 492*.
— (Anne-Louise), 297*.
— (Claude-Marie-Louis), 27*.
— (François), 540.
— (Geneviève), 525*.
— (Geneviève-Jeanne), 228*, 572.
— (Gillette), 33.
— (Grégoire-Jean), 27*.
— (Jacques), receveur des devoirs, 202*, 203, 214*.
— (Marie), 521*, 525*.
— (Marie-Anne-Perrine-Reine), 214*.
— (Marie-Catherine), 403.
Rousseau-Poder (Jeanne-Françoise), 29.
Roussel (Sainte-Jeanne), 547*.
Roussel-Desnoës (Suzanne-Eugénie), 635.
Rousselot (Charles-François), 95*.
Roussières (sieur et dame des), 403*, 406*, 409*, 414* 515.
Roussillon (Lucrèce de), 178.
Rouvray (sieur du), 244, 277, 611.
Rouvray (Françoise-Jeanne), 500.
— (Guillaume-Jean-Luc), 501*.
— (Jean), 612.
— (Julienne), 612.
— (Louis), 498.
— (Vincent), 501*.
Rouvre (dame du), 154, 154*.
Roux (Etienne), 420.
— (Joseph), 549*.
— (Julienne), 438.

Roux (Louis), 410.
Rouxeaux (Adelise), 444*, 447, 448, 449, 449*, 452*.
— (Grégoire), 355.
— (Jean), 457*.
— (Jeanne), 158.
— (Louis), 25*.
— (Marguerite), 464*.
— (Vincente), 353, 365*, 447.
Rouxel (Bertranne), 433.
— (Charles), 144*.
— (Claude), 234*.
— (François), 437.
— (Françoise), 155*, 160, 262.
— (Françoise-Marie), 247.
— (Jean), 421, 438.
— (Jean-Baptiste), 37*.
— (Jeanne), 257*.
— (Joseph), 439*.
— (Julien), 433, 433*, 457, 438, 439*, 440*.
— (Julien), prêtre, 446.
— (Julienne), 143*, 490.
— (Louis-Charles), 307*.
— (Marie-Françoise), 253*.
— (Melchior), grand vicaire de Vannes, recteur de Plumergat, aumônier du Roi, abbé de Lanvaux, 327, 351, 354, 356.
— (Michelle), 433.
— (Olivier), 50.
— (Perrine), 38.
— (Pierre), 144*.
— (René), commis au présidial de Vannes, 473, 473*.
— (Sébastien), 50.
— (Thérèse), 603.
— (Urbain-Jean-Baptiste), 37*.
Rouy (Guillaume de), 590*, 591.
— (Jean-Louis de), 591.
— (Pierre de), garde du corps du Roi, 590.
— (Roberte de), 591.
Rouyer (Angélique-Jeanne), 412*, 413.
Rouzeaux (Jeanne), 311*.
Rouzic (Guyonne), 425.
Rovant (Nicolas), 57*.
Roxven (dame de), 149.
Roy (Anne), 389*.
— (Claude), 560*, 565.
— (Isabelle), 373.
— (Louis-Marie), 560*.
Roy (Marie-Louise), 565.

Roy (Nicolas-Félix), 501.
— (Pierre), 501.
Royer (Claudine), 569*.
— (Elisabeth), 339.
— (Etienne), avocat consistorial au parlement du Dauphiné, 56*.
— (François), 56*.
— (Françoise), 168.
Roysand (N.), maitre orfévre, 171.
Roz (seigneur du), 79*, 175, 182.
Rozé (Alexis), 504, 505*, 509.
— (Angélique), 494*.
— (Anne), 494*.
— (Catherine-Clète), 399*, 400, 400*, 401, 404, 404*, 416, 505*.
— (Claude), 539, 543.
— (Elisabeth), 459*.
— (François), 125*, 251, 539, 540.
— (Françoise), 307, 480, 495, 515*, 524*, 577*.
— (Gilles), 474.
— (Jean-Baptiste), 540.
— (Jeanne), 434.
— (Jeanne-Thérèse), 485, 513*.
— (Jeanne-Vincente-Clète), 509*.
— (Joseph), 252, 472*, 474, 476*, 479, 480, 482, 482*, 483*, 485, 488, 489*, 491, 494*, 495, 497*, 500.
— (Julien), 603*.
— (Louis-François), 489*.
— (Louise), 246.
— (Louise-Yvonne), 252.
— (Magdeleine-Louise), 251*.
— (Marie), 251, 253, 496*.
— (Marie-Jeanne), 196*, 246.
— (Marie-Renée), 491.
— (N.), 600.
— (Olivier), 251*, 252.
— (Perrine), 451*, 473, 480*, 500, 504, 512, 527.
— (Pierre), 488.
— (Pierre-Salomon), 603*.
— (Vincent), 504, 509*, 604, 605*.
— (Vincent-Alexis), 504.
Bozec (Françoise), 581.
— (Isabeau), 111.
Rozeno (dame du), 286.
Roziellec (seigneur de), 422.
Rozo (Anne), 577.
— (Claude), 456.
— (Guillemette), 623.

Rozo (Hélène), 545.
— (Henri), 577*.
— (Jacquette), 442*.
— (Jean), 442*.
— (Jeanne). 581*.
— (Julien), 424*.
— (Marie), 592.
— (Mathurine), 424*.
— (Perrine), 577.
— (Pierre), recteur de Treffléan, 145*.
— (Renée), 577*, 580*, 581, 581*, 582*, 583, 583*.
— (Yves), 577, 577*.
Rozy (René), 150*.
Ruaud (Barthélemy), recteur de Taupont, 84*.
Ruault (sieur du), 241*, 242, 283.
Ruault (Andrée), 482*.
— (Auffray), 90*.
— (Etienne), 68*, 74, 82*.
— (Françoise), 69, 70, 74. 84, 84*, 218*.
— (Geneviève), 71.
— (Henri), sénéchal des régaires de Vannes, 70, 369*, 453, 461, 462, 482*, 483*, 585, 588.
— (Jacques), sénéchal de Locminé, 70*.
— (Jacquette), 150.
— (Jean), 439.
— (Jeanne), 70, 91.
— (Julien), 90*, 91.
— (Michel), 68.
— (Michel), notaire à Gourin, 41.
— (Pierre), sénéchal de Locminé, 68, 68*, 69, 74, 84*, 439, 585*.
— (René), 68*.
— (Vincent-Claude), 70*.
Ruban (Jean), prêtre, 12.
— (Yves), 24*.

Ruban (Yves-Charles-Marie), 24*.
Rubihan (seigneur et dame de), 123*, 188*, 198*, 293*, 306, 311*, 561, 562*.
Rubillon (Jeanne), 466*.
Rubion (Jacques). 460*, 462*, 469.
— Jacquette), 544*.
Rudunaire (seigneur de), 34*.
Ruel (Pierre), 458*.
Ruellan (sieur du), 50*.
Ruellan (Yves), recteur de Nivillac et de la Roche-Bernard, 222*.
Ruellen (seigneur de), 3*.
Ruello (sieur du), 19*.
Ruello (Briand), 84*.
— (François), sénéchal de Langas, 590*.
— (Gillette), 593.
— (Louis), sénéchal du Bois de la Roche, notaire du duché de Penthièvre, 42.
— (Marie), 590*, 593, 594.
Rue-Neuve (maison de), en Tréhorenteuc, 13*.
Rue-Neuve (seigneur de), 13*.
Ruffaud (Françoise-Claudine), 467*.
— (Jacques), avocat en la Cour, 465*, 467*.
— (Marguerite), 276*.
Ruffec (seigneur de), 32, 40*, 48, 61, 262.
Ruffiac (paroisse), 152*.
Ruflet (Roberde), 462.
Ruguay (Maurice), 501, 504, 511.
— (Nicole-Josèphe), 202*, 398*, 399.
Ruguera (sieur de), 634*.
Ruiahé (Françoise), 334*.
Ruillac (seigneur de), 59. — Voir : Rulliac.
Ruinet du Tailly (Jeanne-Perrine), 101, 101*.

Ruisseaux (sieur et dame des), 320*, 476, 476*, 484, 485, 488*, 492*, 494*, 496, 502, 503*, 509*, 510, 510*, 511*, 512, 513, 514*, 515*, 517, 518, 519*, 520*, 521*, 523, 525, 526, 527*, 528, 530, 531*, 535, 539*, 544*, 545*, 546*, 547, 548, 551, 554, 601.
Ru-Lazarou (sieur de), 586.
Rulliac (seigneur et dame de), 132, 137*, 145, 145*, 277*, 295, 333*, 343, 353, 360, 361*, 367*, 377, 389*, 513. — Voir : Ruillac.
Rulliac (sieur du Petit), 343.
Rully (seigneur de), 13*.
Rumain (seigneur et dame de), 22*, 23, 23*, 57*, 384, 403*, 407, 408, 409, 633*.
Rumedon (seigneur de), 48*.
Rumel (sieur et dame du), 35*, 36*, 37, 38*.
Run (sieur et dame du), 621.
Runancoat (seigneur et dame de), 33*.
Runanmoal ou Rumoal (seigneur et dame de), 34*, 35, 36, 36*.
Runello ou Rimello (seigneur et dame ou du ou de), 33*, 35, 35*, 39, 39*, 45, 67, 167.
Runers (demoiselle de), 26*.
Rungoet (seigneur de), 35*.
Ruppe (Anne-Renée), 230.
Ruscouet (seigneur du), 146*.
Rusno ou Runou (sieur du ou de), 30, 84*.
Rusquec (dame du), 3.
Ry ou Pairy (sieur du), 503, 504, 505*, 509.
Ryo (Guillemette), 202.
— (Julien), 485*.

S

Sabatier (Joseph), receveur gé-
    néral des fermes, 567.
Sabazec (Jacquette), 508.
Sablay (Charlotte), 450*.
Sablé (seigneur du), 115.
Sablé (Françoise), 462*.
Sabot (Hyacinthe), notaire royal
    à Quimperlé, 632*.
— (Pierre), 129*.
Sabrahan (seigneur et dame
    de), 326*, 337*, 338, 340, 342,
    349, 577*.
Sacristes, 3u6*.
Sacy (sieur de), 62.
Saoz (seigneur du), 602*, 630*, 619.
Saffray (Elisabeth), 633*.
Saffré (seigneur de), 225.
Sageran (Pierre), officier cor-
    nette, 35*.
Sages-femmes, 97*.
Saget (Cécile), 609*.
— (Charles), 507.
— (Jean-Guillaume), 505.
— (Jeanne), 568*, 622*, 623*.
— (Louis), 497, 498, 501, 503*,
    504*, 505, 507, 509*, 609*.
— (Marie-Vincente), 501.
— (Perrine), 503*.
— (Renée - Pélagie - Perrine),
    402*, 403*.
— (Vincent-Pierre), 504*.
— (Vincente), 498.
Sagnier (Henri-René de), conseil-
    ler au parlement, 328*, 468.
— (Louis-Marie-René de), 328*.
Sagot (Anne), 546*.
— (Denis), 473*.
— (Jean-Louis), 517*, 518*, 524,
    537.
— (Marie), 517*.
— (Marie-Anne), 524, 540.
— (Pierre-Louis), 518*.
Sahanac (Marguerite), 577*.
Saillant (Pierre), 438.
Sain (Anne-Françoise), 475.
— (Esprit-René), 465*.
— (François), huissier à la
    Table de Marbre, 465*, 468,
    475.

Sain (Joseph-François), 468.
Saindon (François), recteur de
    Saint-Vincent, 130*.
Saint (Le), paroisse, 34, 41*, 42,
    42*, 89, 102*, 250*, 362.
Saint (Jacques-François), procu-
    reur fiscal de Bazvalan,
    181, 552.
— (Jean-François), 625.
Saint-Aignan (paroisse), 11,
    19-20. — Voir: Botplançon,
    Corboulo (lieux-dits).
Saint-Alban (dame de), 75.
Saint-Alloué (sieur et dame de),
    44, 46*, 47, 61*.
Saint-Alouarn (sieur de), 67,
    67*.
Saint-André (sieur de), 155.
Saint-André (Marie-Vincente),
    107.
Saint-Ange (sieur de), 81*.
Saint-Armel (paroisse), 32,
    297*, 379, 397, 425*, 429,
    445*.
Saint-Aubin (seigneur de), 18,
    184.
Saint-Aubin (Jacques de), 221*.
Saint-Avé (paroisse), 293-295.
    — Voir: Trébrat (lieu-dit).
Saint-Avoye (sieur de), 565.
Saint-Barnabé (chapelle de),
    en Saint-Jacut, 124*.
Saint-Barthélemy (paroisse),
    174.
Saint-Benoist (sieur et dame
    de), 408, 409*, 413, 562*.
Saint-Brandan (chapelle de),
    en Langonnet, 39.
Saint-Brieuc (Côtes-du-Nord),
    61*, 444*.
Saint-Brieuc (Bertrand de), 298,
    298*, 339.
— (Jacques de), 339, 444*.
— (Marie de), 298.
— (René de), 298*.
Sainte-Brigitte (paroisse), 20.
Saint-Cado (chapelle de), en
    Saint-Caradec - Trégomel,
    66.

Saint-Caradec(Côtes-du-Nord),
    14, 104*.
Saint-Caradec-Trégomel (pa-
    roisse), 66. — Voir: St-Cado
    (chapelle) ; Kernascleden
    (lieu-dit).
Saint-Christophe (sieur et
    dame de), 170*, 484*, 597*.
Saint-Christophe-de-Gala-
    pian (Lot-et-Garonne), 62.
Saint-Clair (chapelle de), en
    Le Tour-du-Parc, 284.
Saint-Colomban (chapelle de),
    en Locminé, 69*.
Saint-Congard (paroisse), 260-
    261. — Voir : Roga (lieu-
    dit).
Saint-Cyr (sieur et dame de), 2*.
Saint-Degan (dame de), 274.
Saint-Dellec (dame de), 50*.
Saint-Denac(sieur et dame de),
    142*, 190*, 340, 342, 345*,
    350*, 356, 361*, 373, 378*, 380,
    384, 384*, 386*, 387, 389*, 390*,
    400, 400*, 521*, 527, 597*.
Saint-Denis (Françoise-Marie
    de), 406*.
— (Henry-François de), gou-
    verneur d'Alençon, chef
    d'escadre, 406* 417.
— (Louise-Françoise-Marie
    de), 415, 415*, 418*, 419*.
Saint-Divy en Moréac, 75*.
Saint-Dolay (paroisse), 234-
    241. — Voir : La Baronnie
    (château) ; Burain (Le),
    Burin, Cadouzan (lieux-
    dits); La Bernardière, La
    Fresnaye (manoirs); Bois-
    joly, La Planchette (mé-
    tairies).
Saint-Don (sieur et dame de),
    112, 126*, 152*.
Saint-Donnat (sieur de), 242*.
Saint-Doué en Questembert,
    209, 211, 354*, 361, 384, 441*,
    576*.
Saint-Ducat(sieur et dame de),
    175*, 334, 338*, 348, 350, 351,

359, 360, 361*, 383*, 426, 436*, 443, 462*, 575, 585*, 595*.
Sainte-Anne en Guiscriff (chapelle), 28*.
   id   en Pluneret, (chapelle), 210.
   id   en Saint-Dolay (chapelle), 236*.
   id   en Saint-Nolff (chapelle), 141.
Sainte-Barbe (chapelle), en Arradon, 309.
Sainte-Brigitte (paroisse), 20.
Sainte-Catherine (chapelle de), en Langonnet, 38.
Sainte-Christine (chapelle de), en Locmalo, 61.
Sainte-Colombe (Elisabeth de Vaux de), 281.
Sainte-Geneviève (Nicolas de), recteur du collège de Vannes, 344*.
Saint-Eloi (chapelle de), en Kerfourn (Morbihan), 89*, 93.
Saint-Eloy (sieur de), 57*.
Sainte-Marguerite (chapelle de), en Locminé, 69*.
Sainte-Marie (sieur de), 453, 466, 470*, 587.
Sainte-Marie (Anne de), 82.
Sainte-Marthe (Abel de), doyen de la Cour des Aides et bibliothécaire du Roi Louis XIV, 117.
— (Catherine de), 116*, 117, 131.
Sainte-Maure (seigneur de), 254.
Sainte-Noyale (chapelle de), en Noyal-Pontivy, 96*.
Sainte-Suzanne (chapelle de), en Questembert 211.
Sainteté (morts en odeur de), 131*, 381, 384, 555*.
Sainte-Tréphine en Pontivy, 102*, 103.
Saint-Eutrope en Muzillac (chapelle de), 185, 209, 210.
Saint-Fiacre (sieur de), 36*, 166*, 199, 252*, 354.
Saint-Ganton (sieur de), 234*.
Saint-Georges (seigneur et dame de), 24*, 30, 30*, 31, 44*, 45, 45*, 46*, 58*, 79*, 88, 89*, 205, 205*, 206*, 207, 207*,

252*, 286*, 354*, 378, 400, 412, 524*, 525*, 531, 578*.
Saint-Gérand (paroisse), 103-104.
Saint-Germain (sieur de), 51, 84*, 272.
aint-Germain (Joseph de), 458*, 586.
— (Marie de), 494*.
— (Marie-Thérèse de), 452*, 453*, 454, 455*, 587*, 588*.
— (Perrine-Etiennette de), 458*.
— (Pierre de), 381*.
Saint-Gildas-de-Rhuis (paroisse), 264-268.
Saint-Gildas en Caden (chapelle de), 245*.
Saint-Gilles (seigneur et dame de), 11*, 253, 329*, 353, 452*, 454*, 457, 462, 463*, 483*, 486*, 489, 503*, 534*.
Saint-Gilles (Anne-Marie-Césarine de), 253*.
— (Charles de), 180.
— Jean de), 228*.
— (Jean-Baptiste de), 228*.
— (Jean-Baptiste-Polycarpe-François de Paule-Angélique-René de), capitaine d'infanterie, 253.
— (Jean-Baptiste-René de), 253.
— (René-François-Eugène de), 11*.
Saint-Gilles de Pontbriand en Le Saint (prieuré de), 43.
Saint-Girons (Françoise de), 307.
Saint-Goënan (dame de), 187.
Saint-Gonnery (paroisse), 104-106.
Saint-Gorgon (paroisse), 123-127. — Voir Champ-Mahé (lieu-dit).
Saint-Gourlais (seigneur et dame de), 185, 185*, 190*, 202*.
Saint-Goustan (sieur de), 229.
Saint-Grais (dame de), 401.
Saint-Gravé (paroisse), 261-262.
Saint-Guédas (seigneur et dame de), 203, 219, 244*, 245*, 246*, 247, 247*, 250*, 283*, 352, 563, 611*.

Saint Guénaël (chapelle de), en Guiscriff, 28.
Saint-Guen en Saint-Tugdual, 66*, 67.
Saint-Guen en Vannes (prieur de), 421*, 423, 512*, 546*.
Saint-Guénin (chapelle), en Plouray, 40*.
Saint-Guignolé (seigneur de), 59.
Saint-Hamon en Plescop, 174.
Saint-Hervé (chapelle), en Gourin, 36*, 64.
Saint-Honoré (sieur de), 80*.
Saint-Ivy (chapelle), en Pontivy. 101*.
Saint-Jacob (sieur de), 481.
Saint-Jacques (chapelle), en Moréac, 75*, 288.
Saint-Jacut (paroisse), 124-127. — Voir : Saint-Barnabé-chapelle); La Fouaye (manoir) ; Gué-Blandin (lieu-dit).
Saint-Jean (sieur et dame de), 333, 385*, 463, 468, 471.
Saint-Jean d'Andigné (dame de), 310*.
Saint-Jean du Gorvello (église), en Sulniac, 302*.
Saint-Jean-la-Poterie (paroisse), 127.
Saint-Jean-sur-Couesnon (seigneur de), 258*.
Saint-Jorre (Julien-Marie de), procureur fiscal de Largoët, 525*.
Saint-Joseph (chapelle), en Moustoir-Remungol, 79.
Saint-Joseph-des-Landes (chapelle de), en Allaire, 114*.
Saint-Jouan (sieur et dame de), 327, 338*, 351.
Saint-Jugon (chapelle de), en La Gacilly, 161*.
Saint-Julien (sieur de), 44.
Saint-Just en Sulniac (chapelle de), 144, 144*.
Saint-Laurent (paroisse), 262-263.
Saint-Laurent (seigneur et dame de), 22, 22*, 45, 47*, 48, 48*, 68, 262, 262*, 338*, 345*, 358, 424*, 430*, 622*.

Saint-Léon (sieur et dame de), 565.

Saint-Mallon (Jacques de), 177*.

— (Jean-Étienne-Marie de), 101, 330*.

Saint-Malo (Ille-et-Vilaine), 61, 91*, 92, 307.

Saint-Malo-de-Beignon (paroisse), 166*.

Saint-Marc (sieur de), 19*.

Saint-Marcel (paroisse), 195, 238.

Saintmars (Pierre), 483.

Saint-Martin (paroisse), 161-163. — Voir: Saint-Mathurin des Garays (chapelle).

Saint-Martin (sieur et dame de), 104*, 161*, 466*.

Saint-Martin (Françoise de), 162*.

— (Jean de), 136, 162.

— (Jeanne de), 119.

— (Louise de), 113, 136.

— (Marc de), 162*.

— (Marie de), 234*.

— (Olivier de), 120*, 134*, 136, 162, 162*, 200*, 204*, 254*.

— (Pierre de), 133*, 421*.

— (Pierre de), évêque de Vannes, 325*.

— (Sébastien de), 133*.

Saint-Martin-Rigaud (Louis), 504.

Saint-Massen (sieur et dame de), 13*.

Saint-Mathurin-des-Garays (chapelle), en Saint-Martin, 163*.

Saint-Maudan (seigneur de), 13, 73, 104*, 105, 302.

Saint-Maudé (chapelle de), en Baud, 4.

Saint-Maugon (sieur et dame de), 146, 204*, 205, 206, 207, 207*, 208.

Saint-Maur (seigneur et dame de), 117*, 118, 148, 163, 167, 196, 360*.

Saint-Mégrin (marquis de), 479*.

Saint-Mélaine (seigneur de), 105*.

Saint-Melar (chapelle de), en Noyal-Pontivy, 93.

Saint-Meloir (François-Louis-Constance de), capitaine de Guémené, 52, 52*.

— (Louis-Anne de), 52.

Saint-Méreo (chapelle), en Kergrist, 13.

Saint-Mériadec (chapelle), en Pontivy, 102*, 103.

Saint-Michel, en Guern, 5*, 87, 170*, 309, 348, 375*, 547.

Saint-Mogon (dame de), 144.

Saint-Morex (seigneur de), 34*.

Saint-Moride (sieur de), 413*.

Saint-Nazaire (Loire-Inférieure), 210, 210*, 361.

Saint-Nicolas-des-Eaux en Pluméliau, 9.

Saint-Nizon ou Sanizon (sieur et dame de), 14*, 15, 16, 255.

Saint-Noay (sieur et dame de), 9*, 39*, 40, 40*, 138*, 505*, 519, 536*.

Saint-Noay (Catherine de), 15*, 29*; 39*, 46*, 61, 61*.

— (François de), 40, 46.

— (Françoise-Augustine de), 49.

— (Gilles de), 47*.

— (Jean de), 9*, 39*, 40.

— (Jean-Charles de), 138*.

— (Mathurine de), 40, 519.

— (Vincent de), 40.

Saint-Nolff (paroisse), 141-143. — Voir: Kerglas (château); Trois-Fontaines (cabaret).

Saint-Nouan (sieur de), 423.

Saint-Nudec (sieur et dame de), 27, 42.

Saint-Ouen (seigneur de), 371*, 374.

Saint-Paul (sieur de), 445.

Saint-Pérand (sieur et dame de), 29*; 215.

Saint-Pern (sieur et dame de), 116, 216.

Saint-Pern (Barthélemy de), 334*, 428.

— (Bertrand de), 118*.

— (François de), 216, 216*.

— (Gabriel de), 216.

— (Gillonne de), 146*, 172*, 194*, 195.

— (Guillemette de), 341*.

— (Jean de), 334*.

— (Jean-François-Bertrand de), 216*.

— (Jeanne de), 5. 12*.

— (Julien de), 428.

— (Marie de), 371*, 375, 378, 489.

— (Mathurine de), 212.

Saint-Pern (Nicolas de), 576*.

— (Pierre de), président au Parlement, 216, 374.

— (Renée de), 441.

— (Sébastien de), 169, 473, 475.

— (Thomase-Perrine de), 169, 475.

— (Vincent de), 218*.

Saint-Perreux (paroisse), 128, 196*.

Saint-Pezran (Ange-Marie-Paul de), 30*.

— (Anne-Perrine de), 31, 36*.

— (Catherine-Vincente de), 31*.

— (Corentine de), 29*.

— (François-Joseph de), 41*.

— (Jean de), 29, 29*, 30.

— (Jean-René de), 30.

— (Louis de), 29*, 30*, 31*.

— (Louis-Jean de), 42*.

— (Louise de), 29*.

— (Marie de), 29*.

— (Marie-Angèle de), 39*.

— (Marie-Anne-Yvonne de), 30*.

— (Marie-Jeanne de), 31.

— (Mauricette de), 29*.

— (Perronnelle de), 29.

— (Renée de), 61*.

— (Thomas de), 30*, 31.

— (Thomas-René de), 29*.

— (Vincent-Hyacinthe de), 29*.

Saint-Philibert (chapelle), en Gourin, 37.

Saint-Pierre (église), en Pontivy, 102*, 103, 608*.

Saint-Pierre-du-Moustier: voir Théhillac.

Saint-Pierre-Langer (seigneur de), 369*.

Saint-Quigeau (seigneur et dame de), 27, 27*, 29, 29*, 30, 30*, 31, 31*.

Saint-Quio (sieur de), 298.

Saint-Rémy (sieur de), 108.

Saint-Rémy (Françoise de), 236, 236*, 237.

— (Marquise de), 236, 237*.

— (Michel de), 236.

Saint-Romain (sieur et dame de), 416, 417, 418, 536.

Saint-Romain (Jean-Baptiste-Rémy), 404*.

— (Ursule), 561*.

Saint-Saudien (seigneur et

dame de), 184, 200, 201, 255, 278.
Saint-Sauveur (paroisse de), en Jersey, 4*.
Saint-Séverin (chapelle), en Baud, 4.
Saint-Tenac (sieur et dame de), 111.
Saint-Thélo (Côtes-du-Nord), 14.
Saint-Thomas en Pluméliau, 9.
Saint-Thuriau (paroisse), 9*, 106-107. — Voir : Cohazé, Hayo (lieux-dits).
Saint-Tréhan (sieur de), 297*.
Saint-Trémeur (sieur de), 16.
Saint-Trévin (seigneur de), 30.
Saint-Tual (seigneur et dame de), 29*, 30*, 297, 554*, 563, 566.
Saint-Tugdual (paroisse), 66-67, 178.— Voir : Saint-Guen (lieu-dit).
Saint-Udy (sieur de), 70*.
Saint-Ugat (sieur et dame de), 297*.
Saint-Valéry (seigneur de), 57*.
Saint-Vincent (chapelle), en Vannes, 157, 345.
Saint-Vincent (paroisse), 128-131.—Voir : La Drouillaye, La Mulotière (manoirs).
Saint-Vincent-du-Maunet (chapelle de), en Caden, 246.
Saint-Yves (chapelle), en Baud, 4, 36.
Saint-Yvinet (sieur et dame de), 28, 28*, 31, 31*.
Saisies de bestiaux, 121.
Salamon (Jean), 574.
— (Julien), 574.
— (Julienne), 421*.
— (Marie), 574.
— (Perrine), 574.
Salarun (seigneur et dame de), 189*, 242, 275*, 296*, 298, 298*, 301*, 302, 303, 303*, 348*, 384*, 385*, 386*, 389*, 392*, 393*, 396, 397, 402*, 409, 493*, 507*, 524*.
Salarun (Dominique de), 242.
— (Guillaume de), 296*.
— (Guillemette de), 124, 241*, 242, 242*.

Salarun (Marie-Anne de), 543.
Salaün (Claude), 177, 177*, 178*.
— (Jacques), 176*.
— (Jean-Jacques-Toussaint), avocat en la Cour, 539.
— (Marie-Anne), 539.
— (Marie-Jeanne), 83*.
Salien (demoiselle de), 539*.
Salines (sieur des), 400.
Salins (sieur des), 94*, 101.
Salles (seigneur des), 13*, 20*, 29*, 43*, 44*, 89, 138*, 299, 348*, 350*, 356, 357, 371, 391, 438, 455, 533*, 572.
Salles (sieur et dame de), 402.
Salles (Julienne), 459*, 461.
— (Médard), 459*.
Salles (Jean-Etienne de), greffier de la maîtrise des eaux et forêts de Perseigne, 621.
Sallien (Françoise), 488.
Salmarec (sieur de), 146.
Salmon (Jean), 335.
— (Jeanne), 579*.
— (Julien), avocat du Roi au présidial de Vannes, 335, 339*, 357*, 431, 434, 453, 575*.
— (Julienne), 326*, 446.
— (Louise), 307*.
— (Marie), 333, 429*.
— (Nicole), 335, 338, 339*, 340*.
— (Olive), 297*, 425, 425*, 427, 439*.
— (Perrine), 425, 488.
— (Pierre), 307.
— (Pierre), procureur fiscal des régaires de Vannes, 326*.
— (Thérèse), 606.
— (Vincente), 326*.
Salomon (Albin), 500*, 501.
— (Bertranne), 340*, 341, 342*, 343*, 363*.
— (François-Joseph), 467.
— (Françoise), 333*, 608*.
— (Jacquette), 341.
— (Jean), maître des comptes, 432*, 433*, 470*.
— (Jean), avocat en la Cour, 334*, 336, 340*.
— (Jean-Baptiste-Hyacinthe), 480*.
— (Jean-Vincent), 470*.
— (Jeanne-Claudine), 481*.
— (Marie), 352, 451*.
— (Olivier), 355, 439*, 466, 467,

470*, 478*, 480*, 481*, 486*, 495, 495*.
— (Perrine), 333*.
— (Pierre), 333*, 336*, 339, 432.
— (Pierre), chanoine de Vannes, 342*.
— (Thérèse), 574.
— (Thérèse-Angélique), 489.
— (Yvonne), 296*, 574.
Salou (Mathurin) dit « La Fleur », 491*.
Salouze (Pierre), 454*.
Salubrité publique, 319.
Sammonac (P.), subcuré de Questembert, 209*.
Samuel (N.), 579*.
Sanguin (Bonne), 378*.
— (Bonne-Thérèse), 210, 212, 256, 370, 476.
— (Joseph), conseiller au parlement, 210*, 211*, 212, 245*, 256.
— (Yves), président au parlement, 209*, 210, 210*.
Sanguinez (Isabeau de), 296.
Sanquéro (sieur et dame du), 15*.
Sanson (Jean), recteur du Bourg-Paule, 187.
— (Julien), 464.
— (Nicole), 436*.
— (Pierre), 553*.
Sanzay (dame de), 31, 117*.
Sanzay (Augustin de), vicomte héréditaire et parageur du Poitou, 117*.
— (Françoise de), 158*.
— (Louise-Françoise de), 117*, 118.
Sapien (Marguerite), 144*.
Sarrant ou Saran (François-Louis de), 100*.
— (Gabriel de), 100*.
— (Jean-François de), 10.
Sarzeau (paroisse), 268-292, 333.
— Voir : Caden, Langlennec (chapelles) ; Caden, Kernavélo (manoirs) ; Calzac, Cœters-Couffle, Coffournic, Kerbodec, Kerguet, Lasné, Logeo, Pencadénic, Penvins, Suscinio (lieux-dits).
Sarzeau (Bertrand), 457.
— (Vincent), 457.

Saudeny (Jeanne), 603, 604, 605*, 606.
Saugain (dame de), 443*.
Saulce (Nicolas), 33.
Saulnier (Anne), 164*.
— (Jacques), 164*, 165.
— (Joseph-André), 157*, 164*, 165*.
— (Suzanne), 257*.
Sauré (Bernard), 418*.
Saurlendey (Adolphe), commis pour la conservation des devoirs des états, impôts et billots, 465.
Saussonnière-Golvin (Yvonne), 608*.
Sauvageais (Jeanne-Marie), 592*.
Sauvageau (Anne), 461.
— (Michel), procureur du Roi à Vannes, 468.
Sauvaget (Jean), 576.
— (Jeanne-Françoise), 145*,366*, 368, 368*, 373*, 465.
— (Marie-Vincente), 571.
— (Michel), 276*, 428*, 429, 429*, 430, 576.
— (Pierre), 428*.
— (René), 70*.
Sauvan (Maurice), receveur des deniers du Roi, 453.
Sauvé (Angélique), 401*, 631*.
— (Angélique-Françoise), 399, 400*, 549.
— (Angélique-Sainte-Marie-Josèphe), 620.
— (Anne-Augustine), 617*.
— (Augustin-François), 634*.
— (Augustin-Jean-Marie), 619.
— (Denis-Joseph), 515*.
— (Elisabeth), 632*.
— (François), 598, 634*.
— (Jeanne), 477*.
— (Jeanne-Marie), 513.
— (Joseph), procureur au présidial de Vannes, 510, 510*, 511, 512, 513, 514*, 515*, 516*, 517*.
— (Joseph), sénéchal des régaires de Vannes, 616, 616*, 617, 617*, 618, 619, 620, 621*, 631.
— (Julie-Angélique), 514*.
— (Louis-Benjamin), 510*.
— (Marguerite), 589.
— (Marguerite-Vincente), 515*.

Sauvé (Marie-Jeanne-Dominique), 616.
— (Marie-Josèphe), 616*, 631.
— (Marie-Louise), 512.
— (Marie-Madeleine-Vincente), 621*.
— (N.), procureur en la Cour, 478*.
— (Scolastique-Françoise),516*.
— (Vincent-Joseph-Marie), 618.
— (Vincent-Olivier), 517*.
— (Yvonne-Pauline-Marie), 617.
Sauves (Pierre), procureur en la Cour, 472.
Sauveur (Joseph), procureur en la Cour, 589*, 591*.
— (Pierre), huissier à la table de marbre, 593*.
Sauvourel(Pierre), notaire royal, 183*.
Savantier (Guillaume), 69.
— (Jacques), 68*.
— (Jean), 69, 70, 70*.
— (Jeanne), 218*.
— (Julien), 70*.
— (Louise), 218*.
— (René), 69.
— (Vincente), 70.
Savary (Alexandrine), 464.
— (Françoise), 177.
— (Guillemette), 456*.
Savignhac (Joseph de), 300.
Savignon (Jean-Louis), receveur des fermes, 525.
Savigny (baronnie de), 617*, 618*, 620.
Savinei (Augustin de), 468.
— (Pierre de), 468.
Savire (sieur de), 472*.
Savonnières (N.), capitaine au régiment de Saintonge, 542.
Scelce (Guillaume-Joseph), 55*.
— (Suzanne-Agathe), 55*.
Scouhel (seigneur de), 35.
Sebillé (Elisabeth), 165*.
— (François), recteur de Tréal, 164*.
Sebron (N.), 625.
Sécillon (Anne-Perrine de), 378.
— (Bonne de), 227*.
— (Claude de), 363, 371.
— (Eulalie-Jeanne de), 116.
— (Françoise de), 164, 294.

Sécillon (Guillaume de), sénéchal de Coislin, 222, 227*.
— (Jacques de), 303.
— (Jean-Baptiste-Armel de) 378, 598*.
— (Julien de), 293*.
— (Louis de), 115*, 116, 222, 299, 359.
— (Louis-François de), 115*, 116.
— (Marie de), 359.
— (Marie-Perrine de), 371.
— (Michel de), 293*.
— (René de), 293*, 294.
— (Renée de),171*,294, 350, 438*.
— (Sainte-Louise-Julie-Jeanne de), 115*.
— (Suzanne de), 235, 243.
— (Zacharie de), 235.
Ségaud, (Cécile), 539*.
Séglien (paroisse), 20-24. — Voir: Coetanfao (Château).
Séguin (Jean-Baptiste), notaire de la Bourdonnaye, 157*.
— (Jean-Marie), notaire de la Bourdonnaye, 157*.
— (Joseph-Marie), procureur du marquisat de la Bourdonnaye, 157*.
Seigneurs et seigneuries (archives, armoiries, aveux, châteaux généalogies, préséances, procès, réceptions, etc.),64*,131, 233, 239*, 261, 269, 270, 313, 313*, 314*, 316*, 317, 320, 322.
Seillans (seigneur de), 558.
Seler (Françoise-Josèphe), 624*.
— (Jean), 624*.
Selinot (Laurent), 579*.
— (Marie), 451, 453*.
— (Michel), 579*.
Selo, ou Scelo (Angélique), 314.
— (Anne-Renée), 410.
— (Perrine), 314.
— (Pierre), curé de Baden, 310*.
— (René), 314.
Séminaires, 330.
Senant (Jacques-Augustin), receveur général du tabac à Vannes, 400, 417.
— (Jacques-Jean-Augustin), sénéchal du présidial de Vannes, 398*, 399*, 400, 400*, 401*, 403, 403*, 543.
— (Jean-Baptiste-Guillaume-Luc), 403.

Senant (Jean-Louis), 399*.
— (Marie-Vincente), 400*.
— (Renée-Angélique), 403*,543.
— (Renée-Angélique-Rosalie), 418*.
— (Rosalie-Jeanne-Vincente), 398*.
— (Vincent-Anne-Guillaume), 401*·
Séné (paroisse), 295-297. —Voir: Lestrenic, Quenpeutur (lieux-dits).
Sené (François), prêtre, 569.
— (Jacquette), 502*, 504*.
— (Perrine), 576*, 577, 578.
Senegrand, voir Sevegrand.
Sentaire, ou Senterre (François), 426.
— (Guillaume), 426.
— (Jacques), maître chirurgien, 210.
Seraint (Yves), sous curé de Caden, 241*.
Seraziu (Pierre-François), conseiller au parlement, 77*.
Séréac (seigneur et dame de), 85*,177*,178*,179*,184,184*, 185,185*,186,186*,187,187*, 188,188*,191*,202*,216*, 218*,223*,352,360,363,364*, 379*,380,385,389.390*,393, 393*,394,412*,417,419,447, 490*,496*,627*.
Serec (Jean), 561. 562.
— (Louis), maître chirurgien, 561,562,571.
Sérent (paroisse), 21*,197*,198, 285*,289*,354*,450*.
Sérent (Anne de), 175*,346.
— (Anne-Bertrande de), 137*.
— (Armand-Louis de), maréchal des camps et armées du roi, gouverneur du duc d'Angoulême, 207*.
— (Charles de), 175*,356,362.
— (Charlotte-Gillette de), supérieure de la Miséricorde de Jésus de Guémené, 52.
— (Charlotte-Gillonne de), 359*.
— (Claude de), 138*,361.
— (Claude-Françoise de), 361, 361*.
— (François de), 162,204.
— (François-Joseph de), 362*, 378*.

Sérent (François-Joseph de), sénéchal de Ploërmel, 138*, 378*,
— (Françoise de), 339,373.
— (Françoise-Agnès de), 355.
— (Gillette de), 357.
— (Jean de), 336,431*.
— (Jean de), conseiller au parlement, 341*,355*,361.
— (Jean-Pierre de), 287.
— (Jeanne-Marie-Vincente de), 561.
— (Joseph-François de), gouverneur de Rhuis, syndic ou Père Spirituel des Récollets de Bernon,285*,287*, 289*.
— (Joseph-René-François de), 421.
— (Julien de), 175*,357,361.
— (Julien de),avocat en la Cour, 298*,333*,335*,336,336*, 338,339,360*,425,427.
— (Julien-Vincent de), 376.
— (Louis de), 138*,162,610.
— (Louise de), 146*,162,260.
— (Louise-Jeanne de), 363.
— (Louise-Renée de), 127*.
— (Mahault de), 354.
— (Marie de), 343.
— (Marie-Anne de), 145,175*, 363,465*.
— (Marie-Josèphe de), 633,633*.
— (Marie-Vincente de), 175*.
— (Perrine-Julitte de),175*,378, 598*.
— (Pierre de), 162.
— (Pierre de), sénéchal de Vannes, 136*,298*,336,336*, 340*,343,343*,344,346,349*, 353*,355,355*,356,356*,357, 359*.
— (René de), 376,378*,490*.
— (René de), prêtre, 346*.
— (René de), président au présidial de Vannes, 175*,359*, 362*,363,582*.
— (Suzanne de), 130*,179*,185*, 221,223*.
— (Ursule-Rosalie de), 361.
— (Vincent de), 346,353*.
— (Vincent de), recteur de Sarzeau, 175*,278*,280*,281*, 357,446*.
— (Vincent-René de), 355*.

Sermensan (Anne-Michelle), 569, 573.
— (Catherine-Françoise), 573, 574.
Sernet (Antoine), 456*.
Serreau (Guillaume), prieur de Saint-Léonard, 275, 276.
— (Ponthus), 272*.
Serres (demoiselle de), 624*.
Serres (Armand), 637*.
Serrouet (sieur et dame du), 13*,16,16*,78*,79,79*,84,106*.
Servaude (Anne-Armande de), 389.
— (Armand-Pierre de), 386*.
— (Charles-Marie-Joseph de), 392*.
— (Charlotte de), 147.
— (Georges-Zacharie de), 386*, 389,392*,394,401,402,420*, 547*,602.
— (Jeanne de), 59,147,255*,367, 457*.
— (Joseph-Zacharie de), 289*, 547*.
— (Marie-Aude-Renée de), 394.
— (Mathurine), 184,186,360,362*, 363,364*,448.
Servault (sieur de), 449*.
Servet (Antoine), 601*.
— (Guillaume), 413.
— (Jean-Joseph), relieur de livres, imprimeur, marchand libraire à Vannes, 320*,508,601*,602*,603*.
— (Julienne), 508,
— (Louise-Ursule-Françoise), 602*.
Services anniversaires, 179.
Servier (Hélène-Perrine), 499.
Servigné (sieur et dame de), 123*,351*.
Servigney-Fournet (Jeanne), 476*.
Serville (Guillaume de), 468*.
Servois (Aimée-Renée), 564.
— (André-Jean), 555*,557,563*, 564.
— (Anne-Angèle), 557.
— (Joseph-Marie), 555*.
Sesbouez (Barbe), 342*.
— (Catherine), 364*,366*,373*, 450*.
— (Claude-Marie), 374*,499*, 509,598*.

Sesbouez (François), avocat au présidial de Vannes, 438*, 439.
— (François), procureur du Roi aux eaux, bois et forêts de l'évêché de Vannes, 342*, 343, 344, 345*, 350, 353*, 354*.
— (Françoise), 355*.
— (Guillaume), chanoine de Vannes, 378, 466, 598*.
— (Jacques), 343.
— (Jacques), trésorier de la cathédrale de Vannes, chanoine de Vannes, 168*, 364, 366, 458.
— (Jean), 354*.
— (Jean), receveur des fouages et décimes de l'évêché de Vannes, 350*, 426, 428, 428, 428*, 429, 576.
— (Jeanne), 365*, 491.
— (Julien), 428, 436.
— (Julien), receveur des décimes de l'évêché de Vannes, 346*, 350*, 355*, 436*.
— (Julienne), 392*.
— (Louise), 429*.
— (Marie), 605.
— (Marie-Claudine), 503*.
— (Michel), 428*.
— (N.), 476.
— (Vincent), 344.
— (Yvonne), 69, 343, 353*, 355*, 364, 373, 440*, 576.
Sesmaisons (sieur de), 110*, 258.
Sesmaisons (Claude de), 75*.
— (Claude-François de), 110*.
— (Françoise de), 113*, 114*, 191, 221, 227*, 228.
— (Hilarion de), 228*.
— (Marie-Urbaine de), 75, 330, 381*.
— (René de), 113*, 237.
— (Renée), 187*, 188*, 221.
Seurre (sieur de), 480.
Sevaux (Geneviève), 106*.
Sevegrand (seigneur de), 193, 436*.
Séveno (Claude), 549*.
— (Joseph), 420*.
Sévérac (sieur et dame de), 112, 116*, 124*, 160*, 163, 196*, 205*, 208*, 250, 250*, 251,

251*, 252, 253, 253*, 349*, 413, 549, 617.
Sevestre (Perrine), 547*, 551.
Sevet (François), 443*, 446*, 448, 449.
— (Françoise), 446*.
— (Gabrielle-Marie), 448.
— (Jeanne), 449.
— (Louise), 443*.
— (Marie), 473.
Sévigné (sieur et dame de), 109*, 119.
Sévigné (Françoise de), 117.
— (Jacques de), 119.
Sevin (Augustin), 239.
Sevos (Geneviève), 79*.
Siamon (Louise de), 455*.
Silfiac (paroisse), 24. — Voir : Perret, Rocher-des-Moulins (lieux-dits).
Silguy (Claude), 42*.
Silladou (sieur du), 58.
Silvestre (Catherine), 234.
— (Ignace), 430.
— (Jean), lieutenant de Malestroit, 164.
— (Perrine), 47*.
Silz (sieur et dame de), 150, 153*, 177*, 178, 179*, 181*, 182, 182*, 183, 185*, 190, 215*, 217*, 219, 221, 223*, 224, 224*, 228, 250, 295, 379.
Siméon de Rennes (le Père), capucin, 461*.
Simon (Ange), 570.
— (Anne), 541.
— (Augustin), sénéchal des régaires de Vannes, 258*, 401, 410*, 531, 613, 617.
— (Balthazar), 541.
— (Catherine), 575.
— (Catherine-Gabrielle), 613.
— (François - Sévère - Joseph), 252.
— (Françoise), 607.
— (Françoise-Guillemette), 32, 66*.
— (Françoise-Rosalie), 541.
— (Gaspar), 36.
— (Guillemette), 527.
— (Guyonne), 456.
— (Hervé), 487.
— (Jean), 63*, 513, 515, 519.
— (Jean-Baptiste), 496.
— (Jeanne), 535.
— (Joseph-Pierre), 252.

Simon (Julien-Augustin), 617*.
— (Louise-Françoise), 252*.
— (Magdeleine), 2.
— (Marie-Jacquette), 508*, 510, 513, 513*, 518*, 526, 532*, 533, 535, 535*, 539*.
— (Mathurine-Françoise), 258*, 621.
— (Michelle), 547, 550*, 552*, 556, 559*.
— (N.), 552*.
— (Renée-Marie), 410*.
— (Sévère-Christophe), 246, 252, 252*.
— (Toussaint), recteur de Lanvaudan, 526.
Simon des Champs-de-Bray (Jeanne), 535.
Simon-Lucas (Louise), 332*.
Simonin (Jeanne), 437*.
— (Louis), 438.
Since en Their, 296*, 336.
Sine (sieur du), 554*.
Sirois (Claudine-Guillemette), 634*.
Sissale (sieur de), 450*.
Sivien (Jeanne), 93*.
Sohier (Fleurie), 586*.
— (Jeanne-Geneviève), 94*.
Sohart (Marie), 464*.
Solier (Anne), 233*.
Solminiac (Ezechiel de), 481.
— (Paul-Léonard de), capitaine au régiment de Normandie, 481.
Songeux (N.), 611.
Sonnant (sieur et dame du), 295*, 512*, 513*.
Sonnin (Jean), 349.
Sorel (Anne), 159, 365, 366*.
— (Charles), 298.
— (Charles-Bertrand), 303*.
— (François), 150.
— (Françoise), 150, 156.
— (Gilles), 112*, 158, 199, 199*, 326, 337*.
— (Jacques), 199*, 200, 298, 298*, 303*, 326*, 343, 346*, 355*.
— (Jacquette), 199.
— (Jean), 150, 200, 303, 303*, 348*.
— (Jean), procureur fiscal de Rieux à Peillac, 129*.
— (Jeanne), 156, 171*, 172*, 174, 333*.
— (Julien), 150.

Sorel (Julien), recteur de Saint-Vincent, 129.
— (Julienne), 22, 81, 200, 303*, 355*, 369*.
— (Paul-Michel), 303, 446.
— (René), 199*.
Sorgault (Guillaume), recteur des Fougerets, 154.
Sorin (Louis), 526*.
— (Mathurine-Julienne), 528*, 532, 533, 533*, 537*.
— (Mathurine-Vincente), 526*.
Sorinez (sieur de), 497*.
Sorny (Aisne), 62.
Souche (N. de), 473*.
Soucquen (seigneur et dame de), 10, 10*, 13*, 18.
Souef (Jean), procureur en la cour, 592*.
Souillenau (François), 92*.
— (Maurice), irlandais, 92*.
Soulains (sieur de), 10, 100*.
Soulange (marquis de), 207.
Souquet (seigneur de), 3.
Sourches (dame de), 371.
Sourdéac (sieur et dame de), 158, 159*, 161*.
Sourdeval (sieur de), 27*.
Sourdis (dame de), 492*.
Sourdy (Bonne-Henriette de), 379*.
— (N. de), curé de Péaule, 202.
— (René-Joseph de), 379*.
— (René-Sébastien de), 503*.
— (Suzanne de), 92*.
Sourigaray (Marie), 530.
Soursac (sieur de), 199*, 573.
Sourville (sieur et dame de), 288*, 386*, 388, 393, 394*, 469, 487*, 571*, 635.
Soussay (Françoise de), 148.
— (Marie de), 148.
Souverain (Julienne-Catherine), 532, 618.
— (Michelle-Jacquette), 532, 535*, 547, 623, 632.
Souvestre (Moricette-Cécile), 629.
Souville (Antoine-Philippe), 551*.
Soyer (Jean-Baptiste), officier des classes de la marine, 572*.

Soyer (Nicolas-Louis-Stéphanie), 572*.
Soymié (Adélaïde-Marie), 572.
— (Alexandre-Marie), 564*.
— (Alexis-Louis), 562*, 564, 564*, 565*, 566*, 569*, 570*, 572.
— (Alexis-Louis-Félix), 562*.
— (François-Marie), 570*.
— (Jeanne-Charlotte), 569*.
— (Joseph-Louis), 566*.
— (Pierre-Joseph-Alexis), 564, 570*.
— (Rose-Désirée), 569*.
Spadine (Gillette), 178*, 185*.
— (Jean), 242*.
— (Marc), prêtre, 185*.
Spernouet (seigneur et dame de), 10*, 13, 13*, 86*, 327.
Squirio (sieur et dame du), 2, 3, 3*, 4*.
Stanc (sieur et dame du), 44, 46*, 52, 60*, 61, 61*, 299.
Stanghingant (seigneur et dame de), 31, 31*, 32.
Stanghingant (Marguerite de), 364, 446, 584.
— (Mathurin de), 351.
Stanglevenez (dame de), 33*.
Stanguéro (sieur et dame de), 92, 92*.
Stanguic (sieur et dame de), 91*, 92, 92*.
Stapleton (Eléonore-Anastasie de), 308*.
— (Hélène-Agnès de), 308*.
— (Jean de), 308*.
— (Joseph-Joachim-Anne-François de Paule-Thomas-Xavier de), 308*.
— (Joseph-Luc-Joachim-Anne-Vincent-Edmond-Xavier de), 308*.
— (Joseph-Marie-Joachim-Anne-Jean-Xavier de), 308*.
— (Luc-Edmond de), 308*, 309.
— (Marie-Anne-Joseph-Joachim-Agnès-Xavier de), 308*.
Statues, 95, 174, 317.
Stéphan (Jean-Louis), 550*.
— (Jeanne), 553.

Stéphan (Joseph), 264*.
— (Julienne), 88.
— (Marguerite-Jeanne), 573*.
Ster (sieur et dame du), 30*, 145, 145*.
Stival en Pontivy, 102-103.
Stroenvaz (Marie de), 58.
Stuart (Marie-Anne-Charlotte), 116.
Suase (François-Joseph de), 453*.
— (Jacques de), 104.
— (Yves de), 453*.
Suhart (Marie), 309*, 391*, 443*, 445*, 447*, 450, 451*, 459*, 461, 463, 464*, 466*, 467, 471.
Suileharf ou Suilerharf (seigneur et dame de), 12*, 13, 14*, 91.
Suillado (sieur et dame du), 23*, 45*, 48*, 49, 49*, 50, 50*, 51, 52, 54*, 58*, 62.
Sullé (sieur et dame de), 177, 192*, 229, 272, 277*, 299, 300*, 301, 349, 375, 389*, 477*.
Sulniac (paroisse), 143-144. — Voir : Saint-Jean du Gorvello (église) ; Saint-Juste (chapelle), Kerestin, Gorvello (Le), lieux dits.
Suquet (Guillaume), 610.
— (Pierre), 506.
Surie (sieur et dame de), 406*.
Surzur (paroisse), 297-301. — Voir : N.-D. de Recouvrance (chapelle) ; Cohanno, Penbulzo, Portgrœs (lieux-dits).
Surzur (Noël), procureur à Rhuis, 478.
Suscinio en Sarzeau, 265*, 278, 280, 345*.
Suville (sieur et dame de), 23, 88*.
Syndics, maires, lieutenants de maires, officiers municipaux, 97*, 98, 225, 225*, 268, 268*, 269, 269*, 270, 270*, 271, 315, 315*, 316, 316*, 317, 317*, 318, 318*, 319, 319*, 320, 322*.

T

Tabac, 270*.
Tabart (Yves), prêtre, 192*.
Tableaux et peintres, 126.
Tabourdel (Jean), 437, 441*.
— (Jeanne), 465.
— (Perrine), 441*, 450, 488.
— (Vincent), 437.
— (Yvonne), 443*.
Tabourdet (André-Simon), 627.
— (Françoise-Sophie-Félicité), 635*.
— (Guillemette), 609, 616.
— (Jeanne), 626*.
— (Jeanne-Perrine), 607.
— (Julien), 606*, 607, 607*.
— (Julien-Louis-René), 623*, 635*.
— (Louis-Georges), 622*.
— (Marguerite-Marie), 627*.
— (Michel), 622*, 623*, 627*.
— (Salomon), 627.
Tachy (seigneur de), 300*.
Taconet (Nicole), 437.
Tadio (Hélène), 501*, 503, 504*, 505*, 507, 508*, 510, 511, 512*, 513*, 515, 516*, 518, 527.
Tafflé (Anne-Jeanne-Françoise), 636.
— (Jeanne-Marie), 636.
Tahan (sieur et dame de), 478*, 589.
Tahier (Claude), 80.
— (Hélène-Jeanne), 101*.
Taillart (Anne), 21*.
— (Marguerite-Jacquette), 620*.
— (Pierre), 21*.
Taillefer (Marie), 467.
— (N.), 591*.
Taillefer (Hélène de), 368.
Tairy (seigneur de), 523*.
Talabardon (Hélène), 26.
— (Vincent), recteur de Langonnet, 26.
Talansart (seigneur de), 147.
Taldire (Pierre), curé de Kergrist, 14.
Talen (seigneur de), 3*. — Voir : Tallen.
Talhouarn (Jean), prêtre, 181.

Talhouët (seigneur et dame de), 16, 16*, 26, 51, 65, 68, 71*, 79*, 80, 80*, 81, 82, 84, 84*, 85, 88, 89*, 99, 101*, 102, 102*, 137, 138, 138*, 142*, 143*, 144, 148, 151*, 156*, 157, 158*, 160*, 161, 187*, 190, 204, 204*, 205*, 206, 208, 211*, 212*, 213*, 215, 221*, 238*, 242*, 245, 249, 250, 250*, 251*, 252, 254, 254*; 255, 256, 256*, 257, 257*, 258*, 259, 260*, 276, 276*, 277, 294*, 305*, 306*, 329*, 378, 379, 379*, 393, 396*, 400, 402, 403, 403*, 405, 413, 561, 563*, 578, 583*, 598*.
Talhouët (Agathe-François de), 252.
— (Angélique-Renée de), 205*.
— (Anne-Renée de), 251, 252.
— (Anne-Vincente-Emilie de), 157.
— (Armand de), conseiller au parlement, 163.
— (Armand-Marie de), 413.
— (Armand-Marie-Hyacinthe de), 144, 215.
— (Augustin de), capitaine d'infanterie, 409*.
— (Augustin-René de), 251.
— (Catherine-Thérèse de), 383.
— (Charles de), 136*.
— (Claire-Marine de), 160*, 161.
— (Claude de), 136, 136*.
— (François de), 149, 160*, 208*, 250*.
— (François-Antoine de), 144, 246, 253.
— (François-Philippe de), 251, 252.
— (Françoise de), 208*, 250*.
— (Françoise-Renée-Hyacinthe-Triphine de), 144*.
— (Georges de), conseiller au parlement, 306*, 308*.
— (Georges-René de), 51, 310*.
— (Germain de), président au parlement, 370*, 371, 463*, 467*.

Talhouët (Germain-Jude de), 160*.
— (Gilles de), 108, 164, 200, 250, 250*.
— (Gilles de), écuyer de la grande écurie du Roi, gouverneur de Redon, 108, 124*.
— (Gilles-Sébastien de), 136*.
— (Guillaume de), 133, 306*, 358*.
— (Guy-Luc de), 388*.
— (Hyacinthe-Charles de), 215, 253, 253*.
— (Hyacinthe-Charles de), capitaine d'infanterie, 144, 144*, 413, 417.
— (Jacques de), 230.
— (Jean de), 149, 250.
— (Jean de), conseiller au parlement, 370*.
— (Jean-Armand de), 116*, 205*, 245, 250*, 251, 251*.
— (Jean-Baptiste de), 138.
— (Jean-Baptiste-Louis-Boniface de), 161.
— (Jean-François-Armand de), conseiller au parlement, 252, 252*, 253.
— (Jean-Jacques de), conseiller au parlement, 222*.
— (Jean-Joseph de), 148*, 149*, 157, 160*, 161.
— (Jean-Louis de), 144.
— (Jeanne de), 124*, 306*, 351*, 358*, 449, 466, 478.
— (Jeanne-Claudine-Marguerite de), 144.
— (Jeanne-Françoise de), 205*, 251*.
— (Jeanne-Marie de), 138, 144, 213*.
— (Jeanne-Marie-Joseph-Françoise de), 161.
— (Jeanne-Valentine de), 229, 257*, 373*, 375, 376, 380*, 383, 389*, 477*, 514.
— (Joseph de), 250*, 477*.
— (Joseph-Hyacinthe de), 137*.
— (Joseph-Marie-François-Louis de), 161.

Talhouët (Judith de), 160*, 161.
— (Julie-Sébastienne-Jeanne de), 212.
— (Julien de), 136.
— (Julienne de), 208*.
— (Louis de), 208*.
— (Louis-Clair de), 160*.
— (Louis-Germain de), 222, 371.
— (Louis-Marcel de), 160*.
— (Louis-Redon de), 209*.
— (Louis-René de), chanoine de Quimper, 144, 252.
— (Louise de), 372*.
— (Magdeleine-Louise de), 251.
— (Marguerite de), 208*.
— (Marie de), 136, 141, 178, 250, 250*, 359*, 360, 360*, 362, 362*, 471*.
— (Marie-Anne-Hiéronyme de), 161.
— (Marie-Armand de), conseiller au parlement, 198*.
— (Marie-Charlotte de), 144, 215.
— (Marie-Magdeleine-Aubine de), 252.
— (Marie-Monique de), 144, 413.
— (Marie-Monique-Augustine de), 253*.
— (Marie-Victor de), 161.
— (Marquise de), 124*.
— (N. de), 617,
— (Nicolas de), 141*.
— (Pierre de), 136, 137, 138, 143*, 179*, 212, 221*.
— (René de), 112, 298*.
— (René de), chevalier de l'ordre du Roi, gouverneur de Redon, 156*, 267.
— (René-Armand de), 144.
— (René-Armand de), conseiller au parlement, 252, 253, 253*.
— (René-Pierre de), 143*.
— (Renée-Andrée de), 370*.
— (Renée-Marie-Louise de), 161.
— (Thérèse de), 160*, 161.
— (Thérèse-Nicole-Émilie de), 161, 418, 635*.
— (Valentin de), 124, 208*, 243*, 250, 250*.
— (Valentine de), 250, 250*.
— (Yves de), 137.
Talhouët (Mathurin), recteur de Plaudren, 173*.

Tallen ou Tallan (seigneur et dame de), 16, 69*, 70, 81, 83*, 98*, 102, 343, 366, 387, 388, 567, 569, 574*. — Voir : Talen.
Tallené, en Baud, 4*, 18, 74*, 82*.
Talour (Yves), recteur de Surzur, 301.
Talroch en Melrand, 8*.
Talvern (seigneur et dame de), 5, 89, 99.
Tambours de ville et archers, 225*, 319*, 321*.
Tancin, ou Fanchin (Etienne), 517*, 520.
Tanevot (Gilles), 430*.
Tanguy (Alexis-Guillaume), recteur de Neulliac, 19.
— (Catherine), 587*, 589, 590*, 591*.
— (François), 543*.
— (Françoise), 9*, 10.
— (Françoise-Louise), 535*.
— (Guillaume), recteur de Guern, 89, 89*.
— (Jacques), abbé de Landévennec, 470*.
— (Joseph), 535*, 537*.
— (Julienne-Louise), 537*.
— (Marguerite), 473*.
— (Marie-Magdeleine), 19.
— (Mathurin), 592, 628*.
— (Yves), 466*.
Tanouarn (Jacques de), abbé de Saint-Vincent, 279*.
— (Pierre de), conseiller au parlement, 193*.
Taon (Marie), 517*.
Tapisseries, 324*.
Tara (Thomase), 458*.
Tardivel (Jean), capitaine général des Fermes à Sarzeau, 420*.
Tardy (Olive), 564.
Tarifs, 637.
Tarride (René), 438.
Tarun (sieur du), 483*.
Tasché (Urbain), 35.
Tascon (Noël), 283.
Tassin (Guillaume), 440*.
— (Jean), 440*.
Tastart (François), recteur de Molac, 198.
— (Julien), recteur de Saint-Congard, 260*.

Tastart (Marie), 560*, 609.
Tatibouet (François), prêtre, professeur au collège de Vannes, 416*.
— (Jean), 615*, 616.
— (Jeanne), 616.
— (Louise), 314.
— (Marie-Thérèse), 416*.
— (Perrine), 544.
Tatin (Julienne), 628, 628*.
Taumont (Jeanne), 464, 472*.
Tauon (Nicole), 436*.
Taupin (Anne), 381, 384, 566*.
Tavau (Anne-Suzanne-Nicole), 572.
Tavel (Noëlle), 50*.
Tavernier (Marie-Anne), 198*, 199.
Tavet (Catherine), 109, 244, 351.
— (Laurent), 244.
Tay (seigneur et dame du), 157*, 170, 205, 206, 617*.
Tayart (Alain), 107*.
— (Anne), 165, 453, 459, 461*.
— (Charles), recteur de Ploërmel, 163*.
— (Claude), 163*, 164.
— (François), 164, 165.
— (Gillette), 164.
— (Jeanne), 156*, 163*.
— (Louis), 150.
— (Louise), 163*.
— (Michelle), 252*, 258*, 259, 287*.
— (Paul), 33.
— (Pierre), alloué de Ploërmel, 114, 129.
— (René), procureur du Roi à Gourin, 33.
— (Renée-Marie), 165.
Tayat (seigneur et dame du), 100*, 146, 160*, 234*, 451.
Téhillac (Charles de), 261.
— (Charlotte de), 303, 344.
— (François de), 255, 261*.
— (Françoise de), 146*.
— (Guillaume de), prêtre, 234.
— (Jacques de), 260, 261.
— (Jean de), 235, 478*.
— (Jeanne de), 261.
— (Pierre-Françoise de), 261*.
— (Renée de), 303. — Voir : Théhillac.
Teil (sieur et dame du), 129, 153.
Teillard (Françoise), 464, 468*.
— (Radegonde), 464.

Tembé (seigneur de), 173*.
Temple (Le), en Carentoir, 149, 177, 184*, 239*, 426, 592*.
Tenaillaud (Catherine), 377, 494.
Tenerho (seigneur et dame de), 352, 357*.
Ténière (Anne de), 158.
Téno (sieur et dame du), 169*, 316*, 399, 401*, 492, 493, 494, 495, 497, 499*, 501, 502, 508*, 510*, 511*, 516*, 517*, 518, 521, 522, 525*, 527, 528, 529, 535*, 536, 539, 560.
Tenoel (dame de), 2.
Tenouel (Jeanne de), 15.
Terny (Aisne), 62.
Terre (seigneur du), 58*, 423.
Terriec (Barbe), 446*.
Terrien (François), 46*, 60*, 61.
— (Françoise), 44, 44*, 45*, 46, 46*.
— (Jean), 46, 60*.
— (Jean-Jacques), 46*.
— (Marguerite), 44, 44*, 45*, 47, 61.
— (Mathurin), 60*, 61.
— (Pierre), sénéchal de Gué-mené, 60*.
Terrienne (Jacquemine-Marguerite), 469.
— (Jean), 469.
Terrier (Barbe), 440*.
— (Elise), 450*.
— (Isabeau), 450*.
Tertre (sieur et dame du), 91, 111, 114*, 118*, 119*, 120, 121, 122, 127, 151*, 204*, 205, 217, 307, 342, 353*, 478*.
Tertre-Cambrigo (sieur et dame du), 108, 109, 221*.
Tertre-Ichot (sieur du), 595.
Tertre-Jouan (seigneur du), 186.
Testaments, 84*, 129, 171*, 218, 234, 247*, 306*.
Texier (David), 450*.
— (Gillette), 475.
— (Jacques), 463.
— (Jean), prêtre, 196* 422.
— (Jean-Servant), maitre d'é-quipage sur le « Formidable », 542.
— (N.), officier de troupes à Calcutta, 559*.
— (Renée), 240, 594.
— (Thomase), 559*.

Thaumour (Gillette), 618.
— (Marie-Julienne), 616*.
Thébaud (Clément), 148.
— (Colomban), prêtre, 559*.
— (Guillaume), 111.
— (Guillaume), prêtre, 77*.
— (Guy), 455*.
— (Jean), 570*.
— (Jean), capitaine de navire, 419*.
— (Jean), employé dans les Fermes, 398*.
— (Jean-Julien), 528.
— (Joseph), notaire de Boblay et des Ferrières, 488*.
— (Joseph-Marie-Alexis), 419*.
— (Julien), notaire royal et apostolique à Vannes, 487*, 492, 492*.
— (Marie-Anne), 148, 166*.
— (Mathurin), 70.
— (Olivier), curé de Moustoirac, 77.
— (Sylvie-Marie), 398*.
— (N.), 606.
Thédouaye (Elisabeth), 36.
Théhillac ou Saint-Pierre-du-Moustier (paroisse), 232, 238*, 240, 241, 563*, — Voir: Téhillac.
Theix (paroisse), 301-306. — Voir: Brangolo (chapelle); Bonnervault (manoir); Calzac-Ilis, Clérigo, Pont-Malgouin, Since (lieux-dits).
Theix (Françoise), 574*.
Thelod (Meurthe-et-Moselle), 95*.
Theonne (sieur et dame de), 321, 406*, 407*, 408, 409, 409*, 518, 519, 523*, 525*. — Voir: Lhoste.
Thépault (Charles), recteur de Neulliac, 19*.
— (Elisabeth), 32*.
— (Françoise), 19*.
— (Jean-Charles), 19*.
Thérault (François-Pierre), 165*.
— (Jean-Baptiste), 165*, 210*, 496*.
— (Jean-Baptiste), procureur au présidial de Vannes, 459*.
— (Jean-Julien), notaire de Questembert, 210*, 213*.

Thérault (Louis-Joseph), 211.
— (Louise), 205, 211.
— (Marie), 205.
— (Marie-Anne-Josèphe), 213*.
— (Marie-Madeleine), 459*.
— (Pierre), 165*, 210*, 211.
— (Pierre-Jean), 165*.
— (N.), 492*.
Thérésien (Marie-Josèphe), 595.
Théron (Olive), 116.
Therre (poste du), en Baden, 311.
Thesaley (Jean), dit Wercclet, 414.
Thetio (François), 537*.
— (Laurent-Michel, 537*.
Thibaud (Catherine), 507, 578, 579, 579*.
— (Claude), avocat en la Cour, 392*.
— (Jean-Gabriel), 392*.
— (Marguerite-Magdeleine), 97.
— (René), 579.
— (Sébastienne), 144*.
Thierry (Hyacinthe-Maurice), recteur de Grandchamp, syndic du clergé du diocèse de Vannes, 169, 386*.
— (Mathurine), 165*.
— (N.), 171*.
Thimouy (Catherine), 258*, 613*.
— (Yvonne), 258*, 410*, 552*, 613, 617.
Thiot (Benjamin-François), 616.
— (Edme), employé aux Fermes, 616.
— (Louis-Vincent), 616.
Thioulon (Isaac), 461*.
Thoaré (sieur de), 455, 456.
Thomas (Achille-Marie), 165*.
— (Alexis-Michel-François), sé-néchal d'Auray, 230, 232, 233.
— (Alexis-René), 287, 287*.
— (Amand), 233*.
— (Ambroise), 604.
— (Anne), 612*, 617*.
— (Anne-Armande), 233.
— (Anne-Françoise), 239*.
— (Anonyme), 574*.
— (Antoine), 286.
— (Augustin), 233*.
— (Benjamin-Fidèle-Amand), avocat en la Cour, 232*, 233, 233*, 313, 414.

Thomas (Bertranne), 244.
— (Bruno), 233*.
— (Catherine), 275, 276*, 294, 354, 579, 579*.
— (Catherine - Prudence), 230, 230*, 233, 233*.
— (Claude), 429*, 430.
— (Claude-Louis), 595*.
— (Claude-René-Joseph), avocat en la Cour, maire de la Roche-Bernard, 232*, 233, 233*.
— (Clémence - Jeanne - Cécile), 405*.
— (Elisabeth - Catherine - Prudence), 232*.
— (Emmanuel - Marie - Dieudonné, 563*.
— (Emmanuel-Marie-Nicolas), 233*.
— (Emmanuelle - Marie - Dieudonnée), 231.
— (François), 62*, 350*, 605*.
— (François-René-Julien), 521.
— (Georges-Marie), 624.
— (Gilles), 468.
— (Guillaume), 229, 405*, 434, 447*, 469, 520.
— (Guillemette), 263, 265, 278, 335, 338, 339, 340*, 341*, 346, 356, 362*, 431.
— (Henri), 233*, 286, 333*, 596.
— (Henriette - Vincente - Félicité), 572*.
— (Hubert-Nicolas - Sébastien), 215*, 520.
— (Hyacinthe), 110, 110*, 127*, 233*, 388, 400, 402, 402*, 408*, 409, 530*.
— (Isabelle), 445*, 447*, 579.
— (Jacques), 81, 595*.
— (Jacques), procureur du Roi à Rhuis, 281*, 283*, 285, 287, 490*, 508.
— (Jacques-René), 490*.
— (Jacquette-Michelle), 595*.
— (Jean), 471*, 488, 575, 603*.
— (Jean), recteur de Cuguen, chanoine de Dol, 244.
— (Jean), notaire de Largoët, 145*.
— (Jean), procureur fiscal de Coislin, 229, 229*, 230, 230*.
— (Jean), procureur du Roi à

Rhuis, 278*, 279, 279*, 280*, 283, 283*.
— (Jean), notaire royal au présidial de Vannes, 426*, 430, 432, 577*.
— (Jean-Alexis-Prudent), 232.
— (Jean-François), 283*, 508.
— (Jean-Henri), 595*.
— (Jean-Jacques-Henri), 231.
— (Jean-Joseph-Julien), 230.
— (Jean-Julien-Prudent), avocat en la Cour, 231, 231*, 232.
— (Jean-Marie), 313, 522, 603*.
— (Jean-Nicolas), 488.
— (Jeanne), 109, 109*, 113, 125*, 230, 277*, 301, 424*, 425, 445, 448, 503, 574.
— (Jeanne-Ambroise), 605.
— (Jeanne-Françoise), 285*, 286, 288.
— (Jeanne - Françoise - Vincente), 110*, 402.
— (Jeanne - Marie), 285*, 398, 540*, 544*, 569, 596*, 611.
— (Jeanne-Vincente), 109.
— (Joachim-Gabriel), 494*.
— (Joseph), 511*, 609, 609*.
— (Joseph), procureur fiscal de Coislin, maire de la Roche-Bernard, 230*, 231, 231*, 232, 232*.
— (Joseph-François-Magloire), 231*.
— (Julie-Marguerite), 233*.
— (Julie - Marie - Josèphe), 233.
— (Julienne), 283.
— (Louis), 333, 414*, 574, 574*.
— (Louis), avocat en la Cour, 594*, 595*, 596*, 597.
— (Louis-Alexandre), 397*.
— (Louis-Julien-Marie), 231*.
— (Louise-Aline-Gillonne), 400*.
— (Louise-Marguerite), 55, 62*, 63, 399*, 406*.
— (Marguerite), 408, 597.
— (Marguerite-Louise), 406*.
— (Marie), 355, 359, 427*, 434, 445*.
— (Marie-Anne), 95*.
— (Marie-Claude), 512*.
— (Marie-Corentine), 31*.
— (Marie-Françoise), 537*.
— (Marie-Louise-Désirée), 231*.
— (Marie-Prudence-Fortunée), 233.

Thomas (Marie-Thérèse), 511*, 512*.
— (Marie-Vincente), 513, 602*.
— (Mathurin-Marie), procureur de la Bourdonnaye, 157*, 165*.
— (Mathurine), 586*.
— (Michel), receveur de la Roche-Bernard, 230, 231, 231*, 232*, 233*.
— (Michel-Jean-Prudent), procureur fiscal de la Roche-Bernard, 233, 233*, 316.
— (N.), lieutenant civil au présidial de Vannes, 412.
— (Olive), 190.
— (Pélagie), 161.
— (Perrine), 339, 343, 534*, 540.
— (Philibert-Charles), 623*, 624.
— (Pierre), 520, 586*, 606.
— (Pierre), notaire royal au présidial de Vannes, 334.
— (Pierre-Gilles), 110.
— (Prudent-Marie-Joseph), 233.
— (René), 165*, 279*, 285*, 607.
— (René), procureur du Roi à Rhuis, 485*, 486*, 488, 490*, 493*, 494*, 503, 509*, 520, 597.
— (René-Alexis), 537*, 597.
— (René-François), 81*.
— (René-Jean-Benjamin), alloué de la Roche-Bernard, 217.
— (Sébastien), lieutenant du Roi au présidial de Vannes, 355, 357, 397*, 399*, 519*, 520, 521, 522, 523.
— (Sébastien-Thomas), 493*.
— (Sidonie-Marie - Thomase), 523.
— (Sophie), 233*.
— (Suzanne), 244, 586*.
— (Thérèse), 279*, 447*.
— (Vincent), 603*, 604, 605, 605*, 606.
— (Vincent), premier commis du greffe de Vannes, 455*, 457.
— (Vincent-Pélage), 229.
— (Vincente), 630, 632.
— (Vincente-Thérèse), 285.
— (Yves-Prudent), alloué de la Roche-Bernard, 230, 231, 233.
— (Yvonne), 429*.

Thomas du Cordic (Claude-René-
  Joseph), 232*, 233*.
Thomazo (Catherine), 477*.
— (Claude), 436, 440, 440*.
— (Jean), 349*.
— (Jean), curé de Larré, 197.
— (Nicolas), maître chirurgien
  et barbier du Roi, 348, 434,
  437*, 578*.
— (Vincent), 479.
Thomé (Guillaume), 502.
— (Louis-Auguste), 132*.
— (Louise-Françoise), 463*.
— (Suzanne-Renée), 465*.
— (Thomas), originaire d'Ir-
  lande, 463*, 465*.
Thomelin (Félicité-Honoré-Fran-
  çois-Joseph), 122.
— (Vincent), 109*, 123.
— (Vincent-René), 109*.
— (Yves), recteur de Séglien,
  23.
Thonnens (Antoine de), maître
  chirurgien, 436, 578.
— (Bertrand de), 502.
— (Françoise de), 352.
— (Marguerite de), 328, 353.
Thorlay (Anne), 464*.
Thouault (François), employé
  dans les Fermes, 625*, 626*.
— (Jeanne-Françoise), 626*.
Thoumelin (Claude), 208*.
— (Guy), 133.
— (Jacques), 133.
— (Jacquette), 133.
Thurain (Louise-Justine), 232*.
Tibout (Guillaume), 483*.
Tiburier (Jacques-Joseph), con-
  seiller au présidial de
  Vannes, 415*.
Tiers-Ordre, 288*.
Tiffoche (Marc), 180*.
— (Jeanne), 625.
Tigny (sieur et dame de), 105*,
  198, 398.
Tillois (sieur et dame du), 409,
  409*, 412, 415*, 556, 620.
Tillon (sieur de), 212*.
Tillont (Georgine), 129.
Tilly (sieur de), 72.
Tilly (Augustin), 23*.
— (Odette-Marguerite), 358, 361.
— (René), 221.
— (Suzanne), 221.
Tilman (Arnould-Marie), 414.

Tilman (Jeanne-Marie), 569.
— (Joseph-Marie), 412*.
— (Martin-Joseph), 412*, 414,
  415.
— (Michel-Robert), 415.
Timadeuc (seigneur de), 80*, 90,
  113, 358, 548*, 563*. — Voir :
  Tymadeuc.
Timain (dame de), 549*.
Timat (sieur du), 409.
Timbrieuc (Les). — Voir : Es-
  timbrieux.
Timeur (sieur et dame du), 3,
  21*, 59, 387, 498*, 506*, 609*.
Tingry (prince de), 403*.
Tinier (seigneur du), 83*.
Tinténiac (seigneur de), 34.
Tinténiac (Jeanne-Renée de), 30*.
— (René de), 34.
— (Yvonne-Louise de), 590.
Tiossays (Claude), avocat en la
  Cour, 492.
— (Pierre), procureur au pré-
  sidial de Vannes, 450.
Tiquelen (seigneur et dame de),
  27, 28, 28*, 30, 31, 41*,
Tircot (Claude-Pierre), 545.
— (François), employé aux De-
  voirs, 545.
Tirel (Jeanne-Françoise-Louise),
  563*.
Tiret (Anne), 557*.
— (Jean), 613.
— (Jean-Pierre), 553*, 539, 543*,
  544, 545*, 550, 553*.
— (Jeanne-Josèphe), 552*, 553*,
  555*, 556*. 558, 559.
— (Jeanne-Vincente), 555*, 616*.
— (Jérôme), 537.
— (Jérôme-Pierre), 552*.
— (Joseph), 510*, 609, 616*, 617.
— (Joseph-Marie), 419*, 540.
— (Joseph-Pierre-Marie), or-
  fèvre à Vannes, 416, 417,
  419*, 550*, 555, 624, 632*.
— (Louise-Jeanne), 537.
— (Louise-Josèphe), 537, 555*,
  617.
— (Louise-Vincente-Michelle),
  416.
— (Marguerite-Jacquette), 548.
— (Marie-Françoise), 611, 614,
  614*. 617. 619. 619*.
— (Marie-Vincente), 417, 617*.
— (Toussaint), 616.

Tiret (Vincente), 406*, 417*.
Tisserant (Anne-Louise), 562*.
Tissier, ou Tixier (François), 487.
— (Jean-Marie), 604.
Titeran, ou Titran (Anne-Rose),
  531.
— (Jean), 536*, 541*.
— (Marie-Françoise), 555*, 558.
— (Marie-Josèphe), 621.
— (Reine), 541*, 542*, 543*, 544*,
  546.
Titon (Adélaïde-Marie-Louise),
  331*.
Tivarlan (sieur et dame de), 21*,
  136, 190, 197*, 198, 299, 354*.
Tizé (dame de), 258*.
Tizon (Jeanne-Gabrielle), 173.
Tnaouyrin (Alice de), 21.
Tohanic (sieur et dame de), 296*,
  334, 374, 449*, 574 574*.
Tolguénec (Louis), 478*.
Tonnac (Julienne), 593*.
Torguennec (N.), 469.
Torlay (Françoise), 490, 589*.
— (Olive), 587*.
— (Pierre), procureur au pré-
  sidial de Vannes, 587*, 589*.
Tortay (Elisabeth), 307*.
Tortilliers (Magdeleine), 284.
Touars (Anne), 523*.
Touchais (Raoul), 582.
— (René), 582.
Touchart (Adrien), 450*.
— (François), avocat en la Cour,
  602*.
— (Guillaume), 450*, 473, 475.
— (Isabelle), 471, 473, 474, 475,
  477*. 478*, 500*.
— (Marie-Françoise), 547*, 602*.
Touche (François), 621, 621*, 623*,
  629*.
— (François-Julien-René), 623*.
— (Jean-François), 621.
Touches (sieur et dame des),
  108*, 112, 146*, 265*, 277*,
  279, 355*, 357, 449*.
Touer (Charles), 21.
— (Guillaume), 21.
Touffréville (sieur et dame de),
  630*.
Toulancoat (seigneur de), 33.
Toulbodou (sieur de), 16.
Toulbodou (Anne de), 16.
— (Anne-Renée de), 61*.
— (Guyonne de), 39*.

Toulbodou (Hyacinthe de), 40.
— (Jacques de), 16, 99*.
— (Jacques-Jean de), 11,51. 88*.
— (Jacquette-Angélique de), 88*.
— (Jean de), 16, 40.
— (Jeanne-Françoise de), 67.
— (Louis de), 16, 48*.
— (Louise de), 40*.
— (Marie de), 39*.
— (Marie-Anne de), 11*, 40*, 88, 88*.
— (Marie-Claude de), 27.
— (Nicolas de), 16.
— (René de), 39*, 40, 40*.
Toulcoët (Hyacinthe de), 469*.
Toulgoët (sieur et dame de), 56*, 62, 63, 469*.
Toulhoët (seigneur et dame de), 143*, 144,144*,246,253,253*, 413, 417*.
Toullan ou Toulelan (sieur et dame de), 44, 273, 275, 477*, 531.
Toullan-groës (seigneur de), 311*.
Toulmen (sieur et dame de), 346*, 393.
Toulouard (sieur de), 336.
Toulvern en Baden, 309.
Toumelot (Jerôme-Marie), 19*.
Tourayne (Angélique), 226*.
Tour-du-Parc (Le), 279*, 284, 286. — Voir : Langlennec, Bonne-Encontre.
Tourmante (Emmanuel-Claude), dit « Descormiers » 623*, 626*, 627*.
— (Jean-Marie-Dominique),626*.
— (Joseph-René), 627*.
— (Marie-Marguerite), 623*.
— (Pierre-Sébastien), 418*.
Tournemine (sieur et dame de), 134*, 141*, 160*, 197*, 227*, 245*.
Tournemine (François de), 135*, 136, 136*, 160, 178.
— (Jean-Joseph de), 160*, 227*, 486.
— (Jeanne-Marthe de), 507.
— (Louis-Ignace de), 486.
— (Thérèse de), 160*, 161.
Tourneporte (René-Pierre de), intendant du Prince de Guéméné, 55.
Tourrette (seigneur de), 558.

Tourtat (Cécile-Anne-Pauline), 166*.
— (Charles-Louis-René), 166*.
— (Dreux-Antoine), fermier général des grands devoirs de Bretagne, 166.
— (François-Guy), 166.
— (Jacques-Anne), 166*.
— (Jean-René), 166, 166*.
— (Jeanne-Marie), 166*.
— (Thérèse-Charlotte),155*,166.
— (Toussaint-Charles),166,166*, 167.
Toustain-Richebourg (Charles-Gaspard de), capitaine de carabiniers, 183.
Toutanoutre (Charles-Olivier de), 28.
— (Claude de), 31*.
— (Claude-François de), 28*.
— (François de), recteur de Guiscriff, 28*.
— (Jacques de), 28, 28*, 29.
— (Jean de), 28*, 29.
— (Olivier de), 28.
Touzé (André), 429.
— (Barthélemy), sénéchal de Carhaix, 49, 307*.
— (Barthélemy), conseiller au présidial de Vannes, 314, 364*, 379*, 381*, 388*, 390*, 480*, 483.
— (Bertranne), 68.
— (Catherine), 80, 354.
— (Claude), 363, 371.
— (Claude-Dominique), 513*.
— (Etienne), notaire à Josselin, 277.
— (François), 474.
— (François), commis au greffe du présidial de Vannes, 481.
— (Gillette-Renée), 566*.
— (Guillaume), 364, 576*.
— (Guillaume), conseiller au présidial de Vannes, 342, 351, 354*, 355, 369, 454, 454*, 459*.
— (Guillaume), notaire royal au présidial de Vannes, 425*.
— (Jacques), 363. 364, 379, 580.
— (Jacques), conseiller au présidial de Vannes,309*, 463*.
— (Jacques), greffier d'office et criminel au présidial de

Vannes, 350, 356, 437*, 438.
— (Jacques-Siméon), 312*, 390*, 391*, 393*.
— (Jacquette), 487*.
— (Jean), 356, 387, 466, 500,579.
— (Jean), conseiller au présidial de Vannes, 372*, 377*, 378, 379, 381, 384, 387, 391*, 394*.
— (Jean), procureur fiscal des régaires de Vannes, 360, 362,362*,378*,386,467*,488*.
— (Jean), greffier d'office du présidial de Vannes, 278, 339, 343, 350, 354.
— (Jean-Jacques), 380*, 384, 386, 566*.
— (Jean-Mathurin), 387.
— (Jean-Toussaint), 312*.
— (Jean-Vincent), 391*.
— (Jean-Vincent), capitaine d'infanterie, 416.
— (Jean-Yves-Joseph), sénéchal des régaires de Vannes, receveur des décimes, 305, 397, 398, 400*, 525*, 548, 612.
— (Jeanne), 278, 379*, 382*.
— (Jeanne-Marie),395*,396*;399*, 414, 535*.
— (Joseph), 378.
— (Joseph), recteur de Sainte-Croix, trésorier de la cathédrale de Vannes, 413*.
— (Julien), 465*, 588, 591*.
— (Laurent), 68.
— (Louis-Vincent), 377*, 393*, 499.
— (Louise-Hélène), 380*.
— (Marie-Josèphe), 194, 314.
— (Marie-Magdeleine-Josèphe), 381*, 395.
— (Nicole), 68.
— (Perrine), 278.
— (Pierre), 454.
— (René-Louis), 384, 454*, 513*, 601*.
— (Renée-Françoise), 377*, 379.
— (Renée-Gillonne), 384.
— (Vincente-Thérèse),378,384*, 385, 388*, 389, 390.
— (Vincent-Marie), 393*, 397*.
— (Yves), recteur des Fougerets, 361.
Touzeau (Yvonne), 337.

Touzée (Anne-Suzanne), 288,391.
— (Jean-Baptiste), 360.
— (Jean-Marie), 612.
— (Jean-Marie-Vincent), 385.
— (Jean-Marie-Vincent), recteur de Sarzeau, vice chancelier de l'Université de Paris, 290, 291*.
— (Jeanne), 407*.
— (Jeanne-Suzanne), 548, 564*.
— (Julien-Vincent), sénéchal des régaires de Vannes, 383*, 385, 394*.
— (Louis), 362*.
— (Marie-Angélique-Perrine), 398.
— (Marie-Guillaume), 383*.
— (Marie-Jacquette), 404.
— (Marie-Jeanne-Vincente),397.
— (Marie-Noëlle-Angélique), 400*, 410*.
— (N.), 588*.
Tradaiec (sieur et dame de), 171*,172*,333*,338, 424, 430.
Tranchant (Esther-Gillette),222*.
Tranel (Jean-Baptiste), 287.
Tranhaleuc (sieur de), 118.
Trans (seigneur de), 558.
Transcher (Hélène), 25*.
Traon (sieur de), 367.
Traphort (François), 450*.
Traurout (seigneur de), 558*.
Travaillé (Jean-Baptiste), 26.
— (René), dit « Lanoé ». 413.
Travalle (Marie), 531.
Travers (Catherine), 397, 399*, 412, 508, 519*, 521, 522, 523.
— (Catherine-Françoise), 509.
— (Catherine-Françoise-Julienne), 520.
— (Charles-Jean-Joseph-Hubert), 511*.
— (Hubert), 503, 504, 506, 507*, 509*, 510*, 511*, 513, 519*, 520, 521.
— (Hubert-François), 509*.
— (Jean-Baptiste), 506.
— (Jeanne), 409*, 511*.
— (Julienne-Renée), 504.
— (Louis-Nicolas), 513.
— (Marguerite), 530.
— (Marguerite-Réginalde), 503.
— (Marie-Josèphe), 507*.
— (Mathurin-Joseph), 510*.
— (Thomase), 397*,406,523*,532*.

Traverseries (sieur des), 500.
Tréal (paroisse), 163-167. —Voir: Cleu (Le), Coëdic (Le), lieux-dits, Bonne-Rencontre (chapelle).
Tréambert (seigneur et dame de), 113*, 221, 237.
Tréanna (seigneur de), 633.
Tréanno (Hélène), 587.
Trébastier (sieur de), 216.
Trébénan (seigneur et dame de), 178, 193, 298*,334*,335, 424*, 427.
Trébéno (dame de), 165*.
Trébiet (Georges), recteur de Radenac, chanoine de Vannes, 174.
Trébéliquart (sieur et dame de), 189, 190.
Trébrat en Saint-Avé, 295*, 399.
Trébrimoar (seigneur de), 339*.
Trébrulan (dame de), 164.
Trébrun (seigneur et dame de), 194, 211*, 212, 215*, 244, 250*, 255.
Trébudat (dame de), 563.
Trébur (François-Claude-Osvalt), 562*.
— (Osvalt), 562*.
Trécesson (sieur et dame de), 287*,289*,290,310*,375,375*, 376*,379,382*,384*, 386,387.
Trécesson (Agathe de), 208, 289.
— (Daniel de), lieutenant général pour le Roi en l'évêché de Rennes, 81.
— (François-Gilles de), 375*, 384*, 386*.
— (Jean-François de), 375*.
— (Jean-Louis-Joseph Hippolyte de), 287*, 289*.
— (Joachim de), 272.
— (Joseph de), 376*.
— (Joseph-Marie de), 287*.
— (Marie-Angélique-Pauline de), 253.
— (Marie-Gillette-Angélique de), 384*.
— (Marie-Jeanne de), 310*.
— (Paul-Joseph de), 375, 375*, 376*, 382*, 387.
— (Paul-Joseph de), délégué des maréchaux de France, 310*, 384*.

Trécesson (Perronnelle de), 310*, 385*.
Trécoët (sieur et dame de), 116*, 122, 155, 498*, 583*.
Trécoët (sieur du), 150.
Trédaiec (dame de), 174.
Trédazo (dame de), 366.
Trédazo (Charles de), 174*.
— (François de), 174, 174*, 175, 350, 350*, 353*, 356, 424, 437.
— (Isabelle de), 366.
— (Jacques de), 174.
— (Marie-Thérèse de), 255*.
— (Nicole de), 175.
— (Paul de), 255*, 356, 365*, 366.
Trédec (seigneur de), 364*.
Trédiec (seigneur de), 634.
Trédillac-Deschamps (Marie-Françoise de), 625.
Trédion (paroisse),134*,135,138, 138*, 139,139*,144*,145,397, 418*, 419, 419*, 420*, 618*.
Tréduday (seigneur et dame de), 104*, 162*, 171*, 298, 299*, 301*, 302, 302*, 303, 303*,304,304*, 305,310,326*, 339,339*,343*,346*.347,354*, 356*,357*,358*,360,371,377*, 385, 387, 435, 612.
Treffalégan (dame de), 617*.
Trefflean (paroisse), 145-146. — Voir: Bisole (trève), Cran (lieu-dit).
Trefflech (seigneur de), 2*.
Treflée (dame de), 524*.
Trefueil (dame de), 342*.
Trégarantec (seigneur et dame de), 26*, 40*, 168*, 369, 615, 615*, 617*, 620*, 622.
Trégaret (seigneur et dame de), 189, 189*, 190, 248.
Trégaro (Alexis-Joseph), 611.
— (Françoise), ou Françoise-Marie, 611.
— (Françoise-Yvonne), 569.
— (Jacques), 530, 540, 540*, 542*, 543*, 544, 545*, 550*, 563*, 615, 615*.
— (Jean), procureur au présidial de Vannes, 470, 582*.
— (Jeanne-Françoise), 615*.
— (Jeanne-Marie), 543*, 550*, 552, 553*, 556*, 560*.
— (Joseph), procureur au présidial de Vannes, 211.

Trégaro (Joseph-François), 567*.
— (Julien), 582*.
— (Marie-Anne), 145, 611*, 612.
— (Marie-Anne-Claire), 566.
— (Marie-Pélagie), 543*.
— (Pélage), prêtre, 553*, 560.
— (Pélagie), 615.
— (Yves-Marie), 542*, 563*, 565, 566, 567*, 569.
Trégaso (Françoise), 402*.
Trégaudan (seigneur de), 138*.
Trégomar (seigneur et dame de), 403, 407.
Trégonnaud (sieur de), 234*.
Trégouët (seigneur et dame de), 111, 113, 113*, 114, 114*, 115, 115*, 116, 230*, 256.
Trégouët (Anne de), 102, 362*.
— (François de), 195.
— (François-Vincent de), 358.
— (Françoise de), 102, 217*, 265, 265*.
— (Françoise-Sébastienne de), 196.
— (Gillonne-Marcise de), 376, 378*.
— (Jacques de), 174.
— (Jean de), 164.
— (Jean-Louis-Joseph de), 589.
— (Jeanne de), 174, 217*.
— (Julienne de), 164*, 174*.
— (Louis de), 174*, 275.
— (Louis de), sénéchal de Saint-Gildas, 265.
— (Marie-Catherine de), 187, 376, 382.
— (Mathurin de), 196.
— (Samsonne de), 174*.
— (Siméon de), 282, 358, 589.
Trégoumar (seigneur de), 302*.
Trégréhen (sieur et dame de), 334*, 424*.
Trégu ou Trégus (seigneur et dame de), 52*, 53*, 142, 210, 256, 284, 312*, 373, 457*.
Tréguellien (sieur de), 34.
Tréhardet (sieur de), 88.
Tréhiguer (port de), en Pénestin, 225.
Tréhorenteuc. — Voir : Rue-Neuve (manoir).
Tréhuélin (sieur et dame de), 296, 326*, 339, 351*, 353, 358*, 379*, 381, 382*, 431*, 440.
Tréhuen (seigneur et dame de),

126, 194, 246, 335, 337, 338, 352, 354, 354*, 359.
Trélan (seigneur et dame de), 121, 162, 162*, 285, 285*, 288*, 290, 330.
Trélan (Claude de), 147*.
— (François de), 146*.
— (Guillaume de), 146*.
— (Honorée-Suzanne de), 147*.
— (Suzanne de), 141*, 204*, 205, 245*.
— (Valentine de), 147*.
Trélener (dame de), 466*.
Trélluan (sieur de), 398*.
Trelluyer (François), 156.
Trélo (seigneur et dame de), 147.
Tréluban (seigneur et dame de), 111*, 141*, 204*.
Trémadeur (dame de), 484.
Trémallot (N.), 496*.
Tréman (Louise), 475*.
— (Mathurin), 456*.
— (Perrine), 605, 607, 607*.
— (Pierre), 475*.
Trémaudan (seigneur et dame de), 11, 16*, 147.
Trémaudan (Alexis de), 258*.
— (Jacques-Alexis de), 258*.
Trémauday (sieur de), 502.
Trémaudu (sieur et dame du), 125*, 251, 251*, 252.
Tremblements de terre, 202.
Trémelcan (seigneur de), 248.
Trémelei (sieur de), 462*.
Trémelgon (sieur et dame de), 176*, 177, 177*.
Trémelgon (Guillaume), 476*, 596*, 605.
— (Jean-Vincent), 476.
— (Marie-Madeleine), 596*, 606*, 607.
Trémelin (seigeur et dame de), 2*, 65*, 83*.
Tremellen (sieur et dame de), 82*, 135*, 279*, 341, 360*, 579*.
Trémello (sieur et dame de), 17, 303.
Trémello (Gabrielle-Jacquette), 626*.
Tremeluet (sieur de), 177*.
Trémenec (sieur et dame de), 29*, 32, 32*.
Trémenec (François-Bonaventure de), 32, 32*.

Trémenec (Marie-Françoise-Laurence de), 32*.
Trémeno. — Voir : Trémeur.
Trément (Julien), 597*.
— (Vincent), 597*.
Trémer (seigneur et dame de), 49*, 51, 52*, 55, 302, 311, 381*, 408, 410, 537, 538, 565.
Trémérel (sieur et dame de), 180*, 181, 381*.
Trémereuc (Amboise-Anne de), 390*.
— (Charlotte-Françoise-Eulalie de), 230.
— (François-Hyacinthe de), 389*, 390*.
— (Jean de), 74*, 84.
— (Jeanne-Éléonore de), 391*.
— (Julienne-Hyacinthe-Rose de), 390*.
— (Louis de), président au parlement, 366*, 592*.
— (Louis-Joseph-François de), receveur des devoirs, 230*.
— (Marie-Anne de), 217.
— (Pierre-Jean de), 230*.
Trémergat (seigneur de), 279, 280.
Trémergon (sieur et dame de), 135*, 299.
Trémeur ou Tréméno (sieur et dame de), 35*, 306*, 336*, 340, 348, 353*, 362*, 366, 475, 512.
Tremhoré (sieur de), 227, 228*.
Tremodec (sieur et dame de), 68*, 69, 175*, 392, 401, 461*, 481, 492, 514.
Trémohar (sieur et dame de), 45*, 144*, 145*, 171*, 177, 178, 179, 179*, 180*, 181*, 190*, 192*, 193, 193*, 194, 208*, 209, 298, 302, 366*, 367, 368, 369, 375, 376*, 377*, 390*, 391*, 462, 465, 527*, 594*.
Trémondet (sieur et dame de), 136, 136*, 137, 138*, 201*, 208*, 259*, 279, 281*, 283*, 285, 286, 287, 287*, 508.
Trémoreuc (Geneviève-Jeanne-Marie), 259.
— (Hyacinthe), sénéchal de Rieux à Peillac, 117*, 259, 284*, 285, 286, 288*.

— (Jacques-Jean-Baptiste), recteur de Peillac, 118.
— (Jean), 154. 262*.
— (Jean-Baptiste), 288*.
— (Jean-Baptiste-Marie), officier de grenadiers, 259, 259*.
— (Marie), 162*.
Trémoreuc (Michel-Joseph), 116*.
— (Pierre), avocat royal, 116*, 155, 498*.
— (Pierre), sénéchal de Sourdéac, 285.
— (Pierre-Hilarion), sénéchal de Rieux à Peillac, 118.
— (Pierre-Marie), 285.
Trémoureu (Guillaume), recteur de Saint-Gildas d'Auray, 633*.
Trémoureu (Marie), 122, 127, 260*.
— (Pierre), procureur fiscal de Rieux à Peillac, 122.
Trémoyec (Catherine), 480*, 490, 492*, 597, 597*, 598, 599, 599*.
Tréneuf (Alexis de), 601.
— (Jean-Charles de), écrivain du Roi, 491, 502.
— (Jean-Guillaume-Urbain de), 502.
— (Michel de), 491*.
Trénon (sieur et dame de), 250*, 251.
Trénur (sieur et dame de), 533*, 625*, 627*, 631*.
Trény (sieur et dame de), 111, 111*.
Tréoguer (sieur de), 480.
Tréondal ou Trébudal (sieur et dame de), 554*, 563.
Tréoray (dame de), 62.
Tréorzan (seigneur et dame de), 30.
Tréourret (Céleste-Thérèse-Joséphe de), 110*.
— (Jean-Hyacinthe de), 293*. 301.
— (Jean-Marie de), officier des vaisseaux du roi, 110*, 143, 293*, 301.
— (Joseph-Louis-Hyacinthe de), 301.
— (Julie-Joséphe de), 110*, 301.
— (Thérèse-Donatienne-Claire-Joséphe de), 110*.
Trépézec (de ou le) (François), 174.

— (Jean), 141*. 174.
— (Joachim), 84*; 371*, 374.
— (Nicole), 470.
— (Perrine), 174. — Voir : Le Trépezec.
Tréprat (sieur de), 421*.
Tresclé ou Trescler (sieur et dame de), 10, 12*, 90*, 93*.
Trescol (dame de), 22.
Tresigneau (dame de), 21*.
Treslan (sieur et dame du), 58, 68.
Tressay (seigneur et dame de), 227*, 281, 282, 283*, 299*.
Trest (seigneur et dame du), 334, 337, 337*, 341*, 342*, 354, 357*, 435, 454*.
Trétournel (seigneur de), 360.
Treusach (seigneur de), 207.
Trévaly (seigneur et dame de), 113*, 115*, 190, 228*.
Trévanec (sieur et dame de), 9*; 478.
Trévanno en Guern, 88*.
Trévaré (sieur de), 38*.
Trévéat (dame de), 254*.
Trévécar (seigneur et dame de), 136*, 162*, 204*, 306*.
Trévégat (seigneur et dame de), 148, 194*, 210.
Trévégat (Alain de), 210, 447.
— (Anne de), 345*, 447.
— (Bertranne de), 443*.
— (Christophe-Joseph de), 380*, 381.
— (Claude de), 326*, 339, 340, 341.
— (François de), 294, 342*, 345*, 356*, 358.
— (François de), conseiller au parlement, 216, 280*, 363, 365, 368, 441*, 443*, 444*, 447, 449, 459, 477, 584*, 592.
— (Françoise de), 441*.
— (Gillette de), 333, 358.
— (Jacques de), 381.
— (Jean de), 256, 296*. 333, 336*, 339.
— (Jean-Marie-Vincent de), 519.
— (Jeanne-Marie de), 208, 359*.
— (Joseph de), 449, 485*.
— (Joseph-François de), conseiller au parlement, 191, 381, 591*, 393*, 491, 506*, 514*.
— (Julien-François de), 506*, 514*.
— (Julienne de), 339.

Trévégat (Marc de), 340.
— (Marie-Anne de), 381.
— (Paul de), 142, 352*, 444, 584*.
— (Perrine de), 382*, 387, 498*.
— (Perrine-Françoise de), 479*, 506*.
— (René de), recteur d'Elven, 137, 143*.
— (René-François de), conseiller au parlement, 81, 371, 372, 374*, 377, 379*, 385*, 441*, 479*, 498*, 499*.
— (Thérèse de), 356*, 357*, 359*, 364*, 444*.
— (Thérèse-du-Saint-Esprit de), 470*.
— (Vincent de), 495*, 515*.
— (Vincent-François de), 444*.
Trévélec (seigneur et dame de), 208, 283, 284*, 285*.
Trévélec (Alain de), 142.
— (Augustine-Bonne de), 620.
— (François de), 224, 224*.
— (François-Marie de), 182*.
— (Gabriel de), 223*, 553*.
— (Gabriel-Rose de), 571*.
— (Gabrielle-Marie-Charlotte de), 188*, 225.
— (Gillette de), 141*, 436*.
— (Isabelle de), 160*.
— (Jean-Marie de), 182*.
— (Jeanne de), 423*, 424.
— (Jérôme de), 224, 224*, 225.
— (Louise de), 224*.
— (Marie de), 182*.
— (Marie-Françoise de), 372.
— (Nicole de), 223, 224*.
— (Pélagie de), 223*.
— (Perrine-Nicole de), 599*.
— (Pierre de), bénédictin de Saint-Gildas-de-Rhuis, 265.
— (René de), conseiller au parlement, 191*.
— (Renée-Perrine de), 553*.
— (Thérèse de), 142, 585*.
— (Vincent-Hyacinthe de), 285*.
— (Yves de), 223*, 224, 224*.
Tréven (Jean-René), vicaire de Saint-Dolay, 239*.
Trévenant (sieur et dame de), 211, 466, 479*, 481.
Trevenégat (seigneur de), 243*.

Tréveneuc (sieur et dame de), 11*, 229*, 230.

Trévenu (sieur de), 141*.

Tréveran (dame de), 169.

Tréveret (Jean-Alain-Léon de), 622.

Trèves (érection en paroisses), 80, 217, 224*.

Trèves (seigneur de), 308*, 309.

Tréviantec (sieur et dame de), 277*, 343, 364, 439*, 475*, 577*.

Trévic (sieur et dame de), 111, 241*, 242.

Trévien (sieur et dame de), 30*, 142, 175. 352, 359, 451, 584*, 600*.

Trévilit (seigneur de), 26.

Trévinal (sieur de), 500.

Trévinec (sieur de), 582.

Trévizec (seigneur de), 204*.

Trévou (demoiselle du), 500.

Trévoyan (seigneur et dame de), 245, 247, 266.

Trévran (dame de), 465.

Trévrat (seigneur et dame de), 310, 330.

Trévy (sieur et dame de), 135*, 177*, 244, 244*, 245, 246. 250*, 255, 366.

Treyvé (Jean-Baptiste), 527*.

— (Julien), 526*.

— (Marie-Françoise), 526*.

— (Pierre), 520, 526*, 527*, 528*.

Trézec (seigneur de), 292.

Trézy (Thomas), 401.

Tribord (Catherine-Renée), 572*.

Tribry (Pierre), maître cordier à Vannes, 448*.

Tricher (Jean-Pierre), 566.

— (Louis-Claude), 566.

Triffen (François), 70.

— (Jeanne), 73.

— (Renée), 74*.

— (Sébastien), 73.

Trifouil (Jeanne-Marie), 618*.

Triobert (François), avocat en la Cour, 474*.

Triogar (seigneur du), 179.

Trobel (Louis), 104.

— (Maury), recteur de Saint-Gonnéry, 104*.

— (Prudent-Louis-Pierre), 104.

Trobert (Jean-Jacques), 37*.

— (Jean-Jacques-Grégoire), 37*.

Trochet (Anne-Thomase), 109*.

Troërin (Louis-Alexis de), 329*.

— (René de), 329*.

Trofiguet (sieur et dame de), 228, 235, 238.

Trogoff (seigneur de), 402*.

Trogoff (Anne-Jacquette de), 139*.

— (Éléonor-Joseph de), 139*.

— (François de), 516.

— (François-Simon de), 139, 139*.

— (Gabriel-René de), 139*.

— (Joachim-Simon de), 139, 139*.

— (Joseph-Anne de), 138*.

— (Nicolas-Joseph de), 138*.

— (René-Jean-Julien de), 139*.

Trohanet (seigneur et dame de), 110*, 143, 301.

Troher (seigneur de), 24.

Trohudal (seigneur de), 127*.

Trois-Fontaines (cabaret des), en Saint-Nolff, (Morbihan), 143.

Trolier (sieur de), 468*.

Trolong (dame de), 25.

Trolong (Marie-Julienne de), 27.

Tromartin (seigneur de), 410.

Tromelin (seigneur et dame de), 16. 37*, 39*, 40, 99*.

Tromelin (Corentin-René), 366*.

Tromer (dame de), 21*.

Tromeur (seigneur et dame de), 139*, 198*, 277, 278, 303.

Tronchâteau (seigneur et dame de), 31*, 32, 210*, 362*, 363, 443*, 448. 478.

Tronchets (seigneur des), 558*.

Trongoff (seigneur et dame de), 27, 76*, 258*, 302, 582.

Tronjoly (seigneur et dame de), 21*, 28*, 33, 33*, 34*, 36, 36*, 38, 42*, 101.

Tronscorff (seigneur et dame de), 54*, 57*.

Tronscorff (Louis), 22.

— (René), 22.

Tronsson (Françoise-Angélique), 591.

— (Louise-Bertranne), 595.

— (Marie-Anne), 593*.

— (Pierre), 594*.

— (René), avocat en la Cour, 591, 593*. 594*. 595.

Troo (châtellenie de), 617*, 618*, 620.

Trotereau (Jean), 159.

— (Jeanne), 166.

— (Laurence), 158*.

— (Louise), 159, 454*.

— (Louise-Antoinette), 159.

— (Mathurin), 159, 165*.

— (Mathurin-Jean-François), 159.

— (Pierre), 157.

Trotier (François), 420.

Trouessart (Anne), 586*, 587, 587*, 590*, 591*, 593*.

— (Etienne), peintre, 591*.

— (Thomas), maître chirurgien, 590*, 591*.

Trouher (Julien), 610.

Troupes (*garnisons, logement, passage*), 97, 97*, 98*, 106, 119*, 182, 225*, 268*, 271*, 315*, 317, 317*, 319*, 321, 322*, 323, 325, 507, 596*.

Trousel (François), 28.

Troussier (Charlotte), 82*.

— (Claude-Thérèse), 582.

— (Elisabeth), 168.

— (Elisabeth-Rose), 168.

— (François), 227*.

— (François-Hyacinthe), 168.

— (Georges), 168, 168*.

— (Jacques), 217*, 303*, 357*.

— (Jean), 168.

— (Jeanne-Anne), 168, 168*.

— (Joseph), 148.

— (Julien), 347*.

— (Julienne-Dorothée), 357*.

— (Mathurin), 82*.

— (René-Joseph), 380*.

— (Renée), 128*. 129.

— (Sébastien-Charles), chevalier des ordres du Roi, 358.

Trozran (seigneur de), 2*.

Truays (Jean), 443.

Truhellin (seigneur et dame de), 378, 389*.

Truscat (seigneur et dame de), 187*, 272, 274*, 275, 276, 277, 278, 279, 280, 280*, 285, 287*, 288*, 289, 337, 347*, 355, 357*, 360*, 364*, 368.

Truscat (Joseph), 321, 523*.

Truscorff (Marie), 21.

Trussac, en Vannes. 422, 466.

Trusson (Marie-Julienne). 572*.

Trymillet (Anne). 61.

Tual (Anne-Joséphe), 53*, 557*.

Tual (Armand-Anne), sénéchal et maire de la Roche-Bernard, 230*, 239.
— (Benoître), 237.
— (Bertrand), 595.
— (Bertrand), avocat en la Cour, 51.
— (Eulalie-Marie), 311, 311*.
— (François), 53, 53*, 88.
— (François), notaire royal, 441*.
— (Gabriel), 554*.
— (Henri-Alexandre), 563, 566.
— (Jeanne-Marie-Sophie-Perrine), 230*.
— (Joseph-Louis), avocat en la Cour, 311.
— (Julien), 337* 441.
— (Louis), doyen de Roche-Bernard, 231*, 233.
— (Louise-Renée), 51.
— (Marie), 53.
— (Marie-Catherine), 553*.
— (Marie-Josephe), 230*.
— (Mathurine), 474.
— (N.), 566*.
— (Perrine), 471*.
— (Pierre), recteur de Limerzel, supérieur des Missions françaises, 249*.
— (Pierre), notaire de Cadou-
zan, sénéchal de Théhillac, 230*, 233, 233*, 240*.
— (Pierre-Jean), 554*, 563.
— (Renée), 51, 52, 309*.
— (Vincente), 441*.
Tuau (Jacquette), 429*, 430, 430*.
— (Michel), procureur en la Cour, 467.
Tuault (Anne), 60*.
— (Denise), 43*.
— (Eulalie-Marie), 537, 538, 541, 565.
— (François), directeur des devoirs au Port-Louis, 600*.
— (Hélène), 43*.
— (Isabeau), 43*, 58.
— (Jean), 44, 46*, 60*.
— (Jean), procureur fiscal de Guémené, 43*.
— (Joseph), avocat en la Cour, 51, 52*, 55.
— (Louis), 45, 46*.
— (Louise), 43*.
— (Marie-Françoise), 418*.
— (Maurice), 58.
— (Pierre), notaire à Guémené, 46*, 49*.
— (René), 43*, 44, 50*.
— (Renée), 58.
Tubouc (Jacquette), 575.
— (Marguerite), 341*, 343, 344.
Tubouc (Pierre), 334*.
— (Yves), notaire royal au présidial de Vannes, 334*, 427*.
Tuel (sieur du), 600.
Tuffin de la Rouerie (Charles-Marie), capitaine de cavalerie, 206.
Tuli (Rosa), 142.
Tumiac (dame de), 264*.
Turcault (Henri), 28.
Turgot (Marie-Claude), 385*.
Turin (Pierre), 475, 588, 588*.
— (Pierre), greffier garde sacs civils de la Cour, 475.
— (Thérèse), 588.
Turion (Marie-Jacquette), 404*, 538.
Turmie (Jean-Jacques-Henri), 222*.
Tursac (Jean), 422.
Tutour (François), prêtre, 579*.
Tyguen (dame de), 271*.
Tylan (sieur et dame du), 12*, 38*, 48, 50, 50*.
Tylévéné (seigneur de), 2*.
Tymadeuc (Perrine de), 302. — Voir : Timadeuc.
Tyrel (Marie), 465*.
Tyson (Jeanne-Gabrielle), 614*, 618*, 625*.

U

Ugues (Julien), 136*.
— (Julienne), 165*.
— (Thérèse), 165*.
Uguet (Françoise), 466*.
Ulliac (Agathe), 504.
— (Agathe-Thomase), 554.
— (Ange-Gabriel-Etienne-Placide), 548*.
— (Clément-Pierre-Marie), 543*.
— (Félicité-Parfaite-Angèle), 560.
— (François), 556*.
— (Gabriel-Marie), architecte du Roi de la ville de Vannes, 543*, 545, 545*, 547*, 548*, 550, 551*, 553, 554, 556*, 558*, 560, 621*.
— (Gabrielle-Marie), 510.
Ulliac (Henri-Anne), procureur au présidial de Vannes, 513*, 545*, 619*, 620*, 621*, 622*, 623.
— (Henri-Louis-Armand-Fidèle), 545*.
— (Hyacinthe), 504*.
— (Jean-Hyacinte), [386*, 502, 504*, 505*, 507, 508*, 510, 513*, 527, 537*.
— (Jean-Pierre-Hyacinthe), 507.
— (Julien-Gabriel-Vincent), 621*.
— (Louis-François), 505*.
— (Louise-Anne), 386*, 553.
— (Marie-Anne), 502.
— (Marie-Anne-Aimée-Tranquille), 556*.
Ulliac (Marie-Anne-Josèphe-Jeanne), 551*.
— (Marie-Josèphe-Marguerite), 558*.
— (Marie-Rose-Agathe-Jeanne), 622*.
— (Perrine-Agathe), 527, 543*, 622*.
— (Reine-Hyacinthe-Marie-Adélaïde), 547*.
— (René-André), 508*.
— (Thomas-Pierre-Marie), 545.
— (Vincent-Patern), 550.
Urien (N.), religieux de Saint-Laurent-sur-Sévre, 241.
Uroas (François), curé de Moustoir-Radenac, 78.
Urudoux (Marie-Nicole), 537,

538*, 539, 549*, 550*, 551, 552, 563*.
Urvoy (Renée), 593.
Usages pieux, 247.

Ustel (seigneur et dame d'), 353, 361*.
Uzel (Côtes-du-Nord), 572.
Uzel (Jeanne), 9. — Voir : Euzel.

Uzile (Catherine), 261*.
— (Esther), 261*, 473*.
— (Jean), fermier général de Guémené, 44*.

V

Vacant (sieur et dame de), 381, 383*, 392, 602*.
Vaché (Jacques-Marie), 6*.
— (Jean), 6*.
Vacher ou Le Vacher (Claude), 445*, 459*, 460.
— (Françoise), 472.
— (Henri), 450.
— (Jean), 349*, 433, 436, 441, 443*.
— (Joseph), 461*.
— (Marie), 443*, 455*, 459*, 462.
— (Pierre), banquier à Vannes, syndic de Vannes, 443*, 445*, 450, 451*, 457*, 458*, 459* 460, 461, 463, 464*, 466*, 471.
— (Pierre-Marie), 471.
— (Renée), 451*.
— (Vincente), 459*, 470*.
Vacquerel (Pierre), procureur au présidial de Vannes, 452, 458*, 465.
Vaillant (Louis-Marie), avocat en la Cour, 118.
— (Louise-Marguerite), 118.
— (Michelle), 144, 146.
Val (sieur et dame du), 76*, 114*, 125*, 130, 137, 142, 145*, 149, 158, 166, 209, 254*, 295, 309, 326, 393, 468*, 472, 583*, 585*, 594.
Valassen (abbé de), 329.
Val-Coscro (seigneur et dame du), 59, 130*, 294*, 295.
Val-de-Bellouan (seigneur du), 109.
Val-Diliec (sieur de), 145*.
Val-Hamon (seigneur et dame du), 147, 288.
Valentin (Pierre), directeur des vivres de la marine à Port-Louis, 481.
Valentré (seigneur et dame de), 559*.
Valet (André), 607.

Valet (Françoise), 588*, 590.
— (Jeanne-Louise), 531*.
— (Joseph), 570*.
— (Louis-Jules), notaire royal au présidial de Vannes, 139, 412, 525, 613*.
— (Marguerite), 397.
— (Marguerite-Renée), 497.
— (Marie), 481*, 482*.
— (Marie-Jeanne), 607.
— (Marie-Vincente), 391*, 395, 521, 523*, 527*, 529, 529*, 531*.
— (Raymond), 215*.
Vallais (Françoise), 17*, 89*, 429, 429*.
— (Jean), 241*.
— (Julien), 242.
— (Mathurin), 474, 592.
Vallé (Joseph), 401*.
Vallée (Charles), 468*.
— (Julien), procureur en la Cour, 464, 468*.
— (Julienne), 287*.
— (Radegonde), 464.
Vallées (sieur des), 491*.
Vallené (seigneur et dame de), 99*, 148*, 264, 272*, 273*, 274, 354, 357, 359, 365, 534*.
Vallestin (Marie), 514.
Vallier (Adélise), 600.
— (Elise), 599*.
— (Julienne), 607, 607*.
— (Marie-Anne), 615, 615*, 616, 616*, 617*, 618*, 619, 619*, 620.
Vallin (Jeanne), 237.
Vallone (dame de), 99*.
Valois (Jean-Claude), 412, 419*.
— (Pélagie-Jacquette), 411*.
Valy (Guillemette), 19.
— (Jean), 604.
— (Jeanne), 604.
— (Marguerite), 489.
— (Pierre), recteur de Béganne, 115*.

Valy (Rolande), 579.
Vandel (Pierre de), 152*.
Vannes :
Archives, 318-320, 637*.
Armoiries, 314*, 316*.
Ban, 320.
Biens communaux, 318, 323*.
Boues et immondices, 317, 317*, 318*, 324*.
Boulangers, 316*, 637.
Bureau de bienfaisance, 636*.
Carême, 318.
Casernes, 317.
Cathédrale, 315.
Chapelles : des Carmes du Bondon, 171*, 345*, 346, 474*, 483*, 484 ; — de N. D. des Lices, 136, 636 ; — de Saint-Vincent, 157, 345.
Cimetière, 319, 324* ; — du Bois-moireau, 421, 469*, 562*.
Commerce : marchands étrangers, 636* ; commerce des colonies, 637 ; étoffes fabriquées à Vannes, 637.
Communautés de ville : syndics, maires, miseurs, lieutenants du roi, gouverneurs, avocats, procureurs et gréffiers, 315*-317, 318-319*, 325*.
Communautés religieuses ; Cordeliers, 317* ; Nazareth, 136 ; N. D. de Charité, 318 ; Saint-Guen, 421*, 423, 542*, 546*. — Voir : Bondon (Le).
Comptes des miseurs, 321*-323.
Conseil général de la commune, 319.
Consulats, amirautés, traites, 316*, 319-319*.
Cordier, 318.
Corps de garde, 318-316.
Défense de la ville, 315, 317, 317*.
— Artillerie et munitions,

325. — Fortifications, 315*, 318*, 319.
Dénombrement de la population, 316*.
Echenillage, 317, 318.
Emeutes populaires, 318, 319*.
Enseignement : collège, écoles, 315-316, 317-319, 636.
Epidémies, 315, 316*.
Etats de Bretagne, 315, 316-318*.
Exécuteur criminel, 318.
Fabrique de l'église St-Pierre, 636.
Fêtes, 314*, 315*, 316*, 317.
Finances, 315, 515*, 316*.
Fédération de Pontivy, 319.
Fontaines, 317*, 319, 324*.
Garnison, 315*.
Hérauts, 316, 317*-318*.
Hôpitaux, 315*, 316*, 317*, 636, 636*.
Impôts, 314*, 316-317, 318*, 319*-321*, 323, 323*, 637.
Incendies, 315*, 316*, 324*.
Inventaire des titres, armes, munitions, 637.
Lais de mer, 318, 319.
Lieux-dits : Groutel, 421* ; Kaer, 315*, 325, 354, 399*, 435, 636*; Mainlièvre, 470 ; Poulho, 541, 625 ; Trussac, 422, 466; Versa, 318 ; Vincin, 307, 307*, 313*.
Maisons : de La Croix-Verte, 447*, 465 ; de Limoral, 612 ; de Bernus, 447*.
Médecins, 317*.
Mendiants, 636*.
Moulins : Moulin-au-Duc, 474, 476*, 485*, 486 ; Moulin-de-Rohan, 432*, 433.
Milice, 315-317*, 319, 325.
Notaires apostoliques, 319*.
Octroi, 314*, 316-317, 319, 319*, 323.
Pain (prix du), 637.
Papegault, 314*.
Parlement, 314*, 316, 318.
Patrouille, 317.
Place des Lices, 321.
Plan de la ville, 637.
Police, 319,
Port, 315*, 316*-317*, 319, 324.
Portes, 319, 323*.
Poudres et salpêtres, 319.
Privilèges royaux, 317.

Procès, 325.
Processions, 316*.
Promenade de la Garenne, 315*.
Registres paroissiaux : de N. D. du Mené, 325-332 ; de Sainte-Croix puis Saint-Pierre, 333-421 ; de Saint-Patern, 421-574 ; de Saint-Salomon, 574-636 — Tables : 636.
Reliques de Saint Vincent Ferrier, 318*.
Réparations aux murs, ponts, églises, pavés, etc., 315, 316-318*, 324, 324*, 325*.
Routes et banlieues, 317, 318*, 323*.
Rues : alignement, 319, 324* ; numérotage, 318, 324*.
Tour du connétable, 317*, 318*, 319*, 322*.
Vannes (Gillette de), 272.
— (Henri de), sénéchal de Rhuis, 333*, 335*, 337, 574.
— (Isabeau de), 424*.
— (Jean de), 575.
— (Jeanne de), 309, 356*, 357*, 360*, 372*, 434, 444*, 574*.
— (Julienne de), 272, 327.
Vannier (Jean), 459.
Vanoise (Pierre), recteur de Plumelec et du Mené, 325*.
Varenne (seigneur et dame de), 106, 496*, 635.
Varenne (Claude de), 392.
— (Claudine-Jacquette-Philippe de), 381, 393*, 512*, 525.
— (Guillaume de), 479.
— (Hyacinthe-René de), 383*.
— (Jacques de), 381.
— (Jeanne-[Françoise-Salomé de), 394*.
— (Marie-Anne de), 381.
— (Marie-Josèphe de), 381.
— (Vincent-Joseph de), 391*.
— (Xavier de), commissaire général de la marine et des galères, 381, 383*, 390, 392.
Varhin (Magdeleine), cordière, 93*.
Varin (Joseph-Hyacinthe-Julien), lieutenant de la sénéchaussée et présidial de Rennes, 259*, 260.

Varin (Louise-Jeanne-Pauline), 259*, 260.
Varz (Anne), 43*, 60*, 61.
— (Gabriel), 43*.
— (Jérôme), 46*, 47*.
Vassé (seigneur de), 392*.
Vatar (Jacques), avocat au parlement de Paris, 401.
— (Marie-Thérèse), 623.
Vaucarte-du-Vignau (dame de), 530*.
Vaucouleurs (seigneur de), 78*, 168, 194, 227*.
Vaucouleurs (Charles-Joseph de), 330.
— (François-Joseph-Guy de), 194.
— (Guillaume de), conseiller au parlement, 330.
— (Marie-Anne-Félicité de), 194, 420*.
— (René de), 194.
Vaudarz (seigneur et dame du), 244, 250, 250*, 251*, 252*, 253, 253*, 256, 285*, 330.
Vaudeguip (seigneur et dame de), 109*, 110*, 119, 124*, 125*, 127*, 154*.
Vaudepierre (sieur et dame du), 109, 119.
Vaudurant (seigneur et dame de), 98*, 115, 135, 171*, 175, 294, 304, 305, 313*, 314, 343, 345*, 353, 356, 356*, 361, 385*, 386*, 394, 394*, 396, 402*, 438, 440*, 445, 602*.
Vauferier (sieur et dame de), 115, 115*.
Vauge (Gilles), provincial des Oratoriens, 193*.
— (Maury), 193*.
Vauglagen (sieur et dame du), 108, 124, 124*, 242, 250, 250*.
Vaugouët (seigneur du), 78*.
Vaugrenard (Anne), 479*,
— (Bonne-Ursule), 191.
— (Perrine), 210.
Vaugrenard (François de), 227*.
Vauguyon (seigneur de), 479*.
Vaujouan (sieur et dame du), 107*, 108*, 109, 121*, 237.
Vaujouin (seigneur de), 302.
Vaulageau (dame du), 108*.
Vaumadeux (seigneur de), 394*, 603.

Vaumarquer(seigneur de), 146*.
Vauniel (seigneur de), 160*.
Vaunoise (sieur de), 159.
Vaupinel (sieur et dame de), 8, 337.
Vauquelin (André), 207*.
Vau-Saint-Michel (sieur et dame du), 68, 73, 74*, 75, 84.
Vausalmon (sieur et dame du), 133, 172*.
Vausselle (sieur et dame de), 297, 394*.
Vaution (seigneur de), 252.
Vautorte (seigneur et dame de), 328*, 362*, 368*, 370, 370*, 371, 372*. — Voir : Casset.
Vauvré (Thomas), 54.
Vaux (seigneur du), 479*.
Vaux de Sainte Colombe (Elisabeth de), 281, 353.
Vavasseur (Michel), musicien à la cathédrale de Vannes, 414*.
Vay (Agathe-Mathurine de), 127.
— (Catherine-Henriette de), 244*.
— (Charles-Marie de), 127.
— (Charlotte-Gillonne de), 127.
— (Henri de), 122, 127, 244*.
— (Jeanne-Hyacinthe de), 127*.
— (Marguerite-Françoise de), 123.
— (Marie-Henriette de), 127.
— (René de), 127, 127*.
— (René-Agathon-Yves de), 127.
— (René-Jean de), 109*, 127, 127*, 244*.
Végron (seigneur et dame de), 210, 210*.
Veillon (Jean), 460, 472*.
Velent (Anne), 542.
Velnasque (seigneur de), 558.
Veniart (Jean), 613*.
— (Jeanne-Yvonne), 253.
— (N.), 631.
Veraquin-Marolles (Marie-Thérèse), 517.
Verdier (N.), 528.
Verdière (Marie-Perrine de), abbesse de St Sulpice, 183*.
Verdois (seigneur de), 534*.
Verdoye (Antoine), chanoine de Vannes, 461, 613.
Verger (sieur et dame du), 17*, 18, 91*, 92, 92*, 100, 100*, 112, 113*, 120, 120*, 125*, 141*, 146, 152*, 158, 166*, 175*, 187, 209, 210, 212, 299, 302*, 346*, 359*, 426*, 429*, 438*, 440*, 442*, 445, 475*, 573*, 575*, 622*, 623*, 626*, 631*, 633*, 634, 635.
Verger-Brossay (sieur et dame du), 119*, 120, 120*, 250, 303*, 348*, 355*.
Verger-Guiller (dame du), 601*.
Verger-Portal (sieur et dame du), 204, 427.
Vergers (sieur des), 154.
Verger (Jacques), procureur au présidial de Vannes, 445*.
— (Julien-Etienne), 613*.
Vergier (sieur et dame du), 28*, 95, 96, 124*, 133*.
Vergiers (sieur des), 104*.
Verlin (François), 557.
— (Marie-Françoise), 557.
Vernusson (Marguerite), 427.
Verriers, 169.
Verron, chanoine et trésorier de Vannes, 385*.
Versa en Vannes, 318.
Vertin (sieur et dame du), 277*, 278*, 279, 288, 288*, 289, 291*, 311, 342*, 470, 529*.
Véry (Jean-Baptiste), docteur en médecine, 536.
— (Jean-Paul), capitaine de la Cie des Indes, 417, 536.
— (Jeanne-Louise-Agathe), 416, 417, 418.
Vezins (sieur et dame de), 328*, 367*.
Viau (Françoise), 505*.
Viaud (Nicolas), 232*.
Vicq (seigneur de), 331*.
Vicq (Marie-Louise), 559*.
Vié (Jean), 458*.
— (Pierre), 458*.
Vieille Loy (sieur et dame de), 291.
Viel (Antoinette-Louise-Marie), 414*.
— (Nicolas), receveur général du tabac, 517, 519, 519*, 523, 533, 536*, 609, 614*.
— (Perrine), 519*.
— (Perrine-Louise), 536*.
— (Suzanne-Hyacinthe), 517, 533.
Viellaud (Perrine), dite « du Chêne », 514*.
Vieuloup (Claude-François), 538*.
— (Michel), 538*.
Vieux-Chastel (sieur et dame de), 1, 2*, 105, 306*, 307, 315, 333, 339*, 340, 362, 576*.
Vieux-Château (sieur du), 423.
Vieux-Marché (seigneur du), 382.
Vieux-Pont (seigneur et dame de), 406*, 415, 417, 418*, 419*.
Vignau (sieur du), 425.
Vignaux (sieur et dame des), 192, 259, 259*.
Vigner (Jean), 462.
— (Laurence), 462.
Vigneron (Etienne), fondeur de cloches à Vannes, 336*.
Vignes, 267*.
Vignory (sieur et dame de), 226, 250*, 443*.
Vignot (Anne), 612*.
— (Jean), 612*.
Vigroux (Julien), 582*.
Viguer (Marie), 478.
Viguier (Andrée), 465, 497, 597*, 600.
— (Jean), 465, 599*.
— (Julienne), 598*.
— (Marie), 595*, 596, 596*, 597, 597*, 598*, 599*, 600.
Vigy (Marguerite de), 608*.
Villaury (sieur de), 539.
Ville-au-Bièvre (sieur de), 242*.
Ville-Bauché (seigneur de), 35.
Villeblanche (seigneur et dame de), 64, 547.
Villebonne (seigneur de), 60.
Villebourg (sieur et dame de), 289, 496*, 499*.
Villechauvé (sieur et dame de), 119, 124*, 128, 141, 152*, 153, 153*, 154*, 155, 155*, 158*, 162*, 206, 313*, 385*, 390, 395*, 401*, 410, 521*.
Villedaniel (sieur de), 495*.
Villedons (sieur des), 58*.
Ville-Doxnio (sieur de), 587*.
Villefranche (sieur et dame de), 264*, 306.
Villegeffre (dame de), 393, 518.
Villegèvre (sieur de), 534*.

Villehoing (sieur et dame de), 366.
Villejame (seigneur de), 196, 196*.
Ville-Jumel (dame de), 591.
Villemain (Charles), 628*.
Ville-Marcaro (sieur de), 536*.
Villemezec (dame de), 32*.
Villemore (seigneur et dame de), 143*.
Villenave (dame de), 152.
Villeneuve (sieur et dame de), 17*, 25, 33*, 34*, 38, 43, 50, 54, 89*, 101*, 119*, 156*, 163, 169, 178, 195*, 203*, 205, 205*, 206, 207, 207*, 216*, 242*, 250, 254*, 258*, 260*, 261*, 279*, 282, 303*, 309*, 350, 356, 359, 359*, 360*, 363, 364, 369, 401, 410*, 421, 437*, 527*, 531, 565*, 567*, 573*, 580, 602*, 621, 627*.
Villeneuve-Le-Gac (dame de), 48*.
Villeneuve (Antoinette - Charlotte-Marie de), 308.
— (Jean-Joseph de), abbé de Saint-Gildas de Rhuis, 266.
— (Louis-Henri de), premier marquis de France, colonel du régiment de Royal-Roussillon, 558.
— (Marguerite de), demoiselle d'honneur de Mlle de Clermont, 558.
Villepay (sieur de), 558.
Villeport (seigneur et dame de), 303*, 348*, 359, 366, 370, 466, 470*, 477.
Villercin (Claudine-Laurence-Andrée de), 525*.
Villeroche (sieur de), 591.
Villers (sieur de), 504.
Villescourant (seigneur et dame de), 180*, 301.
Villeverte (seigneur de), 34, 336*.
Villiers (sieur et dame de), 346, 351, 578.
Villiers (Barthélemy de), 347.
— (Christophe de), 340, 342*.
— (Constance de), 8.
— (Denis de), 99.
— (François de), 340, 351*, 356*, 359, 445*.

Villiers (Jacques de), 99.
— (Jean de), 70*.
— (Julienne-Charlotte de), 359, 379, 397.
— (Marguerite de), 2.
— (Radegonde de), 499.
— (René de), 18*, 479.
Villoger (sieur de), 349.
Villouet (Jeanne), 628.
Villové-Rozé (Jean-Baptiste), officier de la Cie des Indes, 619*.
— (Marie-Anne-Julienne), 619*.
Vilogé (Marguerite), 617*.
Vincelle (seigneur de), 52*.
Vincent (Charles), 473*.
— (Claude), 460.
— (Jean), maître d'équipage du vaisseau du Mᵗ de Marigny, 542.
— (Marie), 603*, 604, 605, 605*, 606*.
Vincin en Vannes, 307, 307*, 313*.
Vinet (Claudine), 216.
Vinyo (dame du), 217*.
Violard (Bonaventure-René), 104.
— (Jacques), 19*.
Violet (Pierre), 541*.
Virel (sieur et dame de), 128*, 189, 271*, 457.
Virly (P.), prêtre, 165.
Viroulet (François), officier marinier de la Cie des Indes, 534*.
— (Julienne-Anne), 610*.
— (N.), 610*.
Virvaudé (Jeanne-Vincente), 589*.
— (Julien-Pierre), 594*.
— (Mathurin alias Mathieu), 589*, 593*, 594*.
— (Perrine), 446, 585*.
Visdelou ou Visdelon (Anne de), 35*.
— (Catherine de), 115*.
— (Catherine-Françoise de), 531*.
— (Claude-Roland de), 527*.
— (Esprit-Louis-Désiré-François de), 572*.
— (Georges de), 73.
— (Guy de), 35.
— (Jacquemine de), 133*.
— (Jean de), 73.
— (Jean-Baptiste de), 71*.

Visdelou ou Visdelon (Jeanne-Françoise-Marie-Anne de), 601*.
— (Joseph-Marie de), capitaine de la Cie des Indes, commandant au quartier du grand port, 527*, 572*.
— (Louise de), 75, 99.
— (Marie-Françoise de), 613.
— (N. de), 181.
Visites épiscopales, 7, 7*, 8* 12, 41, 90*, 91, 105.
Vitel (anonyme), 443*.
— (Guillaume), 446.
— (Jean), 443*, 446, 454*.
— (Julienne-Jeanne), 454*.
Vivès (Joseph), 545.
Vivian (Anne), 342.
— (Anne-Monique), 537.
— (Claude), 302*.
— (Guénaël), 333*, 334*.
— (Jean), receveur des décimes de l'évêché de Vannes, 296*.
— (Jeanne), 296*, 334*.
— (Julien), 302*, 304, 342.
— (Monique), 311*.
— (Roland), 334*, 421*.
— (Sébastien), 69*, 302*.
Vivier (sieur et dame du), 204, 263.
Vœux de municipalités, 24.
Voirie (Chemins, routes, rues, alignements, noms, numérotage, pavage, réparation, syndics), 24, 73, 97*, 98*, 102*, 106, 225, 226, 268, 268*, 269, 269*. 270*, 271*, 306, 318, 321, 323*, 324, 324*, 637.
Voisin (François), scelleur en la Chancellerie de Bretagne, 458*.
— (Jean), 458*.
Volambrun (Guillaume de), 405*.
— (Marthe - Thérèse - Malaite de), 405*.
Vologer (sieur et dame de), 233.
Vols, 216*, 264*.
Volunbrun (sieur et dame de), 461, 497*, 503*, 602, 605*, 622*, 623*, 626*, 631*.
Volvire (Charles de), 61.
— (Hyacinthe de), 32, 40*.
— (Joseph de), maréchal des camps et armées du roi, lieutenant général aux

évêchés de Rennes, Vannes, Dol et Saint-Malo, commandant du comté Nantais, 117*.
— (Philippe-Auguste de), lieu-tenant-général en Haute Bretagne, 262, 262*.
Voscuzre (Moricette-Ursule de), 479.
Vossey (Gabriel-Joachim de), mestre de camp de cavalerie, 546*.
Voyes (dame des), 4.
Vrignau(Marie-Guillemette),529.
Vuilvaudais (Jacques), 597.

W - Y - Z

Weifs, ou Weiss (François-Michel), 413.
— (Frédéric-François-Michel), 411*.
— (George-Antoine), 411*.
Wilkinson (sieur et dame de), 198*, 199.

Ybert (Julienne), 293*, 338*, 351.
Ynisano (André), 593.
— (Jean), procureur à Rhuis, 276, 279, 279*, 280.
— (Marie-Anne), 279, 282, 282*, 284, 284*, 285, 285*.
— (Jean), procureur à Rhuis, 276, 279, 279*, 280.

— (Jeanne), 579*.
— (Julien), procureur au présidial de Vannes, 577, 577*.
— (Pierre-René), 279*.
Yssarts (marquis des), 4.
Ytrop (Claude), 476.
Yven (Pierre), jésuite, 630*.
Yver (Gillette), 576*.
— (Jean), 43*, 44.
— (Laurence), 43*.
— (Marguerite), 44*.
— (Renaud), 133*, 576*.
Yvicquel (Jean), 114*, 184.
— (Julienne), 184.
— (Marie), 228.

— (René), 229.
Yvignac (Charles-Joseph d'), 154, 154*, 159.
— (François d'), 154*.
— (Hyacinthe-Marie-Anne d'), 154, 154*.
— (Jeanne-Marie-Anne d'),154*.
Yvon (Etienne), 617.
— (Jean), 440, 442*.
— (Pierre), 440.
Yvonnet (Joseph-François), 621.
— (Tanguy-Julien), avocat du roi au présidial de Vannes, 621.

Zequerf (Christophe), 480*.